安徽科技学院
应用型创新创业人才培养方案

（2015）

郭 亮 ◎ 主编

图书在版编目(CIP)数据

安徽科技学院应用型创新创业人才培养方案:2015/郭亮主编. —合肥:安徽大学出版社,2017.5
ISBN 978-7-5664-1288-1

Ⅰ.①安… Ⅱ.①郭… Ⅲ.①高等学校-人才培养-方案-安徽 Ⅳ.①G649.2

中国版本图书馆 CIP 数据核字(2017)第 001989 号

安徽科技学院应用型创新创业人才培养方案(2015)

Anhui Kejixueyuan yingyongxing Chuangxin Chuangye Rencai Peiyang Fangan

郭 亮 主编

出版发行:	北京师范大学出版集团 安 徽 大 学 出 版 社 (安徽省合肥市肥西路 3 号 邮编 230039) www.bnupg.com.cn www.ahupress.com.cn
印 刷:	合肥创新印务有限公司
经 销:	全国新华书店
开 本:	210mm×297mm
印 张:	30.75
字 数:	909 千字
版 次:	2017 年 5 月第 1 版
印 次:	2017 年 5 月第 1 次印刷
定 价:	125.00 元

ISBN 978-7-5664-1288-1

策划编辑:范文娟		装帧设计:李 军 金伶智	
责任编辑:范文娟		美术编辑:李 军	
责任印制:陈 如			

版权所有 侵权必究

反盗版、侵权举报电话:0551-65106311
外埠邮购电话:0551-65107716
本书如有印装质量问题,请与印制管理部联系调换。
印制管理部电话:0551-65106311

编委会名单

主　编：郭　亮
副主编：俞　浩　夏显明　王培章
编　委：(按姓名拼音先后排序)
　　　　陈传万　陈德用　陈杰平　顾有方
　　　　金光明　李先保　刘纯利　骆海邦
　　　　宋常春　孙志双　王立克　王有炜
　　　　肖　新　杨仕勇　詹秋文　章毛连
　　　　张远兵
编　辑：何晓冬　钟德仁　施咏清
主　审：蒋德勤　陈士夫

序

十八大以来，我国加快了由高等教育大国向高等教育强国迈进的步伐，高等教育在实现跨越发展的基础上，进入以提高质量为核心、走内涵式发展道路的历史新阶段。高校最核心的工作是人才培养，抓住了人才培养质量，也就把握了高校发展的生命线。在人才培养过程中，人才培养方案是纲领性文件，是实现培养目标和组织教学工作的基本依据。因此，加快人才培养方案的改革与创新，不断优化人才培养模式，全面提升人才培养质量，成为推动高校内涵发展的首要战略任务。

与此同时，时代的迅猛发展更使高校人才培养面临前所未有的机遇与挑战：特别是国务院提出的建设"两个一流"和深化高等学校创新创业教育改革的实施意见，以及"中国制造2025""互联网＋""大众创业，万众创新""一带一路"等国家重大战略和"工业强省""创新型安徽"等区域重大战略，不仅对我省高校提出了新要求，也为高等教育在实现中华民族伟大复兴的"中国梦"历史进程中如何完成战略转型指明了目标和方向；制造业的革命性转型升级、战略性新兴产业的大力振兴、现代服务业的高速发展、全球资本和金融竞争及对外贸易方式的深刻转变，无不迫切呼唤创新型高层次人才的大量涌现，同时又对高校人才培养模式的优化升级提出殷切期望和日益苛刻的要求；云技术、物联网和基于二者的大数据技术正推动高等教育发生巨大变革，标准化教育将转向网络完成，而人才培养和个性化将主要由学校承担，教师由教学者逐渐转变为助学者，更多的交往互动、个性化服务和灵活多样的课程组合等要求将为大数据时代的高校人才培养模式提供全新的改革动力。可以说，时代变迁将永无止境地对高校人才培养提出新的变革诉求与发展任务，高校唯有在人才培养领域牢固坚守权变理念，以变应变，顺势而为，才能真正培养出因应时代需求的、具有广泛适应性和强大竞争力的优质人才。

我校办学历史悠久，在特定的区位条件下自强不息，稳扎稳打，赢得了社会和兄弟院校的广泛尊重。长期以来，我校对应用型人才培养模式进行了不懈的探索，取得了一定成果，但其实际成效很难说已经令各方面都十分满意。探索符合中国高等教育发展规律和发展趋势，与地方经济社会发展、我校可持续发展要求相适应的应用型人才培养有效模式，多年来一直是有历史责任感的安科人的最大心结和不变情怀。我校2015版本科专业人才培养方案修订工作正式启动于2014年9月，至今已一年有余。期间，各二级学院和相关职能部门广泛宣传动员，组织人员深入调研，积极借鉴他山之石，经过精心编审、反复论证，人才培养方案修订工作终得以圆满完成，这一成果是学校全体师生智慧与汗水的结晶。2015版本科专业人才培养方案紧紧围绕地方应用型高水平大学建设目标，以内涵发展和提高办学质量为核心，将人才培养与国家和社会需求紧密结合，进一步明确了各专业培养目标、培养规格、能力素质要求和课程体系安排,充分彰显了我校人才培养的优势与特色。新的人才培养方案在延续2010版"平台＋模块"课程体系的基础上,围绕应用型高水平大学培养目标和"两个100分"人才培养规格理念,更加突出专业核心课程和创新创业课程的合理设置,积极引入行业标准和优质先进教育资源,重构了理论与实践课程体系,全面优化了教学与评价模式,与学校办学定位进一步吻合,不仅将有力指导各专业的内涵建设与特色发展,同时也为学院层面后续的软硬件建设提供了科学依据,进而为我校人才培养质量整体迈上新台阶起到有力的促进和推动作用。

令人欣慰的是,在各方面的积极参与和共同努力下,2015版本科专业人才培养方案修订工作终于告一段落。但同时我们更应清醒地认识到,真正的考验和煎熬才刚刚开始,因为前期的修订工作仅仅是纸上谈兵,接下来的执行与落实才是进入真实的战场。就后续工作而言,根据"规定动作要扎实、自选动作要创新"的原则,各教学院(部)和职能部门一要吃透方案,深入领会方案的指导意见,全面了解方案的内容体系,认真把握好关键环节;二要紧扣方案目标、要求,对照行业发展趋势和现实办学条件,通过科学、高效的实际行动将方案转化为实实在在的物质成果;三要永葆改革创新的胆识和勇气,勇于面对困难与挫折,开拓创新,凝练特色。就每一位教师而言,要做到"尽心、尽责、尽力",要静下心来,"读懂"专业、"读懂"人才培养方案、"读懂"课程标准、"读懂"教材、"读懂"学生、"读懂"自己,清楚"教什么"、知道"怎么教"、明确"为何教",成为人才培养方案的优秀践行者。

伟大的事业,源于伟大的梦想。个人的奋斗如此,学校的发展亦然。"地方应用型高水平大学"建设项目获批为我校未来转型发展确立了战略方向,新版人才培养方案也已跃然纸上。雄关漫道真如铁,而今迈步从头越。蓝图已经绘就,号角已经吹响,老师们,同志们,行动起来吧！尽管我们前进的路上会遇到许许多多的困惑与挑战,但只要我们大家齐心协力,每一个人都能以满腔的热情、高度的责任感、昂扬的精神投入工作,任何困难都将被我们踩在脚下,安徽科技学院必将以崭新的姿态昂首阔步地走向灿烂辉煌的明天！

安徽科技学院

安徽科技学院关于制定 2015 版应用型创新创业人才培养方案的指导意见

(校教发〔2014〕130号)

人才培养方案是学校组织教学活动、规范教学环节、实现人才培养目标纲领性文件,是指导本科教学工作的主要依据。为进一步深化教育教学改革,实现地方应用型高水平大学建设目标,不断地提高教育教学水平和应用型创新创业人才培养质量。现就我校应用型人才培养方案改革提出如下指导意见。

一、指导思想

全面贯彻落实国家、安徽省《中长期教育改革和发展规划纲要(2010－2020年)》和《教育部关于全面提高高等教育质量的若干意见》(教高〔2012〕4号)文件精神,以建设"地方应用型高水平大学"为目标,落实立德树人根本任务,坚持创新引领创业、创业带动就业,主动适应经济发展新常态,以推进素质教育为主题,以提高人才培养质量为核心,以创新人才培养机制为重点,遵循"重基础、强实践;重素质、强能力"的总体要求,实行分类指导,优化"平台＋模块"课程体系,以知识和能力为主线整合教学内容,积极探索和实践模块化课程改革,创新教学方法手段和评价机制,积极引入和开发现代优质教育教学资源,加快推进产教研深度融合,将创新创业教育贯穿应用型人才培养的全过程,进一步提升人才培养质量和服务地方经济社会发展能力。

二、基本原则

(一)实施分类指导

围绕学校办学定位,根据学科专业特点,明确专业人才培养目标和规格,制订符合学科专业特点、适应地方经济社会发展需要的应用型创新创业人才培养方案。将现有专业划分为工科、农科、理科、文科四大类,对各类专业总学时(学分)、课程体系、实践教学环节、教学手段和评价机制等人才培养方案主要内容实施分类指导。优化资源配置,克服趋同化倾向,努力体现各学科专业的人才培养特色。

(二)坚持整体优化

遵循知识、能力、素质并重的原则,推行相近学科统一搭建学科基础课平台,整体优化"平台＋模块"的课程架构。按照"夯实基础课、突出专业课、强化实践课、灵活选修课"的课程设计思路,优化知识结构,整合课程内容,建设依次递进、有机衔接、科学合理的通识课程、学科基础课程、核心课程、创新创业教育等专门课程群。推出一批资源共享的 MOOC、视频公开课等在线开放课程。建立在线开放课程学习认证和学分认定制度,引进优质课程资源,推进文理融合,注重个性化拓展,多方位提升学生综合素质。

(三)强化实践能力

以能力培养为本位,科学设计见习、实习、实验、实训、课程论文(设计)、毕业论文(设计)、创新创业、科技创新、社会实践等教学环节。加强与行业企业合作,联合开发建设校内外实践教育基地或虚拟仿真实验教学中心,搭建工程实训平台和增设创新创业教育实践平台。鼓励实践类课程单独设课,设置创新创业核心实训课程,引入行业(企业)标准或职业标准,优化实践教学内容,逐步推行实践教学环节考核的"工程化"。

(四)发挥学科优势

充分发挥学科建设、科学研究在人才培养过程的引领和支撑作用,积极鼓励教师把学科前沿学术发展、最新研究成果和实践经验融入课堂教学,注重培养学生的批判性和创造性思维,激发创新创业灵感。推进教学、科研、实践紧密结合,突破人才培养薄弱环节,增强学生的创新精神、创业意识和创新创业能力。

(五)推进开放办学

推进校地、校企、校际和国际化办学。积极与地方政府、行业企业、联盟高校、科研院所共同制订和实施人才培养方案,建立学校、社会和企业资源共享、人才共育、过程共管、责任共担的人才培养新模式。鼓励与国外高水平大学建立人才联合培养平台,完善学生互换、课程和学分互认、学位互授联授等国际化人才培养工作机制。

三、主要内容

(一)明确人才培养目标和规格

依托地方经济社会发展和市场需求,以及创业就业需求,紧扣学校办学定位,科学设定专业人才培养目标和规格,要求目标清晰、岗位明确、规格具体,充分体现"基础知识厚、实践能力强、创新意识强、创业能力强、敬业精神强"的人才培养特色。

(二)分类设定学时学分

原则上,工科类专业总学时控制在2400以内(不含集中实践教学环节,下同),总学分控制为165~175;农科类专业总学时控制在2300以内,总学分控制为160~170;理科类专业总学时控制在2450以内,总学分控制为160~170;文科类专业总学时控制在2200以内,总学分控制为155~165。

(三)优化"平台+模块"课程体系

进一步优化"平台+模块"课程体系,设置通识教育和专业教育、创新创业教育3个课程平台,构建专业方向课程和个性化拓展课程2个模块。

通识教育课程平台由思想政治课、外语、计算机、人文艺体课等公共类课程组成,由学校统一设置。

专业教育课程平台由学科基础课程(5~7门)、专业基础课程(7~9门)和专业核心课程(5~8门)组成,突出学科专业基础知识、基本理论和专业核心应用能力培养。

要求部分学科基础课程、专业基础课程设置一定学时的精品开放课程(视频公开课、资源共享课)等优质网络资源课程。专业核心课程要明确实践学时比例(不低于40%或安排相应课程实训)、校企合作内容(外聘工程师授课学时数、校企共建实验室与教材情况等)、教学方法或手段、教学评价(考核)方式。

创新创业教育课程平台由创新创业基础课程(3门)、创新创业核心实训课程(3门)组成,将创新创业基本技能与专业基本知识传授有机结合。

为突出创新创业能力培养,在实践教学环节设置专业创新创业实训2周,充分利用产学研合作基地、科技园、大学生校外实践教育基地、大学生创业园、创业示范基地、创业孵化基地和小微企业创业基地等,开展创新创业实践。

专业方向课程模块原则上由2个方向模块组成,每个模块3～4门课程,突出学生专业应用能力和岗位适应能力培养。根据专业培养目标,结合专业岗位就业创业需求、行业产业技术需求和区域经济发展需求,合理设置专业方向和相应课程,为学生未来职业发展提供合理的选择空间和坚实的技术理论支撑。

个性化拓展模块由自然科学或人文素质和专业拓展课程模块组成,每个模块4～6门课程,突出个性发展和专业拓展能力培养。重视第二课堂、第三课堂等与人才培养方案中课程体系的有机衔接,重视校园文化在人才培养和立德树人方面的独特作用。

(四)强化实践教学

强化实践教学,分类设定实践教学学分标准。工科专业实践教学学分占总学分的比例不少于35%,其中工科各类卓越计划专业不少于40%;农科专业实践教学学分占总学分的比例不少于35%;理科专业实践教学学分占总学分的比例不少于30%;文科专业实践教学学分占总学分不少于25%。构建实践教学体系,强化实践教学过程管理,深化实践教学内容和方法改革,加强实验室、实习实训基地、实践教学共享平台建设,科学制订实践教学方案和考核办法,确保实践教学质量。

(五)改革人才培养模式

1. 注重将行业标准引入专业标准,将技术标准引入课程标准。总结凝练国内外先进教育教学研究成果,并将其固化入人才培养方案,突出培养方案的科学性、实用性和时代性。

2. 进一步优化"2+2""3+1"等人才培养模式,合理安排教学环节,科学设计企业实践(实训)方案,明确实践教学方式和实习场所、实践教学环节考核方法和评价机制等。

3. 继续推进"冠名班"人才培养模式改革,按照企业岗位技能要求,优化教学内容,积极引入企业优质资源,联合开发应用型共享课程,聘请高级专业技术人员授课或担任指导教师,校企联合培养人才。

4. 推进校企、校际、校地、校校协同育人,完善实践教学体系,深化实践教学模式改革,倡导实施实践教学小学期制。

5. 试行"学历证书+职业资格证书、技能等级证书"等人才培养模式改革,完善"多证书"制度,选择一批经济社会发展急需、行业优势突出、改革基础较好的专业,推行学历证书与职业资格证书相挂钩的改革试点。

6. 积极推行主辅修制。在部分优质教学资源充沛的学院开设辅修专业,鼓励学有余力的学生,在学习主修专业的同时跨学科修读辅修专业。辅修专业人才培养方案应同时制订。

(六)改革教学方法

倡导启发式、讨论式、参与式教学方法改革,扩大小班化教学覆盖面,推行移动课堂、翻转课堂、MOOC示范项目等教学方法,为学生自主学习提供更加丰富多样的教育资源。根据课程内容和学生特点,灵活采用多媒体教学、网络教学、录像教学、计算机作图、现场测绘指导、现场读图与应用指导等手段组织教学。

(七)改革考核方式

实施多元化考核方式,推进过程性考核与终结性考核相结合、校内考核与校外考核相结合等多种考核方式,将技能测试、学科专业竞赛、学术论文、职业资格证书、专利和成果等纳入课程考核体系,灵活运用笔试、口试、实际操作等考核手段,探索实施具有专业特点的毕业论文(设计)多元化评价方式。

(八)改革教学和学籍管理制度

合理设置创新创业学分,建立创新创业学分积累与转换制度,将学生参与课题研究、项目实验等活动认定为课堂学习,探索将学生开展创新实验、发表论文、获得专利和自主创业等情况折算为学分。探索实施弹性学制,可以根据学生创新创业需求调整学业进程,适当放宽修业年限。

(九)改革质量评价标准

根据专业人才培养目标、相关领域的发展趋势和人才需求,科学制订专业质量标准、课程标准、人才培养质量评价标准和课堂教学、实践教学、课程设计、实习实训、毕业论文(设计)等主要教学环节质量标准。完善教学质量保障和监控体系,强化对人才培养各环节的质量监控、评价与考核。

四、保障措施

(一)组织保障

学校高度重视专业人才培养方案的制订工作,在党委和行政的领导下,成立以分管校长为组长的领导组。教务处具体负责人才培养方案制订工作的部署、组织和协调工作。各教学院(部)要成立由党政负责人牵头,分管教学副院长、专业负责人及相关教师参加的人才培养方案制订领导小组,负责本单位人才培养方案的制订工作。

(二)思想保障

组织全体教职工开展教育思想观念大讨论等活动,切实提高对建设地方应用型高水平大学、培养应用型创新创业人才的必要性、重要性、紧迫性的认识,转变人才培养理念,把推进应用型人才培养模式改革工作转化为教职工的自觉行动,真正形成领导重视教学、政策倾斜教学、经费保障教学、管理服务教学、科研提升教学、思政促进教学的工作机制。

(三)师资保障

采取"内培"和"外引"相结合的方式,着力推进"双能型"教师队伍建设工作。建立教师定期深入基层、深入企业、深入一线兼职、挂职制度,促进教师在实践中增长知识、锻炼能力,将课堂教学与生产实际更好地结合起来。打造出一支结构合理、素质精良、专兼结合、能力突出、学科专业覆盖全面的应用型师资队伍。

(四)实践条件保障

加大实验室建设力度,提高实验室建设水平,采用先进的实验(训)室仪器设备配置理念,购置一批品质精良、组合优化、数量充足的仪器设备,确保实验室资源优化配置、平台共享。规范实验仪器设备申报论证工作,充分利用行业企业资源,联合开发校内外实践教育基地或虚拟仿真实验教学中心等优质示范实验中心,构建学校与企业共建、覆盖所有专业的校外实习实训基地。

实验室和实训基地环境、安全、环保符合国家规范,设计人性化,具备信息化、网络化、智能化条件,运行维护保障措施得力,适应开放管理和学生自主学习的需要,满足现代实验实训教学的要求。

(五)网络教育资源保障

整合学校网络教育资源,开发数字化教学资源,将专业建设中形成的信息标准、精品课程、多媒体课件与素材、教学视频、教学案例、虚拟过程库等优质网络教学资源与图书馆的电子教学资源库予以深度整合,实现优质教学资源的海量存储及共建共享,提升网络教育资源共享机制的水准。

加强信息化环境建设与管理,完善教务系统,建立校园一卡通系统,稳步提升学校校园网络运行速度,加快制订学校网络教育资源建设技术规范,为网络资源在教育教学中的充分、合理运用提供有力保障。

五、有关要求

(一)各学院和有关职能部门要认真组织学习《安徽科技学院关于制订2015版应用型创新创业人

才培养方案的指导意见》,深刻领会指导意见的内涵,广泛发动教职工积极参与讨论,注意发挥教研室、实验室的作用,积极借鉴和吸纳国内外高校成功的教改经验和管理模式,在反复酝酿、充分讨论和科学论证的基础上进行人才培养方案的设计与制订工作。

(二)各学院成立由校内外专家和行业企业专家参与的人才培养方案制订工作小组,全面负责人才培养方案的制订工作。各专业应确定一名责任心强、专业技术水平高、副高以上职称教师作为专业负责人,具体负责各专业人才培养方案调研论证及制订。

(三)各专业在制订人才培养方案过程中,要组织专业负责人和骨干教师深入行业企业开展调研工作,走访用人单位和毕业生,了解市场对人才知识、能力及素质的要求,广泛收集意见和建议,为制订人才培养方案奠定基础。

(四)人才培养方案要层次清楚、体现特色、文字表述简明扼要。课程名称规范,学时分配科学合理,课程大纲的编写要与应用型人才培养相适应,能够体现课程内容和教学方式方法的改革。

(五)鼓励各学院进行人才培养模式改革和创新,诸如国家级或省级卓越人才培养计划涉及的专业、特色专业、专业综合改革试点等项目,可以作为改革试点专业,按照专业认证或有关标准,单独制订人才培养方案,学校将在教学运行和制度保障等方面提供相应支持。

(六)各专业培养方案都须附有执笔人、审核人、学院院长、行业企业代表签名。

六、时间安排

(一)第一阶段:调研(2014年9月—12月)

各学院通过学习讨论,在深入领会《安徽科技学院关于制订2015版应用型创新创业人才培养方案的指导意见》文件精神的基础上,深入企事业单位,调研相关岗位知识、能力及素质要求,并走访毕业生及用人单位,广泛收集他们对人才培养的意见和建议,形成初步调研意见。

(二)第二阶段:制订方案初稿(2015年1月—2月)

各学院以专业为单位组织研讨活动,根据调研讨论情况,参照教育部高等教育司《普通高等学校本科专业目录和专业介绍(2012年)》规定,组织专人对各专业的培养目标、培养要求、主干学科、核心课程、实践性教学环节、创新创业课程设置、修业年限等方面作出全面修订,完成初稿草拟任务。

(三)第三阶段:方案论证与修改(2015年3月—4月)

各学院召开由教师、专业负责人、用人单位等不同层面的座谈会,深入论证初稿,结合多名校外同专业专家或相关企业(行业)专家的评审意见,对初稿进行修改和调整,将论证修改后的人才培养方案定稿报教务处。

(四)第四阶段:审核与验收(2015年5月—6月)

学校学术委员会召开专门会议,采取专业负责人PPT汇报方式,对各专业人才培养方案进行审核验收。汇报内容包括制订工作整体进展、校外同专业专家或相关企业(行业)专家反馈意见、新旧人才培养方案对比(包括培养规格是否科学、是否符合学生毕业去向;专业核心课程设置情况;课程整合情况;实践教学体系设置情况)、对专家意见的处理情况、自我评价、存在问题分析及下一步完善设想。各学院及时把委员会验收意见反馈给各专业,进行再次制订。

(五)第五阶段:完善与定稿(2015年7月)

审核校对、统稿编辑,提请学校学术委员会批准后执行。

安徽科技学院
2015 年应用型本科人才培养方案
修订工作组

学科门类	本科专业名称	专业建设负责人	所在教学院（部）	教学院（部）负责人
农学	农艺教育★	程昕昕	农学院	詹秋文
农学	农学	舒英杰		
农学	植物保护	赵侠		
农学	种子科学与工程	时侠清		
农学	动物科学★	蒋瑞	动物科学学院	杨蕾
农学	动物医学	宁康健		
农学	动植物检疫	孟祥坤		
理学	生物科学★	王松	生命科学学院	金青
理学	生物技术	吴萍		
农学	园艺	陈晓民		
农学	设施农业科学与工程	高青海		
工学	生物工程	钱纬		
工学	机械设计制造及其自动化★	乔印虎	机械工程学院	陈杰平
工学	机械电子工程	张祥		
工学	车辆工程	易立佳		
工学	汽车服务工程	李兆珠		
工学	机电技术教育	张祥		
工学	食品科学与工程★	郁志芳	食品药品学院	李红侠
工学	食品质量与安全	覃拥灵		
工学	烹饪与营养教育	王武		
医学	中药学	孙玉军		
医学	药物制剂	时维静		
工学	无机非金属材料工程★	叶长辉	化学与材料工程学院	张青春
理学	应用化学	陈忠平		

续表

学科门类	本科专业名称	专业建设负责人	所在教学院(部)	教学院(部)负责人
工学	计算机科学与技术★	赵峰	信息与网络工程学院	刘纯利
工学	网络工程	刘超		
理学	信息与计算科学	张建军		
工学	光电信息科学与工程★	张小梅	电气与电子工程学院	章兆色
工学	电气工程及其自动化	叶震环		
工学	电子信息工程	王嘉		
工学	建筑电气与智能化	阎海		
工学	电子科学与技术	章兆色		
工学	风景园林★	叶得东	建筑学院	叶少平
工学	城乡规划	周宝娟		
农学	园林	王艳梅		
工学	建筑学	冠旭霞		
农学	农业资源与环境★	邬长明	资源与环境学院	郝
工学	环境工程	郝海明		
工学	环境科学	李粉茹		
理学	地理信息科学	路振国		
管理学	物流管理★	郝世绵	管理学院	张有方
管理学	工商管理	程业炳		
管理学	市场营销	张凤法		
管理学	公共事业管理	郑谦		
管理学	财务会计教育★	陈佳东	财经学院	郭亮
管理学	财务管理	孙来飞		
管理学	审计学	王刚		
经济学	经济学	苍金孔		
经济学	国际经济与贸易	殷志杨		
经济学	金融工程	王飞		
法学	法学★	潘川	人文学院	陈健万
文学	汉语言文学	黄山松		
文学	编辑出版学	苏雅兰		
文学	英语★	汪怀弟	外国语学院	陈德用
文学	翻译	孙锦城		

注:带★的表示校级重点专业

目 录

上 部
重点专业人才培养方案

农学类专业 ……………………………………………………………………… 3—27

 动物科学专业人才培养方案 ……………………………………………………… 3

 农业资源与环境专业人才培养方案 ……………………………………………… 11

 农艺教育专业人才培养方案 ……………………………………………………… 20

工学类专业 ……………………………………………………………………… 28—82

 机械设计制造及其自动化专业人才培养方案 …………………………………… 28

 无机非金属材料工程专业人才培养方案 ………………………………………… 38

 计算机科学与技术专业人才培养方案 …………………………………………… 47

 光电信息科学与工程专业人才培养方案 ………………………………………… 55

 风景园林专业人才培养方案 ……………………………………………………… 65

 食品科学与工程专业人才培养方案 ……………………………………………… 74

理学类专业 ……………………………………………………………………… 83—90

 生物科学专业人才培养方案 ……………………………………………………… 83

管理学类专业 …………………………………………………………………… 91—110

 财务会计教育专业人才培养方案 ………………………………………………… 91

 物流管理专业人才培养方案 ……………………………………………………… 100

文学类专业 ……………………………………………………………………… 111—119

 英语专业人才培养方案 …………………………………………………………… 111

法学类专业 ……………………………………………………………………… 120—127

 法学专业人才培养方案 …………………………………………………………… 120

下 部
本科专业人才培养方案

农学类专业 ……………………………………………………………………… 131—172
 农学本科专业人才培养方案 ……………………………………………………… 131
 植物保护本科专业人才培养方案 ………………………………………………… 140
 种子科学与工程本科专业人才培养方案 ………………………………………… 148
 园艺本科专业人才培养方案 ……………………………………………………… 157
 动物医学本科专业人才培养方案 ………………………………………………… 165

工学类专业 ……………………………………………………………………… 173—321
 食品质量与安全本科专业人才培养方案 ………………………………………… 173
 烹饪与营养教育本科专业人才培养方案 ………………………………………… 182
 设施农业科学与工程本科专业人才培养方案 …………………………………… 191
 生物工程本科专业人才培养方案 ………………………………………………… 199
 环境工程本科专业人才培养方案 ………………………………………………… 208
 环境科学本科专业人才培养方案 ………………………………………………… 217
 城乡规划本科专业人才培养方案 ………………………………………………… 226
 建筑学本科专业人才培养方案 …………………………………………………… 236
 机械电子工程本科专业人才培养方案 …………………………………………… 244
 车辆工程本科专业人才培养方案 ………………………………………………… 252
 汽车服务工程本科专业人才培养方案 …………………………………………… 261
 机电技术教育本科专业人才培养方案 …………………………………………… 269
 电气工程及其自动化本科专业人才培养方案 …………………………………… 277
 建筑电气与智能化本科专业人才培养方案 ……………………………………… 286
 电子科学与技术本科专业人才培养方案 ………………………………………… 295
 电子信息工程本科专业人才培养方案 …………………………………………… 303
 网络工程本科专业人才培养方案 ………………………………………………… 312

理学类专业 ……………………………………………………………………… 322—362
 地理信息科学本科专业人才培养方案 …………………………………………… 322
 信息与计算科学本科专业人才培养方案 ………………………………………… 330
 应用化学本科专业人才培养方案 ………………………………………………… 337
 生物技术本科专业人才培养方案 ………………………………………………… 346
 动植物检疫本科专业人才培养方案 ……………………………………………… 356

管理学类专业 …………………………………………………………………… 363—408
 财务管理本科专业人才培养方案 ………………………………………………… 363
 审计学本科专业人才培养方案 …………………………………………………… 371

工商管理本科专业人才培养方案	380
市场营销本科专业人才培养方案	390
公共事业管理本科专业人才培养方案	399

经济学类专业 ... 409—434

经济学本科专业人才培养方案	409
国际经济与贸易本科专业人才培养方案	418
金融工程本科专业人才培养方案	427

医学类专业 ... 435—450

| 中药学本科专业人才培养方案 | 435 |
| 药物制剂本科专业人才培养方案 | 443 |

文学类专业 ... 451—473

汉语言文学本科专业人才培养方案	451
编辑出版学本科专业人才培养方案	459
翻译本科专业人才培养方案	466

上 部

重点专业人才培养方案

农学类专业

动物科学本科专业人才培养方案

专业代码:090301

一、培养目标

本专业培养德、智、体、美全面发展,掌握动物科学方面的基本理论、基本知识和基本技能,具有动物遗传育种、动物繁殖、动物营养与饲料、动物生产与管理等方面的基本能力,能够从事畜牧经营与管理、畜牧场建设与规划、动物疾病防治等方面的工作,具有创新意识和创业精神的高素质应用型专门人才。

二、培养要求

本专业学生主要学习动物生产与管理、动物遗传与育种、动物繁殖、动物营养与饲料等方面的基本理论和基本知识,接受从事动物科学相关的饲养管理、饲料分析与检测、牧场设计与规划、牧场环境监测与控制、畜禽品质改良、牧场粪污处理等方面的基本训练,掌握动物遗传育种学、动物繁殖学、动物营养与饲料生产学、新型畜产品开发利用等方面的基本能力。

毕业生应获得以下几方面的专业知识和能力:

1. 动物生产基础知识及应用能力

要求学生能了解动物生产的基本理论、基本知识和实践生产环节的操作技术,最新研究动态和今后的发展趋势,能对动物生产过程中各个环节的具体问题进行综合分析和运用。

2. 动物繁殖及育种能力

了解品种的形成、生长发育的规律、家畜生产力的鉴定,选种、选配的理论和方法,改良家畜个体与群体遗传结构的方法与措施。了解动物生殖生理规律、现代繁殖技术的理论以及提高繁殖力的基本途径。具备改进畜群品质、提高繁殖力、增加畜牧业生产经济效益的工作能力。

3. 饲料生产及经营管理能力

要求学生掌握饲料的科学利用原理和方法、畜牧业生产经营与管理,具备动物的科学饲养的基本理论和畜牧业生产经营管理的能力。

4. 动物疾病防控基础知识及应用能力

了解常见动物疾病诊疗与疫病防控等方面的基本知识,具备在动物生产和兽医管理等部门从事相关工作的能力。

三、专业方向

1. 动物生产管理方向

学习和掌握饲料工艺与设备、饲草生产学、畜牧业经营管理、饲料添加剂等方面的基本知识,具备饲料与饲草开发应用、畜牧业生产经营管理、饲料的科学利用原理和方法、提高家畜繁殖力、改进畜群品质以及从事畜禽育种与科研的基本能力。

2. 动物疫病预防与保健方向

学习和掌握动物医学基础、畜禽普通病学、畜禽流行病学、兽医临床诊疗等方面的基本知识,具备动物常见疾病诊疗与防控等能力。

四、素质与能力分析表(表一)

综合素质与能力	专项素质与能力	对应课程或实践
1.基本素质与能力	1.1 政治素质	思想道德修养与法律基础、中国近现代史纲要、马克思主义基本原理、毛泽东思想和中国特色社会主义理论体系概论、形势与政策等
	1.2 人文科学素质	演讲与口才、社交礼仪、文艺美学、影视鉴赏、大学语文
	1.3 身心素质	军事训练、军事理论教育、大学体育、大学生心理健康教育等
	1.4 分析运算能力	高等数学C、生物统计学
	1.5 英语应用能力	大学英语、专业英语
	1.6 计算机应用能力	计算机文化基础、VFP程序设计
	1.7 利用现代化手段获取信息能力	计算机动物科学应用、创新实践
	1.8 组织管理、语言表达、人际交往以及在团队中发挥作用的能力	社会实践、社交礼仪、市场营销学、演讲与口才
2.学科基础知识及应用能力	2.1 数学、化学基础知识及应用能力	高等数学C、分析化学、普通化学、有机化学、动物生物化学、生物统计学
	2.2 动物生化与统计分析能力	
3.专业基础知识及应用能力	3.1 动物生产基础知识及应用能力	饲草生产学、饲料添加剂、动物环境卫生学、动物遗传学、动物解剖学、动物组织胚胎学、动物生理学、畜牧微生物学
	3.2 动物遗传基础知识及应用能力	
	3.3 动物疾病防控基础知识及应用能力	
	3.4 动物生物技术基本知识及应用能力	
4.专业核心知识及应用能力	4.1 动物生产及经营管理能力	猪生产学、牛生产学、禽生产学、羊生产、动物繁殖学、动物育种学、动物营养与饲料学、饲养工艺与设备、特种经济动物生产学、畜牧经营管理、动物环境卫生学、畜产品加工、动物生产学实践、饲料分析实习、动物繁殖学实习、兽医临床诊断学、畜禽普通病学、畜禽流行病学、动物诊疗实习
	4.2 动物繁殖及育种能力	
5.专业实践技能与动手能力	5.1 动物疫病的诊疗与防治等能力	
	5.2 饲料加工及经营管理能力	
	5.3 动物生物技术应用能力	
6.创新创业能力	6.1 创新能力	创新创业论坛、畜牧业经营管理、市场营销学
	6.2 创业能力	大学生创业教育、专业导论、大学生就业指导
7.个性化发展能力	7.1 加强人文素质培养	演讲与口才、社交礼仪、文艺美学、大学语文、影视鉴赏
	7.2 专业知识的应用与拓展	专业英语、动物生态学、动物保护学、计算机动物科学应用

五、学制与学分

1.学制:标准学制4年,修业年限为3~6年。

2.学分:最低修读170.5学分。其中,课内教学环节必须修满133.5学分,实践教学环节必须修满 37 学分。

六、毕业与学位授予

学生在规定的学习年限内,完成各教学环节学习,修满专业规定的最低学分,准予毕业。授予农学学士学位。

七、全学程时间安排总表(表二)

项目\学年学期	一		二		三		四		合计
	1	2	3	4	5	6	7	8	
军训(含军事理论)	2								2
入学教育和专业导论	(2)								(2)
课堂教学	15	18	18	18	16	14	6		105
专业实习、课程实习					2	4	12		18
毕业实习								8	8
专业创新创业实训								2	2
毕业论文(设计)								6	6
复习考试	1	1	1	1	1	1	1		7
机动	1							3	4
假期	6	8	6	8	6	8	6		48
全学程总周数	25	27	25	27	25	27	25	19	200

八、实践性教学环节(表三)

课程编号	实践教学项目	学分	周数	安排学期	实践方式
SJ00001	军训(含军事理论教育)	1	2	第1学期	集中
SJ00002	入学教育	1	(2)	第1学期	集中
SJ00003	社会实践	1	(3)	第2,4,6学期	由学院统一安排
SJ12202	饲料分析实习	2	2	第5学期	动物生产实验室,课程负责人必需为双能型教师,副高以上(或博士学位)教师
SJ12502	动物诊疗综合实习	4	4	第7学期	动物医学实验室、兽医院等
SJ12402	畜牧微生物学课程实习	2	2	第6学期	微生物学实验室、兽医院等
SJ12301	动物繁殖学课程实习	2	2	第6学期	动物生产实验室、蚌埠市蚂蚁山奶牛场等
SJ12204	动物生产综合实习	8	8	第7学期	动物生产实验室、大北农集团、嘉吉动物蛋白等。课程负责人必需为双能型教师,副高以上(或博士学位)教师
SJ12001	毕业实习	8	8	第8学期	蚌埠市蚂蚁山奶牛场、温氏集团、大北农集团、嘉吉动物蛋白等。
SJ12004	专业创新创业实训	2	2	第8学期	
SJ12002	毕业论文(设计)	6	6	第8学期	学院安排
	合计	37	36		

九、课程设置及学时、学分比例表(表四)

课程类型		学时	学分	占总学时(总学分)比例(%)	
通识教育课程平台		786	43	32.7	32.2
专业教育课程平台	学科基础课程	420	23.5	47.5	47.6
	专业基础课程	344	19		
	专业核心课程	378	21		
创新创业教育平台	创新创业基础课程	51	3.5	4.7	5.2
	创新创业核心实训课程	63	3.5		
专业方向课程模块	动物生产管理	126	14	10.5	10.5
	动物疫病防控	126			
个性化拓展模块	人文素质	36	2	4.5	4.5
	专业拓展	72	4		
总 计		2402	133.5	100	100

十、主干学科

动物遗传育种与繁殖学、动物营养与饲料学

十一、核心课程

1.《禽生产学》(Poultry Production)

学时:54(理论课学时44、实践课学时10。)

学分:3(理论课学分2.5、实践课学分0.5。)

课程简介:主要讲授国内外养禽业的基本情况,家禽的品种、孵化、饲养和管理知识等,通过本课程的学习,要求学生能了解养禽生产的基本知识、最新研究动态和今后的发展趋势,熟悉家禽的品种和育种方法,掌握家禽的孵化和饲养管理技术等。

教学方法与手段:采用移动课堂教学理念进行情景式、翻转式教学,结合鸡场饲养管理进行理论教学,实验课进行演示操作。

教学评价(考核)方式:平时成绩占20%,过程考核占30%,期末考试成绩占50%。

教材选用:杨宁主编,面向21世纪课程教材《家禽生产学》,以及与企业合编的实验实训教材。

2.《猪生产学》(Swine Production)

学时:54(理论课学时44、实践课学时10。)

学分:3(理论课学分2.5、实践课学分0.5。)

课程简介:主要讲授猪的品种及其杂交利用、猪的生物学特性和行为习性、猪的育种基本原理、猪的专门化品系及良种繁育体系、猪的繁殖及种猪的饲养管理、仔猪的培育和SPF猪生产、肉猪的饲养管理、现代工厂化养猪生产的工艺流程及经营管理等基本理论和实践知识。要求学生通过学习,掌握养猪生产过程中一些基本理论知识和实践生产环节的操作技术,使学生在掌握这些基础知识和实践操作技能的基础上,能对养猪生产过程中各个环节的具体问题进行综合分析和运用。

教学评价:采用移动课堂教学理念进行情景式、翻转式教学,结合猪场饲养管理进行理论教学,实验课进行演示操作。

课程评价(考核)方式:平时成绩占20%,过程考核占30%,期末考试成绩占50%。

教材选用:董建修、李铁主编,《猪生产学》(第一版),中国农业科技出版社,2012年。以及与企业合编的实验实训教材。

3.《牛生产学》(Cattle Production)

学时:54(理论课学时44、实践课学时10。)

学分:3(理论课学分2.5、实践课学分0.5。)

课程简介:主要讲授国内外著名牛品种的介绍与总体评价、牛的外貌评分与等级评定、各种类型牛生产性能评价与测定、牛的育种新技术与新方法介绍、牛的营养需要、牛的繁殖与生殖调控、牛的饲养管理实践与技术。要求学生在理论知识方面掌握从事养牛业生产学的基本理论、繁殖育种的基本规律等,同时了解国内外养牛业生产的新技术和新动态,掌握从事养牛业的基本技能,如外貌鉴定、生产性能评定、生产计划拟定和科学饲养管理方法等。

教学方法与手段:采用现代化多媒体进行理论教学,结合当地企业通过理论联系讲授,实验课部分内容是考察当地企业巩固理论课所学的内容,要求必须有企业技术人员参与指导,学生需完成规定量的课程设计任务。

教学评价(考核)方式:平时成绩占20%,过程考核占30%,期末考试成绩占50%。

教材选用:王根林主编,《养牛学》(第三版),中国农业出版社,2014年。以及与企业合编的实验实训教材。

4.《羊生产学》(Sheep and Goat Production)

学时:54(理论课学时44、实践课学时10。)

学分:3(理论课学分2.5、实践课学分0.5。)

课程简介:主要讲授羊产品的种类、特点和评价方法,国内外绵山羊品种的外貌特征和生产性能评价,羊毛生产、肥羔生产和毛皮生产,羊的育种技术与杂交利用,羊的繁殖与生殖调控,羊的生物学特性,种羊饲养管理技术,羔羊饲养管理技术,羊舍建筑与环境控制等。通过学习,要求学生能了解养羊业的现状和今后的发展趋势,对羊产品的特点、品种类型有了更进一步的认识,熟练掌握绵、山羊的繁育方法和主要饲养管理技术。

教学方法与手段:采用现代化多媒体进行理论教学,结合当地羊场,通过理论联系实际讲授,实验课部分内容是考察当地企业,巩固理论课所学的内容,要求必须有企业技术人员参与指导,学生需完成规定量的课程设计任务。

教学评价(考核)方式:平时成绩占20%,过程考核占30%,期末考试成绩占50%。

教材选用:赵有璋主编,《羊生产学》(第三版),中国农业出版社,2011年。以及与企业合编的实验实训教材。

5.《动物育种学》(Animal Breeding)

学时:54(理论课学时40、实践课学时14。)

学分:3(理论课学分2、实践课学分1。)

课程简介:主要讲授家畜的起源、驯化,品种的形成,生长发育的规律,家畜生产力的鉴定,选种、选配的理论和方法,改良家畜个体与群体遗传结构的方法与措施,培育品种与品系的方法,利用杂种优势的途径和方法以及保证家畜育种工作顺利开展的组织和措施等,通过课程学习,使学生能够具备从事畜禽育种与科研的基本能力。

教学方法与手段:采用现代化多媒体,通过情景式、翻转式教学方法进行理论教学。

教学评价(考核)方式:平时成绩占20%,过程考核占30%,期末考试成绩占50%。

教材选用:张沅、张勤主编,《家畜育种学》(第一版),中国农业出版社,2001年。以及与企业合编的实验实训教材。

6.《动物繁殖学》(Animal Reproduction)

学时:54(理论课学时34、实践课学时20。)

学分:3(理论课学分2、实践课学分1。)

课程简介:主要讲授动物生殖生理规律、现代繁殖技术的理论以及提高繁殖力的基本途径。要求学生运用现代繁殖技术指导动物繁殖的实践,具备改进畜群品质、提高繁殖力、增加畜牧业生产经济效益的工作能力。

教学方法与手段:利用现代化多媒体,采用情景式教学方式进行理论教学,结合动物生产实验室和有关牧场进行繁殖学生产实训。

教学评价(考核)方式:平时成绩占20%,过程考核占30%,期末考试成绩占50%。

教材选用:杨利国主编,《动物繁殖学》(第二版),中国农业出版社,2010年;以及与企业合编的实验实训教材。

7.《动物营养与饲料学》(Animal Nutrition and Feed Science)

学时:54(理论课学时50、实践课学时4。)

学分:3(理论课学分2.5、实践课学分0.5。)

课程简介:《动物营养与饲料学》是在普通生物学、动物生理学、化学、生物化学、生物统计学等学科基础上发展起来的一门科学,是研究营养物质摄入与动物生命活动(包括生产)之间关系的科学。其目的是确定必需营养素及其理化特性、研究必需营养素在体内的代谢过程及其调节机制、研究营养素摄入与动物健康的关系、研究动物营养与人及环境之间的互作规律,制定不同条件下、不同生产目的的动物对各种营养物质的需要量,研究饲料的种类、营养价值和饲用价值,研究饲料的科学利用原理和方法,研究动物营养和饲料学的研究方法,从而为动物的科学饲养提供理论根据和饲养指南。

教学方法与手段:利用现代化多媒体,采用情景式教学方式进行理论教学。

教学评价(考核)方式:平时成绩占20%,过程考核占30%,期末考试成绩占50%。

教材选用:吴晋强主编,《动物营养学》(第三版),安徽科学技术出版社,2010年。以及与企业合编的实验实训教材。

十二、教学进程表(表五)

课程类别	课程编号	课程名称	总学分	总学时	学时分配		各学期学时分配								考核方式
					理论	实践	1	2	3	4	5	6	7	8	
通识教育课程平台	TS26106	思想道德修养与法律基础	3	48	38	10		48							试
	TS26102	中国近现代史纲要	2	32	24	8	32								试
	TS26103	马克思主义基本原理	3	48	38	10			48						试
	TS26104	毛泽东思想和中国特色社会主义理论体系概论Ⅰ	2	32	32					32					试
	TS26105	毛泽东思想和中国特色社会主义理论体系概论Ⅱ	4	64	44	20					64				试

续表

课程类别	课程编号	课程名称	总学分	总学时	学时分配		各学期学时分配								考核方式
					理论	实践	1	2	3	4	5	6	7	8	
通识教育课程平台	TS15001-4	大学英语（I-IV）	15	270	230	40	60	70	70	70					试
	TS19001-4	大学体育（I-IV）	4	126	126		30	32	32	32					试
	TS28001	大学计算机基础	3	48	16	32	48								试
	TS28002	VFP程序设计	4	72	48	24				72					试
	TS26101-2	形势与政策	2	32	12	20	16	16							查
	TS18111	大学生心理健康教育	1	14	14			14							查
专业教育课程平台 / 学科基础课程	JC28005	高等数学C	4.5	80	80		80								试
	JC25001	普通化学	3	54	54		54								试
	JC25002	分析化学	2	36	36			36							试
	JC25003	有机化学A	3	54	54			54							试
	JC25005-6	基础化学实验	4	72		72	33	39							查
	JC13314	动物生物化学	4.5	80	60	20			80						试
	JC12301	生物统计学	2.5	44	44						44				试
专业教育课程平台 / 专业基础课程	ZJ12119	动物解剖学	3.5	64	32	32	64								试
	ZJ12116	动物组织胚胎学	3	56	32	24		56							试
	ZJ12104	动物生理学	4	72	48	24				72					试
	ZJ12301	动物遗传学	3	54	40	14					54				试
	ZJ12203	动物环境卫生学	2.5	44	38	6					44				试
	ZJ12401	畜牧微生物学	3	54	36	18					54				试
专业教育课程平台 / 专业核心课程	ZH12210	动物营养与饲料学	3	54	50	4					54				试
	ZH12301	动物育种学	3	54	40	14						54			试
	ZH12302	动物繁殖学	3	54	34	20						54			试
	ZH12211	禽生产学	3	54	44	10						54			试
	ZH12212	猪生产学	3	54	44	10							54		试
	ZH12208	牛生产学	3	54	44	10							54		试
	ZH12209	羊生产学	3	54	44	10						54			试
创新创业教育课程平台 / 基础课程	CJ00001	大学生创业教育	1	18	18				18						查
	CJ00002	大学生就业指导	2	24	24			12					12		查
	CJ12001	专业导论	0.5	9	9		9								查

续表

课程类别		课程编号	课程名称	总学分	总学时	学时分配		各学期学时分配								考核方式
						理论	实验	1	2	3	4	5	6	7	8	
创新创业教育课程平台	核心实训课程	CH12001	创新创业论坛	0.5	9	9							9			查
		CH12002	畜牧业经营管理	1.5	27	27							27			查
		CH14503	市场营销学	1.5	27	27							27			查
		CH00001	创新创业成果学分认定	创新创业实践学分的认定见有关文件												
专业方向课程模块	动物生产管理	ZF12221	饲料工艺与设备	2	36	32	4						36			试
		ZF12202	饲草生产学	2	36	30	6					36				试
		ZF12206	特种经济动物生产学	2	36	30	6							36		试
		ZF23110	畜产品加工学	2	36	36							36			试
		ZF12205	饲料添加剂学	2	36	30	6						36			试
	动物疫病防控	ZF12114	动物医学基础*	3	54	54						54				试
		ZF12501	兽医临床诊断学	2	36	18	18				36					试
		ZF12511	畜禽普通病学	2	36	36							36			试
		ZF12409	畜禽流行病学*	3	54	42	12						54			试
		ZF12510	宠物美容与保健	2	36	36								36		试
个性化拓展课程模块	人文素质	GT18601	演讲与口才	1	18	18					18					查
		GT18306	社交礼仪	1	18	18					18					查
		GT18621W	文艺美学	1	18	18						18				查
		GT18603	大学语文	1	18	18					18					查
		GT18622W	影视鉴赏	1	18	18					18					查
	专业拓展	GT12206	计算机动物科学应用	2	36	20	16						36			查
		GT12402	专业英语	1	18	18								18		查
		GT12204	动物保护学	1	18	18								18		查
		GT12301	动物生态学	1	18	18								18		查
		GT12102	家禽解剖学	1	18	12	6							18		查
最低修读的学分/学时				133.5	2402			378	425	428	402	334	309	144		
课堂教学周数								15	18	18	18	16	14	6		
周学时数								25	24	24	22	21	22	24		

说明：
1. 各专业军事理论教育在第1学期以讲座形式进行；
2. 专业方向课程2个模块，以模块为导向，任选14学分，其中带"*"必选；
3. 创新创业教育平台，学生获得"创新创业成果"学分可抵免创新创业核心实训课程学分；
4. 个性化拓展模块要求学生至少选修6学分，其中，"人文素质"模块要求学生至少选修2个学分，且至少选修1门网络课程；专业拓展模块至少选修4个学分。

农学类专业

农业资源与环境本科专业人才培养方案

专业代码：090201

一、培养目标

本专业培养德、智、体、美全面发展，掌握农业资源与环境方面的基本理论、基本知识和基本技能，具有一定的英语和计算机应用能力、良好的交流沟通能力及熟练的化验分析监测能力，能够在农业、土地、肥料、环保、农资等部门或单位从事农业资源调查评价和管理利用、科学施肥、农业环境监测和保护、经营管理等方面工作，具有创新意识和创业精神的高素质应用型专门人才。

二、培养要求

按照"基础知识厚、敬业精神强、实践能力强、创新意识强、创业能力强"的总体要求，改革人才培养模式，优化课程体系和教学内容，创新培养体制和机制，使毕业生具备全面的素质、优良的知识结构、突出的实践应用能力和创新创业能力。

本专业学生主要学习农业资源与环境、英语、计算机等方面的基本理论和基本知识，接受农业资源利用、环境监测与化学分析、计算机应用等方面的基本训练，掌握英语、计算机、资源利用、环境监测与化学分析等方面的基本能力，达到国家规定的大学生体育和军事训练合格标准，具备健全的心理和健康的体魄，具有较好的人文修养、审美能力。

毕业生应获得以下几方面的知识和能力：

1. 具备良好的数学理论知识和扎实的化学理论知识和实验操作能力；
2. 具有农业资源的调查、评价、规划、利用和管理方面的专业能力；
3. 具有科学施肥的理论知识和专业能力；
4. 具有环境监测、评价、保护和管理方面的专业能力；
5. 了解相近专业的一般知识；
6. 熟悉资源管理与利用、环境保护的有关方针、政策和法规；
7. 具备农业可持续发展的创新意识，了解资源与环境的科学前沿、应用前景及发展趋势；
8. 掌握现代信息技术获取相关信息的基本方法，具有一定的实验设计和分析问题的能力；
9. 掌握计算机应用的基本技能，达到国家规定的本科生计算机应用能力；
10. 具有阅读和翻译本专业外文资料的基本能力，达到国家规定的本科生外语水平。

三、专业方向

1. 土壤肥料方向

学习与掌握土壤养分测定、养分管理和科学环保施肥技术、肥料制造加工与营销技术，具备相应的操作与管理能力，面向肥料企业、农业生产企业和农业技术推广部门。

2. 农业环境保护方向

学习与掌握环境监测、环境管理、污染治理和环境评价技术，具备相应的操作与管理能力，面向环保管理部门、环境监测企业和环境评价企业。

四、素质与能力分析表（表一）

综合素质与能力	专项素质与能力	对应课程或实践
1.基本素质与能力	1.1 政治素质	毛泽东思想与中国特色社会主义理论体系概论Ⅰ－Ⅱ、马克思主义基本原理、中国近代史纲要、思想道德修养与法律基础、形势与政策
	1.2 人文科学素质	中国文化概论、文学鉴赏、美学概论、应用文写作
	1.3 身心素质	思想道德修养与法律基础、大学生安全教育、军事理论教育、体育Ⅰ－Ⅳ
	1.4 分析运算能力	高等数学C、计算机专业应用
	1.5 英语应用能力	大学英语Ⅰ－Ⅳ
	1.6 计算机应用能力	大学计算机基础、VFP程序设计、计算机专业应用、AUTOCAD
	1.7 利用现代化手段获取信息能力	遥感与信息技术、科技论文写作
	1.8 组织管理、语言表达、人际交往以及在团队中发挥作用的能力	企业管理、社交礼仪、演讲与口才
2.学科基础知识及应用能力	2.1 化学基础知识与应用能力	普通化学、分析化学、有机化学、基础化学实验、生物化学
	2.2 生物学基础知识与应用能力	植物学、植物生理学、微生物学
	2.3 农学基础知识与应用能力	农业气象学、作物栽培技术、植物保护技术
3.专业基础知识及应用能力	3.1 土壤肥料科学基础知识与应用能力	土壤学、地质地貌学、植物营养与肥料工程、专业综合实习
	3.2 环境科学基础知识与应用能力	农业环境学、环境监测、环境监测实习、环境质量评价
4.专业核心知识及应用能力	4.1 土壤肥料科学核心知识与应用能力	土壤学、土壤农化分析、植物营养与肥料工程、土壤资源调查与评价、施肥原理与技术、专业综合实习
	4.2 环境科学核心知识与应用能力	农业环境学、环境监测、环境监测实习、专业综合实习
5.专业实践技能与动手能力	5.1 分析化验能力	仪器分析、土壤农化分析综合实习、环境监测实习、专业综合实习
	5.2 野外调查能力	植物学教学实习、土壤资源调查与评价、土壤资源调查与评价实习、专业综合实习
	5.3 科学研究能力	植物营养研究方法实习、科技论文写作、专业综合实习、毕业实习、毕业论文
6.创新创业能力	6.1 创新能力	资环专业导论、计算机专业应用、创新创业论坛、专业综合实习、科技论文写作
	6.2 创业能力	大学生创业教育、大学生就业指导、农业项目投资评估
7.个性化发展能力	7.1 专业能力拓展	土壤污染与防治、水土保持学、水资源管理利用、环境质量评价、农业生态学等

五、学制与学分

1.学制：标准学制 4 年，修业年限 3～6 年。

2.学分：最低修读 163 学分。其中，课内教学环节必须修满 128 学分，实践教学环节必须修满 35 学分。

六、毕业与学位授予

学生在规定的学习年限内，完成各教学环节学习，修满专业规定的最低学分，准予毕业。授予农学学士学位。

七、全学程时间安排总表（表二）

项目 \ 学年学期	一		二		三		四		合计
	1	2	3	4	5	6	7	8	
军训（含军事理论）	2								2
入学教育和专业导论	(2)								(2)
课堂教学	15	17	18	18	14	8	16		106
专业实习、课程实习或教育实习		1			4	10	2		17
毕业实习								8	8
专业创新创业实训								2	2
毕业论文（设计）								6	6
复习考试	1	1	1	1	1	1	1		7
机动	1							3	4
假期	6	8	6	8	6	8	6		48
全学程总周数	25	27	25	27	25	27	25	19	200

八、实践性教学环节（表三）

课程编号	实践教学项目	学分	周数	安排学期	实践方式
SJ00001	入学教育	1	(2)	1	机动
SJ00002	军训（含军事理论教育）		2	1	集中
SJ00003	社会实践	1	(3)	第 2、4、6 学期后暑期	由校团委统一安排
SJ13114	植物学教学实习	1	1	第 2 学期	野外调查与观察，地点：校园内外
SJ20102	土壤农化分析综合实习	2	2	第 5 学期	野外采样与室内分析，地点：农业资源利用实验室
SJ20202	环境监测实习	2	2	第 5 学期	校外采样，农业资源利用实验室测定
SJ20101	植物营养研究方法综合实习	1	1	第 6 学期	农业资源利用实验室、种植科技园

续表

课程编号	实践教学项目	学分	周数	安排学期	实践方式
SJ20103	专业综合实习	9	9	第6学期	分段集中野外考察,地点:鹞落坪及凤阳周边;分组在本校和实习单位进行产学研合作,地点包括:中国农科院、江苏农科院、安徽农科院、蚌埠市及周边县市农业技术推广中心、宿州农科所、安徽莱姆佳肥业、徽隆集团五禾丰肥业、马鞍山科技小院
SJ20203	土壤资源调查与评价实习	2	2	第7学期	野外调查、采样、室内分析及制图,地点:农业资源利用实验室
SJ20104	毕业实习	8	8	第8学期	
SJ20105	专业创新创业实训	2	2	第8学期	分组在本校和实习单位,地点包括:蚌埠市及周边县市农业技术推广中心、安徽莱姆佳肥业、徽隆集团五禾丰肥业
SJ20105	毕业论文(设计)	6	6		
	合　计	35	35(5)		

九、课程设置及学时、学分比例表(表四)

课程类型		学时	学分	占总学时(总学分)比例(%)	
通识教育课程平台		786	43	34.1%	33.6%
专业教育课程平台	学科基础课程	476	26.5	47.7%	47.7%
	专业基础课程	280	15.5		
	专业核心课程	342	19		
创新创业教育平台	创新创业基础课程	51	3.5	2.2%	2.7%
	创新创业核心实训课程	63	3.5	2.7%	2.7%
专业方向课程模块	土壤肥料	144	8	6.3%	6.3%
	农业环境保护				
个性化拓展课程模块	人文社科	36	2	7.0%	7.0%
	专业拓展	126	7		
总　计		2304	128	100%	100%

十、主干学科

农业资源与环境

十一、核心课程

1.《土壤学》(Soil Science)

学时:54(理论课学时42、实验课学时12,实践1周。)

学分:4(理论课学分2、实验课学分1、实践学分1。)

课程简介:《土壤学》是本专业学生进入专业课程学习前必修的一门先导性课程。涉及地学、化学、物理学、数学、生物学等学科领域,与农学、环境学、生态学等有着密切关系。该课程的主要任务是阐明土壤资源与食物安全、人类健康、环境质量、生态平衡等之间的关系,通过教学,使学生对土壤科学的基础理论、基本知识有较全面、系统的认识和了解,对土壤学的基本技能有所掌握,为学习后续的专业课程奠定基础(本课程的1周实习,合并于《专业综合实习》中)。

教学方法或手段:理论,课堂多媒体+黑板讲授;实验与实习,野外调查采样与室内分析操作。

教学评价(考核)方式:理论,平时成绩占20%,期末考试占80%;实验与实习,平时成绩占20%,操作与实验实习报告占80%。

教材选用:黄昌勇主编,《土壤学》,中国农业出版社,2014年。

2.《植物营养与肥料工程》(Plant Nutrition and Fertilizer Project)

学时:72(理论课学时54、实验课学时18,实习2周,其中,行业企业专业授课6学时。)

学分:6(理论课学分3、实验课学分1、实习2学分,其中,行业企业专业授课0.3学分。)

课程简介:《植物营养与肥料工程》的教学要使学生通过系统学习,掌握有关植物营养与施肥、肥料生产与营销的基本理论知识(植物必需营养元素的营养功能,植物营养元素缺乏与过剩的主要症状,植物根系和叶片对养分的吸收、运输、分配、同化与再利用,土壤养分的有效性及其影响因素,各种肥料及固体废弃物的性质与合理施用,主要肥料的生产与加工方法,肥料营销策略等),了解植物营养学与肥料科学发展的动态、施肥对作物产量与农产品品质和环境的影响,并以掌握分析问题和解决问题的基本方法为突破口,提高解决实际生产中有关植物营养与肥料问题的能力,也为学习后续课程(植物营养研究法、配方施肥技术等)奠定基础(本课程的2周实习,合并于《专业综合实习》中)。

教学方法或手段:理论,课堂多媒体+黑板讲授;实验与实习,田间采样与室内分析操作。

教学评价(考核)方式:理论,平时成绩占20%,期末考试占80%;实验与实习,平时成绩占20%,操作与实验实习报告占80%。

教材选用:陆景陵、胡霭堂主编,《植物营养学》(上、下册),中国农业大学出版社,2013年;王正银主编,《肥料研制与加工》,中国农业大学出版社,2011年。

3.《土壤农化分析》(Soil and Agriculture Chemistry Analysis)

学时:72(理论课学时24、实验课学时48,实习2周。)

学分:6(理论课学分1、实验课学分3、实习学分2。)

课程简介:通过该课程学习,学生应掌握土壤、肥料、植物、农产品的测定原理、测定方法、数据处理和注意事项,能够胜任土壤农化方面的实验室分析工作。

教学方法或手段:理论,课堂(黑板)讲授;实验与实习,野外采样与室内分析操作。

教学评价(考核)方式:理论|实验,平时成绩占20%,期末操作与口试占80%;实习,平时成绩占20%,分析操作与实习报告占80%。

教材选用:鲍士旦主编,《土壤农化分析》(第三版),中国农业出版社,2013年。

4.《土壤资源调查与评价》(Soil Resources Inquisition and Assessment)

学时:54(理论课学时36、实验课学时18,实习2周。)

学分:5(理论课学分2、实验课学分1、实习学分2。)

课程简介:《土壤资源调查与评价》是一门实践性很强的技术技能课程,是相关专业技能的综合运用。土壤调查是土壤资源评价、土地资源合理开发利用、土壤资源改良与保护的基础。主要内容包括土体野外研究、遥感调查制图、选点采样与实验室分析测试、资料整理、室内转绘、土壤成图、土地评价与改良利用等。要求学生掌握土壤调查的过程、方法和精度要求,掌握土壤分类的基本理论和基本方法,在实验技能方面,要求学生在掌握室内分析的基础上,掌握野外认土、比土评土、航片和卫片判读、绘制土壤图的基本方法。

教学方法或手段:理论,课堂多媒体讲授;实验,野外采样和室内分析操作;实习,野外采样、室内分析与制图。

教学评价(考核)方式:理论,平时成绩占20%,过程(学生讨论和分组自主备课讲课)占40%,期末考试占40%;实验,平时占20%,实验结果及实验报告占80%;实习,平时成绩占20%,分析结果及实习图件占80%。

教材选用:潘剑君主编,《土壤资源调查与评价》,中国农业出版社,2012年。

5.《环境监测》(Environment Monitor)

学时:54(理论课学时18、实验课学时36,实践2周。)

学分:5(理论课学分1、实验课学分2,实践学时2。)

课程简介:《环境监测》是本专业的一门重要专业技术课,它应用化学、物理、生物等方法手段,通过对环境污染物的分析、检测,准确、及时、全面反映环境质量现状及其发展趋势,为环境管理、污染源控制、污染治理、环境规划等提供科学依据。该课程的主要任务是通过教学,使学生掌握水质、大气、土壤、城镇垃圾等污染监测的基本原理、技术方法和监测过程中的质量保证等。

教学方法或手段:理论,课堂(黑板)讲授;实验,野外采样和实验室操作;实习,野外采样和实验室操作。

教学评价(考核)方式:理论,平时成绩占20%,期末考试占80%;实验,平时成绩占20%,操作及其实验报告占80%;实习,平时成绩占20%,操作及实习报告占80%。

教材选用:奚旦立、孙裕生主编,《环境监测》(第四版),高等教育出版社,2010年。

6.《植物营养研究方法》(Plant Nutrition Research Methods)

学时:36(理论课学时36、实验课学时0,实习1周。)

学分:3(理论课学分2、实验课学分0、实习学分1。)

课程简介:《植物营养研究方法》是本专业的应用技术和科研训练课,学生在以往专业知识的基础上,通过本课程的学习与训练,掌握有关作物栽培与施肥、田间试验、盆栽试验的设计与布置及其统计方法,在土壤和植株样品分析检测的基础上,了解植物生长习性和植物营养规律,提高运用相关知识分析、解决科学问题的能力,为毕业后的专业工作和继续深造奠定基础。

教学方法或手段:理论,课堂多媒体+黑板讲授;实习,田间试验和盆栽试验。

教学评价(考核)方式:理论,平时成绩占20%,期末考试占80%;实习,操作过程考核占50%,实习报告与总结占50%。

教材选用:申建波主编,《植物营养研究方法》,中国农业大学出版社,2011年。

十二、教学进程表(表五)

课程类别	课程编号	课程名称	总学分	总学时	学时分配		各学期学时分配								考核方式
					理论	实践	1	2	3	4	5	6	7	8	
通识教育课程平台	TS26106	思想道德修养与法律基础	3	48	38	10	48								试
	TS18111	大学生心理健康教育	1	14	14			14							查
	TS26102	中国近现代史纲要	2	32	24	8		32							试
	TS26103	马克思主义基本原理概论	3	48	38	10				48					试
	TS26104	毛泽东思想和中国特色社会主义理论体系概论Ⅰ	2	32	32					32					试

续表

课程类别	课程编号	课程名称	总学分	总学时	学时分配		各学期学时分配								考核方式
					理论	实践	1	2	3	4	5	6	7	8	
通识教育课程平台	TS26105	毛泽东思想和中国特色社会主义理论体系概论Ⅱ	4	64	44	20					64				试
	TS15001-4	大学英语Ⅰ-Ⅳ	15	270	230	40	60	70	70	70					试
	TS19001-4	体育Ⅰ-Ⅳ	4	126	126		30	32	32	32					试
	TS28001	大学计算机基础	3	48	16	32	48								试
	TS28002	VFP程序设计	4	72	48	24				72					试
	TS26108-9	形势与政策	2	32	12	20	16	16							查
专业教育课程平台	JC28005	高等数学C	4.5	80	80		80								试
	JC25001	普通化学	3	54	54		54								试
	JC25002	分析化学	2	36	36				36						试
	JC25003	有机化学A	3	54	54				54						试
学科基础课程	JC25005-6	基础化学实验Ⅰ-Ⅱ	4	72		72	33	39							试
	JC13316	生物化学	4	72	52	20				72					试
	JC13113	植物学	3	54	36	18			54						试
	JC13317	植物生理学	3	54	34	20				54					试
	ZJ11318	农业气象学	2	36	24	12				36					试
专业基础课程	ZJ13423	微生物学	3	54	34	20				54					试
	ZJ11101	作物栽培技术	2	36	30	6					36				试
	ZJ20103	遥感与信息技术	2.5	46	32	14						46			试
	ZJ20104	地质地貌学	2	36	24	12				36					试
	ZJ20107	仪器分析	2	36	18	18					36				试
	ZJ20106	农业环境学	2	36	36						36				试
专业核心课程	ZH20105	土壤学	3	54	42	12					54				试
	ZH20101	土壤农化分析	4	72	24	48					72				试
	ZH20106	植物营养与肥料工程	4	72	54	18					72				试
	ZH20103	土壤资源调查与评价	3	54	36	18						54			试
	ZH20104	环境监测	3	54	18	36					54				试
	ZH20107	植物营养研究方法	2	36	36							36			试

续表

课程类别	课程编号	课程名称	总学分	总学时	学时分配 理论	学时分配 实践	各学期学时分配 1	2	3	4	5	6	7	8	考核方式
创新创业教育课程平台	基础课程 CJ00001	大学生创业教育	1	18	18				18						查
	CJ00002	大学生就业指导	2	24	24			12				12			查
	CJ20101	资环专业导论	0.5	9	9		9								查
	核心实训课程 CH20103	创新创业论坛	0.5	9	9								9		查
	CH20101	农业项目投资评估	1.5	27	27								27		查
	CH20102	计算机专业应用	1.5	27	27								27		查
	CH00001	创新创业成果学分认定	创新创业实践学分的认定见有关文件												
专业方向课程模块	土壤肥料 ZF20109	土壤地理学	2	36	24	12					36				查
	ZF20103	测量学	2	36	18	18					36				查
	ZF20108	水土保持学	2	36	30	6						36			查
	ZF20107	施肥原理与技术	2	36	30	6						36			查
	农业环境保护 ZF20113	农业固体废物处理与利用	2	36	30	6					36				查
	ZF20110	土壤污染与防治	2	36	24	12					36				查
	ZF20111	环境质量评价	2	36	36							36			查
	ZF20114	农产品安全与检验	2	36	18	18						36			查
个性化拓展课程模块	人文素质 GT18601	演讲与口才	1	18	18						18				查
	GT18625W	美学原理	1	18	18						18				查
	GT18608	应用文写作	1	18	18								18		查
	GT18623W	中国文化概论	1	18	18					18					查
	专业拓展 GT18306	社交礼仪	1	18	18								18		查
	GT20208	AUTOCAD	2	36	18	18						36			查
	GT28002	线性代数	2.5	48	48						48				查
	GT20111	农业生态学	2	36	36						36				查
	GT20112	植物保护技术	2	36	24	12					36				查
	GT20106	土地管理学	2	36	36							36			查
	GT20108	科技论文写作	1	18	18								18		查
	GT20202	水资源管理利用	2	36	36							36			查
最低修读学分/学时			128	2304	1718	586	330	407	452	452	315	166	182		
课堂教学周数							15	17	18	18	14	8	16		
周学时数							22.0	23.9	25.1	25.1	22.5	20.8	11.4		

说明：1.军事理论教育在第1学期以讲座形式进行；
2.2个专业方向模块2选1(8学分)，选定后另1模块的课程自动加入到专业拓展模块中，让学生任选；
3.创新创业教育平台须修满7学分，学生获得"创新创业成果"学分可抵免创新创业核心实训课程学分；
4.个性化拓展模块要求学生至少须选修9学分，其中，"人文素质"模块要求学生至少选修2个学分，且至少选修1门网络课程(课程编号标有W者)；专业拓展模块至少选修7个学分。

十三、辅修专业课程设置

资源与环境学院农业资源与环境专业辅修课程设置

课程名称	学 分	课程教学安排
地质地貌学	2	第 3 学期
土壤学	3	第 4 学期
遥感与信息技术	2	第 5 学期
土壤农化分析	4	第 4 学期
植物营养与肥料工程	4	第 4 学期
土壤资源调查与评价	3	第 6 学期
环境监测	3	第 5 学期
土壤地理学	2	第 5 学期
环境质量评价	2	第 7 学期
毕业论文		必做,但不计学分。
总计		学生必须修满 25 学分

农学类专业

农艺教育本科专业人才培养方案

专业代码:090110T

一、培养目标

本专业培养德、智、体、美全面发展,掌握教育学、作物栽培、作物育种、植物保护、农业推广和农业教育教学等方面专业知识,具有较强的农业和现代教育教学专业能力,能够在中等职业学校、农业企业、农业科研院所以及政府农业管理与推广等部门从事现代农业教育教学、生产开发、经营管理和技术推广等相关工作,具有创新意识和创业精神的高素质应用型专门人才。

二、培养要求

本专业学生主要学习教育学、心理学、农业生物科学、遗传学、试验统计方法、作物栽培技术、作物育种技术等基本理论和基本知识,接受专业技能的基本训练,掌握具备作物生产与管理、作物新品种选育等方面的基本能力。

毕业生应获得以下几方面的知识和能力:

1. 掌握数学、化学等方面的基本理论和基本知识;
2. 掌握土壤肥料、作物栽培、植物保护、遗传育种、种子生产、设施栽培、农业经营管理、农业推广等的基本理论、基本知识和基本技能,通过国家高级农业职业技能证书的考核;
3. 掌握教育教学的基本理论和从事职业教育的职业技能,具有较强的语言表达能力;
4. 掌握农学类学科的基本理论、基本知识,具备作物生产与管理的基本技能和方法;
5. 熟悉国家农业生产和经营等有关政策和法规;
6. 掌握科学研究与实践工作的基本方法,了解农业生产和科学技术的科学前沿和发展趋势,具有现代农业创新意识和专业理念;
7. 掌握科技文献检索、资料查询的基本方法,具有独立获取知识、科学研究、信息处理和创新的基本能力。

三、专业方向

以社会需求为导向,积极适应市场对人才培养规格的要求,设置职业教育、作物生产、现代生物技术三个培养方向,实现人才培养规格的多样化,满足社会不同领域、不同行业对本专业人才的需求。

1. 职业教育方向

学习和掌握农业教育基本知识,具备教育教学基本技能,适合在中等职业学校从事农学、生物学的教育教学工作。

2. 作物生产方向

学习和掌握多种作物栽培管理基本知识,具备作物栽培、育种、组织培养技能,适合在农业企业从事各类作物生产经营和推广工作。

3. 现代生物技术方向

学习和掌握现代生物技术方面的基本理论、基本知识和基本技能,适合在农业企业、农业行政管理部门以及教学、科研单位从事与生物技术相关的技术开发、科学研究与教学等工作。

四、素质与能力分析表(表一)

综合素质与能力	专项素质能力	对应课程或实践
1.基本素质与能力	1.1 政治素质	思想道德修养与法律基础、马克思主义基本原理、中国近代史纲要、毛泽东思想和中国特色社会主义理论概论、形势与政策
	1.2 人文科学素质	社交礼仪、中国文化概论等
	1.3 身心素质	大学生安全教育、大学体育、军训等
	1.4 分析运算能力	高等数学、试验统计方法等
	1.5 英语应用能力	大学英语Ⅰ－Ⅳ、专业英语等
	1.6 计算机应用能力	大学计算机基础、VFP程序设计等
	1.7 利用现代化手段获取信息能力	文献检索与论文写作等
	1.8 组织管理、语言表达、人际交往以及在团队中发挥作用的能力	农业经营管理、社交礼仪、创业实践等
	1.9 教育教学能力	教育学、心理学、学科教学论及模拟教学实践、教育教学实习
2.学科基础知识及应用能力	2.1 化学基础知识及其分析技能	无机化学、分析化学、有机化学
	2.2 农业生产中的应用能力	土壤肥料、植物化学保护、生物化学等
3.专业基础知识及应用能力	3.1 生物学基础知识、植物生理生化基础知识、分子生物学基础知识	植物学、植物生理学、遗传学等
	3.2 在农作物生产、研发中的应用能力	作物栽培学原理等
4.专业核心知识及应用能力	4.1 作物栽培、育种、植保、种子生产核心知识;	作物栽培技术、作物育种技术、植物保护技术、种子生产技术等
	4.2 农业生产技能及经营管理能力	农业推广学、农业经营管理等
5.专业实践技能与动手能力	5.1 专业单项实践技能与动手能力	作物栽培原理实习、作物栽培技术实习、植物保护实习、种子生产技术实习、作物育种技术实习、教育教学实习等
	5.2 专业综合实践技能与动手能力	专业技能训练、企业实训、毕业实习、毕业论文等
6.创新创业能力	6.1 创新能力	创新创业论坛、专业创新教育实践、农艺技术创新
	6.2 创业能力	专业导论、大学生创业教育、大学生就业指导、专业创业教育实践
7.个性化发展能力	7.1 人文素质	社交礼仪、大学语文、美学原理、中国文化概论等
	7.2 专业拓展	植物化学保护、生物技术导论等

五、学制与学分

1. 学制:标准学制4年,修业年限3~6年。

2.学分:最低修读 171.5 学分。其中,课内教学环节必须修满 131.5 学分,实践教学环节必须修满 40 学分。

六、毕业与学位授予

学生在规定的学习年限内,完成各教学环节学习,修满专业规定的最低学分,准予毕业。授予农学学士学位。

七、全学程时间安排总表(表二)

项目 \ 学年 学期	一		二		三		四		合计
	1	2	3	4	5	6	7	8	
军训(含军事理论教育)	2								2
入学教育和专业导论	(2)								(2)
课堂教学	14	17	18	18	17	14	11		108
专业实习或教育实习	1	1			1	4	6	2	14
毕业实习								8	8
专业创新创业实训								2	2
毕业论文(设计)								6	6
复习考试	1	1	1	1	1	1	1		7
机动	1						1	1	3
假期	6	8	6	8	6	8	6		48
全学程总周数	25	27	25	27	25	27	25	19	200

八、实践性教学环节(表三)

课程编号	实践教学项目	学分	周数	安排学期	实践方式
SJ00001	入学教育	1	(2)	第1学期	集中
SJ00002	军训(含军事理论)	1	2	第1学期	集中
SJ00003	社会实践	1	(3)	第2、4、6学期后暑期	由校团委统一安排
SJ13114	植物学教学实习	1	1	第1学期	由任课教师安排在校内进行
SJ11112	作物栽培原理实习	1	1	第5学期	由任课教师安排在校西区种植园进行
SJ11113	作物栽培技术实习	5	5	第6学期3周、第7学期2周	由任课教师安排在实验室、西区种植园、小岗村等地进行
SJ11316	植物保护技术实习	1	1	第5学期	由任课教师安排在西区种植园、雷达山及凤阳近郊地区等进行
SJ11224	种子生产技术实习	2	2	第6学期1周、第7学期1周	由任课教师安排在实验室、西区种植园、方邱湖农场等地进行
SJ11325	农业气象学实习	1	1	第2学期	由任课教师安排在西区种植园进行

续表

课程编号	实践教学项目	学分	周数	安排学期	实践方式
SJ11204	作物育种技术实习	1	1	第6学期	由任课教师安排在实验室、西区种植园、方邱湖农场、龙亢农场等地进行
SJ11003	企业实训	2	(4)	第4学期后暑期	由学院安排在湖南隆平、安徽隆平、江苏农药研究所股份有限公司、皖垦股份有限公司等企业进行
SJ11114－1	校内教育教学实习	2	2	第7学期	由学院安排在学校进行
SJ11114－2	校外教育教学实习	4	(4)	第8学期	由学院协助学生到生源地中学进行
SJ11249	专业技能训练	1	1	第7学期开学后第1周	由学院安排在西区种植园、实验室等地实训
SJ11002	毕业实习	8	8	第8学期	由学院联系并协调学生到南京绿领种业、安徽隆平、湖南隆平、江苏金土地种业股份有限公司、安徽辉隆集团等企业和本校进行
SJ11006	专业创新创业实训	2	2	第8学期	由学院和企业统一安排
SJ11001	毕业论文(设计)	6	6	第8学期	由导师安排在校内或校外进行
	合　计	40	33(13)		

九、课程设置及学时、学分比例表(表四)

课程类型		学时	学分	占总学时(总学分)比例(%)	
通识教育课程平台		786	43	33.22	32.70
专业教育课程平台	学科基础课程	476	26.5	43.70	43.732
	专业基础课程	288	16		
	专业核心课程	270	15		
创新创业教育平台	创新创业基础课程	51	3.5	4.82	5.32
	创新创业核心实训课程	63	3.5		
专业方向课程模块	教育课程模块	144	8	13.69	13.69
	作物生产	180	10		
	现代生物技术模块	180	10		
个性化拓展课程模块	人文素质模块	36	2	4.56	4.56
	专业拓展模块	72	4		
总　计		2366	131.5	100	100

十、主干学科

农学、植物保护、教育学

十一、核心课程

1.《作物栽培技术》(Crop Cultivation Technology)

学时:72

学分:4

课程简介:本课程主要讲授大田栽培作物的生物学基础,作物高产、优质、高效栽培技术体系,作物产品的贮藏、加工等基本理论、基本技能。重点讲授水稻、小麦、棉花、油菜、玉米等作物生产在国民经济中的地位;生长发育与产量和品质形成的基本规律、作物生产与环境调控关系、作物病虫草害防治及水肥管理等基本原理与技术等方面的知识与技能。

教学方法与手段:采用多媒体室内理论教学为主,辅之在田间进行实践技能现场教学。

课程评价与考核:平时成绩占40%(课堂出勤率5%、笔记5%、课堂提问5%、实践操作25%);考试成绩占60%(水稻、小麦、棉花、油菜、玉米的生物学特性、高产栽培的土肥水条件、栽培措施、病虫草害防治等基本知识)。

教材选用:于振文主编,面向21世纪课程教材《作物栽培学各论》(第二版),2013年。

2.《作物育种技术》(Crop Breeding Technology)

学时:54(其中理论课42、实验课12)

学分:3

课程简介:本课程讲授农作物选育优良品种的理论和方法。主要讲授作物不同繁殖方式及遗传特点、作物不同品种类型及育种特点;作物育种的主要目标及其制定育种目标的原则;种质资源的类别和特点以及种质资源收集、保存、研究、利用的基本方法;作物类型及其引种规律。重点讲授作物的育种目标及主要性状遗传、种质资源研究与利用、杂交育种、杂种优势利用等。

教学方法或手段:采用启发思维能力的讲解方法,多媒体教学,实验教学采用教师讲解、演示和指导,学生设计和亲自动手操作及参观相结合的方式。

教学评价方式:考试成绩占60%(考试方式为笔试、闭卷);平时成绩占40%(实验过程表现考核25%,实验报告10%,课堂出勤、提问5%),其中,实验过程表现成绩主要根据学习态度是否认真、实验操作是否正确规范、实验结果是否正确、是否具有创新意识、打扫卫生等几个方面综合评分。

教材选用:张天真主编,面向21世纪课程教材《作物育种学总论》(第三版),2011年。

3.《植物保护技术》(Crop Protection Technology)

学时:72(理论课学时48、实验课学时24。)

学分:4

课程简介:本课程主要让学生学习农作物病害及虫害防治的理论与实践知识,认识防治植物病虫害在国民经济中的重要性,并掌握农作物病虫害综合防治技术。农业病理学内容主要包括:农作物病害发生、为害情况、种类与分布,掌握重要病害的发生发展规律、防治原理和方法、研究及其动向。从实践技能上要求具备识别主要病害的知识,掌握诊断病害的常规技术和技能,具备独立分析、解决农作物病害问题的能力。并密切地结合生产发展需要,完善病害的治理对策,提高现有的防治水平,开辟防治的新途径。农业昆虫学教学目的在于了解农业害虫的发生发展规律,运用综合防治方法,解决实际问题,及时有效地控制害虫的为害,保护农作物获得高产、优质、高效,要求学生掌握各种农业害虫的形态特征、为害特点、生活习性、发生规律、测报方法和防治措施。

教学方法或手段:采用讲解法、对比法、提问式、挂图、多媒体课件、实验操作、课外读物以及教学实习等方法,将学习、实践、思考有机结合,努力达到本课程的要求。

教学评价方式:平时成绩占20%(主要根据上课出勤率、实验报告完成情况及其成绩、上课笔记的记录情况等内容);期末考试成绩占80%,采取闭卷笔试的方式进行。

教材选用:韩召军主编,国家级"十一五"规划教材《植物保护学通论》(第二版),2012年。

4.《种子生产技术》(Principles of Seed Production and Technology)

学时:36(理论课学时24、实验课学时12。)

学分:2

课程简介:本课程从种子产业化角度,主要讲授种子大田生产技术,提高种用品质和商品价值的加工、贮藏的理论与方法,种子检验与质量判定方法,提高学生规模化生产农作物商品种子的能力。

教学方法或手段:采用情境教学法,利用多媒体与种子生产现场进行理论教学;实验课利用规定的仪器设备和样品进行仿真操作。

教学评价方式:平时成绩占50%(出勤、课堂交流、实验成绩);考试成绩占50%(种子生产、加工原理与方法、种子检验规程等基本知识)。

教材选用:曹雯梅、刘松涛主编,农业高校规划教材《作物种子生产》(第一版),2010年。

5.《农业推广学》(Agricultural Popularization)

学时:36

学分:2

课程简介:《农业推广学》是研究农业技术普及应用过程中传播、传递、传授的规律与方法的科学,是研究推广理论与方法论的一门综合性、边缘性、应用性的农业社会科学,是一门实践性很强、实用性很广的科学技术。其任务是让大学生掌握农业推广的技能。

教学方法或手段:采用理论讲授、课堂小组讨论、课外实践相结合的教学方式。通过本课程各个教学环节的教学,着重培养学生的自学能力、表达能力和实践能力。

教学评价方式:学生的成绩考核采用出勤、提问、小组讨论和记录结果和考试等方式组成,其中,出勤和提问占20%,小组讨论占40%,考试占40%。

教材选用:高启杰主编,普通高等教育农业部"十二五"规划教材《农业推广学》(第三版),2013年。

十二、教学进程表(表五)

课程类别	课程编号	课程名称	总学分	总学时	学时分配		各学期学时分配								考核方式
					理论	实践	1	2	3	4	5	6	7	8	
通识教育课程平台	TS26106	思想道德修养与法律基础	3	48	38	6	4	48							试
	TS26102	中国近现代史纲要	2	32	24	4	4	32							试
	TS26103	马克思主义基本原理概论	3	48	38	6	4			48					试
	TS26104	毛泽东思想和中国特色社会主义理论体系概论 I	2	32	32					32					试
	TS26105	毛泽东思想和中国特色社会主义理论体系概论 II	4	64	44	16	4					64			试
	TS15001-4	大学英语(I-IV)	15	270	230	40	60	70	70	70					试
	TS19001-4	大学体育(I-IV)	4	126	126		30	32	32	32					试
	TS28001	大学计算机基础	3	48	16	32	48								试
	TS28002	VFP程序设计	4	72	48	24			72						试
	TS18111	大学生心理健康教育	1	14	14			14							查
	TS26108-9	形势与政策	2	32	12	20	16	16							查

续表

课程类别		课程编号	课程名称	总学分	总学时	学时分配		各学期学时分配								考核方式
						理论	实践	1	2	3	4	5	6	7	8	
专业教育课程平台	学科基础课程	JC17005	高等数学C	4.5	80	80		80								试
		JC25001	普通化学	3	54	54		54								试
		JC25002	分析化学	2	36	36			36							试
		JC25003	有机化学A	3	54	54				54						试
		JC25005	基础化学实验Ⅰ	2	33		33	33								试
		JC25006	基础化学实验Ⅱ	2	39		39		39							试
		JC13113	植物学	3	54	36	18	54								试
	专业基础课程	JC13316	生物化学	4	72	52	20				72					试
		JC13318	植物生理学	3	54	36	18					54				试
		ZJ11201	试验统计方法	3	54	48	6						54			试
		ZJ20107	土壤肥料学	3	54	42	12					54				试
		ZJ11202	遗传学	3	54	42	12					54				试
		ZJ13422	农业微生物	2	36	20	16		36							试
	专业核心课程	ZJ11101	作物栽培原理	3	54	44	10					54				试
		ZJ11318	农业气象学	2	36	24	12	36								试
		ZH11104	作物栽培技术	4	72	72							36	36		试
		ZH11204	作物育种技术	3	54	42	12						54			试
		ZH11317	植物保护技术	4	72	48	24						72			试
		ZH11224	种子生产技术	2	36	24	12						36			试
		ZH11226	农业推广学	2	36	36								36		试
创新创业教育课程平台	基础课程	CJ00001	大学生创业教育	1	18	18						18				查
		CJ00002	大学生就业指导	2	24	24				12				12		查
		CJ11001	（农艺教育）专业导论	0.5	9	9		9								查
	核心实训课程	CH11001	创新创业论坛	0.5	9	9							9			查
		CH11204	农艺技术创业教育实践	1.5	27	27							27			查
		CH11205	农艺专业创新教育实践	1.5	27	27								27		查
		CH00001	创新创业成果学分认定	创新创业实践学分的认定见有关文件												
专业方向课程模块	教育课程	ZF18312	教育学	2	36	36					36					试
		ZF18311	心理学	2	36	36				36						试
		ZF11109	学科教学论及模拟教学	2	36	20	16						36			试
		ZF18604	教师口语	2	36	36				36						试

续表

课程类别		课程编号	课程名称	总学分	总学时	学时分配		各学期学时分配								考核方式
						理论	实践	1	2	3	4	5	6	7	8	
专业方向课程模块	作物生产	ZF11221	作物育种技术各论	2	36	18	18							36		查
		ZF11232	设施栽培技术	2	36	28	8						36			查
		ZF11211	植物组织培养技术	2	36	18	18					36				查
		ZF16419	农业生产机械化	2	36	36	6							36		查
		ZF11313	农产品安全与检验	2	36	18	18						36			查
	现代生物技术	ZF13681	食用菌栽培技术	2	36	24	12						36			查
		ZF11212	分子生物学基础	2	36	30	6						36			查
		ZF11247	植物分子育种技术	2	36	18	18						36			查
		ZF11216	蔬菜栽培技术	2	36	24	12					36				查
		ZF11248	农业信息技术	2	36	24	12							36		查
个性化拓展课程模块	人文素质	GT18306	社交礼仪	1	18	18						18				查
		GT18603	大学语文	1	18	18						18				查
		GT18623W	中国文化概论	1	18	18							18			查
		GT18625W	美学原理	1	18	18							18			查
		GT11205	文献检索与论文写作	1	18	18							18			查
	专业素质拓展	GT11208	农产品营销	1	18	18						18				查
		GT11201	农业现代化概论	1	18	18								18		查
		GT11215	专业英语	1	18	18							18			查
		GT11322	植物化学保护技术	2	36	24	12						36			查
		GT11231	生物技术导论	2	36	30	6						36			查
		GT11107	农业标准化	1	18							18				查
		GT11206	多媒体课件制作	1	18									18		查
学生最低修读的学分/学时				131.5	2366	1944	422	359	450	384	368	343	327	135	0	
课堂教学周数								14	17	18	18	17	14	11		
周学时数								26	23	24	20	20	23	12		

说明：
1. 军事理论教育在第1学期以讲座形式进行；
2. 专业方向课程模块设置3个子模块，其中"教育课程模块"方向必选；至少选修"作物生产模块"和"现代生物技术模块"2个模块中的1个模块或修满课程10个学分；
3. 创新创业教育平台，学生获得"创新创业成果"学分可抵免创新创业核心实训课程学分；
4. 个性化拓展模块设2个子模块，修满6个学分，应至少修读人文素质模块课程2个学分，其中，"W"课程编码为网络课程，且至少选修1门网络课程；至少选修专业素质拓展模块课程4个学分。

工学类专业

机械设计制造及其自动化本科专业人才培养方案

专业代码：080251

一、培养目标

本专业培养德、智、体、美全面发展，掌握机械设计、机械制造及其过程自动化方面的专业基本理论知识，具有机械产品设计、制造、设备控制及生产组织管理等方面的应用能力，能够在机械制造领域从事设计制造、科技开发、应用研究、生产组织和管理等方面工作，具有创新意识和创业精神的高素质应用型专门人才。

二、培养要求

本专业学生主要学习机械设计、机械制造、机械电子及自动化等方面的基本理论和基本知识，接受现代机械工程师的基本训练，掌握机械产品设计、制造、设备控制及生产组织管理等方面的基本能力。

毕业生应获得以下几方面的知识和能力：

1. 具有从事工程工作所需的相关数学、自然科学以及经济和管理知识；

2. 掌握机械工程基础知识和本专业的基本理论知识，具有系统的工程实践学习经历，了解本专业的前沿发展现状和趋势；

3. 具有制图、计算、测试、调研、查阅文献和基本工艺操作等基本技能和较强的计算机应用能力，掌握文献检索、资料查询及运用现代信息技术获取相关信息的基本方法，具有综合运用理论和技术手段设计机械系统、部件和过程的能力；

4. 具有对于机械工程问题进行系统表达、建立模型、分析求解和论证的能力，掌握基本的创新方法，具有追求创新的态度和意识；

5. 具有在机械工程实践中初步掌握并使用各种技术、技能和现代化工程工具的能力，达到与本专业相关工种的高级工及以上技术水平与能力，具备利用自动化理论与方法设计产品的生产工艺、并组织实施的能力；具备设计和实施工程实验的能力，并能够对实验结果进行分析；

6. 对终身学习有正确认识，具有不断学习和适应发展的能力，具有一定的组织管理能力、表达能力和人际交往能力以及在团队中发挥作用的能力；

7. 具有人文社会科学素养、社会责任感和工程职业道德，了解与本专业相关的职业和行业的生产、设计、研究与开发、环境保护和可持续发展等方面的方针、政策和法律、法规，能正确认识工程对于客观世界和社会的影响；

8. 具有国际视野和跨文化的交流、竞争与合作能力。

三、素质与能力分析表(表一)

综合素质与能力	专项素质与能力	对应课程或实践
1.基本素质与能力	1.1 政治素质	思想道德修养与法律基础、中国近现代史纲要、马克思主义原理概论、毛泽东思想和中国特色社会主义理论体系概论、形势政策等
	1.2 人文科学素质	演讲与口才、应用文写作、中国近代人物研究、明史十讲
	1.3 身心素质	军事训练、大学体育、大学生心理健康教育等
	1.4 分析运算能力	高等数学、线性代数、概率论与数理统计、计算方法等
	1.5 英语应用能力	大学生英语、机械工程英语等
	1.6 计算机应用能力	大学计算机基础、C语言程序设计、计算机绘图、Creo2.0三维机械设计
	1.7 利用现代化手段获取信息能力	文献检索、大学计算机基础等
	1.8 组织管理、语言表达、人际交往以及在团队中发挥作用的能力	现代企业管理、各集中实践环节、社会实践等
2.学科基础知识及应用能力	2.1 一般通用零部件和机械设备的设计能力	画法几何及机械制图、测绘实习、机械原理、机械设计、机械原理课程设计、机械设计课程设计、机械系统设计、机械系统设计课程设计等
	2.2 工程中构件的受力分析、运动分析和计算,强度和刚度校核能力	理论力学、材料力学、机械有限元分析等
	2.3 电路的分析、计算和设计能力	电工与电子技术、电工电子技术实习等
3.专业基础知识及应用能力	3.1 绘制、阅读机械图样能力	画法几何及机械制图、测绘实习、计算机绘图、Creo2.0三维机械设计等
	3.2 对结构零件进行合理选材及制定热处理工艺路线的能力	机械工程材料、材料成形技术基础、机械制造工程训练等
	3.3 运用传感器对工程中的应力、应变、扭矩、振动及温度等进行测量,从而改善设备性能的能力	传感与检测技术、互换性与测量技术等
4.专业核心知识及应用能力	4.1 先进制造技术应用能力	机械制造技术、计算机辅助设计与制造、数控技术、机械制造技术课程设计、现代制造技术综合实训等
	4.2 机电液一体化控制及应用能力	机械工程控制基础、流体力学与液压传动、机电一体化技术、液压传动综合实训等
5.专业实践技能与动手能力	5.1 机械设计与机械制造实践能力	认识实习、测绘实习、机械制造工程训练、机械原理课程设计、电工电子技术实习、机械设计课程设计、液压传动综合实训、现代制造技术综合实训、机械制造技术基础课程设计、机械系统设计课程设计、专业技能训练、毕业实习、毕业论文(设计)
6.创新创业能力	6.1 创新能力	创新创业论坛、专业创新教育实践
	6.2 创业能力	大学生创业教育、大学生就业指导、专业导论、专业创业教育实践

续表

综合素质与能力	专项素质与能力	对应课程或实践
7.个性化发展能力	7.1人文素质	演讲与口才、应用文写作、中国近代人物研究、明史十讲
	7.2专业拓展	机械工程英语、机械优化设计、机械有限元分析、工业机器人、工业产品造型设计等

四、学制与学分

1.学制:标准学制4年,修业年限3～6年。

2.学分:最低修读177.5学分。其中,课内教学环节须修满133.5学分,实践教学环节须修满44学分。

五、毕业与学位授予

学生在规定的学习年限内,完成各教学环节学习,修满专业规定的最低学分,准予毕业。授予工学学士学位。

六、全学程时间安排总表(表二)

项目\学年学期	一		二		三		四		合计
	1	2	3	4	5	6	7	8	
军训(含军事理论)	2								2
入学教育和专业导论	(2)								(2)
课堂教学	15	16	15	16	15	13	13		103
专业实习、课程设计		2	3	2	3	5	3		18
毕业实习								4	4
专业创新创业实训							2		2
毕业论文(设计)								10	10
复习考试	1	1	1	1	1	1	1		7
小学期				3		2			5
机动		1						3	4
假期	6		8	6	5	6	6		43
全学程总周数	25	27	25	27	25	27	25	17	200

七、实践性教学环节(表三)

课程编号	实践教学项目	学分	周数	安排学期	实践方式
SJ00201	入学教育	1	(2)	第1学期	集中
SJ00202	军训(含军事理论教育)	2		第1学期	集中
SJ00203	社会实践	1	(3)	第2、4、6学期后暑期	由校团委统一安排

续表

课程编号	实践教学项目	学分	周数	安排学期	实践方式
SJ15204	大学英语网络自主学习实训	4	(4)	第1、2、3、4学期	网络自主学习中心统一安排
SJ16209	认识实习	1	(1)	第1学期	蚌埠晶菱机床公司、蚌埠金威滤清器有限公司等企业参观实习,企业工程师讲解,周末进行
SJ16210	机械制图综合实训	2	2	第2学期	学校制图实训室、CAD机房进行
SJ16211	机械制造工程训练	3	3	第3学期	工程训练中心进行,外聘部分企业技师参与指导
SJ16212	机械原理课程设计	1	(1)	第4学期后暑假短2	工学基础实验教学中心进行
SJ16213	电工电子技术实训	2	2	第4学期	工程训练中心电子实训区,外聘部分企业技师参与指导
SJ16214	机械设计课程设计	2	2	第5学期	工学基础实验教学中心进行,企业专家参与
SJ16215	液压传动综合实训	1	1	第5学期	机械制造与车辆实验教学中心,
SJ16216	现代制造技术综合实训	3	3	第6学期	含数控、线切割、柔性制造系统以及五轴加工等。在工程训练中心校企合作进行,外聘部分企业技术人员参与指导,工程师以上职称比例不低于30%
SJ16217	机械制造技术基础课程设计	2	(2)	第6学期后暑假短3	机械制造与车辆实验教学中心,外聘部分企业技术人员参与指导,工程师以上职称比例不低于30%
SJ16218	机械系统设计课程设计	2	2	第6学期	机械制造与车辆实验教学中心
SJ16219	专业技能训练	3	3	第7学期	在工程训练中心或工程实践教学基地进行,外聘部分企业技术人员参与指导,工程师以上职称比例不低于30%
SJ16222	专业创新创业实训	2	2	第7学期	
SJ16220	毕业实习	4	4	第8学期	南京自控仪表、上海克来公司、广州佛朗斯机械公司等企业进行,外聘部分企业技术人员参与指导,工程师以上职称比例不低于30%
SJ16221	毕业论文(设计)	10	10	第8学期	机械制造与车辆实验教学中心、上海克来公司等部分企业,外聘部分企业专家和技术人员参与指导,工程师以上职称比例不低于50%
	合计	44	49(15)		

八、课程设置及学时、学分比例表(表四)

课程类型		学时	学分	占总学时(总学分)比例(%)	
通识教育课程平台		786	43	32.5	32.2
专业教育课程平台	学科基础课程	580	31	23.9	23.2
	专业基础课程	446	25	18.4	18.7
	专业必修课程	316	17.5	13.0	13.1
创新创业教育平台	创新创业基础课程	51	3.5	2.5	2.6
	创新创业核心实训课程	63	3.5	2.6	2.6
个性化拓展课程模块	人文素质选修课	144	2	1.4	1.5
	专业选修课	36	8	5.9	5.9
总　计		2422	133.5	100	100

九、主干学科

力学、机械工程

十、核心课程

1.《机械设计》(Mechanical Design)

学时:54

学分:3

该课程对应的课程设计企业专家全程参与,共2周、2学分。

课程简介:本课程是高等工科院校机械工程类专业的一门专业技术基础课。本课程主要研究一般工作条件和常用参数范围内的通用机械零件的工作原理,结构特点,基本设计理论和设计计算方法,以及机械系统方案的设计与选择。主要目的是使学生掌握机械设计的基本理论和方法,培养学生工程实践能力和创新意识。

教学方法或手段:本课程部分内容教学采取模块化项目教学,任务驱动。课程后续2周的课程设计,要求必须有企业工程师参与指导,学生需完成规定量的课程设计任务。

教学评价方式:考核综合考虑大作业、课程设计等,总体采取过程考核的方式进行考核。平时成绩占30%,考试成绩占70%。

教材选用:教育部规划教材

2.《机械制造技术》(Mechanical Manufacturing Technology)

学时:54

学分:3

该课程对应的课程设计企业专家全程参与,共2周、2学分。

课程简介:本课程主要讲授金属切削加工的基本理论,金属切削机床的结构,各种刀具、量具、夹具的结构、材料、选用和设计,机械加工工艺规程制定、装配工艺基础等知识。通过学习,学生应具备简单零件的机械加工工艺编制及加工的能力。

教学方法或手段:本课程部分内容教学采取教学做一体化方式在工程训练中心机加工和数控车间进行。课程后续2周的课程设计,要求必须有企业工程师参与指导,工程师以上职称比例不低于30%,学生需完成规定量的课程设计任务。

教学评价方式：考核综合考虑大作业、课程设计等，总体采取过程考核的方式进行考核。平时成绩占30%，考试成绩占70%。

教材选用：教育部规划教材。

3.《数控技术》(Numerical Control Technique)

学时：54（其中，企业行业专家授课9学时。）

学分：3（其中，企业行业专业授课0.5学分。）

课程简介：本课程主要讲授机床数字控制技术的基本原理、数控指令系统、数控加工工艺及程序编制、数控装置的结构与分析、数控驱动系统原理、数控装备的使用维修方法等知识。通过学习，学生应掌握数控机床的基本结构与原理，具备数控加工程序编制及数控加工的能力。

教学方法或手段：本课程数控编程和数控机床结构等部分内容教学采取教、学、做一体化方式，在工程训练中心数控车间进行。课程对应现代制造技术实习采取校企合作联合指导，外聘企业技术人员参与指导，工程师以上职称比例不低于30%。

教学评价方式：考核综合考虑机床实际操作、工艺处理以及程序编写能力等，总体采取过程考核的方式进行考核。平时成绩占50%，考试成绩占50%。

教材选用：校企开发自编校本教材。

4.《流体力学与液压传动技术》(Fluid Mechanics and Hydraulic Transmission Technology)

学时：64

学分：3.5

该课程对应的课程设计，企业专家全程参与，共1周、1学分。

课程简介：本课程主要讲授液压流体力学基础、液压与气压传动的基本概念与理论，液压元件、液压辅件、气动元件、气动辅件的结构和使用，液压与气动系统基本回路、常见的故障及排除，以及液压与气压系统的设计方法等知识。通过学习，学生应具备液压系统设计、维护和使用的能力。

教学方法或手段：本课程部分内容教学采取教、学、做一体化方式在实验室进行。课程后续1周的课程设计，学生需完成规定量的课程设计任务。

教学评价方式：考核综合考虑大作业、课程设计等，总体采取过程考核的方式进行考核。平时成绩占30%，考试成绩占70%。

教材选用：教育部规划教材。

5.《机械系统设计》(Design of Mechanical System)

学时：36

学分：2

该课程对应的课程设计，企业专家全程参与，共2周、2学分。

课程简介：本课程是一门专业主干核心课程，从整体的角度和系统的观点出发，较全面地讲授机械系统的基本概念、性能要求、设计规律、评价方法和典型结构，重点突出工程设计的应用技术知识。主要内容包括绪论、总体设计、传动系统设计、执行系统设计、支承系统设计、控制系统设计和机械系统实用设计技术。

教学方法或手段：本课程部分内容教学采取移动课堂教学理念进行情景式教学，在工程训练中心机加工进行。课程后续2周的课程设计，要求必须有企业工程师参与指导，工程师以上职称比例不低于30%，学生需完成规定量的课程设计任务。

教学评价方式：考核综合考虑大作业、课程设计等，总体采取过程考核的方式进行考核。平时成绩占30%，考试成绩占70%。

教材选用：教育部规划教材。

十一、教学进程表（表五）

课程类别	课程编号	课程名称	总学分	总学时	理论	实践	1	2	短1	3	4	短2	5	6	短3	7	8	考核方式
通识教育课程平台	TS26106	思想道德修养与法律基础	3	48	38	10	48											试
	TS26102	中国近现代史纲要	2	32	24	8		32										试
	TS26103	马克思主义原理概论	3	48	38	10					48							试
	TS26104	毛泽东思想和中国特色社会主义理论体系概论Ⅰ	2	32	32						32							试
	TS26105	毛泽东思想和中国特色社会主义理论体系概论Ⅱ	4	64	44	20							64					试
	TS15001-4	大学英语（Ⅰ-Ⅳ）	15	270	230	40	60	70		70	70							试
	TS19001-4	大学体育（Ⅰ-Ⅳ）	4	126	126		30	32		32	32							试
	TS28001	大学计算机基础	3	48	16	32	48											试
	TS28003	C语言程序设计	4	72	48	24					72							试
	TS18111	大学生心理健康教育	1	14	14			14										查
	TS26108-9	形势与政策	2	32	12	20	16	16										查
专业教育课程平台 学科基础课程	JC28001	高等数学A1	4.5	80	80		80											试
	JC28002	高等数学A2	5	100	100			100										试
	JC28006	线性代数	2	48	48			48										试
	JC29002	大学物理B	4.5	82	64	18		82										试
	JC25007	普通化学	2	36	32	4	36											试
	JC16210	理论力学	3.5	64	64					64								试
	JC16213	材料力学（双语）	3	54	50	4					54							试
	JC16214	热工基础	2	36	32	4					36							试
	JC28018	概率论与数理统计	3	54	54								54					试
	JC16215	计算方法	2	36	36								36					试

续表

课程类别		课程编号	课程名称	学分	总学时	学时分配		各学期学时分配										考核方式
						理论	实践	1	2	短1	3	4	短2	5	6	短3	7	8	
专业教育课程平台	专业基础课程	ZJ16215	画法几何及机械制图	5	88	76	12	88											试
		ZJ16216	计算机绘图	1	20	0	20		20										试
		ZJ16217	机械工程材料	2	36	30	6					36							试
		ZJ16218	电工电子技术	4	72	60	12					72							试
		ZJ16219	机械原理（双语）	3	54	46	8					54							试
		ZJ16220	互换性与测量技术	2	36	30	6					36							试
		ZJ16221	传感与检测技术	2	36	26	10					36							试
		ZJ16222	机械设计	3	54	48	6							54					试
		ZJ16223	机械工程控制基础	3	50	40	10							54					试
	专业必修课	ZB16201	流体力学与液压传动技术	3.5	64	54	10							64					试
		ZB16202	机械制造技术	3	54	46	8							54					试
		ZB16203	计算机辅助设计与制造	2	36	18	18							36					试
		ZB16204	机床电气控制技术	2	36	30	6					36							试
		ZB16205	机械系统设计	2	36	36									36				试
		ZB16206	数控技术	3	54	48	6							54					试
		ZB16207	单片机原理与应用	2	36	30	6								36				试
创新创业教育课程平台	基础课程	CJ00001	大学生创业教育	1	18	18											18		查
		CJ00002	大学生就业指导	2	24	24											24		查
	核心实训课程	CX16202	专业导论	0.5	9	9		9											查
		CX00002	创新创业论坛	0.5	9	9										9			查
		CY14020	工业企业管理	1.5	27	27											27		查
		CX00003	专业创新教育实践	1.5	27	27								27					查
		CH00001	创新创业成果学分认定	创新创业成果学分认定见有关文件															

安徽科技学院应用型创新创业人才培养方案(2015)

续表

课程类别	课程编号	课程名称	总学分	总学时	理论	实践	1	2	短1	3	4	短2	5	6	短3	7	8	考核方式
个性化拓展课程模块	GT18601	演讲与口才	1	18	18											18		查
	GT18608	应用文写作	1	18	18											18		查
	GT18106W	中国近代人物研究	1	18	18											18		查
	GT16201	生命科学概论	1	20	20											20		查
	GT16205	文献检索*	1	18	18											18		查
	GT18107W	明史十讲	1	18	18											18		查
	GT16208	材料成形技术基础	2	36	30	6								36				试
	GT16209	先进制造技术	2	36	36									36				查
	GT16210	现代设计理论与方法	2	36	36									36				查
	GT16211	自动化制造系统	2	36	36									36				查
	GT16212	机电一体化技术	2	36	26	10								36				试
	GT16213	Creo三维机械设计	2	36	10	26								36				查
	GT16214	机械工程英语	1	24	24									24				查
	GT16215	机械制造装备设计	2	36	36									36				查
	GT16216	工业产品造型设计	2	36	30	6										36		试
	GT16217	模具设计与制造	2	36	36											36		试
	GT16218	机械有限元分析	1	20		20										20		查
	GT16219	机械优化设计	1	20	20											20		查
	GT16220	工业机器人	1	20	20											20		查
	GT16221	绿色设计与绿色制造	1	20	20											20		查
	GT14021	质量管理体系	1	20	20											20		
最低修读的学分/学时			134	2417	2100	332	367	462		346	434		416	225		186		
课堂教学周数							15	16		15	16		15	13		13		
周学时数							24.5	28.3		23.1	27.1		27.7	17.3		14.3		

说明:
1.各专业军事理论教育在第1学期以讲座形式进行;
2.创新创业教育平台,学生获得"创新创业成果"学分可抵免创新创业核心实训课程学分;
3.个性化拓展模块要求学生至少须选修10个学分,其中,"人文素质"选修模块要求学生至少选修2个学分(*课程必选),且至少选修1门网络课程;专业选修课程模块至少选修8个学分;
4.通识基础课程除教务处安排的MOCC、网络课程外;各学院根据专业具体情况选择部分学科专业基础课程进行课程改革,设置一定学时的网络课程等优质资源课程。

十三、辅修专业课程设置

机械工程学院机械设计制造及其自动化专业辅修课程设置

课程名称	学 分	课程教学安排
课程名称	学 分	辅修专业教学计划
机械制图	3	第2学期
工程力学	4	第2学期
计算机绘图	2	第3学期
机械设计基础	4	第3学期
机械工程材料	2	第3学期
机械制造技术基础	3	第4学期
电工电子技术	3	第4学期
液压与气压传动	2	第5学期
数控机床操作与编程	2	第6学期
Creo2.0三维机械设计	2	第6学期
毕业论文		必做，但不计学分。
总计	27	学生必须修满25学分

辅修先修课程设置（各学院根据本专业实际要求填写，如没有则此表不填）

课程名称	学分	备注
高等数学	5	第1学期
大学物理	2	第2学期

工学类专业

无机非金属材料工程本科专业人才培养方案

专业代码:080406

一、培养目标

本专业培养德、智、体、美全面发展,掌握无机非金属材料工程专业的基本理论和基本知识,具有无机非金属材料的结构分析、材料制备、成型与加工等基本能力,能够在玻璃、粉体等行业从事生产技术开发、工艺设备设计、经营管理等工作,具有创新意识和创业精神的高素质应用型专门人才。

二、培养要求

本专业学生主要学习材料科学、材料工程等方面的基本理论和基本知识,接受无机非金属材料科学与工程学科中有关材料的制备、结构与性能检测分析、设计与开发等方面的基本训练,掌握开发新材料、研究新工艺、改善材料性能和提高产品质量等方面的基本能力。

毕业生应获得以下几方面的知识和能力:

1. 具有良好的工程职业道德和追求卓越的态度,较强的爱国敬业精神和较好的人文科学素养;

2. 具有从事工程工作所需的数学和其他相关的自然科学知识以及一定的经济管理知识;

3. 掌握材料科学与工程学科的基础理论、材料合成与制备、材料复合、材料设计及工程研究、产品质量控制等专业基础知识;

4. 掌握无机非金属材料结构与性能的分析方法、生产工艺的设计方法和无机非金属材料的应用技术,具有综合运用所学科学理论、方法和技术手段分析并解决工程实际问题的能力;

5. 具有较强的创新意识,具有进行材料研究、材料设计、材料应用、技术改造与创新的能力;

6. 具有信息获取和终身学习的能力,具有较好的组织管理能力和较强的交流沟通、环境适应和团队合作的能力;

7. 了解材料科学与工程的国际研究前沿和发展趋势,具有跨文化环境下的交流、竞争与合作的能力。

三、专业方向

1. 玻璃方向

学习和掌握玻璃材料的检测分析、原料配方、产品设计与加工及产品质量监测等方面的基本技能,能够在玻璃行业从事材料的生产、加工、质检、技术监督等工作。

2. 粉体材料方向

学习和掌握粉体材料的检测分析、原料配方、产品设计与加工及产品质量监测等方面的基本技能,能够在粉体行业从事材料的生产、加工、质检、技术监督等工作。

四、素质与能力分析表(表一)

综合素质能力	专项素质与能力	对应课程或实践
1.基本素质与能力	1.1 政治素质	思想道德修养与法律基础、中国近现代史纲要、马克思主义基本原理概论、形势与政策等
	1.2 人文科学素质	中国文化概论、美学原理等
	1.3 身心素质	军事训练、大学体育、大学生心理健康教育等
	1.4 分析运算能力	高等数学、线性代数、材料分析与测试技术等
	1.5 英语应用能力	大学英语、本专业英语等
	1.6 计算机应用能力	大学计算机基础、C语言程序设计、工程制图
	1.7 利用现代化手段获取信息能力	文献检索、计算机在材料科学中的应用
	1.8 组织管理、语言表达、人际交往以及在团队中发挥作用的能力	现代企业管理、应用文写作、社交与礼仪等
2.学科基础知识及应用能力	2.1 数理化及电子电工等基础知识及分析运算能力	高等数学、大学物理、电工电子学、机械设计基础、无机与分析化学等
	2.2 理化实验基本技能与应用能力	大学物理实验、无机与分析化学实验等
3.专业基础知识及应用能力	3.1 理化及电子工程一体化应用基础知识及分析运算能力	化学工程基础、机械设计基础、物理化学、晶体学基础
	3.2 专业理化实验基本技能与应用能力	工程制图、无机非金属材料工厂设计概论等
4.专业核心知识及应用能力	4.1 无机材料与化工基本理论与分析能力	无机材料科学基础、无机材料工艺学、粉体工程
	4.2 无机材料与化学工程实际应用能力	无机材料物理性能、材料分析与测试技术等课程设计或课程实习
5.专业实践技能与动手能力	5.1 基础性工艺与操作类实训	电工电子学综合实习、化学工程基础课程实习、工程训练
	5.2 与本专业行业相关的实践技能	无机非金属材料工厂设计概论实践周、玻璃工艺学实习、玻璃热工实习等
6.创新创业能力	6.1 创新意识与创新能力	发明与专利学、材料工程类创新创业论坛等
	6.2 创业能力与职业操守	大学生创业教育、材料类产品研发与营销设计等
7.个性化发展能力	7.1 人文素质与职业文化	中国文化概论、应用文写作、现代企业管理、社交与礼仪等
	7.2 学业拓宽与提高	新能源材料与技术、文献检索、纳米材料概论等

五、学制与学分

1. 学制:标准学制4年,修业年限3~6年。

2. 学分:最低修读175学分。其中,课内教学环节必须修满138学分,实践教学环节必须修满37学分。

六、毕业与学位授予

学生在规定的学习年限内,完成各教学环节学习,修满专业规定的最低学分,准予毕业。授予工学学士学位。

七、全学程时间安排总表（表二）

学年 项目 学期	一		二		三		四		合计
	1	2	3	4	5	6	7	8	
军训（含军事理论教育）	2								2
入学教育和专业导论	(2)								(2)
课堂教学	15	18	18	17	15	15	15		113
专业实习或教育实习		(1)		1	2	4	3		10(1)
毕业实习								8	8
专业创新创业实训								2	2
毕业论文（设计）								6	6
复习考试	1	1	1	1	1	1	1		7
机动	1							3	4
假期	6	8	6	8	6	8	6		48
全学程总周数	25	27	25	27	25	27	25	19	200

八、实践性教学环节（表三）

课程编号	实践教学项目	学分	周数	安排学期	实践方式
SJ00001	入学教育	1	(2)	第1学期	集中
SJ00002	军训（含军事理论教育）	2	2	第1学期	集中
SJ00003	社会实践	1	(3)	第2、4、6学期后暑期	由校团委统一安排
SJ25201	专业认知见习	1	(1)	2	安徽德力日用玻璃股份有限公司
SJ29001	电工电子学综合实训	1	1	4	物电实验中心
SJ25213	化学工程基础课程实训	1	1	5	化工实验室
SJ16008	工程训练	2	2	第4学期后暑期	校工程训练中心
SJ25204	无机材料工艺学课程设计	1	1	5	材料实验室
SJ25215	无机非金属材料工厂设计概论实训	1	1	6	安徽省前力玻璃制品有限公司
SJ25205	无机材料物理性能课程设计	1	1	6	材料实验室
SJ25216	材料分析与测试技术课程设计	1	1	6	校测试中心
SJ25217	玻璃工艺学实训	1	1	6	校实训中心
SJ25218	玻璃热工实训	1	1	7	校实训中心
SJ25219	粉末冶金工艺学实训	1	1	6	校实训中心
SJ25220	超微粉体加工工艺实训	1	1	7	校实训中心

续表

课程编号	实践教学项目	学分	周数	安排学期	实践方式
SJ25221	生产实训	6	(6)	第6学期后暑假	凤阳金星实业有限公司等企业
SJ25222	专业综合实训	2	2	7	蚌埠玻璃工业设计研究院
SJ25003	毕业实训	8	8	第8学期	学院统一安排
SJ25223	专业创新创业实训	2	2	第8学期	学院统一安排
SJ25002	毕业论文(设计)	6	6	第8学期	学院统一安排
	合计	37	30(12)		

九、课程设置及学时、学分比例表(表四)

课程类型		学时	学分	占总学时(总学分)比例(%)	
通识教育课程平台		786	43	31.7	31.1
专业教育课程平台	学科基础课程	562	31.5	50.7	50.8
	专业基础课程	363	20		
	专业核心课程	334	18.5		
创新创业教育平台	创新创业基础课程	51	3.5	2.1	2.5
	创新创业核心实训课程	63	3.5	2.5	2.5
专业方向课程模块	玻璃	216	12	8.7	8.7
	粉体材料				
个性化拓展课程模块	人文素质	36	2	4.3	4.4
	专业拓展	72	4		
总计		2483	138	100	100

十、主干学科

材料科学与工程

十一、核心课程

1.《无机材料科学基础》(Fundamentals of inorganic nonmetallic materials Science)

学时:64(其中,企业行业专家授课6学时。)

学分:3.5

课程简介:本课程介绍无机非金属材料的形成规律、微观结构和成分状态,以及它们之间的相互关系,内容包括:无机晶体的结构与缺陷、非晶态固体、固体表面与界面、相平衡与相图、固体中的扩散、固相反应、相变过程、固体和粉末的烧结、材料的亚稳态等,较全面地阐述了无机材料科学和工程的基础理论,注重新概念、新理论、新工艺、新材料以及不同学科知识的融合交叉。

教学方法或手段:以课堂理论课教学为主(含讲授法、多媒体演示法、讨论法以及模型实物展示法等),通过各种教学手段,使学生充分领会无机材料科学和工程的理论基础。

教学评价方式:以理论课教学环节的作业、课堂提问、考勤以及实验课教学环节的实验报告、考勤和技能测试等作为平时成绩,以学期末进行的笔试成绩作为期终成绩,依据平时成绩和笔试成绩百分比例综合评定本课程成绩。平时成绩占总成绩的40%,其中,包含考勤、课堂提问、随堂检测;期末笔试成绩占总成绩的60%。

教材选用:刘剑虹主编,《无机非金属材料科学基础》(第一版),中国建材出版社,2008年;《材料科学基础》,国家级精品课程网络资源,武汉理工大学主办。

2.《无机材料工艺学》(Inorganic materials technology)

学时:36(其中,企业行业专家授课6学时。)

学分:2

课程简介:本课程以无机非金属材料制备过程中的共性为整体框架,以其制备工艺流程为主线,系统地介绍常见的无机非金属材料的制备过程以及相应的制备原理与设备等。通过本课程的学习,可以使学生较全面、系统地掌握常见的无机非金属材料的制备原理、生产过程中的共性与个性问题,理解不同的工艺因素的由来、适用范围以及其对产品结构与性能的影响。

教学方法或手段:在理论课教学阶段应充分利用讲授法、演示法、讨论法等手段,使学生充分领会材料工艺加工技术的由来、与基础课程的联系和工艺原理等内容。

教学评价方式:考核成绩由出勤、课堂笔记、作业、实验出勤情况和期末考试成绩组成,期末考试采取闭卷考试进行考核。

(1)以笔记、作业、课堂提问等作为平时成绩之一,按20%计入总成绩;作业未完成率高于30%,此项成绩计0分;作业抄袭严重者,此项成绩扣除25%。

(2)实验课环节按20%计入总成绩;旷课(或早退)达到30%的学生,此项成绩计0分。

(3)学期考试采用闭卷形式,题型多样灵活,按60%计入总成绩。

教材选用:李玉平、高朋召主编,《无机非金属材料工学》(第一版),化学工业出版社,2011年;《无机非金属材料工艺学》,国家级精品课程网络资源,济南大学主办。

3.《无机材料物理性能》(Physical properties of inorganic materials)

学时:36(其中,企业行业专家授课6学时。)

学分:2

课程简介:本课程在无机材料的组织结构、相组成、相丰度等化学因素的基础上,主要探讨材料在宏观层次上的物理性能,包括力学、热学、光学、功能转换等性能,以及影响这些性能的重要因素。通过本课程的学习,可以使学生加深与本专业有关核心理化理论的基础知识,领会与材料性能有关的重要物理参数的意义及其影响因素,掌握科研领域常用的材料性能的测试方法与应用途径。

教学方法或手段:在理论课教学过程中可利用讲授法、多媒体演示法、讨论法以及模型实物展示法等,通过各种教学手段,使学生充分领会材料性能学的理论基础。

教学评价方式:本课程的考核方式要求侧重考核学生利用所学知识综合分析和解决实际问题的能力。考核成绩包括平时成绩和期末试卷成绩两部分。平时成绩占40%:根据考勤、作业、课堂回答问题、随堂测试等,主要考核学生的学习态度;期末考试占60%:综合笔试,闭卷,主要考查基本概念、基本理论等基本知识,测评学生的理解、判断、分析、综合等能力。以上评分之和为100%,最终成绩以百分制评定。

教材选用:吴其胜、蔡安兰主编,《材料物理性能》(第一版),华东理工大学出版社,2006年;《材料物理性能》,精品课程网络教学资源,盐城工学院主办。

4.《粉体工程》(Powder technology)

学时:36(其中,企业行业专家授课6学时。)

学分:2

课程简介:本课程主要研究粉体的特性,加工处理的基本原理、过程和方法,以及与工程中单元操作有关的粉体加工处理基本理论和基础知识,为后续专业方向课打下必要的理论基础。由于其跨学科、跨技术的交叉性和基础理论的概括性,因此,它既与若干基础科学相毗邻,又与工程应用相联系。是无机非金属材料专业必修的专业核心课程之一。

教学方法或手段:在理论课教学阶段应充分利用讲授法、演示法、讨论法等手段,使学生充分领会粉体的性质与相应的工艺设备等内容。

教学评价方式:采取过程性考核与终结性考核相结合的方式。过程性考核包括课堂测试、作业撰写及出勤率等多种考核方式,重在考查学生学习的过程;终结性考核为期末考试,采取统一命题、考试及评分的方式,阅卷工作由阅卷小组统一评阅。

课程总成绩的评定权重为:①过程性考核(平时)占40%。其中,课堂测试为20%、作业撰写为10%、出勤率为10%;②终结性考核(期末考试)占60%。

教材选用:陶珍东主编,《粉体工程与设备》(第一版),化学工业出版社,2003年;《粉体工程》国家级精品课程网络教学资源,盐城工学院主办。

5.《材料分析与测试技术》(Analysis and test technology of materials)

学时:54(其中,企业行业专家授课6学时。)

学分:3

课程简介:本课程主要介绍无机非金属材料的X射线衍射分析、电子显微分析、热分析、红外光谱及光电子能谱分析等技术,以及材料光学性能测试等的基本理论、仪器结构原理、测试结果的分析处理及应用。

教学方法或手段:以课堂理论课教学为主(含讲授法、多媒体演示法、讨论法以及模型实物展示法等等),重点是通过各种教学手段使学生充分联系各个基础课程,并充分领会各种分析测试手段的理论基础、仪器原理与操作、结果的分析手段,等等。

教学评价方式:考核成绩由出勤、实验出勤情况、期中测验和期末考试成绩组成,期中测验可采取随堂测验或专题论文考查的形式,期末考试采取闭卷考试进行考核。

(1)以笔记、作业、课堂提问等作为平时成绩之一,按20%计入总成绩。

(2)期中测验按20%计入总成绩;学期期末考试采用闭卷独立完成的形式,采取多样灵活的题型,按60%计入总成绩。

教材选用:杨南如主编,《无机非金属材料测试方法》(第一版),武汉理工大学出版社,1990年;齐海群主编,《材料分析测试技术》(第一版),北京大学出版社,2011年;《材料现代分析与测试技术》,国家级精品课程网络资源,长春理工大学主办。

6.《专业核心课程实验》(Experiments for professional core curriculum)

学时:108(实验课学时108。其中,企业行业专家授课18学时。)

学分:6

课程简介:本课程是在基本的理化实验的基础上,通过相关的实验操作,对所学的专业核心课程的重点内容进行强化与提高。开设本实验课程的目的是使学生学习并强化专业核心课程的重点内容,例如,无机材料基础中的晶体结构、烧结特性,无机与粉体材料的基本加工工艺以及无机材料的晶体结构、微结构与相关的物理性能的测试方法等,通过实验操作,对学生的实践能力、创新意识和综合素质进行全面培养。通过本课程的学习,要求学生掌握本专业中常见的材料制备合成以及材料分析检测等环节的基本操作和实验技术,正确并熟练使用仪器,并合理地利用工具对实验结果进行分析。

教学方法或手段:在实验课环节应充分利用实验室的条件来设计教学案例,并且结合集体培训和上机操作进行教学;实验课应充分利用集体培训和分组实验的方式进行教学,同时,要侧重于结果的分析方法教学。

教学评价方式:本实验课程是从属于各个专业核心课程的,其考核方式可采取多样化的形式,例如,采取平时考核+实验技能考核+期中总结考核的形式,学生的总成绩通过衡量上述三部分权重综合确定。

（1）平时考核内容包括学生出勤情况、实验纪律、实验预习情况等。

（2）实验技能考核可采取随堂测验的方式，例如，每一个课程结束后对学生进行抽查或分组进行某些操作技能的考核。

（3）期中总结考核主要是依据学生的实验报告的质量对学生的成绩进行评定。

教材选用：陈君华、郭腾主编，《无机非金属材料工程专业核心课程实验》，安徽科技学院校本教材，2013年；丁志杰、郭腾主编，《粉体工程基础实验》，安徽科技学院校本教材，2015年。

十二、教学进程表（表五）

课程类别	课程编号	课程名称	总学分	总学时	学时分配 理论	学时分配 实践	各学期学时分配 1	2	3	4	5	6	7	8	考核方式
通识教育课程平台	TS26106	思想道德修养与法律基础	3	48	38	10		48							试
	TS26102	中国近现代史纲要	2	32	24	8	32								试
	TS26103	马克思主义原理概论	3	48	38	10				48					试
	TS26104	毛泽东思想和中国特色社会主义理论概论Ⅰ	2	32	32						32				试
	TS26105	毛泽东思想和中国特色社会主义理论概论Ⅱ	4	64	44	20						64			试
	TS15001-4	大学英语（Ⅰ-Ⅳ）	15	270	230	40	60	70	70	70					试
	TS19001-4	大学体育（Ⅰ-Ⅳ）	4	126	126		30	32	32	32					试
	TS28001	大学计算机基础	3	48	16	32	48								试
	TS28003	C语言程序设计	4	72	48	24			72						试
	TS18111	大学生心理健康教育	1	14	14					14					查
	TS26108-9	形势与政策	2	32	12	20	16	16							查
专业教育课程平台 学科基础课程	JC28001-2	高等数学A(Ⅰ-Ⅱ)	10	180	180		80	100							试
	JC28006	线性代数	3	48	48					48					试
	JC29001	大学物理A	5.5	100	76	24			100						试
	JC29003	电工电子学	4	72	54	18				72					试
	JC25201-2	无机与分析化学Ⅰ-Ⅱ	9	162	108	54	81	81							试

续表

课程类别		课程编号	课程名称	总学分	总学时	学时分配		各学期学时分配								考核方式
						理论	实践	1	2	3	4	5	6	7	8	
专业教育课程平台	专业基础课程	ZJ25201	化学工程基础	4	72	54	18					72				试
		ZJ16001	机械设计基础	2.5	48	48							48			试
		ZJ16002	工程制图	2	36	36							36			试
		ZJ25212-3	物理化学Ⅲ-Ⅳ	9.5	171	108	63			87	84					试
		ZJ25204	晶体学基础	2	36	36					36					试
	专业核心课程	ZH25206	无机材料科学基础	3.5	64	64						64				试
		ZH25207	无机材料工艺学	2	36	36							36			试
		ZH25208	无机材料物理性能	2	36	36							36			试
		ZH25209	粉体工程	2	36	36							36			试
		ZH25210	材料分析与测试技术	3	54	54							54			试
		ZH25211	专业核心课程实验	6	108		108						72	36		试
创新创业教育课程平台	基础课程	CJ25201	材料工程专业前沿导论	0.5	9	9		9								查
		CJ00001	大学生创业教育	1	18	18					18					查
		CJ00002	大学生就业指导	2	24	24			12				12			查
	核心实训课程	CH25201	创新创业论坛	0.5	9	9							9			查
		CH25202	材料类产品研发与营销设计	1.5	27	27								27		查
		CH25203	发明与专利学	1.5	27	27								27		查
		CH00001	创新创业成果学分认定	创新创业成果学分的认定见有关文件												
专业方向课程模块	玻璃	ZF25207	玻璃工艺学	4	72	54	18						72			试
		ZF25208	玻璃热工及机械设备	4	72	54	18						72			试
		ZF17215	自动化仪表与控制	2	36	36								36		试
		ZF25211	无机非金属材料工厂设计概论	2	36	36								36		试
	粉体材料	ZF25209	粉末冶金工艺	4	72	54	18						72			试
		ZF25210	超微粉体加工技术与应用	4	72	54	18						72			试
		ZF17215	自动化仪表与控制	2	36	36								36		试
		ZF25211	无机非金属材料工厂设计概论	2	36	36							36			试

续表

课程类别	课程编号	课程名称	总学分	总学时	学时分配		各学期学时分配								考核方式
					理论	实践	1	2	3	4	5	6	7	8	
个性化拓展课程模块															
人文素质	GT18608	应用文写作	1	18	18						18				查
	GT18306	社交礼仪	1	18	18								18		查
	GT18625W	美学原理	1	18	18								18		查
	GT18623W	中国文化概论	1	18	18							18			查
	GT14210	现代企业管理	1	18	18						18				查
专业拓展	GT25204	新能源材料与技术	2	36	36								36		查
	GT25205	功能材料概论	2	36	36								36		查
	GT25202	文献检索	2	36	36								36		查
	GT25203	纳米材料概论	1	18	18								18		查
	GT25217	计算机在材料科学中的应用	1	18	18								18		查
学生最低修读的学分/学时			138	2483	1998	485	308	421	463	410	374	354	153		
课堂教学周数							15	18	18	17	15	15	15		
周学时数							20.5	23.4	25.7	24.1	24.9	23.6	10.2		

说明：
1. 各专业军事理论教育在第1学期以讲座形式进行；
2. 专业方向课程模块共设2个子模块，要求学生选修1个完整模块，取得12个学分；
3. 创新创业教育平台，学生获得"创新创业成果"学分可抵免创新创业核心实训课程学分；
4. 个性化拓展模块设2个子模块，要求学生至少须选修6个学分，其中，"人文素质(或自然科学)"模块要求学生至少修2个学分，且至少选修1门网络课程；专业拓展模块至少选修4个学分。

工学类专业

计算机科学与技术(师范类)本科专业人才培养方案

专业代码:080901

一、培养目标

本专业培养德、智、体、美全面发展,掌握计算机科学与技术专业的基本理论和基本知识,具备嵌入式系统、管理信息系统的设计、开发与维护的工程实践能力及基本的教学技能,能够在企事业单位从事计算机应用系统的开发与维护、计算机教学等方面的工作,具有创新意识和创业精神的高素质应用型专门人才。

二、培养要求

本专业学生主要学习数学、物理等基础自然科学知识以及电子、计算机科学、软件开发、嵌入式系统开发等方面的基本理论和基本知识,接受计算机操作、师范教育技能、管理信息系统开发、嵌入式系统设计与开发等方面的基本训练,掌握师范教育技能、管理信息系统开发、嵌入式系统设计与开发等方面的基本能力。

毕业生应获得以下几方面的专业基本知识和能力:

1. 掌握计算机学科的基本理论与基本知识,具备计算机学科的基本技能;
2. 掌握数学、物理等自然科学及人文社会科学基础知识,具有运用所学知识发现问题、分析问题的能力;
3. 掌握数据结构、计算机组成、操作系统、计算机网络、数据库、微机原理与接口等核心知识,具有从事计算机应用系统设计与分析的基本能力;
4. 具有管理信息系统或嵌入式系统设计、开发与维护的工程实践能力;
5. 掌握基本的教学技能,具有从事计算机教学及教学研究的能力;
6. 掌握英语交流的基本技能及文献资料查阅的基本方法,具有获取信息的能力;
7. 具有较强的自学能力、社会适应能力、人际交往能力、团队协作能力和创新创业意识。

三、专业方向

1. 教育类方向

学习和掌握教育学、心理学、学科教学论及教师口语等基本知识,具有基本的教学技能,能够在中等职业学校从事计算机方面的教学工作。

2. 嵌入式技术方向

学习和掌握ARM体系结构、多媒体技术及Linux系统设计等相关知识,具备嵌入式系统设计、开发与维护的能力,能在企事业单位从事嵌入式应用系统开发的相关工作。

3. 信息管理技术方向

学习和掌握数据库管理系统、JAVA WEB 开发、软件工程等基本知识,具备管理信息系统设计、开发与维护能力,能在企事业单位从事信息管理的相关工作。

四、素质与能力分析表(表一)

综合素质与能力	专项素质与能力	对应课程或实践
1.基本素质与能力	1.1 政治素质	思想道德修养与法律基础、中国近现代史纲要、马克思主义基本原理概论、形势政策、毛泽东思想和中国特色社会主义理论体系概论等
	1.2 身心素质	军事训练、大学体育等
	1.3 分析运算能力	高等数学、概率论与数理统计等
	1.4 英语应用能力	大学英语等
	1.5 组织管理、语言表达、人际交往以及在团队中发挥作用的能力	演讲与口才、社会实践、大学生创业教育、创新创业实践活动等
2.学科基础知识及应用能力	计算机学科基础知识、数理知识与计算思维能力	导论、高等数学、线性代数、概率论与数理统计、大学物理等
3.专业基础知识及应用能力	电路基础知识、程序设计基础、电路分析与程序设计能力	模拟电路、数字电路、C 语言程序设计、离散数学等
4.专业核心知识及应用能力	4.1 计算机硬件设计知识、软件设计知识、网络、数据库等	数据结构、计算机组成原理、操作系统、数据库原理与应用、计算机网络、单片机技术及应用等
	4.2 计算机硬软件分析设计能力	
5.专业实践技能与动手能力	嵌入式应用系统开发技能或管理信息系统开发技能	嵌入式系统原理与接口技术、嵌入式 Linux 系统开发、JAVA WEB 开发等
6.创新创业能力	6.1 创新能力	创新创业论坛,IT 技术创新创业实践
	6.2 创业能力	大学生创业教育,IT 企业经营管理
7.个性化发展能力	7.1 人文素质	影视鉴赏、应用文写作、演讲与口才等
	7.2 学科拓宽与提高	数字图像处理技术基础、人工智能、移动互联网络应用开发等

五、学制与学分

1. 学制:标准学制 4 年,修业年限 3~6 年。

2. 学分:最低修读 170.5 分。其中,课内教学环节必须修满 134.5 学分,实践教学环节必须修满 36 学分。

六、毕业与学位授予

学生在规定的学习年限内,完成各教学环节学习,修满专业规定的最低学分,准予毕业。授予工学学士学位。

七、全学程时间安排总表(表二)

项目\学期	学年 一		二		三		四		合计
	1	2	3	4	5	6	7	8	
军训(含军事理论)	2								2
入学教育和专业导论	(2)								(2)

项目 \ 学年学期	一		二		三		四		合计
	1	2	3	4	5	6	7	8	
课堂教学	13	18	17	17	16	15	9		105
专业实习、课程实习或教育实习		2	1	1	2	3	9		18
毕业实习								8	8
专业创新创业实训								2	2
毕业论文（设计）								6	6
复习考试	1	1	1	1	1	1	1		7
机动	1							3	4
假期	6	8	6	8	6	8	6		48
全学程总周数	25	27	25	27	25	27	25	19	200

八、实践性教学环节（表三）

课程编号	实践教学项目	学分	周数	安排学期	实践方式
SJ00001	入学教育	1	(2)	第1学期	集中
SJ00002	军训（含军事理论教育）		2	第1学期	集中
SJ00003	社会实践	1	(3)	第2、4、6学期后暑期	由校团委统一安排
SJ28101	计算机组装与维护实训	1	1	第1学期	计算机与网络实验中心集中进行
SJ28102	程序设计技能实训	1	1	第1学期	计算机与网络实验中心集中进行
SJ28103	数据结构课程设计	1	1	第3学期	计算机与网络实验中心集中进行
SJ28104	计算机组成原理课程设计	1	1	第4学期	计算机与网络实验中心集中进行
SJ28105	操作系统课程设计	1	1	第5学期	计算机与网络实验中心集中进行
SJ28106	单片机应用系统开发	1	1	第5学期	计算机与网络实验中心集中进行
SJ28107	计算机网络技术实训	1	1	第6学期	计算机与网络实验中心集中进行
SJ28108	嵌入式软件项目开发实训	2	2	第6学期	计算机与网络实验中心集中进行（嵌入式方向，校企双导师）
SJ28109	信息管理软件项目开发实训				计算机与网络实验中心集中进行（信息管理方向，校企双导师）
SJ28110	嵌入式应用系统开发实训	3	3	第7学期	计算机与网络实验中心集中进行（嵌入式方向，校企双导师）
SJ28111	管理信息系统开发实训				计算机与网络实验中心集中进行（信息管理方向，校企双导师）
SJ28112	教育实习	6	6	第7学期	校内与校外进行
SJ28113	毕业实习	8	8	第8学期	学院统一安排
SJ28114	专业创新创业实训	2	2	第8学期	学院统一安排
SJ28115	毕业论文（设计）	6	6	第8学期	计算机系统一安排
	合计	36	41(5)		

九、课程设置及学时、学分比例表(表四)

课程类型		学时	学分	占总学时(总学分)比例(%)	
通识教育课程平台		666	36	28.0	26.8
专业教育课程平台	学科基础课程	382	21.5	33.7	33.8
	专业基础课程	418	24		
	专业核心课程	320	19	13.5	14.1
创新创业教育平台	创新创业基础课程	51	3.5	2.1	2.6
	创新创业核心实训课程	63	3.5	2.7	2.6
专业方向课程模块	师范教育	140	8	15.5	15.6
	嵌入式技术	228	13		
	信息管理技术	228	13		
个性化拓展课程模块	人文社会科学	36	2	1.5%	1.5%
	学科拓展	72	4	3.0%	3.0%
总　　计		2376	134.5	100	100

十、主干学科

计算机科学与技术、电子技术

十一、专业核心课程

1.《计算机组成原理》(Principles of Computer Organization)

学时:64(理论课学时52、实验课学时12。)

学分:4(理论课学分3、实验课学分1。)

课程简介:本课程重点讲授单处理机计算机系统的基本组成和工作原理。即重点介绍计算机五大功能部件的基本组成、内部运行机制以及各基本组成部件有机连接构成整机系统的技术。培养学生对计算机硬件系统的分析、开发与设计能力。

教学方法或手段:本课程以课堂理论教学为主,可采用类比法、引导法、举例法等教学方式,引导学生积极思考和理解理论知识。

教学评价方式:课程考核结合平时考勤和期末考试成绩相结合的评价方式,全面考核学生的学习效果和综合素质。平时成绩占总成绩的40%,根据学生课堂出勤和表现、学生平时的实验项目成绩进行考核;期末考试占总成绩的60%,全面综合考察学生的课程知识掌握情况。

教材选用:教材:王本册主编,《计算机组成原理》,清华大学出版社;国家级规划教材。

参考教材:王诚主编,《计算机组成与设计》,清华大学出版社;白中英主编,《计算机组成原理》,科学出版社。

2.《操作系统》(Operating System)

学时:64(理论课学时52、实验课学时12。)

学分:4(理论课学分3、实验课学分1。)

课程简介:主要讲述操作系统对计算机系统的CPU、存储器、I/O、文件等资源管理的基本工作原理及其在操作系统GeekOS中的实现。培养学生深入理解计算机运行机制,提高开发复杂应用系统的能力。

教学方法或手段:本课程以课堂理论教学为主,可采用类比法、引导法、举例法等教学方式,引导学生积极思考和理解理论知识。

教学评价方式:课程考核结合平时考勤、实验和期末考试成绩相结合的评价方式,全面考核学生的学习效果和综合素质。平时成绩占总成绩的40%,根据学生课堂出勤和表现、学生平时的实验项目成绩进行考核;期末考试占总成绩的60%,全面综合考察学生的课程知识掌握情况。

教材选用:郑扣根(译),Abraham Silberschatz 著,《操作系统》(第六版),高等教育出版社,国外优秀信息科学与技术系列教学用书。

参考教材:孙钟秀,《操作系统教程》(第四版),高等教育出版社。

3.《单片机技术及应用》(Techniques and Applications of Mono-chip Computers)

学时:72(理论课学时48、实验课学时24,其中,企业行业专业授课9学时。)

学分:4(理论课学分2.5、实验课学分1.5,其中,企业行业专业授课0.5学分。)

课程简介:主要讲述以 MCS-51 为代表的单片微型计算机的存储器体系结构、指令系统与编程技术、中断系统及应用、定时器及应用、串并口通信等微型机中的关键技术以及常用外围设备与单片机的接口技术及应用。使学生更深入地理解计算机软、硬件系统的基本组成和基本原理,掌握单片机应用系统开发和设计的基本方法,启迪学生的创新意识,锻炼学生的实践动手能力。

教学方法或手段:本课程采用教、学、做一体化方式进行教学。

教学评价方式:课程考核结合过程式考核与上机考核相结合的方式进行。过程式考核是平时课堂所学知识与能力的和考核,主要以学生上机实验情况为主,占50%;上机考核是学期结束时的考核,考查学生的综合应用能力,占50%。

教材选用:黄勇、高先和,《单片机原理及应用》,安徽大学出版社,省级规划教材。

参考教材:李全利,《单片机原理及接口技术》,高等教育出版社;杨欣等,《51单片机应用实例详解》,清华大学出版社。

4.《数据库原理及应用》(Database System Principles and Techniques)

学时:56(理论课学时40、实践课学时16。)

学分:3(理论课学分2、实践课学分1。)

课程简介:本课程主要讲授关系数据库的基本理论与知识,包括数据模型、关系数据库、关系规范化理论、数据库设计、事务与并发控制、Transact SQL 语言基础、数据库和表、数据库查询、索引和视图、存储过程、触发器和游标等。培养学生在软件设计中的数据库应用能力。

教学方法或手段:本课程以课堂理论教学为主,可采用类比法、引导法、举例法等教学方式,引导学生积极思考和理解理论知识。

教学评价方式:课程考核结合平时考勤、实验和期末考试成绩相结合的评价方式,全面考核学生的学习效果和综合素质。平时成绩占总成绩的40%,根据学生课堂出勤和表现、学生的平时的实验项目成绩进行考核;期末考试占总成绩的60%,全面综合考查学生的课程知识掌握情况。

教材选用:王珊,《数据库系统概论》,高等教育出版社,国家级规划教材。

参考教材:闪四清,《数据库系统原理与应用教程》,清华大学出版社;(美)David M. Kroenke,David J. Auer,《数据库原理》,清华大学出版社。

5.《计算机网络》(Computer Networks)

学时:64(理论课学时52、实验课学时12,其中,企业行业专业授课9学时。)

学分:4(理论课学分3、实验课学分1,其中,企业行业专业授课0.5学分。)

课程简介:本课程主要讲授计算机网络的基本概念、原理、方法、标准等基础知识,内容围绕网络体系结构、物理层、数据链路层、网络层、运输层、应用层、主流局域网技术、网络互联技术和网络安全等。

教学方法或手段:本课程以课堂理论教学为主,可采用类比法、引导法、举例法等教学方式,引导学生积极思考和理解理论知识。

教学评价方式:课程考核结合平时考勤、实验和期末考试成绩相结合的评价方式,全面考核学生的学习效果和综合素质。平时成绩占总成绩的40%,根据学生课堂出勤和表现、学生的平时的实验项目成绩进行考核;期末考试占总成绩的60%,全面综合考查学生的课程知识掌握情况。

教材选用:谢希仁,《计算机网络》(第五版),电子工业出版社,国家级规划教材。

参考教材:Andrew S. Tanenbaum 主编,熊桂喜等译,《计算机网络》,清华大学出版社;高传善,《数据通信与计算机网络》(第二版),高等教育出版社。

十二、教学进程表(表五)

课程类别		课程编号	课程名称	总学分	总学时	学时分配 理论	学时分配 实践	各学期学时分配 1	2	3	4	5	6	7	8	考核方式
通识教育课程平台		TS26106	思想道德修养与法律基础	3	48	38	10		48							试
		TS26102	中国近现代史纲要	2	32	24	8	32								试
		TS26103	马克思主义原理概论	3	48	38	10			48						试
		TS26104	毛泽东思想和中国特色社会主义理论体系概论Ⅰ	2	32	32					32					试
		TS26105	毛泽东思想和中国特色社会主义理论体系概论Ⅱ	4	64	44	20					64				试
		TS15001-4	大学英语(Ⅰ-Ⅳ)	15	270	230	40	60	70	70	70					试
		TS19001-4	大学体育(Ⅰ-Ⅳ)	4	126	126		30	32	32	32					试
		TS26108-9	形势与政策	2	32	12	20	16	16							试
		TS18111	大学生心理健康教育	1	14	14			14							查
专业教育课程平台	学科基础课程	JC28001	高等数学AⅠ	4.5	80	80		80								试
		JC28002	高等数学AⅡ	5.5	100	100			100							试
		JC29001	大学物理A	5.5	100	76	24		100							试
		JC28006	线性代数	3	48	48					48					试
		JC28008	概率论与数理统计	3	54	54					54					试
		ZJ28101	计算机技术基础	2	36	0	36	36								查
		ZJ28102	C语言程序设计Ⅰ	3	54	36	18	54								试
		ZJ28103	C语言程序设计Ⅱ	3	48	24	24		48							试

续表

课程类别	课程编号	课程名称	总学分	总学时	学时分配 理论	学时分配 实践	各学期学时分配 1	2	3	4	5	6	7	8	考核方式
专业教育课程平台	ZJ29002	模拟电子技术	3	54	42	12			54						试
	ZJ29003	数字电路	3	54	40	14				54					试
	ZJ28104	离散数学	4	64	64				64						试
	ZJ28105	汇编语言程序设计基础	2	36	24	12			36						试
	ZJ28106	数据结构	4	72	48	24				72					试
	ZH28101	计算机组成原理	4	64	52	12				64					试
	ZH28102	操作系统	4	64	52	12						64			试
	ZH28103	数据库原理及应用	3	56	40	16						56			试
	ZH28104	单片机技术及应用	4	72	48	24						72			试
	ZH28105	计算机网络	4	64	52	12							64		试
创新创业教育课程平台	CJ00001	大学生创业教育	1	18	18					18					查
	CJ00002	大学生就业指导	2	24	24			12				12			查
	CJ28101	计算机科学与技术专业导论	0.5	9	9										查
	CH28001	创新创业论坛	0.5	9	9									9	查
	CH28101	IT企业经营管理	1.5	27		27							27		查
	CH28102	IT技术创新教育实践	1.5	27		27							27		查
	CH00001	创新创业成果学分认定	创新创业实践学分的认定见有关文件												
专业方向课程模块	ZF18604	教师口语	2	36	36		36								试
	ZF18311	心理学	2	36	36						36				试
	ZF18312	教育学	2	36	36							36			试
	ZF28109	学科教学论	2	32	24	8						32			查
专业方向课程模块	ZF28101	C++面向对象程序设计	3	54	36	18				54					试
	ZF28102	多媒体技术	3	48	36	12					48				查
	ZF28103	嵌入式系统原理与接口技术	3	54	36	18						54			试
	ZF28104	嵌入式Linux系统开发	4	72	48	24						72			试

续表

课程类别		课程编号	课程名称	总学分	总学时	学时分配		各学期学时分配								考核方式
						理论	实践	1	2	3	4	5	6	7	8	
专业方向课程模块	信息管理技术	ZF28105	JAVA面向对象程序设计	3	54	36	18				54					试
		ZF28106	数据库管理系统及应用	3	48	28	20						48			查
		ZF28107	软件工程	3	54	42	12							54		查
		ZF28108	JAVA WEB系统开发	4	72	48	24							72		查
个性化拓展课程模块	人文素质拓展	GT18608	应用文写作	1	18	18					18					查
		GT18622W	影视鉴赏	1	18	18					18					查
		GT18601	演讲与口才	1	18	18						18				查
		GT18623W	中国文化概论	1	18	18							18			查
	学科拓展	GT28101	人工智能	2	36	28	8						36			查
		GT28102	数字图像处理技术基础	2	36	28	8						36			查
		GT28103	移动互联网络应用开发	3	54	36	18							54		查
		GT28104	物联网技术基础	2	36	28	8							36		查
最低修读学分/学时				134.5	2376	1914	462	344	494	412	354	340	324	99		
课堂教学周数					13			18	17	17	16	15	9			
周学时数					26.5			27.4	24.2	20.8	21.2	21.6	11			

说明:
1. 各专业军事理论教育在第1学期以讲座形式进行;
2. 专业方向课程模块学生至少须选修21学分,"教育类课程"模块为必选模块,其他2个模块,学生可选择其中1个方向模块;
3. 创新创业教育平台,学生获得"创新创业实践"1个学分可抵免1门相应的创新创业核心实训课程;
4. 个性化拓展模块要求学生至少须选修6学分,其中,"人文素质"模块要求学生至少选修2个学分,且至少选修1门网络课程;专业拓展模块至少选修4个学分;
5. 计算机技术基础、C语言程序设计Ⅰ—Ⅱ、单片机技术及应用、嵌入式技术方向课程、信息管理技术方向课程均采用教、学、做一体化教学。

十三、辅修专业课程设置

信息与网络工程学院计算机科学与技术专业辅修课程设置

课程名称	学分	课程教学安排
离散数学	2	第3学期
数据结构	3	第3学期
计算机组成原理	3	第3学期
操作系统	3	第4学期
计算机网络技术	3	第4学期
数据库原理及应用	3	第4学期
JAVA程序设计	4	第5学期
单片机技术及应用	4	第5学期
毕业论文		必做,但不计学分。
总计	25	学生必须修满25学分

工学类专业

光电信息科学与工程本科专业人才培养方案

专业代码:080705

一、培养目标

本专业培养德、智、体、美全面发展,掌握光电信息科学与工程领域内的基本理论和基本实验技能,具有综合运用光电信息科学理论和技术分析解决工程问题的能力,能够在光电信息科学与工程相关领域从事研究、设计、开发、应用和管理等工作,具有创新意识和创业精神的高素质应用型专门人才。

二、培养要求

本专业学生主要学习光电信息科学与工程领域的基本理论和基本知识,接受光电信息系统分析、设计和研究方法等方面的基本训练,掌握光电信息系统研究、设计、开发、集成及应用的基本能力。

毕业生应获得以下几方面的知识和能力:

1. 掌握物理以及本专业所需要的数学、计算机科学、光电子学等方面的基本理论、基本知识,具有坚实而宽广的专业基础;

2. 受到良好的科学思维和科学实验的基本训练,掌握从事信息显示与光电技术等方面的实验工作和技术工作所必需的基本技能和方法,获得较好的光电信息系统分析、设计、开发方面的实践动手能力训练,能够较熟练地解决工程中的有关问题;

3. 了解新兴信息显示、光电子器件等领域的发展动态,对与本专业方向密切相关的交叉学科的一般知识和高新技术的新发展有所了解,能适应当代科技的不断发展;

4. 熟悉国家信息产业政策及国内外有关知识产权的法律法规,熟悉文献检索和其他获取科技信息的方法,具有较强的创新意识及团队合作精神;

5. 具有一定的国际视野和跨文化环境下的交流能力,掌握一门外国语,具有较好的听、说、译、写能力,能较顺利地阅读本专业的外文书籍和资料;

6. 有较高的思想道德和文化素质修养、敬业精神和社会责任感,以及健康的体魄和良好的心理素质。

三、专业方向

1. 平板显示方向

学习和掌握光电信息的产生、采集、传输、变换、接收、储存和显示处理的基本理论和方法,具备光电信息显示的实现、显示产品分析和设计的基本能力,能够在信息显示特别是平板显示行业及其相近领域内从事设计、制造、开发及管理工作。

2. 光电探测方向

学习和掌握光电探测技术及应用领域的专业理论知识和实验技能,具备光电成像、光电仪器设计、光谱分析与测试技术、光电探测信息处理等系统设计的基本能力,能够在光电探测及其他相近领域内从事设计、制造、开发及管理工作。

四、素质与能力分析表(表一)

综合素质与能力	专项素质与能力	对应课程或实践
1.基本素质与能力	1.1 政治素质	思想道德修养与法律基础、中国近现代史纲要、马克思主义基本原理概论、毛泽东思想和中国特色社会主义理论体系概论、形势政策等
	1.2 人文科学素质	应用文写作、演讲与口才、企业管理学等
	1.3 身心素质	军训、大学体育、大学生心理健康教育等
	1.4 分析运算能力	高等数学
	1.5 英语应用能力	大学英语、专业前沿相关课程资料的查阅
	1.6 计算机应用能力	大学计算机基础、C语言程序设计、单片机原理与应用、嵌入式系统等
	1.7 利用现代化手段获取信息能力	专业技能训练、毕业设计、各类课程设计等
	1.8 组织管理、语言表达、人际交往以及在团队中发挥作用的能力	社会实践、创业实践、创新管理等
2.学科基础知识及应用能力	2.1 扎实的数理基础	线性代数、概率论与数理统计、复变函数与积分变化、光电信息物理基础等、线性代数、大学物理等
	2.2 光路分析初步能力	应用光学、物理光学
	2.3 电路初步能力	电路分析
	2.4 信息基础	数据结构
	2.5 知识应用能力	光电及物理类课程实验和实习
3.专业基础知识及应用能力	3.1 光电信息类专业基础理论	电子技术(模拟、数字)、信号与系统、通信原理等
	3.2 专业基础应用能力	电子技术课程设计、激光原理与技术、电子工艺实习、电路板设计与制作工艺实践等
4.专业核心知识及应用能力	4.1 信息的采集、分析、处理及显示	显示器件驱动技术、平板显示技术、数字视频技术、嵌入式系统
	4.2 光电子系统的设计、制造、开发和应用能力	光电信息处理、光电仪器设计、光谱分析与测试技术、光电图像处理、光电子成像技术及应用等
5.专业实践技能与动手能力	创新意识、创新能力和实践技能	专业课程实验、EDA技术、嵌入式系统课程设计、实习和设计、专业技能训练、毕业设计等
6.创新创业意识及能力	6.1 创新能力	专业创新创业实训、创新创业论坛
	6.2 创业能力	大学生创业教育、大学生就业指导
7.个性化发展能力	7.1 人文素质	应用文写作、演讲与口才等
	7.2 专业素质	显示器与电视机原理、嵌入式操作系统及应用、光伏技术与应用、智能家居设计等

五、学制与学分

1.学制:标准学制4年,修业年限3~6年。

2.学分:最低修读170学分。其中,课内教学环节必须修满137学分,实践教学环节必须修满33学分。

六、毕业与学位授予

学生在规定的学习年限内,完成各教学环节学习,修满专业规定的最低学分,准予毕业。授予工学学士学位。

七、全学程时间安排总表(表二)

项目\学年学期	一		二		三		四		合计
	1	2	3	4	5	6	7	8	
军训(含军事理论教育)	2								2
入学教育和专业导论	(2)								(2)
课堂教学	15	18	17	16	16	18	8		105
专业实习或教育实习			1	2	2		10		18
毕业实习								8	8
专业创新创业实训								2	2
毕业论文(设计)								6	6
复习考试	1	1	1	1	1	1	1		7
机动	1							3	4
假期	6	8	6	8	6	8	6		48
全学程总周数	25	27	25	27	25	27	25	19	200

八、实践性教学环节(表三)

课程编号	实践教学项目	学分	周数	安排学期	实践方式
SJ00001	入学教育	1	(2)	第1学期	集中
SJ00002	军训(含军事理论教育)		2	第1学期	集中
SJ00003	社会实践	1	(3)	第2、4、6学期后暑期	由校团委统一安排
SJ29501	电子技术课程设计	1	1	第3学期	电子技术实验室
SJ29502	单片机原理与应用课程设计	1	1	第4学期	嵌入式实验室
SJ29503	工程光学综合性实验训练	1	1	第4学期	工程光学实验室
SJ29504	嵌入式系统课程设计	1	1	第5学期	嵌入式实验室
SJ29505	电子工艺实习	1	1	第5学期	电子工艺实验室
SJ29506	光电探测与信息处理课程实践	2	2	第7学期	光电技术实验室
SJ29507	光通信技术课程实践	1	1	第7学期	通信原理实验室
SJ29508	无线传输技术实践	1	1	第7学期	光电技术实验室
SJ29509	信息显示技术实践	2	2	第7学期	平板显示实验室
SJ29510	专业技能训练	4	4	第7学期	专业实验室
SJ29512	毕业实习	8	8	第8学期	专业对口工厂
SJ29511	专业创新创业实训	2	2	第8学期	专业实验室
SJ29513	毕业论文(设计)	6	6	第8学期	实验室/对口工厂
	合计	33	33(5)		

九、课程设置及学时、学分比例表(表四)

课程类型		学时	学分	占总学时(总学分)比例(%)	
通识教育课程平台		786	43	29.9	30.8%
专业教育课程平台	学科基础课程	472	26.5	37.6	51.2
	专业基础课程	472	25.5		
	专业核心课程	350	19.5	14.7	
创新创业教育平台	创新创业基础课程	51	3.5	2.1	2.5
	创新创业核心实训课程	63	3.5	1.5	1.4%
专业方向课程模块	平板显示	242	13.5	10.2	9.7
	光电探测	242	13.5		
个性化拓展课程模块	人文素质	36	2	4	2.2
	专业拓展	72	4		2.2
总 计		2468	137	100	100

十、主干学科

光学工程、电子科学与技术、通信与信息工程

十一、核心课程

1.《显示器件驱动技术》(Driving Technology of Display Devices)

学时:54(理论课学时42、实验课学时12。)

学分:3(其中,企业行业专家授课1学分。)

课程简介:课程主要讲授平板显示器件的驱动技术、显示器件专用集成控制芯片的使用方法。以LED屏、OLED屏、LCD屏、等离子体显示器件和无机EL显示器件的驱动技术为例开展实践教学,强化专业特色。

教学方法或手段:课程教学中重视理论与实践结合,利用后续实践课程——"信息显示技术实践"加强学生实践能力、实践中学习能力和创新意识的培养,运用实物搭建验证的方式考核学生的专业知识掌握和应用情况。

教学评价方式:根据课程特点另制该课程的详细考核办法。

教材选用:自编实践指导教材;蒋泉、吴援明、张磊等主编,《平板显示驱动技术》,国防工业出版社。

参考教材:孙智博主编,《嵌入式设备驱动开发精解》,人民邮电出版社;戴亚翔主编,《TFT LCD面板的驱动与设计》,清华大学出版社。

2.《EDA技术》(Electronic Design Automation)

学时:54(其中,企业行业专家授课8学时。)

学分:3(其中,企业行业专家授课0.5学分。)

课程简介:课程主要讲授利用可编程逻辑器件设计集成电路、软核及SOC的原理和方法,教学注重培养学生专业知识的应用能力、创新能力和创新意识。

教学方法或手段:课程所有教学活动均在实验室进行,采用"教、学、做、考"一体化的教学方法,教

学考核内容由平时上课情况、课外作业完成情况、现场设计与验证和大作业组成。

教学评价方式:继续采用教务处同意的考核方式。

教材选用:自编"教、学、做、考"一体化教材;潘松、黄继业、潘明主编,《EDA 技术实用教程》(Verilog HDL 版),科学出版社。

参考教材:黄继业,潘松主编,《EDA 技术及其创新实践》(Verilog HDL 版),电子工业出版社;王金明主编,《数字系统设计与 Verilog HDL》,电子工业出版社。

3.《嵌入式系统》(Embedded System)

学时:48(理论课学时 30、实验课学时 18,其中,企业行业专家授课 20 学时。)

学分:2.5(其中,企业行业专家授课学分 1。)

课程简介:课程主要讲授嵌入式微处理器的原理及应用开发技术,主要内容由嵌入式处理器体系结构、嵌入式系统程序设计基础、典型嵌入式处理器、嵌入式系统应用开发和嵌入式操作系统及其移植和嵌入式系统设计实例等组成。

教学方法或手段:课程教学中重视理论与实践结合,利用后续实践课程——"嵌入式系统课程设计",加强学生实践能力、实践中学习能力和创新意识的培养,对学生自己设计的嵌入式系统进行答辩验收。

教学评价方式:根据课程特点另制该课程的详细考核办法。

教材选用:自编实践指导教材;徐光宪、赵常松等主编,《ARM 嵌入式系统原理与应用教程》,北京航空航天大学出版社。

参考教材:冯新宇、初宪宝、吴岩等主编,《ARM11 嵌入式 Linux 系统实践与应用》,机械工业出版社;陈启军、余有灵、张伟等主编,《嵌入式系统及其应用・基于 Cortex－M3 内核和 STM32F 系列微控制器的系统设计与开发》,同济大学出版社。

4.《光电探测与信号处理》(Optoelectronic Detect & Signal Processing)

学时:54(理论课学时 42、实验课学时 12,其中,企业行业专家授课 20 学时。)

学分:3 (其中,企业行业专家授课 1 学分。)

课程简介:《光电探测与信号处理》是光电信息学科核心课程之一,该课程基于几何光学、信息光学、光电子学、模拟电路、数字电路、信号与系统、计算机接口技术等课程的基础理论,将电子技术与光学技术相结合,从电子技术上的电子学频段扩展至光频段,利用电子技术对光学信息进行探测或检测,并进一步传递、存储、控制、计算和显示光信息。该课程主要内容包括光电探测的基本物理理论、各类光电探测器的工作原理及其负载电路的设计规则和思路、光直接探测与光外差探测两类体系的性能及最佳信号处理策略、光电成像器件的原理(含功能),即光电成像的特征、光接收机信号探测的基本理论、光电探测与信号处理的最新研究进展及发展趋势等。

教学方法或手段:主要教学方法或手段主要包含以下几个方面:

(1)在课程教学中,适当引导学生回顾和加强有关物理学和电子技术知识的学习。

(2)在课堂教学中对一些以前没有涉及的知识点进行适当补充,并要求学生阅读相关的书籍,介绍与时俱进发展的新内容、新技术,并结合科研进行案例教学。

(3)对一些新知识和新技术,以具体应用实例导引,通过专题讲座形式向学生传授。

(4)利用动画演示、图片等多种形式,使学生对所学知识形成直观的印象和理解。

(5)充分利用网络资源,将多媒体课件、动画演示、图片、参考材料等有关内容上网,供学生参考阅读。

教学评价方式:教学评价结合以下两个方面综合展开:

(1)以教为主的形成性评价

在课堂教学过程中以教为主的形成性评价,具体环节包含以下两个方面:①收集反应课堂教学效果的有关信息资料;②根据信息资料所反映的教学状况作出及时反馈。拟采用的信息资料收集方法主要有三种:测验、调查和观察。

(2) 以学为主的形成性评价

由于以学为主的教学过程采用的是自主学习策略,即主要依靠学生的自主探索、自主发现。所以评价内容主要围绕两个方面展开:①自主学习能力的检测;②协作学习过程中作出贡献的衡量。

教材选用:安毓英等主编,《光电探测与信号处理》,科学出版社。

参考教材:王庆有主编,《图像传感器应用技术》,电子工业出版社;王庆有主编,《光电传感器应用技术》,机械工业出版社。

5.《光通信技术》(Optical Communication Technology)

学时:48(理论课学时36、实验课学时12,其中,企业行业专家授课20学时。)

学分:2.5(其中,企业行业专家授课1学分。)

课程简介:《光通信技术》是一门新兴发展的技术,是20世纪末和21世纪初研究和发展的热点之一。本课程适用于光电信息科学与工程、电子科学与技术专业本科学生的学习,对研究生阶段的专业课学习起到铺垫作用。本课程的开设旨在使学生了解光纤通信的基础知识,训练其对于相关工程问题的分析和解决问题的能力。通过本课程的学习,学生应该掌握光纤的基本原理、构造和加工方法,较全面地了解光纤通信系统的基本构成及功能,及其系统中主要器件和功能模块的结构和工作原理。既丰富学生的专业知识背景和英语水平,又提高学生的工程技术技能,并为将来的研究工作做好前期准备。

教学方式与教学手段:从课程的特点出发,采用多媒体与黑板相结合的教学方式,坚持理论教学与实验教学相结合,将实验作为培养学生动手能力的重要环节。对课程中讲授的重点内容,均设计相关实验,让学生对基本概念和理论的掌握更加深入。同时,通过设置一些开放式的实验内容,锻炼学生的设计能力。

坚持教学过程以学生为主体、教师为主导的教学理念,把启发式教学、启迪学生的思维,培养学生创造力放在首位。在教学中,始终坚持以培养科学思维与创新能力为着眼点、重视基础知识教育与基本技能训练的原则。

考核方式:采用期终考试与平时考核相结合的方式,其中,期终考试占80%,平时考核占20%,平时考核主要包括上课的到课情况、作业、实验及听课表现等;为了体现实验的重要性,在期终考试中实验部分所占的比例不低于20%。

教材选用:王辉等主编,《光纤通信》,电子工业出版社。

参考教材:主编,《光通信技术》,机械工业出版社;王江平主编,《光通信原理与技术》,科学出版社。

6.《工程光学》(engineering optics)

学时:80(理论课学时62、实验课学时18,其中,企业行业专家授课20学时。)

学分:4.5(其中,企业行业专家授课1学分。)

课程简介:《工程光学》课程是光电信息科学与工程、电子科学与技术及相近专业的一门重要课程,主要包括几何光学和物理光学两大部分,本课程要让学生通过光学课的学习充分了解光学的基本现象、牢固建立清晰的物理图像、深入掌握工程光学的基本概念和基本规律、基本了解近代光学中的一些基本概念和当前前沿科研课题的一些研究现状,切实提高独立分析和解决光学问题的能力。既要让学生为相应后继课程(比如:激光原理与技术、非线性光学、信息光学、光谱学等)的学习打好知识基础,又要为学生毕业后从事与物理学、尤其是与光学有关的科学研究、教学及相关工作做好必要的理论和实验知识的准备。工程光学课程的重点内容是薄透镜成像、光学仪器、杨氏干涉、相干条件、菲涅耳衍射、夫琅禾费衍射、衍射光栅、五种偏振态及其转换等。工程光学课程的学习难点分别是：几何光学中的成像的基本概念，波动光学中波动的复振幅表示、时空相干性和偏振光的干涉，晶体光学中的双折射。

教学方式与教学手段：从课程的特点出发，采用多媒体与黑板相结合的教学方式，坚持理论教学与实验教学相结合，为了适应应用型人才的培养，本课程将实验作为培养学生动手能力的重要环节。对课程中讲授的重点内容，均设计相关实验，让学生对基本概念和理论的掌握更加深入。同时，通过提高设计性实验课的比例来提高和锻炼学生的设计能力。

坚持教学过程以学生为主体、教师为主导的教学理念，把启发式教学、启迪学生的思维，培养学生创造力放在首位。在教学中，始终坚持以培养科学思维与创新能力为着眼点、重视基础知识教育与基本技能训练的原则，不断探索不同实验教学模式在人才培养方面的优势与作用。

考核方式：采用期终考试与平时考核相结合的方式，其中，期终考试占80%，平时考核占20%，平时考核主要包括上课的到课情况、作业、实验及听课表现等；为了体现实验的重要性，在期终考试中实验部分所占的比例不低于20%。

教材选用：郁道银、谈恒英等主编，《工程光学》，机械工业出版社。

参考教材：梁铨廷主编，《物理光学》，电子工业出版社；张以谟主编，《应用光学》，电子工业出版社。

十二、教学进程表（表五）

课程类别	课程编号	课程名称	总学分	总学时	学时分配 理论	学时分配 实践	各学期学时分配 1	2	3	4	5	6	7	8	考核方式
通识教育课程平台	TS26106	思想道德修养与法律基础	3	48	38	10		48							试
	TS26102	中国近现代史纲要	2	32	24	8	32								试
	TS26103	马克思主义原理概论	3	48	38	10				48					试
	TS26104	毛泽东思想和中国特色社会主义理论概论Ⅰ	2	32	32						32				试
	TS26105	毛泽东思想和中国特色社会主义理论概论Ⅱ	4	64	44	20					64				试
	TS15001-4	大学英语(Ⅰ-Ⅳ)	15	270	230	40	60	70	70	70					试
	TS19001-4	大学体育(Ⅰ-Ⅳ)	4	126	126		30	32	32	32					试
	TS28001	大学计算机基础	3	48	16	32	48								试
	TS28003	C语言程序设计	4	72	48	24		72							试
	TS18111	大学生心理健康教育	1	14	14			14							查
	TS26108-9	形势与政策	2	32	12	20	16	16							查

续表

课程类别		课程编号	课程名称	总学分	总学时	学时分配		各学期学时分配								考核方式
						理论	实践	1	2	3	4	5	6	7	8	
专业教育课程平台	学科基础课程	JC28001-2	高等数学A(Ⅰ-Ⅱ)	10	180	180		80	100							试
		JC28006	线性代数	3	48	48		48								试
		JC29001	大学物理A	5.5	100	76	24				100					试
		JC29501	电路分析	3	54	42	12			54						试
		JC28008	概率论与数理统计	3	54	54							54			试
		JC29502	复变函数与积分变换	2	32	32					32					试
	专业基础课程	ZJ29501	模拟电子技术	3	54	42	12			54						试
		ZJ29502	数字电子技术	2.5	48	38	10				48					试
		ZJ29503	光电信息物理基础	2.5	48	48						48				试
		ZJ29504	单片机原理与应用	2.5	48	40	8				48					试
		ZJ29505	电路板设计与制作工艺	2	36		36						36			查
		ZJ29506	信号与系统	3	54	46	8				54					试
		ZJ29507	通信原理	2.5	44	36	8					44				试
		ZJ29508	激光原理与技术	2.5	44	32	12					44				试
		ZJ29509	数据结构	2	36		36			36						查
	专业核心课程	ZH29501	工程光学	4.5	80	62	18				80					试
		ZH29502	显示器件驱动技术	3	54	42	12						54			试
		ZH29503	EDA技术	3	54		54				54					试
		ZH29504	嵌入式系统	2.5	48	30	18					48				试
		ZH29505	光通信技术	2.5	48	36	12						48			试
		ZH29506	光电探测与信号处理	3	54	42	12						54			试
创新创业教育课程平台	基础课程	CJ00001	大学生创业教育	1	18	18				18						查
		CJ00002	大学生就业指导	2	24	24			12				12			查
		CJ29501	光电信息科学与工程专业导论	0.5	9	9		9								查
	核心实训课程	CH29001	创新创业论坛	0.5	9	9								9		查
		CH29501	彩屏驱动设计	1.5	27		27							27		查
		CH29502	户外广告屏设计	1.5	27		27							27		查
		CH00001	创新创业成果学分认定	创新创业成果学分的认定见有关文件												

续表

课程类别	课程编号	课程名称	总学分	总学时	学时分配		各学期学时分配								考核方式
					理论	实践	1	2	3	4	5	6	7	8	
专业方向课程模块	ZF29501	平板显示技术	3	54	42	12						54			试
	ZF29502	触摸屏技术	2	36	24	12						36			试
	ZF29503	无线传输技术	3	54	42	12							54		试
	ZF29504	数字视频技术	2.5	44	32	12						44			试
	ZF29505	数字信号处理与应用	3	54	42	12						54			试
	ZF29511	光谱分析与测试技术	3	54	42	12						54			试
	ZF29512	光电子成像技术及应用	2	36	36	0						36			试
	ZF29513	光电仪器设计	3	54	12	42						54			查
	ZF29514	光电图像处理	3	54	42	12							54		试
	ZF29515	光电信息处理	2.5	44	32	12						44			试
个性化拓展课程模块	GT18608	应用文写作	1	18	18								18		查
	GT18601	演讲与口才	1	18	18								18		查
	GT18622W	影视鉴赏	1	18	18								18		查
	GT18623W	中国文化概论	1	18	18								18		查
	GT18625W	美学原理	1	18	18						18				查
	GT29501	光伏技术与应用	2	36	12	24						36			查
	GT29502	智能家居设计	2	36	24	12						36			查
	GT29503	嵌入式操作系统及应用	2	36	12	24						36			查
	GT29504	高频电子技术	2	36	24	12						36			查
	GT29505	显示器与电视机原理	2	36	36							36			查
学生最低修读的学分/学时			137	2468	1862	606	323	436	420	370	338	394	171	54	
课堂教学周数							15	18	17	16	16	18	8	2	
周学时数							22	24	24	23	21	20	20	27	

说明：

1. 各专业军事理论教育在第1学期以讲座形式进行；
2. 专业方向共设2个子模块，要求学生必须完整修完1个模块，其余1个模块课程为所修课程取得的学分可抵专业拓展模块的学分；
3. 创新创业教育平台，学生获得"创新创业成果"学分可抵免创新创业核心实训课程学分；
4. 个性化拓展模块要求学生至少选修6个学分，其中，"人文素质"模块要求学生至少选修2个学分，且至少选修1门网络课程；专业拓展模块至少选修4个学分。

十三、辅修专业课程设置

电气与电子工程学院光电信息科学与工程专业辅修课程设置

课程名称	学 分	辅修专业教学计划
显示器件驱动技术	4	第五学期
EDA 技术	3	第五学期
嵌入式系统	3	第五学期
光通信技术	3	第五学期
光电探测与信号处理	3	第五学期
触摸屏及显示接口技术	2	第六学期
无线传输技术	2	第六学期
数字视频技术	2.5	第六学期
数字信号处理与应用	3	第六学期
平板显示技术	3	第六学期
毕业论文		必做,但不计学分。
总计	28.5	

辅修先修课程设置

课程名称	学分	备注
光电信息物理基础	3.5	必须通过考试
物理光学	3	必须通过考试
应用光学	3	必须通过考试
单片机原理与应用	3.5	必须通过考试

工学类专业

风景园林本科专业人才培养方案

专业代码:082803

一、培养目标

本专业培养适应社会主义现代化建设需要,德、智、体、美全面发展,掌握风景园林规划设计及景观施工与技术专业知识,具有风景园林规划设计、景观施工与园林植物应用等方面的专业能力,能够从事风景园林规划设计、施工与管理岗位的工作,具有创新意识和创业精神的高素质应用型专门人才。

二、培养要求

本专业学生主要学习风景园林规划设计、建设和管理的基本理论和基本知识,接受风景园林的空间规划设计、植物等材料应用、工程技术与建设管理、文字图纸表达等方面的基本训练,掌握风景园林规划设计、施工、管理等方面的基本能力。

毕业生应获得以下几方面知识和能力:

1.具备较高的职业道德与人文素质,具备良好的专业素质和身心素质,具有自然科学、人文科学和文化艺术基本素养,并掌握一门外国语;

2.掌握本专业的历史、现状和发展趋势,掌握与本专业相关的建筑学、城乡规划、生态、计算机应用、艺术、管理等学科专业知识,具备融会贯通多学科专业知识的能力;

3.掌握风景园林现场调研、数据分析与图文表达的方法技术,具备识别分析风景园林现状问题的能力;

4.掌握风景园林规划设计的基本原理和分析方法,具有风景园林规划与设计的基本实践能力;

5.掌握风景园林工程材料的基本性能和选用原则,掌握工程测绘和工程制图的基本原理和方法;

6.掌握自然和文化遗产保护的基本知识,具有从事风景园林遗产及各类自然与人文风景园林资源保护的基本能力;

7.掌握与风景园林相关的法律法规、公共政策和技术标准;

8.具有较强的沟通协调、环境适应和团队合作能力。

三、专业方向

1. 景观规划与设计方向

掌握城市设计、公园绿地规划设计、附属绿地规划设计等现代景观规划设计方面的能力。毕业后能够就职于风景园林规划设计院、房地产开发公司、工程咨询等单位的设计师、工程管理、助理工程师岗位。

2. 景观工程与技术方向

掌握风景园林施工与设计、施工工程管理等方面的基本理论、基本知识，能熟练地进行施工图纸设计及绘制，并能够熟练识别工程图纸、处理施工过程中的技术难题。毕业后能够在城建、园林部门和大型景观工程公司担任项目经理、工程师、监理工程师等。

四、素质与能力分析表（表一）

综合素质与能力	专项素质与能力	对应课程或实践
1.基本素质与能力	1.1 政治素质	思想道德修养与法律基础、中国近代史纲要概论、马克思主义基本原理、毛泽东思想和中国特色社会主义理论体系概论、形势与政策等
	1.2 人文科学素质	文学鉴赏、美学概论、应用文写作等
	1.3 身心素质	军事理论、体育、大学生就业指导、大学生安全教育等
	1.4 分析运算能力	高等数学C
	1.5 英语应用能力	大学英语Ⅰ－Ⅳ
	1.6 计算机应用能力	大学计算机基础、VFP程序设计
	1.7 利用现代化手段获取信息能力	科技论文写作
	1.8 组织管理、语言表达、人际交往以及在团队中发挥作用的能力	社交礼仪、演讲与口才
2.学科基础知识及应用能力	2.1 学科基础知识	美术Ⅰ－Ⅱ、工程力学、植物学
	2.2 应用能力	计算机辅助设计Ⅰ－Ⅱ、测量学
3.专业基础知识及应用能力	3.1 专业基本知识	园林树木学、园林花卉学、中外园林史、景观生态学
	3.2 应用能力	设计构成、设计初步、画法几何与阴影透视
4.专业核心知识及应用能力	4.1 专业核心课程知识	居住区景观规划设计、城市广场与滨水景观设计、风景园林工程
	4.2 应用能力	公园景观规划设计、风景园林建筑设计、工程概预算
5.专业实践技能与动手能力	5.1 实践技能	建筑与风景写生实习、测量学实习、景观表现技法实习
	5.2 动手能力	风景园林设计实习、风景园林建筑设计实习、风景园林工程实习
6.创新创业能力	6.1 创新能力	创新创业论坛、景观创新设计
	6.2 创业能力	大学生就业指导、大学生创业教育、现代企业经营管理
7.个性化发展能力	7.1 人文素质能力	美学原理、中国文化概论
	7.2 专业拓展能力	室内设计、广告设计、模型制作

五、学制与学分

1. 学制：标准学制4年，修业年限3～6年。
2. 学分：最低修读171学分。其中，课内教学环节必须修满130.5学分，实践教学环节必须修满40.5学分。

六、毕业与学位授予

学生在规定的学习年限内,完成各教学环节学习,修满专业规定的最低学分,准予毕业。授予工学学士学位。

七、全学程时间安排总表(表二)

项目\学年学期	一		二		三		四		合计
	1	2	3	4	5	6	7	8	
军训(含军事理论教育)	2								2
入学教育和专业导论	(2)								(2)
课堂教学	15	14	16	16	15	14	10		100
专业实习或教育实习		3.5	2	2	3	4	8		23.5
毕业实习								8	8
专业创新创业实训								2	2
毕业论文(设计)								6	6
复习考试	1	1	1	1	1	1	1		7
机动	1							3	4
假期	6	8	6	8	6	8	6		48
全学程总周数	25	27	25	27	25	27	25	19	200

八、实践性教学环节(表三)

课程编号	实践教学项目	学分	周数	安排学期	实践方式
SJ00001	入学教育	1	(2)	第1学期	集中
SJ00002	军训(含军事理论)		2	第1学期	集中
SJ00003	社会实践	1	(3)	第2、4、6学期后暑期	由校团委统一安排
SJ27301	建筑与风景写生实习	2.5	2.5	第2学期	黟县宏村实习基地
SJ27302	画法几何与阴影透视实习	1	1	第2学期	校内专业教室
SJ27303	城市景观认知实习	1	1	第3学期	校外对城市景观参观、速写
SJ27304	测量学实习	1	1	第3学期	校内分组进行实际地形测量
SJ27305	景观表现技法实习	1	1	第4学期	校内专业教室景观表现练习
SJ27306	计算机辅助设计实习	1	1	第4学期	计算机实验室
SJ27307	风景园林设计实习	2	2	第5学期	校内外结合进行
SJ27308	园林植物学实习	1	1	第5学期	校内树木、花卉的识别与分类
SJ27309	风景园林建筑设计实习	2	2	第6学期	校内进行风景园林建筑设计
SJ27310	风景园林工程实习	2	2	第6学期	校内进行风景园林工程设计
SJ27311	风景园林综合实践	8	8	第7学期	相关企业实践
SJ27312	毕业实习	8	8	第8学期	集中
SJ27313	专业创新创业实训	2	2	第8学期	集中
SJ27314	毕业论文(设计)	6	6	第8学期	集中
合计		40.5	40.5(5)		

九、课程设置及学时、学分比例表(表四)

课程类型		学时	学分	占总学时(总学分)比例(%)	
通识教育课程平台		786	43	33.5	33
专业教育课程平台	学科基础课程	422	23.5	51	51
	专业基础课程	414	23		
	专业核心课程	360	20		
创新创业教育平台	创新创业基础课程	51	3.5	2.2	2.7
	创新创业核心实训课程	63	3.5	2.7	2.7
专业方向课程模块	景观规划与设计	144	8	6.1	6.1
	景观工程与技术				
个性化拓展课程模块	人文素质	36	2	1.5	1.5
	专业提高	72	4	3	3
总 计		2348	130.5	100	100

十、主干学科

风景园林、城乡规划、建筑学

十一、核心课程

1.《建筑构造》(Architecture Structure)

学时:36(理论课学时16、实验课学时20,其中,企业行业专家授课0学时。)

学分:2(理论课学分1、实验课学分1,其中,企业行业专家授课0学分。)

课程简介:重点讲述建筑构造的基本内容和学习方法、建筑的构成要素以及建筑物的分类等内容,具体阐述建筑基础、墙体、楼梯、门窗、楼地层、屋顶的特点,构造原理,构造方法及要求。

教学方法或手段:理论课采用板书进行教学,通过案例分析、分组讨论、集中答疑等方式拓展学生的视野,增强学生分析与评价设计作品的能力;实验课让学生独立完成实验设计,着重训练学生的设计思维和图纸表现能力、方案快速设计能力、口头表达能力。

教学评价(考核)方式:注重学生的思维状态与参与状态,尊重学生的观点,注重考查学生独立思考能力与综合运用能力。总评成绩=平时成绩(占20%)+实验成绩(占30%)+期末考试成绩(占50%)。

教材选用:孙鲁、甘佩兰著,《建筑构造》(第三版),高等教育出版社,2007年。

2.《居住区景观规划设计》(Residential area Landscape Planning and Design)

学时:36(理论课学时12、实验课学时24,其中,企业行业专家授课0学时。)

学分:2(理论课学分1、实验课学分1,其中,企业行业专家授课0学时。)

课程简介:重点讲述现代居住区景观设计的基本原理、设计方法,主要包含居住区景观设计概述、居住区景观规划、景观空间形态、居住区景观细部设计等内容。

教学方法或手段:理论课采用多媒体进行教学,通过案例分析、分组讨论、集中答疑等方式拓展学生的视野,增强学生分析与评价设计作品的能力;实验课让学生独立完成实验设计,着重训练学生的设计思维和图纸表现能力、方案快速设计能力、口头表达能力。

教学评价(考核)方式:以实验课程设计作业与快速设计图纸相结合的方式进行课程考核,侧重考核学生对居住区景观方案规划设计能力与图纸表现能力。注重学生的思维状态与参与状态,尊重学生的观点,在项目设计上积极引导,让学生真正独立完成整个项目设计及图纸表现,注重项目方案设计、图纸表现动手能力的培养。总评成绩＝平时成绩(占 20％)＋作业成绩(占 40％)＋快题考试(占 40％)。

教材选用:蔡强主编,《居住区景观设计》(第一版),高等教育出版社,2010 年。

3.《城市广场与滨水景观设计》(City Square and Waterfront Landscape Design)

学时:36(理论课学时 12、实验课学时 24,其中,企业行业专家授课 0 学时。)

学分:2(理论课学分 1、实验课学分 1,其中,企业行业专家授课 0 学分。)

课程简介:重点讲述现代城市广场、滨水景观设计的基本原理、设计方法,主要包含城市广场与滨水景观的分类、空间设计、植物设计、细部设计等内容。

教学方法或手段:理论课采用多媒体进行教学,通过案例分析、分组讨论、集中答疑等方式拓展学生的视野,增强学生分析与评价设计作品的能力;实验课让学生独立完成实验设计,着重训练学生的设计思维和图纸表现能力、方案快速设计能力、口头表达能力。

教学评价(考核)方式:课堂教学要体现以学生为主体、以学生发展为根本,注重学生的思维状态与参与状态,尊重学生的观点,在项目设计上积极引导,让学生真正独立完成整个项目设计及图纸表现,注重项目方案设计、图纸表现动手能力的培养。总评成绩＝平时成绩(占 20％)＋作业成绩(占 30％)＋快题考试(占 50％)。

教材选用:尹安石编著,《现代城市景观设计》(第一版),中国林业出版社,2006 年。

4.《公园景观规划设计》(Park Landscape Planning and Design)

学时:36(理论课学时 12、实验课学时 24,其中,企业行业专家授课 0 学时。)

学分:2(理论课学分 1、实验课学分 1,其中,企业行业专家授课 0 学分。)

课程简介:重点讲述现代城市公园设计的基本原理、设计方法,主要包含综合性公园、社区公园、街头绿地、专类公园的设计内容、功能分区、详细设计等内容。

教学方法或手段:理论课采用多媒体进行教学,通过案例分析、分组讨论、集中答疑等方式拓展学生的视野,增强学生分析与评价设计作品的能力;实验课让学生独立完成实验设计,着重训练学生的设计思维和图纸表现能力、方案快速设计能力、口头表达能力。

教学评价(考核)方式:课堂教学要体现以学生为主体,以学生发展为根本,注重学生的思维状态与参与状态,尊重学生的观点,在项目设计上积极引导,让学生真正独立完成整个项目设计及图纸表现,注重项目方案设计、图纸表现动手能力的培养。总评成绩＝平时成绩(占 20％)＋实验成绩(占 40％)＋快题考试(占 40％)。

教材选用:蔡雄彬、谢宗添编著,《城市公园景观规划与设计》(第一版),机械工业出版社,2014 年。

5.《风景园林建筑设计》(Landscape Architecture)

学时:90(理论课学时 36、实验课学时 54,其中,企业行业专家授课 0 学时。)

学分:5(理论课学分 2、实验课学分 3,其中,企业行业专家授课 0 学分。)

课程简介:重点讲述风景园林建筑的基本设计原理、建筑类型、建筑组成要素、建筑结构与空间设计等内容,掌握常见风景园林建筑的设计方法与技巧。

教学方法或手段:理论课采用多媒体进行教学,主要以教师讲授、学生讨论、提问、答疑等形式;实验课让学生独立完成实验设计,着重训练学生风景园林建筑设计思维和图纸表现能力、方案快速设计能力、口头表达能力。

教学评价(考核)方式:课堂教学要体现以学生为主体、以学生发展为根本,注重学生的思维状态与参与状态,尊重学生的观点,在项目设计上积极引导,让学生真正独立完成整个项目设计及图纸表现,注重项目方案设计、图纸表现动手能力的培养。总评成绩＝平时成绩(占 20％)＋期中考试(占

20%)+期末考试(占60%)。

教材选用:逯海勇主编,《现代景观建筑设计》(第一版),中国水利水电出版社,2013年。

6.《风景园林工程》(Landscape Engineering)

学时:90(理论课学时36、实验课学时54,其中,企业行业专家授课0学时。)

学分:5(理论课学分2.5、实验课学分2.5,其中,企业行业专家授课0学分。)

课程简介:重点讲述风景园林工程的设计方法,包括土方工程、给排水工程、园路工程、种植工程、假山工程、水景工程等内容。

教学方法或手段:理论课采用多媒体进行教学,主要以教师讲授、学生讨论、提问、答疑等形式;实验课让学生独立完成实验设计,着重训练学生对风景园林工程施工方法、施工技术等能力培养。

教学评价(考核)方式:课堂教学要体现以学生为主体、以学生发展为根本,注重学生的思维状态与参与状态,尊重学生的观点,在项目设计上积极引导,让学生真正独立完成整个项目设计及图纸表现,注重项目方案设计、图纸表现动手能力的培养。总评成绩=平时成绩(占20%)+实验成绩(占40%)+期末考试(占40%)。

教材选用:许大为主编,《风景园林工程》(第一版),中国建筑工业出版社,2014年。

7.《工程概预算》(Engineering Budget)

学时:36(理论课学时28、实验课学时8,其中,企业行业专家授课0学时。)

学分:2(理论课学分1.5、实验课学分0.5,其中,企业行业专家授课0学分。)

课程简介:重点讲述根据设计图纸、概算定额、工程量计算规则等预先计算工程建设费用,主要包含设计概算、施工图预算、施工预算等内容。

教学方法或手段:理论课采用多媒体进行教学,主要以教师讲授、学生讨论、提问、答疑等形式;实验课着重训练学生的设计概算、施工图预算、施工预算等。

教学评价(考核)方式:课堂教学要体现以学生为主体、以学生发展为根本,注重学生的思维状态与参与状态,尊重学生的观点,在项目设计上积极引导,让学生真正独立完成整个项目设计及图纸表现,注重项目方案设计、图纸表现动手能力的培养。总评成绩=平时成绩(占20%)+实验成绩(20%)+期末考试(占60%)。

教材选用:陈永贵主编,《风景园林工程概预算》(第一版),哈尔滨工业大学出版社,2010年。

(注:上述推荐教材,在具体教学过程中,应以最新出版且贴合专业教学实际的教材作为首选。)

十二、教学进程表(表五)

课程类别	课程编号	课程名称	总学分	总学时	学时分配		各学期学时分配								考核方式
					理论	实践	1	2	3	4	5	6	7	8	
通识教育课程平台	TS26106	思想道德修养与法律基础	3	48	38	10	48								试
	TS26102	中国近现代史纲要	2	32	24	8		32							试
	TS26103	马克思主义原理概论	3	48	38	10				48					试
	TS26104	毛泽东思想和中国特色社会主义理论体系概论Ⅰ	2	32	32					32					试

续表

课程类别		课程编号	课程名称	总学分	总学时	学时分配		各学期学时分配								考核方式
						理论	实践	1	2	3	4	5	6	7	8	
通识教育课程平台		TS26105	毛泽东思想和中国特色社会主义理论体系概论Ⅱ	4	64	44	20					64				试
		TS15001-4	大学英语(Ⅰ-Ⅳ)	15	270	230	40	60	70	70	70					试
		TS19001-4	大学体育(Ⅰ-Ⅳ)	4	126	126		30	32	32	32					试
		TS28001	大学计算机基础	3	48	16	32	48								试
		TS28002	VFP程序设计	4	72	48	24			72						试
		TS26108-9	形势与政策	2	32	12	20	16	16							查
		TS18111	大学生心理健康教育	1	14	14			14							查
专业教育课程平台	学科基础课程	JC28005	高等数学C	4.5	80	80		80								试
		JC27301	工程力学	3	54	44	10				54					试
		JC27302	美术Ⅰ(素描基础)	3	54		54	54								试
		JC27303	美术Ⅱ(钢笔与色彩)	3	54		54		54							试
		JC27304	计算机辅助设计Ⅰ	2	36		36			36						试
		JC27305	计算机辅助设计Ⅱ	2	36		36				36					试
		JC27306	测量学	3	54	36	18			54						试
		JC27307	植物学	3	54	36	18		54							试
	专业基础课程	ZJ27301	画法几何与阴影透视	4	72	48	24	72								试
		ZJ27302	设计构成	3	54	18	36	54								试
		ZJ27303	中外园林史	3	54	54					54					试
		ZJ27304	设计初步	3	54		54			54						试
		ZJ27305	园林树木学	3	54	36	18				54					试
		ZJ27306	园林花卉学	3	54	36	18				54					试
		ZJ27307	景观生态学	2	36	36					36					试
		ZJ27308	风景园林概论	2	36	36				36						试
	专业核心课程	ZH27301	建筑构造	2	36	16	20			36						试
		ZH27302	居住区景观规划设计	2	36	12	24				36					试
		ZH27303	城市广场与滨水景观设计	2	36	12	24					36				试
		ZH27304	公园景观规划设计	2	36	12	24						36			试
		ZH27305	风景园林建筑设计Ⅰ	2	36	18	18					36				试

续表

课程类别		课程编号	课程名称	总学分	总学时	学时分配		各学期学时分配								考核方式
						理论	实践	1	2	3	4	5	6	7	8	
专业教育课程平台	学科基础课程	ZH27306	风景园林建筑设计Ⅱ	3	54	18	36						54			试
		ZH27307	风景园林工程Ⅰ	2	36	18	18					36				试
		ZH27308	风景园林工程Ⅱ	3	54	18	36						54			试
		ZH27309	工程概预算	2	36	28	8							36		试
创新创业教育课程平台	基础课程	CJ00001	大学生创业教育	1	18	18					18					查
		CJ00002	大学生就业指导	2	24	24			12				12			查
		CJ27301	专业导论	0.5	9	9		9								查
	核心实训课程	CH27301	创新创业论坛	0.5	9	9						9				查
		CH27302	现代企业经营管理	1.5	27	27							27			查
		CH27303	景观创新设计	1.5	27		27							27		查
		CH00001	创新创业成果学分认定	创新创业实践学分的认定见有关文件												
专业方向课程模块	景观规划与设计	ZF27301	现代景观设计	2	36	18	18						36			试
		ZF27302	风景资源开发与规划	2	36	36							36			试
		ZF27303	植物造景	2	36	18	18					36				试
		ZF27304	环境小品设计	2	36	16	20					36				试
	景观工程与技术	ZF27305	园林工程施工与管理	2	36	24	12							36		试
		ZF27306	工程材料	2	36	24	12					36				试
		ZF27307	市政工程	2	36	24	12					36				试
		ZF27308	园林树木栽培与养护	2	36	24	12					36				试
个性化拓展课程模块	人文素质	GT18306	社交礼仪	1	18	18			18							查
		GT18601	演讲与口才	1	18	18						18				查
		GT18608	应用文写作	1	18	18							18			查
		GT18623W	中国文化概论	1	18	18						18				查
		GT18625W	美学原理	1	18	18						18				查
	专业拓展	GT27301	室内设计	2	36	18	18							36		查
		GT27302	广告设计	2	36	18	18					36				查
		GT27303	模型制作	1	18		18					18				查
		GT27304	环境艺术	2	36	18	18							36		查
		GT27305	城市规划原理	2	36	36				36						查
		GT27306	园林苗圃学	2	36	24	12					36				查
		GT27307	草坪学	1	18	16	2							18		查
		GT27308	风景园林专业英语	1	18	18							18			查

续表

课程类别	课程编号	课程名称	总学分	总学时	学时分配		各学期学时分配								考核方式
					理论	实践	1	2	3	4	5	6	7	8	
		学生最低修读的学分/学时	130.5	2348	1491	857	369	404	444	460	245	255	135		
		课堂教学周数					15	14	16	16	15	14	10		
		周学时数					24.6	28.8	27.2	28.8	16.3	18.2	13.5		

说明：
1. 各专业军事理论教育在第1学期以讲座形式进行；
2. 本专业方向模块设置2个方向，可任选1个课程模块，至少修满8学分；
3. 创新创业教育平台，学生获得"创新创业成果"学分可抵免创新创业核心实训课程学分；
4. 个性化拓展模块要求学生至少须选修6个学分。其中"人文素质"模块要求学生至少选修2个学分，且至少选修1门网络课程；专业拓展模块至少选修4个学分。

工学类专业

食品科学与工程本科专业人才培养方案

专业代码：082701

一、培养目标

本专业培养适应社会、经济、科学技术发展需要，知识、能力、素质协调发展，掌握食品科学、食品工程、食品质量管理与安全监控等方面的基本理论、基本知识和关键技术，具有外语及计算机应用的基本能力，具备食品工程设计、食品新产品研发、食品加工与保藏、食品原料和产品质量分析与检测等多方面专业能力，具备创新创业能力和个性化发展能力，能够在相关企业从事食品生产、品质监控、食品研发、食品工程设计、检验检测等方面的工作，具有创新意识和创业精神的高素质应用型专门人才。

二、培养要求

1. 知识要求：掌握食品科学、食品工程学科的基本理论、基本知识，掌握必要的食品工程基础知识；

2. 能力要求：掌握食品原料的资源特征、储藏加工、生产管理、品质检验、安全监督等方面的基本实践技能，具有研究、开发和设计食品新产品、新工艺、新技术的初步能力；

3. 工程要求：受到食品科学与工程实验技能、工程实践、计算机应用、科学研究与工程设计方法的基本训练，熟悉国家对于食品生产、设计、研究与开发、环境保、安全监管等方面的方针、政策和法规；

4. 特别要求：具备人类健康与资源环境和谐发展的理念，自觉将自然生态的一般原则应用于食品资源开发、食品加工与流通等环节。

三、专业方向

考虑到学生在食品学科上的专业发展，以及市场对不同规格人才的需求，本专业设以下2个专业方向。

1. 食品加工方向

学习和掌握食品科学、食品工程方面的基础理论知识和实践技能，能够在食品生产、食品监督管理等单位从事食品生产相关工作。

2. 品质控制方向

学习和掌握食品质量管理与安全监控方面的基础理论知识和实践技能，能够在食品生产和食品检测检疫部门从事食品控制方面的工作。

四、具体素质与能力构成分析表（表一）

综合素质与能力	专项素质与能力	对应课程或实践
1. 基本素质与能力	1.1 政治素质	思想道德修养与法律基础、中国近代史、马克思主义基本原理、概论、形势政策等
	1.2 身心素质	军事训练、大学体育等

续表

综合素质与能力	专项素质与能力	对应课程或实践
1.基本素质与能力	1.3 分析运算能力	高等数学、线性数学、食品试验设计与统计分析等
	1.4 英语应用能力	大学英语,食品专业英语
	1.5 计算机应用能力	大学计算机基础,C语言程序设计
	1.6 利用现代化手段获取信息能力,掌握文献检索、资料查询的基本方法	文献检索、计算机在食品科学中的应用
	1.7 组织管理、语言表达、人际交往以及在团队中发挥作用的能力	社交礼仪、应用文写作、大学生心理健康、食品企业管理等。
2.学科基础知识及应用能力	2.1 系统地掌握与食品学科相关的自然科学基础知识	高等数学C,大学物理B,普通化学,有机化学,分析化学,食品生物化学、食品化学、物理化学等。
	2.2 系统地掌握食品学科工程方面的基本技能	工程制图(含CAD)、机械工程基础等
3.专业基础知识及应用能力	3.1 掌握食品科学、食品工程等方面的专业基本知识和基本理论	食品工程原理,食品微生物学,食品技术原理,食品营养学等。
	3.2 具备食品生产技术管理、食品工程设计等方面的操作技能;	食品品质管理、食品工程原理课程实习等。
4.专业核心知识及应用能力	4.1 掌握粮油食品、生鲜农产品、畜产品和饮料等加工技术理论,食品机械及工厂设计理论及实践	食品工艺学、食品机械与设备、制冷技术与冷库设计等。
	4.2 具备粮油食品、生鲜农产品、畜产品和发酵食品的加工制作关键技术和实际操作技能,食品工厂设计能力	粮油食品、生鲜农产品、畜产品和发酵食品等加工技术、食品工厂设计等。
	4.3 至少对食品工程、品质控制中的一种有强烈的兴趣及应用能力	粮油食品加工技术、畜产食品加工技术、生鲜农产品保鲜与加工技术、发酵食品加工技术、现代仪器分析、食品品质管理、食品感官评价、食品标准与法规等专业方向课等。
5.专业实践技能与动手能力	5.1 食品加工技术	粮油食品加工技术、生鲜农产品保鲜与加工技术、畜产品加工技术、发酵食品加工技术等。
	5.1 工程设计能力	工程训练、制冷技术与冷库设计课程实习、食品工厂设计课程设计等。
6.创新创业	6.1 创新能力	食品科学与工程导论、创新创业论坛、食品企业管理等。
	6.2 创业能力	大学生创业教育、大学生就业指导、食品新产品研究与开发等。
7.个性化发展能力	7.1 加强人文素质培养	大学生心理健康、社交礼仪、文学欣赏基础、应用文写作、积极心理学等。
	7.2 专业工具的应用与拓展	文献检索、食品试验设计与统计分析、食品专业英语、食品感官评价、计算机在食品科学中的应用、食品包装学等。

五、学制与学分

1.学制:标准学制4年,修业年限3～6年。

2.学分:最低修读177学分,其中,课内教学环节必须修满137学分,实践教学环节必须修满40学分。

六、毕业与学位授予

学生在规定的学习年限内,完成各教学环节学习,修满专业规定的最低学分,准予毕业。授予工学学士学位。

七、全学程时间安排总表(表二)

学年 项目\学期	一		二		三		四		合计
	1	2	3	4	5	6	7	8	
军训(含军事理论)	2								2
入学教育和专业导论	(2)								(2)
课堂教学	15	18	16	17	10	10	12		100
专业实习、课程实习或教育实习			2	1	8	8	6		23
毕业实习								8	8
专业创新创业实训								2	2
毕业论文(设计)								10	10
复习考试	1	1	1	1	1	1	1		7
机动	1							0	4
假期	6	8	6	8	6	8	6		48
全学程总周数	25	27	25	27	25	27	25	19	200

八、实践性教学环节(表三)

课程编号	实践教学项目	学分	周数	安排学期	实践方式
SJ00001	入学教育	1	(2)	第1学期	集中
SJ00002	军训(含军事理论)		2	第1学期	集中
SJ00003	社会实践	1	(3)	第2、4、6学期后暑期	校团委统一安排
SJ16906	金工实习	1	1	第3学期	工程训练中心安排
SJ23101	食品工程原理课程设计	1	1	第3学期	计算机房、实验室完成
SJ23201	食品微生物学教学实习	1	1	第4学期	实验室完成
SJ23102	食品技术原理	1	1	第5学期	实验室完成
SJ23103	食品工艺学课程实习	2	2	第5学期	实验室完成
SJ23104	食品专业综合实习	6	5(2)	第5学期	雨润、盼盼、银鹭等校企合作企业安排
SJ23105	食品检测技术实训	1	1	第6学期	食品工程实验室
SJ16302	CAD制图实训	2	2	第6学期	制图室、计算机机房
SJ23106	制冷技术与冷库设计实训	1	1	第6学期	制图室、计算机机房

续表

课程编号	实践教学项目	学分	周数	安排学期	实践方式
SJ23107	食品工厂设计课程设计	2	2	第6学期	制图室
SJ23108	毕业实习	8	8	第8学期	学院统一安排
SJ23109	专业创新创业实训	2	2	第8学期	学院统一安排(包括1周专业技能训练)
SJ23110	毕业论文(设计)	10	10	第8学期	学院统一安排
合计		40	39(7)		

九、课程设置及学时、学分比例表(表四)

课程类型		学时	学分	占总学时(总学分)比例(%)	
通识教育课程平台		786	43	32.21	31.39
专业教育课程平台	学科基础课程	638	36.5	43.93	53.28
	专业基础课程	434	24.5		
	专业核心课程	216	12	8.85	
创新创业教育平台	创新创业基础课程	51	3.5	2.09	2.55
	创新创业核心实训课程	63	3.5	2.58	2.55%
专业方向课程模块	食品加工	108	6	4.43	4.38
	品质控制				
个性化拓展课程模块	专业拓展	108	6	5.90	4.38
	人文素质	36	2		1.46
总计		2440	137	100	100

十、主干学科

食品科学与工程

十一、专业核心课程

1.《食品工艺学》(Food Technology)

学时:72(理论课学时72,其中,网络课程课18学时、企业行业专业授课8学时。)

学分:4(其中,企业行业专业授课0.5学分。)

课程简介:本课程是食品科学与工程专业的一门专业核心课。主要是使学生了解粮油食品、畜产食品、果蔬食品和软饮料在食品学科中的地位和作用,使学生掌握各种食品加工技术原理和食品加工的基本知识,为进一步解决食品生产中的相关问题奠定必要的理论基础。

教学方法与手段:采用"教、学、做"一体化形式组织教学,利用现代化多媒体进行理论教学,以企业生产典型产品为例,讲清产品加工的原理、工艺流程和产品的品质控制方法等,学生进行实际操作制作产品。课程负责人必须为双能型教师,副高以上职称或具有博士学位。

课程评价与考核:各章节成绩=该章节平时成绩(包括考勤、课堂问答)×20%+该章节闭卷考试笔试成绩×80%。

总成绩=$\sum$4个部分所得总分×25%。

平时过程考核包括预习报告与课堂表述、课堂表现与动手能力等,理论考核主要是针对教材以及知识拓展内容。

教材选用:校企开发自编校本教材。

2.《食品工厂机械与设备》(Machinery and Equipment of Food Factory)

学时:36(理论课学时30、实验课学时6,其中,企业行业专业授课4学时。)

学分:2(其中,企业行业专业授课0.25学分。)

课程简介:本课程主要让学生掌握食品类工厂主要单元过程使用的机械与设备的工作原理、结构和作用等基本知识。内容包括物料输送机械与设备、原料预处理机械与设备、物料混合机械与设备、分离机械与设备、浓缩设备、结晶设备、干燥机械与设备、冷冻机械与设备等,提高学生解决生产实际问题的能力。

教学方法与手段:采用移动课堂教学理念进行情景式教学,利用食品工厂机械与设备实物进行理论教学;实验课进行演示操作。

课程评价与考核:平时成绩占60%(绘制单元机械与设备的平面图、立面图、关键部位的剖面图);考试成绩占40%(单元机械与设备的工作原理、结构和作用等基本知识)。

教材选用:教育部规划教材。

3.《食品工厂设计与环境保护》(Design and Environmental Protection of Food factory)

学时:36(理论课学时30、实验课学时6,其中,企业行业专业授课4学分。)

学分:2(其中,企业行业专业授课0.25学分。)

课程简介:本课程主要讲授食品工厂设计的基础知识、规范、方法等内容。同时,强调食品生产中安全、清洁、卫生的生产工艺和理念。通过本课程的学习,学生能够熟悉食品工厂设计的流程,掌握食品工厂设计及其环境保护的方法,能够进行中等规模企业的设计。

教学方法与手段:采用现代化多媒体进行理论教学,以当地一家企业为例,通过理论联系实际讲清设计的理念与方法;实验课是考察当地一家企业巩固理论课所学的内容。课程后续2周的课程设计,要求必需有企业设计师参与指导,学生需完成规定量的课程设计任务。

课程评价与考核:平时成绩占60%(完成某类食品企业的设计任务);考试成绩占40%(食品工厂设计的基础知识、规范、方法等内容)。

教材选用:教育部规划教材。

4.《制冷技术与冷库设计》(Refrigeration Technology and Cold Storage Design)

学时36(其中,企业行业专业授课4学时。)

学分:2(其中,企业行业专业授课0.25学分。)

课程简介:本课程是食品科学与工程专业开设的一门专业方向课。制冷技术与冷库设计贯穿于食品加工、冷冻冷藏保鲜、贮运及销售等整个过程,掌握制冷技术与冷库设计是学好食品加工及贮藏专业课程的基础。本课程主要讲授蒸汽压缩制冷循环的基本原理、系统的组成、设备的构造与特点,以及制冷系统的自动控制与使用管理、冷库设计以及制冷技术在食品工业的应用,本课程具有一定的理论性和较强的实践性。通过本课程的学习,可以培养学生严谨的科学学风,锻炼学生独立思考、独立工作的能力,训练实际操作能力,提高学生分析问题、解决问题的能力,为学生从事该领域的工作奠定良好的基础。

教学方法与手段:采用"教、学、做"一体化形式组织教学,利用现代化多媒体进行理论教学,配合实验项目,以实际冷库为例,加强现场教学环节,让学生了解蒸汽式压缩制冷循环的原理、各主要设备作用原理以及冷库整体布局等,提高学生的实践能力和利用所学理论分析、解决实际问题的能力。

课程评价与考核:主要分为理论考核和实验项目过程考核。实验项目过程考核占20%,闭卷考试占80%。

总成绩=∑每个实验项目所得总分×(该实验项目学时数/30)×20%+闭卷考试成绩×80%。

实验项目过程考核包括预习报告与课堂表述、课堂表现与动手能力、实验报告等；理论考核主要是围绕教材以的基础知识及其拓展内容。

教材选用：教育部规划教材。

5.《食品分析与检测》(Food Analysis and Determination)

学时：36(理论课学时30、实验课学时6,其中,企业行业专业授课4学时。)

学分：2(其中,企业行业专业授课0.25学分。)

课程简介：本课程主要讲授食品分析基础知识、基本理论和常用分析方法的原理、适用范围、操作方法、注意事项,以及食品中有害物质的检验技术等,培养学生分析问题、解决问题以及进行分析检验的实际操作能力。通过本课程的学习和实践教学环节锻炼,使学生具备一定的食品成分检验技能,掌握从事食品分析检验和服务食品科学研究的基本方法和具备一定的实际操作能力。

教学方法与手段：采用现代化多媒体进行教学,以课堂讲授加演示方式进行教学,通过理论联系实际,讲清分析方法的原理与操作方法以及注意事项；实验课是以实际样品检测为例,将学生分组,要求学生根据实验项目要求,结合具体条件制订分析方案,经指导老师审核后,再根据分析方案自主配制各种试剂,并实际操作仪器设备执行分析方案取得分析结果。课程后续1周的食品检测技术实训,要求由学生自主完成实训方案设计,由指导教师审核后,学生分组自主完成实训任务。

课程评价与考核：平时成绩占50%(分为抽签笔试和抽签操作两部分)；考试成绩占50%(食品分析与检测的基础知识、原理、操作等内容)。

教材选用：教育部规划教材。

十二、教学进程表(表五)

课程类别	课程编号	课程名称	总学分	总学时	学时分配		各学期学时分配								考核方式
					理论	实践	1	2	3	4	5	6	7	8	
通识教育课程平台	TS26106	思想道德修养与法律基础	3	48	38	10		48							试
	TS26102	中国近现代史纲要	2	32	24	8	32								试
	TS26103	马克思主义基本原理概论	3	48	38	10			48						试
	TS26104	毛泽东思想和中国特色社会主义理论概论Ⅰ	2	32	32	0				32					试
	TS26105	毛泽东思想和中国特色社会主义理论概论Ⅱ	4	64	44	20					64				试
	TS15001-4	大学英语(I-IV)	15	270	230	40	60	70	70	70					试
	TS19001-4	大学体育(I-IV)	4	126	126	0	30	32	32	32					试
	TS28001	大学计算机基础	3	48	16	24	48								试
	TS28003	C语言程序设计	4	72	48	24			72						试
	TS18111	大学生心理健康教育	1	14	14	0	14								试
	TS26108-9	形势与政策	2	32	12	20	16	16							查

续表

课程类别		课程编号	课程名称	总学分	总学时	学时分配		各学期学时分配								考核方式
						理论	实践	1	2	3	4	5	6	7	8	
专业教育课程平台	学科基础课程	JC28003	高等数学BI	4	72	72	0	72								试
		JC28004	高等数学BII	3	64	64	0		64							试
		JC28006	线性代数	3	48	48	0			48						试
		JC28008	概率论与数理统计	3	54	54	0				54					试
		JC29002	大学物理B	4.5	82	64	18		82							试
		JC25003	有机化学A	3	54	54	0		54							试
		JC25001	普通化学	3	54	54	0	54								试
		JC25005	基础化学试验I	2	33	0	33	33								试
		JC25006	基础化学试验II	2	39	0	39		39							试
		JC25002	分析化学	2	36	36	0		36							试
		JC23101	物理化学	3	54	42	12				54					试
		JC16110	机械工程基础	3	54	36	18				54					试
	专业基础课程	ZJ23101	食品营养学	2	36	30	6				36					试
		ZJ23102	食品生物化学	4.5	76	56	20			76	网络课程20学时					试
		ZJ16003	工程制图	3	52	36	16	52								试
		ZJ23103	食品化学	3	54	40	14				54					试
		ZH23104	食品工程原理	4	72	60	12			72						试
		ZH23105	食品技术原理	2	36	36	0				36					试
		ZJ23106	食品安全学	2	36	36					36					试
		ZJ23107	食品微生物学	4	72	54	18				72					试
	专业核心课程	ZH23101	食品工厂设计与环境保护	2	36	30	6						36			试
		ZH23102	食品工厂机械与设备	2	36	30	6					36				试
		ZH23103	制冷技术与冷库设计	2	36	30	6						36			试
		ZH23104	食品工艺学	4	72	72	0					72				试
		ZH23105	食品分析与检测	2	36	30	6					36				试

续表

课程类别		课程编号	课程名称	总学分	总学时	学时分配		各学期学时分配								考核方式
						理论	实践	1	2	3	4	5	6	7	8	
专业方向课程模块	食品加工	ZF23101	粮油食品加工技术	2	36		36						36			试
		ZF23102	生鲜农产品保鲜与加工技术	2	36		36						36			试
		ZF23103	畜产品加工技术	2	36		36						36			试
		ZF23104	发酵食品加工技术	2	36		36						36			试
	品质控制	ZF23105	食品标准与法规	2	36	32	4						36			试
		ZF23106	食品添加剂	2	36	30	6						36			试
		ZF23107	现代仪器分析	2	36	24	12						36			试
		ZF23108	食品品质管理	2	36	30	6						36			试
创新创业教育课程平台	基础课程	CJ00001	大学生创业教育	1	18	18	0					18				查
		CJ00002	大学生就业指导	2	24	24	0			12			12			查
		CJ23101	食品科学与工程导论	0.5	9	9	0	9								查
	核心实训课程	CH23101	创新创业论坛	0.5	9	9	0						9			查
		CH23102	食品企业管理	1.5	27	27	0						27			试
		CH23103	食品新产品研究与开发	1.5	27	27	0							27		查
		CH00001	创新创业成果学分认定	创新创业实践学分的认定见有关文件												
个性化拓展课程模块	人文素质	GT18627	文学欣赏基础	1	18	18				18						查
		GT18608	应用文写作	1	18	18					18					查
		GT18306	社交礼仪	1	18	18						18				查
		GT23108	积极心理学	1	18	18				18	哈佛公开课						查
	专业拓展	GT23101	文献检索	1	18	18	0				18					查
		GT23102	食品包装学	2	36	30	6						36			试
		GT23103	食品试验设计与统计分析	2	36	30	6						36			试
		GT23104	食品感官评价	2	36	24	12						36			试
		GT23105	食品专业英语	2	36	36							36			查
		GT23106	计算机在食品科学中的应用	1	18		18						18			查
最低修读学分/学时				137	2440	1882	558	372	507	418	494	301	204	144	0	
课堂教学周数								15	18	16	17	10	10	12	0	
周学时数								24.8	28.2	26.1	29.1	30.1	20.4	12.0		

续表

课程类别	课程编号	课程名称	总学分	总学时	学时分配		各学期学时分配								考核方式
					理论	实践	1	2	3	4	5	6	7	8	

说明：
1. 各专业军事理论教育在第1学期以讲座形式进行；
2. 专业方向课程模块中，学生必须选择某个方向，且选修该方向6个学分。学生可按兴趣选修其他专业方向课，但不计学分；
3. 创新创业教育平台，学生获得"创新创业实践"1个学分可抵免1门相应的创新创业核心实训课程；
4. 个性化拓展模块要求学生至少选修8个学分，其中，"人文素质"模块要求学生至少选修2个学分，且至少选修1门网络课程；专业拓展模块至少选修6个学分。

十四、辅修专业课程设置

食品科学与工程专业辅修课程设置

课程名称	学 分	课程教学安排
食品微生物学	4	第4学期
食品营养学	2	第4学期
饮食文化概论	1	第4学期
食品技术原理	3	第5学期
食品工艺学	5	第5学期
食品添加剂	1.5	第5学期
现代食品检测技术	3	第5学期
粮油食品加工技术	2	第6学期
生鲜农产品保鲜与加工技术	1.5	第6学期
畜产品加工技术	2	第6学期
发酵食品加工技术	1.5	第6学期
食品感官评价	1.5	第7学期
食品工程高新技术	2	第7学期
食品品质管理	1.5	第7学期
毕业论文		必做，但不计学分
总计	31.5	学生必须修满25学分

理学类专业

生物科学本科专业人才培养方案

专业代码:071001

一、培养目标

本专业培养德、智、体、美全面发展,掌握生物科学的基本理论、基本知识和基本技能以及教育教学方面的基本技能与方法,了解生物科学的发展与前沿知识,具有先进的教育理念、良好的法律意识和职业道德、较强的教学技能和科学研究的能力,能够在中等学校从事生物类学科教学与管理等工作,能够在科研机构从事相关科学研究,在企事业单位等部门从事管理工作,具有创新意识和创业精神的高素质教育工作者和应用型专门人才。

二、培养要求

本专业学生主要学习数学、化学基础、生物学基本理论和基本知识以及人文社科等方面的基本理论和基本知识,接受中学生物学教学、英语及现代信息技术知识、生物学专业技能和科学研究等方面的基本训练,掌握从事生物学及相关领域基础科学研究及教育教学等方面的基本能力。

毕业生应获得以下几方面的知识和能力:

1.掌握生物科学的基本理论与知识,具备生物科学相关的实践技能,具有在生物科学相关领域从事生产、开发与管理等工作的能力;

2.了解中学生物学教学的进展和动态,掌握并能够运用教育学与心理学的基础理论与知识,具备良好的教师素养和从事生物学教学的基本能力,具有从事中学生物学教学和教学研究等工作能力;

3.掌握现代信息技术知识,具备资料查询、文献检索和数理统计等方面的技能,具有生物学信息检索、实验设计、统计分析等能力;

4.掌握生物学所必需的数学、化学等基础知识、实验方法和运算能力;

5.掌握一门外国语和一门计算机语言,能阅读本专业的外文书刊,具有运用计算机的基本技能,达到国家规定的英语和计算机的基本要求;

6.具有一定的体育和军事基本知识,掌握科学锻炼身体的基本技能,养成良好的体育锻炼和卫生习惯,达到国家规定的大学生体育和军事训练合格标准,具备健全的心理和健康的体魄。

三、专业方向

1.师范教育方向(本专业学生必选)

学习和掌握生物科学方面的基本理论、基本知识和基本技能,能运用教育学、心理学的基础理论和基本规律,熟悉教育教学法规,具有良好的教师素养和从事生物学教学及科研工作的基本技能,能够在中等学校、企事业单位从事教学与科研等工作。

2. 生物技术方向

学习和掌握生物学方面的基本理论、基本知识和基本技能,掌握现代生物实验技术,熟悉生物实验室管理,了解生物技术企业生产、开发和技术改造的流程,能在工业、医药、食品、农业、科研机构和中等学校等企事业单位从事与生物技术相关的应用研究、技术开发、生产管理、科学研究与教学等工作。

3. 生态学方向

学习和掌握生物科学方面的基本理论与知识,掌握现代生态学、保护生物学、动植物种群及其栖息地保护与恢复理论和技术等基本知识,能够在科研机构、中等学校、生态和环境保护等企事业单位从事区域生态规划与评估、生态环境保护与规划、自然保护区规划与管理、生态产业规划与管理、生物资源监测与评价、自然资源开发与管理、科学研究与教学等工作。

四、素质与能力分析表(表一)

综合素质与能力	专项素质与能力	对应课程或实践
1.基本素质与能力	1.1 政治素质	思想道德修养与法律基础、中国近现代史纲要、马克思主义基本原理、概论、形势政策等
	1.2 人文科学素质	大学语文、应用文写作、进化论思想史等
	1.3 身心素质	军事训练、大学体育、思想道德修养与法律基础等
	1.4 分析运算能力	高等数学等
	1.5 英语应用能力	大学英语、专业英语、分子生物学、细胞生物学等
	1.6 计算机应用能力	大学计算机基础、VFP程序设计等
	1.7 利用现代化手段获取信息能力	计算机在生物科学中的应用、文献检索与论文写作等
	1.8 组织管理、语言表达、人际交往以及在团队中发挥作用的能力	社会实践、创新创业教育实践等
2.学科基础知识及应用能力	2.1 数学运算理论知识与技能	高等数学等
	2.2 化学理论知识与实验技能	有机化学、无机与分析化学等
3.专业基础知识及应用能力	3.1 生物学基本理论知识	动物学、植物学、微生物学、人体及动物生理学、生物化学、遗传学等
	3.2 生物学基本实验技能	专业基础课程实验、动植物学实验、植物学野外实习、生物技术综合实验
	3.3 生物教学基本知识与技能	教育学、心理学、生物学教学论等
4.专业核心知识及应用能力	4.1 生物学核心知识	细胞生物学、分子生物学、遗传学、植物生理学、生态学等
	4.2 专业核心实验技能	细胞生物学与分子生物学等专业核心课程实验等
5.专业实践技能与动手能力	5.1 专业实践技能	教育实习、专业实习、毕业实习等
	5.2 自主学习、终身学习能力	大学生创新课题申报、科研试验设计等
6.创新创业能力	6.1 创新能力	创新教育与实践、专业应用前景导论等
	6.2 创业能力	大学生创业教育、现代生物产业管理等
7.个性化发展能力	7.1 专业知识拓展	发育生物学、免疫学、生态学研究方法与技术等
	7.2 人文社会科学	大学语文、进化论思想史、生物伦理学、应用文写作、社交礼仪等

五、学制与学分

1. 学制:标准学制4年,修读年限3～6年。
2. 学分:最低修读170学分。其中,课内教学环节必须修满137.5学分,实践教学环节必须修满33学分。

六、毕业与学位授予

学生在规定的学习年限内,完成各教学环节学习,修满专业规定的最低学分,准予毕业。授予理学学士学位。

七、全学程时间安排总表(表二)

项目\学年\学期	一 1	一 2	二 3	二 4	三 5	三 6	四 7	四 8	合计
军训(含军事理论)	2								2
入学教育和专业导论	(2)								(2)
课堂教学	15	17	18	18	17	17	9		111
专业实习或教育实习		1				1	1	9	12
毕业实习								8	8
毕业论文(设计)								2	2
复习考试	1	1	1	1	1	1	1		7
机动	1							3	4
假期	6	8	6	8	6	8	6		48
全学程总周数	25	27	25	27	25	27	25	19	200

八、实践性教学环节(表三)

课程编号	实践教学项目	学分	周数	安排学期	实践方式
SJ00001	入学教育	1	(2)	第1学期	集中
SJ00002	军训(含军事理论教育)	1	2	第1学期	集中
SJ00003	社会实践	1	(3)	第2、4、6学期后暑期	由校团委统一安排
SJ13111 SJ13214	植物学野外实习 动物学野外实习	2	1(1)	第2学期	野外实习基地进行
SJ13115	生态学实习	1	1	第4学期或学期后暑假	生态学实习基地进行
SJ13216	生物教育现状调查	1	(2)	第6学期后暑假	学生回家乡或指导老师指定地点调查
SJ13215	生物教学论实习	1	1	第7学期	在相关实验室进行
SJ13548	生物技术综合实验	1	1	第6学期	生物技术实验中心进行
SJ13217	教育实习	6	6	第7学期	微格教室和校外教学实习基地进行
SJ13218	专业实习	2	2	第7学期	相关实验室进行

续表

课程编号	实践教学项目	学分	周数	安排学期	实践方式
SJ13001	毕业实习	8	8	第8学期	相关实习基地或实验室
SJ13219	专业创新创业实训	2	2	第8学期	相关实习基地或实验室
SJ13002	毕业论文(设计)	6	6	第8学期	指导老师安排
合 计		33	30(8)		

九、课程设置及学时、学分比例表(表四)

课程类型		学时	学分	占总学时(总学分)比例(%)	
通识教育课程平台		766	43	30.5	31
专业教育课程平台	学科基础课程	296	14.5	50.5	49.5
	专业基础课程	600	33		
	专业核心课程	372	21		
创新创业教育平台	创新创业基础课程	51	3.5	4.5	5.1
	创新创业核心实训课程	63	3.5		
专业方向课程模块(师范教育必选,其它任选一个方向)	师范教育	144	8	10.2	10.1
	生物技术	112	6		
	生态学	112	6		
个性化拓展课程模块	专业知识应用	72	4	4.3	4.3
	人文社会科学	36	2		
总 计		2512	138.5	100	100

十、主干学科

生物学

十一、核心课程

1.《细胞生物学》(Cell Biology)

学时:60(理论课学时42、实验课学时18。)

学分:3.5

课程简介:本课程主要在显微水平、亚显微水平和分子水平三个不同层次上讲授细胞的结构、功能以及探讨细胞生命活动规律,包括细胞的结构与功能,细胞增殖、分化、衰老与凋亡,细胞信号传递,真核细胞基因表达与调控等内容。

教学与手段:采用双语教学,理论课教学采用多媒体方式;实验课进行演示操作。

课程评价与考核:实验课成绩占20%,理论课成绩占80%。

教材选用:教育部规划教材。

2.《分子生物学》(Molecular Biology)

学时:60(理论课学时40、实验课学时20。)

学分:3.5

课程简介:本课程主要是在分子水平上讲授生命现象及其生物学规律,包括生物大分子结构与功能、染色体与 DNA、基因和基因组、蛋白质与核酸及其相互作用、遗传物质的特性、转录、翻译、基因的表达和调控以及重组 DNA 和遗传工程等内容，同时介绍一些分子生物学的新进展及研究成果。

教学方法与手段：采用双语教学，理论课教学采用多媒体方式；实验课进行演示操作。

课程评价与考核：实验课成绩占 20%，理论课成绩占 80%。

教材选用：教育部规划教材。

3.《现代生物技术》(Modern Biotechnology)

学时：54（理论课学时 36、实验课学时 18。）

学分：3

课程简介：本课程主要讲解基因工程、细胞工程、蛋白质工程、微生物工程及酶工程的基本原理和基本技术以及生物技术在农业、食品、医药、环境保护等领域中的应用。其主要任务是全面、系统地了解和掌握现代生物技术的基本理论、基本概念、基本方法和技能。同时，了解生物技术领域的最新进展。通过本课程的学习，使学生了解和掌握现代生物技术的基本内容和研究方法，并能运用所学知识分析和解决实际问题。

教学方法与手段：理论课教学采用多媒体方式，实验课进行演示操作。

课程评价与考核：实验课成绩占 20%，理论课成绩占 80%。

教材选用：教育部规划教材。

4.《生物工程下游技术》(Downstream Technique of Biotechnology)

学时：54（理论课学时 36、实验课学时 18。）

学分：3

课程简介：生物工程下游技术工是实现生物工程产业化的关键技术。通过本课程的学习，对当前生物工程下游技术领域的大分子物质提取、分离及纯化技术、沉淀技术、浓缩技术、膜分离技术、生物反应器技术、各种色谱技术、各种电泳技术等有较全面、较详细的了解，并掌握一些主要技术的方案设计和实际操作。通过案例教学等方法培养学生科学而实际的思想方法，提高分析实际技术问题和因地制宜处理这些问题的能力，使之更加容易胜任生物技术产业中新产品和新工艺的开发、生产工艺过程技术管理和高技术生产岗位的实际技术工作。

教学方法与手段：理论课教学采用多媒体方式，实验课进行演示操作。

课程评价与考核：实验课成绩占 20%，理论课成绩占 80%。

教材选用：教育部规划教材。

5.《生物技术大实验》(Biotechnology Comprehensive Experiment)

学时：54

学分：3

课程简介：主要内容包括现代生物工程基本原理和实验的设计原理、操作过程、结果分析，植物的组织培养，植物原生质体的分离纯化，植物基因的克隆、遗传转化，动物细胞培养，动物细胞的克隆，蛋白质的分离纯化，啤酒酿造等实验内容。

教学方法与手段：积极开展研讨，学习兄弟院校的先进经验，提出一套既符合本课程组的实际情况，又有改革创新精神的现代生物工程学实验课教学新体系。以新体系为依据，进行实验课的教学改革，注意教学效果的评价、收集学生的反馈信息，在此基础上，改进和完善教学新体系。大胆改革实验课程内容，把传统实验与虚拟实验结合起来，增加实验环节，提高学生的操作技能和设计创新能力。

考核方式：该门课程采取期末笔试成绩与平时实验课总评相结合的考核方式，期末笔试成绩占60%；实验课总评占 40%。

教材选用：教育部规划教材。

6.《发酵工程与设备》(Fermentation Engineering Equipment)

学时:36(理论课学时26、实验课学时10。)

学分:2

课程简介:主要讲授发酵工程或生物技术产品工业生产设备的结构等基本知识,生物质原料处理设备、培养基制备设备、空气净化除菌、生物反应器、通风发酵设备、厌氧发酵设备、生物反应器的检测及控制等基本原理。内容涵盖现代生物加工的全过程、现代生物加工过程所用实验室和工业化生产设备的操作、结构特性以及设备设计计算、选型等,为生物技术专业培养具有扎实的理论基础,能独立从事生物技术设备研究、设计、开发能力的创新型、应用型的高素质人才。

教学方法与手段:本课程教学采取教、学、做一体化方式进行。进行实验课的教学改革,注意教学效果的评价,注意收集学生的反馈信息,在此基础上改进和完善教学新体系。

考核方式:考试方式采取闭卷笔试加平时考核相结合的办法,期末笔试成绩占总成绩的80%;平时成绩占总成绩的20%。

教材选用:教育部规划教材。

7.《生态学》(Ecology)

学时:54(理论课学时44、实验课学时10。)

学分:3

课程简介:本课程主要讲授生物与环境之间的关系,包括从个体、种群、群落、生态系统等不同层次上分析生物与环境之间的关系,通过理论推介、案例剖析,使学生掌握生态学的基本知识体系和思想方法,形成宏观的生态思维,提高对当前资源和环境问题的认识能力和把握水平。

教学方法与手段:理论课教学采用多媒体方式,实验课进行演示操作。

课程评价与考核:实验课成绩占20%,理论课成绩占80%。

教材选用:教育部规划教材。

十二、教学进程表(表五)

课程类别	课程编号	课程名称	总学分	总学时	学时分配 理论	学时分配 实践	各学期学时分配 1	2	3	4	5	6	7	8	考核方式
通识教育课程平台	TS26106	思想道德修养与法律基础	3	48	38	10		48							试
	TS26102	中国近现代史纲要	2	32	24	8	32								试
	TS26103	马克思主义基本原理概论	3	48	38	10				48					试
	TS26104	毛泽东思想和中国特色社会主义理论体系概论Ⅰ	2	32	32					32					试
	TS26105	毛泽东思想和中国特色社会主义理论体系概论Ⅱ	4	64	44	20					64				试
	TS15001-4	大学英语(Ⅰ-Ⅳ)	15	270	230	40	60	70	70	70					试
	TS19001-4	大学体育(Ⅰ-Ⅳ)	4	126	126		30	32	32	32					试
	TS28001	大学计算机基础	3	48	16	32	48								试
	TS28002	VFP程序设计	4	72	48	24		72							试

续表

课程类别		课程编号	课程名称	总学分	总学时	学时分配		各学期学时分配								考核方式
						理论	实践	1	2	3	4	5	6	7	8	
通识教育课程平台		TS18111	大学生心理健康教育	1	14	14		14								查
		TS26108-9	形势与政策	2	12	12		6	6							查
专业教育课程平台	学科基础课程	JC28005	高等数学C	4.5	80	80		80								试
		JC25001	普通化学	3	54	54		54								试
		JC25002	分析化学	2	36	36				36						试
		JC25003	有机化学A	3	54	54			54							试
		JC25005-6	基础化学实验I-II	2	72		72	33	39							试
	专业基础课程	ZJ13203-4	动物学(I-II)	5	90	60	30	46	44							试
		ZJ13105-6	植物学(I-II)	5.5	100	70	30	60	40							试
		ZJ13303	生物化学	5.5	100	60	40			100						试
		ZJ13403	微生物学	4	72	42	30				72					试
		ZJ13507	遗传学	4	72	42	30				72					试
		ZJ13205	人体及动物生理学	2.5	44	34	10					44				试
		ZJ13302	植物生理学	4	72	54	18					72				试
		ZJ13654	生物统计学	2.5	50	50							50			试
	专业核心课程	ZH13402	细胞生物学▲	3.5	60	42	18				60					试
		ZH13301	分子生物学▲	3.5	60	40	20						60			试
		ZH13403	现代生物技术	3	54	36	18					54				试
		ZH13505	生物工程下游技术	3	54	36	18					54				试
		ZH13542	生物技术大实验	3	54		54						54			试
		ZH13506	发酵工程与设备	2	36	26	10						36			试
		ZH13101	生态学	3	54	44	10					54				试
创新创业教育平台	基础课程	CJ00001	大学生创业教育	1	18	18					18					查
		CJ00002	大学生就业指导	2	24	24				12				12		查
		CJ13201	专业应用前景导论	0.5	9	9		9								查
	核心实训课程	CH13201	创新创业论坛	0.5	9	9					3	3	3			查
		CH13202	现代生物产业管理	1.5	27	27							27			查
		CH13203	创新教育与实践	1.5	27		27						27			查
		CH00001	创新创业成果学分认定	创新创业实践学分的认定见有关文件												

续表

课程类别		课程编号	课程名称	总学分	总学时	学时分配		各学期学时分配								考核方式
						理论	实践	1	2	3	4	5	6	7	8	
专业方向课程模块	生物技术方向	ZF18312	教育学	2	36	36							36			试
		ZF18311	心理学	2	36	36							36			试
		ZF13208	生物学教学论	2	36	30	6							36		试
		ZF18604	教师口语	2	36	36					36					试
	生态学方向	ZF13528	生物技术制剂	1.5	28	20	8						28			试
		ZF13641	植物生物技术	1.5	28	20	8						28			试
		ZF13501	生物产品质量控制	1.5	28	28							28			试
		ZF13401	生物技术法规	1.5	28	28							28			试
		ZF13203	保护生物学	1.5	28	28							28			试
		ZF13402	景观生态学	1.5	28	28							28			试
		ZF20115	资源环境学	1.5	28	28							28			试
		ZF13105	拉丁文	1.5	28	28							28			试
个性化拓展课程模块	专业知识拓展	GT13205	发育生物学	1	18	18							18			查
		GT13209	免疫学	1	18	18							18			查
		GT13101	生态学研究方法与技术	1	18	18						18				查
		GT13102	资源植物学	1	18	18									18		查
		GT13683	无土栽培技术	1	18	18							18			查
		GT13416	文献检索与论文写作	1	18	18									18		查
		GT13415	计算机在生物科学的应用	1	18	18							18			查
		GT13414	专业英语	1	18	18							18			查
		GT13201	现代教育技术	1	18		18								18		试
	人文社会科学	GT18603	大学语文	1	18	18						18				查
		GT18608	应用文写作	1	18	18							18			查
		GT18604W	中国文化概论	1	18	18					18					查
		GT18306	社交礼仪	1	18	18					18					查
		GT13417	进化论思想史	1	18	18							18			查
		GT13312	生物伦理学	1	18	18							18			查
			最低修读学分/学时	138.5	2512	1928	584	414	423	438	412	410	324	117	0		
			课堂教学周数					15	17	18	18	17	17	9	0		
			周学时数					27.6	24.9	23.3	22.9	24.1	29.1	13.0	0		

说明：1. 各专业军事理论教育在第1学期以讲座形式进行；
2. 专业方向课程模块中"师范教育方向"模块为必选模块；其他2个模块可任选1个(112个学时,6个学分)；
3. 创新创业教育平台,学生获得"创新创业实践"1个学分可抵免1门相应的创新创业核心实训课程；
4. 个性化拓展模块要求学生至少须修选6个学分,其中,"人文素质(或自然科学)"模块要求学生至少选修2个学分；专业拓展模块至少选修4个学分。

管理学类专业

财务会计教育本科专业人才培养方案

专业代码:120213T

一、培养目标

本专业培养德、智、体、美全面发展,掌握财务会计与教育学基本知识,具有会计核算、财务管理、会计监督、会计教学等专业能力,能够在各类企事业单位及政府部门等从事会计核算、财务管理、会计监督以及在中等职业学校从事会计教学工作,具有创新意识和创业精神的高素质应用型专门人才。

二、培养要求

本专业学生主要学习基础会计、中级财务会计、高级财务会计、税法、财务管理、审计学、成本管理会计等方面的基本理论和基本知识,接受会计基本技能、财务会计、成本核算、财务分析、会计电算化、微格教学等方面的基本训练,具备会计核算、财务管理、会计监督等方面的基本能力。

毕业生应获得以下几方面的知识和能力:

1. 具有较高的思想道德素质、科学文化素质和身心素质,具有较强的敬业精神和较好的职业素养;

2. 系统地掌握经济学、管理学学科基础理论知识,具备经济现象的认知与分析能力、组织管理能力、统计分析能力等;

3. 能够运用财务会计知识对企业的经济业务进行设置账户、填制凭证、登记账簿、财产清查、编制会计报表等全盘账务处理,具备较强的会计核算能力;

4. 掌握筹资、投资以及资产管理等财务管理基本知识,具备财务预测与决策、各种财务计划的编制以及财务分析等财务管理能力;

5. 了解我国有关审计准则,熟悉内部审计一般流程,掌握审计方法与技能,具备运用审计方法对单位进行内部会计监督的能力;

6. 能熟练运用用友、金蝶等通用财务软件对企业的经济业务进行记账、算账、报账,具备利用现代信息技术进行会计核算的能力;

7. 熟悉教育学基本理论,掌握教学基本技能,具有中等职业学校会计专业教学能力。

三、专业方向

1. 涉外会计方向

学习和掌握国际贸易基本理论与实务,具有涉外贸易会计处理能力,能在企业财务部门从事涉外贸易的会计处理等会计核算工作以及在国际贸易部门从事国际结算等工作。

2. 管理会计方向

学习和掌握管理会计基本原理,具有财务分析和决策能力,能在企业财务部门从事财务分析、预测和决策等工作。

3. 师范教育方向

学习和掌握教育学、心理学等基本理论知识,具备基本的教学技能,能在中等职业学校从事会计及其相关课程的教学科研等工作。

四、素质与能力分析表(表一)

综合素质与能力	专项素质与能力	对应课程或实践
1.基本素质与能力	1.1 政治素质	思想道德修养与法律基础、中国近现代史纲要、马克思主义基本原理概论、形势与政策等
	1.2 人文科学素质	中国近现代史纲要、经济应用文写作、插花与盆景等
	1.3 身心素质	军事训练、大学生心理健康教育、大学体育等
	1.4 分析运算能力	高等数学、线性代数、概率论与数理统计、统计学等
	1.5 英语应用能力	大学英语、专业英语等
	1.6 计算机应用能力	大学计算机基础、VFP 程序设计等
	1.7 利用现代化手段获取信息能力	会计信息系统等
	1.8 组织管理、语言表达、人际交往以及在团队中发挥作用的能力	管理学、教师口语等
2.学科基础知识及应用能力	2.1 经济学、管理学基础知识	宏观经济学、微观经济学、管理学、财政与金融、统计学等
	2.2 经济现象认知、分析能力,组织管理能力	
3.专业基础知识及应用能力	3.1 会计核算、审计学、税收基本原理	基础会计、税法、基础会计实训、财务管理等
	3.2 会计处理能力	
4.专业核心知识及应用能力	4.1 较复杂的会计业务处理知识与能力 4.2 成本核算知识与能力 4.3 会计信息处理知识与能力 4.4 量本利分析的基本原理与管理分析、决策能力 4.5 特殊会计业务处理能力 4.6 财务管理能力 4.7 会计监督能力	中级财务会计、中级财务会计实训、成本管理会计、成本管理会计实训、会计信息系统、高级财务会计、审计学、财务管理等
5.专业实践技能与动手能力	5.1 会计核算技能 5.2 成本计算技能 5.3 会计信息化处理能力 5.4 专业综合处理能力	基础会计实训、中级财务会计实训、成本管理会计实训、会计信息系统实验、专业综合实训等
6.创新创业能力	6.1 创新能力	创新创业论坛、会计制度设计等
	6.2 创业能力	大学生创业指导、大学生就业指导、专业导论、投资项目评估等
7.个性化发展能力	7.1 自然科学认知能力 7.2 专业拓展能力	物联网概论、插花与盆景、魅力科学、微生物与人类健康、银行会计、政府与非盈利组织会计等

五、学制与学分

1.学制:标准学制 4 年,修业年限 3~6 年。

2.学分:最低修读 156 学分。其中,课内教学环节必须修满 125 学分,实践教学环节必须修 31 学分。

六、毕业与学位授予

学生在规定的学习年限内,完成各教学环节学习,修满专业规定的最低学分,准予毕业。授予管理学学士学位。

七、全学程时间安排总表(表二)

项目\学年学期	一		二		三		四		合计
	1	2	3	4	5	6	7	8	
军训(含军事理论教育)	2								2
入学教育和专业导论	(2)								(2)
课堂教学	15	18	17	17	16	16	11		111
专业实习或教育实习			1	1	2	2	7		12
毕业实习								8	8
专业创新创业实训								2	2
毕业论文(设计)								6	6
复习考试	1	1	1	1	1	1	1		7
机动	1							3	4
假期	6	8	6	8	6	8	6		48
全学程总周数	25	27	25	27	25	27	25	19	200

八、实践性教学环节(表三)

课程编号	实践教学项目	学分	周数	安排学期	实践方式
SJ00001	入学教育	1	(2)	第1学期	机动
SJ00002	军训(含军事理论教育)		2	第1学期	集中
SJ00003	社会实践	1	(3)	第2、4、6学期后暑期	由校团委统一安排
SJ24119	基础会计实训	1	1	第3学期	由凤宝粮油等校外实践基地会计人员讲解会计基本操作流程,在财经综合实验室进行计算机模拟操作、实施过程考核
SJ24120	中级财务会计实训Ⅰ	1	1	第4学期	由德力股份等校外实践基地会计人员讲解会计实务操作流程、在教室进行手工模拟、实施过程考核
SJ24121	中级财务会计实训Ⅱ	1	1	第5学期	由德力股份等校外实践基地会计人员讲解会计实务操作流程、在教室进行手工模拟、实施过程考核
SJ24202	财务管理实训	1	1	第5学期	由德力股份、国元证券等校外实践基地专家讲解财务分析流程、在财经综合实验室进行软件操作、实施过程考核

安徽科技学院应用型创新创业人才培养方案(2015)

续表

课程编号	实践教学项目	学分	周数	安排学期	实践方式
SJ24602	审计学实训	1	1	第6学期	由德力股份等校外实践基地会计人员讲解内部审计流程、财经综合实验室进行软件操作、实施过程考核
SJ24118	成本管理会计实训	1	1	第6学期	由德力股份等校外实践基地会计人员讲解成本核算流程、教室进行手工模拟、实施过程考核
SJ24117	财务会计教育专业综合实训	1	1	第7学期	由凤宝粮油等校外实践基地会计人员讲解企业会计综合操作流程、在财经综合实验室进行手工、计算机模拟结合、实施过程考核
SJ24005	教育实习	6	6	第7学期	微格教室试讲、滁州城市职业学院、蚌埠职教中心等实习点实习;实施校内和校外实习基地共同评价的考核方式
SJ24003	毕业实习	8	8	第8学期	学院统一安排
SJ24006	专业创新创业实训	2	2	第8学期	学院统一安排
SJ24004	毕业论文(设计)	6	6	第8学期	学院统一安排
合计		31	31(5)		

九、课程设置及学时、学分比例表(表四)

课程类型		学时	学分	占总学时(总学分)比例(%)	
通识教育课程平台		786	43	35.13	34.54
专业教育课程平台	学科基础课程	400	22.5	45.10	45.78
	专业基础课程	297	16.5		
	专业核心课程	312	18		
创新创业教育平台	创新创业基础课程	51	3.5	5.28	5.22
	创新创业核心实训课程	63	3.5		
专业方向课程模块(各方向学时、学分大体相同)	涉外会计	108	6	9.66	9.64
	管理会计	108	6		
	师范教育	108	6		
个性化拓展课程模块	自然科学	36	2	4.83	4.82
	专业拓展	72	4		
总计		2233	125	100	100

十、主干学科

工商管理、经济学

十一、核心课程

1.《中级财务会计》(Ⅰ、Ⅱ)(Intermediate Financial Accounting)

学时:136(理论课学时96、实践课学时40,其中,企业行业专家授课8学时。)

学分:8(理论课学分6,实践课学分2,其中,企业行业专业授课0.5学分。)

课程简介:本课程主要讲授会计要素的确认、计量与报告的理论框架和方法体系,具体包括企业货币资金、应收款项、存货、金融资产、长期股权投资、固定资产、无形资产、投资性房地产、流动负债、长期负债负债、所有者权益、收入、费用、利润等会计要素确认、计量的具体程序与方法,财务报告体系的构成及编制方法等内容。培养学生对一般经济业务的会计处理能力。

教学方法或手段:本课程采用理实结合的授课方式。

教学评价(考核)方式:采用过程+终结的考核方式进行考核,其中,平时成绩占20%,课程论文占10%,期中考试占20%,期终考试占50%。

教材选用:赵鸿雁主编,《中级财务会计》,安徽大学出版社(联盟高校共编教材)。

参考教材:陈立军主编,《中级财务会计》,中国人民大学出版社,路国平主编,《中级财务会计》,北京邮电大学出版社。

2.《成本管理会计》(Cost and Management Accounting)

学时:65(理论课学时45、实践课学时20,其中,企业行业专家授课4学时。)

学分:3.5(理论课学分2.5、实践课学分1,其中,企业行业专业授课0.25学分。)

课程简介:本课程分为两部分,其中,成本会计部分主要讲授成本会计核算的基本程序,材料费用、人工费用等成本会计要素费用的归集与分配,辅助费用的归集和分配,制造费用的归集和分配,生产费用在完工产品和在产品之间的分配,品种法、分批法、分步法等产品成本计算方法,成本报表的编制,成本分析、成本控制、成本考核等内容。管理会计部分主要讲授通过一系列专门方法,利用财务会计提供的资料及其他资料进行加工、整理和报告,使企业各级管理人员能够对日常发生的各项经济活动进行规划与控制,并帮助决策者作出各种专门决策的一个会计分支。培养学生成本计算能力、成本分析能力以及用财务会计资料进行分析、预测和决策的能力。

教学方法或手段:本课程采用理实结合的授课方式。

教学评价(考核)方式:采用过程+终结的考核方式进行考核,其中,平时成绩占20%,课程论文占10%,期中考试占20%,期终考试占50%。

教材选用:孟焰,刘俊勇主编,《成本管理会计》,高等教育出版社。

参考教材:易颜新主编,《成本管理会计》,经济科学出版社;李金泉,余新培主编,《成本管理会计》,中国财政经济出版社。

3.《会计信息系统》(Accounting Information System)

学时:45(实践课学时45,其中,企业行业专家授课4学时。)

学分:2.5(实践课学分2.5,其中,企业行业专业授课0.25学分。)

课程介绍:本课程主要讲授会计电算化理论和实务相关知识,包括会计信息系统概念框架和数据库、会计软件的安装和账套的创建工作、财务软件的初始化设置、总账系统的初始化设置工作、记账凭证的录入、修改、删除、审核、出纳签字、主管签字工作、期末会计业务处理、设置会计报表格式,设定报表公式、会计报表的生成,培养学生会计业务的电算化处理能力。

教学方法或手段:本课程在实验室采用教、学、做一体化教学模式。

教学评价(考核)方式:实行过程考核。

教材选用:汪路明、胡振江主编,《会计信息系统》,安徽大学出版社(联盟高校共编教材)。

参考教材:黄正瑞、黄微平主编,《会计信息系统》,暨南大学出版社;张瑞君、蒋砚章主编,《会计信息系统》,中国人民大学出版社。

4.《高级财务会计》(Advanced Financial Accounting)

学时:36(理论课学时36。)

学分:2(理论课学分2。)

课程简介:本课程主要讲授在新的经济条件下出现的经济业务以及企业不经常发生的特殊交易和经济业务的会计处理,包括所得税、非货币性资产交换、债务重组、租赁、资产负债表日后事项、会计政策、会计估计变更、企业合并、合并会计报表等经济业务的会计处理。培养学生对企业特殊业务的理解、分析和会计处理能力。

教学方法或手段:本课程主要采用理论+案例的教学方式。

教学评价(考核)方式:采用课程论文+终结考试的方式进行考核,其中,平时成绩占20%,课程论文占20%,期终考试占60%。

教材选用:隋春蕾主编,《高级财务会计》,上海财经大学出版社。

参考教材:刘永泽、傅荣主编,《高级财务会计》,东北财经大学出版社;曲晓辉主编,《高级财务会计》,立信会计出版社。

5.《财务管理》(Financial Management)

学时:65(理论课学时45、实践课学时20,其中,企业行业专家授课4学时。)

学分:35(理论课学分2.5、实践课学分1,其中,企业行业专业授课0.5学分。)

课程简介:本课程主要讲授企业的资本筹集、投资及股利分配等问题。本课程五个主要部分是理财的基础理论、价值和资本预算、风险与回报、资本结构和股利政策、财务管理专题。通过本课程的学习,使学生具备高级财务人员的基本素质,在熟练掌握公司筹资、投资和股利分配等财务基本理论和基本技能的基础上,能灵活地根据资本市场环境和公司的特点作出正确的财务决策,进行日常财务运作,从而实现企业价值最大化的财务目标。培养学生综合运用财务知识的能力。

教学方法或手段:本课程主要采用理实结合+案例的教学方式。

教学评价(考核)方式:采用理论+技能操作的考核方式进行考核,其中,平时成绩占10%,实践技能操作占20%,期终考试占70%。

教材选用:闫永海主编,《财务管理》,安徽大学出版社(联盟高校共编教材)。

参考教材:王玉春主编,《财务管理》,南京大学出版社;刘春华、刘静中主编,《财务管理》,大连出版社。

6.《审计学》(Auditing)

学时:65(理论课学时45、实践课学时20。)

学分:3.5(理论课学分2.5、实践课学分1。)

课程简介:本课程主要讲授审计的基本理论与方法,包括审计产生和发展的历史、审计职业规范体系、审计人员法律责任、审计目标及其实现、风险评估与应对、审计证据与审计记录、审计抽样、各业务循环的审计、审计终结阶段的工作及审计报告等内容。培养学生利用审计知识加强会计监督的能力。

教学方法或手段:本课程主要采用理论+案例的教学方式。

教学评价(考核)方式:采用课程论文+终结考试的方式进行考核,其中,平时成绩占20%,课程论文占20%,期终考试占60%。

教材选用:杨书怀主编,《审计学》,安徽大学出版社(联盟高校共编教材)。

参考教材:王如燕主编,《审计学》,立信会计出版社;林丽主编,《审计学》,清华大学出版社。

十二、教学进程表(表五)

课程类别	课程编号	课程名称	总学分	总学时	学时分配 理论	学时分配 实践	各学期学时分配 1	2	3	4	5	6	7	8	考核方式
通识教育课程平台	TS26106	思想道德修养与法律基础	3	48	38	10	48								试
	TS26102	中国近现代史纲要	2	32	24	8		32							试
	TS26103	马克思主义原理概论	3	48	38	10				48					试
	TS26104	毛泽东思想和中国特色社会主义理论体系概论Ⅰ	2	32	32					32					试
	TS26105	毛泽东思想和中国特色社会主义理论体系概论Ⅱ	4	64	44	20					64				试
	TS15001-4	大学英语(Ⅰ-Ⅳ)	15	270	230	40	60	70	70	70					试
	TS19001-4	大学体育(Ⅰ-Ⅳ)	4	126	126		30	32	32	32					试
	TS28001	大学计算机基础	3	48	16	32	48								试
	TS28002	VFP程序设计	4	72	48	24			72						试
	TS26108-9	形势与政策	2	32	12	20	16	16							查
	TS18111	大学生心理健康教育	1	14	14		14								查
专业教育课程平台 学科基础课程	JC28003	高等数学B1	4	72	72		72								试
	JC28004	高等数学B2	3.5	64	64			64							试
	JC28006	线性代数	3	48	48					48					试
	JC28008	概率论与数理统计	3	54	54				54						试
	JC24401	微观经济学(MOOC)	3	54	54		54								试
	JC24402	宏观经济学(MOOC)	3	54	45	9		54							试
	JC14201	管理学(MOOC)	3	54	45	9	54								试
专业基础课程	ZJ24101	基础会计	3	54	54					54					试
	ZJ24111	税法	2.5	45	45				45						试
	ZJ24408	经济应用文写作	2	36	36			36							试
	ZJ24409	统计学	3	54	40	14				54					试
	ZJ24510	经济法	2	36	27	9		36							试
	ZJ24504	财政与金融	2	36	30	6				36					试
	ZJ24105	会计法规与职业道德	2	36	36					36					试
专业核心课程	ZH24119	中级财务会计Ⅰ	3	48	48					48					试
	ZH24120	中级财务会计Ⅱ	3	48	48						48				试

续表

课程类别	课程编号	课程名称	总学分	总学时	学时分配		各学期学时分配								考核方式
					理论	实践	1	2	3	4	5	6	7	8	
专业教育课程平台	专业核心课程	ZH24201	财务管理	2.5	45	45							45			试
		ZH24114	成本管理会计	2.5	45	45							45			试
		ZH24117	会计信息系统	2.5	45		45							45		试
		ZH24106	审计学	2.5	45	45							45			试
		ZH24115	高级财务会计	2	36	36							36			试
创新创业教育课程平台	基础课程	CJ00001	大学生创业教育	1	18	18					18					查
		CJ00002	大学生就业指导	2	24	24			12				12			查
		CJ24001	专业导论	0.5	9	9		9								查
	核心实训课程	CH24001	创新创业论坛	0.5	9	9						9				查
		CH24203	投资项目评估	1.5	27	27							27			查
		CH24101	会计制度设计	1.5	27	27						27				查
		CH00001	创新创业成果学分认定	创新创业实践学分的认定见有关文件												
专业方向课程模块	涉外会计	ZF24380	国际贸易理论与实务	2	36	36							36			试
		ZF24302	国际结算	2	36	27	9								36	试
		ZF24121	会计英语（双语）	2	36	36									36	试
	管理会计	ZF14105	战略与风险管理	2	36	36							36			试
		ZF24105	管理会计案例分析	2	36	36									36	试
		ZF24107	财务报表分析	2	36	27	9								36	试
	师范教育	ZF18311	心理学	2	36	36						36				试
		ZF18312	教育学	2	36	36							36			试
		ZF18313	学科教学论	2	36	36								36		试
个性化拓展课程模块	自然科学	GT14202	物联网概论	1	18	18						18				查
		GT13677	插花与盆景	1	18	18							18			查
		GT17008W	魅力科学	1	18	18						18				查
		GT13425W	微生物与人类健康	1	18	18							18			查
	专业拓展模块	GT24201	内部控制	2	36	36							36			查
		GT24001	ISO质量管理	2	32	32						32				查
		GT24505	证券投资	2	36	36								36		查
		GT24104	银行会计	2	36	36							36			查
		GT24106	政府与非盈利组织会计	2	36	36								36		查

续表

课程类别	课程编号	课程名称	总学分	总学时	学时分配		各学期学时分配								考核方式
					理论	实践	1	2	3	4	5	6	7	8	
学生最低修读的学分/学时			125	2233	1959	274	357	400	393	356	247	291	189	0	
课堂教学周数							15	18	17	17	16	16	11		
周学时数							23.8	22.2	23.1	20.9	15.4	18.2	17.2		

说明：
1. 各专业军事理论教育在第1学期以讲座形式进行；
2. 专业方向课程模块中师范教育类模块为必选模块，另外2个模块至少选修1个，共12个学分；
3. 创新创业教育平台，学生获得"创新创业成果"学分可抵免创新创业核心实训课程学分；
4. 个性化拓展模块要求学生至少须选修6个学分，其中，"自然科学"模块要求学生至少选修2个学分，且至少选修1门网络课程；专业拓展模块至少选修4个学分。

十三、辅修专业课程设置

财经学院会计学专业辅修课程设置

课程名称	学 分	辅修专业教学计划
西方经济学	3	
管理学	3	
基础会计	2.5	
财务会计	4	
成本会计	2	
财务管理	2.5	
财经法规与职业道德	2	
会计信息系统	2	
管理会计	2	
审计学	2	
毕业论文		必做，但不计学分。
总计	25	学生必须修满25学分。

管理学类专业

物流管理本科专业人才培养方案

专业代码：120601

一、培养目标

本专业培养德、智、体、美全面发展，掌握系统的经济学、管理学、系统科学基础理论和现代物流与供应链系统分析、设计、运营、管理的基本理论、方法与技术，具有扎实的物流与供应链实践管理能力，熟悉物流管理相关法规，能够在工商企业相关部门从事物流与供应链系统优化及运营管理等方面工作，具有创新意识和创新精神的高素质应用型专门人才。

二、培养要求

按照"整体素质高、知识结构优、专业应用能力强、实践动手能力强、创新创业能力强、个性化发展能力强"的总体要求，改革人才培养模式，优化课程体系和教学内容，创新培养体制和机制，使毕业生具备全面的素养、优良的知识结构、突出的实践应用能力和创新创业能力。本专业学生主要学习经济学类、工商管理类、物流管理与工程类、管理科学与工程类等相关学科的基本理论和基本知识及物流管理专业的专业知识，接受物流与供应链运营与管理、设计与优化等方面的基本训练，掌握物流与供应链运营与管理、设计与优化等方面的基本能力。

毕业生应获得以下几方面的知识、能力与素质：

1. 知识要求：具备较全面的人文社会科学、自然科学、外语及计算机等方面的基本知识，具备经济学、管理学学科的基本理论与基本知识，掌握物流业务管理、供应链管理、物流系统规划与设计的基本理论、方法和技能，熟悉国内外供应链管理与物流运作所涉及的技术、方法、管理等方面的标准、惯例、法律、政策，具备创新创业以及个性化发展的理论知识；

2. 能力要求：具备运用辩证唯物主义的基本观点和方法去认识、分析和解决问题的能力，具备较强的语言及文字表达能力、人际交往能力、利用计算机常用软件进行文字和信息处理的能力，具有掌握新知识、新技术的自学和继续学习的能力，物流经营、管理的能力，能够从事采购、仓储、运输、配送、装卸搬运、流通加工、包装、货代、物流成本管理、信息处理等物流作业工作，具备具有物流系统以及供应链方案策划与设计、物流活动和功能计划、财务核算、成本控制等物流管理与创新的能力；

3. 素质要求：具备良好的思想品德、科学的世界观、良好的行为规范、遵守法律和职业道德；具有实事求是、勇于创新的科学精神及关心他人、关心自然、关心社会和谐发展的人文素养；具备竞争意识、合作精神、坚强毅力；具有良好的体育锻炼、卫生习惯和心理素质，达到国家规定的大学生体质健康标准。

三、专业方向

1. 物流系统规划方向

学习和掌握系统工程分析、物流系统建模与仿真、项目管理、物流园区规划与设计等专业知识,具备客户服务目标设计、设施选址战略、库存规划与管理、运输网络规划与设计等能力,能够从事物流项目策划、预测、设计和实施,物流装备运用,物流系统运作与管理,物流企业运营与管理,物流咨询等相关工作。

2. 物流信息管理方向

学习和掌握物流信息技术、现代物流装备、物流系统建模以及项目管理等专业知识,具备物流信息系统的操作、管理等能力,初步具备能够在企事业单位从事物流业务的信息管理、物流业务管理、物流信息系统的规划、供应链一体化信息平台设计等工作。

四、素质与能力分析表(表一)

综合素质与能力	专项素质与能力	对应课程或实践
1. 基本素质与能力	1.1 政治素质	思想道德修养与法律基础、中国近现代史纲要、马克思主义基本原理概论、毛泽东思想和中国特色社会主义理论体系概论、形势与政策等
	1.2 人文科学素质	大学生心理健康教育、物流法律法规生命科学与人类文明、微生物与人类健康、从爱因斯坦到霍金的宇宙、博弈论、Photoshop 设计与制作等
	1.3 身心素质	军训、体育、大学生心理健康教育等
	1.3 分析运算能力	高等数学、概率论、线性代数、统计学等
	1.4 英语应用能力	大学英语、毕业论文设计等
	1.6 计算机应用能力	大学计算机基础、VFP 程序设计等
	1.7 利用现代化手段获取信息能力	物流信息系统、财经应用文写作实训、毕业论文设计、科研训练等
	1.8 组织管理、语言表达、人际交往以及在团队中发挥作用的能力	管理学、组织行为学、公关与礼仪实训、财经应用文写作实训等
2. 学科基础知识及应用能力	2.1 高等数学、经济学、管理学学科基础理论知识	高等数学、概率论、线性代数、西方经济学、管理学、统计学、认知实习等
	2.2 经济现象的认知与分析能力、组织管理能力	
3. 专业基础知识及应用能力	3.1 物流管理基本理论知识	会计学、商品学、物流运筹学、市场营销学、现代物流管理、运营管理、财务管理、供应链管理、物流法律法规、ERP 实训等
	3.2 物流管理基本运作能力	
4. 专业核心知识与应用能力	4.1 采购与仓储知识与能力	采购与仓储、运输与配送、供应链管理、物流系统规划与设计、物流经济学、物流信息系统、物流战略管理、国际物流、物流设计大赛、专业综合实习、毕业实习等
	4.2 运输与配送知识与能力	
	4.3 供应链系统管理知识与能力	
	4.4 物流系统设计与规划知识与能力	
	4.5 物流信息系统知识与能力	
	4.6 物流战略管理知识与能力	
	4.7 国际物流知识与能力	

续表

综合素质与能力	专项素质与能力	对应课程或实践
5.专业实践技能与动手能力	5.1 物流运营与管理能力	认知实习、物流运营模拟实训、采购与仓储、运输与配送、运营管理、国际物流、ERP实训等
	5.2 物流系统设计与优化能力	物流系统规划与设计、供应链管理、物流战略管理、物流设计大赛、物流信息系统、专业综合实习、毕业实习等
6.创新创业能力	6.1 创新能力	创新创业论坛、创新创业论坛、物流管理专业创新教育实践等
	6.2 创业能力	大学生创业教育、大学生就业指导、物流管理专业导论、创新创业论坛、物流管理专业创业教育实践等
7. 个性化发展能力	7.1 自然科学	生命科学与人类文明、微生物与人类健康、从爱因斯坦到霍金的宇宙、博弈论、Photoshop设计与制作等
	7.2 专业拓展能力	人力资源管理、ISO9000概论、组织行为学、客户关系管理等

五、学制与学分

1. 学制：标准学制4年，修业年限3～6年。

2. 学分：最低修读169学分。其中，课内教学环节必须修满126学分，实践教学环节必须修满43学分。

六、毕业与学位授予

学生在规定的学习年限内，完成各教学环节学习，修满专业规定的最低学分，准予毕业。授予管理学学士学位。

七、全学程时间安排总表（表二）

项目\学年学期	一		二		三		四		合计
	1	2	3	4	5	6	7	8	
军训(含军事理论教育)	2								2
入学教育和专业导论	(2)								(2)
课堂教学	15	18	17	17	17	16			100
专业综合实习或课程实习教育实习		(1)	1	1	1	2	18		23(1)
毕业实习								8	8
专业创新创业实训								2	2
毕业论文(设计)								6	6
复习考试	1	1	1	1	1	1			6
机动	1						1	3	5
假期	6	8	6	8	6	8	6		48
全学程总周数	25	27	25	27	25	27	25	19	200

八、实践性教学环节(表三)

课程编号	实践教学项目	学分	周数	安排学期	实践方式
SJ00001	军训(含军事理论教育)	1	2	1	集中
SJ00002	入学教育	1	(2)	1	集中
SJ00003	社会实践	1	(3)	第2、4、6学期后暑期	由校团委统一安排
SJ14001	认知实习	1	(1)	第2学期暑假	企业调研、岗位认知
SJ14002	现代办公文书写作实训	1	1	第3学期	经管实验实训中心实训
SJ14203	物流运营模拟实训	1	1	第4学期	经管实验实训中心实训
SJ14501	公关与礼仪实训	1	1	第5学期	经管实验实训中心实训
SJ14201	ERP实训	1	1	第6学期	经管实验实训中心实训
SJ14204	物流设计大赛	1	1	第6学期	经管实验实训中心实训
SJ14205	专业综合实习	18	18	第7学期	企业轮岗实习
SJ14003	毕业实习	8	8	第8学期	企业顶岗实习
SJ14206	专业创新创业实训	2	2	第8学期	企业创新创业实训
SJ14004	毕业论文(设计)	6	6	第8学期	学院统一安排
合计		43	41(6)		

九、课程设置及学时、学分比例表(表四)

课程类型		学时	学分	占总学时(总学分)比例(%)	
通识教育课程平台		786	43	35.0	34.5
专业教育课程平台	学科基础课程	400	22	35.5	35.3
	专业基础课程	396	22		
	专业核心课程	297	16.5	13.2	13.3
创新创业教育平台	创新创业基础课程	51	3.5	2.3	2.8
	创新创业核心实训课程	63	3.5	2.8	2.8
专业方向课程模块	物流系统规划	144	8	6.4	6.4
	物流信息管理	144	8		
个性化拓展课程模块	自然科学	36	2	4.8	4.8
	专业拓展课程	72	4		
总计		2245	124.5	100	100

十、主干学科

物流管理与工程、管理科学与工程、工商管理

安徽科技学院应用型创新创业人才培养方案(2015)

十一、专业核心课程

1.《采购与仓储》(Purchasing and Storehouse Management)

学时:45(理论课学时36、实践课学时9,其中,企业专家授课9学时。)

学分:2.5(理论课学分2、实践课学分0.5,其中,企业专家授课0.5学分。)

课程简介:本课程主要讲授采购的基础知识、采购模式、成本分析技术、供货商管理方法、企业内部的采购管理策略、仓库的设立与布局、商品储存规划、商品储存业务管理、仓促管理技术、仓储包税制度、仓储经济管理。包含采购和仓储管理、技术等各方面内容,培养学生采购与仓储管理能力。

教学方法或手段:本课程采用教、学、做一体化的方式授课。其中,20个课时在实验室由校企合作单位物流管理专业技术人员讲解。

教学考核方式:课程采用过程+终结的考核方式。其中,平时成绩占20%,课程论文占30%,期终考试占50%。

教材选用:十三五规划教材或校企共建教材。

2.《运输与配送》(Transportation and Distribution Management)

学时:45(理论课学时36、实践课学时9,其中,企业专家授课9学时。)

学分:2.5(理论课学分2、实践课学分0.5,其中,企业专家授课0.5学分。)

课程简介:本课程主要讲授运输与配送的概念及其在物流系统中的作用和地位、运输的方式、集装箱运输与多式联运、物流运输合理化、国际货物运输、配送系统模式与配送策略、配送的计划和作业、运输、配送的组织和管理、第三方物流等,培养学生运输与配送管理能力。

教学方法或手段:本课程采用理实结合的方式授课。其中,20个课时在实验室由校企合作单位物流管理专业技术人员讲解。

教学考核方式:课程采用过程+终结的考核方式。其中,平时成绩占20%,课程论文占30%,期终考试占50%。

教材选用:十三五规划教材或校企共建教材。

3.《物流系统规划与设计》(Planning and Design of Logistic Systems)

学时:45(理论课学时36、实践课学时9,其中,企业专家授课9学时。)

学分:2.5(理论课学分2、实践课学时0.5,其中,企业专家授课0.5学分。)

课程简介:本课程主要讲授物流系统和规划设计、物流系统战略规划、物流系统节点规划设计、物流系统线路规划设计、物流系统网络规划设计、物流系统的分析与仿真、物流系统规划设计的综合评价、物流系统决策等,培养学生物流系统规划与设计能力。

教学方法或手段:课程采用教、学、做一体化教学方式。其中,9个课时由教师指导学生完成课程设计。

教学评价方式:课程采用过程+终结的考核方式。其中,平时成绩占20%,课程设计占30%,期终考试占50%。

教材选用:十三五规划教材。

4.《物流经济学》(logistics Economics)

学时:45(理论课学时45。)

学分:2.5(理论课学分45。)

课程简介:本课程主要讲授物流资源优化配置、物流市场的供给与需求、宏观物流产业的发展、物流产业组织形态演变规律、物流产业增长等。通过本课程的学习,应使学生了解物流经济学的基本概念和基本原理,学会用经济方法分析物流过程中的各个环节,最佳地配置物流生产要素,从而取得最好的物流经济效果。

教学方法或手段:本课程采用案例教学法。其中,6个课时进行实际案例调研。

教学评价方式:课程采用过程+终结的考核方式。其中,平时成绩占20%,课程调研报告占30%,期终考试占50%。

教材选用:十三五规划教材。

5.《物流战略管理》(logistics Strategy Management)

学时:36(理论课学时36。)

学分:2(理论课学分2。)

课程简介:本课程主要讲授物流战略管理的基本概念、基本理论和基本方法,包括物流战略管理概述、物流战略环境分析、物流战略的制定与选择、物流战略的执行、物流战略的控制、物流战略管理案例分析等,培养学生物流战略全局思维能力和具有实践运作的战略管理能力。

教学方法或手段:本课程采用案例教学法。其中,6个课时进行实际案例调研。

教学评价方式:课程采用过程+终结的考核方式。其中,平时成绩占20%,课程设计占30%,期终考试占50%。

教材选用:十三五规划教材。

6.《物流信息系统》(logistics Information System)

学时:45(理论课学时36、实践课学时9。)

学分:2.5(理论课学分2、实践课学时0.5。)

课程简介:本课程主要讲授物流信息系统的相关概念、系统功能与结构,包括物流信息系统概述、物流信息技术、物流信息系统、物流业务信息系统、物流信息系统开发,以及物流信息系统运行管理与维护,培养学生对物流信息化建设的认识以及利用物流信息系统处理解决企业中实际问题的能力。

教学方法或手段:课程采用教、学、做一体化教学方法。其中,9个课时由教师指导学生完成课程设计。

教学评价方式:课程采用过程+终结的考核方式。其中,平时成绩占20%,课程设计占30%,期终考试占50%。

教材选用:十三五规划教材。

7.《国际物流管理》(International Logistics Management)

学时:45(理论课学时36、实践课学时9,其中,企业专家授课9学时。)

学分:2.5(理论课学分2、实践课学时0.5,其中,企业专家授课0.5学分。)

课程简介:本课程主要讲授国际物流概述、国际物流与国际贸易、国际物流系统、国际物流基础设施与航线、国际海洋货物运输、国际航空货物运输、国际陆上货物运输、集装箱运输与国际多式联运、国际货物运输保险、国际货运代理、国际物流检验检疫、国际物流中的海关实务、与物流相关的进出口合同履行等,培养学生国际物流运作的能力。

教学方法或手段:本课程采用案例教学法。其中,6个课时进行案例分析。

教学评价方式:课程采用过程+终结的考核方式。其中,平时成绩占20%,案例分析占30%,期终考试占50%。

教材选用:十三五规划教材。

十二、教学进程表(表五)

课程类别	课程编号	课程名称	总学分	总学时	学时分配 理论	学时分配 实践	各学期学时分配 1	各学期学时分配 2	各学期学时分配 3	各学期学时分配 4	各学期学时分配 5	各学期学时分配 6	各学期学时分配 7	各学期学时分配 8	考核方式
通识教育课程平台	TS26106	思想道德修养与法律基础	3	48	38	10	48								试
	TS26102	中国近现代史纲要	2	32	24	8		32							试
	TS26103	马克思主义基本原理概论	3	48	38	10				48					试
	TS26104	毛泽东思想和中国特色社会主义理论体系概论Ⅰ	2	32	32					32					试
	TS26105	毛泽东思想和中国特色社会主义理论体系概论Ⅱ	4	64	44	20					64				试
	TS15001-4	大学英语(Ⅰ-Ⅳ)	15	270	230	40	60	70	70	70					试
	TS19001-4	大学体育(Ⅰ-Ⅳ)	4	126	126		30	32	32	32					试
	TS28001	大学计算机基础	3	48	16	32	48								试
	TS28002	VFP程序设计	4	72	48	24		72							试
	TS26108-9	形势与政策	2	32	12	20	16	16							查
	TS18111	大学生心理健康教育	1	14	14		14								查
专业教育课程平台 学科基础课程	JC28003	高等数学B1	4	72	72		72								试
	JC28004	高等数学B2	3	64	64			64							试
	JC28006	线性代数	3	48	48					48					试
	JC28007	概率论	2	36	36				36						试
	JC24410	西方经济学	4	72	72				72						试
	JC14201	管理学(MOOC)	3	54	54		54								试
	JC24403	统计学	3	54	40	14				54					试
专业基础课程	ZJ24116	会计学	3	54	45	9			54						试
	ZJ14505	市场营销学	3	54	54				54						试
	ZJ14317	商品学	2	36	36		36								试
	ZJ14318	管理运筹学	2.5	45	45				45						试
	ZJ14319	现代物流管理	2.5	45	45			45							试
	ZJ14320	运营管理	2.5	45	45					45					试
	ZJ24201	财务管理	2.0	36	36							36			试
	ZJ14321	物流法律法规	2	36	36								36		试
	ZJ14322	供应链管理	2.5	45	36	9				45					试

续表

课程类别		课程编号	课程名称	总学分	总学时	学时分配		各学期学时分配								考核方式
						理论	实践	1	2	3	4	5	6	7	8	
专业教育课程平台	专业核心课程	ZH14201	采购与仓储	2.5	45	36	9					45				试
		ZH14202	运输与配送	2.5	45	36	9					45				试
		ZH14204	物流系统规划与设计	2.5	45	36	9						45			试
		ZH14306	物流经济学	2.0	36	36							36			试
		ZH14210	物流信息系统	2.5	45	36	9					45				试
		ZH14211	物流战略管理	2	36	36					36					试
		ZH14212	国际物流管理	2.5	45	36	9					45				试
创新创业教育课程平台	基础课程	CJ00001	大学生创业教育	1	18	18				18						查
		CJ00002	大学生就业指导	2	24	24			12				12			查
		CJ14301	物流管理专业导论	0.5	9	9		9								查
	核心实训课程	CH14101	创新创业论坛	0.5	9	9						9				查
		CH14301	物流业创业案例分析	1.5	27	27						27				查
		CH14302	物流业创新案例分析	1.5	27	27							27			查
		CH00001	创新创业成果学分认定	创新创业成果学分的认定见有关文件												
专业方向课程模块	物流系统规划	ZF14314	系统工程	2	36	36						36				试
		ZF14315	物流系统建模与仿真	2	36	36							36			试
		ZF14316	项目管理	2	36	36							36			试
		ZF14317	物流园区规划与设计	2	36	27	9						36			试
	物流信息管理	ZF14318	物流信息技术	2	36	36						36				试
		ZF14319	现代物流装备	2	36	36							36			试
		ZF14320	物联网工程概论	2	36	36							36			试
		ZF14520	电子商务	2	36	27	9						36			试
个性化拓展模块	自然科学	GT13424W	生命科学与人类文明	1	18	18						18				查
		GT13425W	微生物与人类健康	1	18	18						18				查
		GT17009W	从爱因斯坦到霍金的宇宙	1	18	18						18				查
		GT14401	博弈论	1	18	18						18				查
		GT14504	Photoshop 设计与制作	1	18	18						18				查
		GT14206	人力资源管理	1	18	18						18				查

续表

课程类别	课程编号	课程名称	总学分	总学时	学时分配		各学期学时分配								考核方式
					理论	实践	1	2	3	4	5	6	7	8	
个性化拓展模块	专业拓展	GT14101 ISO9000概论	1	18	18							18			查
		GT14208 组织行为学	1	18	18							18			查
		GT14205 客户关系管理	1	18	18							18			查
		GT14510 网络技术应用	1	18	18						18				
		GT24506 证券与期货	1	18	18							18			
最低修读学分/学时			124.5	2245	1995	250	339	427	390	365	379	345			
课堂教学周数							15	18	17	17	17	16			
周学时数							22.6	23.7	22.9	21.5	22.3	21.6			

说明：
1. 专业军事理论教育在第1学期以讲座形式进行；
2. 专业方向课程模块必须至少选修1个模块，共计8个学分；
3. 创新创业教育平台，学生获得"创新创业成果"学分可抵免创新创业核心实训课程学分；
4. 个性化拓展模块要求学生至少选修6个学分，其中，"自然科学"模块要求学生至少选修2个学分，且至少选修1门网络课程；专业拓展模块至少选修4个学分。

十三、专业综合实习进程表

轮训岗位	实训时间	实训任务	知识、技能和素质要求
营销管理	3周	物流市场分析	掌握物流市场调查、物流市场分析和预测等方面的技能。
		物流市场开发	掌握潜在客户搜寻、组织客户谈判、与客户签订合同、客户服务计划制定、企业推广计划制定等方面的技能。
		客户关系管理	掌握客户潜在需要挖掘、客户服务策略制定等方面的技能。
采购管理	3周	采购订单管理	掌握物料清单的编制与审批、订购单的编制、采购计划和采购预算的编制等方面的技能。
		供应商选择和管理	掌握供应商调查、供应商开发、供应商的评估选择和认证、争议处理等方面的技能。
		采购合同管理	掌握合同的制作与审批、采购合同的签订、采购合同的执行与跟踪等方面的技能。
		物料验收与接管	掌握收料处理和采购交货期控制表的编制，物料验收方法，换货、退货申请单的编制等方面的技能。
营销管理	3周	采购成本管理	掌握成本控制、外协加工成本核算表编制、报价单分析、采购货款结算等方面的技能。
		物料供应计划管理	掌握生产控制、物料控制、物料需求预测、供应链采购等方面的技能。
		库存管理	掌握物料编码，物料清单编制，ABC分类法的应用，定期、定量采购法的应用，经济订货批量法的应用等方面的技能。
		采购管理方法	掌握电子采购订货系统应用、JIT采购应用、MRP采购应用等方面的技能。

续表

轮训岗位	实训时间	实训任务	知识、技能和素质要求
仓储管理	3周	商品入库出库	掌握入库管理:制订入库计划、清点收货、货物验收、签收送货箱单、安排入库;掌握出库管理:初核出库单、拣货配货作业、包装作业、整货待运、发货装车作业、复核储存等方面的技能。
		商品保管	掌握存货保管、存期控制、数量管理、质量维护;监控系统使用等方面的技能。
		商品流通加工	掌握商品包装、商品分装和配送安排、商品加工计划制订等方面的技能。
		仓储安全管理	掌握仓库消防设备使用、商品保管、仓库安全管理等方面的技能。
		仓储设备操作	掌握条码、RFID、叉车、拖车、堆垛机等仓储设备的使用技能。
运输管理	3周	运输规划	掌握货运计划指标编制、运输路线图上作业法、运输方式选择、运输工具需要量核算、运输成本预算、运输计划编制等方面的技能。
		运输业务管理	掌握托运与承运业务办理、货物装运、出货登记和通知、费用结算等方面的技能。
		运输保险业务管理	掌握保险公司和险种选择、投保办理、出险通知、赔偿办理等方面的技能。
配送管理	3周	订单处理	掌握订单准备、订单传递、订单登录、按订单供货、订单处理等方面的技能。
		备货	掌握不同的运营模式以及相应的备货方式,有效筹集货物和存储货物的技能。
		拣货作业	掌握拣货单位判断、自动拣货系统使用、拣货方式方法选择等方面的技能。
		配货作业	掌握配货检查,包装机使用,防震、防破损、防锈、防虫和防霉等危险品包装和特种包装,包装标识和包装检验等方面的技能。
		送货作业	掌握运送作业计划编制、车辆配载、货物装卸、运送路线优化、货物送达单证手续办理等方面的技能。
信息管理	2周	计算机等外部设备的操作和维护	掌握计算机及外部设备的操作和简易维护、专业常用电子设备的操作和简易维护等方面的技能。
		物流管理软件及技术运用	掌握POS系统、WMS仓储管理系统、RFID智能系统、TMS运输管理软件、CRM客户关系管理软件等方面的使用技能。
实习总结	1周	撰写实习报告	对实习内容的某一个方面进行调研、收集数据、找出问题、分析原因、给予对策;报告字数必须5000字以上;排版工整,A4纸打印。

十四、毕业实习及毕业论文(设计)安排表

课程类别	时间	程序	任务要求
毕业实习	8周	岗位选择	在轮岗实习的基础上,根据自己的兴趣爱好、技能特长以及企业的岗位要求确定顶岗实习的岗位。
		顶岗实习	熟悉岗位工作规范、工作职责以及工作任务;掌握工作流程;提高专业素质,强化岗位能力;分析总结所在企业管理中存在的问题,并收集相应的数据,为毕业论文设计做好基础。

续表

课程类别	时间	程序	任务要求
毕业实习	8周	实习总结	对顶岗实习进行全面总结,深入剖析实习过程中所取得的经验和存在的问题,为就业打好坚实的基础。填写好毕业实习任务书的相关表格,并撰写毕业实习报告(基于所在企业的某一方面为例,收集数据,找出问题、分析原因、给予对策;报告字数必须5000字以上;排版工整,A4纸打印。)
毕业论文(设计)	6周	毕业论文(设计)形式	调研报告、科研论文、方案设计及其他。
		毕业论文(设计)选题来源	学生顶岗实习企业,指导教师科研课题及其他。
		毕业论文(设计)答辩资格审查	通过"学术不端检测系统"检测;通过指导老师进行毕业论文答辩资格审查合格。
		毕业论文(设计)多样化改革学分认定	毕业论文(设计)多样化改革学分认定见有关文件。

十五、物流管理辅修专业课程设置

课程编号	课程名称	总学分	总学时	学时分配 理论	学时分配 实践	各学期学时分配 1	2	3	4	5	6	7	8	考核方式
FX14201	经济学	3	54	54		54								试
FX14202	管理学	3	54	54		54								试
FX14203	现代物流管理	2.5	45	45		45								试
FX14204	运营管理A	3	54	54			54							试
FX14205	市场营销学	3	54	54			54							试
FX14206	采购与仓储	2.5	45	45				45						试
FX14207	运输与配送	2.5	45	45				45						试
FX14208	供应链管理	2.5	45	45					45					试
FX14209	物流战略管理	2	36	36						36				试
FX14210	物流经济学	2.5	45	45						45				试
FX14211	物流系统规划与设计	2.5	45	45						45				试
FX14212	毕业论文					必做,但不计学分								
	总计	29	522			学生必须修满29学分								

在完成第一专业学业的基础上,完成以上课程的学习,可以获得安徽科技学院物流管理辅修专业证书。

文学类专业

英语本科专业人才培养方案

专业代码：050201

一、培养目标

本专业培养德、智、体、美全面发展，掌握系统的英语语言基础知识和语言基本技能，具有较高的人文素养、熟练的英语语言技能、较为扎实的英语语言文学专业知识，能够在中小学等事业单位从事教育教学或外贸企业单位从事翻译等相关工作，具有创新意识和创业精神的高素质应用型专门人才。

二、培养要求

本专业学生主要学习英语语言学、文学、社会文化等方面的基本理论和基础知识，接受英语听、说、读、写、译等方面的英语技能训练；通过教育理论课程和教学实践环节形成良好的教师素养，获得从事中小学英语教学和英语教育研究的基本能力；学习相关专业的基础知识，掌握基本技能，从而具有从事课堂教学、教育研究、翻译、外贸等工作的业务水平和良好的素质与能力。

毕业生应达到以下要求：

1. 热爱教育事业，具有高尚的师德和远大的理想、勇于开拓的事业心与责任感；
2. 具有健康的体魄、健全的心理和人格；
3. 具有扎实的英语语言基础知识，熟练掌握英语听、说、读、写、译的基本技能；
4. 掌握英语语言学、文学、翻译等基础知识，具有一定的语言文化敏感性和文学鉴赏能力；
5. 了解我国及主要英语国家的社会文化概况，具备一定的跨文化交际能力；
6. 熟悉教育法规和我国中小学英语教学的基本现状，掌握并能初步运用教育学、心理学和英语教育的基本理论以及现代教育技术进行英语教学的基本技能；了解对外贸易等涉外部门的基本现状，掌握并能初步运用相关的商务知识，具备良好的涉外行业的职业素养和从事相关英语工作的基本能力；
7. 掌握文献检索、资料查询及运用现代信息技术获得相关信息的基本方法，并具备初步的科研能力；
8. 初步掌握第二门外国语言，具备一定的实际运用能力。

三、专业方向

1. 英语教育方向

学习和掌握系统的英语教学理论，具备一定的心理学知识和教育学知识，具有标准的普通话水平，并具有将有关理论知识运用于英语教学实践的能力。毕业生主要面向中小学和语言培训机构。

2. 商务英语方向

学习和掌握外贸英语知识、熟悉国际贸易操作流程、了解商务谈判，并具有将这些知识应用于国际贸易实践的能力。毕业生主要面向贸易公司或企业单位的外贸业务员岗位。

四、素质与能力分析表(表一)

综合素质与能力	专项素质与能力	对应课程或实践
1.基本素质与能力	1.1 政治素质	思想道德修养与法律基础、中国近现代史纲要、马克思主义基本原理概论、形势与政策、毛泽东思想和中国特色社会主义理论概论
	1.2 人文科学素质	英美文学、中国文化概论
	1.3 身心素质	军训、大学体育、心理学
	1.4 分析运算能力	魅力科学、创造性思维与创新方法、数学文化等
	1.5 英语运用能力	翻译理论与实践、英语视听说、英文写作
	1.6 计算机应用能力	Access程序设计、Photoshop制作与设计、网页制作
	1.7 利用现代化手段获取信息能力	大学计算机基础、Access程序设计
	1.8 组织管理、语言表达、人际交往以及在团队中发挥作用的能力	英语口语、英语视听说、外贸英语、商贸英语口语、英语教学理论与实践等
2.学科基础知识及应用能力	2.1 语言与文化背景知识	语言学、英语国家社会与文化、汉语基础、第二外语
	2.2 英语知识和能力	综合英语、英语视听说、英文报刊阅读、英语写作、英语语音、英语语法
3.专业基础知识及应用能力	3.1 听说基础知识与应用能力	英语听力、英语语音、英语口语、英语视听说、口译基础
	3.2 读写基础知识与应用能力	英文报刊阅读、英语语法、英文写作、学术论文写作、综合英语
	3.3 语言文学应用能力	语言学、翻译理论与实践、英文写作、英语口语
4.专业核心知识及应用能力	4.1 英美文化知识与应用能力	英国文学、美国文学、英语国家社会与文化、跨文化交际
	4.2 语言系统知识与应用能力	语言学、英语语法、英语语音、英语写作、翻译理论与实践、口译基础、综合英语
5.专业实践技能与动手能力	4.3 专业实践技能与应用能力	商务英语写作、英语课堂教育技术与设计、英语测试学
6.创新创业能力	5.1 创新能力	创新创业论坛、教育管理
	5.2 创业能力	大学生创业教育、大学生就业指导
7.个性化发展能力	6.1 自然科学素质	网页制作、Photoshop制作与设计、生命科学与人类文明、化学与人类、魅力科学、数学文化
	6.2 学科专业素质	圣经故事选读、英语经典美文赏析、中国文化概论、英语课堂教育技术与设计、跨文化交际

五、学制与学分

1.学制:标准学制4年,修业年限3~6年。

2.学分:最低修读159学分。其中,课内教学环节必须修满122学分,实践教学环节必须修满37学分。

六、毕业与学位授予

学生在规定的学习年限内,完成各教学环节学习,修满专业规定的最低学分,准予毕业。授予文学学士学位。

七、全学程时间安排总表(表二)

学年 项目 学期	一		二		三		四		合计
	1	2	3	4	5	6	7	8	
军训(含军事理论教育)	2								2
入学教育和专业导论	(2)								(2)
课堂教学	15	18	18	16	17	17	12		109
专业综合技能训练	(1)	(1)		2(4)	1	1	5(1)		9(7)
翻译实践、实训师范生课堂教学实践、实训							1		1
毕业实习								8	8
专业创新创业实训								2	2
毕业论文(设计)								6	6
复习考试	1	1	1	1	1	1	1		7
机动	1							3	4
假期	6	8	6	8	6	8	6		48
全学程总周数	25	27	25	27	25	27	2519	200	

八、实践性教学环节(表三)

课程编号	实践教学项目	学分	周数	安排学期	实践方式
SJ00001	入学教育	1	(2)	第1学期	集中
SJ00002	军训(含军事理论教育)	2	2	第1学期	集中
SJ00003	社会实践	1	(3)	第2、4、6学期后暑期	由校团委统一安排
SJ15101	专业综合技能训练	16	9(7)	第1、2、4、5、6、7、学期	网络自主学习中心、教室
SJ15102	翻译实践、实训,师范生课堂教学实践、实训	1	1	第7学期	翻译实训室、教室
SJ15103	毕业实习	8	8	第8学期	生源地中小学、思源教育咨询有限公司、东方激光公司、宁波亚虎外贸公司等
SJ15104	专业创新创业实训	2	2	第8学期	微格教室、翻译实训室
SJ15105	毕业论文(设计)	6	6	第8学期	集中
	合 计	37	28(12)		

九、课程设置及学时、学分比例表(表四)

课程类型		学时	学分	占总学时(总学分)比例(%)	
通识教育课程平台		504	28	22.9	22.9
专业教育课程平台	学科基础课程	324	18	61.5	61.5
	专业基础课程	702	39		
	专业核心课程	324	18		
创新创业教育平台	创新创业基础课程	51	3.5	4.1	4.1
	创新创业核心实训课程	63	3.5		
专业方向课程模块	英语教育	144	8	6.6	6.6
	商务英语	144			
个性化拓展课程模块	自然科学模块	36	2	4.9	4.9
	专业拓展模块	72	4		
总 计		2196	122	100%	100%

十、主干学科

外国语言文学、中国语言文学

十一、专业核心课程

1.《英美文学》(British and American Literature)

学时:72(理论课学时72,其中,企业行业专业授课18学时。)

学分:4(理论课学分4,其中,企业行业专业授课1学分。)

课程简介:本课程主要介绍英美文学发展史及代表作家作品选读。文学史介绍英美两国文学各个历史断代的主要历史背景,主要作家的文学生涯、创作思想、艺术特色及其代表作品的主题结构、人物刻画、语言风格、思想意义等;作品选读主要介绍英美文学史各个时期重要作家的代表作品。

教学方法或手段:课程教学主要是采用讲解法、讨论法等教学方法,多媒体课件与传统的板书相结合使知识的呈现更直观。

教学评价方式:对学生学习状况的考核由文学知识测验、平时作业、课堂展示、作品欣赏论文和期末考查五个部分组成。前述各个考核部分以欣赏部分所占权重最大,占40%,其他4项各占15%。

教材选用:吴伟仁,《英国文学史及选读(History and Anthology of British Literature)》,外语教学与研究出版社,2008年;吴伟仁,《美国文学史及选读(History and Anthology of American Literature)》,外语教学与研究出版社,2008年。

2.《翻译理论与实践》(Translating Theory and Practice)

学时:72(理论课学时36、实践课学时36,其中,企业行业专业授课18学时。)

学分:4(理论课学分2、实践课学分2,其中,企业行业专业授课1学分。)

课程简介:《翻译理论与实践I-II》是为英语专业二年级学生开设的专业核心课程,这是一门必修课。本课程主要关注英译汉和汉译英教学,内容主要由翻译理论、翻译实践和翻译批评三个模块组成,在各模块比例的安排上遵循以实践为主、理论服务于实践、通过批评将理论与实践相关联的原则。具体教学内容包括翻译的基本理论和常识、基本的翻译原则和技巧、各类文体的翻译实践、职业实践模拟和不同文体的翻译批评等。本课程在理论结合实践的基础上注重翻译实践,其着重点是对学生翻译观念的培养和各种翻译能力的提高,在突出学生翻译实践能力培养的基础上,注重学生综合翻译能力的发展,包括进行翻译的条件性能力、本体性能力、实践性能力和评价性能力,此外,还非常重视学生在翻译学习方面的自我发展能力。

教学方法或手段:以课程讲授法、案例教学为主,鼓励学生积极参与课堂讨论。

教学评价方式:本课程采用过程考核和终结性考核相结合的方式。其中,过程性考核占20%,包括学生的学习态度(2%)、出勤(3%)、课堂表现(7%)和作业完成情况(8%)等,终结性考核是指期末卷面笔试,占80%。

教材选用:孙致礼,《新编英汉翻译教程》(第二版),上海外语教育出版社,2011年;陈宏薇,《新编汉英翻译教程》(第二版),上海外语教育出版社,2010年。

3.《英文写作》(English Writing)

学时:72(理论课学时36、实践课学时36,其中,企业行业专业授课18学时。)

学分:4(理论课学分2,实践学分2,其中,企业行业专业授课1学分。)

课程简介:本课程主要从句子、段落和语篇三个层面介绍英语写作理论和写作技巧。内容涉及句子的种类,如:掉尾句和松散句以及它们各自的特性;同时,也论及了段落的展开方式,如:因果法、类比法、比较法、对比法、定义法等;重点介绍语篇整体的连贯性以及其实现的手段,如重复、替代、重述等。

教学方法或手段:课程教学主要是采用讲解法、讨论法、对比分析法等教学方法,在讲解写作理论知识的同时结合典型的范文进行讲解,多媒体课件与传统的板书相结合使知识的呈现更直观。对学生的习作进行点评和讨论,使学生及时发现问题并纠正。

教学评价方式:考核结果采取过程性评价与总结性评价相结合的评价方式。其中,考试成绩比例占60%,平时分为40%(包括学生的课堂表现、课外学习和作业等情况)。

教材选用:丁往道、吴冰,《英语写作手册》(第三版),外语教学与研究出版社,2009年。

4.《语言学》(Linguistics)

学时:36(理论课学时36,其中,企业行业专业授课9学时。)

学分:2(理论课学分2,其中,企业行业专业授课0.5学分。)

课程简介:本课程介绍语言学基本概念和理论,使学生了解当代语言学各学科的基础知识和前沿动态,了解语言的本质、结构、功能及其变化规律,掌握语言学研究基本方法和基本学术规范,提高英语总体水平和学术研究能力。主要内容包括语音学、音位学、句法学、语义学、语言变化、语言与社会、语言与文化、语言与思维、语言习得、第二语言习得等。

教学方法或手段:课程教学主要是采用讲解法、讨论法、对比分析法等教学方法,多媒体课件与传统的板书相结合使知识的呈现更直观。

教学评价方式:本课程考核采用过程性考核与终结性考核相结合的原则,过程性考核占总评的40%,具体包括三项内容:考勤及课堂表现、小组专题汇报、小组项目论文,三项比例为1∶1∶2;终结性考核为期末考试,占总评的60%。

教材选用:胡壮麟,《语言学教程》(第四版),北京大学出版社,2011年。

5.《英语国家社会与文化》(The Society and Culture of Major English-Speaking Countries)

学时:72(理论课学时54,实践课学时18,其中,企业行业专业授课18学时。)

学分:4(理论课学分3、实践课学分1,其中,企业行业专业授课1学分。)

课程简介:本课程介绍主要英语国家(英国、美国)的社会与文化,使学生了解英语国家的历史并熟悉其重大历史事件和历史人物,掌握英语国家的地理概况,了解英语国家的社会及主要风俗习惯。主要内容包括主要英语国家地理、历史、政治、经济、文化传统、社会生活、风俗习惯等。

教学方法或手段:课程教学主要是采用讲解法、讨论法、对比分析法、MOOC示范等教学方法,多媒体课件与传统的板书相结合使知识的呈现更直观。

教学评价方式：考核结果采取过程性评价与总结性评价相结合的评价方式。其中，期末考试成绩占60％，平时分占20％（学生的出勤和课堂问题的回答占10％、课外学习和作业情况占10％），期中测评占20％（ppt制作与展示讲解）。

教材选用：朱永涛、王立礼，《英语国家社会与文化入门（上、下册）》（第三版），高等教育出版社，2011年。

十二、教学进程表（表五）

课程类别		课程编号	课程名称	总学分	总学时	学时分配		各学期学时分配								考核方式
						理论	实践	1	2	3	4	5	6	7	8	
通识教育课程平台		TS26106	思想道德修养与法律基础	3	48	38	10	48								试
		TS26102	中国近现代史纲要	2	32	24	8		32							试
		TS26103	马克思主义基本原理概论	3	48	38	10				48					试
		TS26104	毛泽东思想和中国特色社会主义理论概论Ⅰ	2	32	32					32					试
		TS26105	毛泽东思想和中国特色社会主义理论概论Ⅱ	4	64	44	20					64				试
		TS19001-4	大学体育(I—IV)	4	126		126	30	32	32	32					试
		TS28001	大学计算机基础	3	48	16	32		48							试
		TS28004	ACCESS程序设计	4	72	42	30				72					试
		TS18111	大学生心理健康教育	1	14	14		14								查
		TS26108-9	形势与政策	2	32	12	20	16	16							查
专业教育课程平台	学科基础课程	JC18601	汉语基础	3	54	54				54						试
		JC15101	英语语音	1	18	12	6	18								查
		JC15102-3	英语时文阅读(I—Ⅱ)	4	72	54	18	36	36							试
		JC15104-5	英语语法(I—Ⅱ)	4	72	54	18	36	36							试
		JC15106-7	第二外语(I—Ⅱ)	6	108	108						54	54			试
	专业基础课程	ZJ15101-4	英语听力(I—IV)	8	144		144	36	36	36	36					试
		ZJ15105-6	英语视听说(I—Ⅱ)	4	72		72	36	36							查
		ZJ15107-8	英语口语(I—Ⅱ)	4	72		72			36	36					查

续表

课程类别	课程编号	课程名称	总学分	总学时	学时分配 理论	学时分配 实践	各学期学时分配 1	2	3	4	5	6	7	8	考核方式
专业教育课程平台	ZJ1519—12	综合英语(Ⅰ—Ⅳ)	16	288	230	58	72	72	72	72					试
	ZJ15113—14	高级英语(Ⅰ—Ⅱ)	4	72	58	14					36	36			试
	ZJ151115	口译基础	2	36	18	18					36				查
	ZJ1520116	学术论文写作	1	18	18								18		查
	ZH15201	语言学	2	36	36						36				试
	ZH15202—3	英美文学(Ⅰ—Ⅱ)	4	72	72				36	36					试
	ZH15104—5	翻译理论与实践（Ⅰ—Ⅱ）	4	72	36	36					36	36			试
	ZH15106—7	英文写作(Ⅰ—Ⅱ)	4	72	36	36			36	36					试
	ZH15108—9	英语国家社会与文化（Ⅰ—Ⅱ）	4	72	54	18	36	36							试
创新创业教育课程平台	CJ00001	大学生创业教育	1	18	18					18					查
	CJ00002	大学生就业指导	2	24	24			12				12			查
	CY15201	英语专业导论	0.5	9	9		9								查
	CY15202	创新创业论坛	0.5	9	9						9				查
	CY15203	教育管理	1.5	27	27						27				查
	CY15204	商务英语写作	1.5	27	27							27			查
	CY15205	英语课堂教育技术与设计	1.5	27	27							27			查
	CH00001	创新创业成果学分认定	创新创业成果学分的认定见有关文件												
专业方向课程模块	ZF15201	英语教学理论与实践	2	36	12	24						36			试
	ZF15202	英语教材教法	2	36	12	24							36		试
	ZF18311	心理学	2	36	36						36				试
	ZF18312	教育学	2	36	36							36			试
	ZF15207	外贸英语	2	36	18	18					36				试
	ZF15208	商务合同翻译（英语）	2	36	24	12							36		试
	ZF14380	国际贸易理论与实务	2	36	24	12						36			试
	ZF15209	商贸英语口语	2	36		36						36			查
个性化拓展课程模块	GT14201	Photoshop 制作与设计	1	18	18								18		查
	GT17004	网页制作	1	18	18							18			查
	GT13424W	生命科学与人类文明	1	18	18							18			查
	GT25105W	化学与人类	1	18	18								18		查

续表

课程类别		课程编号	课程名称	总学分	总学时	学时分配		各学期学时分配								考核方式
						理论	实践	1	2	3	4	5	6	7	8	
个性化拓展课程模块	自然科学模块	GT17007W	数学文化	1	18	18							18			查
		GT17008W	魅力科学	1	18	18								18		查
	专业拓展模块	GT15201	圣经故事选读	1	18	18							18			查
		GT15202	英语测试学	1	18	18								18		查
		GT15203	跨文化交际	1	18	12	6						18			查
		GT15206W	英语经典美文赏析	1	18	18							18			查
		GT15207W	中国文化概论	1	18	18								18		查
		GT15204	日语提高课程	1	18	18								18		查
学生最低修读的学分/学时				122	2196	1340	856	387	428	428	382	262	201	108		
课堂教学周数								15	18	18	16	17	17	12		
周学时数								25.8	23.8	23.8	23.9	15.4	11.8	9		

说明：
1. 各专业军事理论教育在第1学期以讲座形式进行；
2. 专业方向模块共设2个方向。学生应至少选择1个完整方向模块，最低修满8个学分；
3. 创新创业教育平台，学生必须修满7个学分，获得"创新创业成果"学分可抵免创新创业核心实训课程学分（方向选择为英语教育课程模块的同学可选修英语课堂教育技术与设计，方向选择为外贸英语的同学可选修商务英语写作）；
4. 个性化拓展模块要求学生至少须选修6个学分，其中，"自然科学"模块要求学生至少选修2个学分，且至少选修1门网络课程；专业拓展模块至少选修4个学分。

十三、辅修专业课程设置

英语专业辅修课程设置

课程名称	学分	课程教学安排
高级英语	8	第5、6学期
英汉互译	2	第5学期
英国文学	2	第6学期
美国文学	2	第7学期
语言学导论	2	第7学期
英美国家社会与文化	4	第5、6学期
英语口语	2	第5学期
英语视听说	2	第7学期
英语修辞学	1	第7学期
英语语法	2	第5学期
英文写作	2	第6学期
毕业论文		必做，但不计学分。
总计	29	学生必须修满25学分

日语专业辅修课程设置

课程名称	学　分	课程教学安排
基础日语(I－II)	4	第5、6学期
日语听力(I－II)	4	第5学期
日语语法	2	第6学期
日语会话	2	第7学期
日语泛读	2	第7学期
日语文化概论	2	第5、6学期
日本概况	2	第5学期
日语写作与翻译	2	第7学期
总计	20	学生必须修满16学分

法学类专业

法学本科专业人才培养方案

专业代码:030101K

一、培养目标

本专业培养德、智、体、美全面发展,系统掌握法学基本理论和基本知识,具有对各种法律关系的分析判断、对法律纠纷的调处和解决能力,能够在立法机关、行政机关、检察机关、审判机关、仲裁机构、法律服务机构、企事业单位和社会团体从事规范文件草拟和审查、执法监督、公诉和裁判、纠纷调解和仲裁、辩护及代理等法律实务工作,具备创新意识和创业精神的高素质应用型专门人才。

二、培养要求

本专业学生主要学习法学的基本理论和基本知识,接受法律思维和法律事务的基本训练,掌握运用各类法学理论分析法律关系、寻找法律依据、判断法律是非、解决法律纠纷、处理法律实务的基本能力。

毕业生应获得以下几方面的知识和能力:

1.掌握民商经济法学、行政刑事法学、民事刑事诉讼法学的基本理论与基本知识;

2.掌握法律关系分析方法和文本分析、事实发现及法律适用技术,具备撰写或草拟法律文件及法律文书、运用证据固定事实的能力;

3.了解法学的理论前沿和国家法制建设的发展趋势;

4.熟悉我国现行法律和党的相关政策;

5.具有运用法学思维推理判断认识法律问题和参与诉讼仲裁纠纷协商、处理法律实务的能力;

6.具备计算机应用和网络应用能力,掌握文献检索、资料查询的基本方法,具有一定的科学研究和实际工作的能力;

7.掌握外国语基础知识,具备一定的外语听、说、读、写能力;

8.掌握体育运动常识,具备健康的身心素质。

三、专业方向

根据我国社会主义市场经济发展和法治国家建设的需要,并考虑到法学学科的发展,结合我校实际,设置2个专业方向:

1. 民商法方向

学习和掌握物权法、合同法、票据法、保险法等法学基本理论和知识,具备民商法律文书撰写和法律意见表达等能力,能够在国家机关和法律服务诸部门从事起诉、审判、调解、诉讼代理、提供法律咨询、公证等工作。

2. 经济法方向

学习和掌握环境与资源保护法、税法、劳动法、社会保障法等法学基本理论知识,具备经济法律文书书写等能力,能够在国家机关、公司企业、法律服务诸部门从事起诉、审判、文书、代理诉讼、法务、执法、仲裁等工作。

四、素质与能力分析表(表一)

综合素质与能力	专项素质与能力	对应课程或实践
1.基本素质与能力	1.1 政治素质	马克思主义基本原理、毛泽东思想与中国特色社会主义理论概论、中国近现代史纲要、思想道德修养、形势与政策
	1.2 人文科学素质	法律职业伦理、演讲与口才
	1.3 身心素质	军事训练、大学体育
	1.4 英语应用能力	大学英语、专业英语
	1.5 计算机应用能力	大学计算机基础、ACCESS程序设计
	1.6 利用现代化手段获取信息能力	信息检索技术
2.学科基础知识及应用能力	2.1 法理学基础理论及逻辑应用能力	法理学、法律逻辑学
	2.2 宪法、法制史基础理论及应用能力	宪法、法制史等
	2.3 法律文书写作和证据应用能力	法律文书写作、证据法
3.专业基础知识及应用能力	3.1 各类诉讼法律关系的分析应用	民事诉讼法、刑事诉讼法等
	3.2 国际经济或商事法律关系	国际经济法、知识产权法
	3.3 国际关系法律准则和国际冲突法律关系调整	国际法、国际私法
4.专业核心知识及应用能力	4.1 民事商事行政法律关系	民法、经济法、商法等
	4.2 刑事法律关系分析应用	刑法
5.专业实践技能与动手能力	5.1 专业实践技能与动手能力	法律实务实习、模拟审判、司法见习
6.创新创业教育平台	6.1 创新能力	法律职业技能与实践、创新创业论坛
	6.2 创业能力	大学生创业教育、大学生就业指导、律师与公证实务
7.个性化拓展模块	7.1 自然科学	网页制作、生命科学与人类文明、微生物与人类健康、插花与盆景
	7.2 专业拓展	刑事法前沿与热点、民商法前沿与热点、中国法律思想史、西方法律思想史等

五、学制与学分

1. 学制:标准学制4年,修业年限3~6年。

2. 学分:最低修读165.5学分。其中,课内教学环节必须修满124.5学分,实践教学环节必须修满41学分。

六、毕业与学位授予

学生在规定的学习年限内,完成各教学环节学习,修满专业规定的最低学分,准予毕业。授予法学学士学位

七、全学程时间安排总表（表二）

项目\学年学期	一 1	一 2	二 3	二 4	三 5	三 6	四 7	四 8	合计
军训（含军事理论教育）	2								2
入学教育和专业导论	(2)								(2)
课堂教学	15	18	18	17	17	17			102
专业实习、课堂实习				1	1	1		18	21
毕业实习								8	8
专业创新创业实训								2	2
毕业论文（设计）								6	6
复习考试	1	1	1	1	1	1			6
机动	1						1	3	5
假期		6	8	6	8	6	8	6	48
总周数	25	27	25	27	25	27	25	19	200

八、实践性教学环节（表三）

课程编号	实践教学项目	学分	周数	安排学期	实践方式
SJ00001	入学教育和专业导论	1	(2)	第1学期	机动
SJ00002	军训（含军事理论教育）		2	第1学期	集中
SJ00003	社会实践	1	(3)	第2、4、6学期后暑期	由校团委统一安排
SJ18401	司法见习	1	1	第4学期	学院集中安排在凤阳县人民法院或蚌埠中级人民法院等单位进行
SJ18402	模拟审判Ⅰ	1	1	第5学期	学校模拟法庭集中完成
SJ18403	模拟审判Ⅱ	1	1	第6学期	学校模拟法庭集中完成
SJ18404	法律实务实习Ⅰ	4	4	第7学期	学院集中安排在凤阳县法律援助中心等进行
SJ18405	法律实务实习Ⅱ	14	14	第7学期	学院集中安排在安徽展翔律师事务所、凤阳县人民法院等司法实务部门进行
SJ18406	毕业实习	8	8	第8学期	在相关企事业单位完成
SJ184018	专业创新创业实训	2	2	第8学期	校内法律咨询中心
SJ18407	毕业论文	6	6	第8学期	学院统一安排
	合计	41	41(5)		

九、课程设置及学时、学分比例表（表四）

课程类型	学时	学分	占总学时(总学分)比例(%)	
通识教育课程平台	762	41.5	34	33.4

续表

课程类型		学时	学分	占总学时(总学分)比例(%)	
专业教育课程平台	学科基础课程	324	18	14.4	14.5
	专业基础课程	432	24	19.3	19.3
	专业核心课程	288	16	12.8	12.8
创新创业教育平台	创新创业基础课程	51	3.5	2.3	2.8
	创新创业核心实训课程	63	3.5	2.8	2.8
专业方向课程模块	民民商法方向	216	12	9.6	9.6
	经济法方向				
个性化拓展课程模块	自然科学	36	2	1.6	1.6
	专业拓展	72	4	3.2	3.2
总计		2244	124.5	100	100

十、主干学科

法学

十一、核心课程

1.《民法》(Civil Law)

学时:72 (理论课学时54、实践课学时18。)

学分:4(理论课学分3、实践课学分1。)

课程简介:本课程的教学内容以民法总则为主,以物权法、债权法为辅,适当兼顾亲属法和继承法。民法总则全面介绍民法的概念、性质、基本原则、时效等相关内容,重点学习民法理论的核心——民事权利,民事权利的行使主体——自然人、法人、合伙的基本要素,民事权利的内涵,民事权利的行使方式——法律行为及其代理等相关理论;物权法、债权法应基本掌握概念及相关规则;亲属法、继承法需简单了解常见概念及初级理论。

教学方法:本课程采用讲授、课堂习题训练、课堂案例讨论、课堂演讲、教学片观摩等方法展开教学,突出学生的主体地位,侧重锻炼学生利用所学知识综合分析和解决实际问题的能力。

教学评价方式:本课程采用多元化考核方式,实施过程考核。考核采用平时考核、理论考核和实践考核相结合的方式。平时考核占总成绩的20%;理论部分的考核方式是闭卷考试,占总成绩的60%;实践部分的考核占总成绩的20%。

教材选用:郭明瑞主编,《民法学》(第三版),高等教育出版社,2010年。

2.《刑法》(Criminal Law)

学时:90(理论课学时72、实践课学时18。)

学分:5(理论课学分4、实践课学分1。)

课程简介:本课程以我国现行刑法为研究对象,其主要内容包括犯罪与刑事责任两大方面,分总论和分论两部分。总论部分又分犯罪论和刑事责任论两部分。犯罪论部分的主要内容有:刑法的基本原则、犯罪的概念、犯罪构成、正当防卫和紧急避险、犯罪的未完成形态、共同犯罪、一罪与数罪等问题;刑事责任论部分的主要内容有:刑罚的种类、量刑的一般原则、累犯、自首和立功、数罪并罚、行刑处遇制度等。分则部分的内容主要是刑法分则中有关个罪的规定,具体了解我国刑法规定了哪些罪名及各个罪的构成要件。

教学方法:本课程采用讲授、课堂讨论、课堂演讲(由学生讲授)、观摩审判、模拟审判等方法展开教学,突出学生的主体地位,侧重锻炼学生利用所学知识综合分析和解决实际问题的能力。

教学评价方式:本课程采用多元化考核方式,实施过程考核。考核采用平时考核、理论考核和实践考核相结合的方式。平时考核占总成绩的20%;理论部分的考核方式是闭卷考试,占总成绩的60%;实践部分的考核占总成绩的20%。

教材选用:高铭暄、马克昌主编,《刑法》(第六版),北京大学出版社,2014年。

3.《经济法》(Economic Law)

学时:54(理论课学时54。)

学分:3(理论课学分3。)

课程简介:本课程以讲授经济法的基本理论和基本制度为核心内容,使学生系统地、准确地理解和掌握经济法的基本原理,以及竞争法律制度、产品质量法律制度、国有资产法律制度、财经法律制度等各项具体的法律制度及其相应的规范,并能够在实践中灵活地运用,分析和处理各种经济实务问题。

教学方法:本课程采用讲授、课堂习题训练、课堂案例讨论、课堂演讲、教学片观摩等方法展开教学,突出学生的主体地位,使学生变被动学习为主动学习,培养学生学习法学专业核心课程的方法和技巧,培养学生独立思考问题的能力,为以后的专业课学习和进一步深造奠定良好的基础。

教学评价方式:本课程考核采用多元化考核方式,实施过程考核。本课程考核采用平时考核与期末考试相结合的方式。各教学环节占总分的比例:平时成绩占20%,其中,考核内容主要包括平时考勤,占20%;课题案例讨论,占40%;课堂演讲,占40%。期末考试,笔试(闭卷),占总成绩的80%。

教材选用:漆多俊主编,《经济法学》(第二版),高等教育出版社,2009年。

4.《商法》(Commercial Law)

学时:72(理论课学时54、实践课学时18。)

学分:4(理论课学分3、实践课学分1。)

课程简介:本课程以我国商事制度的建立和发展为主线,结合外国商事法律制度,在掌握商事法律基本理论的基础上,研究其中的重要理论和实际问题。课程内容涉及商法基本理论、公司法、破产法、证券法等内容,具有实用性和可操作性强的特点。

教学方法:本课程采用讲授、课堂案例分析、法律视频观摩和法律诊所等方法展开教学,突出学生的主体地位,使学生变被动学习为主动学习,侧重培养学生利用所学知识综合分析和解决实际问题的能力。

教学评价方式:本课程考核采用过程考核与期末考试相结合的方式。过程考核占总成绩的30%,考核内容主要是实践教学成绩考核,其中,课堂案例讨论30分,法律视频观摩20分,法律诊所50分。期末考试占总成绩的70%,采取闭卷考试形式,主要考核所学的商法的基本理论、基本制度等理论教学内容。

教材选用:王保树主编,《商法》,北京大学出版社,2011年。

十二、教学进程表(表五)

课程类别	课程编号	课程名称	总学分	总学时	学时分配 理论	学时分配 实践	各学期学时分配 1	2	3	4	5	6	7	8	考核方式
通识教育课程平台	TS26201	思想道德修养	1.5	24	24		24								试
	TS26102	中国近现代史纲要	2	32	24	8		24							试
	TS26103	马克思主义原理概论	3	48	38	10					38				试
	TS26104	毛泽东思想和中国特色社会主义理论概论Ⅰ	2	32	32						32				试
	TS26105	毛泽东思想和中国特色社会主义理论概论Ⅱ	4	64	44	20					64				试
	TS15001-4	大学英语Ⅰ-Ⅳ	15	270	230	40	60	70	70	70					试
	TS19001-4	大学体育Ⅰ-Ⅳ	4	126	126		30	32	32	32					试
	TS28001	大学计算机基础	3	48	16	32	48								试
	TS28004	ACCESS程序设计	4	72	42	30			72						试
	TS18111	大学生心理健康教育	1	14	14		14								试
	TS26108-9	形势与政策	2	32	12	20	16	16							查
专业教育课程平台 学科基础课程	JC18411-2	法理学ⅠⅡ	5	90	90		36				54				试
	JC18402	宪法	3	54	54		54								试
	JC18413-4	中外法制史Ⅰ Ⅱ	4	72	72		36	36							试
	JC18404	法律逻辑学	2	36	36			36							试
	JC18405	法律文书写作	2	36	36					36					试
	JC18406	证据法	2	36	36						36				试
专业基础课程	ZJ18401	民事诉讼法	3	54	36	18			54						试
	ZJ18402	刑事诉讼法	3	54	36	18			54						试
	ZJ18413	知识产权法	3	54	54							54			试
	ZJ18404	国际法	3	54	54							54			试
	ZJ18415	国际经济法	3	54	54						54				试
	ZJ18407	国际私法	3	54	54							54			试
	ZJ18417	劳动法	2	36	36						36				试

续表

课程类别		课程编号	课程名称	总学分	总学时	学时分配		各学期学时分配								考核方式
						理论	实践	1	2	3	4	5	6	7	8	
专业教育课程平台	专业核心课程	ZJ18418	行政法与行政诉讼法	4	72	72					72					试
		ZH18415	民法	4	72	54	18		72							试
		ZH18402	刑法	5	90	72	18		90							试
		ZH18413	商法	4	72	54	18					72				试
		ZH18414	经济法	3	54	54						54				试
创新创业教育课程平台	基础课程	CJ00001	大学生创业教育	1	18	18					18					查
		CJ00002	大学生就业指导	2	24	24			12				12			查
		CX18403	法学专业导论	0.5	9	9		9								查
	核心实训课程	CX18402	创新创业论坛	0.5	9	9			9							查
		CX18406	律师与公证实务	1.5	27	27						27				查
		CX18404	法律职业技能与实践	1.5	27	27							27			查
		CH00001	创新创业成果学分认定	创新创业成果学分的认定见有关文件												
专业方向课程模块	民商法方向	ZF18401	物权法原理	2	36	36					36					查
		ZF18402	合同法原理	2	36	36						36				查
		ZF18403	侵权责任法	2	36	36					36					查
		ZF18404	婚姻继承法	2	36	36						36				查
		ZF18405	保险法	2	36	36							36			查
		ZF18406	票据法	2	36	36								36		查
	经济法方向	ZF18409	环境与资源保护法	2	36	36						36				查
		ZF18411	房地产法	2	36	36					36					查
		ZF18412	税法	2	36	36						36				查
		ZF18417	海商法	2	36	36							36			查
		ZF18413	社会保障法	2	36	36						36				查
		ZF18422	企业法	2	36	36							36			查
个性拓展课程模块	自然科学模块	GT17004	网页制作	1	18	18					18					查
		GT13424W	生命科学与人类文明	1	18	18			18							查
		GT13425W	微生物与人类健康	1	18	18			18							查
		GT13677	插花与盆景	1	18	18					18					查
		GT18414	信息检索技术	1	18	18							18			查

续表

课程类别		课程编号	课程名称	总学分	总学时	学时分配		各学期学时分配								考核方式
						理论	实践	1	2	3	4	5	6	7	8	
个性拓展课程模块	专业拓展模块	GT18401	法律英语	1	18	18						18				查
		GT18402	刑事法前沿与热点	1	18	18					18					查
		GT18403	民商法前沿与热点	1	18	18						18				查
		GT18404	中国法律思想史	1	18	18					18					查
		GT18405	西方法律思想史	1	18	18				18						查
		GT18406	犯罪学	1	18	18					18					查
		GT18409	法律职业伦理	1	18	18				18						查
		GT18601	演讲与口才	1	18	18							18			查
最低修读学分/学时				124.5	2244	1994	250	279	463	516	442	361	309			
课堂教学周数						15	18	18	17	17	17					
周学时数								18.6	25.7	28.6	24.5	21.2	18.1			

说明：
1. 各专业军事理论教育在第1学期以讲座形式进行；
2. 民商法与经济法专业方向模块课程每个学生可依据兴趣选课，至少修满12学分；
3. 创新创业教育平台，学生获得"创新创业成果"学分可以抵免创新创业核心实训课程学分；
4. 个性化拓展模块要求学生至少须选修6个学分，其中，"自然科学"模块要求学生至少选修2个学分，且至少选修1门网络课程；专业拓展模块至少选修4个学分；
5. 通识基础课程除教务处安排的MOCC、网络课程外；各学院根据专业具体情况选择部分学科专业基础课程进行课程改革，设置一定学时的网络课程等优质资源课程。

十三、辅修专业课程设置

人文学院法学专业辅修课程设置

课程名称	学分	辅修专业教学计划
法理学	3	1
宪法	3	1
民法	3	1
刑法	3	1
经济法	3	2
商法	3	2
民事诉讼法	3	2
刑事诉讼法	3	2
法律见习	3	2
模拟审判	3	2
毕业论文	2	必做，但不计学分。
总计	30	学生必须修满25学分

下 部

本科专业人才培养方案

农学类专业

农学本科专业人才培养方案

专业代码：090101

一、培养目标

本专业培养德、智、体、美全面发展，掌握作物生产、植物保护、种子生产经营等方面的基本理论、基本知识和专业技能，能在农业及其他相关的部门和企业从事与农学有关的技术与设计、推广与开发、经营与管理、教学与科研等工作，具有创新意识和创业精神的高素质应用型专门人才。

二、培养要求

本专业学生主要学习作物栽培、作物育种、植物保护、种子生产、农产品经营与管理等方面的基本理论和基本知识，接受作物栽培、作物育种、植物保护、种子生产、农产品经营与管理等方面专业技能的基本训练，掌握作物栽培与育种、作物种子生产及农产品经营与管理、植物保护等方面的基本能力。

毕业生应获得以下几方面的专业基本知识和能力：

1. 掌握农业生物科学、农业生态科学、作物生长发育、植物遗传规律等方面的基本理论和基本知识，并在这些方面受到基本训练和实践，具有农学学科和生物学科的基本知识和能力；

2. 掌握作物生产、作物育种、植物保护、作物种子生产与农产品经营管理、农业推广等方面的基本知识，具备作物栽培、作物育种、作物种子生产、植物保护、农业推广等方面的专业技能，具有现代农业创新、创业意识和能力；

3. 了解种子科学与工程、植物保护、生物等相近专业的一般原理和知识，熟悉国家农业生产和经营等有关政策和法规；

4. 掌握用现代信息技术获取相关信息的基本方法，具备计算机应用的基本技能，具有国家规定的本科生计算机应用能力；

5. 掌握数学、化学等方面的基本理论和基本知识，具有一定的实验设计和分析问题的能力；

6. 达到国家规定的本科生外语水平，具有阅读和翻译本专业外文资料的基本能力；

7. 具有较好的人文修养、审美能力，有较强的调查研究与决策、组织与管理、口头与文字表达能力；

8. 具有一定的体育和军事基本知识、良好的体育锻炼和卫生习惯，受到必要的军事训练，达到国家规定的大学生体育和军事训练合格标准，具备健全的心理和健康的体魄。

三、专业方向

1. 作物生产方向

学习和掌握多种作物栽培管理基本知识，具备现代化农业生产技能，适合在农业企业、农业行政管理部门从事各类作物技术指导、经营与管理和推广工作。

2. 良种繁育与推广方向

学习和掌握多种作物品种选育、繁殖和推广营销基本知识，具备从事现代农业产业化应用技能，适合在农业企业、农业行政管理部门从事各类作物农技指导、推广与开发、经营与管理工作。

3. 植物保护方向

学习和掌握有害生物的发生发展规律并提出综合治理技术基本知识，具备识别和防治农作物病虫草监测、防治技能，适合在农业及其他相关的部门或单位从事植物保护工作的技术与设计、推广与开发、经营与管理、教学与科研等工作。

四、素质与能力分析（表一）

综合素质与能力	专项素质与能力	对应课程或实践
1.基本素质与能力	1.1 政治素质	思想道德修养与法律基础、马克思主义基本原理、毛泽东思想和中国特色社会主义理论体系概论、形势与政策、中国近现代史纲要等
	1.2 身心素质	军训、大学体育、大学生就业指导、大学生心理健康教育、大学生创业教育等
	1.3 英语应用能力	大学英语、专业英语等
	1.4 计算机应用能力	大学计算机基础、VFP程序设计等
	1.5 利用现代化手段获取信息能力	计算机在农业上的应用、农业科技进展专题
	1.6 组织管理、语言表达、人际交往以及在团队中发挥作用的能力	社交礼仪、大学生创业教育、企业实训、社会实践、农场管理等
2.学科基础知识及应用能力	2.1 分析运算能力	高等数学C等
	2.2 化学分析基本知识及应用能力	普通化学、分析化学、有机化学、基础化学实验、生物化学
	2.3 植物和植物生理基本知识及应用能力	植物学、植物学教学实习、植物生理学
3.专业基础知识及应用能力	3.1 土壤肥料基本知识及应用能力	土壤肥料学
	3.2 作物遗传育种基础知识及应用能力	遗传学、种子生产技术实习
	3.3 农业生态、作物栽培基础知识及应用能力	农业生态学、作物栽培原理、作物栽培原理实习
	3.4 农业气象基本知识及应用能力	农业气象学
	3.5 试验统计基本知识及应用能力	试验统计方法、计算机在农业上的应用
4.专业核心知识及应用能力	4.1 作物育种技术基本知识及应用能力	作物育种技术（Ⅰ-Ⅱ）、作物育种技术实习、专业技能训练、企业实训、毕业实习
	4.2 作物栽培技术基本知识及应用能力	作物栽培技术各论（Ⅰ-Ⅱ）、作物栽培技术实习、专业技能训练、企业实训、毕业实习
	4.3 种子生产技术基本知识及应用能力	种子生产技术、种子生产技术实习、专业技能训练、企业实训、毕业实习
	4.4 植物保护技术基本知识及应用能力	植物保护技术、植物保护技术实习
	4.5 农产品经营与管理基本知识及应用能力	农产品经营与管理、农产品经营与管理实习、农业法规、企业实训、毕业实习
5.专业实践技能与动手能力	5.1 专业单项实践技能与动手能力	作物栽培原理实习、作物栽培技术实习、作物育种技术实习、种子生产技术实习、植物保护技术实习、农产品经营与管理实习
	5.2 专业综合实践技能与动手能力	专业技能训练、企业实训、毕业实习

续表

综合素质与能力	专项素质与能力	对应课程或实践
6.创新创业能力	6.1创新能力	创新创业论坛、专业创新教育实践、
	6.2创业能力	专业导论、大学生创业教育、大学生就业指导、专业创业教育实践
7.个性化发展能力	7.1人文科学素质	社交礼仪、大学语文、美学原理、中国文化概论、应用文写作等
	7.2专业拓展素质	科技论文写作、农业法规、企业文化、计算机在农业上的应用、园艺通论、食用菌栽培技术、农场管理、花卉栽培技术、动物养殖

五、学制与学分

1.学制:标准学制4年,修业年限3～6年。

2.学分:最低修读169学分。其中,课内教学环节必须修满128学分(包含课内实践实验环节22学分),实践教学环节必须修满41学分。

六、毕业与学位授予

学生在规定的学习年限内,完成各教学环节学习,修满专业规定的最低学分,准予毕业。授予农学学士学位。

七、全学程时间安排总表(表二)

项目\学年学期	一		二		三		四		合计
	1	2	3	4	5	6	7	8	
军训(含军事理论教育)	2								2
入学教育和专业导论	(2)								(2)
课堂教学	14	18	18	17	14	14	17		112
课程实习、专业实习	1		1	4	4	1			11
毕业实习								8	8
专业创新创业实训								2	2
毕业论文(设计)								6	6
复习考试	1	1	1	1	1	1	1		7
机动	1							3	4
假期	6	8	6	8	6	8	6		48
全学程总周数	25	27	25	27	25	27	25	19	200

八、实践性教学环节(表三)

课程编号	实践教学项目	学分	周数	安排学期	实践方式
SJ00001	入学教育	1	(2)	第1学期	学校集中安排
SJ00002	军训(含军事理论教育)	2		第1学期	学校集中安排
SJ00003	社会实践	1	(3)	第2、4、6学期后暑期	由校团委统一安排

续表

课程编号	实践教学项目	学分	周数	安排学期	实践方式
SJ13114	植物学教学实习	1	1	第1学期	由任课教师集中安排,在校园及学校周边地区进行
SJ11317	植物保护技术实习	2	2	第4学期1周、第5学期1周	由任课教师集中安排,在学校种植科技园及学校周边地区进行
SJ11111	作物栽培原理实习	1	1	第5学期	由任课教师集中安排,在学校种植科技园、小岗村等地进行
SJ11112	作物栽培技术实习	10	(10)	第5学期2周、第6学期5周、第7学期3周	由任课教师依农事季节机动安排,在学校种植科技园进行
SJ11224	种子生产技术实习	3	3	第5学期1周、第6学期2周	由任课教师依农事季节机动安排,在学校种植科技园进行
SJ11204	作物育种技术实习	2	2	第5学期1周、第6学期1周	由任课教师集中安排,在实验室、学校种植科技园、方邱湖农场、龙亢农场等地进行
SJ11240	农产品经营与管理实习	1	1	第6学期	由任课教师集中安排
SJ11249	专业技能训练	1	1	第7学期开学后第1周	由学院集中安排,在安徽隆平高科、皖垦股份有限公司等校企合作企业进行
SJ11005	企业实训	2	(4)	第4学期后暑期	由学院集中安排,在安徽隆平高科、皖垦股份有限公司等校企合作企业进行
SJ11002	毕业实习	8	8	第8学期	由学院统一安排
SJ11006	专业创新创业实训	2	2	第8学期	由学院和企业统一安排
SJ11001	毕业论文	6	6	第8学期	由学院统一安排
合计		41	29(19)		

注:表中括弧内数据属课外学时。

九、课程设置及学时、学分比例表(表四)

课程类型		学时	学分	占总学时(总学分)比例(%)	
通识教育课程平台		786	43	32.7	32.2
专业教育课程平台	学科基础课程	476	26	33.1	32.8
	专业基础课程	288	16		
	专业核心课程	324	18	14.0	14.1
创新创业教育平台	创新创业基础课程	51	3.5	2.2	2.7
	创新创业核心实训课程	63	3.5	2.7	2.7
专业方向课程模块	作物生产	216	12	9.3	9.4
	作物良种繁育				
	植物保护				

续表

课程类型		学时	学分	占总学时(总学分)比例(%)	
个性化拓展课程模块	人文素质	36	2	4.7	4.7
	专业素质	72	4		
	专业拓展				
总 计		2312	128	100	100

十、主干学科

作物学、生物学

十一、核心课程

1.《作物栽培技术》(Ⅰ－Ⅱ)(Crop Cultivation Technology Ⅰ－Ⅱ)

学时:72(另外,有与之相配套的"作物栽培技术10周实习"独立开课。)

学分:4

课程简介:本课程主要讲授大田栽培作物的生物学基础,作物高产、优质、高效栽培技术体系,作物产品的贮藏、加工等基本理论、基本技能。重点讲授水稻、小麦、棉花、油菜、玉米等作物生产在国民经济中的地位;生长发育与产量和品质形成的基本规律、作物生产与环境调控关系、作物病虫草害防治及水肥管理等基本原理与技术等方面的知识与技能。

教学方法与手段:以多媒体室内理论教学为主,以在田间进行实践技能现场教学为辅。

课程评价与考核:平时成绩占40%(课堂出勤率5%、课堂提问5%、实践操作30%);考试成绩占60%(水稻、小麦、棉花、油菜、玉米的生物学特性、高产栽培的土肥水条件、栽培措施、病虫草害防治等基本知识)。

选用教材:高等农业院校规划教材

2.《作物育种技术》(Ⅰ－Ⅱ)(Crop Breeding Technology Ⅰ－Ⅱ)

学时:72(理论课学时54、实验课学时18。另外,有与之相配套的"作物育种技术2周实习"独立开课。)

学分:4

课程简介:本课程讲授农作物选育优良品种的理论和方法。主要讲授作物不同繁殖方式及遗传特点、作物不同品种类型及育种特点,作物育种的主要目标及其制定育种目标的原则,种质资源的类别和特点以及种质资源收集、保存、研究、利用的基本方法,作物类型及其引种规律以及选育方法。结合水稻、小麦、玉米、棉花等作物的国内外育种概况,讲授育种目标及主要性状遗传、种质资源研究与利用、杂交育种、杂种优势利用等主要内容。

教学方法与手段:采用启发思维能力的讲解方法,多媒体教学,实验教学采用教师讲解、演示和指导与学生设计、动手操作及参观相结合的方式。

教学评价方式:考试成绩占60%(考试方式为笔试、闭卷);平时成绩占40%(实验过程表现占25%,实验报告占10%,课堂出勤、提问占5%),其中,实验过程表现成绩主要根据学习态度是否认真、实验操作是否正确规范、实验结果是否正确、是否具有创新意识等几个方面综合评分。

选用教材:高等农业院校规划教材。

3.《种子生产技术》(Seed Production and Technology)

学时:72(理论课学时54、实验课学时18。另外,有与之相配套的"作物种子生产技术3周实习"独立开课。)

学分:4

课程简介:本课程从种子产业化角度,主要讲授生产基地建立与管理、各类种子大田生产技术,提高种用品质和商品价值的各种加工、贮藏的理论与方法,种子检验与质量评价方法,提高学生规模化生产农作物商品种子的能力。

教学方法与手段:采用情境教学法,利用多媒体与种子生产现场进行理论教学;实验课利用规定的仪器设备和样品进行仿真操作。

课程评价与考核:平时成绩占50%(出勤、课堂交流、实验成绩);考试成绩占50%(种子生产、加工原理与方法、种子检验规程等基本知识)。

选用教材:高等农业院校规划教材。

4.《农产品经营与管理》(Operation management of agricultural products)

学时:36(另外,有与之相配套的"农产品经营与管理1周实习"独立开课。)

学分:2

课程简介:通过本课程的学习,学生应具备农产品经营管理学方面的基本素质,熟悉掌握农产品商品和市场、农产品企业管理、农产品营销以及农产品行政管理执法等方面的基本知识,具有开展农产品市场实地调查、制订农产品营销计划书、实地进行农产品营销、参与农产品企业管理、熟悉农产品行业相关的法律法规并能参与农产品行政执法管理的能力。主要内容包括农产品商品和市场、农产品企业管理、农产品营销以及农产品行政管理执法等四大部分。

教学方法与手段:采用多媒体设备,以课堂讲授、讨论式、角色互换式教学为主,辅助专题报告、实地调查和实习心得交流等方法。

选用教材:高等农业院校规划教材。

课程评价与考核:本课程的考核由闭卷考试(80%)和平时成绩(出勤、课堂提问和实验报告成绩)(20%)两部分组成,两部分总成绩60分为及格,最终成绩以百分制计。

5.《植物保护技术》(Crop Protection Technology)

学时:72(理论课学时48、实验课学时24。另外,有与之相配套的"植物保护技术2周实习"独立开课。)

学分:4

课程简介:本课程主要讲授农作物病害及虫害防治的理论与实践知识,认识防治植物病虫害在国民经济中的重要性,并掌握农作物病虫害综合防治技术。农业病理学内容主要包括:农作物病害发生、为害情况、种类与分布,掌握重要病害的发生发展规律、防治原理和方法、研究及其动向。从实践技能上要求具备识别主要病害的知识,掌握诊断病害的常规技术和技能,具备独立分析、解决农作物病害问题的能力;密切结合生产发展需要,完善病害的治理对策,提高现有的防治水平,开辟防治的新途径。农业昆虫学的教学目的在于了解农业害虫的发生发展规律,运用综合防治方法,解决实际问题,及时有效地控制害虫的为害,保护农作物获得高产、优质、高效,要求学生掌握各种农业害虫的形态特征、为害特点、生活习性、发生规律、测报方法和防治措施。

课程评价与考核:课程考核方式为考试,考核标准为满分100分,平时成绩占40%(主要包括上课出勤率、实验操作、实验报告完成情况等内容);期末考试成绩占60%,采取闭卷笔试的方式进行。

选用教材:高等农业院校规划教材。

十二、教学进程表(表五)

课程类别	课程编号	课程名称	总学分	总学时	学时分配 理论	学时分配 实践 课内	学时分配 实践 暑期	1/14	2/18	3/18	4/17	5/14	6/14	7/17	8/0	考核方式
通识教育课程平台	TS26106	思想道德修养与法律基础	3	48	38	6	4		48							考试
	TS26102	中国近代史纲要	2	32	24	4	4	32								考试
	TS26103	马克思主义基本原理概论	3	48	38	6	4				48					考试
	TS26104	毛泽东思想和中国特色社会主义理论体系概论Ⅰ	2	32	32							32				考试
	TS26105	毛泽东思想和中国特色社会主义理论体系概论Ⅱ	4	64	44	16	4						64			考试
	TS15001-4	大学英语(Ⅰ-Ⅳ)	15	270	230	40		60	70	70	70					考试
	TS19001-4	大学体育(Ⅰ-Ⅳ)	4	126	126			30	32	32	32					考试
	TS28001	大学计算机基础	3	48	16	32		48								考试
	TS28002	VFP程序设计	4	72	48	24			72							考试
	TS18111	大学生心理健康教育	1	14	14				14							考查
	TS26108-9	形势与政策	2	32	12	20		16	16							考查
专业教育课程平台	学科基础课程	JC17005	高等数学C	4	80	80			80								考试
		JC25001	普通化学	3	54	54			54								考试
		JC25002	分析化学	2	36	36				36							考试
		JC25003	有机化学A	3	54	54				54							考试
		JC25005-6	基础化学实验Ⅰ-Ⅱ	4	72		72		33	39							考试
		JC13113	植物学	3	54	36	18		54								考试
		JC13316	生物化学	4	72	52	20					72					考试
		JC13318	植物生理学	3	54	36	18						54				考试
	专业基础课程	ZJ20107	土壤肥料学	3	54	42	12			54							考试
		ZJ11101	作物栽培原理	3	54	44	10							54			考试
		ZJ11202	遗传学	3	54	42	12					54					考试
		ZJ11201	试验统计方法	3	54	48	6					54					考试
		ZJ11318	农业气象学	2	36	24	12			36							考试
		ZJ11106	农业生态学	2	36	36							36				考试

续表

课程类别		课程编号	课程名称	总学分	总学时	学时分配			各学期学时分配								考核方式
						理论	实践		1/14	2/18	3/18	4/17	5/14	6/14	7/17	8/0	
							课内	暑期									
专业教育课程平台	专业核心课程	ZH11102	作物栽培技术(I-II)	4	72	72								36	36		考试
		ZH11204	作物育种技术(I-II)	4	72	54	18						40	32			考试
		ZH11224	种子生产技术	4	72	54	18							72			考试
		ZH11240	农产品经营与管理	2	36	36							36				考试
		ZH11317	植物保护技术	4	72	48	24						72				考试
创新创业教育课程平台	基础课程	CJ00001	大学生创业教育*	1	18	18						18					考查
		CJ00002	大学生就业指导	2	24	24				12			12				考查
		CJ11001	农学专业导论	0.5	9	9			9								考查
	核心训练	CH11001	创新创业论坛	0.5	9	9										9	考查
		CH11OO2	农业科技进展专题	1.5	27	27										27	考查
		CH11003	专业创新教育实践	1.5	27	27										27	考查
		CH00001	创新创业成果学分认定	创新创业实践学分的认定见有关文件													
专业方向课程模块	作物生产	ZF11216	蔬菜栽培技术	2	36	24	12							36			考查
		ZF11231	设施栽培技术	2	36	28	8							36			考查
		ZF11227	无土栽培技术	2	36	20	16							36			考查
		ZF11110	化控栽培技术	2	36	30	6							36			考查
		ZF16419	农业机械与应用	2	36	18	18								36		考查
		ZF11107	农业标准化	2	36	36								36			考查
	良种繁育与推广	ZF11247	植物分子育种技术	2	36	18	18							36			考查
		ZF11212	分子生物学基础	2	36	30	6							36			考查
		ZF11246	种子加工与贮藏	2	36	30	6							36			考查
		ZF11241	植物组织培养技术	2	36	18	18							36			考查
		ZF11226	农业推广学	2	36	36									36		考查
		ZF14580	市场营销	2	36	36									36		考查
	植物保护	ZF11319	植物病虫害预测预报	2	36	18	18								36		考查
		ZF11315	植物化学保护	2	36	24	12						36				考查
		ZF11307	杂草识别与防除	2	36	18	18							36			考查
		ZF11313	农产品安全与检验	2	36	18	18								36		考查
		ZF11303	生物安全与控制	2	36	30	6								36		考查
		ZF13422	农业微生物	2	36	20	16							36			考查

续表

课程类别	课程编号	课程名称	总学分	总学时	学时分配 理论	学时分配 实践	各学期学时分配 1/14	2/18	3/18	4/17	5/14	6/14	7/17	8/0	考核方式
个性化拓展课程模块 人文素质	GT18306	社交礼仪	1	18	18								18		考查
	GT18603	大学语文	1	18	18							18			考查
	GT18625W	美学原理	1	18	18							18			考查
	GT18623W	中国文化概论	1	18	18								18		考查
	GT18608	应用文写作	1	18	18								18		考查
专业拓展	GT11215	专业英语	1	18	18							18			考查
	GT11218	科技论文写作	1	18	18								18		考查
	GT11110	农业法规	1	18	18						18				考查
	GT11001	企业文化	1	18	18								18		考查
	GT11223	计算机在农业上的应用	1	18	18						18				考查
	GT11241	园艺通论	1	18		18						18				考查
	GT13678	食用菌栽培技术	1	18	18							18			考查
	GT11122	农场管理	1	18	18							18			考查
	GT13679	花卉栽培技术	1	18	18								18		考查
	GT12208	动物养殖	1	18	18								18		考查
学生最低修读的学分/学时			128	2312	1908	404	359	378	456	350	266	260	243		
课堂教学周数							14	18	18	17	14	14	17		
周学时数							26	21	25	20	21	18	12		

说明：
1. 专业军事理论教育在第1学期以讲座形式进行；
2. 专业方向课程模块，允许学生跨方向选课，但要求学生至少须修满12个学分；
3. 创新创业教育平台，学生获得"创新创业成果"学分可抵免创新创业核心实训课程学分；
4. 个性化拓展模块要求学生至少须选修6个学分，其中，"人文素质"模块要求学生至少选修2个学分，(其中至少选修1门课程编号含有W的网络课程)；专业拓展模块至少选修4个学分。

农学类专业

植物保护本科专业人才培养方案

专业代码:090103

一、培养目标

本专业培养德、智、体、美全面发展,掌握植物保护科学的基本理论、基本知识、实践技能以及现代农业生物科学技术,具有农作物病虫草害的识别、流行监测、灾变预警及可持续控制等能力,能够在农业、林业、园艺、环保、商贸、农产品安全、生物技术和农药公司及各级植保站等相关领域或部门从事与植物保护科学有关的科研、技术推广、开发、经营和管理等工作,具有创新意识和创业精神的高素质应用型专门人才。

二、培养要求

本专业学生主要学习现代农业生物科学、植物病虫害生物学、发生规律及安全控制等方面的基本理论和基本知识,接受主要病虫草鼠等有害生物鉴定、测报和防控等方面的基本训练,掌握植物病虫害流行监测、灾变预警及可持续控制等方面的基本能力。

毕业生应获得以下几方面的知识和能力:

1. 掌握农产品安全检验、农药残留分析等基本知识,具有绿色农产品检验能力;
2. 掌握农资营销、农药加工与管理企业运作的管理的基本知识,具有农药推广、农药加工与经营管理能力;
3. 具备数学、化学、试验统计方法等基本理论知识,具有较强的继续学习和综合应用能力;
4. 熟练掌握英语知识和计算机知识并达到国家规定的本科生外语水平和计算机水平,具有阅读和翻译外文资料和获取现代农业技术相关信息的基本能力;
5. 熟悉植保、植检和农药管理等与农业生产和植物保护相关的方针政策和法规;
6. 掌握作物学和生物科学的基本知识,具有作物生产的基本能力;
7. 掌握植物保护的基本知识,具有主要农作物有害生物的诊断、鉴定、调查、监测、植物检疫、控制和综合防治的能力。

三、专业方向

1. 植物保护方向

学习和掌握有害生物安全等管理的基本理论、基本知识,具备生物安全与控制的基本技能,具有较强的实践能力,适合在农业行政管理部门和农化企业以及教学、科研单位从事有害生物安全管理工作。

2. 农产品安全方向

学习和掌握现代农产品安全与检验等基本知识和基本技能,具有较强的实践能力,适合在农业行政管理部门、农业企业以及教学、科研单位从事与农产品安全相关的技术开发、科学研究与教学等工作。

四、素质与能力分析表(表一)

综合素质与能力	专项素质与能力	对应课程或实践
1.基本素质与能力	1.1 政治素质	思想道德修养与法律基础、中国近现代史纲要、马克思主义基本原理、毛泽东思想和中国特色社会主义理论体系概论、形势政策等
	1.2 身心素质	军事训练、大学体育、大学生创业教育、大学生就业指导等
	1.3 分析运算能力	高等数学B、试验统计方法等
	1.4 英语应用能力	大学英语、植保专业英语等
	1.5 计算机应用能力	大学计算机基础、VFP程序设计等
	1.6 利用现代化手段获取信息能力	植物保护信息技术、植物保护科学进展等
	1.7 组织管理、语言表达、人际交往以及在团队中发挥作用的能力	社交礼仪、大学语文、美学原理、中国文化概论、植保创新实践、植保创业实践、创业专项报告等
2.学科基础知识及应用能力	2.1 化学分析基本知识及应用能力	普通化学、分析化学、有机化学、生物化学等
	2.2 植物及生理学和微生物学基本知识及应用能力	植物学及实习、植物生理学、农业微生物学等
	2.3 农业气象基本知识及应用能力	农业气象学、试验统计方法等
3.专业基础知识及应用能力	3.1 作物学基本知识及应用能力	作物栽培技术及实习、土壤肥料学及实习
	3.2 生物学基本知识及应用能力	遗传学、绿色植保技术、植物抗病虫基因工程、生物安全与控制等
	3.3 植物保护基本知识及应用能力	普通昆虫学及实习实训、普通植物病理学及实习实训等
4.专业核心知识及应用能力	农业主要病虫害识别与防治,预测预报,农药使用和植物检疫的基本知识与能力	农业昆虫学及实习实训、农业植物病理学及实习实训、植物化学保护学及实习实训、植物病虫害预测预报及实习实训、植物检疫学、病虫害生物防治、专业技能训练、企业实训、毕业实习等
5.专业实践技能与动手能力	5.1 专业单项实践技能与动手能力	普通昆虫学实习实训、普通植物病理学实习实训、农业昆虫学实习实训、农业植物病理学实习实训、植物化学保护实习实训、植物病虫害预测预报实习实训、作物栽培技术实习、土壤肥料学实习等
	5.2 专业综合实践技能与动手能力	专业技能训练、企业实训、毕业实习等
6.创新创业能力	6.1 创新能力	植保创新教育实践、植保创新创业论坛等
	6.2 创业能力	植保创业教育实践、植保创新创业论坛等
7.个性化发展能力	6.1 人文素质	社交礼仪、大学语文、美学原理、中国文化概论等
	6.2 专业素质	植物保护信息技术、食用菌栽培技术、植保专业英语和植保科学进展专题等

五、学制与学分

1.学制:标准学制4年,修业年限3～6年。

2.学分:最低修读162.5学分。其中,课内教学环节必须修满126.5学分,实践教学环节必须修满36学分。

六、毕业与学位授予

学生在规定的学习年限内,完成各教学环节学习,修满专业规定的最低学分,准予毕业。授予农学学士学位。

七、全学程时间安排总表(表二)

项目\学年学期	一		二		三		四		合计
	1	2	3	4	5	6	7	8	
军训(含军事理论)	2								2
入学教育和安全教育	(2)								(2)
课堂教学	14	18	18	16	14	16	17		113
专业实习、课程实习	1			2	4	2	1		10
毕业实习								8	8
专业创新创业实训								2	2
毕业论文(设计)								6	6
复习考试	1	1	1	1	1	1	1		7
机动	1							3	4
假期	6	8	6	8	6	8	6		48
全学程总周数	25	27	25	27	25	27	25	19	200

八、实践性教学环节(表三)

课程编号	实践教学项目	学分	周数	安排学期	实践方式
课程编号	实践教学项目	学分	周数	安排学期	实践方式
SJ00001	入学教育及安全教育	1	(2)	第1学期	机动
SJ00002	军训(含军事理论)		2	第1学期	集中
SJ00003	社会实践	1	(3)	第2、4、6学期后暑期	由校团委统一安排
SJ13114	植物学教学实习	1	1	第1学期	由任课教师集中安排在校园
SJ20106	土壤肥料学课程实习	1	1	第3学期	由任课教师集中安排在科技种植园
SJ11111	作物栽培原理实习	1	1	第4学期	由任课教师集中安排在科技种植园
SJ11301	普通昆虫学实习	2	2	第4学期	依农时机动集中或分散安排在校园及学校外农田
SJ11302	普通植物病理学实习	2	2	第4学期	依农时机动集中或分散安排在校园及学校外农田
SJ11303	农业昆虫学实践	2	2	第5学期	依农时机动集中或分散安排在校园及学校外农田
SJ11304	农业植物病理学实践	2	2	第5学期	依农时机动集中或分散安排在校园及学校外农田
SJ11305	植物化学保护实践	2	2	第6学期	依农时机动集中或分散安排在校园及学校外农田
SJ11306	病虫害预测预报实践	1	1	第7学期	依农时机动集中或分散安排在校园及学校外农田

续表

课程编号	实践教学项目	学分	周数	安排学期	实践方式
SJ11005	植保农化等企业实践	2	(2)	第4学期后暑期	江苏福田农化等企业,分组集中进行,以见习或科研报告形式考核
SJ11307	专业综合技能训练	2	(2)	第7学期	学院统一安排
SJ11002	毕业实习	8	8	第8学期	学院统一安排
SJ11006	专业创新创业实训	2	2	第8学期	学院统一安排
SJ11001	毕业论文(设计)	6	6	第8学期	学院统一安排
	合计	36	32(9)		

注:表中括弧内数据属课外周数。

九、课程设置及学时、学分比例表(表四)

课程类型		学时	学分	占总学时(总学分)比例(%)	
通识教育课程平台		786	43	34.3%	34.0%
专业教育课程平台	学科基础课程	522	29	33.8%	46.6%
	专业基础课程	252	14	12.6%	
	专业核心课程	288	16		
创新创业教育平台	创新创业基础课程	55	3	2.4%	2.4%
	创新创业核心实训课程	63	3.5	2.8%	2.8%
专业方向课程模块	植物保护方向	216	12	9.4%	9.5%
	农产品安全方向				
个性化拓展课程模块	人文素质	36	2	4.7%	1.6%
	专业素质	72	4		3.1%
总 计		2290	126.5	100%	100%

十、主干学科

植物保护学、作物学、生物学

十一、核心课程

1.《农业昆虫学》(agricultural entomology)

学时:72(理论课学时42、实验课学时30。)

学分:4(理论课学分2.3、实验课学分1.7。)

课程简介:本课程主要让学生掌握IPM的基本理论、农作物害虫的发生规律和综合治理技术。重点讲授水稻、小麦、棉花、杂粮、薯类、油料、蔬菜、果树等农林作物重要害虫的生物学、生态学、发生规律和综合防治等,提高学生解决生产实际问题的能力。

教学评价(考核)方式:平时成绩占30%(主要为上课出勤率、实验操作、实验报告完成情况等内容);考试成绩占70%。

教学方法或手段:采用移动课堂教学理念,综合运用现代多媒体技术和实验实训相结合的情景式教学方法。

教材选用:袁锋主编,面向21世纪课程教材:《农业昆虫学》(第三版)。

2.《农业植物病理学》(agricultural phytopathology)

学时:72(理论课学时42、实验课学时30。)

学分:4(理论课学分2.3、实验课学分1.7。)

课程简介:本课程主要让学生掌握IPM的基本理论、农作物病害的发生规律和综合治理技术。重点讲授水稻、小麦、棉花、杂粮、薯类、油料、蔬菜、果树等农林作物重要病害的生物学、生态学、发生规律和综合防治等,提高学生解决生产实际问题的能力。

教学评价(考核)方式:平时成绩占30%(主要包括上课出勤率、实验操作、实验报告完成情况等内容);考试成绩占70%。

教学方法或手段:采用移动课堂教学理念,综合运用现代多媒体技术和实验实训相结合的情景式教学方法。

教材选用:陈利锋主编,"十一五"规划教材:《农业植物病理学》(南方本,第三版)。

3.《植物化学保护》(plant chemical protection)

学时:72(理论课学时42、实验课学时30。)

学分:4(理论课学分2.3、实验课学分1.7。)

课程简介:本课程主要让学生掌握化学农药防治植物病害、虫害、杂草及其它有害生物原理与方法以及各类农药的基本知识。主要讲授各类农药理化性质、毒理、毒力、药效和加工配制,以及合理使用农药的基本技术与方法等,提高学生解决生产实际问题的能力。

教学评价(考核)方式:平时成绩占30%(主要为上课出勤率、实验操作、实验报告完成情况等内容);考试成绩占70%。

教学方法或手段:采用移动课堂教学理念,综合运用现代多媒体技术和实验实训相结合的情景式教学方法进行。

教材选用:徐汉虹主编,"十一五"规划教材:《植物化学保护学学》(第四版)。

4.《植物病虫害预测预报》(monitoring and forecasting of plant disease and insect pest)

学时:36(理论课学时24、实验课学时12。)

学分:2(理论课学分1.3、实验课学分0.7。)

课程简介:本课程主要让学生掌握病虫害管理与预测预报的基本理论。主要讲授植物病虫害发生的生态条件,个体、种群、群落和系统的生长、发育、发生、发展与环境相互关系,植物病虫害预测预报技术与方法以及预测预报新技术在生产上的应用等,提高学生解决生产实际问题的能力。

教学评价(考核)方式:平时成绩占30%(主要为上课出勤率、实验操作、实验报告完成情况等内容);考试成绩占70%。

教学方法或手段:采用移动课堂教学理念,综合运用现代多媒体技术和实验实训相结合的情景式教学方法。

教材选用:张孝曦主编,"十一五"规划教材:《昆虫生态及预测预报》(第三版);马占鸿主编,《植物病害流行学》。

5.《植物病虫害生物防治》(biological control of insect pests and plant diseases)

学时:36(理论课学时24、实验课学时12。)

学分:2(理论课学分1.3、实验课学分0.7。)

课程简介:本课程主要让学生掌握植物病害、虫害生物防治的基本概念、历史发展、原则途径和原理方法,害虫的寄生性和捕食性天敌类群及其应用概况,生物防治的应用技术、害虫天敌的调查方法和效能评价,昆虫病原微生物的类群及其研究应用技术,保护利用天敌持续控制植物病虫害的实践、展望新技术对植物病虫害生物防治发展的前景等主要内容,提高学生解决生产实际问题的能力。

教学评价(考核)方式:平时成绩占30%(主要包括上课出勤率、实验操作、实验报告完成情况等内容);考试成绩占70%。

教学方法或手段:采用移动课堂教学理念,综合运用现代多媒体技术和实验实训相结合的情景式教学方法。

教材选用:吴云锋主编,"十一五"规划教材:《植物病虫害生物防治学》。

十二、教学进程表(表五)

课程类别	课程编号	课程名称	总学分	总学时	学时分配 理论	学时分配 实践	各学期学时分配 1	2	3	4	5	6	7	8	考核方式
通识教育课程平台	TS26106	思想道德修养与法律基础	3	48	38	10		48							试
	TS26102	中国近代史纲要	2	32	24	8	32								试
	TS26103	马克思主义基本原理	3	48	38	10			48						试
	TS26104	毛泽东思想和中国特色社会主义理论体系概论Ⅰ	2	32	32					32					试
	TS26105	毛泽东思想和中国特色社会主义理论体系概论Ⅱ	4	64	44	20					64				试
	TS15001-4	大学英语Ⅰ-Ⅳ	15	270	230	40	60	70	70	70					试
	TS19001-4	大学体育Ⅰ-Ⅳ	4	126	126		30	32	32	32					试
	TS17001	大学计算机基础	3	48	16	32	48								试
	TS17002	VFP程序设计	4	72	48	24		72							试
	TS18111	大学生心理健康教育	1	14	14			14							查
	TS26108-9	形势与政策	2	32	12	20	16	16							查
专业教育课程平台 学科基础课程	JC17005	高等数学B	4	72	72		72								试
	JC25001	普通化学	3	54	54		54								试
	JC25002	分析化学	2	36	36			36							试
	JC25003	有机化学A	3	54	54			54							试
	JC25005-6	基础化学实验Ⅰ-Ⅱ	4	72		72	33	39							试
	JC13113	植物学	3	54	36	18	54								试
	JC13316	生物化学	4	72	52	20			72						试
	JC13318	植物生理学	3	54	36	18				54					试
	JC11318	农业气象学	2	36	24	12	36								试
	JC11201	试验统计方法	3	54	48	6				54					试
专业基础课程	ZJ20107	土壤肥料学	3	54	42	12			54						试
	ZJ13422	农业微生物学	2	36	20	16			36						试
	ZJ11101	作物栽培原理	3	54	44	10				54					试
	ZJ11202	遗传学	3	54	42	12				54					试
	ZJ11301	普通昆虫学	4	72	42	30				72					试
	ZJ11302	普通植物病理学	4	72	42	30				72					试

续表

课程类别	课程编号	课程名称	总学分	总学时	学时分配		各学期学时分配								考核方式
					理论	实践	1	2	3	4	5	6	7	8	
专业教育课程平台	ZH11301	农业昆虫学	4	72	42	30					72				试
	ZH11302	农业植物病理学	4	72	42	30					72				试
专业核心课程	ZH11303	植物化学保护	4	72	42	30						72			试
	ZH11304	植物病虫害预测预报	2	36	24	12							36		试
	ZH11305	植物病虫害生物防治	2	36	24	12						36			试
新创业教育课程平台	CY00001	大学生创业教育	1	18	18						18				查
基础课程	TS00001-2	大学生就业指导	2	24	24			12					12		查
	CJ11301	植物保护专业导论	0.5	9	9		9								查
核心实训课程	CH11301	植保创新创业论坛	0.5	9	9							9			查
	CH11302	植保创业教育实践	1.5	27	27									27	查
	CH11303	植保创新教育实践	1.5	27	27								27		查
	CX00001	创新创业成果学分认定	创新创业实践学分的认定见有关文件												
专业方向课程模块	ZH11301	植物检疫学	2	36	24	12							36		查
植物保护	ZF11302	有害生物综合治理	2	36	30	6						36			查
	ZF11303	生物安全与控制	2	36	30	6							36		查
	ZF11304	植物抗病虫基因工程	2	36	24	12					36				查
农产品安全	ZF11305	农产品安全与检验	2	36	18	18						36			查
	ZF11306	农药残留分析	2	36	30	6							36		查
	ZF11307	绿色植保技术	2	36	24	12					36				查
	ZF11308	农药加工与管理	2	36	30	6							36		查
个性化拓展课程模块	GT18306	社交礼仪	1	18	18			18							查
人文素质模块	GT18603	大学语文	1	18	18						18				查
	GT18623W	中国文化概论	1	18	18			18							查
	GT18626W	美学原理	1	18	18						18				查
专业素质模块	GT11371	植物保护科学进展	1	18	18									18	查
	GT11372	植物保护信息技术	1	18	18							18			查
	GT11373	植保专业英语	1	18	18								18		查
	GT13678	食用菌栽培技术	1	18	12	6								18	查
	GT 11374	植保机械与应用	2	36	18	18								18	查
	GT 11375	农产品防霉保鲜技术	2	36	18	18								18	查
学生最低修读的学分/学时			126.5	2290	1731	559	346	474	468	384	280	208	180		
课程教学周数							14	18	18	16	14	16	17		
周学时数							25	26	25	22	20	13	11		

课程类别	课程编号	课程名称	总学分	总学时	学时分配		各学期学时分配								考核方式
					理论	实践	1	2	3	4	5	6	7	8	

说明：
1. 各专业军事理论教育在第1学期以讲座形式进行；
2. 专业方向课程模块必须明确至少应选修10个学分，其中植物检疫学和农产品安全与检验必选；
3. 创新创业教育平台，学生获得"创新创业成果"学分可抵免创新创业核心实训课程学分；
4. 个性化拓展模块要求学生至少须选修6个学分，其中，"人文素质"模块要求学生至少选修2个学分，且至少选修1门网络课程；专业拓展模块至少选修4个学分。

十三、辅修专业课程设置

农学院植物保护专业辅修课程设置

课程名称	学 分	辅修专业教学计划
普通昆虫学	4	第1学期
普通植物病理学	4	第1学期
农业昆虫学	4	第2学期
农业植物病理学	4	第2学期
植物化学保护	4	第3学期
植物病虫害生物防治	2	第3学期
农产品安全与检验	2	第3学期
植物病虫害预测预报	2	第3学期
毕业论文	6	必做，但不计学分。
总计	32	学生必须修满25学分

农学类专业

种子科学与工程本科专业人才培养方案

专业代码：090105

一、培养目标

本专业培养德、智、体、美全面发展，适应现代种业要求，掌握种子科学与工程技术等方面的基本理论、基本知识，具有较强的实践能力和创新能力，能够从事作物育种、种子生产、加工贮藏、质量检验、种子经营管理和其他相关工作，具有创新意识和创业精神的高素质应用型专门人才。

二、培养要求

本专业以植物遗传育种为基础，学生主要学习各类作物种子生产、种子质量控制及提高种子商品性的种子加工包装贮藏方面的基本理论和基本知识，接受作物育种、种子生产、贮藏加工、种子检验、经营管理等方面的基本训练，具有作物育种与开发、种子生产、种子经营管理等方面的基本能力。

毕业生应获得以下几方面的知识和能力：

1. 具备扎实的数学、植物学、普通化学、分析化学、有机化学等基本理论知识；
2. 具备植物生理生化、遗传、土壤肥料、农业气象、植物保护的基本理论和实践技能；
3. 掌握种质资源利用、新品种选育与种子高产高效生产的基本理论和实践技能；
4. 掌握种子加工、贮藏、种子质量检验与控制等方面的基本理论和实践技能；
5. 具有种子营销和企业管理学的基本理论和实践技能；
6. 熟悉国家种子产业政策、知识产权及种子法等有关政策和法规；
7. 具有较强的分析与决策，口头与文字表达及独立获取知识与综合创新的能力；
8. 具有较强的计算机、外语综合应用能力；
9. 具有良好的思想道德素质和文化素养，身心健康；
10. 具有较好的科学素质、竞争意识、创新意识和合作精神。

三、专业方向

1. 种子生产方向

主要学习现代生物技术、作物育种学、作物栽培学、种子生产学、种子加工贮藏、质量检验、种子经营管理、植物组织培养、工厂化育苗等知识，具有较强的实践能力。

2. 种子经营管理方向

主要学习作物育种学、作物栽培学、种子生产、加工贮藏、质量检验、种子经营管理、现代企业管理、电子商务、种子法规等知识，具有较强的组织管理和实践能力。

四、素质与能力分析表(表一)

综合素质与能力	专项素质与能力	对应课程或实践
1.基本素质与能力	1.1 政治素质	马克思主义基本原理概论、毛泽东思想和中国特色社会主义理论体系、形势政策等
	1.2 身心素质	军事训练、大学体育、大学生创业教育、大学生就业指导等
	1.3 分析运算能力	高等数学c、试验统计方法等
	1.4 英语应用能力	大学英语、种子专业英语等
	1.5 计算机应用能力	大学计算机基础、VFP程序设计等
	1.6 利用现代化手段获取信息能力	计算机在农业上的应用、种子科学进展等
	1.7 组织管理、语言表达、人际交往以及在团队中发挥作用的能力	社交礼仪、大学语文、美学原理、中国文化概论、种子创新实践、种子经营管理等
2.学科基础知识及应用能力	2.1 化学分析基本知识及应用能力	普通化学、分析化学、有机化学、生物化学等
	2.2 植物及生理学基本知识及应用能力	植物学及实习、植物生理学等
	2.3 农业气象基本知识及应用能力	农业气象学、作物栽培原理等
3.专业基础知识及应用能力	3.1 作物学基本知识及应用能力	作物栽培技术及实习、种子生产技术及实习
	3.2 生物学基本知识及应用能力	生物化学、遗传学、植物生理、种子生物学等
	3.3 植物保护基本知识及应用能力	植物保护技术及实习等
4.专业核心知识及应用能力	4.1 作物栽培育种知识及应用能力	作物栽培技术、育种技术及其课程实习、企业实训、种子科学进展等
	4.2 种子生产技能与方法	种子生产技术、种子加工贮藏技术、种子检验、种子生产实习、企业实训等
	4.3 种子经营管理技能与方法	种子经营管理学、销售管理学、会计学基础、农技推广、种子企业实训等
5.专业实践技能与动手能力	5.1 专业单项实践技能与动手能力	作物栽培实习、作物育种实习、种子生产实习、种子检验实习等
	5.2 专业综合实践技能与动手能力	专业技能训练、企业实训、毕业实习
6.创新创业能力	6.1 创新能力	种子产业创新创业论坛、种子专业创新实践、种子科学与工程专业导论等
	6.2 创业能力	大学生创业教育、大学生就业指导等
7.个性化发展能力	6.1 人文素质	社交礼仪、大学语文、美学原理等
	6.2 专业素质	蔬菜花卉栽培技术、农业机械与应用、种子专业英语和种子科学进展等

五、学制与学分

1.学制:实行弹性学制,标准学制4年,学修业年限3~6年。

2.学分:最低修读173学分。其中,课内教学环节必须修满131个学分,实践性教学环节必须修满42个学分。

六、毕业与学位授予

学生在规定的学习年限内,完成各教学环节学习,修满专业规定的最低学分,准予毕业。授予农学学士学位。

七、全学程时间安排总表(表二)

学年项目\学期	一		二		三		四		合计
	1	2	3	4	5	6	7	8	
军训(含军事理论)	2								2
入学教育和安全教育	(2)								
课堂教学	15	18	18	18	15.5	16.5	14	0	114
专业实习、课程实习	1			(8)	2.5(2.5)	1.5(3.5)	3(1)		8
毕业实习								8	10
毕业论文(设计)								6	6
专业创新创业实训							2		
复习考试	1	1	1	1	1	1	1		7
机动							2	3	5
假期	6		8		6	8	6	8	6		48
全学程总周数	25	27	25	27	25	27	25	19	200

八、实践性教学环节(表三)

课程编号	实践教学项目	学分	周数	安排学期	实践方式
课程编号	实践教学项目	学分	周数	安排学期	实践方式
SJ00001	入学教育	1	(2)	第1学期	集中
SJ00002	军训(含军事理论教育)	2		第1学期	学校集中安排
SJ00003	社会实践	1	(3)	大一至大三暑期	由校团委统一安排
SJ26107	思想政治理论课暑期社会实践	1	(1)	大一至大三暑期 16学时	由思政部安排
SJ13114	植物学教学实习	1	1	第1学期	校内集中
SJ11111	作物栽培原理实习	1	1	第5学期	由任课教师集中安排
SJ11316	植物保护技术实习	1	1	第5学期各半周	由任课教师集中安排
SJ11401	农作物种子育苗实践	1	(1)	第6学期	校内分段集中
SJ11113	作物栽培技术实习	2	(2)	第5、6学期各1周	依农事活动机动安排
SJ11402	种子生产实践	3	(3)	第5、6学期各30学时	任课教师依农时分散安排
SJ11204	作物育种技术实习	2	2	第6、7学期各1周	校内集中
SJ11403	种子检验技术实习	1	1	第5学期	由任课教师分段集中安排
SJ11404	种子加工与贮藏实习	1	1	第7学期	校内集中
SJ11405	种子经营管理实习	1	(1)	第7学期	由任课教师分段集中安排
SJ11406	专业综合技能训练	1	1	第7学期	学院统一安排
SJ11003	企业实践	8	(8)	第4学期暑期	安徽隆平高科等种子企业,分组集中进行,以顶岗见习、科研报告形式考核

续表

课程编号	实践教学项目	学分	周数	安排学期	实践方式
课程编号	实践教学项目	学分	周数	安排学期	实践方式
SJ11002	毕业实习	8	8	第8学期	学院统一安排
SJ11001	毕业论文	6	6	第(6、7)8学期	学院统一安排
SJ11006	专业创新创业实训	2	2	第8学期	学院统一安排
	总计	42	26(21)		

注：表中括弧内数据属课外周数。

九、课程设置及学时、学分比例表（表四）

课程类型		学时	学分	占总学时(总学分)比例(%)	
通识教育课程平台		786	43	33.2%	32.8%
专业教育课程平台	学科基础课程	476	26	35.0%	48.8
	专业基础课程	352	19.5		
	专业核心课程	327	18	13.8%	
创新创业教育平台	创新创业基础课程	60	4	2.53%	3.1%
	创新创业核心实训课程	63	3.5	2.7%	2.7%
专业方向课程模块(各方向学时、学分大体相同)	种子生产方向	180	10	7.6%	7.6%
	种子经营管理方向	180	10		
个性化拓展课程模块	人文素质	36	2	5.3%	1.5%
	专业拓展	90	5		3.8%
总计		2370	131	100%	100%

十、主干学科

作物育种、种子生产、种子检验学、种子经营管理

十一、核心课程

1.《作物栽培技术》(Crop Cultivation Technology)

学时：54（理论课学时54。）

学分：3（理论课学分3。）

课程简介：本课程主要讲授小麦、水稻、玉米、棉花、油菜等作物高产、稳产、优质、高效的综合栽培技术体系和单项技术及其原理。通过教学，使学生掌握主要农作物生长发育规律与环境条件的关系、有关的调节控制技术及其原理，学会作物栽培试验研究的基本技能，能在实际生产上根据具体情况，灵活运用所学知识，解决具体问题，提高作物产品的数量和质量、降低生产成本、提高劳动效率和经济效益。

教学方法与手段：采用情境教学法，利用多媒体和教学基地进行理论教学。

课程评价与考核：①学生上课出勤率评价，计为学时学分（A）：出勤率低于60%（经批准的特殊情况除外）无学分；出勤率达到100%，计满分；旷课1次扣2分，事假1次扣1分。该项目占学业总成绩20%。②课程结业成绩，计为成绩学分（C）：试卷符合教学大纲要求，卷面100分，主讲按参考答案评分。卷面成绩占学业总成绩的80%。学生总成绩＝C+A。

教材选用:农业高校规划教材(南方院校的最新版本)。

2.《作物育种原理》(Crop Breeding Science)

学时:54(理论课学时42、实验课学时12。)

学分:3(理论课学分2.5、实验课学分0.5。)

课程简介:本课程主要讲授主要作物的育种目标及其性状遗传,在研究种质资源的基础上,采用有性杂交、杂种优势利用、诱发变异、细胞工程及基因工程等途径培育新品种的方法和技术,适当介绍现代作物育种的新动向。

教学方法与手段:采用情境教学法,利用多媒体和育种基地进行理论教学;实验课主要在育种基地进行操作,在实验室进行品质指标的测定。

课程评价与考核:①学生上课出勤率评价,计为学时学分(A):出勤率低于60%(经批准的特殊情况除外)无学分;出勤率达到100%,计满分;旷课1次扣2分,事假1次扣1分。该项目占学业总成绩20%。②课业完成情况评价,计为课业学分(B):包括课堂交流、课后作业、实验报告的完成情况,缺交作业、实验报告累计超过1/3或实验考核不及格,不能参加该门课程考试。课业完成情况占学业总成绩的20%。③课程结业成绩,计为成绩学分(C):试卷符合教学大纲要求,卷面100分,主讲按参考答案评分。卷面成绩占学业总成绩的60%。学生总成绩＝C＋A＋B。

教材选用:农业高校《作物育种总论》或《植物育种学原理》的最新版本。

3.《种子生产技术》(Seed Production Technology)

学时:54(理论课学分42、实验课学时12。)

学分:3(理论课学分2.5、实验课学分0.5。)

课程简介:本课程讲授种子生产基地建立与管理、种子快速繁殖与杂交种生产技术以及保持与提高品种稳定性的基本原理与方法,主要讲授农作物和大宗蔬菜种子生产的方法及其技术规范,重点是常规品种的提纯保纯及原种繁殖、亲本繁殖和杂交种生产。

教学方法与手段:采用情境教学法,利用多媒体和种子生产基地进行理论教学;实验课主要在生产基地进行操作。玉米杂交种生产技术的实践部分在《企业实践》课中安排实训与考核,边做边学。

课程评价与考核:①学生上课出勤率评价,计为学时学分(A):出勤率低于60%(经批准的特殊情况除外)无学分;出勤率达到100%,计满分;旷课1次扣2分,事假1次扣1分。该项目占学业总成绩20%。②课业完成情况评价,计为课业学分(B):包括课堂交流、课后作业、实验报告的完成情况,缺交作业、实验报告累计超过1/3或实验考核不及格,不能参加该门课程考试。课业完成情况占学业总成绩的20%。③课程结业成绩,计为成绩学分(C):试卷符合教学大纲要求,卷面100分,主讲按参考答案评分。卷面成绩占学业总成绩的60%。学生总成绩＝C＋A＋B。

教材选用:高等学校种子科学与工程专业规划教材的最新版本或安徽省规划教材《种子生产技术》。

4.《种子加工与贮藏》(Seed Processing and Storage)

学时:54(理论课学时42、实验课学时12。)

学分:3(理论课学分2.5、实验课学分0.5。)

课程简介:本课程讲授种子的物理特性,种子清选分级、干燥方法与原理,种子仓库、入库管理、有害生物防治,以及常温库和低温仓库种子贮藏方法与技术。重点是主要农作物种子的加工贮藏原理、方法和技术。

教学方法与手段:采用启发式教学法,利用多媒体进行理论教学;实验课主要在实验室和种子加工、贮藏室进行操作。

课程评价与考核:①学生上课出勤率评价,计为学时学分(A):出勤率低于60%(经批准的特殊情况除外)无学分;出勤率达到100%,计满分;旷课1次扣2分,事假1次扣1分。该项目占学业总成绩

20%。②课业完成情况评价,计为课业学分(B):包括课堂交流、课后作业、实验报告的完成情况,缺交作业、实验报告累计超过1/3或实验考核不及格,不能参加该门课程考试。课业完成情况占学业总成绩的20%。③课程结业成绩,计为成绩学分(C):试卷符合教学大纲要求,卷面100分,主讲按参考答案评分。卷面成绩占学业总成绩的60%。学生总成绩＝C+A+B。

教材选用:高等学校规划教材《种子加工与贮藏》的最新版本。

5.《种子检验学》(Seed Testing Science)

学时:66(理论课学时36、种子检验实训学时30。)

学分:3.5(理论课学分2、实验课学分1.5。)

课程简介:本课程主要讲授种子检验技术规程和农作物种子质量的检测方法和技术。包括扦样、净度分析、发芽试验、生活力与活力测定、纯度检验、水分测定、健康检验、包衣种子检验、种子质量评定等内容,重点是必检指标的检验规程和质量评定标准。关于种子检验的技能部分,另设检验综合实验课单独考核。

教学方法与手段:理论教学采用问题教学法,主要采用多媒体进行教学;实训课主要在实验室内进行,在标准化条件下检测特定样品进行质量指标。实训课采用任务教学法,办学边做,单个项目检验结果实行比对考核,合格后进入下一项目,注重把标准养成习惯。

课程评价与考核:①学生上课出勤率评价,计为学时学分(A):出勤率低于60%(经批准的特殊情况除外)无学分;出勤率达到100%,计满分;旷课1次扣2分,事假1次扣1分。该项目占学业总成绩20%。②课业完成情况评价,计为课业学分(B):包括课堂交流、实验报告的完成情况,缺交实验报告累计超过1/3或实验考核不及格,不能参加该门课程考试。课业完成情况占学业总成绩的20%。③课程结业成绩,计为成绩学分(C):试卷符合教学大纲要求,卷面100分,主讲按参考答案评分。卷面成绩占学业总成绩的60%。学生总成绩＝C+A+B。

种子检验实训课程单独考核。平时成绩(B)按实验报告得分的加权平均值计算,占60%;课程结业成绩(C)按抽签方式进行,占40%。学生总成绩＝C+B。

教材选用:高等学校《种子检验学》《种子学实验技术》的最新版本。

6.《种子经营管理学》(Seed Business and Management)

学时:45(理论课学时45。)

学分:2.5(理论课学分2.5。)

课程简介:本课程主要讲授新品种保护和审定管理、种子生产经营管理、加工贮藏管理、种子营销策略和企业内部管理,以及质量控制、市场管理与行政执法、进出口管理、信息管理等内容,重点是品种管理.质量管理和种子生产经营和企业管理。

教学方法与手段:主要采用案例教学法,利用多媒体进行理论教学。

课程评价与考核:①学生上课出勤率评价,计为学时学分(A):出勤率低于60%(经批准的特殊情况除外)无学分;出勤率达到100%,计满分;旷课1次扣2分,事假1次扣1分。该项目占学业总成绩的20%。②课程结业成绩,计为成绩学分(C):试卷符合教学大纲要求,卷面100分,由主讲按参考答案评分。卷面成绩占学业总成绩的80%。学生总成绩＝C+A。

教材选用:全国农业高校规划教材《种子经营管理学》的最新版本。

十二、教学进程表(表五)

课程类别	课程编号	课程名称	总学分	总学时	学时分配 理论	学时分配 实践	各学期学时分配 1	2	3	4	5	6	7	8	考核方式
通识教育课程平台	TS26106	思想道德修养与法律基础	3	48	16	32*		48							考试
	TS26102	中国近现代史纲要	2	32	12	20*	32								考试
	TS26103	马克思主义基本原理概论	3	48	16	32*			48						考试
	TS26104 TS26105	毛泽东思想和中国特色社会主义理论体系概论（Ⅰ-Ⅱ）	6	96	32	64*					96				考试
	TS15001-4	大学英语（Ⅰ-Ⅳ）	15	270	230	40	60	70	70	70					考试
	TS28001	大学计算机基础	3	48	16	32	48								考试
	TS28002	VFP程序设计	4	72	48	24			72						考试
	TS19001-4	大学体育（Ⅰ-Ⅱ）	4	126	126		30	32	32	32					考试
	TS26108-9	形势与政策	2	32	12	20	16	16							考查
	TS18111	大学生心理健康教育	1	14	14			14							考查
专业教育课程平台	学科基础课程 JC17005	高等数学C	4	80	80		80								考试
	JC25001	普通化学	3	54	54		54								考试
	JC25002	分析化学	2	36	36			36							考试
	JC25003	有机化学A	3	54	54			54							考试
	JC25005-6	基础化学实验（Ⅰ-Ⅱ）	4	72		72	33	39							考试
	JC13113	植物学	3	54	36	18	54								考试
	JC13316	生物化学	4	72	52	20			72						考试
	JC13318	植物生理学	3	54	42	12				54					考试
	专业基础课程 ZJ11202	遗传学	3	54	42	12				54					考试
	JC11318	农业气象学	2	36	24	12		36							考试
	ZJ20107	土壤肥料学	3	54	42	12			54						考试
	ZJ11101	作物栽培原理	2.5	46	34	12				46					考试
	ZJ11316	植物保护技术	3	54	42	12					54				考试
	ZJ11403	种子生物学	3	54	42	12				54					考试
	ZJ11201	试验统计方法	3	54	48	6						54			考试
	专业核心课程 ZH11102	作物栽培技术（Ⅰ-Ⅱ）	3	54	54							30	24		考试
	ZH11204	作物育种学（总论）	3	54	42	12				54					考试
	ZH11405	种子检验学	2	36	36							36			考试
	ZH11406	种子检验实训	1.5	30		30						30			考查
	ZH11407	种子生产技术	3	54	42	12						54			考试
	ZH11408	种子加工与贮藏	3	54	42	12						54			考试
	ZH11409	种子经营管理学	2.5	45	45								45		考试

续表

课程类别		课程编号	课程名称	总学分	总学时	学时分配		各学期学时分配								考核方式
						理论	实践	1	2	3	4	5	6	7	8	
创新创业教育课程平台	基础课程	CJ00001	大学生创业教育	1	18	18				18						考查
		CJ00002	大学生就业指导	2	24	24			12					12		考查
		CJ11411	种子科学与工程专业导论	1	18	18		18								考查
	核心实训课程	CH11412	种子产业创新创业论坛	0.5	9	9							9			考查
		CH11413	种子专业创新实践	1.5	27	27								27		考查
		CH11414	种子专业创业教育实践	1.5	27	27								27		考查
		CH00001	创新创业成果学分认定	创新创业实践学分的认定见有关文件												
专业方向课程模块	种子生产方向	GF11419	种子科学进展（必选）	1	18	18							18			考查
		ZF11210	作物育种技术（各论）	3	54	42	12						54			考试
		ZF11211	植物组织培养技术（必选）	2	36	18	18					36				考试
		ZF11212	分子生物学基础	2	36	30	6						36			考试
		ZF11415	工厂化育苗技术	1	18	9	9							18		考试
		ZF16419	农业机械与应用	2	36	24	12						36			考查
	种子经营方向	ZF14815	现代企业管理	2	36	36							36			考试
		ZF14582	销售管理学	2	36	36							36			考试
		ZF24188	会计学基础	2	38	32	6					36				考试
		ZF11226	农业推广学	2	36	36							36			考试
		ZF11416	种子法规	1	18	18							18			考查
		ZF14583	电子商务概论	2	36	24	12						36			考试
		ZF11320	植物检疫学	2	36	30	6						36			考试
个性化拓展课程模块	人文素质模块	GT18306	社交礼仪	1	18	18						18				考查
		GT18603	大学语文	1	18	18						18				考查
		GT18625W	美学原理(w)	1	18	18						18				考查
		GT18623W	中国文化概论(w)	1	18	18						18				考查
		GT11320W	微生物与人类健康(w)	1	18	18						18				考查
	专业拓展模块	GT17004	网页制作	1	18	18							18			考查
		GT11417	种子专业英语	2	36	36							36			考查
		GT11418	计算机在农业上的应用	1	18	18							18			考查
		GT11420	园艺概论	2	36	36							36			考查
		GT11421	牧草栽培学	2	36	30	6						36			考查
		GT11422	牧草种子学	2	36	30	6						36			考查
		GT12210	牧草饲料加工与贮藏	2	36	24	12						36			考查
		GT12209	动物养殖	2	36	36							36			考查
学生最低修读的学分/学时				131	2370	1783	587	377	405	420	406	291	309	162	0	
课堂教学周数								15	18	18	18	15.5	16.5	14	0	

续表

课程类别	课程编号	课程名称	总学分	总学时	学时分配		各学期学时分配								考核方式
					理论	实践	1	2	3	4	5	6	7	8	
		周学时数					25	23	23	23	19	19	12	0	

说明：
1. 各专业军事理论教育在第1学期以讲座形式进行；
2. 实践学时后有＊的表示自主学习学时；
3. 专业方向课程模块,要求学生至少须选修10个学分,建议在专业方向内选择,允许跨方向选择；
4. 学生获得"创新创业实践"1个学分可抵免1门相应的创新创业核心实训课程；
5. 个性化拓展模块要求学生至少须选修7个学分,其中,人文素质模块且至少选修2个学分(含1门网络课程);专业拓展模块至少选修5个学分。

十三、辅修专业课程设置

农学院种子科学与工程专业辅修课程设置

课程名称	学　分	辅修专业教学计划
种子生物学	2.5	春季学期
作物栽培技术（Ⅰ－Ⅱ）	3	春、秋季学期
作物育种学（总论）	3	春季学期
作物育种技术（各论）	3	春季学期
种子检验学	2	秋季学期
种子学综合实验	2	秋季学期
种子生产技术	3	春季学期
种子加工与贮藏	3	春季学期
种子经营管理学	2.5	秋季学期
现代种业专题	2	秋季学期
毕业论文		必做,但不计学分。
总　计	26	学生必须修满26学分

农学类专业

园艺本科专业人才培养方案

专业代码：090102

一、培养目标

本专业培养德、智、体、美全面发展，掌握生物学和园艺学方面的基本理论、基本知识和关键技术，具有外语及计算机应用的基本能力，具备较强的现代主要园艺植物和食用菌的生产及其综合应用能力，能在农业及其他相关企事业单位从事现代园艺科技推广、产业开发、经营管理等业务工作，具有创新意识和创业精神以及服务地方经济和社会发展的高素质应用型专门人才。

二、培养要求

本专业学生主要学习有关蔬菜、观赏植物、果树、食用菌等方面的基本理论、基础知识和关键技术，接受从事园艺业所需的主要园艺植物和食用菌的生产及其综合应用所必备的实践技能基本训练，具备与园艺科学有关的技术与设计、推广与开发、经营与管理、教学与科研等方面的基本能力。

毕业生应获得以下几方面的知识和能力：

1. 学习和掌握生物学和园艺学的基本理论、基本知识，具备花、果、蔬等主要园艺植物与食用菌生产等相关关键技术；

2. 学习和掌握农业园区规划及有关园艺的经营与管理，熟悉现代农业生产、农村工作和园艺生产相关的方针、政策和法规，具备从事现代园艺技术推广和服务工作的能力；

3. 了解园艺生产和科学技术的科学前沿和发展趋势，掌握科技文献检索、资料查询的基本方法，具备一定的科学研究和实际工作能力；

4. 有较强的调查研究与决策、组织与管理、口头与文字表达能力，具有独立获取知识、信息处理和创新的基本能力；

5. 具有一定的体育和军事基本知识，掌握科学锻炼身体的基本技能，养成良好的体育锻炼和卫生习惯，达到国家规定的大学生体育和军事训练合格标准，具备健全的心理和健康的体魄。

三、专业方向

园艺业包含广泛，目前社会不同领域、不同分工对本专业人才有着不同的需求，经济社会的发展需要多层次、多类型的人才培养规格和模式。考虑到学生在生物科学与园艺学科基础上的专业发展及社会需求，将本专业分成栽培技术、园区管理、产业经营3个不同的专业方向，以供同学们选择。

1. 栽培技术方向

学习和掌握蔬菜、观赏植物、果树、食用菌等方面的基础理论和关键技术，接受相关实践技能锻炼，具备生产及综合应用所必备的基本技能，能够从事主要园艺植物及食用菌的生产、技术服务等工作。

2. 园区管理方向

学习和掌握现代农业园区主要生产及管理等方面的基础理论、专门知识，具备现代园区生产及管理的基本技能，能够从事现代农业园区规划、管理、科技示范、技术推广及产业开发等工作。

3. 产业经营方向

学习和掌握相关农业政策、法规及园艺产业科学管理与经营，具备指导现代园艺产业发展和产品采后技术与经营的基本技能，能够从事现代园艺产业的生产指导、服务以及园艺产品储运、加工、营销等工作。

四、素质与能力分析表（表一）

综合素质与能力	专项素质与能力	对应课程或实践
1.基本素质与能力	1.1 政治素质	思想道德修养与法律基础、中国近现代史纲要、马克思主义基本原理、概论、形势政策等
	1.2 人文科学素质	大学语文、应用文写作等
	1.3 身心素质	军事训练、大学体育等
	1.4 分析运算能力	高等数学、田间试验与统计分析
	1.5 英语应用能力	大学英语、提高英语
	1.6 计算机应用能力	计算机文化基础、VFP程序设计
	1.7 利用现代化手段获取信息能力	农业物联网技术、文献检索等
	1.8 组织管理、语言表达、人际交往能力	社交礼仪、演讲与口才、园艺产品营销等
2.学科基础知识及应用能力	2.1 数学运算与统计基础知识与技能	高等数学、田间试验与统计分析等
	2.2 化学基本知识与实验技能	分析化学、有机化学、无机化学、生物化学等
3.专业基础知识及应用能力	3.1 生物学和园艺学基础知识	植物学、植物生理学、生物化学等
	3.2 园艺基础能力	土壤肥料学、CAD制图、农业微生物学、植物保护通论、园艺植物遗传育种等
4.专业核心知识及应用能力	4.1 园艺植物栽培与应用能力	园艺学总论、食用菌栽培、蔬菜栽培技术、观赏植物栽培技术、果树栽培技术等
	4.2 现代园艺基本知识与应用能力	设施园艺学、园艺植物生物技术、农业物联网技术、农业园区规划与管理、园林规划设计等
	4.3 获得本专业或相关专业1-2个职业技能等级证书	园艺工、花卉工等职业技能培训
5.专业实践技能与动手能力	动手操作能力	设施园艺技术实训、园艺植物生物技术实习、食用菌栽培技术实习、专业实习等
6.创新创业能力	6.1 创新能力	创新教育实践、创新创业论坛
	6.2 创业能力	大学生创业教育、大学生就业指导
7.个性化发展能力	7.1 人文素质	大学语文、演讲与口才、应用文写作等
	7.2 专业拓展	插花与盆景、无土栽培技术等

五、学制与学分

1. 学制：标准学制4年，修业年限3~6年。

2. 学分：最低修读173学分。其中，课内教学环节必须修满131学分，实践教学环节必须修满42学分。

六、毕业与学位授予

学生在规定的学习年限内,完成各教学环节学习,修满专业规定的最低学分,准予毕业。授予农学学士学位。

七、全学程时间安排总表(表二)

项目\学年学期	一		二		三		四		合计
	1	2	3	4	5	6	7	8	
军训(含军事理论教育)	2								2
入学教育和专业导论	(2)								(2)
课堂教学	15	18	17	17	17	18			102
专业实习或教育实习			1	1	1		18		21
毕业实习								8	8
专业创新创业实训								2	2
毕业论文(设计)								6	6
复习考试	1	1	1	1	1	1	1		7
机动	1							3	4
假期	6	8	6	8	6	8	6		48
全学程总周数	25	27	25	27	25	27	25	19	200

八、实践性教学环节(表三)

课程编号	实践教学项目	学分	周数	安排学期	实践方式
SJ00001	入学教育	1	(2)	第1学期	机动
SJ00002	军训(含军事理论教育)	1	2	第1学期	集中
SJ00003	社会实践	1	(3)	第2、4、6学期后暑期	由校团委统一安排
SJ13673	园艺专业认知实习	2	(2)	暑期2周	园艺基地及相关企业
SJ13671	设施园艺技术实训	1	1	第4学期	校内实习实训基地进行
SJ13670	园艺植物生物技术实习	1	1	第5学期	校内园艺生物技术中心进行
SJ13672	食用菌栽培技术实习	1	1	第3学期	校内食用菌基地进行
SJ13076	专业实习	18	18	第7学期	校内基地进行为期8周的专业综合实践,在校外校企合作实习基地实施为期10周的见习或进行顶岗实习
SJ13001	毕业实习	8	8	第8学期	学院统一安排
SJ13663	专业创新创业实训	2	2	第8学期	学院统一安排
SJ13002	毕业论文(设计)	6	6	第8学期	学院统一安排
	合计	42	39(7)		

九、课程设置及学时、学分比例表(表四)

课程类型		学时	学分	占总学时(总学分)比例(%)	
通识教育课程平台		786	43	33.40%	32.82%
专业教育课程平台	学科基础课程	467	26	29.62%	41.22%
	专业基础课程	226	13		
	专业核心课程	270	15	11.47%	
创新创业教育平台	创新创业基础课程	51	3.5	2.18%	2.67%
	创新创业核心实训课程	63	3.5	2.68%	2.67%
专业方向课程模块(各方向学时、学分大体相同)	栽培技术	234	13	16.03%	16.03%
	园区管理	144	8		
	产业经营				
个性化拓展课程模块	人文素质	36	2	4.59%	1.53%
	专业拓展	72	4		3.05%
总 计		2353	131	100%	100%

十、主干学科

园艺学

十一、核心课程

1.《园艺学总论》(General Horticulture)

学时:54(理论课学时27、实验课学时27,其中,企业行业专业授课9学时。)

学分:3(其中,企业行业专业授课0.5学分。)

课程简介:本课程主要内容包括园艺植物栽培学发展历史、现状及发展趋势。重点介绍特色经济作物园艺植物的种类和分类、品种及其基本育种途径,作物的生长发育、种植园的规划设计、园艺植物的繁殖、定植及土肥水管理、植株调整与产品器官生产、采收和采后管理等,掌握园艺植物的生物学特性、生产设施及其环境调控,学会根据生物学特性理论联系实际地应用代表性经济作物的栽培技术。

教学方法与手段:本课程采用理实结合的方式授课,其中,6个课时由校企合作单位农艺师以上专业技术人员讲解。

课程评价与考核:采用过程+终结考核方式,其中,平时成绩占20%,过程性实践考核占30%,期终考试占50%。

教材选用:最新版的全国高等农业院校优秀教材、普通高等教育本科国家级规划教材。

2.《设施园艺学》(Protected Horticulture)

学时:54(理论课学时27、实验课学时27,其中,企业行业专业授课9学时。)

学分:3(其中,企业行业专业授课0.5学分。)

课程简介:本课程主要讲授现代设施园艺的发展概况、类型结构、覆盖材料、环境调控、栽培要点以及其病虫害防治关键技术等基本知识,培养学生设施园艺作物生产的基本管理能力。

教学方法与手段:采用愉快教学法,注重启发与引导,广泛采取多媒体、现场说课、互动教学等形式开展教学。

课程评价与考核:采用过程＋终结的考核方式。其中,平时成绩占20％,实验项目过程考核占40％,期终考试占40％。

教材选用:最新版的全国高等农业院校优秀教材、普通高等教育本科国家级规划教材。

3.《食用菌栽培》(Edible Fungus Cultivation)

学时:54(理论课学时27、实验课学时27,其中,企业行业专业授课9学时。)

学分:3(其中,企业行业专业授课0.5学分。)

课程简介:本课程主要讲授食用菌生物学基础、菌种制作以及世界著名五大食用菌平菇、香菇、双孢蘑菇、草菇、金针菇等的发展状况、特性、常用的优良品种以及最新最实用的栽培技术等,培养学生食用菌生产的基本管理能力。

教学方法与手段:注重启发与引导,通过多媒体、现场说课、互动教学等形式开展教学。

课程评价与考核:采用过程＋终结的考核方式。其中,平时成绩占20％,实验项目过程考核占40％,期终考试占40％。

教材选用:最新版的全国高等农业院校优秀教材、普通高等教育本科国家级规划教材。

4.《园艺植物生物技术》(Biotechnology of Horticultural Plant)

学时:54(理论课学时36、实验课学时18,其中,企业行业专业授课9学时。)

学分:3(其中,企业行业专业授课0.5学分。)

课程简介:本课程主要使学生全面地掌握植物细胞工程的基本原理与技术,内容包括植物组织培养的基本原理和技术、园艺植物的离体快繁、园艺植物无病毒植株的培养和鉴定、单倍体和多倍体植株的培养、植物原生质体培养和体细胞融合、分子技术原理和应用等,使学生全面了解园艺植物生物技术的基本理论和相关的实验技术。

教学方法与手段:采用多媒体课堂教学方式,实验课进行演示操作。

课程评价与考核:本课程考核分为授课内容、实验课成和平时成绩考核三部分,其中,授课内容考核占总考核成绩的50％,实验课成绩占30％,平时成绩考核占考核成绩的20％。

教材选用:最新版的全国高等农业院校优秀教材、普通高等教育本科国家级规划教材。

5.《园艺植物遗传育种》(Genetics and Breeding of Horticultural Plant)

学时:54(理论课学时42、实验课学时12,其中,企业行业专业授课9学时。)

学分:3(其中,企业行业专业授课0.5学分。)

教学内容:主要讲授遗传的细胞学基础、基本遗传规律和染色体变异,遗传物质的分子基础和基因突变,数量性状的特征及其研究方法,近亲繁殖和杂种优势的遗传理论,细胞核－质遗传的统一关系及生物进化的群体遗传机理。同时,讲授选育及繁殖园艺植物优良品种的理论与方法,主要包括育种目标的制订及实现目标的相应策略,种质资源的搜集、保存、研究和利用,引种与驯化,人工选择的理论和方法,人工创造新变异的途径、方法及技术(杂交、回交、远缘杂交及倍性育种),杂种优势的利用,生物技术在育种中的应用,新品种的审定推广和种子生产。以引种、选择育种、杂交育种、杂种优势利用、良种繁育和品种推广为教学重点,培养学生掌握园艺植物遗传与育种的基础知识、新品种选育的基本思路及良种繁育与推广的必备技能。

教学方法与手段:采用多媒体课件进行理论教学,通过室内遗传学综合实验结合田间园艺植物育种重要环节操作,加深学生对理论课所学内容的理解与掌握。

课程评价与考核:平时成绩占10％、实验课成绩占30％、考试成绩占60％。

教材选用:最新版的全国高等农业院校优秀教材、普通高等教育本科国家级规划教材。

十二、教学进程表(表五)

课程类别	课程编号	课程名称	总学分	总学时	学时分配 理论	学时分配 实践	各学期学时分配 1	2	3	4	5	6	7	8	考核方式
通识教育课程平台	TS26106	思想道德修养与法律基础	3	48	38	10		48							试
	TS26102	中国近现代史纲要	2	32	24	8	32								试
	TS26103	马克思主义基本原理概论	3	48	38	10			48						试
	TS26104	毛泽东思想和中国特色社会主义理论体系概论Ⅰ	2	32	32					32					试
	TS26105	毛泽东思想和中国特色社会主义理论体系概论Ⅱ	4	64	44	20					64				试
	TS15001-4	大学英语(Ⅰ-Ⅳ)	15	270	230	40	60	70	70	70					试
	TS19001-4	大学体育(Ⅰ-Ⅳ)	4	126	126		30	32	32	32					试
	TS28001	大学计算机基础	3	48	16	32	48								试
	TS28002	VFP程序设计	4	72	48	24		72							试
	TS18111	大学生心理健康教育	1	14	14			14							查
	TS26108-9	形势与政策	2	32	12	20	16	16							查
专业教育课程平台 学科基础课程		高等数学C	4.5	80	80		80						试		
	JC25001	普通化学	3	54	54		54								试
	JC25005-6	基础化学实验Ⅰ-Ⅱ	4	72		72	33	39							试
	JC25002	分析化学	2	36	36			36							试
	JC25003	有机化学A	3	54	54			54							试
	JC13113	植物学	3	54	36	18	54								试
	JC13316	生物化学	4	72	52	20				72					试
	JC13604	田间试验与统计分析	2.5	45	45				45						试
专业基础课程	ZJ13302	植物生理学	4	72	54	18					72				试
	ZJ13407	土壤肥料学	3	54	42	12				54					试
	ZJ13409	农业微生物学	3	50	34	16			50						试
	ZJ11303	园艺植物保护通论	3	54	42	12					54				试
专业核心课程	ZH13601	园艺学总论	3	54	27	27					54				试
	ZH13607	设施园艺学	3	54	27	27					54				试
	ZH13612	食用菌栽培	3	54	27	27				54					试
	ZH13604	园艺植物生物技术	3	54	36	18						54			试
	ZH13605	园艺植物遗传育种	3	54	42	12					54				试

续表

课程类别		课程编号	课程名称	总学分	总学时	学时分配		各学期学时分配								考核方式
						理论	实践	1	2	3	4	5	6	7	8	
创新创业教育课程平台	基础课程	CJ00001	大学生创业教育	1	18	18				18						查
		CJ00002	大学生就业指导	2	24	24			12				12			查
		CJ13602	园艺专业应用前景导论	0.5	9	9		9								查
	核心实训课程	CH13604	创新创业论坛	0.5	9	9						3	3	3		查
		CH13605	园艺产业经营与管理	1.5	27	27							27			查
		CH13606	园艺科技创新教育实践	1.5	27		27						27			查
		CH00001	创新创业成果学分认定													
专业方向课程模块	栽培技术	ZF13683	观赏植物栽培技术	4	72	45	27						72			查
		ZF13684	蔬菜栽培技术	4	72	36	36						72			查
		ZF13658	果树栽培技术	3	54	36	18						54			查
		ZF13685	珍稀食用菌栽培技术	2	36	18	18					36				查
	园区管理	ZF13686	农业园区规划与管理	2	36	24	12					36				查
		ZF13687	集约化育苗技术	2	36	18	18					36				查
		ZF13688	CAD制图	2	36	18	18						36			查
		ZF13689	农业物联网技术	2	36	24	12						36			查
	产业经营	ZF13690	农业政策法规	2	36	36						36				查
		ZF13691	农业经济管理	2	36	36						36				查
		ZF13692	园艺产品贮藏与加工	2	36	20	16						36			查
		ZF13693	园艺产品营销	2	36	36							36			查
个性化拓展课程模块	人文素质	GT18617	大学语文	2	36	36				36						查
		GT18608	应用文写作	2	36	36			36							查
		GT18306	社交礼仪	1	18	18			18							查
		GT18601	演讲与口才	1	18	18				18						查
		GT18623W	中国文化概论W	1	18	18				18						查
		GT18625W	美学原理W	1	18	18				18						查
	专业拓展模块	GT13635	观光农业	2	36	24	12					36				查
		GT13636	农业生态学	2	36	36							36			查
		GT11318	农业气象学	2	36	24	12				36					查
		GT13683	无土栽培技术	2	36	18	18						36			查
		GT13632	园林规划设计	2	36	24	12					36				查
		GT13680	插花与盆景	2	36	24	12				36					查
		GT13633	园林艺术	2	36	36							36			查
		GT13638	草坪学	2	36	24	12					36				查
		GT13649	专业英语	1	18	18								18		查
		GT13650	文献检索与论文写作	1	18	18								18		查

续表

课程类别	课程编号	课程名称	总学分	总学时	学时分配		各学期学时分配								考核方式
					理论	实践	1	2	3	4	5	6	7	8	
		最低修读学分/学时	131	2353			368	419	465	425	382	294	0	0	
		课堂教学周数					15	18	17	17	17	18	0	0	
		周学时数					24.5	23.3	27.4	25	22.5	16.3	0	0	

说明：

1. 各专业军事理论教育在第1学期以讲座形式进行；
2. 专业方向课程模块栽培技术方向必选，园区管理、产业经营方向任选其一；
3. 创新创业教育平台，学生获得"创新创业成果"学分可抵免创新创业核心实训课程学分；
4. 个性化拓展模块要求学生至少须选修6个学分，其中"人文素质"模块要求学生至少选修2个学分，且至少选修1门网络课程；专业拓展模块至少选修4个学分。

农学类专业

动物医学本科专业人才培养方案

专业代码：090401

一、培养目标

本专业培养德、智、体、美全面发展，掌握基础兽医学、预防兽医学和临床兽医学的基本理论、基本知识和基本技能，接受动物医学专业相关实践技能训练，具备动物疫病预防与诊疗、动物生产与管理等方面的基本能力，能够在企事业单位从事动物疫病诊疗、防疫检疫、动物保健、兽医公共卫生管理、兽药研发与营销等工作，具有创新意识和创业精神的高素质应用型专门人才。

二、培养要求

本专业学生主要学习动物解剖学、动物组织胚胎学、动物生物化学、动物生理学、兽医药理学、动物病理学、兽医微生物学、兽医临床诊断学、中兽医学、动物传染病学、动物寄生虫病学、兽医产科学、兽医外科及外科手术学、兽医内科学等方面的基本理论和专业基础知识；接受兽医微生物实习、兽医临床诊疗实习、中兽医实习、动物生产实习和毕业实习等方面的基本训练。

毕业生应获得以下几方面的专业知识和能力：

1. 动物疫病基础知识

要求学生能掌握动物疫病的基本理论、基本知识和实验操作技术、最新研究动态和今后的发展趋势，能对动物疫病发生过程中各个环节的具体问题进行综合分析和运用。

2. 动物疫病防控及诊治

要求学生能掌握动物疫病诊断、预防和治疗的基本技术，具备从事兽医诊疗、动物疫病预防与保健等工作的能力。

3. 兽医公共卫生管理

要求学生能掌握人畜共患病、兽医公共卫生、动物源性食品安全等方面的知识，能够在动物疫病控制中心和兽医管理部门从事相关工作的能力。

4. 动物生产及经营管理

要求学生掌握动物养殖、动物育种、饲料营养、环境卫生控制等基本知识与技术，具备从事畜牧业生产经营管理的能力。

三、专业方向

1. 兽医临床方向

学习和掌握兽医公共卫生学、动物毒理学、中兽医学、兽医产科学、基因工程、分子生物学和生物技术制药等方面的基本知识，具备畜禽疫病防控技术应用能力，能够在动物医院、动物疾病防控中心和兽医管理等部门从事相关工作。

2. 动物生产方向

学习和掌握动物生产学、动物遗传育种学、动物环境卫生学、动物营养与饲料学等方面的基本知识,具备动物生产与管理能力,能够在动物养殖企业、饲料生产与加工企业、畜牧生产与管理部门等从事相关工作。

四、素质与能力分析表(表一)

综合素质与能力	专项素质与能力	对应课程或实践
1.基本素质与能力	1.1 政治素质	思想道德修养与法律基础、中国近现代史纲要、马克思主义基本原理、毛泽东思想和中国特色社会主义理论概论、形势政策等
	1.2 人文科学素质	演讲与口才、社交礼仪、文艺美学、影视鉴赏、大学语文
	1.3 身心素质	军事训练、军事理论教育、大学体育、大学生心理健康教育等
	1.4 分析运算能力	高等数学C、生物统计学
	1.5 英语应用能力	大学英语、专业英语
	1.6 计算机应用能力	大学计算机基础、VFP程序设计
	1.7 利用现代化手段获取信息能力	创新实践、科技论文写作
	1.8 组织管理、语言表达、人际交往能力	社会实践、创新学、创业学、大学生就业指导、市场营销学
2.学科基础知识及应用能力	2.1 数学、化学基础知识及应用能力	高等数学C、分析化学、普通化学、有机化学、动物生物化学、生物统计学
	2.2 动物生化与统计分析能力	
3.专业基础知识及应用能力	3.1 基础兽医学基本知识及应用能力	动物解剖学、动物组织胚胎学、动物生理学、动物解剖学实验、兽医药理学、兽医微生物学、兽医病理学、兽医临床诊断学、兽医临床诊断实习、兽医临床诊疗实习
	3.2 预防兽医学基本知识及应用能力	
	3.3 临床兽医学基本知识及应用能力	
4.专业核心知识及应用能力	4.1 兽医传染病学知识及应用能力	兽医传染病学、动物寄生虫病学、生物制品学、兽医免疫学、兽医临床诊断实习、兽医临床诊疗实习、兽医临床诊断实习、兽医临床诊疗实习、兽医外科及外科手术学、小动物疾病、兽医内科学、兽医临床诊断实习、兽医临床诊疗实习
	4.2 动物寄生虫病学知识及应用能力	
	4.3 兽医外科及外科手术学知识及应用能力	
	4.4 兽医内科学知识及应用能力	
5.专业实践技能与动手能力	5.1 动物疫病的诊断能力	
	5.2 动物疫病的防治能力	
	5.3 动物生物技术应用能力	
6.创新创业能力	6.1 创新能力的培养	创新创业论坛、专业导论、创新实践
	6.2 创业能力的培养	大学生创业教育、畜牧业经营管理、市场营销学、创业实践
7.个性化发展能力	7.1 加强人文素质培养	应用文写作、社交礼仪、文学鉴赏、美学概论
	7.2 专业拓宽与提高	动物检验检疫、动物保护、畜产品加工学、专业英语

五、学制与学分

1. 学制:标准学制4年,修业年限3～6年。
2. 学分:最低修读174学分。其中,课内教学环节必须修满139学分,实践教学环节必须修35学分。

六、毕业与学位授予

学生在规定的学习年限内,完成各教学环节学习,修满专业规定的最低学分,准予毕业。授予农学学士学位。

七、全学程时间安排总表(表二)

项目\学年学期	一		二		三		四		合计
	1	2	3	4	5	6	7	8	
军训(含军事理论教育)	2								2
入学教育和专业导论	(2)								(2)
课堂教学	15	18	18	18	16	12	10		107
专业实习或教育实习					2	6	8		16
毕业实习								8	8
毕业论文(设计)								6	6
专业创新创业实训								2	2
复习考试	1	1	1	1	1	1	1		7
机动	1							3	4
假期	6	8	6	8	6	8	6		48
全学程总周数	25	27	25	27	25	27	25	19	200

八、实践性教学环节(表三)

课程编号	实践教学项目	学分	周数	安排学期	实践方式
SJ00001	军训(含军事理论教育)	1	2	第1学期	集中
SJ00002	入学教育	1	(2)	第1学期	集中
SJ00003	社会实践	1	(3)	第2、4、6学期后暑期	由校团委统一安排
SJ12507	中兽医学课程实习	1	1	第6学期	校内中药园等
SJ12508	兽医临床诊断学课程实习	1	1	第6学期	校内兽医院等
SJ12402	兽医微生物学课程实习	2	2	第5学期	微生物实验室等
SJ12203	动物生产综合实习	4	4	第6学期	畜牧科技园等
SJ12509	兽医诊疗综合实习	8	8	第5、6、7学期	5~6学期3周兽医院实习(全学年分散分小组实习);7学期5周实习
SJ12001	毕业实习	8	8	第8学期	蚌埠市蚂蚁山奶牛场、温氏集团、现代牧业、光明集团、蒙牛集团、大北农等
SJ12004	专业创新创业实训	2	2	第8学期	
SJ12002	毕业论文(设计)	6	6	第8学期	由指导教师安排
	合计	35	34(5)		

九、课程设置及学时、学分比例表(表四)

课程类型		学时	学分	占总学时(总学分)比例(%)	
通识教育课程平台		786	43	31.4	30.9
专业教育课程平台	学科基础课程	412	23	48.2	48.2
	专业基础课程	480	26.5		
	专业核心课程	316	17.5		
创新创业教育平台	创新创业基础课程	51	3.5	4.6	5.0
	创新创业核心实训课程	63	3.5		
专业方向课程模块	兽医临床	144	16	11.5	11.5
	动物生产	144			
个性化拓展模块	人文素质	36	2	4.3	4.3
	专业拓展	72	4		
总　计		2504	139	100	100

十、主干学科

基础兽医学、预防兽医学、临床兽医学

十一、专业核心课程

1.《动物传染病学》(Animal Infectious Diseases)

学时:64（理论课学时44、实验课学时20。）

学分:3.5（理论课学分2.5、实验课学分1。）

课程简介:《动物传染病学》是动物医学专业的一门专业必修课程,主要讲授家畜、家禽传染病发生和流行的基本规律,以及预防、控制和消灭这些传染病原理与方法的科学。通过学习该课程,要求学生掌握畜禽传染病的病原、分类、流行季节及规律,掌握畜禽传染病的传播及感染途径,掌握人畜共患病、传染病的发病症状、主要病理变化、病料的处理及防制措施,掌握畜禽传染病的实验室诊断技术,掌握病毒及细菌等病原的检测、抗体效价的检测等,了解国内外动物传染病学的研究与发展动态等。

教学方法与手段:利用现代化多媒体,采用讲授法、案例教学法、讨论法以及情景教学法进行理论教学。

教学评价(考核)方式:平时成绩（理论和实验课程考勤情况、实验报告写作等）占20%,过程性考核（实验操作）占30%,期末考试成绩占50%。

教材选用:罗满林,《动物传染病学》,中国林业出版社,2013年。

2.《动物寄生虫病学》(Animal Parasitology)

学时:64（理论课学时46、实验课学时18。）

学分:3.5（理论课学分2.5、实验课学分1。）

课程简介:《动物寄生虫病学》是动物医学专业一门重要的必修课,是研究动物寄生虫病病原的生物学、生态学、致病机制、实验诊断、流行规律和防治的科学。通过学习该课程,使学生全面了解与掌握有关畜禽、家庭动物、珍稀动物等的寄生虫病以及人畜共患寄生虫病的病原特征、疾病流行规律、致病机理、诊断方法以及防治措施,为从事相关的管理与技术监督工作、畜牧业养殖生产及专门的兽医师工作奠定基础。

教学方法与手段:利用现代化多媒体,采用讲授法、案例教学法、讨论法以及情景教学法进行理论教学。

教学评价(考核)方式：平时成绩(理论和实验课程考勤情况、实验报告写作情况等)占20%，过程性考核(认识常见寄生虫及病变标本)占30%，期末考试成绩占50%。

教材选用：张西臣、李建华主编，《动物寄生虫病学》(第三版)，吉林人民出版社，2010年。

3.《兽医外科手术学》(Veterinary Surgical Operation)

学时：54(理论课学时27、实验课学时27，其中，临床实操课6学时。)

学分：3(理论课学分1.5、实验课学分1.5。)

课程简介：《兽医外科手术学》是动物医学专业的一门专业必修课程，也是体现临床兽医水平的最重要的课程之一，对培养学生的临床动手能力至关重要。课程涉及动物外科手术的概述、动物的保定、无菌术、麻醉、手术基本操作及动物不同部位和器官疾病的手术治疗方法和有关的局部解剖等内容。该课程涉及的内容广泛，手术的种类繁多，根据国内兽医外科手术实际情况和特点，在讲授一般手术基本理论知识的同时，重点培养学生对基本理论和基本操作技能的掌握，培养手术的必备素养。吸收国内外兽医临床外科手术的发展动态，尤其是在外科病防治方面，增加新内容、新知识，拓宽学生的知识面；结合临床实践或典型病例教学，加强学生的临床实践能力。

教学方法与手段：利用现代化多媒体，采用讲授法、案例教学法、讨论法以及情景教学法进行理论教学。

教学评价(考核)方式：平时成绩占20%，实验实际操作占30%，期末考试成绩占50%。

教材选用：林德贵，《兽医外科手术学》(第四版)，中国农业出版社，2014年。

4.《兽医外科学》(Veterinary Surgery)

学时：36

学分：2

课程简介：《兽医外科学》是研究家畜外科疾病的发生、发展、诊断和预防的科学，是高等农业院校兽医专业主要专业课之一。学习掌握家畜外科学理论与实践技能，要熟知解剖学、临床诊断学、手术技术、病理学、微生物学、药理学、物理治疗学、遗传学、营养学等多门学科。兽医外科学内容包括外科感染、损伤、肿瘤、风湿病、眼、头、枕、颈、胸、腹、直肠及肛门、泌尿生殖器官、四肢、蹄等部位疾病。通过教学，使学生能够学会运用新诊断仪器和先进科学诊断方法进行外科疾病诊断，教会学生能综合运用多学科知识，达到防治外科疾病的目的。

教学方法与手段：利用现代化多媒体，采用讲授法、案例教学法、讨论法以及情景教学法进行理论教学。

教学评价(考核)方式：平时成绩占20%，期末考试成绩占80%。

教材选用：王洪斌，《家畜外科学》(第四版)，中国农业出版社，2002年。

5.《兽医内科学》(Veterinary Medicine)

学时：44(理论课学时44。)

学分：2.5(理论课学分2.5。)

课程简介：《兽医内科学》为专业核心课程，主要讲授动物非传染性内部器官系统疾病、营养代谢性疾病和中毒性疾病，要求学生能够运用系统的兽医基础理论及有效的诊疗手段，揭示动物内科疾病的发生与发展规律、临床症状和病理变化，具有正确诊断和防治内科疾病的能力。

教学方法与手段：利用现代化多媒体，采用讲授法、案例教学法、讨论法以及情景教学法进行理论教学。

教学评价(考核)方式：平时成绩占20%，期末考试成绩占80%。

教材选用：王建华，《兽医内科学》(第四版)，中国农业出版社，2010年。

6.《小动物疾病学》(Small Animal Disease)

学时：54(理论课学时36、实验课学时18，其中，临床实操课6学时。)

学分:3(理论课学分2、实验课学分1。)

课程简介:本课程主要讲授小动物疫病的基本诊疗技术,包括保定、一般诊疗技术、麻醉的基本概念与特点,讲授小动物常见传染病,寄生虫病,内、外、产科病的发病机理、诊断防治原理,通过课程学习,使学生能够具备从事小动物疾病的诊疗与科研的基本能力。

教学方法与手段:采用现代化多媒体,通过情景式、翻转式进行理论教学。

教学评价(考核)方式:平时成绩占20%,实验实际操作占30%,期末考试成绩占50%。

教材选用:侯加法,《小动物疾病学》,中国农业出版社,2002年。

十二、教学进程表(表五)

课程类别		课程编号	课程名称	总学分	总学时	学时分配		各学期学时分配								考核方式
						理论	实践	1	2	3	4	5	6	7	8	
通识教育课程平台		TS26106	思想道德修养与法律基础	3	48	38	10		48							试
		TS26102	中国近现代史纲要	2	32	24	8	32								试
		TS26103	马克思主义基本原理	3	48	38	10				48					试
		TS26104	毛泽东思想和中国特色社会主义理论体系概论Ⅰ	2	32	32					32					试
		TS26105	毛泽东思想和中国特色社会主义理论体系概论Ⅱ	4	64	44	20					64				试
		TS15001-4	大学英语(Ⅰ-Ⅳ)	15	270	230	40	60	70	70	70					试
		TS19001-4	大学体育(Ⅰ-Ⅳ)	4	126	126		30	32	32	32					查
		TS28001	大学计算机基础	3	48	16	32	48								试
		TS28002	VFP程序设计	4	72	48	24		72							试
		TS26101-2	形势与政策	2	32	12	20	16	16							查
		TS18111	大学生心理健康教育	1	14	14		14								查
专业教育课程平台	学科基础课程	JC28005	高等数学C	4.5	80	80		80								试
		JC25001	普通化学	3	54	54		54								试
		JC25002	分析化学	2	36	36			36							试
		JC25003	有机化学A	3	54	54			54							试
		JC25005-6	基础化学实验Ⅰ-Ⅱ	4	72		72	33	39							试
		JC13314	动物生物化学	4.5	80	60	20			80						试
		JC12302	生物统计学	2	36	36				36						试
	专业基础课程	ZJ12117	动物解剖学	4	72	36	36	72								试
		ZJ12116	动物组织胚胎学	3	56	32	24		56							试
		ZJ12104	动物生理学	4	72	48	24			72						试
		ZJ12105	兽医药理学	3	54	36	18				54					试
		ZJ12407	兽医微生物学	3	54	36	18				54					试
		ZJ12118	兽医病理学	4	72	52	20				72					试
		ZJ12408	兽医免疫学	2	36	36						36				试
		ZJ12502	兽医临床诊断学	3.5	64	38	26					64				试

续表

课程类别		课程编号	课程名称	总学分	总学时	学时分配		各学期学时分配								考核方式
						理论	实践	1	2	3	4	5	6	7	8	
专业教育课程平台	专业核心课程	ZH12406	兽医传染病学	3.5	64	46	18							64		试
		ZH12401	动物寄生虫病学	3.5	64	46	18							64		试
		ZH12501	兽医外科手术学	3	54	27	27						54			试
		ZH12503	兽医外科学	2	36	36							36			试
		ZH12509	兽医内科学	2.5	44	44								44			试
		ZH12510	小动物疾病学	3	54	36	18						54			试
创新创业教育课程平台	基础课程	CJ00001	大学生创业教育	1	18	18					18					查
		CJ00002	大学生就业指导	2	24	24			12				12			查
		CJ12001	专业导论	0.5	9	9		9								查
	核心实训课程	CH12001	创新创业论坛	0.5	9	9								9		查
		CH12002	畜牧业经营管理	1.5	27	27							27			查
		CH14503	市场营销学	1.5	27	27						27				查
		CH00001	创新创业成果学分认定	创新创业实践学分的认定见有关文件												
专业方向课程模块	兽医临床	ZF12104	兽医公共卫生学	2	36	28	8							36		试
		ZF12105	动物毒理学	2	36	24	12					36				试
		ZF12512	中兽医学	2	36	36							36			试
		ZF12513	兽医产科学	2	36	26	10						36			试
		ZF12603	基因工程	2	36	36						36				试
		ZF12604	分子生物学	2	36	36						36				试
		ZF12410	兽医生物制品学	2	36	36								36		试
	动物生产	ZF12232	牛羊生产学*	2	36	36							36			试
		ZF12229	猪禽生产学*	2	36	36							36			试
		ZF12307	动物遗传育种学*	2	36	36						36				试
		ZF12230	动物营养与饲料学	2	36	32	4					36				试
		ZF12231	动物环境卫生学	2	36	32	4				36					试
		ZF12206	特种经济动物生产学	2	36	30	6							36		试
个性化拓展课程模块	专业拓展	GT12303	宠物美容与保健	2	36	36						36				试
		GT12101	家禽解剖	1	18	12	6							18		查
		GT12404	实验动物学	1	18	18								18		查
		GT12402	专业英语	1	18	18								18		查
		GT12301	动物生态学	1	18	18								18		查
	人文素质	GT18601	演讲与口才	1	18	18							18			查
		GT18306	社交礼仪	1	18	18							18			查
		GT18622W	影视鉴赏	1	18	18							18			查
		GT18603	大学语文	1	18	18							18			查
		GT18621W	文艺美学	1	18	18							18			查

续表

课程类别	课程编号	课程名称	总学分	总学时	学时分配		各学期学时分配								考核方式
					理论	实践	1	2	3	4	5	6	7	8	
		最低修读的学分/学时	139	2504			386	425	428	422	353	290	200		
		课堂教学周数					15	18	18	18	16	12	10		
		周学时数					26	24	24	23	22	24	20		

说明：
1. 军事理论教育在第1学期以讲座形式进行；
2. 专业方向课程模块中，任选16个学分，其中带"*"课程必选；
3. 创新创业教育平台，学生获得"创新创业成果"学分可抵免创新创业核心实训课程学分；
4. 个性化拓展模块要求学生至少须选修6个学分，其中，"人文素质"模块要求学生至少选修2个学分，且至少选修1门网络课程；专业拓展模块至少选修4个学分。

十三、辅修专业课程设置

动物科学学院动物医学专业辅修课程设置

课程名称	学 分	辅修专业教学计划
兽医传染病学	2	春季开课
兽医外科与外科手术学	3	春季开课
兽医内科学	2	春季开课
兽医产科学	2	秋季开课
中兽医学	2	秋季开课
毒理学	2	春季开课
兽医公共卫生学	2	秋季开课
兽医药理病理学	3	春季开课
兽医免疫学	2	春季开课
动物寄生虫病学	3	秋季开课
小动物疾病学	2	秋季开课
毕业论文		必做，但不计学分。
总计	25	学生必须修满25学分

工学类专业

食品质量与安全本科专业人才培养方案

专业代码:082702

一、培养目标

本专业培养德、智、体、美全面发展,掌握食品质量与安全领域的基本知识和基本技能,具有扎实的食品质量检验、质量管理和安全控制等专业能力,能够在食品生产、加工和流通企业,食品检验机构,监督管理部门和科研院所等相关部门从事生产管理、质量控制、产品销售、分析检验、检验检疫、安全评价、监督管理、技术开发、教育教学、科学研究等方面工作,具有创新意识和创业精神的高素质应用型专门人才。

二、培养要求

本专业主要学习马列主义、毛泽东思想与中国特色社会主义理论体系的基本原理、生命科学、管理学、食品科学、食品质量检验与控制等方面的基本理论和基本知识,接受食品分析与检验、微生物检验、食品安全、食品质量管理与控制等方面的基本训练,掌握食品分析检验、质量管理、品质控制、食品安全等方面的基本能力。

毕业生应获得以下几方面的知识和能力:

1. 具有良好的职业道德、强烈的爱国敬业精神、社会责任感和丰富的人文科学素养;
2. 具有相关的化学、公共卫生知识以及一定的管理学知识;
3. 具有良好的质量、环境、职业健康、安全和服务意识;
4. 掌握扎实的食品科学基础知识和食品质量与安全专业的基本理论知识,了解食品质量与安全专业的发展现状和趋势;
5. 具有综合运用所学科学理论提出和分析解决问题的方案,解决食品质量与安全实际问题的能力;
6. 具有较强的创新意识和创新的初步能力;
7. 具有信息获取和职业发展学习能力;
8. 了解食品质量与安全专业领域技术标准、相关行业的政策、法律和法规;
9. 具有较好的组织管理能力、较强的交流沟通、环境适应和团队合作的能力;
10. 具有应对危机与突发事件的初步能力;
11. 具有一定的国际视野和跨文化环境下的交流、竞争与合作的初步能力。

三、专业方向

1. 质量管理方向

学习和掌握质量管理、食品标准与法规等方面的基本知识,具有管理食品企业、管理食品生产的能力,可从事食品企业管理、生产管理、品质控制等方面的工作。

2. 分析检验方向

学习和掌握分析检验、检疫、卫生监测等方面的基本知识，具有分析检验和进行食品安全性评价的能力，可从事食品原料、辅料、半成品、成品的成分分析和质量检验，以及有毒有害成分的分析检验工作，也可从事食品标准化、质量监督、卫生监督和市场监测工作。

四、素质与能力分析表（表一）

综合素质与能力	专项素质与能力	对应课程或实践
1.基本素质与能力	1.1 政治素质	思想道德修养与法律基础、中国近现代史纲要、马克思主义基本原理概论、毛泽东思想和中国特色社会主义理论体系概论、形势政策等
	1.2 人文科学素质	中国近代人物研究、社交礼仪、应用文写作、影视欣赏
	1.3 身心素质	军事训练、大学体育、大学生安全教育、大学生心理健康等
	1.4 分析运算能力	高等数学C、线性代数、食品试验设计与统计分析等
	1.5 英语应用能力	大学英语、专业英语
	1.6 计算机应用能力	大学计算机基础、C语言程序设计、计算机在食品中的应用等
	1.7 利用现代化手段获取信息能力	文献检索等
	1.8 组织管理、语言表达、人际交往以及在团队中发挥作用的能力	社交礼仪、大学生创业教育与就业指导等
2.学科基础知识及应用能力	2.1 化学、生物科学等学科基础知识	有机化学、无机化学、分析化学、现代仪器分析、生物化学、食品微生物学等
	2.2 食品科学基础知识及应用能力	食品试验设计与统计分析、食品化学、食品工艺学等
3.专业基础知识及应用能力	3.1 食品科学专业基础知识及应用能力	食品营养学、食品营养学课程设计、食品工程原理、食品工程原理课程设计等
	3.2 食品安全专业基础知识及应用能力	食品毒理学、食品毒理学课程实习、食品安全学、食品安全学课程实习等
4.专业核心知识及应用能力	4.1 食品安全学、食品质量检验技术、微生物检验、食品质量管理与控制等专业核心知识及应用能力	食品安全学、食品质量检验技术、微生物检验、食品质量管理与控制课程设计、食品微生物检验、食品微生物检验课程实习等
	4.2 食品安全与品质控制专业核心知识及应用能力、应对危机与突发事件能力	食品质量管理与控制、食品质量管理与控制课程设计、专业综合实习、毕业实习等
5.专业实践技能与动手能力	5.1 食品工程设计、膳食营养设计、毒理学设计、食品质量管理与控制设计实践技能与应用能力	食品工程原理课程设计、食品营养学课程设计、食品毒理学课程实习、食品质量管理与控制课程设计
	5.2 食品安全风险防控与评估、食品质量检验、食品微生物检验、食品生产管理实践技能与应用能力	食品安全学课程实习、食品质量检验课程实习、食品微生物检验课程实习、生产工艺实习、专业实习（含专业社会调查）、专业技能训练、毕业实习、毕业论文（设计）
6.创新创业能力	6.1 创新能力	创造力理论与创新思维、食品新产品开发与研究、创新文化、创新实践、专业创新创业实训等
	6.2 创业能力	大学生创业教育、食品企业文化、创业实践、专业创新创业实训等
7.个性化发展能力	7.1 人文素质培养	中国近代人物研究、社交礼仪、应用文写作、影视欣赏等
	7.2 专业知识拓展与应用能力以及国际视野和跨文化环境下的交流、竞争与合作的初步能力	文献检索、饮食文化概论、食品专业英语、计算机在食品中的应用、技术经济学、市场营销学、食品分子生物学等

五、学制与学分

1. 学制：标准学制 4 年，修业年限 3～6 年。
2. 学分：最低修读 173 学分。其中，课内教学环节必须修满 133 学分，实践教学环节必须修 40 学分。

六、毕业与学位授予

学生在规定的学习年限内，完成各教学环节学习，修满专业规定的最低学分，准予毕业。授予工学学士学位。

七、全学程时间安排总表（表二）

项目\学年学期	一		二		三		四		合计
	1	2	3	4	5	6	7	8	
军训（含军事理论教育）	2								2
入学教育和专业导论	(2)								(2)
课堂教学	15	18	18	16	12	14	12		105
专业实习或教育实习				2	6	4	6		18
毕业实习								8	8
专业创新创业实训								2	2
毕业论文（设计）								6	6
复习考试	1	1	1	1	1	1	1		7
机动	1							3	4
假期	6	8	6	8	6	8	6		48
全学程总周数	25	27	25	27	25	27	25	19	200

八、实践性教学环节（表三）

课程编号	实践教学项目	学分	周数	安排学期	实践方式
SJ00001	入学教育	1	(2)	第 1 学期	集中
SJ00002	军训（含军事理论教育）	2		第 1 学期	集中
SJ00003	社会实践	1	(3)	第 2、4、6 学期后暑期	由校团委统一安排
SJ21301	食品工程原理课程设计	1	1	第 4 学期	在机房进行
SJ23202	食品营养学课程设计	1	1	第 4 学期	在机房进行
SJ23203	食品毒理学课程实习	2	2	第 5 学期	在实验室进行
SJ23204	食品安全学课程实习	2	2	第 5 学期	在实验室进行
SJ23205	食品质量检验课程实习	2	2	第 5 学期	在实验室进行
SJ23206	食品微生物检验课程实习	2	2	第 6 学期	在实验室进行
SJ23207	食品质量管理与控制课程设计	2	2	第 6 学期	在机房进行

续表

课程编号	实践教学项目	学分	周数	安排学期	实践方式
SJ23208	生产工艺实习	4	4	第6学期暑假中的后2周加第7学期第1~2周	校企合作,在企业进行
SJ23209	专业实习(含专业社会调查)	4	4	第7学期的第3~6周	校企合作,在企业进行
SJ23210	专业技能训练	2	(2)	第7学期	在食品实训中心实验室进行
SJ23211	毕业实习	8	8	第8学期	学院统一安排
SJ23212	毕业论文(设计)	6	6	第8学期	学院统一安排
SJ23213	专业创新创业实训	2	2	第8学期	学院统一安排
	合 计	40	40(7)		

九、课程设置及学时、学分比例表(表四)

课程类型		学时	学分	占总学时(总学分)比例(%)	
通识教育课程平台		786	43	32.82%	32.22%
专业教育课程平台	学科基础课程	442	24.5	33.48%	47.37%
	专业基础课程	360	20		
	专业核心课程	333	18.5	13.91%	
创新创业教育平台	创新创业基础课程	51	3.5	2.13%	2.63%
	创新创业核心实训课程	63	3.5	2.63%	2.63%
专业方向课程模块(各方向学时、学分大体相同)	方向一	252	14	10.52%	10.53%
	方向二				
个性化拓展课程模块	模块一	36	2	4.51	1.50%
	模块二	72	4		3.01%
总 计		2395	133	100.00%	100.00%

十、主干学科

食品科学与工程、生命科学、管理学

十一、核心课程

1.《食品安全学》(Food Security)

学时:36(理论课学时36。其中,企业授课4学时。)

学分:2(其中,企业授课0.25学分。)

课程简介:本课程主要阐述食品中可能存在的有害因素的种类、来源、性质、数量、污染食品的程度、对人体健康的影响与机理以及此影响的发生、发展和控制的规律,防止食品受到有害因素污染的预防措施等。培养学生从预防的观点出发,掌握食品污染物的种类、来源及预防措施,食源性疾病的特点、预防,食品卫生管理的基本概念,掌握食品安全卫生的评价程序与方法,了解各类食品加工和储藏过程中的安全与卫生问题以及一些基本的实验技巧和方法,使学生学会应用所学的理论知识来分析、解决所遇到的实际问题,为今后独立工作奠定坚实的基础。

教学方法或手段:课堂讲授、讨论,多媒体教学。

教学评价(考核)方式:本课程考核采用闭卷考试的方式,总成绩采用平时成绩(包括考勤、课堂讨论、作业完成等情况)和考试成绩综合评定的方法进行,平时成绩占20%,期末成绩占总成绩的80%。其中,讨论主要针对食品安全的热点问题进行专题讨论,考试内容应能客观反映出学生对本门课程主要概念的理解、掌握程度,对有关理论的理解、掌握及综合运用能力,侧重考核学生利用所学知识综合分析和解决实际问题的能力。

教材选用:王际辉主编,《食品安全学》(第一版),中国轻工业出版社,2013年。

2.《食品质量检验技术》(Determination Technology of Food quality)

学时:72(理论课学时42、实验课学时30,其中,企业授课8学时。)

学分:4(其中,企业授课0.5学分。)

课程简介:本课程主要讲授食品分析基础知识、理论和常用分析方法的原理、适用范围、操作方法、注意事项、方法评价,以及对食品中有害因素进行安全性检验和评价等,培养学生分析问题、解决问题以及进行分析检验的实际操作和评价食品品质的能力。通过本课程的学习和实验锻炼,使学生具备一定的科学研究的基本技能和实际操作能力。

教学方法或手段:采用课堂讲授、多媒体教学、动画或视频演示相结合、穿插课堂讨论的方法。本课程授课中注意与生产、生活实际情况的联系,激发学生的学习兴趣,个别教学采用内容结合实例的形式进行教学。

考核评价(考核)方式:根据学生考勤、讨论、课题研究、课程(专题)论文和课程实验及闭卷考试情况等方面进行考核。课程最终成绩的构成主要包括平时(20%)、课程考试(40%)、实验情况(40%)等。平时成绩包括学生的考勤、学习态度、遵守纪律和听课情况、回答问题、自学及研讨等;实验成绩包括实验课出勤率、实验操作、实验报告书写规范性、完整性及实验数据的准确性等;试卷考核中要求严格按照学校相关规定的考核方式和要求,侧重考查学生基础知识和利用所学知识综合分析与解决实际问题的能力。另外,如有自主选题并完成一定的课题研究或课程(专题)论文的,可根据情况在上述合计成绩上加1~5分,最后形成课程总评成绩。

教材选用:王永华主编,《食品分析》,中国轻工业出版社,2013年。

教学主要参考书:

张水华主编,《食品分析》,中国轻工业出版社,2013年。

大连轻工学院等校编,《食品分析》,中国轻工业出版社,2008。

西南师大等校编,《食品分析》,高教出版社,2006年。

无锡轻工学院等校编,《食品分析》,中国轻工业出版社,1995年。

黄伟坤编,《食品检验与分析》,中国轻工出版社,1999年。

无锡轻工大学等校编,《食品分析》,中国轻工业出版社,2004年。

3.《食品微生物检验》(Microbial Testing in Food)

学时:36(理论课学时26、实验课学时10,其中,企业授课4学时。)

学分:2(其中,企业授课0.25学分。)

课程简介:《食品微生物检验》是运用微生物学、免疫学、分子生物学等的理论及方法,来研究食品中微生物的种类、数量,分析食品中各类微生物的性质,采用有效的标准方法进行检测、监控、鉴定微生物;分析食品微生物的污染途径,设计有效预防污染的措施,阻断外源微生物侵染食品。同时,陈述微生物检验的基础实验技术、食品中毒微生物及食品致病微生物的标准检测技术,概述食品微生物检验实验室与设备的规范化及食品微生物检验基本程序,以保障微生物检测的有效、有序。食品微生物检验是食品规避风险的重要技术方法,学生通过本课程的学习,掌握食品微生物的标准检测程序及方法,为未来的科研与工作奠定基础,为食品安全生产输出理论扎实、技术过硬的安全人才。

教学方法或手段:课堂教学以多媒体和视频演示相结合为主,同时,设计主体讨论、案例分析等以激发学生学习的主动性;课程授课过程中,注意理论机制、方法程序与实际生活、安全案例相联系。

考核方式及要求:本课程以闭卷形式进行考核,最终成绩由平时成绩、实验成绩与考试成绩组成。期终考试成绩50%、平时成绩20%、实验成绩30%。实验成绩包括:实验课出勤率及实验态度占20%,实验操作能力及独立性占30%,实验报告书写规范性、完整性及实验数据的准确性占50%。平时成绩是学生的课堂表现,包括出勤率、学习态度、遵守纪律和回答问题等方面。试卷考核中要求严格按照学校相关规定的考核方式和要求,侧重考核学生利用所学知识综合分析和解决实际问题能力。

教材选用:何国庆、张伟主编,《食品微生物检验技术》(第一版),中国标准出版社,2013年。

教学主要参考书:

刘斌主编,《食品微生物检验》(第一版),中国轻工业出版社,2013年。

魏明奎、段鸿斌主编,《食品微生物检验技术》(第一版),化学工业出版社,2008年。

姚勇芳主编,《食品微生物检验技术》(第一版),科学出版社,2011年。

国际食品微生物标准委员会(ICMSF)主编,《微生物检验与食品安全控制》(第一版),中国轻工业出版社,2012年。

郭积燕主编,《微生物检验技术》(第二版),人民卫生出版社,2008年。

叶磊、杨学敏主编,《微生物检测技术》(第一版),化学工业出版社,2009年。

刘素纯、贺稚非主编,《食品微生物检验》(第一版),科学出版社,2013年。

4.《食品质量管理与控制》(Food Quality Management and Control)

学时:72(理论课学时54,实验课学时18,其中,企业授课8学时。)

学分:4(其中,企业授课0.5学分。)

课程简介:本课程主要讲授食品安全与食品品质控制管理的基本知识、理论和管理体系,培养学生用食品安全与品质控制基本理论及方法对食品生产全过程进行品质控制,帮助食品企业建立食品品质控制管理与保证体系以及诊断和解决生产过程中出现的质量问题。强调食品链的安全与质量管理,即从农田到消费者餐桌的食品安全与品质控制;强调现行先进管理体系和技术的应用(HACCP/ISO22000,GMP,新旧SPC工具、追溯等)问题;强调服务在食品质量管理中的重要作用;强调对从业人员的管理以实现全面质量管理;强调如何在新产品开发中保证食品安全与质量。本课程注重案例分析,充分发挥学生的主观能动性,加强课堂讨论,力求集思广益来解决实际问题。

教学方法与手段:采用翻转课堂教学理念进行讨论式教学,将行业标准引入理论教学。实验课采用项目式教学,锻炼学生的企业实际操作能力。

教学评价(考核)方式:本课程考核采用平时成绩(包括考勤、课堂问答、讨论、笔记、随堂测验和作业)、实验成绩(实验表现、实验报告)、考试成绩综合评定的方法进行,其中,平时成绩占15%,实验成绩占25%,期末成绩占总成绩的60%。要求严格按照学校相关规定的考核方式和要求,侧重考核学生利用所学知识综合分析和解决实际问题的能力。平时成绩侧重学生的课堂表现,通过讨论式、案例式教学,增加学生课堂表现机会,采取当场计分方法。

教材选用:郭元新主编,《食品安全与品质控制管理》,校本教材。

教学参考书:

张公绪主编,《新编质量管理学》,高等教育出版社,2012年。

吴广枫主译,《食品质量管理》,中国农业大学出版社,2005年。

5.《食品毒理学》(Toxicology of Food)

学时:45(理论课学时33、实验课学时12,其中,企业授课4学时。)

学分:2.5(其中,企业授课0.25学分。)

课程简介:《食品毒理学》是研究外源化学物的性质、来源与形成,它们的不良作用与可能的有益作用及其机制,并确定这些物质的安全限量和评定食品的安全性的科学,其实质是从毒理学的角度,研究食品中所含的内源化学物质或可能含有的外源化学物质对食用者的毒作用机理;检验和评价食品(包括食品添加剂)的安全性或安全范围,从而确保人类的健康。食品毒理学是食品安全风险评估的关键技术手段。通过本课程的学习,使学生掌握毒性作用机制及评价程序与方法,为未来的科研与安全检测工作打下基础,并为产品安全性评估奠定基础。

教学方法或手段:课程采用多媒体课堂教学与视频演示相结合的方法。本课程授课中注意与实际生活的联系,激发学生的学习兴趣,个别教学内容以讨论形式进行教学。

考核方式及要求:本课程以闭卷形式进行考核,最终成绩由平时成绩、实验成绩与考试成绩组成。期终考试成绩占60%,平时成绩占20%,实验成绩占20%。实验成绩中:实验课出勤率及实验操作占40%,实验报告书写规范性、完整性及实验数据的准确性占60%。平时成绩为学生在课堂上的表现,包括出勤率、学习态度、遵守纪律和回答问题等方面。试卷考核中要求严格按照学校相关规定的考核方式和要求,侧重考核学生利用所学知识综合分析和解决实际问题的能力。

教材选用:沈明浩、易有金、王雅玲主编,《食品毒理学》(第一版),科学出版社,2014年。

教学主要参考书:

刘宁、沈明浩主编,《食品毒理学》(第一版),中国轻工业出版社,2008年。

刘毓谷主编,《卫生毒理学基础》(第一版),人民卫生出版社,1987年。

上海第一医学院主编,《食品毒理学》(第一版)人民卫生出版社,1978年。

上海第一医学院卫生系主编,《工业毒理学实验方法》(第一版),人民卫生出版社,1979年。

陈主初、吴端生主编,《实验动物学》(第一版),湖南科学技术出版社,2001年。

周志俊主编,《基础毒理学》(第一版),复旦大学出版社,2008年。

6.《食品工艺学》(Food Technology)

学时:72(理论学时56,其中,网络课程18学时;实验课学时16,其中,企业授课8学时。)

学分:4(其中,企业授课0.5学分。)

课程简介:本课程是食品质量与安全专业的一门专业核心课。主要是使学生了解粮油食品、畜产食品、果蔬食品和软饮料在食品学科中的地位和作用,使学生掌握各种食品加工技术原理和食品加工的基本知识,为进一步解决食品生产中的相关问题奠定必要的理论基础。

教学方法与手段:采用"教、学、做"一体化的形式组织教学,利用现代化多媒体进行理论教学,以企业生产典型产品为例,讲清产品加工的原理、工艺流程和产品的品质控制方法等,让学生进行实际操作制作产品。课程负责人必须为双能型教师,具有副高以上职称或博士学位。

课程评价与考核:各章节成绩 = 该章节平时成绩(包括考勤、课堂问答)×20% + 该章节闭卷考试笔试成绩×80%

总成绩 = $\sum$ 4个部分所得总分×20% + 实验成绩。

平时过程考核包括预习报告与课堂表述、课堂表现与动手能力等;理论考核主要是针对教材以及以外的知识拓展内容。

教材:校企开发自编校本教材。

十二、教学进程表(表五)

课程类别	课程编号	课程名称	总学分	总学时	学时分配 理论	学时分配 实践	各学期学时分配 1	2	3	4	5	6	7	8	考核方式
通识教育课程平台	TS26106	思想道德修养与法律基础	3	48	38	10		48							试
	TS26102	中国近现代史纲要	2	32	24	8	32								试
	TS26103	马克思主义基本原理概论	3	48	38	10			48						试
	TS26104	毛泽东思想和中国特色社会主义理论体系概论Ⅰ	2	32	32						32				试
	TS26105	毛泽东思想和中国特色社会主义理论体系概论Ⅱ	4	64	44	20					64				试
	TS15001-4	大学英语(Ⅰ-Ⅳ)	15	270	230	40	60	70	70	70					试
	TS19001-4	大学体育(Ⅰ-Ⅳ)	4	126		126	30	32	32	32					试
	TS28001	大学计算机基础	3	48	16	32	48								试
	TS28003	C语言程序设计	4	72	48	24		72							试
	TS18111	大学生心理健康教育	1	14	14			14							查
	TS26108-9	形势与政策	2	32	12	20	16	16							查
专业教育课程平台	学科基础课程														
	JC28005	高等数学C	4.5	80	80		80								试
	JC28006	线性代数	3	48	48			48							试
	JC25001	普通化学	3	54	54		54								试
	JC25004	有机化学B	4	72	72			72							试
	JC25002	分析化学	2	36	36			36							试
	JC25005-6	基础化学实验Ⅰ-Ⅱ	4	72		72	33	39							试
	JC13315	生物化学	4	80	60	20				80					试
	专业基础课程														
	ZJ23201	食品营养学	2	36	36						36				试
	ZJ23202	现代仪器分析	2	36	24	12				36					试
	ZJ23203	食品试验设计与统计分析	2	36	36						36				试
	ZJ23204	食品工程原理	3	54	42	12				54					试
	ZJ23205	食品微生物学	4	72	54	18				72					试
	ZJ23206	食品化学	3	54	39	15					54				试
	ZJ23207	食品感官评价	2	36	26	10				36					试
	专业核心课程	ZJ23208	食品原料学	2	36	24	12						36			查
		ZH23201	食品安全学	2	36	36						36				试
		ZH23202	食品质量检验技术	4	72	42	30					72				试
		ZH23203	食品微生物检验	2	36	26	10					36				试
		ZH23204	食品质量管理与控制	4	72	54	18						72			试
		ZH23205	食品毒理学	2.5	45	33	12					45				试
		ZH23206	食品工艺学	4	72	56	16						72			试

续表

课程类别		课程编号	课程名称	总学分	总学时	学时分配		各学期学时分配								考核方式
						理论	实践	1	2	3	4	5	6	7	8	
创新创业教育课程平台	基础课程	CJ00001	大学生创业教育*	1	18	18				18						查
		CJ00002	大学生就业指导	2	24	24			12				12			查
		CJ23201	专业导论	0.5	9	9		9								查
	核心实训课程	CH23201	创新创业论坛	0.5	9	9								9		查
		CH23202	食品企业经营管理	1.5	27	27								27		查
		CH23203	食品专业创新教育实践	1.5	27	27								27		查
		CH00001	创新创业成果学分认定	创新创业成果学分的认定见有关文件												
专业方向课程模块	质量管理	ZF14313	食品物流学	2	36	36								36		查
		ZF23201	商品学基础	2	36	32	4							36		查
		ZF23202	食品安全管理体系	2	36	36							36			试
		ZF23203	食品标准与法规	2	36	36						36				试
	分析检验	ZF23204	食品无损检测	2	36	36							36			查
		ZF23205	动植物产品检验检疫学	2	36	24	12							36		查
		ZF23206	食品生产环境监测	2	36	24	12							36		查
		ZF23207	食品免疫学	2	36	20	16							36		试
个性化拓展课程模块	人文素质模块	GT18106W	中国近代人物研究	1	18	18				18						查
		GT18306	社交礼仪	1	18	18		18								查
		GT18608	应用文写作	1	18	18			18							查
		GT18622W	影视欣赏	1	18	18							18			查
		GT23209	文献检索	1	18	18							18			查
	专业拓展模块	GT23201	饮食文化概论	1	18	18				18						查
		GT23202	食品专业英语	1	18	18							18			查
		GT23203	计算机在食品中的应用	1	18	6	12			18							试
		GT23204	技术经济学	1	18	18						18					查
		GT23205	市场营销学	2	36	36						36					查
		GT23206	食品分子生物学	2	36	26	10					36					试
		GT23207	发酵工艺学	2	36	18	18							36		试
		GT23208	食品酶学	2	36	36							36			查
学生最低修读的学分/学时				133	2395	1894	505	332	507	518	404	325	372	171		
课堂教学周数								15	18	18	16	12	14	12		
周学时数								22.1	26.3	26.9	25.7	26.6	25.7	14.3		

说明：
1. 各专业军事理论教育在第1学期以讲座形式进行；
2. 专业方向课程模块中,学生必须至少修满14个学分的课程；
3. 创新创业教育平台,学生获得"创新创业成果"学分可抵免创新创业核心实训课程学分；
4. 个性化拓展模块要求学生至少须选修6个学分,其中,"人文素质"模块要求学生至少选修2个学分,且至少选修1门网络课程；专业拓展模块至少选修4个学分。

注：课程编码带W,为网络课程。

工学类专业

烹饪与营养教育本科专业人才培养方案

专业代码:082708T

一、培养目标

本专业培养德、智、体、美全面发展,掌握营养学、饭店管理、烹饪教育、营养配餐等理论知识和相关操作技能,具有独立开展工作的能力,能够在餐饮管理公司、星级饭店、烹饪学校等单位从事烹饪研究、饭店管理、营养配餐、烹饪教学等工作,具有创新意识和创业精神的高素质应用型专门人才。

二、培养要求

本专业学生主要学习烹饪工艺、酒店管理、营养配餐、烹饪教育等方面的基本理论和基本知识,接受烹饪技艺、宴席设计、营养餐设计、烹饪教学、饭店礼仪等方面的基本训练,掌握饭店服务、烹饪工艺、饭店管理、烹饪职业教育、营养餐设计制作、中西烹饪技能等方面的基本能力。

毕业生应获得以下几方面的知识和能力:

1. 掌握烹饪化学、烹饪微生物学、烹饪原料学、饭店礼仪、餐饮美学等烹饪与营养学科基本理论知识和专业理论应用能力;

2. 掌握烹饪卫生与安全、烹调工艺学、营养学基础、饭店管理、营养配餐、烹饪教学、饭店法规等业务知识,具备较强的业务实践操作能力;

3. 具有文、史、哲、艺基本知识,了解优秀的民族传统文化,具有较好的哲学修养、审美能力和热爱科学、献身事业的精神;

4. 掌握文献检索、资料查询、计算机运用、阅读和翻译本专业外文资料等技能,达到国家规定的英语、计算机的基本要求,能独立开展相关业务研究的能力;

5. 掌握企业岗位服务技能,能够独立、高效、优质的解决实践工作中的实际问题,具备较强的企业业务动手能力;

6. 具有一定的体育和军事基本知识,掌握科学锻炼身体的基本技能,养成良好的体育锻炼和卫生习惯,受过必要的军事训练,达到国家规定的大学生体育和军事训练合格标准,具备健全的心理和健康的体魄,能够履行建设祖国和保卫祖国的神圣义务;

7. 达到专业相关的职业水平,具备取得1个以上专业相关的职业证书的能力。

三、专业方向

1. 烹饪营养方向

学习和掌握西餐制作、面点制作、烹饪技术、餐饮文化、餐饮管理等知识和技能,能够在中外星级饭店、餐饮企业、餐饮管理公司、快餐企业等单位从事烹饪、营养指导与实践、营养配餐、厨房管理和员工培训等工作;

2. 酒店管理方向

学习和掌握饭店管理、饭店情景英语、餐饮文化、饭店服务岗位技能、饭店接待礼仪、人力资源管理等知识和技能，能够在中外星级饭店、餐饮集团、国际连锁酒店、餐饮企业等从事餐饮市场开发、营销策划、基层管理和企业员工培训等工作。

3. 烹饪教育方向

学习和掌握学科教学论、教育学、心理学、教师口语、烹饪理论、职业规划等知识和技能，能够在职中、技校等中专学校从事相应的教育教学和教学管理等工作。

四、素质与能力分析表（表一）

综合素质与能力	专项素质与能力	对应课程或实践
1.基本素质与能力	1.1 政治素质	思想道德修养与法律基础、中国近现代史纲要、马克思主义基本原理、概论、形势政策等
	1.2 人文科学素质	社交礼仪、大学生创业教育与就业指导等
	1.3 身心素质	军事训练、大学体育、大学生心理健康等
	1.4 分析运算能力	高等数学、线性代数等
	1.5 英语应用能力	大学英语Ⅰ－Ⅳ、餐饮烹饪英语
	1.6 计算机应用能力	大学计算机基础、C语言程序设计
	1.7 利用现代化手段获取信息能力	文献检索等
	1.8 组织管理、语言表达、人际交往以及在团队中发挥作用的能力	社交礼仪、大学生创业教育与就业指导等
2.学科基础知识及应用能力	2.1 掌握化学等学科基础知识	有机化学、无机化学、分析化学等
	2.2 掌握数理统计基础知识	高等数学、线性代数等
3.专业基础知识及应用能力	3.1 掌握烹饪专业基本知识及基本技能	烹饪化学、烹饪微生物、烹饪原料学、烹饪微生物学、刀功、勺功训练、面团调制训练等
	3.2 掌握营养学、营养配餐方面的基本知识与基本技能	营养学基础、中国饮食保健学、营养配膳与设计实习等
4.专业核心知识及应用能力	4.1 具备烹饪与营养方面的知识与能力	烹调工艺学、营养配膳与设计、烹调工艺学实习、面点、西餐工艺学实习、专业见习等
	4.2 具备餐饮管理知识与能力	餐饮企业管理、酒店实用法规、宴席设计、市场营销等
5.专业实践技能与动手能力	5.1 营养配膳设计、中国名菜制作、中国名点制作等实践技能与应用能力	营养配餐设计、中国名菜、中国名点、烹调工艺实训、西点西餐工艺学等
	5.2 烹饪产品感官评价、企业岗位锻炼、烹饪产品装饰与美化实践技能与应用能力	烹饪产品分析与评价、企业顶岗实习、教育实习、专业实习、专业技能训练、毕业实习、毕业论文（设计）
6.创新创业能力	5.1 创新能力的培养	创造力理论与创新思维、烹饪产品创新与设计、创新实践等
	5.2 创业能力的培养	大学生创业教育、烹饪教育创业实践等
7.个性化发展能力	6.1 加强人文素质培养	应用文写作、社交礼仪等
	6.2 专业工具的应用与拓展	音乐鉴赏、计算机在食品中的应用、民俗学、烹饪专业英语等

五、学制与学分

1. 学制：标准学制 4 年，修业年限 3～6 年。
2. 学分：最低修读 174.5 学分。其中，课内教学环节必须修满 122.5 学分，实践教学环节必须修满 52 学分。

六、毕业与学位授予

学生在规定的学习年限内,完成各教学环节学习,修满专业规定的最低学分,准予毕业。授予工学学士学位。

七、全学程时间安排总表(表二)

项目\学期	学年一		二		三		四		合计
	1	2	3	4	5	6	7	8	
军训(含军事理论)	2								2
入学教育	(2)								(2)
课堂教学	15	15	15	15	15		15		90
专业实习、课程实习或教育实习		3	3	3	3	18	3		33
毕业实习								8	8
专业创新创业实训								2	2
毕业论文(设计)								6	6
复习考试	1	1	1	1	1	1	1	1	8
机动	1							2	3
假期	6	8	6	8	6	6	8		48
全学程总周数	25	27	25	27	25	25	27	19	200

八、实践性教学环节(表三)

课程编号	实践教学项目	学分	周数	安排学期	实践方式
SJ00001	入学教育及专业导论	1	(2)	第1学期	集中
SJ00002	军训(含军事理论)		2	第1学期	集中
SJ00003 TS26107	社会实践思想政治理论课 暑期社会实践	1	(3)	第2、4、5学期后暑期	由校团委统一安排
SJ23501	基本功训练	2	2	第2学期	分组(校内实训室)
SJ23502	面团调制训练	1	1	第3学期	分组(校内实训室)
SJ23503	饭店礼仪实训	1	1	第5学期	分组(校内实训室)
SJ23504	饭店技能训练	2	2	第5学期	分组(校内实训室)
SJ23505	面点工艺实训	2	2	第4学期	分组(校内实训室)
SJ23506	烹调工艺实训	2	2	第4学期	分组(校内实训室)
SJ23507	西餐工艺实训	1	1	第5学期	分组(校内实训室)
SJ23508	营养餐设计与制作训练	2	2	第5学期	分组(校内实训室)
SJ23509	食品雕刻与盘饰实训	2	2	第3学期	分组(校内实训室)
SJ23510	餐厅(厨房)设计	1	1	第7学期	分组(校内实训室)
SJ23511	菜肴设计实训	1	1	第7学期	分组(校内实训室)
SJ23512	职业技能训练与考核	1	(1)	第7学期	学院统一安排考核

续表

课程编号	实践教学项目	学分	周数	安排学期	实践方式
SJ23513	专业实习	12	12	第6学期	集中(在企业进行)
SJ23514	教育实习	6	6	第6学期	集中(在企业进行)
SJ23515	毕业实习	8	8	第8学期	集中(在企业进行)
SJ23516	毕业论文设计	6	6	第8学期	学院安排
SJ23517	专业创新创业实训	2	2	第8学期	学院安排
	合　计	52	51(6)		

九、课程设置及学时、学分比例表(表四)

课程类型		学时	学分	占总学时(总学分)比例(%)	
通识教育课程平台		786	43	35.2%	35.1%
专业理论模块	学科基础课程	442	24.5	45.3%	45.3%
	专业基础课程	306	17		
	专业核心课程	252	14		
专业方向课程模块	烹饪教育	90	5	9%	9%
	酒店管理、烹饪营养	108	6		
创新创业教育课程模块	基础课程	60	3.5	5.6%	5.7%
	创业教育课程	63	3.5		
个性化拓展课程模块	人文素质	36	2	4.9%	4.9%
	创新教育课程	72	4		
总　计		2206	122.5	100%	100%

十、主干学科

餐饮企业管理、烹调工艺学等

十一、核心课程

1.《烹调工艺学》(Cooking Craft)

学时:54(理论课学时40、实验学时14,其中,企业行业专业授课9学时。)

学分:3(其中,企业行业专业授课0.5学分。)

课程简介:《烹调工艺学》是以中国传统烹调工艺技法为研究对象,分析烹调工艺原理,探索烹调工艺标准化、科学化的实施途径,总结和揭示烹调工艺规律的学科。《烹调工艺学》是所有从事烹饪营养教学与科研工作者的劳动结晶,突出烹饪与烹调工艺学的特色,体现与时俱进的特点,并力求在科学性、规范性、先进性、系统性和适用性等方面达到一个新的高度。内容包括原料的选择与加工、组配工艺、调味工艺、制熟工艺四个方面。通过本门课程的学习,使学生掌握中国烹饪的技艺理论和实践操作步骤、方法,包括从原料选择、清洗、优化及加工工艺、风味调配、预熟及制熟工艺到装盘等环节,培养学生烹饪基本知识和实际操作技能。

教学方法或手段:课程采用多媒体课堂教学与视频演示相结合的方法。本课程授课中注意与实际生活的联系,激发学生的学习兴趣,个别教学内容以讨论形式进行教学。

考核方式及要求:本课程以闭卷形式进行考核,最终成绩由平时成绩、实验成绩与考试成绩组成。

期终考试成绩占60%,平时成绩占20%,实验成绩占20%。实验成绩中:实验课出勤率及实验操作占40%,实验报告书写规范性、完整性及实验数据的准确性占60%。平时成绩为学生在课堂上的表现,包括出勤率、学习态度、遵守纪律和回答问题等方面。试卷考核中要求严格按照学校相关规定的考核方式和要求,侧重考核学生利用所学知识综合分析和解决实际问题的能力。

教材选用:周晓燕主编,《烹调工艺学》(第一版),中国纺织出版社,2008年。

教学主要参考书:

季鸿崑主编,《烹调工艺学》(第一版),高等教育出版社,2003年。

冯玉珠主编,《烹调工艺学》(第一版),中国轻工业出版社,2009年。

牛铁柱主编,《新烹调工艺学》(第一版),机械工业出版社,2010年。

姜毅主编,《中式烹调工艺学》(第一版),中国旅游出版社,2004年。

2.《饭店情景英语》(Hotel English)

学时:36(理论课学时20、实验课学时16,其中,企业行业专业授课6学时。)

学分:2(其中,企业行业专业授课0.3学分。)

课程简介:《饭店情景英语》课程内容覆盖面广,涉及前台服务中客房预订、礼宾服务、登记入住、信息咨询、商务中心、会议与宴会服务中心、总机服务、处理投诉、结账退宿等多个方面。其中,礼宾服务和会议与宴会服务中心的内容详细,与时俱进。对话的仿真度高,格外专注服务礼仪和技巧,服务用语是高星级酒店的规范用语,以确保沟通效果。通过本课程学习,使学生掌握营养配膳相关基础知识,各类人群配膳原则、方法及注意事项等,为未来实践工作打下基础。

教学方法或手段:课程采用多媒体课堂教学方法。本课程授课中注意与实际生活的联系,激发学生的学习兴趣,个别教学内容以讨论形式进行教学。

考核方式及要求:本课程以闭卷形式进行考核,最终成绩由平时成绩、实验成绩与考试成绩组成。期终考试成绩占60%,平时成绩占20%,实验成绩占20%。实验成绩中:实验课出勤率占20%,实验操作占60%,实验总结报告书写规范性、完整性及实验数据的准确性占20%。平时成绩为学生在课堂上的表现,包括出勤率、学习态度、遵守纪律和回答问题等方面。试卷考核中要求严格按照学校相关规定的考核方式和要求,侧重考核学生利用所学知识综合分析和解决实际问题的能力。

教材选用:张莉主编,《饭店情景英语》(第一版),科学出版社,2011年。

教学主要参考书:

郭兆康主编,《实用饭店情景英语》(第二版),复旦大学出版社,2004年。

张莉主编,《饭店情景英语》(第一版),科学出版社,2011年。

罗德主编,《饭店情景英语》(第一版)中国物资出版社,2009年。

唐莉主编,《饭店情景英语》,人民大学出版社,2007年。

肖璇主编,《现代酒店英语实务教材》,北京世图出版社,2006年。

3.《营养配膳与设计》(Nutrition Matching and Design)

学时:36(理论课学时36。其中,企业行业专业授课6学时。)

学分:2(其中,企业行业专业授课0.3学分。)

课程简介:《营养配膳与设计》是研究饮食与人体健康的一门学科,是营养领域的一个重要分支,是营养理论与烹饪实践紧密结合的一门学科,以"营养为养,烹饪为用"为理念,形成自身的理论架构、体系和科目特色,其内容坚持科学性,突出应用性,强调实践性,体现先进性。通过本课程学习,使学生掌握营养配膳相关基础知识,各类人群配膳原则、方法及注意事项等,为未来营养实践工作打下基础。

教学方法或手段:课程采用多媒体课堂教学方法。本课程授课中注意与实际生活的联系,激发学生的学习兴趣,个别教学内容以讨论形式进行教学。

考核方式及要求:本课程以闭卷形式进行考核,最终成绩由平时成绩与考试成绩组成。期终考试成绩占 80%,平时成绩占 20%。平时成绩为学生在课堂上的表现,包括出勤率、学习态度、遵守纪律和回答问题等方面。试卷考核中要求严格按照学校相关规定的考核方式和要求,侧重考核学生利用所学知识综合分析和解决实际问题的能力。

教材选用:邓红主编,《营养配膳与制作》(第一版),科学出版社,2009 年。

教学主要参考书:

张首玉主编,《营养配膳基础》(第一版),机械工业出版社,2011 年。

张首玉主编,《营养配膳技能训练》(第一版),机械工业出版社,2011 年。

刘方成主编,《配膳应用》(第一版),中国轻工业出版社,2011 年。

王运良、吴峰、孙翔云著,《营养与健康》,安徽师范大学出版社,2014 年。

卢业萍主编,《营养配餐与养生指导》,北京大学出版社,2014 年。

4.《餐饮企业管理》(The Management for catering industry)

学时:54(理论课学时 54。其中,企业行业专业授课 9 学时。)

学分:3(其中,企业行业专业授课 0.5 学分。)

课程简介:本门课程主要讲授餐饮企业管理的基础知识,包括餐饮原料采购、保管,厨房、前台管理、推销策略和成本核算和管理等知识,培养学生获得餐饮企业的筹备、组建和经营管理三方面统筹安排等方面的能力。

教学方法或手段:课程采用多媒体课堂教学方法。本课程授课中注意与实际生活的联系,激发学生的学习兴趣,个别教学内容以讨论形式进行教学。

考核方式及要求:本课程以闭卷形式进行考核,最终成绩由平时成绩与考试成绩组成。期终考试成绩占 80%,平时成绩占 20%。平时成绩为学生在课堂上的表现,包括出勤率、学习态度、遵守纪律和回答问题等方面。试卷考核中要求严格按照学校相关规定的考核方式和要求,侧重考核学生利用所学知识综合分析和解决实际问题的能力。

教材选用:蒋东升主编,《饭店管理》(第三版),高等教育出版社,2010 年。

教学主要参考书:

都大明主编,《现代酒店管理》(第一版),复旦大学出版社,2010 年。

曲静主编,《饭店经营与管理》(第一版),经济科学出版社,2011 年。

5.《餐饮美学》(Dining Aesthetics)

学时:36(理论课学时 20、实验课学时 16,其中,企业行业专业授课 6 学时。)

学分:2(其中,企业行业专业授课 0.3 学分。)

课程简介:《餐饮美学》是一门研究有关饮食的视觉艺术,注重内在美与外在美的和谐统一,始终坚持触觉、味觉、听觉、嗅觉等美感相结合,特别注重外在的视觉作用。主要内容包括餐饮美学概述、餐饮美学原理、餐饮色彩知识、餐饮环境、形式美构成要素、餐饮器具、烹饪造型等几个方面。培养学生餐饮艺术的创新能力和审美能力,提高学生的审美情趣。

教学方法或手段:课程采用多媒体课堂教学方法。本课程授课中注意与实际生活的联系,激发学生的学习兴趣,个别教学内容以讨论形式进行教学。

考核方式及要求:本课程以闭卷形式进行考核,最终成绩由平时成绩、实验成绩与考试成绩组成。期终考试成绩占 60%,平时成绩占 20%,实验成绩占 20%。实验成绩中:实验课出勤率占 20%,实验操作占 60%,实验总结报告书写规范性、完整性及实验数据的准确性占 20%。平时成绩为学生在课堂上的表现,包括出勤率、学习态度、遵守纪律和回答问题等方面。试卷考核中要求严格按照学校相关规定的考核方式和要求,侧重考核学生利用所学知识综合分析和解决实际问题的能力。

教材选用:周明扬主编,《烹饪工艺美术》(第一版),中国纺织出版社,2008 年。

教学主要参考书:

吴晓伟主编,《中餐烹饪美学》(第一版),大连理工大学出版社,2008年。

杨铭铎主编,《饮食美学及其其餐饮产品创新》(第一版),科学出版社,2007年。

6.《面点工艺学》(Craft of Flour Refreshment)

学时:36(理论课学时20、实验课学时16,其中,企业行业专业授课6学时。)

学分:2(其中,企业行业专业授课0.3学分。)

课程简介:《面点工艺学》是烹饪与营养教育专业开设的一门专业课程,重点介绍面点的原料特色、面团形成的原理、面团调制工艺、馅心制作工艺、成形工艺、熟制工艺、面点的风味、筵席面点的配备、面点厨房的设备和工具、功能性面点和现代快餐面点制作的创新与开发、各类面点制作等理论知识,旨在指导学生实践操作。通过本课程的学习,使学生理解面点的制作原理和成熟方法、不同种类面团的品质特点、不同风味面点的选料标准,掌握中国普通面点的制作工艺和制作要领,以满足宾馆、酒店等餐饮企业面点生产岗位或其他面点相关岗位的需要。

教学方法或手段:课程采用多媒体课堂教学与实践操作相结合的方法。本课程授课中强调产品的创新,激发学生的学习兴趣,部分教学内容以讨论交流和分组实验形式进行教学。

考核方式及要求:本课程以闭卷形式进行考核,最终成绩由平时成绩、实验成绩与考试成绩组成。期终考试成绩占60%,平时成绩占20%,实验成绩占20%。实验成绩中:实验课出勤率及实验操作占40%,实验报告书写规范性、完整性及结果分析占60%。平时成绩为学生在课堂上的表现,包括出勤率、学习态度、遵守纪律和回答问题等方面。试卷考核中要求严格按照学校相关规定的考核方式和要求,侧重考核学生利用所学知识综合分析和解决实际问题的能力。

教材选用:陈忠明主编,《面点工艺学》(第一版),中国纺织出版社,2008年。

教学主要参考书:

朱在勤主编,《中国风味面点》,中国纺织出版社,2008年。

谢定源主编,《中国名点》,中国轻工业出版社,2000年。

沈智敏主编,《重庆风味小吃》,金盾出版社,2006年。

十二、教学进程表(表五)

课程类别	课程编号	课程名称	总学分	总学时	学时分配		各学期学时分配								考核方式
					理论	实践	1	2	3	4	5	6	7	8	
通识教育课程平台	TS26106	思想道德修养与法律基础	3	48	38	10		48							试
	TS26102	中国近现代史纲要	2	32	24	8	32								试
	TS26103	马克思主义基本原理概论	3	48	38	10			48						试
	TS26104	毛泽东思想和中国特色社会主义理论体系概论Ⅰ	2	32	32					32					试
	TS26105	毛泽东思想和中国特色社会主义理论体系概论Ⅱ	4	64	44	20					64				试
	TS15001-4	大学英语(Ⅰ-Ⅳ)	15	270	230	40	60	70	70	70					试
	TS19001-4	大学体育(Ⅰ-Ⅳ)	4	126	126		30	32	32	32					试
	TS28001	大学计算机基础	3	48	16	32	48								试
	TS28003	C语言程序设计	4	72	48	24		72							试
	TS18111	大学生心理健康教育	1	14	14		14								查
	TS26108-9	形势与政策	2	32	12	20	16	16							查

续表

课程类别		课程编号	课程名称	总学分	总学时	学时分配		各学期学时分配								考核方式
						理论	实践	1	2	3	4	5	6	7	8	
专业教育课程平台	学科基础课程	JC28005	高等数学C	4.5	80	80		80								试
		JC28006	线性代数	3	48	48			48							试
		JC25001	普通化学	3	54	54		54								试
		JC25002	分析化学	2	36	36			36							试
		JC25004	有机化学B	4	72	72			72							试
		JC25005-6	基础化学实验Ⅰ-Ⅱ	4	72		72	33	39							试
		JC13315	生物化学	4	80	60	20			80						试
	专业基础课程	ZJ23501	烹饪化学	2	36	36		36								试
		ZJ23502	烹饪原料学	2	36	20	16					36				试
		ZJ23503	烹饪微生物学	2	36	36						36				试
		ZJ23504	营养学基础	2	36	36						36				试
		ZJ23505	烹饪卫生与安全	2	36	36						36				试
		ZJ23506	烹饪产品分析与评价	3	54	38	16				54					试
		ZJ23507	中国烹饪概论	2	36	36					36					试
		ZJ16002	工程制图	2	36	36								36		试
	专业核心课程	ZH23501	营养配膳设计	2	36	36						36				试
		ZH23502	餐饮美学	2	36	20	16				36					试
		ZH23503	餐饮企业管理	3	54	54						54				试
		ZH23504	烹调工艺学	3	54	40	14					54				试
		ZH23505	面点工艺学	2	36	20	16					36				试
		ZH23506	饭店情景英语	2	36	20	16					36				试
创新创业教育课程平台	基础课程	CJ00001	大学生创业教育*	1	18	18				18						查
		CCJ00002	大学生就业指导	2	24	24				12				12		查
		CJ23501	烹饪教育专业导论	0.5	9	9		9								查
	核心实训课程	CH23501	创新创业论坛	0.5	9	9								9		查
		CH23502	肴馔创新与设计	1.5	27		27							27		查
		CH23503	烹饪教育创新教育实践	1.5	27		27							27		查
		CH00001	创新创业成果学分认定	创新创业成果学分的认定见有关文件												
专业方向课程模块	烹饪教育	ZF18312	教育学	2	36	36				36						查
		ZF18311	心理学	2	36	36						36				查
		ZF23501	教育教学技能	1	18	18						18				试
	酒店管理	ZF23502	宴会设计	2	36	24	12							36		查
		ZF23503	酒店实用法规	2	36									36		试
		ZJ23504	饭店服务与管理	2	36	20	16							36		查
	烹饪工艺	ZF23505	中国名菜	2	36	16	20							36		查
		ZF23506	中国名点	2	36	16	20							36		查
		ZF23507	药膳制作工艺	2	36	16	20							36		查

续表

课程类别		课程编号	课程名称	总学分	总学时	学时分配		各学期学时分配								考核方式
						理论	实践	1	2	3	4	5	6	7	8	
个性化拓展课程模块	人文素质模块	GT18106W	中国近代人物研究	1	18	18				18						查
		GT18306	社交礼仪	1	18	18		18								查
		GT18608	应用文写作	1	18	18			18							查
		GT18622W	影视欣赏	1	18	18								18		查
	专业拓展模块	GT23501	文献检索	1	18	18		18								查
		GJ23502	专业英语	1	18	18								18		查
		GT23503	计算机在食品中的应用	1	18	6	12				18					试
		GJ23504	生命期营养	2	36	36						36				查
		GJ23505	民俗学	2	36	30	6							36		试
		GJ23506	饮食保健学	2	36	26	10					36				查
学生最低修读的学分/学时				122.5	2208	1849	355	404	435	374	368	388		275		
课堂教学周数								15	15	15	15	15		15		
周学时数								26.9	29	24.9	25.7	25.9		18.3		

说明：
1. 各专业军事理论教育在第1学期以讲座形式进行；
2. 专业方向课程模块必须修满11个学分，其中，烹饪教育模块为必选模块，其他2个方向模块任意选修1个模块；
3. 创新创业教育平台，学生获得"创新创业成果"学分可抵免创新创业核心实训课程学分；
4. 个性化拓展模块要求学生至少须选修6个学分，其中，"人文素质"模块要求学生至少选修2个学分，且至少选修1门网络课程；专业拓展模块至少选修4个学分。

注：课程编码带W，为网络课程。

工学类专业

设施农业科学与工程本科专业人才培养方案

专业代码：090106

一、培养目标

本专业培养德、智、体、美全面发展，掌握设施农业栽培、农业设施工程测量与设计、设施环境科学及其调控、现代农业智能化控制、现代农业园区经营管理等方面的基本理论和基本知识，具有较强的设施农业栽培管理技能、农业设施设计与建造、设施环境智能化控制及现代农业园区管理技术和实践技能，能在农业工程及其他相关企事业部门从事园艺作物设施栽培、现代农业设施工程的设计、农业园区的经营管理、产品研发及科学研究等工作，具有创新意识和创业精神的高素质应用型专门人才。

二、培养要求

本专业学生主要学习设施园艺学、园艺植物栽培学、设施工程测量与制图、计算机辅助设计、农业设施设计与建造技术、农业设施环境工程技术、农业物联网技术、农业园区规划与管理等方面的基本理论和基础知识，接受从事设施农业科学与工程所需的数学、物理、计算机、外语等基本方法和分析能力的训练和设施农业生产、设施工程设计施工、设施环境调控等方面系统实践，具备园艺植物设施栽培技术、现代农业设施工程设计与施工、温室环境智能化控制及设施企业经营与营销等方面的基本能力。

毕业生应获得以下几方面的专业基本知识和能力：

1. 掌握生物、环境、工程、园艺等方面与设施农业密切相关的基本理论和知识，具备现代农业生产的基本技术和管理能力；

2. 掌握计算机应用、设施工程测量与制图、农业设施设计与建造技术、自动化控制、农业物联网技术等，具备农业设施的设计与建造、农业设施的智能化控制和管理能力，了解设施农业生产的科学前沿和发展趋势，并具有一定的创新创业能力；

3. 掌握农业园区规划与管理、现代农业物流管理、都市农业等基本知识，具备现代农业园区的规划与管理能力；

4. 熟悉国家设施农业生产、农村工作和与农业生产有关的方针、政策和法规，了解现代农业、农业设施和生物科技发展动态；

5. 具有较强的调查研究与决策、组织与管理、口头与文字表达能力，具有独立获取知识、信息处理和创新的基本能力；

6. 具有一定的体育和军事基本知识，掌握科学锻炼身体的基本技能，养成良好的体育锻炼和卫生习惯，达到国家规定的大学生体育和军事训练合格标准，具备健全的心理和健康的体魄；

7. 通过相关技能培训，获得设施农业科学与工程相关职业技能等级证书。

三、专业方向

考虑到学生在设施农业科学与工程上的专业发展，以及市场对不同规格人才的需求，本专业设以下3个专业方向。

1. 设施农业技术及园区管理方向

学习和掌握植物生理学、园艺植物保护技术、设施园艺学、设施蔬菜栽培技术、设施果树栽培技术等基础理论知识和设施农业生产技术等技能,能从事现代园艺农业生产与管理、产品研发及科学研究等工作。

2. 现代农业园区管理方向

学习和掌握现代农业园区管理等方面的基础理论、专门知识和基本技能,具有从事现代农业园区实际工作的综合能力和全面素质,适应现代农业园区的生产、营销、管理、服务及规划设计等工作。

3. 设施农业工程及管理方向

学习和掌握农业设施设计基础、设施工程测量与制图与设施环境科学的基础理论知识和现代农业设施的设计、工程概预算及建造等技术,能够从事现代农业设施的工程设计、施工、管理和维护及其相关的科学研究等工作。

四、素质与能力分析表(表一)

综合素质与能力	专项素质与能力	对应课程或实践
1.基本素质与能力	1.1 政治素质	思想道德修养与法律基础、马克思主义基本原理概论、毛泽东思想和中国特色社会主义理论体系概论、形势政策等
	1.2 人文科学素质	中国近现代史纲要、大学语文、中国文化概论等
	1.3 身心素质	军事训练、大学体育等
	1.4 分析运算能力	高等数学、计算机文化基础等
	1.5 英语应用能力	大学英语、专业英语
	1.6 计算机应用能力	大学计算机基础、VFP程序设计、计算机辅助设计等
	1.7 利用现代化手段获取信息能力	农业物联网、文献检索等
	1.8 组织管理、语言表达、人际交往以及在团队中发挥作用的能力	社交礼仪、演讲与口才
2.学科基础知识及应用能力	2.1 数学运算与设施设计建造基础知识与技能	高等数学、设施工程测量与制图、计算机辅助设计等
	2.2 农业工程设计及建造等基本知识与实验技能	大学物理、农业设施设计与建造、设施工程测量与制图、工程力学等
3.专业基础知识及应用能力	3.1 植物生理学、农业气象学、园艺植物保护学、土壤肥料学等	植物生理学、农业气象学、园艺植物保护学、土壤肥料学等
	3.2 计算机辅助设计、设施工程测量与制图、设施建造与施工实习	计算机辅助设计、设施工程测量与制图、温室设计与建造工程实训
4.专业核心知识及应用能力	4.1 设施园艺栽培基本知识与能力	园艺植物栽培基础、设施园艺学等
	4.2 农业设施设计、建造及环境控制基本知识与能力	设施环境工程技术、农业设施设计与建造技术、农业物联网等。
	4.3 现代农业园区规划和管理基本知识和能力	现代农业园区规划和管理、农业物联网等
	4.4 自主学习、终身学习能力和创新创业能力	大学生创新课题申报、科研试验设计、创新实践等
	4.5 获得本专业或相关专业1-2个职业技能等级证书	园艺工、花卉工等职业技能培训

续表

综合素质与能力	专项素质与能力	对应课程或实践
5.专业实践技能与动手能力	动手操作能力	设施农业综合技能训练、园艺植物生物技术实习、温室设计与建造工程实训、专业实习等
6.创新创业能力	6.1创新能力	创新创业论坛、专业创新教育实践
	6.2创业能力	大学生创业教育、专业创业教育实践
7.个性化发展能力	人文素质及专业拓展	演讲与口才、插花与盆景、无土栽培技术等

五、学制与学分

1.学制:标准学制4年,修业年限3～6年。

2.学分:最低修读175.5学分。其中,课内教学环节必须修满133.5学分,实践教学环节必须修满42学分。

六、毕业与学位授予

学生在规定的学习年限内,完成各教学环节学习,修满专业规定的最低学分,准予毕业。授予工学学士学位。

七、全学程时间安排总表(表二)

学年 项目 学期	一		二		三		四		合计
	1	2	3	4	5	6	7	8	
军训(含军事理论)	2								2
入学教育和专业导论	(2)								(2)
课堂教学	15	18	18	18	17	16			101
专业实习、课程实习或教育实习					1	2	18		21
毕业实习								8	8
专业创新创业实训								2	2
毕业论文(设计)								6	6
复习考试	1	1	1	1	1	1	1		7
机动	1							3	4
假期	6	8	6	8	6	8	6		48
全学程总周数	25	27	25	27	25	27	25	19	200

八、实践性教学环节(表三)

课程编号	实践教学项目	学分	周数	安排学期	实践方式
SJ00001	入学教育	1	(2)	第1学期	机动
SJ00002	军训(含军事理论教育)	1	2	第1学期	集中
SJ00003	社会实践	1	(3)	第2、4、6学期后暑期	由校团委统一安排
SJ13661	农业设施专业认知实习	2	(2)	暑期2周	校企联合,江淮园艺、安徽省农科院园艺所

续表

课程编号	实践教学项目	学分	周数	安排学期	实践方式
SJ13671	温室设计与建造工程实训	1	1	第5学期	校内实习实训基地
SJ13670	设施农业综合技能训练	2	2	第6学期	校内及周边企业
SJ13076	专业实习	18	18	第7学期	在校内花卉、蔬菜、食用菌中心、园艺生物技术中心等基地实施为期8周的专业综合实践,在校外相关企业实施为期10周的见习或进行顶岗实习
SJ13001	毕业实习	8	8	第8学期	学院统一安排
SJ13662	专业创新创业实训	2	2	第8学期	学院统一安排
SJ13002	毕业论文(设计)	6	6	第8学期	学院统一安排
	合　计	42	39(7)		

九、课程设置及学时、学分比例表(表四)

课程类型		学时	学分	占总学时(总学分)比例(%)	
通识教育课程平台		786	43	32.6%	32.2%
专业教育课程平台	学科基础课程	450	24.5	44.7%	44.6%
	专业基础课程	306	17		
	专业核心课程	324	18		
创新创业教育平台	创新创业基础课程	51	3.5	4.7%	5.2%
	创新创业核心实训课程	63	3.5		
专业方向课程模块	方向一	180	10	13.5%	13.5%
	方向二	144	8		
	方向三	144	8		
个性化拓展课程模块	人文素质	36	2	4.5%	4.5%
	专业拓展	72	4		
总　计		2412	133.5	100%	100%

十、主干学科

设施园艺学、农业设施设计与建造技术、农业园区规划与管理

十一、专业核心课程

1.《园艺植物栽培基础》(Horticultural Crop Culture)

学时:54(理论课学时27、实验课学时27,其中,企业行业专业授课9学时。)

学分:3(其中,企业行业专业授课课0.5学分。)

课程简介:本课程主要内容为园艺植物栽培管理技术基础,重点讲授园艺植物的种类和分类、品种及其基本育种途径,作物的生长发育,种植园的规划设计,园艺植物的繁殖,定植及土肥水管理,植株调整与产品器官生产,采收和采后管理等。要求学生掌握园艺植物的生物学特性、生产设施及其环境调控,学会根据生物学特性理论联系实际地应用代表性经济作物的栽培技术。

教学方法与手段:本课程采用理论与实际结合的方式授课。其中,6个课时由校企合作单位高级

以上专业技术人员讲解。

课程评价与考核:采用过程+终结的考核方式。其中,平时成绩占20%,过程性实践考核占30%,期终考试占50%。

教材选用:范双喜主编,普通高等教育"十二五"国家级规划教材《园艺植物栽培学》,中国农业大学出版社。

参考教材:高青海主编,《园艺植物栽培学》,校编教材。

2.《设施园艺学》(Protected Horticulture)

学时:54(理论课学时27、实验课学时27,其中,企业行业专业授课课9学时。)

学分:3(其中,企业行业专业授课课0.5学分。)

课程简介:本课程主要讲授现代设施园艺的发展概况、类型结构、覆盖材料、环境调控、栽培要点以及其病虫害防治关键技术等基本知识,培养学生具有设施园艺作物生产的基本管理能力。

教学方法与手段:采用愉快教学法,注重启发与引导,广泛采取多媒体(文字、图片、照片、声音、动画和影片等)、现场说课(生产实地现场教学)、互动教学(主题探讨、精选案例、互问互答等)、网络教学等形式开展教学。

课程评价与考核:采用过程+终结的考核方式。其中,平时成绩占20%,实验项目过程考核占40%,期终考试占40%。

教材选用:国家级高等农业院校优秀教材,李式军、郭世荣主编,《设施园艺学》,中国农业出版社出版。

3.《农业设施设计与建造技术》(Didactical Outline for Design and Construct of Agricultural Facility)

学时:54(理论课学时36、实验课学时18,其中,企业行业专业授课9学时。)

学分:3(其中,企业行业专业授课0.5学分。)

课程简介:本课程主要内容包括农业建筑设计和结构设计、环境调控工程设计与设备配置、建筑测量与施工以及设施的光、热、水、气体、土壤环境及其调控等,使学生学会如何在最经济的条件下,设计并建造出安全可靠、节约能源、经久耐用、适合栽培、养殖、贮藏保鲜等需要的设施工程,掌握设施农业光、热、水、气、土壤环境的变化规律。

课程评价与考核:本课程采用理实结合的方式授课,课程考核由三部分构成,其中,期末笔试成绩占60%,平时成绩占20%,实验课成绩占20%。

教材选用:全国高等农林院校"十二五"国家级规划教材,马承伟主编,《农业设施设计与建造》,中国农业出版社。

参考教材:全国高等农林院校"十二五"国家级规划教材,邹志荣、邵孝侯主编,《设施农业环境工程学》,中国农业出版社。

4.《园艺植物育种技术》(Horticultural Plant Breeding)

学时:54(理论课学时36、实验课学时18,其中,企业行业专业授课9学时。)

学分:3(其中,企业行业专业授课0.5学分。)

课程简介:主要讲授选育及繁殖园艺植物优良品种的理论与方法,主要包括育种目标的制订及实现目标的相应策略,种质资源的搜集、保存、研究和利用,引种与驯化,人工选择的理论和方法,人工创造新变异的途径、方法及技术(杂交、回交、远缘杂交、诱变及倍性育种),杂种优势的利用,生物技术在育种中的应用,分子育种,新品种的审定推广和种子生产。以引种、选择育种、杂交育种、杂种优势利用、良种繁育和品种推广为教学重点,培养学生具有园艺植物育种的基础知识、新品种选育的基本思路及良种繁育与推广的必备技能。

教学方法与手段:采用多媒体课件进行理论教学;通过对园艺植物重要育种环节进行实践操作,加深学生对理论课所学内容的理解与掌握。

课程评价与考核:平时成绩占20%,实验课成绩占20%,考试成绩占60%。

教材选用:国家级规划的农业院校优秀教材。

5.《农业园区规划与管理》(Agricultural Park Planning and Management)

学时:54(理论课学时36、实验课学时18,其中,企业行业专业授课9学时。)

学分:3(其中,企业行业专业授课0.5学分。)

课程简介:本课程主要内容包括农业园区的概念、农业园区规划的原则、内容和布局、方法和步骤、工作程序等。同时,介绍园区的经营管理、生产管理等内容。通过学习,要求学生了解现代农业园区规划与管理的内涵,理解现代农业规划与管理发展的现状及发展方向,掌握现代农业园区规划与管理的方法和原则,具备现代农业园区的初步规划和管理工作。

课程评价与考核:教学课程采用理论与实际相结合的方式授课,成绩由两部分组成。其中,期末笔试成绩占80%,平时成绩占20%。

教材选用:全国高等农林院校"十二五"国家级规划教材,邹志荣主编,《农业园区规划与管理》,中国农业出版社。

6.《农业物联网技术》(Agricultural Internet of Things)

学时:54(理论课学时36、实验课学时18,其中,企业行业专业授课9学时。)

学分:3(其中,企业行业专业授课0.5学分。)

课程简介:本课程主要内容包括农业物联网的基本概念、物联网的研究进展及现状、农业信息感知、土壤信息传感技术、农业个体标识技术、农业信息处理技术、农业智能控制、农业物联网标准、农业物联网在养殖、种植、养殖等农业产业中的应用及农业物联网发展对策及建议,重点讲解在先进感知、可靠传输和智能处理的各种技术原理及其在大田种植、设施园艺、畜禽养殖、水产养殖和农产品物流及电子商务等领域的集成应用等知识。通过学习,要求学生掌握农业物联网的构建及其应用技术。

教学方法与手段:本课程采用理论与实际相结合的方式授课,其中,8个课时采取MOOC的形式上课。

课程评价与考核:采用过程+终结的考核方式。其中,平时成绩占20%,过程性实践考核占30%,期终考试占50%。

教材选用:李道亮主编,《农业物联网导论》,科学出版社出版。

参考教材:《物联网原理与应用技术》,刘幺和主编。

十二、教学进程表(表五)

课程类别	课程编号	课程名称	总学分	总学时	学时分配		各学期学时分配								考核方式
					理论	实践	1	2	3	4	5	6	7	8	
通识教育课程平台	TS26106	思想道德修养与法律基础	3	48	38	10		48							试
	TS26102	中国近现代史纲要	2	32	24	8	32								试
	TS26103	马克思主义基本原理概论	3	48	38	10			48						试
	TS26104	毛泽东思想和中国特色社会主义理论体系概论Ⅰ	2	32	32						32				试
	TS26105	毛泽东思想和中国特色社会主义理论体系概论Ⅱ	4	64	44	20						64			试
	TS15001-4	大学英语(Ⅰ-Ⅳ)	15	270	230	40	60	70	70	70					试
	TS19001-4	大学体育(Ⅰ-Ⅳ)	4	126	126		30	32	32	32					试
	TS28001	大学计算机基础	3	48	16	32	48								试
	TS28002	VFP程序设计	4	72	48	24		72							试
	TS18111	大学生心理健康教育	1	14	14		14								查
	TS26108-9	形势与政策	2	32	12	20	16	16							查

续表

课程类别			课程编号	课程名称	总学分	总学时	学时分配		各学期学时分配								考核方式
							理论	实践	1	2	3	4	5	6	7	8	
专业教育课程平台	学科基础课程		JC28005	高等数学C	4	80	80		80								试
			JC29001	大学物理A	5.5	100	76	24		100							试
			JC27301	工程力学	3	54	44	10		54							试
			JC13601	农业设施设计基础	3	54	36	18				54					试
			JC11318	农业气象学	2	36	24	12		36							试
			JC13603	工程概预算	2	36	36					36					试
			JC13113	植物学	3	54	36	18	54								试
			JC28101	数据通信与计算机网络	2	36	30	6					36				试
	专业基础课程		ZJ13601	计算机辅助设计	2	36	18	18			36						试
			ZJ13302	植物生理学	4	72	54	18					72				试
			ZJ13407	土壤肥料学	3	54	42	12			54						试
			ZJ11303	园艺植物保护通论	3	54	42	12					54				试
			ZJ13602	园艺植物生物技术	3	54	36	18						54			试
			ZJ13603	设施工程测量与制图	2	36	24	12					36				试
	专业基础课程		ZH13606	园艺植物栽培基础	3	54	27	27				54					试
			ZH13607	设施园艺学	3	54	27	27					54				试
			ZH13608	园艺植物育种技术	3	54	36	18					54				试
			ZH13609	农业设施设计与建造技术	3	54	36	18					54				试
			ZH13610	农业园区规划与管理	3	54	36	18				54					试
			ZH13611	农业物联网技术★	3	54	36	18			54						试
创新创业教育课程平台	基础课程		CJ00001	大学生创业教育	1	18	18					18					查
			CJ00002	大学生就业指导	2	24	24			12				12			查
			CJ13601	专业应用前景导论	0.5	9	9	0	9								查
	核心实训课程		CH13601	创新创业论坛	0.5	9	9						3	3	3		查
			CH13602	园艺产业经营与管理	1.5	27	27						27				查
			CH13603	现代农业科技创新实践	1.5	27		27					27				查
			CH00001	创新创业成果学分认定	创新创业实践学分的认定见有关文件												
专业方向课程模块	设施农业栽培技术		ZF13672	设施蔬菜栽培技术	3	54	27	27					54				查
			ZF13673	设施花卉栽培技术	3	54	27	27						54			查
			ZF13666	设施果树栽培技术	2	36	24	12						36			查
			ZF13681	食用菌栽培技术	2	36	24	12						36			查
	现代农业园区管理		ZF13674	都市农业	2	36	24	12						36			查
			ZF13675	工厂化种苗繁育技术	2	36		36						36			查
			ZF13676	现代农业物流管理	2	36	24	12						36			查
			ZF13677	园艺产品贮藏与加工	2	36	18	18						36			查

续表

课程类别		课程编号	课程名称	总学分	总学时	学时分配		各学期学时分配								考核方式
						理论	实践	1	2	3	4	5	6	7	8	
专业方向课程模块	设施农业工程	ZF13678	设施传感与测试技术	2	36	24	12					36				查
		ZF13679	设施农业机械与设备	2	36	24	12					36				查
		ZF13601	设施农业节水灌溉技术	2	36	24	12						36			查
		ZF13602	设施建筑材料	2	36	24	12						36			查
个性化拓展课程模块	人文素质	GT18617	大学语文	2	36	36				36						查
		GT18609	应用文写作	2	36	36			36							查
		GT18306	社交礼仪	1	18	18			18							查
		GT18601	演讲与口才	1	18	18					18					查
		GT18623W	中国文化概论	1	18	18				18						查
		GT18625W	美学原理	1	18	18					18					查
	专业拓展	GT13636	农业生态学	2	36	36							36			查
		GT13639	田间试验设计与数据分析	1	18	18						18				查
		GT13683	无土栽培技术	2	36	18	18					36				查
		GT13632	园林规划设计	2	36	36	24	12				36				查
		GT13680	插花与盆景	2	36	24	12				36					查
		GT13633	园林艺术	2	36	36							36			查
		GT13692	草坪学	2	36	24	12					36				查
		GT13649	专业英语	1	18	18							18			查
		GT13650	文献检索与论文写作	1	18	18							18			查
最低修读学分/学时				133.5	2412			299	448	456	452	382	375			
课堂教学周数								15	18	18	18	17	16			
周学时数								20	24.9	25.3	25.1	22.5	23.4			

说明：

1. 各专业军事理论教育在第1学期以讲座形式进行；
2. 设施农业科学与工程专业在专业方向课程模块中设3个模块，方向1必选，方向2、3任选其一，完成18个学分；
3. 创新创业教育平台，学生获得"创新创业实践"1个学分可抵免1门相应的创新创业核心实训课程；
4. 个性化拓展模块要求学生至少选修6个学分，其中"人文素质(或自然科学)"模块要求学生至少选修2个学分，且至少选修1门网络课程；专业拓展模块至少选修4个学分。

工学类专业

生物工程本科专业人才培养方案

专业代码:083001

一、培养目标

本专业培养德、智、体、美全面发展,掌握生物科学、生物技术基本知识,具有生物工程基本原理及其产业化基本能力,能在工业、医药、食品等行业的企事业单位从事与生物工程领域有关的设计、生产、管理、新技术研究和新产品开发等工作,具有创新意识和创业精神的高素质应用型专门人才。

二、培养要求

本专业学生主要学习生物化学、微生物学、遗传学、微生物育种、细胞生物学等方面的基本理论和基本知识,接受化工制图、生物产品加工、植物组织培养、微生物发酵等方面的基本训练,掌握生物产品分离纯化、微生物改造、基因克隆、细胞培养、生物工程设备使用及改造、生物工厂设计等方面的基本能力。

毕业生应获得以下几方面的知识和能力:

1. 掌握基因工程、细胞工程、蛋白质与酶工程、发酵工程等基础知识,具备对生物化工产品进行下游处理技能及其相关仪器运行、维护、操作的基本技能,具备生物化工产品开发与生产的能力;

2. 掌握微生物学、生物化学、化工原理、微生物育种工程等方面的基本知识,具备化学检测、仪器分析、数理统计与分析的能力;

3. 理解生物工程产业相关的政策、法规、条例,具备在生物工程生产部门从事生产、管理等工作能力;

4. 理解文献检索、专业英语、论文写作的专业技能,具备一定的专业信息检索、实验设计、规划实验条件、分析与统计、科技论文撰写、学术交流的能力;

5. 具有一定的体育和军事基本知识,掌握科学锻炼身体的基本技能,养成良好的体育锻炼和卫生习惯,达到国家规定的大学生体育和军事训练合格标准,具备健全的心理和健康的体魄;

6. 具备一定的人文理论和素质,形成良好的思想道德、文化素养、身体素质和心理素质;

7. 通过相关职业技能培训,获得生物工程类相应的职业技能等级证书。

三、专业方向

1. 发酵工艺方向

学习和掌握酿酒工艺、现代食品发酵技术、发酵工艺调控等基础知识与理论,具备较强的发酵工艺流程与设计的专业技能,能在发酵相关企业从事生产操作、组织管理、新产品开发、设备更新改造、科研创新等部门工作。

2. 生物制药方向

学习和掌握药物化学、药剂学等生物制药综合基础理论与知识,具备生物药剂生产和开发技能,能在生化制药、医院和检验检测等部门从事生产操作、组织管理、科研开发、更新改造、市场开发等工作。

3. 环境生物工程

学习和掌握环境微生物工程、生物能源工程等综合基础理论与知识,具备环境检测、生物能源开发、污水处理等专业技能,能在环境监测、污水处理等相关企事业单位从事环境监测、组织管理、更新改造、生物新能源开发与利用等工作。

四、素质与能力分析表(表一)

综合素质与能力	专项素质与能力	对应课程或实践
1.基本素质与能力	1.1 政治素质	思想道德修养与法律基础、中国近现代史纲要、马克思主义基本原理、概论、形势政策等
	1.2 人文科学素质	中国文化概论、应用文写作等
	1.3 身心素质	军事训练、大学体育等
	1.4 分析运算能力	高等数学C、线性代数
	1.5 英语应用能力	大学英语、专业英语
	1.6 计算机应用能力	大学计算机基础、VFP程序设计
	1.7 利用现代化手段获取信息能力	数据库应用、文献检索
	1.8 组织管理、语言表达、人际交往以及在团队中发挥作用的能力	企业管理概论、市场营销学等
2.学科基础知识及应用能力	2.1 数理基本理论及操作能力	高等数学、大学物理等
	2.2 化学基本理论及实验操作能力	有机化学、普通化学、分析化学等
3.专业基础知识及应用能力	3.1 生物学基本知识和实验技能	微生物学、生物化学、生物统计学、细胞生物学等
	3.2 化工基础理论和实验技能	化工原理、化工制图等
	3.3 工业微生物育种基础知识和能力	微生物育种等
4.专业核心知识及应用能力	4.1 专业核心知识理论	现代生物工程学、生化工程等
	4.2 专业核心应用实践能力	生物工程综合大实验、生物工程设备、现代生物制药工艺学
	4.3 发酵工艺原理及实践技能	酿酒工艺学、发酵工艺调控等
	4.4 生物制药原理及实践技能	药剂学、药物化学等
	4.5 环境生物工程原理及实践	环境微生物工程、环境监测等
5.专业实践技能与动手能力	5.1 专业综合训练	生物工程专业实习
	5.2 专业核心训练	生化工程实习、化工原理课程实习、生物工程设备实习、生物制药实习等
6.创新创业能力	6.1 创新能力	创新创业论坛、创新教育与实践
	6.2 创业能力	大学生创业教育、创业实践等
7.个性化发展能力	专业拓展能力	氨基酸工艺学、酒类感官评定、分子生物学、发育生物学、免疫学等

五、学制与学分

1.学制:标准学制4年,修业年限3~6年。

2.学分:最低修读171.5学分。其中,课内教学环节必须修满136.5学分,实践教学环节必须修满35学分。

六、毕业与学位授予

学生在规定的学习年限内,完成各教学环节学习,修满专业规定的最低学分,准予毕业。授予工学学士学位。

七、全学程时间安排总表(表二)

学年 项目\学期	一		二		三		四		合计
	1	2	3	4	5	6	7	8	
军训(含军事理论)	2								2
入学教育和专业导论	(2)								(2)
课堂教学	15	18	17	16	15	15	12		114
专业实习、课程实习或教育实习			1	2	3(2)	3	6		9(9)
毕业实习								8	8
专业创新创业实训								2	2
毕业论文(设计)								6	6
复习考试	1	1	1	1	1	1	1		7
机动	1							3	4
假期	6	8	6	8	6	8	6		48
全学程总周数	25	27	25	27	25	27	25	19	200

八、实践性教学环节(表三)

课程编号	实践教学项目	学分	周数	安排学期	实践方式
SJ00001	入学教育	1	(2)	第1学期	集中
SJ00002	军训(含军事理论教育)	1	2	第1学期	集中
SJ00003	社会实践	1	(3)	第2、4、6学期后暑期	由校团委统一安排
SJ13545	生物工程现状调查	1	(2)	第4、5学期后暑期	指导教师指导相关企业调研
SJ13554	生物工程专业实习(分方向进行)	6	6	第6学期后暑假以及第7学期	校内实习实训基地、企业定岗实习，六安西山生物，滁州通用生物，蚌埠污水处理厂、上海同科生物制药等
SJ13544	化工制图实习	1	1	第3学期	校内工程训练中心
SJ13550	生化工程实习	2	2	第5学期	校内外实习实训基地
SJ13551	生物工程设备实习	1	1	第5学期	校内外实习实训基地
SJ13552	化工原理课程实习	1	1	第4学期	校内外实习实训基地
SJ13563	生物制药实习	2	2	第6学期	校内外实习实训基地
SJ13564	污水处理实习	1	1	第5学期	校内外实习实训基地
SJ13565	发酵工程综合实习	1	1	第5学期	校内外实习实训基地
SJ13001	毕业实习	8	8	第8学期	集中
SJ13562	专业创新创业实训	2	2	第8学期	
SJ13002	毕业论文(设计)	6	6	第8学期	集中
	合　计	35	33(7)		

九、课程设置及学时、学分比例表(表四)

课程类型		学时	学分	占总学时(总学分)比例(%)	
通识教育课程平台		786	43	32.06%	31.5%
专业教育课程平台	学科基础课程	378	21	50.39%	51.65%
	专业基础课程	500	28		
	专业核心课程	386	21.5		
创新创业教育平台	创新创业基础课程	51	3.5	5.85%	5.13%
	创新创业核心实训课程	63	3.5		
专业方向课程模块（三选一）	发酵工艺	144	8	5.85%	5.86%
	生物制药	144	8		
	环境生物工程	144	8		
个性化拓展课程模块	人文素质	36	2	5.85%	5.86%
	专业拓展	108	6		
总计		2452	136.5	100%	100%

十、主干学科

生物学、化学工程与技术

十一、专业核心课程

1.《现代生物工程学》(Modern Bioengineering)

学时:144(理论课学时144。其中,企业行业专业授课18学时。)

学分:8(其中,企业行业专业授课1学分。)

课程简介:本课程主要讲授基因工程、细胞工程、蛋白质与酶工程、发酵工程的等理论体系的基本知识。同时,该门课程的理论内容单独设《生物工程综合大实验》进行授课。基因工程主要讲授基因工程基因重组的方法、外源基因导入受体细胞的方法、重组子筛选与鉴定的主要方法等基本原理,培养基因工程中各种分子操作技术的能力,培养学生掌握基因工程技术在微生物、动物、植物方面的应用。细胞工程主要讲授植物组织与细胞培养、动物细胞与组织培养、细胞融合等基本原理,培养单克隆抗体、胚胎工程、干细胞工程、细胞拆合与细胞重组克隆技术和转基因生物与生物反应器等理论和实验技能。蛋白质与酶工程主要讲授蛋白质折叠技术、蛋白质的定向改造技术、酶的生产、纯化、固定化技术、酶分子结构的修饰和改造等基本原理,培养学生在蛋白质与酶定向改造、酶的生产、纯化等方面应用的理论和实验技能。发酵工程主要讲授微生物及其培养、发酵机制、发酵动力学及发酵设备等基本原理,培养学生发酵工程基本操作和产物的提取与精制、发酵工程生产举例、清洁生产与发酵工业污水处理等实践技能。

教学方法与手段:采用现代化多媒体进行理论教学,授课过程中采用启发式、参与式、角色转换式等教学方法,充分调动学生的自主学习兴趣,进而由浅入深地引导学生思维,使学生的思维能够与教师的思维同步。

教学评价(考核)方式:本课程采用闭卷考试和平时考察相结合的方式对学生进行考核,试卷成绩占80%,平时成绩占20%。试卷严格考试大纲进行命题,侧重考核学生对基础知识的考核。另外,还注重学生利用所学知识综合分析和解决实际问题能力考察;为了发挥好考核的导向作用和效果,还注重学生的平时考核,主要通过出勤率、课堂表现进行较为客观的评定。

教材选用:贺淹才编著,《简明基因工程原理》,科学出版社,2005;杨淑慎主编,《细胞工程》(第一版),科学出版社,2009。

主要参考书:曹孜义主编,《现代植物组织培养技术》,甘肃科学技术出版社,2003年;郭勇等编著,《植物细胞培养技术与应用》,化学工业出版社,2004年。

2.《现代生物制药工艺学》(Modern bio Pharmaceutical Technology)

学时:36(理论课学时24、实验课学时12,其中,企业行业专业授课5学时。)

学分:2(其中,企业行业专业授课0.25学分。)

课程简介:本课程是一门涉及生物学、医学、现代生物技术、化学、工程学和药学等学科基本原理的综合性应用学科。本课程讲授内容涉及药物制剂的稳定性、抗生素、氨基酸类药物、多肽与蛋白质类药物、核酸类药物、酶类药物、维生素及辅酶类药物、甾体药物、生物制品、抗体制药、新药研究与开发、药物的微生物学检查法,系统地讲授生物技术药物制备和生产的一般规律、基本方法、制造工艺及其控制原理,注重生物技术药物研制的全过程,让学生对生物技术药物的研制和生产有一个整体的概念。通过本课程的学习,学生能够从中学到科学思维方式,提高分析问题和解决问题的能力,增强实践应用能力和创新意识。

教学方法与手段:采用现代化多媒体进行理论教学,自制精美的课件,在课件中大量使用图片、视频等。教学课件图文并茂,简明清晰,信息量大。

教学评价(考核)方式:考试方式采取闭卷笔试与平时考核相结合的办法,期末笔试成绩占总成绩的60%,考核内容包括理论课内容和实验课内容;平时成绩占总成绩的40%,平时成绩根据学生的出勤情况、实验操作情况、实验报告情况以及回答问题情况等方面由主讲教师给定。

教材选用:齐香君主编,《现代生物制药工艺学》(第二版),化学工业出版社,2010年。

主要参考书:梅兴国主编,《生物技术药物制剂——基础与应用》,化学工业出版社,2004年。

3.《生物工程综合大实验》(Bioengineering Comprehensive Experiment)

学时:80(实验课学时80。其中,企业行业专业授课9学时。)

学分:4.5(其中,企业行业专业授课0.5学分。)

课程简介:该门课程为《现代生物工程学》的实验课程,主要内容包括现代生物工程基本原理和实验的设计原理、操作过程、结果分析,植物的组织培养,植物原生质体的分离纯化,植物基因的克隆、遗传转化,动物细胞培养,动物细胞的克隆,蛋白质的分离纯化,啤酒酿造等实验内容。通过学习该课程,使同学们能够掌握目前我国生物工程专业常用的研究方法和手段:植物基因克隆的基本路线,植物组织培养的基本路线和流程,植物原生质体的制备过程,蛋白质分离纯化基本思路,生物产品分离纯化的基本路线,色谱分析、膜分离法、层析分离法等基本的分离纯化方法。使学生具备对生物化工产品进行下游处理及其相关仪器运行、维护、操作的基本技能,同时也具有生物化工产品开发与生产的能力。

教学方法与手段:积极开展研讨,学习兄弟院校的先进经验,提出一套既符合本课程组的实际情况,又有改革创新精神的现代生物工程学实验课教学新体系。以新体系为依据,进行实验课的教学改革,注意教学效果的评价,注意收集学生的反馈信息,在此基础上,改进和完善教学新体系。大胆改革实验课程内容,把传统实验与虚拟实验结合起来,增加实验环节,提高学生的操作技能和设计创新能力。

教学评价(考核)方式:该门课程采取期末闭卷笔试成绩与平时实验课总评相结合的考核方式,期末笔试成绩占50%;实验课总评占50%。具体要求如下:

(1)期末笔试内容主要包括实验过程中所涉及的基本原理、实验设计思路的基本依据、实验过程中的注意事项以及详细的操作流程。重点考核独立思考和综合应用能力。

（2）实验课总评主要包括实验中掌握基本的操作技能情况，对实验观察、思考的严肃认真的科学态度，分析问题、解决问题和提出问题的能力，敢于创新的开拓精神，以及对实验结果记录、实验结果的分析和实验报告绘图的准确性等进行评分。要求学生实验前必须预习本次实验的有关理论知识，当堂完成实验报告内容。

教材选用：夏海武等主编，《生物工程·生物技术综合实验》，化学工业出版社，2009年。

主要参考书：刘贤锡主编，《蛋白质工程原理与技术.济南》，山东大学出版社，2002年。

4.《生化工程》(Biochemical Engineering)

学时：72（理论课学时50、实验课学时22，其中，企业行业专业授课5学时。）

学分：4（其中，企业行业专业授课0.25学分。）

课程简介：本着"厚基础、重实践"的人才培养方针，培养基础扎实、实践能力强、具有创新思维和意识的应用型人才。《生化工程》课程重点讲述生化反应工程动力学和生物反应器两部分。生化反应工程部分讲述均相酶促反应动力学、固定化酶促反应动力学、细胞反应动力学。生物反应器部分介绍理想酶反应器、微生物反应器操作、生物反应器的传递过程和生物反应器比拟放大等内容，以及生物工程下游技术等基本原理，培养生物化工产品进行下游处理及其相关仪器运行、维护、操作等能力。通过课堂讲授、课堂讨论、实验等教学方式，让学生对生物反应过程的各个方面有一定了解，本课程主要目标是使学生通过生物反应工程基本操作技能和基本理论知识的学习，培养学生具有生化反应工程分析与开发的能力，设计、放大、操作和控制生化反应器等解决有关生化反应过程中实际问题的实践能力，使学生成为具有基础厚、知识广、素质高、能力强的生物工程技术人才。

教学方法与手段：本课程教学采取教、学、做一体化方式进行。把传统实验与虚拟实验结合起来，增加实验环节，提高学生的操作技能和设计创新能力。

教学评价（考核）方式：课程考核方式为考试，以教学大纲为依据，考核学生对课程知识原理的掌握、理解，强调学生能够利用所学知识综合分析和解决实际问题的能力。平时成绩（理论和实验课上课出勤率、课堂提问表现）占总课程成绩的20%，课后作业完成质量（理论作业和实验报告完成质量）占总课程成绩的20%，期末成绩（含10分实验内容）占总课程成绩的60%。

教材选用：严希康主编，《生化分离工程》，化学工业出版社，2010年；戚以政、夏杰、王炳武等主编，《生物反应工程》，化学工业出版社，2009年。

主要参考书：谭天伟主编，《生物分离技术》，化学工业出版社，2007年。

5.《生物工程设备》(Bio－Engineering Equipment)

学时：54（理论课学时32、实验课学时22，其中，企业行业专业授课5学时。）

学分：3（其中，企业行业专业授课0.25学分。）

课程简介：主要讲授生物工程或生物技术产品工业生产设备的结构等基本知识，生物质原料处理设备、培养基制备设备、空气净化除菌、生物反应器、通风发酵设备、厌氧发酵设备、生物反应器的检测及控制等基本原理。内容涵盖现代生物加工的全过程，现代生物加工过程所用实验室和工业化生产设备的操作，结构特性以及设备设计计算、选型等，为生物工程专业培养具有扎实的理论基础，能独立从事生物工程设备研究、设计、开发的创新型、应用型高素质人才。

教学方法与手段：本课程教学采取教、学、做一体化方式进行。进行实验课的教学改革，注意教学效果的评价，注意收集学生的反馈信息，在此基础上，改进和完善教学新体系。

教学评价（考核）方式：考试方式采取闭卷笔试与平时考核相结合的办法，期末笔试成绩占总成绩的80%，其中，包括理论课内容和实验课内容；平时成绩占总成绩的20%，平时成绩根据学生的出勤情况、实验操作情况、实验报告情况以及回答问题情况等由主讲教师给定。

教材选用：郑裕国主编，《生物工程设备》（第一版），化学工业出版社，2007年。

主要参考书：陈洪章编，《生物过程工程与设备》（第一版），中国化学工业出版社，2004年。

十二、教学进程表(表五)

课程类别	课程编号	课程名称	总学分	总学时	学时分配 理论	学时分配 实践	各学期学时分配 1	2	3	4	5	6	7	8	考核方式
通识教育课程平台	TS26106	思想道德修养与法律基础	3	48	38	10		48							试
	TS26102	中国近现代史纲要	2	32	24	8	32								试
	TS26103	马克思主义基本原理概论	3	48	38	10				48					试
	TS26104	毛泽东思想和中国特色社会主义理论体系概论Ⅰ	2	32	32						32				试
	TS26105	毛泽东思想和中国特色社会主义理论体系概论Ⅱ	4	64	44	20					64				试
	TS15001-4	大学英语(Ⅰ-Ⅳ)	15	270	230	40	60	70	70	70					试
	TS19001-4	大学体育(Ⅰ-Ⅳ)	4	126	126		30	32	32	32					试
	TS28001	大学计算机基础	3	48	16	32	48								试
	TS28002	VFP程序设计	4	72	48	24		72							试
	TS18111	大学生心理健康教育	1	14	14			14							查
	TS26108-9	形势与政策	2	32	12	20	16	16							查
专业教育课程平台 学科基础课程	JC28005	高等数学C	4.5	80	80		80								试
	JC29002	大学物理B	4.5	82	64	18		82							试
	JC25003	有机化学A	3	54	54			54							试
	JC25001	普通化学	3	54	54		54								试
	JC25002	分析化学	2	36	36				36						试
	JC25005-6	基础化学实验Ⅰ-Ⅱ	4	72		72	33	39							试
专业教育课程平台 专业基础课程	ZJ13304	生物化学	4.5	80	60	20			80						试
	ZJ13403	微生物学	4	72	42	30					72				试
	ZJ13402	细胞生物学	3.5	60	42	18					60				试
	ZJ13555	遗传学	3	54	39	15					54				试
	ZJ13556	微生物育种	3	54	24	30						54			试
	ZJ13658	生物统计学	2	36	24	12						36			试
	ZJ13505	化工制图	3	54	30	24				54					试
	ZJ13506	化工原理	5	90	70	20					90				试
专业基础课程	ZH13561-2	现代生物工程学	8	144	144						72	72			试
	ZH13563	现代生物制药工艺学	2	36	24	12						36			试
	ZH13502	生物工程综合大实验	4.5	80		80						80			试
	ZH13503	生化工程	4	72	50	22					72				试
	ZH13504	生物工程设备	3	54	32	22					54				试

续表

课程类别		课程编号	课程名称	总学分	总学时	学时分配		各学期学时分配								考核方式
						理论	实践	1	2	3	4	5	6	7	8	
创新创业教育课程平台	基础课程	CJ00001	大学生创业教育	1	18	18				18						查
		CJ00002	大学生就业指导	2	24	24			12					12		查
		CJ13501	专业导论	0.5	9	9		9								查
	专业基础课程	CH13501	创新创业论坛	0.5	9	9						3	3	3		查
		CH13502	现代生物产业管理	1.5	27	27								27		查
		CH13502	生物工程创新实训	1.5	27		27							27		查
		CH00001	创新创业成果学分认定	创新创业成果学分的认定见有关文件												
方向课程模块	发酵工艺	ZF13516	酿酒工艺学	2	36	24	12						36			查
		ZF13544	发酵食品工艺学	2	36	24	12						36			查
		ZF13545	发酵工艺调控	2	36	36							36			查
		ZF13546	生物工厂设计	2	36	36								36		查
	专业基础课程	ZF13521	药剂学	2	36	24	12						36			查
		ZF13522	药物化学	2	36	24	12						36			查
		ZF13539	生物药物分析	2	36	24	12						36			查
		ZF13506	GMP法规概述	2	36	36							36			查
	专业基础课程	ZF13547	环境微生物工程	2	36	36							36			查
		ZF13548	生物能源工程	2	36	36							36			查
		ZF13549	环境监测	2	36	24	12						36			查
		ZF13526	污水处理	2	36	24	12							36		查
个性化拓展课程模块	人文素质	GT18608	应用文写作	1	18	18			18							查
		GT18306	社交礼仪	1	18	18			18							查
		GT18601	演讲与口才	1	18	18					18					查
		GT18623W	中国文化概论	1	18	18					18					查
		GT18625W	美学原理	1	18	18					18					查
		GT18603	大学语文	1	18	18					18					查
	专业拓展	GT13417	进化论思想史	1	18	18						18				查
		GT28002	线性代数	3	48	48					48					查
		GT13418	社会生物学	1	18	18							18			查
		GT13311	生物信息学	1	18	18							18			查
		GT13415	计算机在生物科学的应用	1	18	18							18			查
		GT13416	文献检索与论文写作	1	18	18								18		查
		GT13205	发育生物学	1	18	18						18				查
		GT13209	免疫学	1	18	18							18			查
		GT13551	氨基酸工艺学	1	18	18							18			查
		GT13552	酒类感官评定	1	18	18								18		查

续表

课程类别		课程编号	课程名称	总学分	总学时	学时分配		各学期学时分配								考核方式
						理论	实践	1	2	3	4	5	6	7	8	
个性化拓展课程模块	专业拓展	GT13645	插花与盆景	1	18	18				18						查
		GT13322	分子生物学	2	36	36						36				查
		GT13559	植物次生代谢与调控	1	18	18						18				查
		GT13561	生物工程专业英语	1	18	18							18			查
		GT13556	现代仪器分析	1	18	18					18					查
		GT13562	生物物理学	1	18	18							18			查
		GT14211	管理学原理	1	18	18								18		查
		GT14509	市场营销学	1	18	18								18		查
		GT13563	生物材料技术	1	18	18								18		查
		GT14210	现代企业管理	1	18	18								18		查
最低修读学分/学时				136.5	2452			314	451	377	485	399	286	140		
课堂教学周数								15	18	17	16	15	12	0		
周学时数								21.1	25	22.2	30.3	26.6	19	11.7	0	

说明：
1. 军事理论教育在第1学期以讲座形式进行；
2. 专业方向课程设置3个模块，学生选择1个模块，获得8个学分；
3. 创新创业教育平台，学生获得"创新创业成果"学分可抵免创新创业核心实训课程学分；
4. 个性化拓展模块要求学生至少须选修的学分，其中，"人文素质"模块要求学生至少选修2个学分，且至少选修1门网络课程；专业拓展模块至少选修6个学分。

工学类专业

环境工程本科专业人才培养方案

专业代码：082502

一、培养目标

本专业培养德、智、体、美全面发展，掌握环境污染治理、废弃物资源化再利用、环境规划与管理的专业知识，具有污染治理工艺设计和运行管理、工农业废弃物和城市垃圾资源化处置的专业能力，能够从事环境保护、规划与管理、污染治理、节能减排、监测与评价等工作，具有创新意识和创业精神的高素质应用型专门人才。

二、培养要求

本专业主要学习环境污染治理、废弃物资源化再利用、环境规划与管理等方面的基本理论和基本知识，接受污染治理工艺设计和运行管理、环境监测与评价、工农业废弃物和城市垃圾资源化处置等方面的基本训练，掌握环境保护、规划与管理、污染治理、节能减排、监测与评价等方面的基本能力。

毕业生应获得以下几方面的知识和能力：

1. 掌握数学、物理、化学和计算机等基本理论和知识，具备工程工作所需的自然科学应用能力；
2. 掌握环境污染控制及固废资源化利用基本理论和知识，具备大气污染、水污染、固废处理及资源化等工艺和设备设计、开发及运行管理能力；
3. 掌握环境规划和管理基本理论和知识，具备环境规划设计、环境经济分析和管理、环境监测与评价能力；
4. 掌握社交礼仪和陶冶情操等基本知识，具有人文社会科学素养、社会责任感和工程职业道德；
5. 掌握创新创业等基本知识和方法，具备追求创新和勇于创业的精神和能力；
6. 掌握文献检索和现代信息技术等基本知识，具有资料查询、多媒体制作和互联网技术应用等能力；
7. 掌握企业和工程项目管理等基本知识，具有一定的组织管理、表达和人际交往能力。

三、专业方向

1. 工业环境治理方向

具有大气污染、水污染控制工程基本理论和知识，具备工艺流程选择、设备和构筑物设计及运行管理能力，能在污水处理厂、企业废气、废水处理站和环保设备公司工作。

2. 农业环境治理方向

具有农业固体废弃物处理与处置、农业固废生物有机肥创制、土壤污染与生态修复等基本理论和知识，具备工艺流程选择、设备和构筑物设计及运行管理能力，能在生物有机肥企业、农业固废处理及资源化利用企业和环保设备公司工作。

3. 环境信息与管理方向

具有环境规划与管理、物联网工程、环境信息系统基本理论和知识,具备环境规划、环境管理、无线传感器网络技术、环境信息系统设计和环境数据统计分析应用能力,能在环保局、规划设计院、物联网企业和环境管理部门工作。

四、素质与能力分析表(表一)

综合素质与能力	专项素质与能力	对应课程或实践
1.基本素质与能力	1.1 政治素质	思想道德修养与法律基础、中国近现代史纲要、马克思主义原理概论、形势政策等
	1.2 人文科学素质	中国文化概论、美学原理、应用文写作
	1.3 身心素质	大学生心理健康教育、军事训练、大学体育等
	1.4 分析运算能力	高等数学、线性代数、概率论与数理统计
	1.5 英语应用能力	大学英语、英语口语、环境工程专业英语
	1.6 计算机应用能力	大学计算机基础、C语言程序设计
	1.7 利用现代化手段获取信息能力	科技论文写作、大学计算机基础
	1.8 组织管理、语言表达、人际交往以及在团队中发挥作用的能力	工程项目管理、英语口语
2.学科基础知识及应用能力	2.1 数学、物理、化学基本知识 2.2 逻辑思维和实验室动手能力	高等数学、线性代数、概率论与数理统计、普通化学、分析化学、有机化学、基础化学实验、大学物理
3.专业基础知识及应用能力	3.1 环境科学及制图基本知识 3.2 环境问题分析和制图能力	工程制图与AutoCAD、工程力学、化工原理、环境工程微生物学、环境化学、电工电子技术基础
4.专业核心知识及应用能力	4.1 污染控制工程、固废处理与利用、环境规划与管理基本知识 4.2 污染治理工艺选择设计能力 4.3 固废处理及资源化能力 4.4 环境规划与管理能力	环境监测技术、物理性污染控制工程、大气污染控制工程、水污染控制工程、固体废物处理与处置、环境影响评价
5.专业实践技能与动手能力	5.1 车工、钳工、铸造、微机数控加工能力 5.2 计算机绘图能力 5.3 环境监测与评价能力 5.4 大气污染控制工程能力 5.5 水污染控制工程能力 5.6 农业固废资源化利用能力 5.7 污染控制工艺设计能力	企业认知实习、金工实习、环境监测实习、工程制图与Autocad实习、大气污染控制工程实习、水污染控制工程实习、环境工程课程设计、环境影响评价实习、物理性污染控制工程实习、固体废物资源化利用实习、毕业实习
6.创新创业能力	6.1 创新能力	专业导论、创新创业论坛、环境工程创新项目、专业创新创业实训
	6.2 创业能力	大学生创业教育、大学生就业指导、环保设备经营与管理、专业创新创业实训
7.个性化发展能力	7.1 人文素质能力 7.2 专业拓展能力	英语口语、美学原理、环境法规、应用文写作、中国文化概论、工程项目管理、科技论文写作、排水管道基础、环境工程土建概论、污水处理厂运行管理、环境工程专业英语、仪器分析

五、学制与学分

1.学制:标准学制4年,修业年限3~6年。

2.学分:最低修读170.5学分。其中,课内教学环节必须修满133.5学分,实践教学环节必须修37学分。

六、毕业与学位授予

学生在规定的学习年限内,完成各教学环节学习,修满专业规定的最低学分,准予毕业。授予工学学士学位。

七、全学程时间安排总表(表二)

项目\学期	一		二		三		四		合计
	1	2	3	4	5	6	7	8	
军训(含军事理论教育)	2								2
入学教育和专业导论	(2)								(2)
课堂教学	15	18	17	16	13	14	11		105
专业实习或教育实习			1	2	5	4	7		18
毕业实习								8	8
专业创新创业实训								2	2
毕业论文(设计)								6	6
复习考试	1	1	1	1	1	1	1		7
机动	1							3	4
假期		6	8	6	8	6	8	6	48
全学程总周数	25	27	25	27	25	27	25	19	200

八、实践性教学环节(表三)

课程编号	实践教学项目	学分	周数	安排学期	实践方式
SJ00001	入学教育	1	(2)	第1学期	集中
SJ00002	军训(含军事理论教育)		2	第1学期	集中
SJ00003	社会实践	1	(3)	第2、4、6学期后暑期	由校团委统一安排
SJ20801	企业认知实习	1	1	第3学期	企业
SJ16901	金工实习	2	2	第4学期	工程训练中心
SJ20803	环境监测实习	2	2	第5学期	校内外
SJ27411	工程制图与AutoCAD实习	3	3	第5学期	制图室
SJ20805	大气污染控制工程实习	1	1	第6学期	结合企业
SJ20806	水污染控制工程实习	3	3	第6学期	污水处理厂
SJ20807	环境工程课程设计	3	3	第7学期	结合案例
SJ20808	环境影响评价实习	1	1	第7学期	结合实际
SJ20809	物理性污染控制工程实习	1	1	第7学期	结合实际
SJ20810	固体废物资源化利用实习	2	2	第7学期	莱姆佳肥业公司
SJ20811	毕业实习	8	8	第8学期	企业
SJ20812	专业创新创业实训	2	2	第8学期	校内外
SJ20813	毕业论文(设计)	6	6	第8学期	校内外
	合计	37	37		

九、课程设置及学时、学分比例表(表四)

课程类型		学时	学分	占总学时(总学分)比例(%)	
通识教育课程平台		786	43	32.8%	32.2%
专业教育课程平台	学科基础课程	598	33.5	35.4%	35.6%
	专业基础课程	249	14		
	专业核心课程	324	18	13.5%	13.5%
创新创业教育平台	创新创业基础课程	51	3.5	2.1%	2.6%
	创新创业核心实训课程	63	3.5	2.6%	2.6%
专业方向课程模块(各方向学时、学分大体相同)	工业环境治理	216	12	9.0%	9.0%
	农业环境治理				
	环境信息与管理				
个性化拓展课程模块	人文拓展	36	2	1.5%	1.5%
	专业拓展	72	4	3.0%	3.0%
总 计		2395	133.5	100%	100%

十、主干学科

环境科学与工程

十一、核心课程

1.《环境监测技术》(Environmental Monitoring Technology)

学时:54(理论课学时24、实验课学时30,其中,企业行业专业授课0学时,实习学时2周。)

学分:3(理论课学分1.3、实验课学分1.7,其中,企业行业专业授课0学分,实习2学分。)

课程简介:本课程是环境工程本科专业的一门专业核心课程。主要介绍环境监测的目的、特点、我国的环境标准体系和内容;水、气、土壤等环境介质的监测,包括监测方案制订、监测布点、样品采集及保存、样品预处理、样品测定方法及方法的选择等;监测技术的最新进展,包括自动监测系统、便携式现场监测仪器、样品预处理设备、遥感监测技术等;监测过程的质量保证和控制体系。通过学习,使学生掌握水体、空气和污染源等环境监测的技能。

教学方法或手段:采用启发式教育,由浅入深,由现实现象到基本理论,对于基本概念讲清、讲透,基本理论从原理上推导,采用专题讨论、前沿讲座、多媒体技术和创新实验等各种教学方法相结合,提高学生学习兴趣,激发学生学习积极性,培养学生的创新思维与创新能力。

教学评价考核方式:根据教学内容和学生实际情况,设置明确具体的知识、技能目标,合理地考查学生对该课程各知识点的掌握程度;平时成绩占30%(考勤、专题讨论、实验成绩),期末考试成绩占70%,强化过程考核。

教材选用:奚旦立等人主编,《环境监测》(第四版),为"十一五"国家级规划教材,高等教育出版社,2010年。

2.《物理性污染控制工程》(Physical Pollution Control Engineering)

学时:36(理论课学时24、实验课学时12,其中,企业行业专业授课0学时,实习学时1周。)

学分:2(理论课学分1.3、实验课学分0.7,其中,企业行业专业授课0学分,实习1学分。)

课程简介:本课程详细介绍与人类生活密切相关的环境噪声污染控制、环境振动污染控制、环境放射性污染防治、环境电磁辐射污染控制、环境热污染控制、环境光污染控制的基本概念、原理,阐明环境物理性污染对人体健康和环境的危害与影响,重点介绍各种环境物理性污染的控制和防范措施,以及人们对环境物理性污染利用的最新科研动态,为改善人类生活环境质量、创建环境友好型和资源节约型和谐社会提供理论基础。

教学方法或手段:教学方式采用"教、学、做"一体化模式。以教师讲授方式,传授基本知识,训练科学思维,培养学生分析问题的能力;学生学习知识,采用自学加讨论的方式,培养学生归纳总结能力;教师提供题目和有关资料,学生自主独立完成实验设计,培养创新研究能力,从而提高学生学习兴趣,提高教学效果。

教学评价(考核)方法:根据教学内容和学生实际情况,设置明确、具体的知识及技能目标,更合理地考查学生对该课程各知识点的掌握程度;平时成绩占30%(考勤、专题讨论、实验成绩),期末考试成绩占70%,强化过程考核。

教材选用:李连山等主编,《环境物理性污染控制工程》(第一版),该教材是全国高等学校环境科学与工程统编教材,华中科技大学出版社,2009年。

3.《大气污染控制工程》(Air Pollution Control Engineering)

学时:54(理论课学时30,实验课学时24,其中,企业行业专业授课0学时,实习学时1周。)

学分:3(理论课学分1.7、实验课学分1.3,其中,企业行业专业授课0学分,实习1学分。)

课程简介:本课程是环境工程本科专业的一门专业核心课程。主要介绍了大气污染物排放的监控、大气污染物的传输、稀释与净化以及大气污染对环境、人体健康的影响等方面的知识。通过本课程的学习,并配合大气污染控制工程实验及课外实习等教学环节,使学生掌握主要大气污染物控制的理论和技术,培养学生分析和解决大气污染控制工程实际问题的能力,为学生从事大气污染控制工程设计、科学研究及环境管理工作奠定必要的基础。

教学方法或手段:采用启发式教育,由浅入深,由现实现象到基本理论,对于基本概念讲清、讲透,基本理论从原理上推导,采用专题讨论、前沿讲座、多媒体技术和创新实验等各种教学方法相结合,提高学生学习兴趣,激发他们的学习积极性,培养学生的创新思维与创新能力。

教学评价(考核)方式:根据教学内容和学生实际情况,设置明确具体的知识,技能目标,合理地考查学生对该课程各知识点的掌握程度;平时成绩占30%(考勤、专题讨论、实验成绩),期末考试成绩占70%,强化过程考核。

教材选用:郝吉明主编,《大气污染控制工程》(第三版),为"十一五"国家级规划教材,高等教育出版社,2010年。

4.《水污染控制工程》(Water Pollution Control Engineering)

学时:72(理论课学时36、实验课学时36,其中,企业行业专业授课18学时,实习学时3周。)

学分:4(理论课学分2、实验课学分2,其中,企业行业专业授课1学分),实习3学分。)

课程简介:污水水质和污水出路、污水物理处理、污水生物处理的基本概念和生化反应动力学基础、活性污泥法、生物膜法、稳定塘和污水的土地处理、污水的厌氧生物处理、污水的化学与物理化学处理、城市污水回用、污泥的处理与处置、污水处理厂设计等。通过学习,使学生掌握水污染治理工艺和构筑物设计及运行管理的技能。

教学方法或手段:采用启发式教育,对于基本概念讲清、讲透,基本理论从原理上推导,采用各种教学方法相结合,体现理论内容的先进性、实验内容的创新性,通过专题讨论、前沿讲座、多媒体技术和创新实验等教学手段的不断改进与创新,培养学生的创新思维与创新能力。

教学评价(考核)方式:改革课程考核评价体系,加强过程考核,更合理地考查学生对该课程各知识点的掌握程度和应用能力;平时成绩占20%,实验成绩占20%,期末考试成绩占60%,强化过程考核。

教材选用:高廷耀等主编,《水污染控制工程》(第三版),为"十一五"国家级规划教材,高等教育出版社,2007年。

5.《固体废物处理与处置》(Treatment and Disposal of Solid Waste)

学时:54(理论课学时36、实验课学时18,其中,企业行业专业授课0学时,实习学时2周。)

学分:3(理论课学分2、实验学分1,其中,企业行业专业授课0学分,实习2学分。)

课程简介:《固体废物处理与处置》为环境工程专业核心课程。通过本课程的学习,使学生初步掌握固体废物处理与处置的方法、原理以及资源化技术,为今后从事固体废物处理与处置方面的工程技术及研究开发工作打下初步基础。

教学方法或手段:采用互动启发式教学方法,利用黑板、多媒体等教学手段

教学评价(考核)方式:本课程考核方式采用闭卷考试,侧重考查固体废物处理与处置的基本原理和基本方法,重点考查城市固体废物污染控制与资源化技术及其研究进展。总成绩结构为期末考试成绩占70%,平时成绩(作业、考勤)占30%,强化过程考核。

教材选用:宁平主编的《固体废物处理与处置》(第三版),高等教育出版社,2007年。

6.《环境影响评价》

学时:54(理论课学时30、实验课学时24,其中,企业行业专业授课0学时,实习学时1周。)

学分:3(理论课学分1.7、实验课学分1.3,其中,企业行业专业授课0学分,实习1学分。)

课程简介:本课程主要内容包括环境影响评价的法律法规与标准、环境影响评价的内容和程序、环境影响评价制度与管理、污染源评价与工程分析、环境影响预测方法等。

教学方法或手段:采用多媒体的方式组织教学,主要教学方法为课堂讲授法、案例分析法。

教学评价(考核)方式:课程的考核采用闭卷考试的形式进行。最后的成绩包括平时和期末考试成绩两部分。平时成绩的得分依据包括考勤、课程提问、讨论发言等。期末考试的内容严格按大纲所规定的内容考核。考试侧重于对不同环境要素单项评价的考核,案例分析侧重考核学生利用所学知识综合分析和解决实际问题的能力。平时成绩占30%,期末考试成绩占70%,强化过程考核。

教材选用:钱瑜主编,《环境影响评价》,为高等院校环境科学与工程系列规划教材,南京大学出版社,2009年。

十二、教学进程表(表五)

课程类别	课程编号	课程名称	总学分	总学时	学时分配		各学期学时分配								考核方式
					理论	实践	1	2	3	4	5	6	7	8	
通识教育课程平台	TS26106	思想道德修养与法律基础	3	48	38	10	48								试
	TS26102	中国近现代史纲要	2	32	24	8		32							试
	TS26103	马克思主义原理概论	3	48	38	10				48					试
	TS26104	毛泽东思想和中国特色社会主义理论概论Ⅰ	2	32	32					32					试
	TS26105	毛泽东思想和中国特色社会主义理论概论Ⅱ	4	64	44	20					64				试
	TS15001-4	大学英语(Ⅰ-Ⅳ)	15	270	230	40	60	70	70	70					试
	TS19001-4	大学体育(Ⅰ-Ⅳ)	4	126	126		30	32	32	32					试
	TS28001	大学计算机基础	3	48	16	32	48								试
	TS28003	C语言程序设计	4	72	48	24		72							试
	TS18111	大学生心理健康教育	1	14	14		14								试
	TS26108-9	形势与政策	2	32	12	20	16	16							试

续表

课程类别		课程编号	课程名称	总学分	总学时	学时分配		各学期学时分配								考核方式
						理论	实践	1	2	3	4	5	6	7	8	
专业教育课程平台	学科基础课程	JC28001	高等数学A(Ⅰ)	4.5	80	80		80								试
		JC28002	高等数学A(Ⅱ)	5.5	100	100			100							试
		JC28006	线性代数	3	48	48					48					试
		JC28008	概率论与数理统计	3	54	54				54						试
		JC25001	普通化学	3	54	54		54								试
		JC25005-6	基础化学实验Ⅰ-Ⅱ	4	72		72	33	39							试
		JC25002	分析化学	2	36	36			36							试
		JC25003	有机化学A	3	54	54			54							试
		JC17020	大学物理A	5.5	100	76	24		100							试
	专业基础课程	ZJ27414	工程制图与AutoCAD	2.5	42	24	18		42							试
		ZJ27814	工程力学	2	36	24	12				36					试
		ZJ20803	环境工程微生物学	2	36	24	12				36					试
		ZJ25001	化工原理	2.5	45	30	15					45				试
		ZJ20805	环境化学	2	36	36				36						试
		ZJ29001	电工电子技术基础	3	54	42	12					54				试
	专业核心课程	ZH20801	环境监测技术	3	54	24	30				54					试
		ZH20802	物理性污染控制工程	2	36	24	12						36			试
		ZH20803	大气污染控制工程	3	54	30	24					54				试
		ZH20804	水污染控制工程	4	72	36	36					72				试
		ZH20805	固体废物处理与处置	3	54	36	18					54				试
		ZH20806	环境影响评价	3	54	30	24						54			试
创新创业教育课程平台	基础课程	CJ00001	大学生创业教育	1	18	18			18							查
		CJ00001	大学生就业指导	2	24	24			12				12			查
		CJ20801	专业导论	0.5	9	9		9								查
	核心实训课程	CH20803	创新创业论坛	0.5	9	9								9		查
		CH20801	环保设备经营与管理	1.5	27	27								27		查
		CH20802	环境工程创新项目	1.5	27	27								27		查
		CH00001	创新创业成果学分认定	创新创业成果学分的认定见有关文件												
专业方向课程	工业环境模块	ZF20801	工业固废处理技术	2	36	24	12						36			试
		ZF20802	大气颗粒物污染与控制技术	2	36	18	18							36		试
		ZF20803	有机废水治理与控制技术	2	36	18	18						36			试
	农业环境治理	ZF20804	植物营养与肥料工程	2	36	24	12						36			试
		ZF20805	农业固废处理技术	2	36	18	18							36		试
		ZF20806	土壤污染与防治技术	2	36	24	12						36			试
	环境信息与管理	ZF20807	环境规划与管理	2	36	36						36				试
		ZF20808	环境物联网工程技术	2	36	18	18							36		试
		ZF20809	环境信息系统	2	36	24	12						36			试

续表

课程类别		课程编号	课程名称	学分	总学时	学时分配		各学期学时分配								考核方式
						理论	实践	1	2	3	4	5	6	7	8	
个性化拓展课程模块	人文素质模块	GT15207	英语口语	2	36	36						36				查
		GT18625W	美学原理	1	18	18							18			查
		GT20801	环境法规	1	18	18							18			查
		GT18608	应用文写作	1	18	18							18			查
		GT18623W	中国文化概论	1	18	18							18			查
		GT27207	工程项目管理	1	18	18								18		查
	专业拓展模块	GT20803	环境工程研究法	2	36	18	18							36		试
		GT20804	科技论文写作	1	18	18								18		查
		GT20805	排水管渠基础	2	36	24	12					36				试
		GT20806	环境工程土建概论	1	18	18								18		查
		GT20807	污水处理厂运行管理	2	36	18	18						36			查
		GT20808	环境工程专业英语	2	36									36		查
		GT20809	仪器分析	2	36	18	18					36				查
学生最低修读的学分/学时				133.5	2395	1824	571	330	453	424	383	320	310	176	0	
课堂教学周数								15	18	17	16	13	14	11		
周学时数								22.0	25.2	24.9	23.9	24.6	22.1	16.0		

说明：
1. 各专业军事理论教育、专业导论在第1学期以讲座形式进行；
2. 专业方向模块中"农业环境治理模块"必选，其他2个模块任选1个，共须修12个学分；
3. 创新创业教育平台，学生获得"创新创业成果"学分可抵免创新创业核心实训课程学分；
4. 个性化拓展模块要求学生至少须选修6个学分，其中，"人文素质"模块要求学生至少选修2个学分，且至少选修1门网络课程；专业拓展模块至少选修4个学分。

十三、辅修专业课程设置

资源与环境学院环境工程专业辅修课程设置

课程名称	学分	辅修专业教学计划
环境工程原理	3	第3学期
环境监测	3	第3学期
环境质量评价	2	第3学期
大气污染控制工程	2	第4学期
水污染控制工程	4	第4学期
环境规划与管理	2	第4学期
固体废弃物处理与处置	2	第5学期
农业废弃物处理与资源化	2	第5学期
环境生物技术	3	第6学期
污水处理工艺原理及设备	2	第6学期
毕业论文		必做，但不计学分。
总计	25	学生必须修满25学分

资源与环境学院环境工程专业辅修先修课程设置

课程名称	学分	备注
高等数学	4.5	
线性代数	3	
无机化学	4	
分析化学	3	
大学物理	5.5	

工学类专业

环境科学本科学业人才培养方案

专业代码:082503

一、培养目标

本专业培养德、智、体、美全面发展,掌握环境科学的基本理论、基本知识和基本技能,具有环境监测、评价、规划管理和污染控制的基本能力,能够从事环境监测、环境评价、环境规划管理和环境污染控制等工作,具有创新意识和创业精神的高素质应用型专门人才。

二、培养要求

本专业主要学习数学、物理、化学、计算机、外语、环境科学等方面的基本理论和基本知识,接受环境科学基本理论、环境监测和评价、环境规划和管理、环境科学综合实习等方面的基本训练,掌握环境监测与评价、环境规划与管理、环境污染控制等方面的基本能力。

毕业生应获得以下几方面的知识和能力:

1. 掌握环境科学的基本理论、基本知识、基本技能,具有较强的环境监测、环境评价和环境污染控制等方面的专业能力;

2. 掌握扎实的环境化学、环境生态等方面的基本理论和基本知识,具有所学知识和实验技能进行应用研究、技术开发和环境管理的能力;

3. 掌握环境工程和资源环境科学等专业的一般原理和知识,了解国家环境保护、自然资源合理利用、可持续发展等有关政策和法规,具有较强的分析问题和解决资源环境问题的能力;

4. 了解环境科学的理论前沿、应用前景和最新发展动态以及环保产业发展状况,受到基础研究和应用研究方面的训练,具有环境科学基础和应用研究的能力;

5. 掌握运用现代信息技术获取信息的基本方法,具有一定的实验设计、实验数据整理和分析、论文撰写的能力;

6. 掌握计算机应用的基本技能,达到国家规定的本科生计算机应用能力;

7. 具有阅读和翻译本专业外文资料的基本能力,达到国家规定的本科生外语水平;

8. 具有健康的体魄、文明的行文习惯、良好的心理素质和健全的人格,具有专业以外的人为社会科学、自然学等方面的有关基础知识和基本修养。

三、专业方向

1. 环境管理方向

学习掌握水质监测、环境风险评价、环境系统分析、自然资源学基础等方面的基本理论与基本知识,具备环境监测、评价和规划管理方面的基本能力,面向不同部门,从事环境监测、评价和规划管理等工作。

2.环境污染控制方向

学习掌握水污染控制、土壤污染修复和固体废物污染控制的基本原理与技术,具备水、土壤和固废等环境污染控制的基本能力,面向各级环境管理和企事业单位,从事环境污染控制和环境设备运行管理等工作。

四、素质与能力分析表(表一)

综合素质与能力	专项素质与能力	对应课程或实践
1.基本素质与能力	1.1 政治素质	思想道德修养与法律基础、中国近现代史纲要、马克思主义基本原理概论、毛泽东思想和中国特色社会主义理论体系概论(Ⅰ-Ⅱ)、形势与政策等
	1.2 人文科学素质	中国文化概论、影视鉴赏
	1.3 身心素质	军事训练、大学生心理健康教育、大学体育等
	1.4 分析运算能力	高等数学、线性代数、概率论、环境研究法等
	1.5 英语应用能力	大学英语
	1.6 计算机应用能力	大学计算机基础、C语言程序设计、计算机专业应用、AUTOCAD
	1.7 利用现代化手段获取信息能力	环境信息系统
	1.8 组织管理、语言表达、人际交往以及在团队中发挥作用的能力	应用文写作、社交礼仪、演讲与口才
2.学科基础知识及应用能力	2.1 数学和物理学能力	高等数学、线性代数、概率论、大学物理B
	2.2 化学能力	普通化学、分析化学、有机化学、生物化学、基础化学实验、物理化学与胶体化学
3.专业基础知识及应用能力	3.1 生态与生物学能力	普通生物学、环境生态学
	3.2 环境学、环境仪器分析能力	环境学、环境化学、环境土壤学、仪器分析、环境物理学
4.专业核心知识及应用能力	4.1 环境管理能力	环境监测、废水和水质监测、环境影响评价、环境风险评价、环境系统分析、自然资源学基础、环境管理与规划
	4.2 环境污染控制能力	环境工程学、水污染控制工程、固体废物污染控制、土壤污染修复技术、环境生物学
5.专业实践技能与动手能力	5.1 基础实践技能与动手能力	环境学认知性实习、环境土壤学认知和分析能力实习
	5.2 核心实践技能与动手能力	环境生物学控制环境污染的实习、环境监测样品采集、分析和结果处理实习、环境工程学污染控制工艺课程设计、环境影响评价案例分析和环境文件编制课程设计、环境规划与管理案例分析和规划课程设计
	5.3 综合实践动手技能与能力	结合专业基础、专业核心和专业方向涉及的内容进行专业综合实习,具体的形式为课题研究的形式
6.创新创业能力	6.1 创新能力	资源环境创新实践、专业创新教育实践、创新创业论坛、专业导论
	6.2 创业能力	大学生创业教育*、大学生就业指导、专业创业教育实践
7.个性化发展能力	7.1 人文素质能力	演讲与口才
	7.2 专业拓展能力	水资源管理与利用、物理化学与胶体化学

五、学制与学分

1.学制:标准学制4年,修业年限3~6年。

2.学分:最低修读165学分。其中,课内教学环节必须修满130学分,实践教学环节必须修满35学分。

六、毕业与学位授予

学生在规定的学习年限内,完成各教学环节学习,修满专业规定的最低学分,准予毕业。授予理学学士学位。

七、全学程时间安排总表(表二)

项目\学年学期	一		二		三		四		合计
	1	2	3	4	5	6	7	8	
军训(含军事理论教育)	2								2
入学教育和专业导论	(2)								(2)
课堂教学	15	18	17	17	14	15	10		108
专业实习或教育实习			1	1	4	3	8		15
毕业实习								8	8
专业创新创业实训								2	2
毕业论文(设计)								6	6
复习考试	1	1	1	1	1	1	1		7
机动	1							3	4
假期	6	8	6	8	6	8	6		48
全学程总周数	25	27	25	27	25	27	25	19	200

八、实践性教学环节(表三)

课程编号	实践教学项目	学分	周数	安排学期	实践方式
SJ00001	入学教育	1	(2)	第1学期	集中
SJ00002	军训(含军事理论教育)		2	第1学期	集中
SJ00003	社会实践	1	(3)	第2、4、6学期后暑期	由校团委统一安排
SJ20209	环境学实习	1	1	第3学期	环境问题的认知性实习。集中。了解学校附近的水环境问题以及污水的处理情况。
SJ20230	环境生物学教学实习	1	1	第4学期	生物、微生物控制环境污染,实验室培养、分析测定。分组进行。
SJ20201	环境土壤学教学实习	1	1	第5学期	野外调查和室内分析。集中
SJ20202	环境监测教学实习	3	3	第5学期	环境科学与工程中心、校内外采样、校内分析测定。分组。
SJ20203	环境工程学课程设计	1	1	第6学期	水、大气污染控制设计、分组
SJ20204	环境影响评价课程设计	1	1	第6学期	建设项目的环境影响评价(综合)、专题环境影响评价报告书的编制、污染源调查与评价,分组。
SJ20205	环境管理规划课程设计	1	1	第6学期	规划设计、分组
SJ20206	环境科学综合实习	8	8	第7学期	结合企事业,将环境科学专业的专业基础课程、专业核心课程和专业方向课程涉及的内容以课题研究的形式布置

续表

课程编号	实践教学项目	学分	周数	安排学期	实践方式
SJ20232	毕业实习	8	8	第8学期	
SJ20231	专业创新创业实训	2	2	第8学期	
SH20233	毕业论文(设计)	6	6	第8学期	
	合　计	35	35		

九、课程设置及学时、学分比例表(表四)

课程类型		学时	学分	占总学时(总学分)比例(%)	
通识教育课程平台		786	43	33.7%	33.1%
专业教育课程平台	学科基础课程	490	27.5	50.6%	50.8%
	专业基础课程	348	19.5		
	专业核心课程	342	19		
创新创业教育平台	创新创业基础课程	51	3.5	4.9%	5.4%
	创新创业核心实训课程	63	3.5		
专业方向课程模块	环境管理方向	144	8	6.2%	6.1%
	环境污染控制方向				
个性化拓展课程模块	人为素质模块	36	2	4.6%	4.6%
	专业拓展模块	72	4		
总　计		2332	130	100%	100%

十、主干学科

环境科学

十一、核心课程

1.《环境工程学》(Environment Engineering)

学时:72(理论课学时48、实践课学时24。)

学分:4(理论课学分2.5、实践课学分1.5。)

课程简介:《环境工程学》是环境科学专业的一门重要专业基础课。环境工程学是在人类保护和改善生存环境并同环境污染作斗争的过程中逐步形成的,它既是环境科学的一个分支,又是工程学的一个重要组成部分。环境工程学运用环境科学、工程学和其他有关学科的理论和方法,研究保护和合理利用自然资源,控制和防治环境污染,以改善环境质量,使人们得以健康和舒适的生存。在社会经济高速发展的今天,一方面,环境污染越来越严重,另一方面,人们追求越来越高的生活质量,对生活环境的要求也越来越高。对生态学专业本科生开展环境工程学的教学,有利于提高他们的环境保护意识,并使他们掌握一定的环境污染控制和防治的方法和技术,以便更好地服务社会。本课程重点介绍水的物理化学和生物化学处理方法、水的回用与废水的最终处理,对大气污染控制、固体废物处理技术以及噪声污染等方面内容也作了系统地介绍。

教学方法或手段:多媒体。采用教师讲授方式(目的:传授知识,训练科学思维方法,培养分析问题的能力)、师生互动(由教师提供讨论题目,以提问方式组织教学,培养学生归纳总结能力)、学生自学方式(教师提供题目和有关资料,学生独立完成实验设计,培养创新研究能力)相结合,提高学生学习兴趣,激发他们的学习积极性。

教学评价(考核)方式:闭卷考试,期末考试成绩占80%,平时成绩(作业、考勤)占20%。

教材选用:蒋展鹏主编,《环境工程学》(第三版),高等教育出版社,2013年。

参考教材:郑正主编,《环境工程学》,科学出版社,2004年;李海主编,《城市污水处理技术及工程实例》,化学工业出版社,2003年。

实践教学(1周):《环境工程学课程设计》实践教学环节在环境工程专业应用型人才培养过程中具有十分重要的地位及作用,学生通过实践教学,掌握环境工程相关测试与实验方法,培养学生分析问题和解决实际问题的能力,培养学生的创新和应用能力。通过实践教学,学生应达到下列要求:进一步加强对环境工程学基本理论与知识的理解;能正确使用仪器设备,掌握实验方法、手段和操作技能;能进行初步的实验方案设计。实习的主要内容为水污染的控制设计。

2.《环境影响评价》(Environmental quality assessment)

学时:54(理论课学时54。)

学分:3(理论课学分3。)

课程简介:本课程主要内容包括环境影响评价的法律法规与标准、环境影响评价的内容和程序、环境影响评价制度与管理、污染源评价与工程分析、环境影响预测方法等。

教学方法或手段:采用多媒体的方式组织教学,主要教学方法为课堂讲授法、案例分析法、讨论法等。授课时,在讲解环境影响评价的基本理论和基本方法之后,以案例的形式分析各种理论和方法的具体应用。并以案例的形式让学生自主分析,了解各知识点应用的具体条件。

教学评价(考核)方式:课程的考核采用闭卷考试的形式进行。最后的成绩包括平时和期末考试成绩两部分。平时成绩的得分依据包括考勤、课程提问、讨论发言等。期末考试的内容严格按大纲所规定的内容考核。考试侧重于对不同环境要素的单项评价的考核,案例分析侧重考核学生利用所学知识综合分析和解决实际问题的能力。平时成绩占30%,期末考试成绩占70%。

教材选用:钱瑜编著,高等院校环境科学与工程系列规划教材:《环境影响评价》,南京大学出版社,2012年。

教学实践(1周):《环境影响评价课程设计》是环境影响评价教学中的重要环节,课程设计对于加深课堂理论知识,了解环境质量评价的基本知识有重要的意义。本课程设计主要包括三个方面的内容,学生可从其中选择一个作为自己的实习内容。通过对凤阳县工业园各企业的用水、用煤以及排水的情况和水中主要参数的调查,可以了解该工业园区的主要污染源和主要污染物,提出该工业园区的污染控制措施。通过对给定素材或自选素材的分析,针对其中的主要环境要素进行评价,可以极大地提高学生环境质量现状分析的能力,强化学生充分利用现有的理论方法对环境质量进行评价的水平,使学生掌握编写环境质量报告书或报告表的基本方法,并会简单进行建设项目的环境影响评价。

3.《环境监测》(Environmental monitoring)

学时:72(理论课学时30、实验课学时42。)

学分:4(理论课学分1.7、实验课学分2.3。)

课程简介:本课程是环境工程本科专业的一门专业核心课程。主要介绍环境监测的目的、特点、我国的环境标准体系和内容;水、气、土壤等环境介质的监测,包括监测方案制订、监测布点、样品采集及保存、样品预处理、样品测定方法及方法的选择等;监测技术的最新进展,包括自动监测系统、便携式现场监测仪器、样品预处理设备、遥感监测技术等;监测过程的质量保证和控制体系。通过学习,使学生掌握水体、空气和污染源等环境监测的技能。

教学方法或手段:教学方式采用教师讲授方式(目的:传授知识,训练科学思维方法,培养分析问题的能力)、师生互动(由教师提供讨论题目,以提问方式组织教学,培养学生归纳总结能力)、学生自学方式(教师提供题目和有关资料,学生独立完成实验设计,培养创新研究能力)相结合,提高学生学习兴趣,激发他们的学习积极性。

教学评价(考核)方式:根据教学内容和学生实际情况,设置明确具体的知识、技能目标。

教材选用:奚旦立编著,《环境监测》(第四版),为高等学校环境工程专业及环境科学专业教材。

教学实践(3周):通过3周的实习,熟练掌握各常规监测项目的采样、现场测试、实验室分析、数据处理、报表填写等基本技能,掌握环境监测的全过程工作程序。通过监测实习,培养学生理论联系实际的能力、测量仪器操作能力和根据现场实际情况分析问题和解决问题的能力。主要实习内容为①水环境质量监测:学校附近地表水样的国家地表水环境质量的必测项目。②安徽科技学院生活污水排放源的COD、氨氮、总磷项目。③校园空气质量监测:安徽科技学院西大门口、南大门口、农场或后山的TSP、二氧化硫和氮氧化物。

4.《环境管理与规划》(Environmental management and planning)

学时:54(理论课学时54。)

学分:3(理论课学分3。)

课程简介:本课程主要内容包括环境管理的概念、内容、基本理论,环境管理体制与制度、环境预测与决策方法、环境信息系统、环境法、环境管理专论,环境规划的内涵、作用、类型和基本特征,环境规划的基本理论、环境规划的基本内容、编制方法等。

教学方法或手段:教学方式采用教师讲授方式,以环境规划案例为主要的教学材料,对学生进行科学思维方法训练,培养分析问题的能力,并结合学生自学方式(教师提供题目和有关资料,学生独立完成设计,培养创新研究能力),提高学生学习兴趣。

教学评价(考核)方式:根据学生平时对案例分析的参与度和进行自主设计的情况以及平时出勤情况进行学时的平时考核,期末考试对平时涉及的案例分析情况进行考核。平时成绩所占比例为20%,期末成绩所占比例为80%。

教材选用:张承中编著,《环境规划与管理》,高等教育出版社。

5.《环境生物学》(Environmental management and planning)

学时:90(理论课学时82、实验课学时8。)

学分:5(理论课学分4.56、实验课学分0.44。)

课程简介:本课程主要讲述环境污染物的生物效应、生物监测与生物评价,环境污染的生物净化和生物修复等方面的内容。是生物工程技术与环境学紧密结合而产生的新的边缘性学科,环境生物工程技术是解决人类面临的生存和发展问题的核心技术之一。本课程是环境科学与环境工程专业的专业方向课,主要介绍环境生物工程技术的基本概念、研究范畴、研究与发展以及环境生物技术在环境污染控制中的应用,包括环境生物学基础理论、污染治理、生物修复、清洁生产、废物资源化、环境生物监测与安全性评价等。通过学习,使学生了解环境生物工程技术的应用现状与前景,拓宽其视野。

教学方法或手段:教学方式采用教师讲授方式和学生分组讨论以及实验想象分析研究的方法,培养学生分析问题的能力,并结合学生自学方式,增加对教学内容的理解,提升环境生物学的兴趣。

教学评价(考核)方式:采用闭卷试卷考试的考核方式,主要考核学生对环境生物工程技术的基本概念、研究范畴、研究与发展以及环境生物技术在环境污染控制中的应用的理解程度。考核结果由考勤和习题(10%)、实验(10%)和期终考试(80%)三部分组成。

教材选用:孔繁翔编著,《环境生物学》,高等教育出版社;王家玲编著,《环境微生物》,高等教育出版社,上述两本教材均为国家级规划类教材,适合本专业选用。

十二、教学进程表(表五)

课程类别	课程编号	课程名称	总学分	总学时	学时分配 理论	学时分配 实践	各学期学时分配 1	2	3	4	5	6	7	8	考核方式
通识教育课程平台	TS26106	思想道德修养与法律基础	3	48	38	10	48								试
	TS26102	中国近现代史纲要	2	32	24	8		32							试
	TS26103	马克思主义原理概论	3	48	38	10				48					试
	TS26104	毛泽东思想和中国特色社会主义理论概论I	2	32	32					32					试
	TS26105	毛泽东思想和中国特色社会主义理论概论II	4	64	44	20						64			试
	TS15001-4	大学英语(I-IV)	15	270	230	40	60	70	70	70					试
	TS19001-4	大学体育(I-IV)	4	126	126		30	32	32	32					试
	TS28001	大学计算机基础	3	48	16	32	48								试
	TS28002	VFP程序设计	4	72	48	24				72					试
	TS18111	大学生心理健康教育	1	14	14				14						试
	TS26108-9	形势与政策	2	32	12	20	16	16							试
专业教育课程平台 学科基础课程	JC28005	高等数学C	4.5	80	80		80								试
	JC28006	线性代数	3	48	48			48							试
	JC13201	普通生物学	2.5	46	24	22	46								试
	JC29002	大学物理B	4.5	82	64	18			82						试
	JC25001	普通化学	3	54	54		54								试
	JC25002	分析化学	2	36	36			36							试
	JC25004	有机化学B	4	72	72			72							试
	JC25005-6	基础化学实验I-II	4	72		72	33	39							试
专业基础课程	ZJ20202	环境学	3	54	54					54					试
	ZJ20204	环境化学	2.5	42	42							42			试
	ZJ20208	仪器分析	3	54	24	30					54				试
	ZJ20201	环境生态学	2	36	36					36					试
	ZJ20205	环境土壤学	3	54	36	18					54				试
	ZJ20206	环境信息系统	2	36	24	12						36			试
	ZJ20213	环境法	2	36	36							36			试
	ZJ20207	环境研究法	2	36	24	12						36			试
专业核心课程	ZH20201	环境监测	4	72	30	42					72				试
	ZH20202	环境工程学	4	72	48	24					72				试
	ZH20210	环境影响评价	3	54	36	18						54			试
	ZH20204	环境规划与管理	3	54	54						54				试
	ZH20211	环境生物学	5	90	82	8				90					试

续表

课程类别	课程编号	课程名称	总学分	总学时	学时分配 理论	学时分配 实践	1	2	3	4	5	6	7	8	考核方式
创新创业教育课程平台 / 基础课程	CJ00001	大学生创业教育	1	18	18				18						查
	CJ00002	大学生就业指导	2	24	24			12					12		查
	CJ20201	专业导论	0.5	9	9		9								查
专业基础课程	CH20203	创新创业论坛	0.5	9	9							9			查
	CH20201	环境咨询创业教育实践	1.5	27	27								27		查
	CH20202	环境污染控制创新教育实践	1.5	27	27								27		查
	CH00001	创新创业成果学分认定	创新创业成果学分的认定见有关文件												
专业方向课程模块 / 环境监测评价规划和管理方向	ZF20222	废水和水质分析	2	36	18	18						36			试
	ZF20205	环境风险评价	2	36	24	12							36		试
	ZF20230	环境系统分析	2	36	36								36		试
	ZF20231	自然资源学基础	2	36	36						36				试
环境污染控制方向	ZF20207	水污染控制工程	2	36	30	6						36			试
	ZF20208	土壤污染修复技术	2	36	24	12							36		试
	ZF20232	大气污染控制技术	2	36	36								36		试
	ZF20210	固体废物污染控制	2	36	24	12							36		试
个性化拓展课程模块 / 人文素质模块	GT18601	演讲与口才	1	18	18						18				查
	GT18608	应用文写作	1	18	18							18			查
	GT18623W	中国文化概论	1	18	18								18		查
	GT18622W	影视鉴赏	1	18	18								18		查
	GT18306	社交礼仪	1	18	18							18			查
专业基础课程	GT20202	水资源管理利用	2	36									36		查
	GT25001	物理化学与胶体化学	2	36	36								36		查
	GT20203	计算机专业应用	2	36	18	18							36		查
	GT20208	AUTOCAD	2	36	18	18							36		查
	JC28007	概率论	2	36	36						36				查
学生最低修读的学分/学时			130	2332	1826	470	376	419	418	344	280	303	192		
课堂教学周数							15	18	17	14	14	15	12		
周学时数							25	23.3	24.6	20.2	20	20.2	19.2		

说明：
1. 专业军事理论教育在第1学期以讲座形式进行；
2. 专业方向课程模块应至少选修1个完整的模块(8个学分)；
3. 创新创业教育平台，学生获得"创新创业成果"学分可抵免创新创业核心实训课程学分；
4. 个性化拓展模块要求学生至少须选修6个学分，其中，"人文素质"模块要求学生至少选修2个学分，且至少选修1门网络课程；专业拓展模块至少选修4个学分。

十三、辅修专业课程设置

资源与环境学院环境科学专业辅修课程设置

课程名称	学 分	辅修专业教学计划
环境生态学	2	第 3 学期
环境化学	3	第 3 学期
环境土壤学	3	第 4 学期
环境监测	4	第 4 学期
环境评价	3	第 5 学期
环境管理与规划	3	第 5 学期
环境风险评价	2	第 6 学期
水污染控制	3	第 6 学期
土壤污染修复	2	第 6 学期
毕业论文		必做，但不计学分。
总　　计	25	学生必须修满 25 学分

工学类专业

城乡规划本科专业人才培养方案

专业代码:082802

一、培养目标

本专业培养德、智、体、美全面发展,适应国家城乡建设发展需要,掌握坚实的城乡规划设计基础理论知识与应用实践技能,具有社会责任感、团队精神、创新思维和可持续发展理念,尊重地方历史文化,能够在专业规划设计机构、管理机构、研究机构,从事城乡规划设计及其相关的开发与管理、研究等工作,具有创新意识和创业精神的高素质应用型专门人才。

二、培养要求

本专业学生主要学习城乡规划的基本知识与基础理论,接受城乡规划的原理、程序、方法以及设计表达等方面的基本训练,掌握适当处理城乡规划与自然环境、社会环境、历史遗产的复杂关系的基本能力,并具有从事城乡规划设计和城乡规划管理工作的基本素质。

毕业生应获得以下几方面的素质和能力:

1. 具有较扎实的自然科学、人文社会科学和工程技术知识基础;

2. 熟悉国家有关城乡发展和城乡规划方针、政策及法令、法规;

3. 掌握与城乡规划学科相关的知识,具有综合分析城乡问题、协调解决城乡问题的能力;

4. 掌握城乡规划设计基本原理和方法,具有进行城乡规划、设计与管理的能力;

5. 具有用多种方式表达规划与设计意图的能力以及具有较强的计算机运用能力;

6. 了解城乡规划学科发展的理论前沿和发展动态;

7. 掌握文献检索、资料查询的基本方法,具有一定的科学研究能力;

8. 具有较好的外国语语言综合运用能力,有较强的调查研究与决策能力、组织与管理能力、口头与文字表达能力,具有独立获取知识、信息处理和创新的基本能力以及团结协作的团队精神。

三、专业方向

1. 城市规划与设计方向

学生具有城市规划理论与实践、小城镇总体规划、土地利用规划等方面的能力,毕业后能够就职于城乡规划设计院、勘察设计院、市政工程设计院等单位的规划、管理岗位。

2. 乡村规划与设计方向

学生具有乡村规划原理、乡村旅游规划、乡村社区规划、现代农业示范园规划等方面的能力,毕业后能够就职于房地产开发公司、工程咨询单位、园林景观设计工程公司等单位的设计、工程监理、助理工程师岗位。

四、素质与能力分析表(表一)

综合素质与能力	专项素质与能力	对应课程或实践
1.基本素质与能力	1.1 政治素质	思想道德修养与法律基础、中国近代史纲要、马克思主义原理概论、毛泽东思想和中国特色社会主义理论体系概论、形势与政策
	1.2 人文科学素质	美学原理、中国文化概论
	1.3 身心素质	军事理论、体育、大学生就业指导、大学生心理健康教育等
	1.4 分析运算能力	高等数学C、线性代数
	1.5 英语应用能力	大学英语Ⅰ－Ⅳ
	1.6 计算机应用能力	大学计算机基础、VFP程序设计、
	1.7 利用现代化手段获取信息能力	计算机辅助设计
	1.8 组织管理、语言表达、人际交往以及在团队中发挥作用的能力	社交礼仪、演讲与口才
2.学科基础知识及应用能力	2.1 学科基础知识	美术Ⅰ－Ⅱ、画法几何与阴影透视、测量学、构成
	2.2 建筑空间形态应用能力	建筑初步、建筑制图
3.专业基础知识及应用能力	3.1 专业基础知识	建筑力学、建筑材料、建筑结构与选型、城市规划初步、中外建筑史
	3.2 建筑与土木工程知识在城乡规划中的应用能力	建筑设计Ⅰ－Ⅱ、城乡基础设施规划
4.专业核心知识及应用能力	4.1 专业核心课程知识	城市道路与交通规划、城市规划中的地理信息系统、城市设计、城市详细规划设计、控制性详细规划、城市总体规划、城市绿地系统规划、景观设计、城乡规划管理与法规
	4.2 专业分析和综合思维应用能力	城市详细规划设计、控制性详细规划、城市总体规划
5.专业实践技能与动手能力	重视学生理论联系时间的技能培养,突出动手能力	城乡规划与设计表现技能训练、城乡规划与设计快速制图技能训练、工程实践
6.创新创业能力	6.1 创新能力	城乡规划创新实践
	6.2 创业能力	大学生创业教育、规划设计行业经营管理
7.个性化发展能力	兼顾学生的个性化发展要求,注重实践能力的提升和创新思维与规划实践创业能力的培养	风景资源开发与规划、广告设计、室内设计、模型制作、应用文写作等

五、学制与学分

1.学制:标准学制5年,修业年限4～7年。

2.学分:最低修读204学分。其中,课内教学环节必须修满154.5学分,实践教学环节必须修满49.5学分。

六、毕业与学位授予

学生在规定的学习年限内,完成各教学环节学习,修满专业规定的最低学分,准予毕业。授予工学学士学位。

七、全学程时间安排总表(表二)

学年\项目\学期	一		二		三		四		五		合计
	1	2	3	4	5	6	7	8	9	10	
军训(含军事理论教育)	2										2
入学教育和专业导论	(2)										(2)
课堂教学	15	15.5	16	16	15	15	15	14	6		127.5
专业实习		2.5	2	2	3	3	3	4	12		31.5
毕业实习										8	8
专业创新创业实训										2	2
毕业论文(设计)										6	6
复习考试	1	1	1	1	1	1	1	1	1		
机动	1									3	
假期	6	8	6	8	6	8	6	8	6		62
全学程总周数	25	27	25	27	25	27	25	27	25	19	252

八、实践性教学环节(表三)

课程编号	实践教学项目	学分	周数	安排学期	实践方式
SJ00001	入学教育	1	(2)	第1学期	集中
SJ00002	军训(含军事理论教育)		2	第1学期	集中
SJ00003	社会实践	1	(3)	第2、4、6学期后暑期	校团委统一安排
SJ27201	建筑与风景写生实习	2.5	2.5	第2学期	黟县宏村实习基地
SJ27202	城乡社会综合调查研究	2	2	第3学期	南京、凤阳
SJ27203	测量学实习	1	1	第4学期	校内外结合进行
SJ27204	计算机辅助设计实习	1	1	第4学期	计算机实验室
SJ27205	建筑设计实习	1	1	第5学期	规划专业教室
SJ27206	城乡道路与交通规划实习	2	2	第5学期	校内外结合进行
SJ27207	城乡规划与设计表现技能训练	2	2	第6学期	规划专业教室
SJ27208	景观设计实习	1	1	第6学期	集中外出教师指导调研设计现场，校内专教每生独立完成实习成果
SJ27209	城市详细规划设计实习	2	2	第7学期	集中外出教师指导调研设计现场，校内专教每生独立完成实习成果
SJ27210	城市设计实习	1	1	第7学期	集中外出教师指导调研设计现场，校内专教每生独立完成实习成果
SJ27211	城市总体规划实习	3	3	第8学期	蚌埠、凤阳
SJ27212	城乡规划与设计快速制图技能训练	1	1	第8学期	规划专业教室
SJ27213	工程实践	12	12	第9学期	分组去企事业单位

续表

课程编号	实践教学项目	学分	周数	安排学期	实践方式
SJ27214	毕业实习	8	8	第10学期	集中
SJ27215	专业创新创业实训	2	2	第10学期	集中
SJ27216	毕业论文（设计）	6	6	第10学期	集中
	合计	49.5	49.5(5)		

九、课程设置及学时、学分比例表（表四）

课程类型		学时	学分	占总学时（总学分）比例（%）	
通识教育课程平台		786	43	28.4%	27.8%
专业教育课程平台	学科基础课程	542	30.5	39%	56.6%
	专业基础课程	540	30		
	专业核心课程	486	27	17.5%	
创新创业教育平台	创新创业基础课程	51	3.5	1.8%	2.3%
	创新创业核心实训课程	63	3.5	2.3%	2.3%
专业方向课程模块	城市规划与设计	198	11	7.1%	7.1%
	乡村规划与设计				
个性化拓展课程模块	人文素质	36	2	3.9%	1.3%
	专业拓展	72	4		2.6%
总计		2774	154.5	100%	100%

十、主干学科

城乡规划学、建筑学

十一、核心课程

1.《城乡道路与交通规划》(The City Road and Transportation Plan)

学时：54（理论课学时36，实践课学时18，其中，企业行业专家授课0学时。）

学分：3（理论课学分2、实践课学分1，其中，企业行业专家授课0学分。）

课程简介：城市道路交通是城市规划专业一门主要的学位课。通过本课程的学习，使学生了解道路与交通在城市中所起的重要作用，能对城市的交通进行系统分析并提出合理的规划，完成城市道路网规划和设计。主要内容包括城市道路交通分析、城市交通规划与路网规划、城市道路横断面设计、城市道路平面与纵断面设计、城市道路交叉口设计、城市道路公用设施、城市道路交通控制与管理。

教学方法：理论课主要运用语言方式，借助现代多媒体教学手段，系统地向学生传授城乡道路与交通的科学知识，促进学生专业思维能力的提升。具体形式为讲解教学法。实践课以学生独立完成设计为主，专业教师深入讲解、评析设计成果，着重训练学生的设计思维和图纸表现能力、方案汇报能力等。

教学考核方式：综合考核成绩由平时成绩、实践部分课程设计成绩和期末考试成绩三部分组成，其中，平时成绩占20%，实验成绩占30%，期末考试成绩占50%。平时成绩包括出勤、课堂提问、课堂讨论、课程论文；实验成绩以实践教学部分学生所绘的相关课程任务书要求之成果综合而成；考试成绩以闭卷考试形式考查，主要是对基本概念、基本理论以及综合分析能力的考核。

教材选用：潘海啸主编，《城市道理与交通规划》，中国建筑工业出版社。

2.《城市规划中的地理信息系统》(Geographic Information System of Urban Planning)

学时:36(理论课学时24、实践课学时12,其中,企业行业专家授课0学时。)

学分:2(理论课学分1.5、实践课学分0.5,其中,企业行业专家授课0学分。)

课程简介:大数据时代的到来,要求城乡规划专业学生需掌握地理信息系统知识的应用,通过本课程的学习,学生将掌握数据查询、显示与输出,空间数据输入与编辑,空间数据生成与分析,空间数据维护与管理等内容,提高学生的城市规划实践能力。

教学方法:理论课主要运用语言方式,借助现代多媒体教学手段,系统地向学生传授地理信息系统科学知识,促进学生专业思维能力的提升。具体形式为讲解教学法。实践课以学生独立完成设计为主,专业教师深入讲解、评析设计成果,着重训练学生在城乡规划实践中运用地理信息系统进行思考、分析的能力。

教学考核方式:综合考核成绩由平时成绩、试卷成绩和实践成绩三部分组成,其中平时成绩占20%,试卷成绩占50%,实验成绩占30%。平时成绩包括出勤、课堂提问、课堂讨论、课程论文;试卷成绩以闭卷考试形式考查,主要是对基本概念、基本理论以及综合分析能力的考核。实验成绩以实践教学部分学生实习表现及根据实验要求书写实验报告成绩综合得出。

教材选用:宋小冬主编,《城市规划中的地理信息系统》,中国建筑工业出版社。

3.《城市设计》(Urban Design)

学时:54(理论课学时18、实践课学时36,其中,企业行业专家授课0学时。)

学分:3(理论课学分1、实践课学分2,其中,企业行业专家授课0学分。)

课程简介:城市设计是当今国内外城市规划建设中广泛关注的学术领域。城市设计运用跨学科的途径,对包括人、自然和社会因素在内的城市形态环境对象所进行的研究和设计。教学目的在于让学生理解城市设计的概念及其内涵,掌握城市设计的内容与方法,树立城市设计的观念,并具有一定的理论知识,以提高学生在建筑设计、城市设计、城市规划实践中的能力。

教学方法:理论课主要运用语言方式,借助现代多媒体教学手段,系统地向学生传授城市设计的科学知识,促进学生专业思维能力的提升。具体形式为讲解教学法。实践课以学生独立完成设计为主,专业教师深入讲解、评析设计成果,着重训练学生的设计思维和图纸表现能力、方案快速设计能力、口头表达能力等。

教学考核方式:综合考核成绩由平时成绩、实践部分课程设计成绩和快题考试成绩三部分组成,其中,平时成绩占20%,课程设计成绩占30%,快题考试成绩占50%。平时成绩包括出勤、课堂提问、课堂讨论、课程论文;课程设计成绩以实践教学部分学生所绘相关课程任务书要求之成果综合而成。快题考试成绩以快题形式进行,主要是对综合设计能力的考核。

教材选用:王建国主编《城市设计》,中国建筑工业出版社出版。

4.《城市详细规划设计》(The City Plan Design in Detail)

学时:54(理论课学时18、实践课学时36,其中,企业行业专家授课0学时。)

学分:3(其中理论课学分1、实践课学分2,其中,企业行业专家授课0学分。)

课程简介:该课程的目的是在专业培养目标指导下,进一步完善与强化专业知识教育;培养学生独立思考和综合分析问题的能力,掌握城市控制性详细规划的工作内容、程序和基本方法;能系统、正确地运用所学的基础理论知识和专业知识,全面认识、分析和解决控制性详细规划的具体问题。该课程的主要内容包括城市控制性详细规划的工作内容和工作方法,收集整理基础资料、综合分析研究、编制规划方案及进行技术经济论证的基本程序与步骤,从初步方案、汇报、修改到正式成果的完整工作阶段。

教学方法:理论课主要运用语言方式,借助现代多媒体教学手段,系统地向学生传授城市详细规划设计的科学知识,促进学生专业思维能力的提升。具体形式为讲解教学法。实践课以学生独立完成设计为主,专业教师深入讲解、评析设计成果,着重训练学生的设计思维和图纸表现能力、方案快速设计能力、口头表达能力等。

教学考核方式：综合考核成绩由平时成绩、实践部分课程设计成绩和快题考试成绩三部分组成，其中，平时成绩占20％，课程设计成绩占30％，快题考试成绩占50％。平时成绩包括出勤、课堂提问、课堂讨论、课程论文；课程设计成绩以实践教学部分学生所绘相关课程任务书要求之成果综合而成。快题考试成绩以快题形式进行，主要是对综合设计能力的考核。

教材选用：阳建强主编，《详细规划》，中国建筑工业出版社。

5.《控制性详细规划》(Regulatory Plan)

学时：54（理论课学时18、实践课学时36，其中，企业行业专家授课0学时。）

学分：3（理论课学分1、实践课学分2，其中，企业行业专家授课0学分。）

课程简介：通过本课程的学习，学生应掌握"控制性详细规划"编制的内容和方法，在贯彻执行国家建设部颁布的控规编制办法的基础上，分析土地使用区划的功能性、经济性、法规性，制订城市空间设计的规划导则，建立修建性详细规划制定的操作原则和规定，同时，掌握控规文本的写作方法。

教学方法：理论课主要运用语言方式，借助现代多媒体教学手段，系统地向学生传授控制性详细规划的科学知识，促进学生专业思维能力的提升。具体形式为讲解教学法。实践课以学生独立完成设计为主，专业教师深入讲解、评析设计成果，着重训练学生的设计思维和图纸表现能力、方案快速设计能力等。

教学考核方式：综合考核成绩由平时成绩、实践部分课程设计成绩和快题考试成绩三部分组成，其中，平时成绩占20％，课程设计成绩占30％，考试成绩占50％。平时成绩包括出勤、课堂提问、课堂讨论、课程论文；课程设计成绩以实践教学部分学生所绘相关课程任务书要求之成果综合而成。考试成绩以闭卷考试形式考查，主要是对基本概念、基本理论以及综合分析能力的考核。

教材选用：夏南凯、运迎霞等主编，《控制性详细规划》，中国建筑工业出版社。

6.《城市总体规划》(City Total Programming Design)

学时：54（理论课学时18、实践课学时36，其中，企业行业专家授课0学时。）

学分：3（理论课学分1、实践课学分2，其中，企业行业专业授课0学分。）

课程简介：通过本课程学习，系统地掌握城市总体规划编制的全过程，并对城市的历史与发展、城市形态的演变、城市各个环节的有机联系有一个初步认识，建立全局观念，拓宽长远思路，培养学生独立工作能力，全面分析问题、解决问题的能力。

教学方法：理论课主要运用语言方式，借助现代多媒体教学手段，系统地向学生传授城市总体规划的科学知识，促进学生专业综合思维能力的提升。具体形式为讲解教学法。实践课以学生分组完成总体规划设计方案为主，专业教师深入讲解、评析设计成果，着重训练学生的团队合作、规划设计思维和图纸表现能力等。

教学考核方式：作为城乡规划专业核心课程，本课程将实施全过程考核，综合考核成绩由平时成绩、快题成绩和实践部分课程设计成绩三部分组成，其中，平时成绩占10％，快题成绩占40％，课程设计成绩占50％。平时成绩包括出勤、课堂提问、课堂讨论、课程论文；快题考试成绩以快题形式进行，主要是对综合设计能力的考核。课程设计成绩以实验教学部分学生所绘相关课程任务书要求之成果综合而成。

教材选用：彭震伟主编，《城市总体规划》，中国建筑工业出版社。

7.《城市绿地系统规划》(City Green Land Systems Planning)

学时：54（理论课学时18、实践课学时36，其中，企业行业专家授课0学时。）

学分：3（理论课学分1、实践课学分2，其中，企业行业专家授课0学分。）

课程简介：《城市绿地系统规划》是一门理论与实践相结合的专业课程。通过本课程的学习，要求学生了解城市绿地系统规划的任务，理解城市绿地系统规划的编制方法，理解城市绿地的分类，掌握常见绿地类型的规划设计原则和要点，并能把相关的理论知识灵活的运用到规划设计实践中。本课主要是研究如何最大限度地全面发挥园林绿化的综合效益,内容主要是城市绿地系统规划和城市各类绿地的规划设计。

教学方法:理论课主要运用语言方式,借助现代多媒体教学手段,系统地向学生传授城市绿地系统规划的科学知识,促进学生专业思维能力的提升。具体形式为讲解教学法。实践课以学生独立完成设计为主,专业教师深入讲解、评析设计成果,着重训练学生的设计思维和图纸表现能力、方案快速设计能力等。

教学考核方式:综合考核成绩由平时成绩、实践部分课程设计成绩和快题考试成绩三部分组成,其中,平时成绩占20%,课程设计成绩占30%,快题考试成绩占50%。平时成绩包括出勤、课堂提问、课堂讨论、课程论文;课程设计成绩以实践教学部分学生所绘相关课程任务书要求之成果综合而成;快题考试成绩以快题形式进行,主要是对综合设计能力的考核。

教材选用:同济大学主编,《城市园林绿地规划与设计》,中国建筑工业出版社。

8.《景观设计》(Landscape Design)

学时:54(理论课学时18、实践课学时36,其中,企业行业专家授课0学时。)

学分:3(理论课学分1、实践课学分2,其中,企业行业专家授课0学分。)

课程简介:《景观设计》面向城乡规划专业学生,注重景观设计的基本理论、基本方法和基本技能的学习及素质教育,激发学生的学习兴趣,在启发、提示下,使其自主地、全面地理解景观设计的基本理论和基本方法,提高学生的思维能力和实际操作技能,增强他们理论联系实际的能力,培养学生的创新精神,使学生养成善于观察、独立分析和解决问题的习惯,以提高技能、磨砺意志、活跃思维和扩展视野为基本目标。

教学方法:理论课主要运用语言方式,借助现代多媒体教学手段,系统地向学生传授景观设计的科学知识,促进学生专业思维能力的提升。具体形式为讲解教学法。实践课以学生独立完成设计为主,专业教师深入讲解、评析设计成果,着重训练学生的设计思维和图纸表现能力、方案快速设计能力等。

教学考核方式:综合考核成绩由平时成绩、实践部分课程设计成绩和快题考试成绩三部分组成,其中平时成绩占20%,课程设计成绩占30%,快题考试成绩占50%。平时成绩包括出勤、课堂提问、课堂讨论、课程论文;课程设计成绩以实践教学部分学生所绘相关课程任务书要求之成果综合而成,快题考试成绩以快题形式进行,主要是对综合设计能力的考核。

教材选用:刘滨谊主编,《现代景观规划设计》,中国建筑工业出版社。

9.《城乡生态与环境规划》(Urban and Rural Ecological and Environmental Planning)

学时:36(理论课学时24、实践课学时12,其中,企业行业专家授课0学时。)

学分:2(理论课学分1.5、实践课学分0.5,其中,企业行业专家授课0学分。)

课程简介:主要运用环境生态学的原理和方法来认识、分析和研究城乡环境生态系统及城乡环境问题,阐明人类对环境的影响以及解决这些问题的生态途径。本课程的教学内容包括环境概念的产生与内涵,环境问题的历史演变与当前我国环境问题的特点,城市乡环境问题的主要方面及控制方法;生态学的基本知识,城乡生态系统的结构与功能特点,以及城乡生态环境规划与建设。

教学方法:理论课主要运用语言方式,借助现代多媒体教学手段,系统地向学生传授城乡生态与环境方面的科学知识,促进学生专业分析能力的提升。具体形式为讲解教学法。实践课以学生独立完成设计为主,专业教师深入讲解、评析设计成果,着重训练学生运用综合生态环境观进行思考、分析的能力。

教学考核方式:综合考核成绩由平时成绩、实践部分课程设计成绩和快题考试成绩三部分组成,其中平时成绩占20%,课程设计成绩占30%,快题考试成绩占50%。平时成绩包括出勤、课堂提问、课堂讨论、课程论文;课程设计成绩以实践教学部分学生所绘相关课程任务书要求之成果综合而成,快题考试成绩以快题形式进行,主要是对综合设计能力的考核。

教材选用:沈清基主编,《城市生态环境原理与规划》,中国建筑工业出版社。

10.《城乡规划管理与法规》(The Management and Regulations of Urban and Rural)

学时:36(理论课学时 36,实践课学时 0。)

学分:2(理论课学分 2、实践课学分 0,其中,企业行业专业授课 0 学分。)

课程简介:主要讲述与城乡规划工作有关的法律法规,以及城乡规划管理的任务、方法原则等,让学生充分认识城市规划的法律作用。了解与城市规划相关的法律,主要掌握《中华人民共和国土地管理法》《中华人民共和国城市房地产法》等法律、法规中与城市规划有关的法律规定,掌握城市规划的技术规范,主要有城市用地分类与规划建设用地标准、城市居住规划设计规范、城市工程管线综合规划规范等,让学生牢记城市规划各方面的技术标准和规范,使其规划工作更科学。

教学方法:理论课主要运用语言方式,借助现代多媒体教学手段,系统地向学生传授城乡规划管理与法规方面的知识,促进学生公正处理能力、共识建构能力的提升。具体形式为讲解教学法。

教学考核方式:本课程的考核方式为考试。主要以理论试卷的方式进行。成绩评定:试卷成绩占80%,平时成绩占20%。

教材选用:耿慧志主编,《城市规划管理与法规》,中国建筑工业出版社。

(注:上述推荐教材,在具体教学过程中,应以最新出版且贴合专业教学实际的教材作为首选)

十二、教学进程表(表五)

课程类别		课程编号	课程名称	总学分	总学时	学时分配		各学期学时分配										考核方式
						理论	实践	1	2	3	4	5	6	7	8	9	10	
通识教育课程平台		TS26106	思想道德修养与法律基础	3	48	38	10	48										试
		TS26102	中国近现代史纲要	2	32	24	8		32									试
		TS26103	马克思主义原理概论	3	48	38	10				48							试
		TS26104	毛泽东思想和中国特色社会主义理论概论Ⅰ	2	32	32					32							试
		TS26105	毛泽东思想和中国特色社会主义理论概论Ⅱ	4	64	44	20						64					试
		TS15001-4	大学英语(Ⅰ-Ⅳ)	15	270	230	40	60	70	70	70							试
		TS19001-4	大学体育(Ⅰ-Ⅳ)	4	126	126		30	32	32	32							试
		TS28001	大学计算机基础	3	48	16	32	48										试
		TS28002	VFP 程序设计	4	72	48	24					72						试
		TS18111	大学生心理健康教育	1	14	14			14									查
		TS26108-9	形势与政策	2	32	12	20	16	16									查
专业教育课程平台	学科基础课程	JC28005	高等数学 C	4.5	80	80		80										试
		JC28006	线性代数	3	48	48			48									试
		JC27201	美术Ⅰ素描基础	4	72		72	72										试
		JC27202	美术Ⅱ钢笔与色彩	3	54		54		54									试
		JC27203	建筑初步	3	54	24	30				54							试
		JC27204	画法几何与阴影透视	3	54	36	18	54										试
		JC27205	建筑制图	2	36	18	18		36									试
		JC27206	测量学	3	54	36	18				54							试
		JC27207	建筑构成	2	36	16	20			36								试
		JC27208	计算机辅助设计	3	54		54				54							试

续表

课程类别		课程编号	课程名称	总学分	总学时	学时分配		各学期学时分配										考核方式
						理论	实践	1	2	3	4	5	6	7	8	9	10	
专业教育课程平台	专业基础课程	ZJ27201	建筑力学	3	54	44	10			54								试
		ZJ27202	建筑材料	2	36	36						36						试
		ZJ27203	建筑结构与选型	3	54	36	18						54					试
		ZJ27204	中外建筑史	3	54	54								54				试
		ZJ27205	中外城市建设史	3	54	54								54				试
		ZJ27206	城乡规划原理	3	54	54							54					试
		ZJ27207	建筑设计Ⅰ	2	36	12	24				36							试
		ZJ27208	建筑设计Ⅱ	3	54	18	36						54					试
		ZJ27209	城市经济学	2	36	36							36					试
		ZJ27210	城市地理学	2	36	36							36					试
		ZJ27211	城市社会学	2	36	36									36			试
		ZJ27212	城乡基础设施规划	2	36	36									36			试
	专业核心课程	ZH27201	城乡道路与交通规划	3	54	36	18					54						试
		ZH27202	城市规划中的地理信息系统	2	36	24	12							36				试
		ZH27203	城市设计	3	54	18	36						54					试
		ZH27204	城市详细规划设计	3	54	18	36						54					试
		ZH27205	控制性详细规划	3	54	18	36						54					试
		ZH27206	城市总体规划	3	54	36	18							54				试
		ZH27207	城市绿地系统规划	3	54	18	36						54					试
		ZH27208	景观设计	3	54	18	36						54					试
		ZH27209	城乡生态与环境规划	2	36	24	12								36			试
		ZH27210	城乡规划管理与法规	2	36	36										36		试
创新创业教育课程平台	基础课程	CJ00001	大学生创业教育	1	18	18					18							查
		CJ00002	大学生就业指导	2	24	24			12							12			查
		CJ27201	城乡规划专业导论	0.5	9	9		9											查
	专业基础课程	CH27201	创新创业论坛	0.5	9	9									9			查
		CH27202	规划设计行业经营管理	1.5	27	27											27		查
		CH27203	城乡规划创新设计	1.5	27		27										27		查
		CH00001	创新创业成果学分认定	创新创业成果学分的认定见有关文件														
专业方向课程模块	城市规划与设计	ZF27201	城市规划理论与实践	3	54	18	36								54			试
		ZF27202	小城镇总体规划	3	54	18	36						54					试
		ZF27203	土地利用规划	2	36	36							36					试
		ZF27204	场地设计	2	36		36						36					试
		ZF27205	建设项目可行性研究	1	18	18								18				试

续表

课程类别		课程编号	课程名称	学分	总学时	学时分配		各学期学时分配										考核方式
						理论	实践	1	2	3	4	5	6	7	8	9	10	
专业方向课程模块	城市规划与设计	ZF27206	休闲农业园区规划设计	3	54	18	36							54				试
		ZF27207	环境设施艺术设计	1	18		18						18					试
		ZF27208	乡村旅游规划	3	54	18	36								54			试
		ZF27209	乡村规划原理	2	36	36							36					试
		ZF27210	乡村社区规划	2	36	18	18						36					试
个性化拓展课程模块	人文素质模块	GT18608	应用文写作	1	18	18								18				查
		GT18306	社交礼仪	1	18	18									18			查
		GT18601	演讲与口才	1	18	18								18				查
		GT18623W	中国文化概论	1	18	18									18			查
		GT18625W	美学原理	1	18	18								18				查
	专业基础课程	GT27201	风景资源开发与规划	1	18	18									18			查
		GT27202	室内设计	1	18		18								18			查
		GT27204	园林植物与应用	2	36	24	12						36					查
		GT27203	广告设计	1	18		18								18			查
		GT27205	城市遗产保护规划原理	2	36	36								36				查
		GT27206	模型制作	1	18		18								18			查
学生最低修读的学分/学时				154.5	2774	1833	941	369	362	336	362	316	342	306	261	120		
课堂教学周数								15	15.5	16	16	15	15	15	14	6		
周学时数								24.6	23.3	21	22.6	21	22.8	20.4	18.6	20		

说明:

1. 军事理论教育在第1学期以讲座形式进行;
2. 学生可任选2个专业方向中的任意1个方向,且必须修满该方向的11个学分;
3. 创新创业教育平台,学生获得"创新创业成果"学分可抵免创新创业核心实训课程学分;
4. 个性化拓展模块要求学生至少须选修6个学分,其中,"人文素质"模块要求学生至少选修2个学分,且至少选修1门网络课程;专业拓展模块至少选修4个学分。

工学类专业

建筑学本科专业人才培养方案

专业代码：082801

一、培养目标

本专业培养德、智、体、美全面发展，掌握建筑学学科的专业理论、设计原理和相关技能等专业知识，具有建筑师基本从业技能，且基本功扎实、知识面宽、综合素质高，能够在设计部门从事建筑设计、城市设计、建筑工程等及相关的项目管理方面工作，具有创新意识和创业精神的高素质应用型专门人才。

二、培养要求

本专业学生主要学习中国古代及近现代建筑史、外国古代及近现代建筑史、建筑设计基本原理、城市规划与设计原理、绿色建筑概论、建筑技术概论、建筑物理环境、建筑经济、建筑力学、建筑结构、建筑构造、建筑材料等方面的基本理论和基本知识，接受素描与水彩、空间形体表达基础、建筑测量等方面的基本训练，掌握建筑设计、规划设计、建筑工程项目管理等方面的基本能力。

毕业生应获得以下几方面的知识和能力：

1. 具有爱国主义的精神，有为国家富强与民族振兴而奋斗的理想和社会责任感，具有良好的思想道德、敬业精神、健康的人生态度，具有科学严谨、求真务实的工作作风；

2. 掌握建筑设计的基本原理、思维方法和工作方法，掌握建筑制图与设计表达的方法和技能，具有进行方案设计能力，了解初步设计和施工图设计的要求和方法；

3. 掌握建筑结构与构造、建筑物理、建筑材料及建筑设备的基本知识及在建筑设计中的运用方法；

4. 了解中外建筑的基本特征与演变和当代主要建筑思潮，了解人的生理、心理、行为与建筑环境的关系，了解建筑相关的经济、法律、法规与标准，了解建筑边缘学科与交叉学科的相关知识；

5. 掌握一门外国语，具有一定的听、说、读、写能力；

6. 熟悉计算机及网络技术的基本知识和应用方法，掌握计算机技术在本专业领域的操作与应用方法；

7. 具有健全心理和健康体魄，具有一定的体育和军事基本知识，达到大学生体育与军事训练合格标准。

三、专业方向

1. 建筑工程设计方向

掌握建筑设计原理和方法，接受建筑师的基本训练，熟悉建筑施工与工程项目管理、建筑设计相关法规和建筑节能与建筑绿色化技术，能熟练运用计算机进行数字化建筑设计及表达和施工图制图的建筑设计专门人才。

2. 城乡规划方向

掌握城乡规划设计基础理论与应用实践能力,熟悉城乡规划相关法规,接受注册规划师的基本训练,富有社会责任感、团队精神和创新思维,具有可持续发展和文化传承理念的应用型高级专门人才。

四、素质与能力分析表(表一)

综合素质与能力	专项素质与能力	对应课程或实践
1.基本素质与能力	1.1 政治素质	毛泽东思想和中国特色社会主义理论体系概论、马克思主义基本原理概论、中国近代史纲要、思想道德修养与法律基础
	1.2 人文科学素质	文学鉴赏
	1.3 身心素质	大学生安全教育、军事理论教育、大学生就业指导、体育Ⅰ－Ⅳ、大学生心理健康教育
	1.4 分析运算能力	高等数学C、线性代数
	1.5 英语应用能力	大学英语Ⅰ－Ⅳ
	1.6 计算机应用能力	大学计算机基础、VFP程序设计、计算机辅助设计
	1.7 利用现代化手段获取信息能力	应用文写作、文献检索
	1.8 组织管理、语言表达、人际交往以及在团队中发挥作用的能力	演讲与口才、社交礼仪
2.学科基础知识及应用能力	2.1 数理分析能力	高等数学C、线性代数
	2.2 美学造型能力	美术Ⅰ、Ⅱ,建筑构成
	2.3 基础设计能力	建筑初步、画法几何与阴影透视
3.专业基础知识及应用能力	3.1 建筑工程技术分析能力	建筑力学、建筑材料、建筑结构与选型
	3.2 建筑历史与技术分析能力	中外建筑史、建筑物理、环境心理学、城乡规划原理、环境景观设计
4.专业核心知识及应用能力	4.1 建筑设计与土木工程基础设计能力	建筑设计Ⅰ、Ⅱ,建筑构造
	4.2 城乡规划与景观建筑设计能力	城乡规划设计、城市园林绿地规划、园林建筑设计
5.专业实践技能与动手能力	5.1 专业实践技能	建筑制图、建筑工程测量、辅助设计软件应用实习、建筑设计实践实习、工程实践实习
	5.2 专业动手能力	建筑设计快题训练、施工图实习、美术实习
6.创新创业能力	6.1 创新能力	大学生创业教育、大学生就业指导
	6.2 创业能力	建筑设计行业经验管理、建筑设计创新技术
7.个性化发展能力	专业知识拓展能力	遥感与GIS、虚拟现实原理与技术、计算机在本专业的应用、城市经济与房地产开发、当代建筑思潮与流派

五、学制与学分

1. 学制:标准学制5年,修业年限4~7年。
2. 学分:最低修读198学分。其中,课内教学环节必须修满148学分,实践性环节必须修满50学分。

六、毕业与学位授予

学生在规定的学习年限内,完成各教学环节学习,修满专业规定的最低学分,准予毕业。授予工学学士学位。

七、全学程时间安排总表(表二)

学年 项目 \ 学期	一 1	一 2	二 3	二 4	三 5	三 6	四 7	四 8	五 9	五 10	合计
军训(含军事理论教育)	2										2
入学教育和专业导论	(2)										(2)
课堂教学	15	16	18	16	18	14	14	12	4	0	127
专业实习或教育实习		2		2		4	4	6	14	0	34
毕业实习										8	8
毕业论文(设计)										2	2
复习考试							6	6			
机动	1	1	1	1	1	1	1	1	1		9
假期		1								3	4
全学程总周数	6	8	6	8	6	8	6	8	6		62
全学程总周数	25	27	25	27	25	27	25	27	25	19	252

八、实践性教学环节(表三)

课程编号	实践教学项目	学分	周数	安排学期	实践方式
SJ00001	入学教育	1	(2)	1	集中
SJ00002	军训(含军事理论教育)	2		1	集中
SJ00003	社会实践	1	(3)	第2、4、6学期后暑期	由校团委统一安排
SJ27401	美术实习	2	2	第2学期	校外实习(黄山等风景名胜区)
SJ27402	古建筑测绘实习	2	2	第4学期	校内外结合实习(明中都古城、黄山徽派古村落等古建筑区)
SJ27403	施工图实习	4	4	第6学期	校内外结合实习
SJ27404	辅助设计软件应用实习	4	4	第7学期	校内实习
SJ27405	建筑设计快题训练	2	2	第8学期	校内实习
SJ27406	建筑设计实践实习	4	4	第8学期	校内外结合实习
SJ27407	工程实践实习	14	14	第9学期	校外设计单位实习(蚌埠、南京等地区设计单位)
SJ27408	毕业实习	8	8	第10学期	集中
SJ27409	专业创新创业实训	2	2	第10学期	集中
SJ27410	毕业论文(设计)	6	6	第10学期	集中
	合计	50	50(5)		

九、课程设置及学时、学分比例表(表四)

课程类型		学时	学分	占总学时(总学分)比例(%)	
通识教育课程平台		786	43	29.5%	29.1%
专业教育课程平台	学科基础课程	552	31	20.8%	56.7%
	专业基础课程	612	34	23.0%	
	专业核心课程	342	19	12.8%	
专业方向课程模块(各方向学时、学分大体相同)	建筑工程设计	146	8	5.5%	5.4%
	城乡规划				
创新创业教育平台	创新创业基础课程	51	3.5	1.9%	2.4%
	创新创业核心实训课程	63	3.5	2.4%	2.4%
个性化拓展课程模块	人文素质模块	36	2	4.1%	1.3%
	专业拓展模块	72	4		2.7%
总计		2640	148	100%	100%

十、主干学科

建筑学、土木工程、城乡规划

十一、核心课程

1.《建筑构造》(Building Construction)

学时:54(理论课学时36、实践课学时18。)

学分:3(理论课学分2、实践课学分1。)

课程简介:本课程是以学习民用建筑构建原理、构造做法为主要内容的技术基础课。通过课程的学习,让学生了解和掌握大量民用建筑的基本构造组成、构造特点以及建筑构造的基本原理和一般方法。培养学生运用所学知识进行建筑构造设计和掌握绘制建筑施工图的基本方法,能根据建筑方案设计图,运用构造原理和方法、材料及一般结构知识进行一般中、小型民用建筑的构造设计,完成平、立、剖施工图及部分详图设计。培养学生建筑构造设计的综合能力,并为后续的建筑设计的学习和其他专业课学习打下基础。

教学方法:以课堂讲授为主,选择大量实例图片,使学生有直观的认识。同时,配合分组讨论、课堂讨论等教学手法。实验教学采用课程设计体系,布置接近工程实际的设计任务,让学生亲身体验实践工作过程。

教学评价(考核)方式:综合考核成绩由平时成绩、实践部分课程设计成绩和考试成绩三部分组成,其中,平时成绩占20%,实验成绩占30%,考试成绩占50%。平时成绩包括出勤、课堂提问、课堂讨论等;实验成绩以实践教学部分学生所绘相关课程任务书要求之成果综合而成;考试成绩以闭卷考试形式考查,主要是对基本概念、基本理论以及综合分析能力的考核。

教材选用:李必瑜、魏宏杨、覃琳主编,《建筑构造上下册》(第五版),中国建筑工业出版社,2013年。

2.《建筑设计》Ⅰ、Ⅱ(Architecture Design)

学时:126(理论课学时36、实践课学时90。)

学分:7(理论课学分2、实践课学分5。)

课程简介：使学生掌握正确的设计方法，逐步提高把握建筑与环境、建筑与城市的合理关系的能力。在已掌握的建筑设计理论和方法的基础上，使学生进一步了解建筑学与相关学科的关系，基本掌握空间组合与技术要求均较复杂的大型公共建筑的设计方法；培养学生进一步确立地区建筑观念，训练学生在城市整体环境中分析、把握和体现建筑文脉的能力；使学生了解技术、工艺对建筑设计的影响及技术、设备的进步与更新对建筑空间灵活性的要求，同时，培养如何处理复杂流线问题的能力。

教学方法与手段：以课堂讲授为主，采用 powerpoint 演示，选择大量实例图片，使学生有直观的认识。同时，配合分组讨论、课堂讨论等教学手法。实验教学采用课程设计体系，布置仿真模拟设计任务，让学生亲身体验实践工作过程。

教学评价（考核）方式：综合考核成绩由平时成绩、实践部分课程设计成绩和快题考试成绩三部分组成，其中，平时成绩占20%，实验成绩占30%，考试成绩占50%。平时成绩包括出勤、课堂提问、课堂讨论等；实验成绩以实践教学部分学生所绘相关课程任务书要求之成果综合而成；考试成绩以闭卷考试形式考查，主要是对基本概念、基本理论以及综合分析能力的考核。

教材选用：白旭，《建筑设计原理》，华中科技大学出版社，2008年。

3.《城乡详细规划设计》(The City Plan Design in Detail)

学时：54（理论课学时36、实践课学时18。）

学分：3（理论课学分2、实践课学分1。）

课程简介：通过学习本课程，使学生了解城市和城市发展的基本因素，不同历史时期城市的产生和发展以及现代城市规划学科的产生和发展。掌握城市规划的任务、城市规划的工作阶段以及城市总体规划、详细规划编制的方法；掌握城市的发展战略规划和总体布局，包括了解居住、工业、公共服务设施及道路交通等用地的布置和城市的关系；掌握居住规划所必需的基础理论和基本知识，明确居住区规划的要求和原则、规划设计的一般方法；掌握城市公共中心、街道建筑群规划设计的要点。

教学方法与手段：以课堂讲授为主，采用 powerpoint 演示，选择大量实例图片，使学生有直观的认识。同时配合分组讨论、课堂讨论等教学手法。实验教学采用课程设计体系，布置仿真模拟设计任务，让学生亲身体验实践工作过程。

教学评价（考核）方式：综合考核成绩由平时成绩、实践部分课程设计成绩和考试成绩三部分组成，其中平时成绩占20%，实验成绩占30%，考试成绩占50%。平时成绩包括出勤、课堂提问、课堂讨论等；实验成绩以实践教学部分学生所绘相关课程任务书要求之成果综合而成；考试成绩以闭卷考试形式考查，主要是对基本概念、基本理论以及综合分析能力的考核。

教材选用：解万玉著，《城乡规划》，机械工业出版社，2010年。

4.《城市园林绿地规划》(Urban Green System Space System Planning)

学时：54（理论课18学时、实践课36学时。）

学分：3（理论课1学分、实践课2学分。）

课程简介：居住区景观设计是城市园林绿地规划中较重要的部分，也是现代城市园林绿地设计中较常见的一种绿地类型，通过本次课程设计，让学生掌握居住区用地的规划组织结构和布局形式，能够应用在艺术原理、城市园林绿地规划课程中所学的设计理论知识，完成一个较为完整的居住区景观概念设计，包括总体规划、竖向设计、种植设计和详细设计，培养学生理论联系实际，综合分析问题和解决问题的能力。

教学方法与手段：以课堂讲授为主，采用 powerpoint 演示，选择大量实例图片，使学生有直观的认识。同时，配合分组讨论、课堂讨论等教学手法。实验教学采用课程设计体系，布置仿真模拟设计任务，让学生亲身体验实践工作过程。

教学评价（考核）方式：以平时成绩＋实验成绩＋快题考试相结合的方式进行。侧重考核学生的实际动手能力。总评成绩＝平时成绩（20%）＋实验成绩（40%）＋快题考试（40%）。

教材选用：杨赉丽著，《城市园林绿地规划》（第三版），中国林业出版社，2012年。

5.《场地设计》(Site Design)

学时：54（理论课学时36、实践课学时18。）

学分：3（理论课学分2、实践课学分1。）

课程简介：建立在多学科、多专业基础知识上的综合性工程技术基础课，是建筑学专业的核心课程。开设本门课程的目的在于拓宽学生对相关知识的了解，培养学生综合分析问题、解决问题的能力，使其具备建筑师应掌握的场地设计基础知识和从事一般场地设计的基本技能。

教学方法与手段：以课堂讲授为主，采用powerpoint演示，选择大量实例图片，使学生有直观的认识。同时，配合分组讨论、课堂讨论等教学手法。实验教学采用课程设计体系，布置仿真模拟设计任务，让学生亲身体验实践工作过程。

教学评价（考核）方式：综合考核成绩由平时成绩、实践部分课程设计成绩和快题考试成绩三部分组成，其中，平时成绩占20%，实验成绩占30%，快题考试成绩占50%。平时成绩包括出勤、课堂提问、课堂讨论等；实验成绩以实践教学部分学生所绘相关课程任务书要求之成果综合而成；快题考试成绩以快题形式考查，主要是对综合设计能力的考核。

教材选用：张伶伶、孟浩编，《场地设计》（第二版），中国建筑工业出版社，2011年。

（注：上述推荐教材，在具体教学过程中，应以最新出版且贴合专业教学实际的教材作为首选。）

十二、教学进程表（表五）

课程类别	课程编号	课程名称	总学分	总学时	学时分配 理论	学时分配 实践	各学期学时分配 1	2	3	4	5	6	7	8	9	10	考核方式
通识教育课程平台	TS26106	思想道德修养与法律基础	3	48	38	10	48										试
	TS26102	中国近现代史纲要	2	32	24	8		32									试
	TS26103	马克思主义基本原理概论	3	48	38	10				48							试
	TS26104	毛泽东思想和中国特色社会主义理论概论Ⅰ	2	32	32				32								试
	TS26105	毛泽东思想和中国特色社会主义理论概论Ⅱ	4	64	44	20					64						试
	TS15001-4	大学英语（Ⅰ-Ⅱ）	15	270	230	40	60	70	70	70							试
	TS19001-4	大学体育（Ⅰ-Ⅱ）	4	126	126		30	32	32	32							试
	TS28001	大学计算机基础	3	48	16	32	48										试
	TS28002	VFP程序设计	4	72	42	30		72									试
	TS18111	大学生心理健康教育	1	14	14			14									查
	TS26108-9	形势与政策	2	32	12	20	16	16									查
专业教育课程平台 学科基础课程	JC28005	高等数学C	4.5	80	80		80										试
	JC28006	线性代数	3	48	48			48									试
	JC29001	大学物理A	5.5	100	76	24	100										试
	JC27401	美术Ⅰ	4	72		72	72										试
	JC27402	美术Ⅱ	3	54		54		54									试
	JC27403	建筑初步	3	54	24	30		54									试
	JC27404	画法几何与阴影透视	3	54	36	18	54										试
	JC27405	建筑制图	2	36	18	18		36									试
	JC27406	建筑工程测量	3	54	36	18				54							试

续表

课程类别		课程编号	课程名称	总学分	总学时	学时分配		各学期学时分配										考核方式
						理论	实践	1	2	3	4	5	6	7	8	9	10	
专业教育课程平台	专业基础课程	ZJ27401	建筑构成	2	36	24	12			36								试
		ZJ27402	计算机辅助设计	4	72	36	36							72				试
		ZJ27403	建筑力学	3	54	44	10					54						试
		ZJ27404	建筑材料	2	36	36							36					试
		ZJ27405	建筑结构与选型	3	54	36	18						54					试
		ZJ27406	中国建筑史	3	54	54				54								试
		ZJ27407	外国建筑史	3	54	54					54							试
		ZJ27408	中外城市建设史	3	54	54						54						试
		ZJ27409	城市规划原理	2	36	12	24						36					试
		ZJ27410	建筑物理	3	54	18	36								54			试
		ZJ27411	环境心理学	2	36	36							36					试
		ZJ27412	园林建筑设计	2	36	18	18					36						试
		ZJ27413	环境景观设计原理	2	36	36									36			试
	专业核心课程	ZH27401	建筑构造	3	54	36	18							54				试
		ZH27402	建筑设计Ⅰ	3	54	18	36					54						试
		ZH27403	建筑设计Ⅱ	4	72	18	54							72				试
		ZH27404	城乡详细规划设计	3	54	36	18								54			试
		ZH27405	城市园林绿地规划	3	54	18	36								54			试
		ZH27406	场地设计	3	54	36	18								54			试
专业方向课程模块	建筑工程设计	ZF27401	公共建筑设计原理	3	54	18	36								54			试
		ZF27402	居住建筑设计原理	2	36		36						36					试
		ZF27403	建筑工程项目管理	2	36	18	18						36					试
		ZF27404	绿色建筑设计原理	1	20	20							20					试
	城乡规划	ZF27405	城市设计	3	54	18	36								54			试
		ZF27406	居住区规划设计	2	36		36						36					试
		ZF27407	现代景观规划设计	2	36	18	18						36					试
		ZF27408	景观园林植物与应用	1	20	20							20					试
创新创业教育课程平台	基础课程	CJ00001	大学生创业教育	1	18	18				18								查
		CJ00002	大学生就业指导	2	24	24			12						12			查
		CJ27401	专业导论	0.5	9	9		9										查
	专业基础课程	CH27401	创新创业论坛	0.5	9	9										9		查
		CH27402	建筑设计行业经验管理	1.5	27	27									27			查
		CH27403	建筑设计创新技术	1.5	27	27										27		查
		CH00001	创新创业成果学分认定	创新创业成果学分的认定见有关文件														

续表

课程类别		课程编号	课程名称	总学分	总学时	学时分配		各学期学时分配										考核方式
						理论	实践	1	2	3	4	5	6	7	8	9	10	
个性化拓展课程模块	人文素质模块	GT18608	应用文写作	1	18	18					18							查
		GT18306	社交礼仪	1	18	18							18					查
		GT18601	演讲与口才	1	18	18								18				查
		GT18623W	中国文化概论	1	18	18									18			查
		GT18625W	美学原理	2	36	36							36					查
	专业拓展模块	GT27401	计算机在本专业的应用	1	18		18								18			查
		GT27402	遥感与GIS	1	18	18									18			查
		GT27403	网页制作	1	18	18									18			查
		GT27404	图像视频编辑	1	18	18									18			查
		GT27405	城市经济与房地产开发	1	18	18							18					查
		GT27406	环境质量评价	2	36	36									36			查
		GT27407	当代建筑思潮与流派	1	18	18								18				查
		GT27408	中外城市	1	18	18								18				查
		GT27409	室内设计	1	18	18									18			查
		GT27410	广告设计	1	18	18									18			查
学生最低修读的学分/学时				148	2660	1832	828	369	426	372	362	352	364	345	315	99		
课堂教学周数								15	16	18	16	18	14	14	12	4		
周学时数								25	27	21	23	20	26	25	26	25		

说明:
1. 军事理论教育在第1学期以讲座形式进行;
2. 专业方向可选"建筑工程设计"或"城乡规划",并修满8个学分;
3. 创新课程模块至少获得5个学分,学生获得"创新实践"或"创业实践"1个学分可抵免1门相应的模块课程(标*号的课程除外);
4. 个性化拓展模块要求学生至少须选修6个学分,其中,"人文素质"模块要求学生至少选修2个学分,且至少选修1门网络课程;专业拓展模块至少选修4个学分。

工学类专业

机械电子工程本科专业人才培养方案

专业代码：080204

一、培养目标

本专业培养德、智、体、美全面发展，掌握机电工程方面的基本理论、基本知识以及现代机电一体化技术和工业控制技术，具有机电控制系统设计、检测与维修等专业能力，能从事机电设备系统及元件的研究、设计、开发，机电设备的运行管理与营销等工作，具有创新意识和创业精神的高素质应用型专门人才。

二、培养要求

本专业学生主要学习与机电工程相关的机械、电子、控制、计算机等方面的基本理论和基本知识，接受制图、机械设计、测试、机电系统控制等方面的基本训练，掌握机电系统测试与信号分析、机电系统及元件设计、分析，机电设备运行、管理等方面的基本能力。

毕业生应获得以下几方面的知识和能力：

1. 热爱社会主义祖国，拥护中国共产党的领导，树立正确的人生观、世界观和价值观，具有良好的思想品德、社会公德和职业道德，整体素质优良；
2. 掌握较扎实的数学、物理、力学等学科基础理论知识；
3. 系统掌握本专业领域的机械、电子、控制、计算机等专业基础知识；
4. 具有本专业必备的机电系统集成及智能化、机电液控制、信号处理与计算机应用等专业知识，并了解其学科前沿及发展趋势；
5. 具备必要的制图、设计、计算、测试和基本工艺操作等基本技能；
6. 具有较强的计算机、外语应用能力和一定的文献检索能力，并具备一定的人文、艺术及其他社会科学基础素养；
7. 具备较强的自学能力、创新意识和较高的分析问题、解决问题的综合素质；
8. 具有良好的心理素质和适应能力，掌握科学锻炼身体的基本技能，接受必要的军事训练，达到国家规定的大学生体育和军事训练合格标准。

三、专业方向

机械电子工程专业是涵盖机械工程、电子科学、材料科学、信息技术等多学科交叉融合的跨领域专业，社会不同领域、不同分工对本专业人才有着不同的需求，经济社会发展需要多层次、多类型的人才培养规格和模式。为了培养一专多能的应用型创新创业人才，考虑到学生在机械电子工程学科基础上的专业发展，将本专业分成以下两个专业方向：

1. 机器人技术方向

学习和掌握机电系统控制技术、机器人本体设计、机器人控制系统设计、机器人运动仿真与模拟、人机工程学及虚拟仪器等相关理论和实践。

2. 机电液一体化控制方向

学习和掌握机电液一体化控制方面的基本理论，具有较强的机电产品控制系统开发基本技能，能够利用现代信息技术和数字化手段，从事现代机电产品控制系统设计。

四、素质与能力分析表（表一）

综合素质与能力	专项素质与能力	对应课程或实践
1.基本素质与能力	1.1 政治素质	毛泽东思想和中国特色社会主义理论体系概论、马克思主义基本原理、中国近现代史纲要、思想道德修养与法律基础、形势与政策等
	1.2 人文科学素质	应用文写作、中国近代人物研究、明史十讲等
	1.3 身心素质	军训、大学体育、大学生心理健康教育等
	1.4 分析运算能力	高等数学 A、线性代数等
	1.5 英语应用能力	大学英语、专业英语、应用型核心课程穿插英语等
	1.6 计算机应用能力	大学计算机基础、C 语言程序设计等
	1.7 利用现代化手段获取信息能力	文献检索、毕业论文等
	1.8 组织管理、语言表达、人际交往以及在团队中发挥作用的能力	演讲与口才、现代企业管理、质量管理、市场营销学等
2.学科基础知识及应用能力	2.1 系统掌握与机械电子工程相关的自然科学基础知识	高等数学、理论力学、材料力学等
	2.2 电路设计、阅读与分析能力	电工技术、电子技术、电工电子技术实训等
3.专业基础知识及应用能力	3.1 机械工程图的绘制与阅读能力	工程图学Ⅰ、工程图学Ⅱ、三维软件基础等
	3.2 机械结构设计与分析能力	机械工程材料、互换性与测量技术、机械原理、机械设计等
	3.3 机电系统信号测试与分析能力	机械测试与信号处理、单片机原理与应用、机械工程控制等
4.专业核心知识及应用能力	4.1 机电设备系统及元件设计、开发	机电系统设计、机械制造技术基础等
	4.2 机电设备运行管理	微机电系统、计算机接口技术、机电传动与控制等
5.专业实践技能与动手能力	5.1 机械系统计算机控制技术	机械制造工程训练、机械原理课程设计、电工电子技术实训、机电系统综合实践、机电传动与控制课程设计、计算机原理与接口技术课程设计等
6.创新创业能力	6.1 创新能力	专业创新教育实践、创新创业论坛
	6.2 创业能力	专业创业教育实践、大学生创业教育
7.个性化发展能力	7.1 人文素质	应用文写作、中国近代人物研究、明史十讲、演讲与口才等
	7.2 专业拓展	机械工程概论、机械结构有限元分析、机电系统可靠性工程、材料成形技术基础等

五、学制与学分

1. 学制：标准学制 4 年，修业年限 3～6 年。

2. 学分：最低修读 176 学分。其中，课内教学环节必须修满 128 学分，实践教学环节必须修满 48 学分。

六、毕业与学位授予

学生在规定的学习年限内，完成各教学环节学习，修满专业规定的最低学分，准予毕业。授予工学学士学位。

七、全学程时间安排总表(表二)

学年\项目\学期	一 1	一 2	短1	二 3	二 4	短2	三 5	三 6	短3	四 7	四 8	合计
军训(含军事理论教育)	2											2
入学教育和专业导论	(2)											(2)
课堂教学	15	17		18	15		15	16		8		104
专业实习或教育实习		1(1)	2	0	3	3	3	6(4)	2	10		30
毕业实习											8	8
专业创新创业实训											2	2
毕业论文(设计)											6	6
复习考试	1	1		1	1		1	1		1		7
机动	1											1
假期	6	8		6	8		6	8		6		42
全学程总周数	25	27	2	25	27	3	25	27	2	25	16	204

八、实践性教学环节(表三)

课程编号	实践教学项目	学分	周数	安排学期	实践方式
SJ00001	入学教育	1	(2)	第1学期	集中
SJ00002	军训(含军事理论教育)	1	2	第1学期	集中
SJ00003	社会实践	1	(3)	第2、4、6学期后暑期	由校团委统一安排
SJ16410	机械制图综合实训	2	2	第2学期	机械制图室和机房集中
SJ16411	认识实习	1	(1)	第2学期	蚌埠安瑞克压缩机有限公司等
SJ16412	机械制造工程训练	3	3	第4学期	工程训练中心集中
SJ16413	机械原理课程设计	1	1	短2	设计室集中
SJ16414	电工电子技术实训	2	2	短2	工程训练中心集中
SJ16415	机械设计课程设计	2	2	第5学期	设计室集中
SJ16416	机械制造技术课程设计	1	1	第5学期	设计室集中
SJ16417	液压与气压传动课程设计	1	1	短3	设计室集中
SJ16418	机电传动与控制课程设计	1	1	第6学期	设计室集中
SJ16419	机电系统综合实践	2	2	第6学期	工程训练中心集中
SJ16420	专业技能训练	4	(4)	第6学期	分散
SJ16421	计算机接口技术课程设计	1	1	短3	设计室集中
SJ16422	专业实习	8	8	第7学期	校外实习基地与学生自找实习单位结合
SJ16423	毕业实习	8	8	第8学期	工程训练中心与校外实习基地结合
SJ16427	专业创新创业实训	2	2	第8学期	工程训练中心
SJ16424	毕业论文(设计)	6	6	第8学期	学院集中安排
	合计	48	42(10)		

九、课程设置及学时、学分比例表(表四)

课程类型		学时	学分	占总学时(总学分)比例(%)	
通识教育课程平台		786	43	33.7%	33.6%
专业教育课程平台	学科基础课程	562	30.5	50.6%	50%
	专业基础课程	366	20		
	专业核心课程	252	13.5		
创新创业教育平台	创新创业基础课程	51	3.5	4.9%	5.4%
	创新创业核心实训课程	63	3.5		
专业方向课程模块	机电液一体化控制	144	8	6.2%	6.3%
	机器人技术	144	8		
个性化拓展课程模块	人文素质	36	2	4.6%	4.7%
	专业拓展	72	4		
总 计		2332	128	100%	100%

十、主干学科

机械工程、电子科学与技术、控制科学与工程

十一、核心课程

1.《微机电系统》(Micro－Electro－Mechanical System)

学时:54(教、学、做一体化,不严格区分理论和实践;其中,企业行业专家授课9学时。)

学分:3(其中,企业行业专家授课0.5学分。)

课程简介:本课程全面讲解微机电系统的基础知识,主要包括半导体制作工艺、执行器、微系统的工作原理、制作方法及应用范围。详细介绍各种新发展的微检测技术、微系统设计、建模方法等。分析了微系统中的工程特点以及与传统工程科学的区别。

教学方法或手段:多媒体结合板书。

教学评价方式:平时成绩占40%,期末考试占60%。

教材选用:苑伟政主编,《微机电系统》,西北工业大学出版社,2011年。

2.《机械测试与信号处理》(Mechanical test and signal processing)

学时:54(理论课学时48、实践课学时6,其中,企业行业专家授课9学时。)

学分:3(其中,企业行业专家授课0.5学分。)

课程简介:本课程主要介绍现代机械工程领域中各种常规工艺量,如压力、温度、转速与功率、流量与流速等,以及相关机械量,如位移或位置、振动和噪声等参数的测量技术;并介绍常见测试系统组建中所需要的技术理论知识,如模拟信号、数字信号的获取与处理,虚拟仪器、信号分析系统等。

教学方法或手段:多媒体结合板书。

教学评价方式:平时成绩占30%,期末考试占70%。

教材选用:宋爱国,《测试信号分析与信号处理》,机械工业出版社,2006年.

3.《计算机原理与接口技术》(Computer principle and interface technology)

学时:48(教、学、做一体化,不严格区分理论和实践;其中,企业行业专家授课9学时。)

学分:2.5(其中,企业行业专家授课0.5学分。)

课程简介:本课程以计算机应用为基础,详细阐述计算机接口技术的原理与应用,主要介绍微型

计算机的组成原理、体系结构、指令系统以及程序设计基础等;在此基础上,讲述输入、输出系统、中断系统、常用可编程接口芯片、总线、人机交互及其接口等有关知识。

教学方法或手段:在机房采取理实融合,教、学、做一体化的方式进行授课。

教学评价方式:期末考试(平时成绩占30%,期末考试占70%)。

教材选用:周荷琴、冯焕清等,《微型计算机原理与接口技术》(第五版),中国科学技术大学出版社,2013年。

4.《机电传动与控制》(Electromechanical transmission and control)

学时:48(理论课学时40、实践课学时8,其中,企业行业专家授课9学时。)

学分:2.5(其中,企业行业专家授课0.5学分。)

课程简介:本课程主要内容分为机电传动系统驱动元件与机电传动系统控制两部分,主要包括直流电机、交流电机、控制电机和传动控制的基础理论,控制电器和继电器——接触器控制系统,电力半导体器件,直流电动机以及步进电动机的开环和闭环控制系统等。

教学方法或手段:工程训练中心、实验室采用教、学、做一体化的方式进行授课。

教学评价方式:期末考试(平时成绩占40%,期末考试占60%)。

教材选用:杨叔子、李培根、李元元等,《机电传动与控制》(第三版),华中科技大学出版社,2011年。

5.《机电系统设计》(Mechatronics System Design)

学时:48(理论课学时36、实践课学时12,其中,企业行业专家授课9学时。)

学分:2.5(其中,企业行业专家授课0.5学分。)

课程简介:本课程主要介绍机电系统的相关技术、设计方法与设计流程,阐述机电控制系统的基本组成、分类、性能指标以及控制系统的数学模型和分析方法,掌握常用传动部件及执行机构、传感器及其接口设计等实例。

教学方法或手段:多媒体结合板书。

教学评价方式:期末考试(平时成绩占30%,期末考试占70%)。

教材选用:杨运强等,《机电系统设计基础》,冶金工业出版社,2014年。

十二、教学进程表(表五)

课程类别	课程编号	课程名称	总学分	总学时	学时分配		各学期学时分配								考核方式
					理论	实践	1	2	3	4	5	6	7	8	
通识教育课程平台	TS26106	思想道德修养与法律基础	3	48	38	10	48								试
	TS26102	中国近现代史纲要	2	32	24	8		32							试
	TS26103	马克思主义基本原理概论	3	48	38	10				48					试
	TS26104	毛泽东思想和中国特色社会主义理论体系概论I	2	32	32					32					试
	TS26105	毛泽东思想和中国特色社会主义理论体系概论II	4	64	44	20					64				试
	TS15001-4	大学英语(I-IV)	15	270	230	40	60	70	70	70					试
	TS19001-4	大学体育(I-IV)	4	126	126		30	32	32	32					试
	TS28001	大学计算机基础	3	48	16	32	48								试
	TS28003	C语言程序设计	4	72	48	24		72							查
	TS18111	大学生心理健康教育	1	14	14			14							试
	TS26108-9	形势与政策(I-II)	2	32	12	20	16	16							查

续表

课程类别		课程编号	课程名称	总学分	总学时	学时分配		各学期学时分配								考核方式
						理论	实践	1	2	3	4	5	6	7	8	
专业教育课程平台	学科基础课程	JC28001	高等数学A1	4.5	80	80		80								试
		JC28002	高等数学A2	5	100	100			100							试
		JC28006	线性代数	2.5	48	48			48							试
		JC16404	理论力学	3	54	54				54						试
		JC16405	材料力学	3	54	50	4				54					试
		JC16403	电工基础	3	54	44	10			54						试
		JC16406	电子技术	3.5	64	56	8				64					试
		JC16401	画法几何及机械制图	5	88	76	12	88								试
		JC16402	计算机绘图	1	20		20	20								试
	专业基础课程	ZJ16409	机械工程材料	2	36	30	6			36						试
		ZJ16402	互换性与测量技术	2	36	30	6			36						试
		ZJ16405	机械原理	3	54	46	8				54					试
		ZJ16406	机械设计	3	54	48	6					54				试
		ZJ16407	机械制造技术基础	2.5	48	42	6					48				试
		ZJ16408	单片机原理与应用	2.5	48	36	12					48				试
		ZJ16410	机械工程控制基础	3	54	48	6			54						试
		ZJ16404	液压与气压传动	2	36	30	6			36						试
	专业核心课程	ZH16410	微机电系统	3	54	54						54				试
		ZH16411	机械测试与信号处理	3	54	48	6					54				试
		ZH16412	计算机接口技术	2.5	48	48						48				试
		ZH16413	机电传动与控制	2.5	48	40	8						48			试
		ZH16414	机电系统设计	2.5	48	36	12						48			试
创新创业教育课程平台	基础课程	CJ00001	大学生创业教育	1	18	18				18						查
		CJ00002	大学生就业指导	2	24	24			12				12			查
		JC16403	专业导论	0.5	9	9		9								查
	核心实训课程	CX0002	创新创业论坛	0.5	9	9			9							查
		CY0002	工业企业管理	1.5	27	27								27		查
		CX0002	机电创新方法与实践	1.5	27	27							27			查
		CH0001	创新创业成果学分认定	创新创业成果学分的认定见有关文件												
专业方向课程模块	机器人技术	ZF16401	机器人学基础	2	36	36						36				试
		ZF16403	机器人应用技术	2	36	26	10						36			试
		ZF16420	现代控制理论	2	36	36						36				试
		ZF16404	虚拟仪器技术	2	36	26	10							36		试
	机电液一体化控制	ZF16421	可编程控制技术	2	36	26	10						36			试
		ZF16422	电液伺服控制	2	36	30	6							36		试
		ZF16423	数控原理与应用	2	36	30	6							36		试
		ZF16424	机电系统建模与仿真	2	36	36							36			试

续表

课程类别	课程编号	课程名称	总学分	总学时	学时分配 理论	学时分配 实践	各学期学时分配 1	2	3	4	5	6	7	8	考核方式
个性化拓展课程模块 人文素质模块	GT18601	演讲与口才	1	18	18						18				查
	GT18608	应用文写作	1	18	18		18								查
	GT18106W	中国近代人物研究	1	18	18				18						查
	GT18107W	明史十讲	1	18	18					18					查
专业拓展模块	GT16409	机械工程概论	1	18	18		18								查
	GT16402	文献检索	1	18	18						18				查
	GT16404	机械结构有限元分析	2	36	18	18						36			查
	GT16403	三维软件基础	1	18		18					18				查
	GT16407	机电系统可靠性工程	1	18	18								18		查
	GT16408	计算机辅助设计与制造	2	36	18	18							36		查
	GT16405	材料成形技术基础	2	36	36						36				试
	GT16406	专业英语	1	18	18							18			查
最低修读学分/学时			128	2332	367	410	489	390	394	333	201				
课堂教学周数							15	17	18	15	15	16	10		
周学时数							24.5	24.1	27.2	26	26.3	20.8	20.1		

说明：
1. 各专业军事理论教育在第1学期以讲座形式进行；
2. 专业方向课程模块学生必须完整选修其中至少1个模块，满8个学分；
3. 个性化拓展模块要求学生至少须选修6个学分，其中，"人文素质"模块要求学生至少选修2个学分，且至少选修1门网络课程；专业拓展模块至少修4个学分；
4. 创新创业教育平台，学生获得"创新创业成果"学分可抵免创新创业核心实训课程学分。

十三、辅修专业课程设置

机械工程学院机械电子工程专业辅修课程设置

课程名称	学分	辅修专业教学计划
机械工程制图	3	
机械原理	3	
机械设计	3	
单片机原理与应用	2.5	
机械工程控制基础	2.5	
液压与气压传动	3	
微机电系统	2	
机械测试与信号处理	3	
计算机接口技术	3	
机电传动与控制	2.5	
机电系统设计	2.5	
毕业论文	4	必做，但不计学分。
总　　计	30	学生必须修满25学分

机械电子工程专业辅修先修课程设置(各学院根据本专业实际要求填写,如没有则此表不填)

课程名称	学分	备注
高等数学	10	
理论力学	3	
材料力学	3	
电工技术	3	
电子技术	3	

工学类专业

车辆工程本科专业人才培养方案

专业代码：080207

一、培养目标

本专业培养德、智、体、美全面发展，掌握车辆工程专业理论和专业知识，具有汽车产品设计、制造和生产组织管理等方面的专业能力，能够在汽车相关领域从事汽车产品设计、制造、实验、检测、管理、科研及教学等工作，具有创新意识和创业精神的高素质应用型工程技术人才。

二、培养要求

本专业学生主要学习机械工程、汽车构造与原理、汽车设计与理论、电工电子技术、汽车电子控制、汽车试验测试技术等方面的基本理论和专业知识，接受车辆工程师的基本训练，掌握汽车设计、制造、实验、检测及管理等方面的基本能力。

毕业生应获得以下几方面的知识和能力：

1. 具有爱岗敬业、艰苦奋斗、遵纪守法、团结合作的品质以及良好的社会公德和职业道德；
2. 具有一定的体育和军事基本知识，接受必要的军事训练，掌握科学锻炼身体的基本技能，养成良好的体育锻炼和卫生习惯，达到国家规定的大学生体育和军事训练合格标准，具备健全的心理和健康的体魄，能够履行建设祖国和保卫祖国的神圣义务；
3. 具有较扎实的自然科学基础，较好的人文和社会科学基础及语言、文字表达能力；
4. 掌握机械工程、工程力学、电工电子技术、计算机应用技术、测试技术、市场经济及企业管理等机械工程的基本理论和基本知识；
5. 掌握车辆构造、理论、设计、电子控制等专业知识和车辆产品设计制造方法；
6. 具有工程制图、计算、试验、计算机应用的基本能力，并具备一定的综合运用所学知识分析和解决车辆产品的设计开发、技术升级改造与创新的能力；
7. 掌握文献检索、资料查询及运用现代信息技术获取相关信息的基本方法；
8. 了解机械工程和车辆工程学科的前沿技术、发展动态和行业需求；
9. 了解国家车辆工程领域的技术标准，相关行业的政策、法律和法规；
10. 具有一定的车辆工程相关领域科学研究、科技开发、组织管理能力；
11. 具有一定的国际视野和较强的交流沟通能力；
12. 具有终身教育的意识和继续学习的能力。

三、素质与能力分析表(表一)

综合素质与能力	专项素质与能力	对应课程或实践
1.基本素质与能力	1.1 政治素质	思想道德修养与法律基础、中国近现代史纲要、马克思主义基本原理、概论、形势政策等
	1.2 人文科学素质	应用文写作、明史十讲、形式逻辑、中国近代人物研究等
	1.3 身心素质	军事训练、大学体育、大学生心理健康教育等
	1.4 分析运算能力	高等数学、线性代数、概率论、数理统计、计算方法等
	1.5 英语应用能力	大学英语、车辆工程专业英语等
	1.6 计算机应用能力	大学计算机基础、C语言程序设计、计算机绘图、汽车零部件三维设计实训
	1.7 利用现代化手段获取信息能力	文献检索、大学计算机基础等
	1.8 组织管理、语言表达、人际交往以及在团队中发挥作用的能力	现代企业管理、演讲与口才、社交礼仪等
2.学科基础知识及应用能力	2.1 车辆工程工作所需的相关数学、自然科学知识	高等数学、性代数、概率论与数理统计、大学物理、普通化学、计算机方法、计算机基础、C语言程序设计等
	2.1 力学分析能力	理论力学、材料力学、工程热力学及传热学、流体力学与液压传动等
	2.2 电路分析与设计能力	电工电子技术、电工电子技术实训等
3.专业基础知识及应用能力	3.1 工程图的阅读与绘制能力	机械制图、机械制图综合实训、计算机绘图、汽车零部件三维设计实训
	3.2 车辆工程基础知识和基本理论知识与能力	机械原理、机械设计、工程热力学及传热学、流体力学与液压传动、控制工程基础、机械制造技术基础、机械工程材料、互换性与测量技术、传感与检测技术等
4.专业核心知识及应用能力	汽车理论知识,汽车设计与制造能力	汽车构造、汽车理论、汽车设计、汽车制造工艺学、汽车试验学、汽车电控单元与接口技术、汽车电器与电子控制技术
5.专业实践技能与动手能力	汽车设计与制造实践能力	机械原理课程设计、机械设计课程设计、液压技术课程设计、汽车拆装实训、汽车零部件三维设计实训、汽车制造工艺实训、汽车电子与电器实训、汽车工程综合实训、汽车专业课程设计、毕业生产实习、毕业论文(设计)
6.创新创业能力	6.1 创新能力	发明学、创新创业论坛、专业创新教育实践
	6.2 创业能力	大学生创业教育、大学生就业指导、专业导论、专业创业教育实践
7.个性化发展能力	7.1 人文素质	应用文写作、演讲与口才、中国近代人物研究、明史十讲、汽车文化等
	7.2 专业拓展	车辆工程专业英语、新能源汽车、汽车评估与鉴定、汽车优化设计、汽车轻量化技术、有限元分析与应用、数控编程与加工技术、车辆人机工程学、汽车检测与故障诊断、汽车行业标准概论等

四、学制与学分

1.学制:标准学制4年,修业年限3～6年。

2.学分:最低修读177学分。其中,课内教学环节必须修满133学分,实践教学环节必须修44学分。

五、毕业与学位授予

学生在规定的学习年限内,完成各教学环节学习,修满专业规定的最低学分,准予毕业。授予工学学士学位。

六、全学程时间安排总表(表二)

项目\学年学期	一		二		三		四		合计
	1	2	3	4	5	6	7	8	
军训(含军事理论教育)	2								2
入学教育	(2)								(2)
课堂教学	15	18	15	15	12	14	11		100
专业实习或教育实习			3	3	6	3			19
毕业实习							4		4
专业创新创业实训							2		2
毕业论文(设计)								14	14
复习考试	1	1	1	1	1	1	1		7
小学期		2		1		1			4
机动	1							3	4
假期	6	6	6	7	6	7	6		44
全学程总周数	25	27	25	27	25	27	25	19	200

七、实践性教学环节(表三)

课程编号	实践教学项目	学分	周数	安排学期	实践方式
SJ00701	入学教育	1	(2)	第1学期	集中
SJ00702	军训(含军事理论教育)	1	2	第1学期	集中
SJ00703	社会实践	1	(3)	第2、4、6学期后暑期	由校团委统一安排
SJ16716	机械制图综合实训	2	(2)	第2学期(后小学期)	学校制图实训室、CAD机房
SJ16702	金工实习	3	3	第3学期	工程训练中心进行,外聘部分企业技师参与指导
SJ16703	电工电子综合实训	1	1	第4学期	工程训练中心电子实训区
SJ16704	汽车拆装与驾驶实训	3	3	第5学期	工程训练中心汽车实训区
SJ16705	机械原理课程设计	1	(1)	第4学期(后小学期)	工学基础实验教学中心
SJ16706	机械设计课程设计	2	2	第5学期	工学基础实验教学中心
SJ16707	汽车零部件三维设计实训	2	2	第6学期	工程训练中心CAD机房
SJ16708	汽车电子与电器实训	1	1	第5学期	工程训练中心汽车实训区
SJ16709	汽车制造工艺实训	1	1	第7学期	工程训练中心机加工实训区
SJ16710	市场调查与商务实习	1	(1)	第6学期(后小学期)	结合社会实践进行

续表

课程编号	实践教学项目	学分	周数	安排学期	实践方式
SJ16711	汽车工程综合实训	2	2	第6学期	工程训练中心汽车实训区
SJ16712	汽车专业课程设计	2	2	第7学期	工程训练中心CAD机房
SJ16713	毕业生产实习	4	4	第7学期	江淮汽车、奇瑞汽车、广州佛朗斯机械公司等企业进行,外聘部分企业技术人员参与指导,工程师以上职称比例不低于30%
SJ16717	专业创新创业实训	2	2	第8学期	结合大学生创新创业研究课题和相关汽车企业技术创新课题
SJ16714	毕业论文(设计)	14	14	第8学期	机械与汽车试验教学中心、广州佛朗斯机械公司等,外聘部分企业专家和技术人员参与指导,工程师以上职称比例不低于50%
	合　计	44	39(9)		

八、课程设置及学时、学分比例表(表四)

课程类型		学时	学分	占总学时(总学分)比例(%)	
通识教育课程平台		786	43	32.6%	32.3%
专业教育课程平台	学科基础课程	606	34	25.1%	25.6%
	专业基础课程	474	26	19.7%	19.5%
	专业核心课程	274	15	11.4%	11.3%
创新创业教育模块	基础课程	51	3.5	4.5%	4.5%
	核心实训课程	63	3.5		
个性化拓展课程模块	人文素质	54	3	2.2%	2.3%
	专业拓展	108	6	4.5%	4.5%
总　计		2416	134	100%	100%

九、主干学科

机械工程、力学、控制科学与工程

十、专业核心知识领域、核心课程

专业核心知识领域包括:机械制图、工程力学、机械设计基础、机械制造基础、控制工程基础、车辆理论、车辆设计、车辆构造、车辆试验学等。

专业核心课程有:《汽车构造》《汽车理论》《汽车设计》《汽车制造工艺学》《汽车试验》《汽车电器与电子控制技术》。

1.《汽车构造》(Construction of Automobile)

学时:54(其中,企业行业专家授课9学时。)

学分:3(其中,企业行业专业授课0.5学分。)

教学内容:本课程主要讲授发动机、传动系统、转向系统、行走系统、制动系统和车身等各总成、零部件的作用、结构组成、工作原理等知识。通过学习,学生应掌握汽车整车基本构造,并初步具备整车结构分析与拆装能力。

教学方法与手段:本课程部分内容教学采取教、学、做一体化方式在工程训练中心汽车实训区进行。课程后续 3 周的拆装与驾驶训练,要求学生完成规定量的实践教学任务。

课程评价与考核:考核结合教学过程和结束考试结果的方式进行,平时成绩占 40%,考试成绩占 60%。

教材选用:教育部规划教材。

2.《汽车理论》(Theory of Automobile)

学时:46(其中,企业行业专家授课 9 学时。)

学分:2.5(其中,企业行业专业授课 0.5 学分。)

课程简介:本课程主要讲授汽车的动力性、汽车燃油经济性、汽车动力装置参数的选择、汽车制动性、汽车操纵稳定性、汽车平顺性等知识。重点讲授各使用性能的评价指标与评价方法,建立有关的动力学方程,分析汽车及其部件的结构形式与结构参数对各使用性能的影响,进行性能预测。通过学习,学生应掌握汽车理论基本知识,并初步具备汽车及其零部件的结构参数分析、性能预测能力。

教学方法与手段:本课程采用多媒体教学。课程后续 2 周的汽车工程综合实训,要求学生完成规定量的实践教学任务。

程评价与考核:考核采取平时+考试的方式进行,平时成绩占 30%,考试成绩占 70%。

教材选用:教育部规划教材。

3.《汽车设计》(Automotive Design)

学时:54(其中,企业行业专家授课 9 学时。)

学分:3(其中,企业行业专业授课 0.5 学分。)

课程简介:本课程主要讲授汽车设计理论与计算方法,包括整车及底盘各主要总成设计所需要的基本知识。其内容包括汽车总体设计,发动机、离合器、变速器、万向传动轴、驱动桥、悬架、转向系和制动系统等各总成设计应满足的要求、结构方案分类与分析、主要参数及零部件载荷的确定、强度计算方法、主要结构元件分析、最新设计方法及其在汽车设计中的应用。通过学习,学生应掌握汽车初步具备汽车整车及零部件设计能力。

教学方法或手段:本课程采用多媒体教学。课程后续 2 周的汽车专业课程设计,要求学生完成规定量的设计任务。

课程评价与考核:考核采取平时+作业+考试的方式进行,平时成绩占 20%,作业成绩占 20%,考试成绩占 60%。

教材选用:教育部规划教材。

4.《汽车制造工艺学》(Automotive manufacturing technology)

学时:36(其中,企业行业专家授课 9 学时。)

学分:2(其中,企业行业专业授课 0.5 学分。)

课程简介:本课程主要讲授汽车制造过程概论、汽车及其零件制造中常用制造工艺基础知识、工件的机械加工质量、工件的定位和机床夹具、机械加工工艺规程的制定、尺寸链原理及其应用、装配工艺基础、结构工艺性、汽车典型零件的制造工艺、汽车车身制造工艺、自动化制造系统及先进制造技术简介。通过学习,学生应掌握车辆(汽车)结构设计的工艺能力。

教学方法与手段:本课程采用多媒体教学。课程后续 1 周的汽车制造工艺实训,要求学生完成规定量的实践教学任务。

课程评价与考核:考核采用教学过程和结束考试结果相结合的方式进行,平时成绩占 40%,考试成绩占 60%。

教材选用:教育部规划教材。

5.《汽车试验学》(Auto Test Technology)

学时 36(其中,企业行业专家授课 9 学时。)

学分 2(其中,企业行业专业授课 0.5 学分。)

课程简介:本课程主要讲授汽车试验及测试的基本理论和基本方法,试验装置的特性分析及评价方法,常用传感器、信号传输与处理,常用记录仪器原理与结构,微机在汽车试验中的应用,测试数据的分析和处理等知识。通过学习,学生应掌握汽车试验的基本原理、方法及相关技术。

教学方法与手段:本课程部分内容教学采取教、学、做一体化方式在工程训练中心汽车实训区进行。课程后续 2 周的汽车工程综合实训,要求学生完成规定量的实践教学任务。

课程评价与考核:考核采用教学过程和结束考试结果相结合的方式进行,平时成绩占 40%,考试成绩占 60%。

教材选用:教育部规划教材。

6.《汽车电器与电子技术》(Automotive electrical and electronic technology)

学时:48(其中企业行业专家授课 9 个学时。)

学分:2.5(其中企业行业专业授课学分 0.5。)

课程简介:本课程主要讲授汽车电器和汽车电子控制技术的内容,如蓄电池、发电机、起动机、点火系、照明与信号系统、仪表报警灯与显示装置、汽车发动机及底盘综合控制系统的结构、工作原理。通过学习,学生应掌握汽车电气系统构造和工作原理,并初步具备电子电器拆装与检测能力。

教学方法与手段:本课程部分内容教学采取教、学、做一体化方式在工程训练中心汽车实训区进行。课程后续 1 周的汽车电子与电器实训,要求学生完成规定量的实践教学任务。

课程评价与考核:考核采用教学过程和结束考试结果相结合的方式进行,平时成绩占 40%,考试成绩占 60%。

教材选用:教育部规划教材。

十一、教学进程表(表五)

课程类别	课程编号	课程名称	总学分	总学时	学时分配 理论	学时分配 实践	各学期学时分配 1	2	3	4	5	6	7	8	考核方式
通识教育课程平台	TS26106	思想道德修养与法律基础	3	48	38	10	48								试
	TS26102	中国近现代史纲要	2	32	24	8		32							试
	TS26103	马克思主义基本原理概论	3	48	38	10				48					试
	TS26104	毛泽东思想和中国特色社会主义理论概论Ⅰ	2	32	32						32				试
	TS26105	毛泽东思想和中国特色社会主义理论概论Ⅱ	4	64	44	20						64			试
	TS15001-4	大学英语(Ⅰ-Ⅳ)	15	270	230	40	60	70	70	70					试
	TS19001-4	大学体育(Ⅰ-Ⅳ)	4	126	126		30	32	32	32					试
	TS28001	大学计算机基础	3	48	16	32	48								试
	TS28003	C语言程序设计	4	72	48	24		72							试
	TS18111	大学生心理健康教育	1	14				14							查
	TS26108-9	形势与政策	2	32	12	20	16	16							查

续表

课程类别		课程编号	课程名称	总学分	总学时	学时分配		各学期学时分配								考核方式
						理论	实践	1	2	3	4	5	6	7	8	
专业教育课程平台	学科基础课程	JC28001	高等数学A1	4.5	80	80		80								试
		JC28002	高等数学A2	5.5	100	100			100							试
		JC28006	线性代数	3	48	48			48							试
		JC28008	概率论与数理统计	3	54	54						54				试
		JC29002	大学物理B	4.5	82	64	18		82							试
		JC25007	普通化学	2	36	32	4	36								试
		JC16704	计算方法	2	36	36							36			试
		JC16701	电工电子技术	4	72	60	12			72						试
		JC16702	理论力学	3	54	54				54						试
		JC16703	材料力学	3	54	50	4					54				试
	专业基础课程	ZJ16711	画法几何及机械制图	5	88	76	12	88								试
		ZJ16712	计算机绘图	1	20		20	20								试
		ZJ16703	工程热力学及传热学	2	36	32	4			36						试
		ZJ16704	流体力学与液压传动	2.5	48	42	6						48			试
		ZJ16705	机械原理	3	54	46	8			54						试
		ZJ16706	机械设计	3	54	48	6					54				试
		ZJ16707	机械工程控制基础	2.5	48	40	8						48			试
		ZJ16708	机械制造技术基础	3	54	48	6					54				试
		ZJ16709	机械工程材料	2	36	30	6					36				试
		ZJ16710	互换性与测量技术	2	36	30	6					36				试
	专业核心课程	ZH16701	汽车构造	3	54	46	8					54				试
		ZH16702	汽车理论	2.5	46	46							46			试
		ZH16707	汽车试验学	2	36	30	6						36			试
		ZH16708	汽车制造工艺学	2	36	32	4							36		试
		ZH16709	汽车电器与电子控制技术	2.5	48	40	8						48			试
		ZH16710	汽车设计	3	54	54								54		试
创新创业教育模块	基础课程	CJ00001	大学生创业教育	1	18	18				18						查
		CJ00002	大学生就业指导	2	24	24			12				12			查
		CJ16320	专业导论	0.5	9	9		9								查
	核心实训课程	CH00002	创新创业论坛	0.5	9	9						9				查
		CH00002	汽车技术维护实践	1.5	27	27							27			查
		CH00003	汽车营销与管理实践	1.5	27	27								27		查
		CH00001	创新创业成果学分认定	创新创业成果学分的认定见有关文件												

续表

课程类别		课程编号	课程名称	总学分	总学时	学时分配		各学期学时分配								考核方式
						理论	实践	1	2	3	4	5	6	7	8	
个性化拓展课程模块	人文素质	GT18608	应用文写作	1	18	18							18			查
		GT18601	演讲与口才	1	18	18								18		查
		GT18306	社交礼仪	1	18	18								18		查
		GT18106W	中国近代人物研究	1	18	18								18		查
		GT18627	文学欣赏基础	1	18	18								18		查
		GT18107	明史十讲	1	18	18								18		查
		GT16003	文献检索※	1	18	18							18			查
		GT16723	生命科学概论	1	20	20								20		查
		GT16724	汽车文化	1	18	18								18		查
	专业基础课程	GT16701	汽车电控单元与接口技术	2	36	28	8						36			试
		GT16702	车辆工程专业英语*	2	36	36								36		查
		GT16703	汽车行业标准概论	1	18	18							18			查
		GT16704	汽车检测与故障诊断	2	36	36								36		查
		GT16705	传感与检测技术	2	36	26	10							36		试
		GT14706	现代企业管理	1	18	18							18			查
		GT14707	质量管理	1	18	18								18		查
		GT16708	内燃机原理	2	36	30	6						36			查
		GT16709	数控编程与加工技术	2	36	30	6							36		查
		GT16710	汽车优化设计	2	36	30	6							36		查
		GT16711	材料成形技术	2	36	30	6							36		查
		GT16712	汽车轻量化技术	2	36	36								36		查
		GT16714	新能源汽车	1	18	18							18			查
		GT16715	汽车评估与鉴定	1	18	18								18		查
		GT16716	有限元分析与应用	1	18	18								18		查
		GT16717	车辆人机工程学	1	18	18								18		查
			最低修读学分/学时	133.5	2420			367/15	474/18	372/15	398/15	265/12	328/14	218/11			
			课堂时数														
			周学时数														

说明：

1. 各专业军事理论教育在第1学期以讲座形式进行；
2. 创新创业教育平台，学生获得"创新创业成果"学分可抵免创新创业核心实训课程学分；
3. 个性化拓展模块要求学生至少须选修9个学分，其中，"人文素质"模块要求学生至少选修3个学分，且至少选修1门网络课程；专业拓展模块至少选修6个学分（标*号的课程限选）。

十三、辅修专业课程设置

机械工程学院车辆工程专业辅修课程设置

课程名称	学 分	辅修专业教学计划
机械工程制图	3	
工程力学	3	
机械原理	2	
机械设计	3	
汽车构造	3	
汽车构造综合实验	1	
汽车理论	2	
汽车设计	2	
汽车电子技术	2	
汽车电器	2	
汽车试验学	2	
毕业论文	4	必做,但不计学分。
总计	29	学生必须修满25学分

车辆工程专业辅修先修课程设置(各学院根据本专业实际要求填写,如没有则此表不填)

课程名称	学分	备注

工学类专业

汽车服务工程本科专业人才培养方案

专业代码：080208

一、培养目标

本专业培养德、智、体、美全面发展，掌握现代汽车技术、汽车服务工程等方面的基础知识、基本理论、基本方法，具有汽车运用管理、营销策划、保险与评估等汽车服务的专业能力，能够从事与汽车服务工程有关的汽车运用与管理、销售与评估、营销与保险、汽车美容与保养等工作，具有创新意识和创业精神的高素质应用型专门人才。

二、培养要求

本专业学生主要学习汽车技术、汽车服务工程等方面的基本理论和基本知识，接受汽车运用、汽车营销管理等方面的基本训练，掌握汽车运用与管理、销售与评估、营销与保险、汽车美容与保养等方面的基本能力。

毕业生应获得以下几方面的专业基本知识和能力：

1. 具有扎实的数学、物理、工程力学、机械基础、电工与电子技术等专业必需的基础理论知识；
2. 具有扎实的汽车构造、汽车电器设备、汽车电子控制系统、汽车理论等专业理论知识；
3. 掌握汽车检测与故障诊断、汽车营销与策划、汽车保险与理赔、汽车评估基础知识；
4. 具备汽车营销与策划、汽车服务企业的经营与管理、汽车驾驶等能力；
5. 能比较熟练地阅读英语书刊，具有一定的听、说、写等能力，具有较熟练的计算机应用能力；
6. 对终身学习有正确认识，具有不断学习和适应发展的能力，具有一定的组织管理能力、表达能力和人际交往能力以及在团队中发挥作用的能力；
7. 具有较强的语言文字表达、人际沟通、团结协作、知识再生等社会适应和发展能力；
8. 具有人文社会科学素养、社会责任感、职业道德和敬业精神。

三、专业方向

1. 汽车运用与管理方向

学习和掌握汽车使用、维护、管理等方面的基础知识，具备综合汽车性能、技术状况等因素合理运用、管理汽车的能力，能够在相关汽车生产或汽车配套企业从事相关工作。

2. 汽车评估与营销方向

学习和掌握车辆营销、保险、评估等基础知识，具备对汽车进行销售、策划、评估、鉴定及理赔的专业素质和能力，能够在汽车服务行业从事相关工作。

四、素质与能力分析表(表一)

综合素质与能力	专项素质与能力	对应课程或实践
1.基本素质与能力	1.1 政治素质	思想道德修养与法律基础、中国近现代史纲要、马克思主义基本原理、概论、形势政策等
	1.2 人文科学素质	应用文写作、演讲与口才等
	1.3 身心素质	军事训练、大学生安全教育、体育等
	1.4 分析运算能力	高等数学A、线性代数
	1.5 英语应用能力	大学英语、汽车服务专业英语等
	1.6 计算机应用能力	大学计算机基础、C语言程序设计等
	1.7 利用现代化手段获取信息能力	文献检索等
	1.8 组织管理、语言表达、人际交往以及在团队中发挥作用的能力	现代企业管理、演讲与口才等
2.学科基础知识及应用能力	2.1 力学分析能力	理论力学、材料力学
	2.2 电路图阅读与分析能力	电工基础、电子技术、电工电子技术实训等
3.专业基础知识及应用能力	3.1 工程图的阅读能力	画法几何及机械制图
	3.2 机械结构设计与分析能力	汽车工程材料、机械设计、机械原理等
4.专业核心知识及应用能力	4.1 汽车运用和服务管理能力	汽车构造、汽车电器与电子技术、现代汽车新技术、汽车保险与理赔、汽车服务企业管理、汽车故障诊断与检测技术
5.专业实践技能与动手能力	5.1 汽车运用技能与管理能力	汽车拆装实训、汽车市场调查、汽车驾驶实训、汽车电器电子与检修实训、汽车营销商务实习等
6.创新创业能力	6.1 创新能力	创新创业论坛、专业创新教育实践
	6.2 创业能力	大学生创业教育、专业创业教育实践
7.个性化发展能力	7.1 人文素质	应用文写作,演讲与口才,中国近代人物研究,明史十讲
	7.2 专业拓展	汽车文化、汽车再生工程,交通运输经济学,汽车维修、发动机原理、概率论与数理统计等

五、学制与学分

1. 学制:标准学制4年,修业年限3～6年。
2. 学分:最低修读172.5学分。其中,课内教学环节必须修满130.5学分,实践教学环节必须修满42学分。

六、毕业与学位授予

学生在规定的学习年限内,完成各教学环节学习,修满专业规定的最低学分,准予毕业。授予工学学士学位。

七、全学程时间安排总表(表二)

学年 项目　　学期	一		二		三		四		合计
	1	2	3	4	5	6	7	8	
军训(含军事理论)	2								2
入学教育	(2)								(2)
课堂教学	15	18	15	18	13	13	12		106
专业实习、课程实习或教育实习	0	0	3	0	5	5	5		16
毕业实习								8	8
专业创新创业实训								2	2
毕业论文(设计)								6	6
复习考试	1	1	1	1	1	1	1		7
小学期				3					(3)
机动	1						1	3	5
假期	6	8	6	8	6	8	6		48
全学程总周数	25	27	25	27	25	27	25	19	200

八、实践性教学环节(表三)

课程编号	实践教学项目	学分	周数	安排学期	实践方式
SJ00801	入学教育	1	(2)	第1学期	机动
SJ00802	军训(含军事理论教育)	1	2	第1学期	集中
SJ00803	社会实践	1	(3)	第2、4、6学期后暑期	由校团委统一安排
SJ16802	机械制造工程训练	3	3	第3学期	工程训练中心集中
SJ16803	汽车拆装实训	3	3	第5学期	工程训练中心集中
SJ16804	机械设计课程设计	2	2	第5学期	设计室集中
SJ16805	机械原理课程设计	1	(1)	第4学期后小学期	设计室集中
SJ16806	电工电子技术实训	2	(2)	第4学期后小学期	工程训练中心集中
SJ16807	汽车市场调查	2	(2)	第6学期暑期	假期进行
SJ16808	汽车驾驶实训	3	3	第6学期	学校组织驾驶实训
SJ16810	汽车电器电子与检修实训	2	2	第6学期	工程训练中心集中
SJ16811	汽车营销商务实习	5	5	第7学期	4S店、企业安排
SJ16812	毕业实习	8	8	第8学期	学院统一安排
SJ16814	专业创新创业实训	2	2	第8学期	
SJ16813	毕业论文(设计)	6	6	第8学期	企业、设计室集中
	合计	42	54(10)		

九、课程设置及学时、学分比例表(表四)

课程类型		学时	学分	占总学时(总学分)比例(%)	
通识教育课程平台		786	43	36.4%	37.3%
专业教育课程平台	学科基础课程	502	27.5	46.6%	47.7%
	专业基础课程	396	22		
	专业核心课程	264	15		
	汽车评估与营销	172	9.5		
	汽车保险与理赔	172	9.5		
创新创业教育课程模块	创新创业教育课程	114	7	4%	4.2%
个性化拓展课程模块	人文素质	36	2	5.4%	5.0%
	专业拓展	72	4		
总 计		2356	130.5	100%	100%

十、主干学科

机械工程,交通运输工程。

核心知识领域:工程图学、工程力学、机械设计基础、汽车理论、汽车构造、汽车电子与电气等。

主要实践性教学环节:机械制造工程训练、市场调查、课程设计、生产实习、科技创新与社会实践、汽车营销商务实习、汽车驾驶实训、毕业设计等。

主要专业实验:车辆构造拆装实习、发动机台架试验、车辆电器与电子技术实验、车辆道路性能综合实验等。

十一、核心课程

1.《汽车构造》(Automobile Structure)

学时:54(其中,企业行业专家授课9学时。)

学分:3(其中,企业行业专业授课0.5学分。)

课程简介:本课程主要讲授汽车的发动机系统、传动系统、转向系统、行走系统、制动系统和车身等各总成、零部件的作用、结构组成、工作原理等知识。通过学习,学生应掌握汽车发动机及整车的基本构造,并初步具备发动机及整车的拆装能力。

教学方法与手段:本课程采取理论讲授与实验相结合方式。

课程评价与考核:平时成绩占50%,考试成绩占50%。

使用教材:省部级及以上规划教材。

2.《汽车服务企业管理》(Enterprise Management of Automobile Service)

学时:36(其中,企业行业专家授课9学时。)

学分:2(其中,企业行业专业授课0.5学分。)

课程简介:本课程根据汽车服务企业特点及其对企业管理提出的特殊要求,融合先进的管理理论、工具及其在汽车服务企业中的运用,结合交通行业职业技能规范标准,对汽车服务企业各项管理活动进行较为系统地论述。

教学方法与手段:本课程采取理论讲授与案例教学相结合的教学方法。

课程评价与考核:平时成绩占40%,考试成绩占60%。

教材选用:省部级及以上规划教材。

3.《汽车保险与理赔》(Automobile Insurance and Claim)

学时:36(其中,企业行业专家授课9学时。)

学分:2(其中,企业行业专业授课0.5学分。)

课程简介:本课程主要从汽车保险基础知识入手,主要讲授机动车辆保险与理赔的基本理论和实务操作。主要内容包括风险与风险管理、汽车保险概述、汽车保险合同、汽车保险原则、汽车保险市场、机动车辆保险投保实务、机动车辆保险承保实务、机动车辆保险理赔实务、汽车消费贷款及其保险等。

教学方法与手段:本课程采取理论讲授与案例教学相结合的教学方法。

课程评价与考核:平时成绩占40%,考试成绩占60%。

教材选用:省部级及以上规划教材。

4.《汽车电器与电子技术》(Automotive electrical and electronic technology)

学时:54(其中,企业行业专家授课9学时。)

学分:3(其中,企业行业专业授课0.5学分。)

课程简介:本课程主要讲授汽车电器和汽车电子控制技术的内容,如蓄电池、发电机、起动机、点火系、照明与信号系统、仪表报警灯与显示装置,以及汽车发动机及底盘各控制系统的结构、工作原理。通过学习,学生应掌握汽车电气和电子系统构造和工作原理,并初步具备电子电器拆装与检测能力。

教学方法与手段:本课程采用多媒体教学方式。

课程评价与考核:平时成绩占40%,考试成绩占60%。

教材选用:省部级及以上规划教材。

5.《现代汽车新技术》(New Technology of Modern Automobile)

学时:36(其中,企业行业专家授课9学时。)

学分:2(其中,企业行业专业授课0.5学分。)

课程简介:本课程主要讲授各种与现代汽车相关的新技术、新材料和新工艺。包括汽车发动机新技术、汽车传动系统新技术、汽车振动噪声控制技术、先进汽车安全技术、汽车新材料及轻量化、智能汽车、新能源汽车技术、汽车先进制造技术等。

教学方法与手段:本课程采取理论讲授与案例教学相结合的教学方法。

课程评价与考核:平时成绩占40%,考试成绩占60%。

教材选用:省部级及以上规划教材。

6.《汽车故障诊断与检测技术》(automobile examining and diagnosis technology)

学时:48(其中,企业行业专家授课8学时。)

学分:3(其中,企业行业专业授课0.5学分。)

课程简介:以汽车电子控制装置的结构和工作原理为基础,全面系统地讲述汽车电子控制装置的故障诊断与检测技术。重点介绍汽车故障诊断的基本知识、汽油机电子控制系统的故障诊断、自动变速器的故障诊断、防抱死制动系统的故障诊断、汽车空调系统的故障诊断等。

教学方法与手段:本课程采取理论讲授与实验相结合的教学方法。

课程评价与考核:平时成绩占50%,考试成绩占50%。

教材选用:省部级及以上规划教材。

十二、教学进程表(表五)

课程类别	课程编号	课程名称	总学分	总学时	学时分配 理论	学时分配 实践	各学期学时分配 1	2	3	4	5	6	7	8	考核方式
通识教育课程平台	TS26106	思想道德修养与法律基础	3	48	38	10	48								试
	TS26102	中国近现代史纲要	2	32	24	8		32							试
	TS26103	马克思主义基本原理概论	3	48	38	10				48					试
	TS26104	毛泽东思想和中国特色社会主义理论体系概论Ⅰ	2	32	32					32					试
	TS26105	毛泽东思想和中国特色社会主义理论体系概论Ⅱ	4	64	44	20					64				试
	TS15001-4	大学英语(Ⅰ-Ⅳ)	15	270	230	40	60	70	70	70					试
	TS19001-4	大学体育(Ⅰ-Ⅳ)	4	126	126		30	32	32	32					试
	TS28001	大学计算机基础	3	48	16	32	48								试
	TS28003	C语言程序设计	4	72	48	24		72							试
	TS26108-9	形势与政策(Ⅰ-Ⅱ)	2	32	12	20	16	16							查
	TS18001	大学生心理健康教育	1	14	14			14							查
专业教育课程平台 学科基础课程	JC28001	高等数学A1	4.5	80	80		80								试
	JC28002	高等数学A2	5	100	100			100							试
	JC28006	线性代数	3	48	48					48					试
	JC29002	大学物理B	4.5	82	64	18		82							试
	JC16805	理论力学	3	54	54				54						试
	JC16806	材料力学	3	54	44	10				54					试
	JC16807	电工基础	2	40	32	8				40					试
	JC16808	电子技术	3	54	46	8					54				试
专业教育课程平台 专业基础课程	ZJ16809	画法几何及机械制图	5	88	76	12	88								试
	ZJ16801	汽车理论	2	36	36						36				试
	ZJ16811	机械原理	3	54	46	8				54					试
	ZJ16812	机械设计	3	54	48	6					54				试
	ZJ16802	汽车工程材料	2	36	30	6				36					试
	ZJ16814	传感与检测技术	2	36	26	10						36			试
	ZJ16815	单片机原理与应用	2	36	30	6						36			试
	ZJ16803	汽车服务专业英语	2	36	36							36			查
专业基础课程	ZH16801	汽车构造	3	54	44	10				54					试
	ZH16802	汽车服务企业管理	2	36	36							36			试
	ZH16803	现代汽车新技术	2	36	36							36			试
	ZH16804	汽车保险与理赔	2	36	36							36			试
	ZH16805	汽车电器与电子技术	3	54	54							54			试
	ZH16806	汽车故障诊断与检测技术	3	48	36	12						48			试

续表

课程类别		课程编号	课程名称	总学分	总学时	学时分配		各学期学时分配								考核方式
						理论	实践	1	2	3	4	5	6	7	8	
专业方向课程模块	汽车运用与管理	ZF16801	汽车运用与管理	2	36	36							36			试
		ZF16802	汽车贸易	2	36	36							36			试
		ZF16803	汽车物流与配件管理	2	36	36								36		查
		ZF16804	汽车美容与保养	2	36	36								36		试
		ZF16805	汽车安全与法规	1.5	28	28								36		查
	汽车评估与营销	ZF16806	汽车评估与鉴定	2	36	36							36			试
		ZF16807	汽车营销与策划	2	36	36							36			查
		ZF16808	汽车碰撞与安全	2	36	36								36		查
		ZF16809	汽车电子商务	1.5	28	28								28		查
		ZF16810	汽车商务谈判与礼仪	2	36	36								36		查
创新创业教育课程平台	基础课程	CJ00001	大学生创业教育	1	18	18					18					查
		CJ00002	大学生就业指导	2	24	24						12		12			查
		CJ16801	专业导论	0.5	9	9					9					查
	核心实训课程	CH00001	创新创业论坛	0.5	9	9								9		查
		CH 16802	汽车4S店管理实践	1.5	27	27								27		查
		CH 16803	汽车家庭医生实践	1.5	27	27								27		查
		CH00002	创新创业成果学分认定	创业实践学分的认定见有关文件												
个性化拓展课程模块	人文素质	GT18608	应用文写作	1	18	18				18						查
		GT18601	演讲与口才	1	18	18					18					查
		GT18106W	中国近代人物研究	1	18	18					18					查
		GT18107W	明史十讲	1	18	18						18				查
	专业拓展	GT28008	概率论与数理统计	3	54	54							54			试
		GT16801	汽车轻量化技术	2	36	36								36		查
		GT16802	汽车维修	3	48	28	20							48		试
		GT16803	汽车再生工程	2	36	36								36		查
		GT16804	汽车文化	1	18	18		18								查
		GT16805	交通运输经济学	2	36	36							36			查
		GT16806	发动机原理	1	18	18								18		查
最低修读学分/学时				130.5	2262	1984	278	324	438	358	392	262	270	218		
课堂教学周数								15	18	15	18	13	13	12		
周学时数								21.6	24.3	23.9	21.7	20.1	20.8	18.2		

说明：
1. 军事理论教育、大学生安全教育在第1学期以讲座形式进行；
2. 专业方向课程模块设2个子模块，要求至少1个模块修满7.5个学分，总学分至少修满11个学分；
3. 创新创业模块要求学生至少修满5个学分，"创新实践"或"创业实践"1个学分可抵免1门相应模块课程(标*号的课程除外)；
4. 个性化拓展模块要求学生至少选修6个学分，其中，"人文素质"模块要求学生至少选修2个学分，且至少选修1门网络课程；专业拓展模块至少选修4个学分。

十三、辅修专业课程设置

机械工程学院汽车服务工程专业辅修课程设置

课程名称	学　分	辅修专业教学计划
机械原理	4	第4学期
机械设计	4	第4学期
传感与检测技术	2	第4学期
汽车营销与策划	2	第5学期
汽车构造	4	第5学期
汽车贸易	2	第5学期
汽车运用与管理	2	第6学期
汽车保险与理赔	2	第6学期
汽车电器与电子技术	3	第6学期
毕业论文	6	必做，但不计学分。
总　　计	31	学生必须修满25学分

工学类专业

机电技术教育本科专业人才培养方案

专业代码:080211T

一、培养目标

本专业培养德、智、体、美全面发展,掌握机电工程方面的基本理论、基本知识以及现代机电一体化技术和工业控制技术,具有在中等职业学校从事教学和指导生产实习能力以及机电一体化产品设计制造、机电控制系统设计等专业能力,能够在相关企事业单位进行机电一体化产品设计、制造以及机电系统构建、管理、维护等方面的工作,具有创新意识和创业精神的高素质应用型专门人才。

二、培养要求

本专业学生主要学习与机电工程相关的机械、电子、控制、计算机等方面的基本理论和基本知识,接受制图、机械设计、测试、机电系统控制等方面的基本训练,掌握机电产品设计、制造、机电系统控制等方面的基本能力。

毕业生应获得以下几方面的知识和能力:

1. 热爱社会主义祖国,拥护中国共产党的领导,具有正确的人生观、世界观和价值观,具有良好的思想品德、社会公德和职业道德,整体素质优良;

2. 掌握较扎实的数学、物理、力学等学科基础理论知识;

3. 系统掌握本专业领域的机械、电子、控制、计算机等专业基础知识;

4. 具有本专业必备的机电系统集成及智能化、机电液控制、信号处理与计算机应用等专业知识,并了解其学科前沿及发展趋势;

5. 具备必要的制图、设计、计算、测试和基本工艺操作等基本技能;

6. 具有较强的计算机、外语应用能力和一定的文献检索能力,并具备一定的人文、艺术及其他社会科学基础素养;

7. 熟悉教育学基本理论,掌握教学基本技能,具备在中职以上院校从事教学的基本能力;

8. 具备较强的自学能力、创新意识和较高的分析问题、解决问题的综合素质;

9. 具有良好的心理素质和适应能力,掌握科学锻炼身体的基本技能,受到必要的军事训练,达到国家规定的大学生体育和军事训练合格标准。

三、专业方向

机电技术教育专业是涵盖机械工程、电子科学、材料科学、信息技术等多学科交叉融合的跨领域专业,社会不同领域、不同分工对本专业人才有着不同的需求,经济社会发展需要多层次、多类型的人才培养规格和模式。为了培养一专多能的应用型创新创业人才,考虑到学生在机电学科基础上的专业发展,将本专业分成以下三个专业方向。

1. 师范教育方向

学习和掌握教育学、心理学、学科教学论及教师口语等基本知识,能够在中等职业学校从事教育教学工作。

2. 机电系统控制方向

学习和掌握机电液一体化控制方面的基本理论,具有较强的机电产品控制系统开发基本技能,能够利用现代信息技术和数字化手段,从事现代机电产品控制系统设计。

3. 工业机器人方向

学习和掌握机电产品控制技术、机器人本体设计、机器人控制系统设计、机器人运动仿真与模拟、人机工程学及虚拟仪器等相关理论和实践。

四、素质与能力分析表(表一)

综合素质与能力	专项素质与能力	对应课程或实践
1.基本素质与能力	1.1 政治素质	毛泽东思想和中国特色社会主义理论体系概论、马克思主义基本原理、中国近现代史纲要、思想道德修养与法律基础、形势与政策等
	1.2 人文科学素质	应用文写作、中国近代人物研究、明史十讲等
	1.3 身心素质	军训、大学体育、大学生心理健康教育等
	1.4 分析运算能力	高等数学A、线性代数等
	1.5 英语应用能力	大学英语、专业英语、应用型核心课程穿插英语等
	1.6 计算机应用能力	大学计算机基础、C语言程序设计等
	1.7 利用现代化手段获取信息能力	文献检索,毕业论文等
	1.8 组织管理、语言表达、人际交往以及在团队中发挥作用的能力	演讲与口才、现代企业管理、质量管理、市场营销学等
2.学科基础知识及应用能力	2.1 系统掌握与机械电子工程相关的自然科学基础知识	高等数学、理论力学、材料力学等
	2.2 电路设计、阅读与分析能力	电工技术、电子技术、电工电子技术实习等
3.专业基础知识及应用能力	3.1 机械工程图的绘制与阅读能力	工程图学Ⅰ、工程图学Ⅱ、三维软件基础等
	3.2 机械结构设计与分析能力	机械工程材料、互换性与测量技术、机械原理、机械设计等
	3.3 机电系统信号测试与分析能力	传感与检测技术、单片机原理与应用、机械工程控制等
4.专业核心知识及应用能力	4.1 机电一体化产品设计制造能力	机械制造技术基础
	4.2 机电控制系统设计	微型计算机原理与应用、电气控制与PLC、机电传动与控制等
5.专业实践技能与动手能力	5.1 教育教学能力,机电系统设计能力	机械制造工程训练、机械原理课程设计、电工电子技术实训、机电系统综合实践、教育实习等
6.创新创业能力	6.1 创新能力	专业创新教育实践、创新创业论坛
	6.2 创业能力	专业创业教育实践、大学生创业教育
7.个性化发展能力	7.1 人文素质	应用文写作、中国近代人物研究、明史十讲、演讲与口才等
	7.2 专业拓展	机械工程概论、机械结构有限元分析、机电系统可靠性工程、材料成形技术基础等

五、学制与学分

1. 学制:标准学制4年,修业年限3~6年。

2.学分:最低修读178学分。其中,课内教学环节必须修满131学分,实践教学环节必须修满47学分。

六、毕业与学位授予

学生在规定的学习年限内,完成各教学环节学习,修满专业规定的最低学分,准予毕业。授予工学学士学位。

七、全学程时间安排总表(表二)

学年 项目 学期	一		短1	二		短2	三		短3	四		合计
	1	2		3	4		5	6		7	8	
军训(含军事理论教育)	2											2
入学教育和专业导论	(2)											(2)
课堂教学	15	17		18	15		16	16		12		109
专业实习或教育实习		1(1)	2	0	3	3	2	6(4)	5	6		28
毕业实习											8	8
专业创新创业实训											2	2
毕业论文(设计)											6	6
复习考试	1	1		1	1		1	1		1		7
机动	1											1
假期	6	8		6	8		6	8		6		48
全学程总周数	25	26	2	25	27	3	25	27	5	25	16	206

八、实践性教学环节(表三)

课程编号	实践教学项目	学分	周数	安排学期	实践方式
SJ00901	入学教育	1	(2)	第1学期	集中
SJ00902	军训(含军事理论教育)	1	2	第1学期	集中
SJ00903	社会实践	1	(3)	第2、4、6学期后暑期	由校团委统一安排
SJ16914	工程图学综合实训	2	2	第2学期	机械制图室和机房集中
SJ16915	认识实习	1	(1)	第2学期	蚌埠安瑞克压缩机有限公司等
SJ16916	机械制造工程训练	3	3	第4学期	工程训练中心集中
SJ16917	机械原理课程设计	1	1	短2	设计室集中
SJ16918	电工电子技术实训	2	2	短2	工程训练中心
SJ16919	机械设计课程设计	2	2	第5学期	设计室集中
SJ16920	液压与气压传动课程设计	1	1	短3	设计室集中
SJ16921	机械制造技术课程设计	2	2	短3	设计室集中
SJ16922	机电系统综合实践	2	2	第6学期	工程训练中心集中
SJ16927	专业技能训练	4	(4)	第6学期	分散
SJ16923	教育实习	6	6	第7学期	校内微格教学与校外教育实习基地结合

续表

课程编号	实践教学项目	学分	周数	安排学期	实践方式
SJ16924	毕业实习	10	10	第8学期	自找实习单位与学院统一安排结合
SJ16926	专业创新创业实训	2	2	第8学期	工程训练中心
SJ16925	毕业论文(设计)	6	6	第8学期	学院集中安排
	合　计	47	41(10)		

九、课程设置及学时、学分比例表(表四)

课程类型		学时	学分	占总学时(总学分)比例(%)	
通识教育课程平台		786	43	33%	32.8%
专业教育课程平台	学科基础课程	532	29	45.6%	45.4%
	专业基础课程	306	17		
	专业核心课程	246	13		
创新创业教育平台	创新创业基础课程	51	3.5	4.8%	5.3%
	创新创业核心实训课程	63	3.5		
专业方向课程模块	师范教育	138	7.5	5.8%	5.7%
	工业机器人	144	8	6%	6.1%
	机电系统控制	144	8		
个性化拓展课程模块	人文素质	36	2	4.5%	4.6%
	专业拓展	72	4		
总　计		2374	131	100%	100%

十、主干学科

机械工程、电子科学与技术、控制科学与工程

十一、核心课程

1.《机械制造技术基础》(Fundamental of Mechanical Manufacturing Technology)

学时:54(理论课学时48、实践课学时6,其中,企业行业专家授课9学时。)

学分:3(其中,企业行业专家授课0.5学分。)

课程简介:本课程主要讲授金属切削加工的基本理论,金属切削机床的结构,各种刀具、量具、夹具的结构、材料、选用和设计,机械加工工艺规程制定,装配工艺基础等知识。通过学习,学生应具备中等复杂程度零件的机械加工工艺编制及加工的能力。

教学方法或手段:多媒体结合板书。

教学评价方式:平时成绩占20%,期末考试占80%。

教材选用:张世昌,《机械制造技术基础》(第二版),高等教育出版社,2007年。

2.《微型计算机原理与应用》(Principle and application of Microcomputer)

学时:48(理论课学时36、实践课学时12,其中,企业行业专家授课9学时。)

学分:2.5(其中,企业行业专家授课0.5学分。)

课程简介:本课程重点讲授8086微处理器的逻辑结构、工作模式、指令系统、汇编语言、微机I/O接口的基本概念、8255、8253、8259、8251等常用接口芯片的应用技术,通过本课程的学习,让学生深入了解微型计算机的组成、工作原理及应用技术,较熟练地掌握微机接口技术及汇编语言程序设计技巧。要求学生在学完本课程以后,具有阅读各类微机硬件技术资料的自学能力和进行微机应用系统设计的开发能力,并为其他后续课程的学习奠定微机硬件基础。

教学方法或手段:PPT结合板书。

教学评价方式:采取过程性考核与期末考试相结合的方式。

教材选用:李云,《微型计算机原理及应用》,清华大学出版社,2010年。

3.《机电传动与控制》(Electromechanical transmission and control)

学时:48(理论课学时40、实践课学时8,其中,企业行业专家授课9学时。)

学分:2.5(其中,企业行业专家授课0.5学分。)

课程简介:本课程以机电传动和电气控制为两条主线为主,主要包括机电传动控制系统中的控制电动机、低压电器及其选择、继电接触器控制、可编程控制器、交流电动机无级调速控制和机电传动控制系统设计,突出机电结合,电为机用。在保证基本内容的前提下,简化理论分析,加强反映当前机电领域的新技术和新知识,加强实例的分析、设计,力求做到内容深入浅出、重点突出,以利于学生开拓思路,深化知识。

教学方法或手段:工程训练中心、实验室采用教学做一体化的方式授课。

教学评价方式:期末考试。

教材选用:杨叔子、李培根、李元元等,《机电传动与控制》(第三版),华中科技大学出版社,2011年。

4.《电气控制与PLC》(Electrical control and PLC)

学时:48(理论课学时36、实践课学时12,其中,企业行业专家授课9学时。)

学分:2.5(其中,企业行业专家授课0.5学分。)

课程简介:本课程以继电接触式电气控制系统与可编程控制器为主线,以培养机电类学生的电气控制工程实践能力为核心,从实际工程应用和教学需求角度出发,详细地介绍低压电器和电气控制电路的基本知识;在此基础上,介绍PLC的基本组成和工作原理;以西门子S7－200PLC为教学机型,详细介绍PLC的系统配置、指令系统、程序设计方法与编程软件应用等;课程中引入大量的工程应用实例,包括开关量控制、模拟量信号检测与控制、网络与通信等具体应用程序。

教学方法或手段:理论教学结合上机实验操作。

教学评价方式:期末考试。

教材选用:廖常初,《PLC编程及应用》,机械工业出版社,2014年。

5.《机电系统设计》(Mechatronics System Design)

学时:48(理论课学时36、实践课学时12,其中,企业行业专家授课9学时。)

学分:2.5(其中,企业行业专家授课0.5学分。)

课程简介:本课程主要介绍机电系统的相关技术、设计方法与设计流程,阐述机电控制系统的基本组成、分类、性能指标以及控制系统的数学模型和分析方法,掌握常用传动部件及执行机构、传感器及其接口设计等实例。

教学方法或手段:多媒体结合板书。

教学评价方式:期末考试(平时成绩占30%,期末考试占70%)。

教材选用：杨运强等，《机电系统设计基础》，冶金工业出版社，2014年。

十二、教学进程表（表五）

课程类别	课程编号	课程名称	总学分	总学时	学时分配 理论	学时分配 实践	各学期学时分配 1	2	3	4	5	6	7	8	考核方式
通识教育课程平台	TS26106	思想道德修养与法律基础	3	48	38	10	48								试
	TS26102	中国近现代史纲要	2	32	24	8		32							试
	TS26103	马克思主义原理概论	3	48	38	10				48					试
	TS26104	毛泽东思想和中国特色社会主义理论体系概论Ⅰ	2	32	32					32					试
	TS26105	毛泽东思想和中国特色社会主义理论体系概论Ⅱ	4	64	44	20					64				试
	TS15001-4	大学英语（Ⅰ-Ⅳ）	15	270	230	40	60	70	70	70					试
	TS19001-4	大学体育（Ⅰ-Ⅳ）	4	126	126		30	32	32	32					试
	TS28001	大学计算机基础	3	48	16	32	48								试
	TS28003	C语言程序设计	4	72	48	24			72						查
	TS18111	大学生心理健康教育	1	14	14			14							试
	TS26108-9	形势与政策（Ⅰ-Ⅱ）	2	32	12	20	16	16							查
专业教育课程平台	JC28001	高等数学A1	4.5	80	80		80								试
	JC28002	高等数学A2	5	100	100			100							试
	JC28006	线性代数	3.5	48	48			48							试
学科基础课程	JC16902	理论力学	3	54	54				54						试
	JC16904	材料力学	3	54	44	10				54					试
	JC16903	电工基础	3	54	44	10			54						试
	JC16905	电子技术	3	54	46	8				54					试
	JC16901	画法几何及机械制图	5	88	76	12	88								试
专业基础课程	ZJ16901	机械工程材料	2	36	30	6				36					试
	ZJ16902	互换性与测量技术	2	36	30	6				36					试
	ZJ16903	机械原理	3	54	46	8				54					试
	ZJ16904	机械设计	3	54	48	6					54				试
	ZJ16905	传感与检测技术	2	36	26	10					36				试
	ZJ16906	机械工程控制基础	3	54	48	6					54				试
	ZJ16907	液压与气压传动	2	36	30	6					36				试
专业核心课程	ZH16903	机械制造技术基础	3	54	48	6						54			试
	ZH16901	微型计算机原理与应用	2.5	48	40	8					48				试
	ZH16904	机电传动与控制	2.5	48	40	8						48			试
	ZH16902	电气控制与PLC	2.5	48	36	12					48				试
	ZH16905	机电系统设计	2.5	48	36	12						48			试

续表

课程类别		课程编号	课程名称	总学分	总学时	学时分配		各学期学时分配								考核方式
						理论	实践	1	2	3	4	5	6	7	8	
创新创业教育课程平台	基础课程	CJ00001	大学生创业教育	1	18	18				18						查
		CJ00002	大学生就业指导	2	24	24			12				12			查
		JC16906	专业导论	0.5	9	9		9								查
	专业基础课程	CX00002	创新创业论坛	0.5	9	9				9						查
		CY00002	机电创新方法与实践	1.5	27	27								27		查
		CX00003	专业创新教育实践	1.5	27	27						27				查
		CH00001	创新创业成果学分认定	创新创业成果学分的认定见有关文件												
专业方向课程模块	师范教育	ZF18311	心理学	2	36	36						36				试
		ZF18312	教育学	2	36	36							36			试
		ZF16901	学科教学论	2	36	26	10						36			试
		ZF18605	教师口语	1.5	30	20	10							30		查
	工业机器人	ZF16902	机器人学基础	2	36	36						36				试
		ZF16903	机器人应用技术	2	36	26	10						36			试
		ZF16904	现代控制理论	2	36	36							36			试
		ZF16905	虚拟仪器技术	2	36	26	10						36			查
	机电系统控制	ZF16906	机电一体化系统设计	2	36	30	6						36			试
		ZF16907	数控原理与应用	2	36	30	6							36		试
		ZF16908	单片机原理与应用	2	36	26	10						36			试
		ZF16909	机电设备故障诊断与维修	2	36	30	6						36			查
个性化拓展课程模块	人文素质	GT18601	演讲与口才	1	18	18						18		18		查
		GT18608	应用文写作	1	18	18			18					18		查
		GT18106W	中国近代人物研究	1	18	18				18				36		查
		GT18107W	明史十讲	1	18	18					18			18		查
	专业基础课程	GT16901	机械工程概论	1	18	18		18								查
		GT16902	文献检索	1	18	18					18					查
		GT16903	机械结构有限元分析	2	36	30	6						36			查
		GT16904	三维软件基础	1	18	10	8					18				查
		GT16905	机电系统可靠性工程	1	18	18								18		查
		GT16906	计算机辅助设计与制造	2	36	18	18						36			查
		GT16907	材料成形技术基础	2	36	36						36				试
		GT16908	专业英语	1	18	18								18		查
		GT16909	计算机制图	1	20		20	20								试
		GT16910	现代设计技术	2	36		36					36				试

课程类别	课程编号	课程名称	总学分	总学时	学时分配		各学期学时分配								考核方式
					理论	实践	1	2	3	4	5	6	7	8	
		最低修读学分/学时	131	2384			367	416	337	416	417	366	267		
		课堂教学周数					15	17	18	15	16	16	12		
		周学时数					24.5	24.5	18..2	27.7	26	22.8	22.3		

说明：

1. 各专业军事理论教育在第1学期以讲座形式进行；
2. 专业方向课程模块中的"师范教育"模块为必选模块，其他2个方向模块为2选1，必须完整选修其中至少1个模块，修满8个学分；
3. 个性化拓展模块要求学生至少须修读6个学分，其中，"人文素质"模块要求学生至少选修2个学分，且至少选修1门网络课程；专业拓展模块至少选修4个学分；
4. 创新创业教育平台，学生获得"创新创业成果"学分可抵免创新创业核心实训课程学分。

工学类专业

电气工程及其自动化本科专业人才培养方案

专业代码:080601

一、培养目标

本专业培养德、智、体、美全面发展,掌握电气工程及自动控制的基本理论、基本知识及基本技能,具有较强的专业技术应用能力和工程实践能力,能够从事与电气工程及其自动化有关的设计、研发、系统运行、设备管理与维修、工程技术管理等工作,具有创新意识和创业精神的高素质应用型专门人才。

二、培养要求

本专业学生主要学习电路理论、电子技术、电气控制、电力系统分析、计算机技术与应用等方面的基本理论和基本知识,接受电工电子、信息控制及计算机技术方面的基本训练,掌握电气控制技术及电力系统分析的基本能力。

毕业生应获得以下几方面的知识和能力:

1. 掌握本专业领域必需的技术基础理论知识,主要包括电路理论、电子技术、信息处理、控制理论等基本原理及应用,具备分析、设计、应用电气设备的基本能力;

2. 掌握机电控制、自动化测试、电力电子技术及信息处理等方面的知识,了解本专业学科前沿和发展趋势;

3. 掌握设计和开发电气工程技术系统的方法和技能,能正确判断和解决工程实际问题;

4. 具备应用计算机解决电力传输、电力转换以及电气控制等工程问题的能力;

5. 掌握一门外国语,具有较强的听、说、读、写、译能力,能较熟练地阅读本专业的外文书刊;

6. 跟踪专业理论前沿与发展,了解应用前景、发展动态和行业需求,具有一定的科学研究、批判思维和较强的继续学习能力;

7. 具有较强的组织管理能力、语言表达能力和沟通交流以及良好的团队意识和合作精神;

8. 达到与本专业相关工种的高级工以上技术水平,至少拥有一种职业技能证书。

三、专业方向

1. 电气自动化方向

学习和掌握电工理论、电气控制、电气测量、计算机技术等专业知识,具备电气工程技术分析和控制等基本能力,能够从事与电气工程有关的系统运行、自动化控制系统、电力电子技术、信息处理以及与计算机技术应用等工作。

2. 电力系统及其自动化方向

学习和掌握电工理论、电力系统运行、控制及电气设备制造和应用等专业知识,具备电能生产、输配电网络的运行、规划、设计及管理的能力,能够在电力科研院所、自动化高新技术公司、电力公司等部门从事相关工作。

四、素质与能力分析表(表一)

综合素质与能力	专项素质与能力	对应课程或实践
1.基本素质与能力	1.1 政治素质	思想道德修养与法律基础、中国近现代史纲要、马克思主义基本原理、毛泽东思想和中国特色社会主义理论体系概论、形势政策等
	1.2 人文科学素质	应用文写作、中国近代人物研究、明史十讲、演讲与口才
	1.3 身心素质	大学体育、军事训练等
	1.4 分析运算能力	高等数学、线性代数、概率论与数理统计、复变函数与积分变换等
	1.5 英语应用能力	大学英语、专业英语等
	1.6 计算机应用能力	计算机文化基础、C语言程序设计、数据库及其应用等
	1.7 利用现代化手段获取信息能力	文献检索、计算机文化基础等
	1.8 组织管理、语言表达、人际交往以及在团队中发挥作用的能力	大学生创新教育、创业教育、演讲与口才等
2.学科基础知识及应用能力	2.1 数学分析运算能力	高等数学、线性代数、概率论与数理统计、复变函数与积分变换等
	2.2 电子电路分析运用能力	大学物理、电路分析、模拟电子技术、数字电子技术、工程电磁场等
3.专业基础知识及应用能力	3.1 计算机控制技术应用能力	微机原理与接口技术、计算机控制技术、信号与系统等
	3.2 电工电子设计、制作与应用能力	电子电路课程综合设计、电气工程CAD、电子电路CAD等
4.专业核心知识及应用能力	4.1 电机与电气控制技术	电机学、电力拖动基础、电气控制与PLC、电气控制与PLC实训、电力拖动综合实训、自动控制系统
	4.2 嵌入式系统应用开发能力	微机原理与接口技术、单片机原理与应用、单片机原理与应用综合实训、DSP原理与应用、嵌入式系统原理与应用、自动控制原理等
	4.3 供配电分析设计与应用能力	电机学、电力系统稳态分析、电力系统暂态分析、供配电技术、电力系统继电保护、电力系统自动化等
5.专业实践技能与动手能力	5.1 工程师基本素质	金工实习、专业技能训练、企业实践等
	5.2 专业综合实践能力	专业课程综合设计、毕业实习、毕业设计
6.创新创业能力	6.1 创新能力	创新创业论坛、创新创业实践
	6.2 创业能力	电气工程专业导论、大学生就业指导、大学生创业教育、电工电子产品质量管理实践、创新创业实践
7.个性化发展能力	7.1 人文素质	应用文写作、中国近代人物研究、明史十讲、演讲与口才
	7.2 专业拓展	嵌入式系统原理与应用、专业英语、文献检索、Matlab控制与系统仿真等

五、学制与学分

1.学制:标准学制4年,修业年限3~6年。

2.学分:最低修读176.5学分。其中,课内教学环节必须修满136.5学分,实践教学环节必须修40学分。

六、毕业与学位授予

学生在规定的学习年限内,完成各教学环节学习,修满专业规定的最低学分,准予毕业。授予工学学士学位。

七、全学程时间安排总表(表二)

项目 \ 学年学期	一		二		三		四		合计
	1	2	3	4	5	6	7	8	
军训(含军事理论教育)	2								2
入学教育和专业导论	(2)								(2)
课堂教学	14	18	17	15	15	13	10		102
专业实习或教育实习	2		1	3	3	5	8		22
毕业实习								8	8
专业创新创业实训								2	2
毕业论文(设计)								6	6
复习考试	1	1	1	1	1	1	1		7
机动								3	3
假期	6	8	6	8	6	8	6		48
全学程总周数	25	27	25	27	25	27	25	19	200

八、实践性教学环节(表三)

课程编号	实践教学项目	学分	周数	安排学期	实践方式
SJ00001	入学教育	1	(2)	第1学期	集中
SJ00002	军训(含军事理论教育)		2	第1学期	集中
SJ00003	社会实践	1	(3)	第2、4、6学期后暑期	由校团委统一安排
SJ29101	专业认知实习	1	1	第1学期	蚌埠、滁州校企合作基地
SJ16906	金工实习	1	1	第1学期	工程中心实践
SJ29102	电工电子工艺实践	1	1	第3学期	工程中心实践
SJ29103	电子电路课程设计(电子CAD、模电、数电)	3	3	第4学期	电子电气实验中心集中
SJ29104	电力系统分析综合实训	1	1	第5学期	电力系统实验室安排
SJ29105	电力电子技术课程设计	1	1	第5学期	电力电子实验室集中安排
SJ29106	电力拖动综合实训	1	1	第5学期	电机实验室集中安排
SJ29107	单片机原理与应用实训	2	2	第6学期	单片机实验室集中进行
SJ29108	电气控制与PLC综合实训	2	2	第6学期	电气实验室集中安排
SJ29109	电力系统继电保护课程设计	1	1	第6学期	电力系统方向,电气实验室集中安排
SJ29110	自动控制系统课程设计			第6学期	自动化方向,电气实验室集中安排
SJ29111	专业综合设计与实训	2	2	第7学期	校内集中与校企结合

续表

课程编号	实践教学项目	学分	周数	安排学期	实践方式
SJ29112	企业实践	4	4	第7学期	蚌埠、滁州校企合作基地
SJ29113	专业技能考核实训	2	2	第7学期	工程中心进行
SJ29114	专业创新创业实训	2	2	第8学期	学校统一安排
SJ29115	毕业实习	8	8	第8学期	校内集中与校企结合
SJ29116	毕业论文（设计）	6	6	第8学期	
	合　计	40	45(5)		

九、课程设置及学时、学分比例表（表四）

课程类型		学时	学分	占总学时（总学分）比例（%）	
通识教育课程平台		786	43	32.5%	31.5%
专业教育课程平台	学科基础课程	508	28.5	35.6%	51.65%
	专业基础课程	352	20.5		
	专业核心课程	376	21.5	15.54%	
创新创业教育平台	创新创业基础课程	51	3.5	2.1%	2.56%
	创新创业核心实训课程	63	3.5	2.6%	2.56%
专业方向课程模块（各方向学时、学分大体相同）	电气自动化	174	10	7.2%	7.3%
	电力系统及其自动化				
个性化拓展课程模块	人文素质拓展	36	2	4.46%	1.5%
	专业拓展	72	4		2.93%
总　计		2418	136.5	100%	100%

十、主干学科

电气工程、计算机科学与技术、控制科学与工程

十一、核心课程

1.《自动控制原理》(Automatic Control Theory)

学时：64（理论课学时52、实验课学时12。）

学分：3.5

课程简介：本课程主要讲授自动控制的基本理论及应用，自动控制的基本概念，建立控制系统的数学模型及其结构图和信号流图的方法，自动控制系统的组成、分类及其应用概况。通过学习，学生应掌握自动控制的基本理论、典型的分析方法及线性系统的校正方法，具备对非线性系统和离散系统的分析与综合能力。

教学方法：黑板板书结合多媒体教学。

教学评价：具体考核结果由课堂提问及作业、试验、期末考试综合评定产生。最终考核成绩＝平时成绩及作业成绩×30%＋实验课成绩×10%＋期末闭卷考试成绩×60%。

教材选用：胡寿松，《自动控制原理》，国防工业出版社；程鹏，《自动控制原理》，高等教育出版社。

2.《电气控制与 PLC》(electric control and PLC)

学时：54（理论课学时40、实验课学时14，其中，企业行业专家授课18学时。）

学分：(3 其中,企业行业专业授课1学分。)

课程简介：本课程是一门实用性很强的专业课,电气控制技术在生产过程、科学研究和其他各个领域的应用十分广泛。该课程的主要内容是以电机或其他执行电器为控制对象,介绍和讲解继电接触式控制系统和可编程序控制器控制系统的工作原理、设计方法和实际应用。讲述常用低压控制电器的基本原理、规格及选用,继电器控制的基本原理、线路分析与设计,PLC基本原理、常用指令系统及应用、程序设计方法,电器及PLC应用系统的设计方法。通过学习,使学生具有电器及PLC应用系统的安装、调试与维修的能力。

教学方法与手段：本课程主要以理论结合实验的教学方式进行教学。理论教学部分以板书为主,适当辅以教材、CAI课件、网络课程等教学形式相结合的立体教案进行讲解；实验教学部分在PLC原理实验室进行。

教学评价：具体考核结果由课堂提问及作业、过程化考核、期末考试综合评定产生。最终考核成绩＝平时成绩及作业成绩×30％＋实验课成绩×10％＋期末闭卷考试成绩×60％

教材选用：吴忠俊,《可编程控制器原理与应用》,机械工业出版社,2005年。

3.《电机学》(Electrical Machinery Theory)

学时：54(理论课学时46、实验课学时8。)

学分：3

课程简介：《电机学》是电气工程与其自动化专业的一门重要的专业基础课。从应用的角度出发,分析变压器、直流电机、异步电机和同步电机四类主要电机的基本结构、工作原理、电磁关系和运行特性。通过本课程的学习,使学生掌握电机的基本理论和基本分析方法,为掌握本专业和学习后续课程打下理论基础,并为今后工作中解决工程实际问题做好准备。

教学方法与手段：

①案例教学：利用生产实际中的典型案例,紧扣"电机学"应解决的理论和实际问题,对案例的过程进行详细的分析、解剖、总结,达到提高学生的学习积极性、解决和分析问题的能力,掌握相应技能等多个目的。

②讲练结合：对基础知识精心讲解,并配合课堂练习,加强师生的及时交流,便于发现问题、解决问题,也便于对基本知识的牢固掌握,达到举一反三,灵活应用的目的。

③课堂演示：首先,让学生观看物理现象或操作方法,激发学生的求知欲,让学生带着问题有的放矢地听课。然后,把现象上升到理论高度进行分析,得出结论。最后,让学生自己动手实验,进一步将理论深化,达到事半功倍的效果。

④拓宽教学手段,充分利用现代化教学手段：实物教具、教学录像、多媒体课件,使教学形象生动,以提高教学效果。

教学评价方式：平时成绩及作业成绩×30％＋实验课成绩×10％＋期末闭卷考试成绩×60％。

教材选用：汤蕴璆,《电机学》(第四版),国家规划教材。

4.《电力系统稳态分析》(Power System Steady-State Analysis)

学时：54(理论课学时54。)

学分：3

课程简介：电力系统分析是电气工程及其自动化专业的主要专业课程之一,是一门理论性和实践性都很强的课程。通过本课程的学习,使学生对电力系统的组成、运行特点、分析方法有全面的了解,熟悉电力系统各元件的特点、数学模型和相互间的关系,理解并掌握电力系统稳态分析的物理概念、原理和方法,并在工程分析计算和解决实际问题的能力上得到训练和培养,为今后进一步的学习和在实践中的应用打下一定的基础。

教学方法与手段:本课程理论性较强,为调动学生积极性及学习效果,课程讲授以 PPT 为主,辅以板书。教学过程中主要方法采用讲授、讨论、计算分析、理实结合的方法进行教学。

教学评价:具体考核结果由课堂提问及作业、试验、期末考试综合评定产生。最终考核成绩=平时成绩、课堂提问及其作业成绩×40%+期末闭卷考试成绩×60%。

教材选用:十二五规划教材,《电力系统分析》,中国电力出版社。

5.《电力电子技术》(Power Electronics)

学时:54(理论课学时 44、实验课学时 10。)

学分:3

课程简介:本课程较为详细地介绍常用的不控型、半控型和全控型电力电子器件以及它们的应用基础,重点介绍整流(AC/DC)、有源和无源逆变(DC/AC)、交流调压和交-交变频(AC/AC)、直流斩波(DC/DC)等四种电能变换方式所涉及的典型电力电子变流电路。通过学习,学生应掌握基本的电子电路的工作原理、电路结构、电气性能、波形分析方法和参数计算等基本知识,具备一定的电力电子系统设计、实验和调试的能力。

教学方法与手段:本课程主要以理论结合实验教学方式进行教学。理论教学部分以多媒体教学为主,辅以板书;实验教学为电力电子实验台操作为主,并适当配合 Matlab 系统仿真。

教学评价:平时成绩及作业成绩×30%+实验课成绩×10%+期末闭卷考试成绩×60%。

教材选用:陈坚、康勇著,《电力电子学》(第三版),高等教育出版社。

6.《单片机原理与应用》(MCU principle and Application)

学时:48(理论课学时 30、实验课学时 18,其中,企业行业专家授课 18 学时。)

学分:3(其中,企业行业专业授课 1 学分。)

课程简介:通过本课程的学习,应使学生熟悉单片机的原理与结构,通过试验实训的训练和一些简易单片机项目制作,掌握单片机指令系统,单片机原理、接口技术,单片机应用系统开发、设计的基本技能。了解单片机技术在家用电器以及自动控制工程中的应用。可以培养和锻炼学生运用单片机技术对硬件、软件进行开发与设计的能力,提高分析问题、解决问题的能力和技术创新的能力,为将来从事自动控制及应用电子产品的设计与检测奠定坚实的基础。

教学方法:理论教学与实验实践相结合的方法。

教学评价:本课程的考核方式采取多元化考核方式,实施全过程考核,侧重考核学生利用所学知识综合分析和解决实际问题的能力。其具体考核结果由课堂提问及作业、过程化考核、期末考试综合评定产生。最终考核成绩=平时成绩及作业成绩×30%+实验课成绩×10%+期末闭卷考试成绩×60%。

教材选用:张毅刚,《单片机原理与应用》,高等教育出版社。

7.《计算机控制技术》(Computer Control Technology)

学时:48(理论课学时 42、实验课学时 6,其中,企业行业专家授课 18 学时。)

学分:3(其中,企业行业专业授课 1 学分。)

课程简介:《计算机控制技术》是自动化、电子、电气类专业的一门专业核心课,是把计算机技术与自动化控制系统融为一体的一门综合性学科,是以计算机为核心的过程控制和运动控制的综合性技术。本课程立足于理论联系实际,从工程实际应用出发,介绍实用的硬件电路、软件程序和新技术成果。

教学方法:黑板板书结合多媒体教学。

教学评价:具体考核结果由课堂提问及作业、试验、期末考试综合评定产生。最终考核成绩=平时成绩及作业成绩×30%+实验课成绩×10%+期末闭卷考试成绩×60%。

教材选用:常健生,《检测与转换技术》,机械工业出版社。

十二、教学进程表(表五)

课程类别	课程编号	课程名称	总学分	总学时	学时分配 理论	学时分配 实践	各学期学时分配 1	2	3	4	5	6	7	8	考核方式
通识教育课程平台	TS26106	思想道德修养与法律基础	3	48	38	10		48							试
	TS26102	中国近现代史纲要	2	32	24	8	32								试
	TS26103	马克思主义原理概论	3	48	38	10			48						试
	TS26104	毛泽东思想和中国特色社会主义理论概论Ⅰ	2	32	32						32				试
	TS26105	毛泽东思想和中国特色社会主义理论概论Ⅱ	4	64	44	20						64			试
	TS15001-4	大学英语(Ⅰ-Ⅳ)	15	270	230	40	60	70	70	70					试
	TS19001-4	大学体育(Ⅰ-Ⅳ)	4	126	126		30	32	32	32					试
	TS28001	大学计算机基础	3	48	16	32	48								试
	TS28003	C语言程序设计	4	72	48	24		72							试
	TS18111	大学生心理健康教育	1	14	14			14							查
	TS26108-9	形势与政策	2	32	12	20	16	16							查
专业教育课程平台 学科基础课程	JC28001-2	高等数学AⅠ-AⅡ	10	180	180		80	100							试
	JC29001	大学物理A	5.5	100	76	24		100							试
	JC28006	线性代数	3	48	48		48								试
	JC28008	概率论与数理统计	3	54	54				54						试
	JC28009	复变函数与积分变换	2	36	36				36						试
	JC29101	电路分析	5	90	72	18		90							试
专业教育课程平台 专业基础课程	ZJ29101	模拟电子技术	3.5	64	54	10			64						试
	ZJ29102	数字电子技术	3	54	44	10			54						试
	ZJ29103	微机原理与接口技术	3	54	44	10					54				试
	ZJ29104	电力拖动基础	2	36	30	6				36					试
	ZJ29105	工程电磁场	3	48	48				48						试
	ZJ29106	信号与线性系统分析	3	48	48					48					试
	ZJ29107	电气工程CAD	3	48	24	24					48				查
专业教育课程平台 专业核心课程	ZH29101	自动控制原理	3.5	64	52	12					64				试
	ZH29102	电气控制与PLC	3	54	40	14						54			试
	ZH29103	电机学	3	54	46	8				54					试
	ZH29104	电力系统稳态分析	3	54	54					54					试
	ZH29105	电力电子技术	3	54	44	10					54				试
	ZH29106	单片机原理与应用	3	48	30	18						48			试
	ZH29107	计算机控制技术	3	48	42	6						48			试

续表

课程类别		课程编号	课程名称	总学分	总学时	学时分配		各学期学时分配								考核方式
						理论	实践	1	2	3	4	5	6	7	8	
创新创业教育课程平台	基础课程	CJ00001	大学生创业教育	1	18	18					18					查
		CJ00002	大学生就业指导	2	24	24			12				12			查
		CJ29101	电气工程专业导论	0.5	9	9		9								查
	核心实训课程	CH29001	创新创业论坛	0.5	9	9								9		查
		CH29101	电工电子产品质量管理实践	1.5	27		27							27		查
		CH29102	电工电子产品创新设计	1.5	27		27							27		查
		CH00001	创新创业成果学分认定	创新创业成果学分的认定见有关文件												
专业方向课程模块	电气自动化	ZF29101	供配电技术	2	36	36							36			查
		ZF29102	电气测试技术	3	48	42	6						48			试
		ZF29103	过程控制与仪表	2	36	30	6						36			查
		ZF29104	自动控制系统	3	54	44	10						54			查
	电力系统及其自动化	ZF29105	高电压技术	3	48	48							48			查
		ZF29106	发电厂电气部分	2	36	36						36				查
		ZF29107	电力系统暂态分析	2	36	36						36				查
		ZF29108	电力系统继电保护	3	54	42	12						54			查
个性化拓展课程模块	人文素质模块	GT18608	应用文写作	1	18	18		18								查
		GT18601	演讲与口才	1	18	18			18							查
		GT18106W	中国近代人物研究	1	18	18								18		查
		GT18107W	明史十讲	1	18	18						18				查
		GT16003	文献检索	1	18	18							18			查
	专业基础课程	GT29101	数据库及其应用	2	36	26	10						36			查
		GT29102	专业英语	2	36	36							36			查
		GT29103	嵌入式系统原理与应用	2	36	30	6						36			查
		GT29104	电子电路CAD	1	18		18					18				查
		GT29105	DSP原理与应用设计	2	36	24	12						36			查
		GT29106	计算机网络与通信	2	36	30	6						36			查
		GT29107	电力系统自动化	2	36	36							36			查
		GT29108	虚拟仪器	2	36	30	6						36			查
		GT29109	Matlab控制与系统仿真	1.5	30	12	18					30				查
学生最低修读的学分/学时				135.5	2418			341	464	396	408	356	306	135		
课堂教学周数					102			14	18	17	15	15	13	10		
周学时数					23.7			24.3	25.7	23.2	27.2	23.7	23.5	13.5		

说明：
1. 各专业军事理论教育在第1学期以讲座形式进行；
2. 专业方向课程模块最少应选修174个学时，10个学分；
3. 创新创业教育平台，学生获得"创新创业成果"学分可抵免修读创新创业核心实训课程学分；
4. 个性化拓展模块要求学生至少须选修6个学分，其中，"人文素质"模块要求学生至少选修2个学分，且至少选修1门网络课程；专业拓展模块至少选修4个学分。

十三、辅修专业课程设置

电气与电子工程学院电气工程及其自动专业辅修课程设置

课程名称	学　分	辅修专业教学计划
自动控制原理	4	第 5 学期
电机学	3	第 4 学期
电力系统继电保护	3	第 6 学期
电力系统分析	3	第 4 学期
电气控制与 PLC	3	第 6 学期
单片机原理与应用	2	第 6 学期
电力电子技术	3	第 5 学期
供配电技术	2	第 6 学期
自动控制系统	2	第 6 学期
毕业论文	6	必做,但不计学分。
总计	25	学生必须修满 25 学分

电气工程及其自动专业辅修先修课程设置(各学院根据本专业实际要求填写,如没有则此表不填)

课程名称	学分	备注
电路分析	5	第 3 学期
模拟电子技术	3.5	第 4 学期
数字电子技术	3	第 4 学期

工学类专业

建筑电气与智能化本科专业人才培养方案

专业代码：081004

一、培养目标

本专业培养德、智、体、美全面发展，掌握建筑电气与智能化工程应用领域的基本理论、基本知识和综合应用的基本技能，具有建筑电气开发、工程设计及工程应用能力，以及智能建筑和智能小区的设计、规划、施工、管理能力，能够在建筑行业中从事建筑电气工程和建筑智能化工程的设计、安装、调试、运行、监理和管理等方面的工作，具有创新意识和创业精神的高素质应用型专门人才。

二、培养要求

本专业学生主要学习电工理论、电子技术、自动控制、计算机技术、建筑设备自动化、建筑供配电与照明、建筑环境、建筑安全、建筑通信及计算机网络、电子信息技术等方面的基本理论和基本知识，接受建筑供配电与照明、建筑电气控制技术、建筑智能化系统设计等方面的基本训练，掌握建筑电气设备维护、检修、调试、安装等的工程技术等方面的基本能力。

毕业生应获得以下几个方面的知识和能力：

1. 具有良好的工程职业道德，具有扎实的自然科学基础、良好的人文素养和较好的语言文字表达和人际沟通、组织协调等能力；

2. 掌握一门外语、具备计算机应用、文献检索和资料查询等基本能力，具有良好的科技创新和知识更新能力，以及组织管理能力、环境适应和团队合作能力；

3. 具有建筑智能化方面的专业知识，获得较好的工程实践训练以及一定的经济管理知识；

4. 掌握电气工程、控制科学与工程基本理论和知识以及土木工程相关知识，掌握建筑电气与智能化工程基本理论，了解本专业相关技术的发展动态和行业需求；

5. 掌握建筑电气与智能化系统的设计、选型及方案制订、施工调试和管理维护等方面的工作能力；

6. 掌握建筑智能化环境需求的分析方法、建筑电气与智能化系统设计方法和调试技术，具有建筑智能化集成的基本能力；

7. 掌握国家在建筑电气、智能建筑、建筑节能方面的技术标准、相关行业政策，具有较强的创新意识和产品开发和设计、技术改造与创新初步能力。

三、专业方向

1. 建筑电气化方向

学习和掌握建筑供配电系统设计、运行、安装调试以及建筑物电气设备和控制设备设计、运行、维护与管理方面的理论与技术，具备解决建筑领域及其他相关行业电气工程技术实际问题的能力，能从事建筑电气设计、施工与技术改造和管理等工作。

2. 建筑智能化方向

学习和掌握智能化楼宇系统设计、系统集成、系统调试和项目管理等知识，具备解决建筑智能化、信息化管理、设计与实施等工程技术方面问题的能力，能从事建筑智能化、信息化设计、改造和施工等工作。

四、素质与能力分析表(表一)

综合素质与能力	专项素质与能力	对应课程或实践
1.基本素质与能力	1.1 政治素质	思想道德修养与法律基础、中国近现代史纲要、马克思主义基本原理概论、毛泽东思想和中国特色社会主义理论体系概论、形势与政策等
	1.2 人文科学素质	大学生心理健康教育、演讲与口才、中国近代人物研究、明史十讲、形式与政策等
	1.3 身心素质	军训、体育、大学生心理健康教育等。
	1.4 分析运算能力	高等数学、概率论、线性代数、概率论与数理统计、复变函数与积分变换等
	1.5 英语应用能力	大学英语、专业英语、毕业论文设计等
	1.6 计算机应用能力	大学计算机基础、C语言程序设计、计算机网络与通信、数据库及其应用等
	1.7 利用现代化手段获取信息能力	文献检索、应用文写作、毕业论文设计、企业实践等
	1.8 组织管理、语言表达、人际交往以及在团队中发挥作用的能力	应用文写作、企业实践、生产实习、军训、社会实践等
2.学科基础知识及应用能力	2.1 工程基础技能运用能力	建筑工程制图、房屋建筑学
	2.2 电子电路基本分析与运用能力	电路原理、模拟电子技术、数字电子技术、电力电子技术、电子电路课程设计等
3.专业基础知识及应用能力	3.1 电气系统分析、处理及应用能力	电力系统稳态分析、电力电子技术、电力系统继电保护
	3.2 建筑行业规范应用能力	建筑环境学、建筑设备自动化系统、公共安全技术
4.专业核心知识及应用能力	4.1 供电系统分析设计能力	建筑供配电与照明、建筑电气控制技术、电力系统稳态分析
	4.2 自动控制系统设计和运用能力	自动控制原理、电力拖动自动控制系统、电梯控制技术、计算机控制技术
5.专业实践技能与动手能力	5.1 工程师基本素质	金工实习、专业技能训练、毕业实习
	5.2 专业综合实践能力	专业综合实践、企业实践、毕业设计
6.创新创业能力	6.1 创新能力	专业创新教育实践、创新创业论坛、建筑电气专业导论
	6.2 创业能力	大学生创业教育、建筑工程施工与管理、大学生就业指导、建筑电气概预算
7.个性化拓展能力	7.2 人文素质能力	应用文写作、文献检索、演讲与口才、中国近代人物研究、明史十讲等
	7.3 专业拓展能力	DSP原理与应用、现场总线技术、数据库及其应用、专业英语等

五、学制与学分

1. 学制：标准学制4年，修业年限3～6年。

2. 学分：最低修读175学分。其中，课内教学环节必须修满133学分，实践教学环节必须修42学分。

六、毕业与学位授予

学生在规定的学习年限内,完成各教学环节学习,修满专业规定的最低学分,准予毕业。授予工学学士学位。

七、全学程时间安排总表(表二)

学年 项目　　学期	一		二		三		四		合计
	1	2	3	4	5	6	7	8	
军训(含军事理论教育)	2								2
入学教育和专业导论	(2)								(2)
课堂教学	14	18	18	16	14	12	8	0	100
专业实习或教育实习	2	(1)	0	2	4	6	10	0	24(1)
毕业实习								8	8
专业创新创业实训								2	2
毕业论文(设计)								6	6
复习考试	1	1	1	1	1	1	1		7
机动								3	3
假期	6	8	6	8	6	8	6		48
全学程总周数	25	27	25	27	25	27	25	19	200

八、实践性教学环节(表三)

课程编号	实践教学项目	学分	周数	安排学期	实践方式 (要有校企合作方式)
SJ00001	入学教育	1	2	第1学期	集中
SJ00002	军训(含军事理论)		(2)	第1学期	集中
SJ00003	社会实践	1	(3)	第2、4、6学期后暑期	由校团委统一安排
SJ16906	金工实习	1	1	第1学期	工程中心进行
SJ29201	专业生产认知实习	1	1	第1学期	企业参观实践
SJ29202	电子电路课程设计(含模电、数电内容)	2	2	第4学期	电子实验室集中进行
SJ29203	电力拖动基础课程设计	1	1	第4学期	电子电气实验中心安排
SJ29204	计算机原理与应用课程设计	1	1	第5学期	电子电气实验中心安排
SJ29205	电力电子技术课程设计	1	1	第5学期	电力电子实验室安排
SJ29206	建筑电气控制技术课程设计	1	1	第5学期	电子电气实验中心安排
SJ29207	电力系统分析课程设计	1	1	第5学期	电子电气实验中心安排(二选一)
SJ29208	公共安全技术课程设计				
SJ29209	建筑供配电与照明课程设计	2	2	第6学期	供配电实验室安排

续表

课程编号	实践教学项目	学分	周数	安排学期	实践方式
SJ29210	电力拖动自动控制系统课程设计	1	1	第6学期	电子电气实验中心安排（二选一）
SJ29211	建筑智能化系统及应用课程设计				
SJ29212	企业实践Ⅰ	2	2	第6学期	企业实践基地
SJ29213	建筑设备自动化系统课程设计	2	2	第7学期	电子电气实验中学安排
SJ29214	专业综合实践	2	2	第7学期	工程中心进行
SJ29215	企业实践Ⅱ	4	4	第7学期	企业实践基地
SJ29216	专业技能训练	2	2	第7学期	工程中心进行
SJ29217	专业创新创业实训	2	2	第8学期	学院统一安排
SJ29218	毕业实习	8	8	第8学期	学院统一安排
SJ29219	毕业论文（设计）	6	6	第8学期	学院统一安排
	合 计	42	47(5)		

九、课程设置及学时、学分比例表（表四）

课程类型		学时	学分	占总学时（总学分）比例（%）	
通识教育课程平台		786	43	32.8%	32.4%
专业教育课程平台	学科基础课程	508	28.5	36.0%	50.4%
	专业基础课程	356	19.5		
	专业核心课程	348	19	14.5%	
创新创业教育平台	创新创业基础课程	51	3.5	2.1%	2.6%
	创新创业核心实训课程	63	3.5	2.6%	2.6%
专业方向课程模块（各方向学时、学分大体相同）	建筑电气化	180	10	7.5%	7.5%
	建筑智能化				
个性化拓展课程模块	人文素质模块	36	2	4.5%	1.5%
	专业拓展模块	72	4		3%
总 计		2400	133	100%	100%

十、主干学科

建筑电气化技术、建筑智能化技术

十一、核心课程

1.《建筑供配电与照明》(Building power supply and lighting)

学时：64（理论课学时54、实验课学时10。）

学分：3.5

课程简介：本课程主要讲授供配电基础知识、民用建筑供配电、高层建筑供配电、建筑电气安全技术、电气照明基本知识、动力与照明设计、建筑电气工程设计实例。通过学习，学生应具备建筑供配电与照明系统设计、施工等方面的初步能力。

教学方法与手段：本课程主要以理论结合实验教学方式进行教学。理论教学部分以多媒体教学为主，辅以板书；实验教学以供配电实验台与继电保护实验台为主。

课程教学评价：依据学校课程教学质量评价体系进行，采取学生课堂教学评价＋同行评教＋院部领导评价＋校教学督导组评价进行课程教学评价综合评定。

学生评价＝平时成绩及作业成绩×30％＋实验成绩×10％＋期末闭卷考试成绩×60％。

教材选用：陆地主编，《建筑供配电系统与照明技术》，中国水利水电出版社；范同顺，《建筑供配电与照明》，中国建材工业出版社。

2.《建筑设备自动化系统》(Building automation system)

学时：48（理论课学时40、实验课学时8。）

学分：2.5

课程简介：本课程结合实际工程，系统地介绍建筑设备自动化系统。通过四个工程问题的分析，由浅入深地逐步介绍控制系统的基本概念、控制原理的初步知识以及通断控制、PID控制等控制调节方法、建筑热湿环境的控制，并从整体设计出发全面介绍了建筑自动化系统的通信技术、设计过程、分析方法和关键问题。通过本课程的学习，培养学生分析、设计和集成建筑设备自动化系统（BACS）的能力。

教学方法与手段：本课程主要以多媒体教学为主，辅以板书。过程中主要方法采用讲授、讨论、案例分析相结合。

课程教学评价：依据学校课程教学质量评价体系进行，采取学生课堂教学评价＋同行评教＋院部领导评价＋校教学督导组评价进行课程教学评价综合评定。

学生评价＝平时成绩及作业成绩×30％＋实验成绩×10％＋期末闭卷考试成绩×60％。

教材选用：董春桥、袁昌立、傅海军、王江江等编著，《建筑设备自动化》，中国建筑工业出版社；江亿、姜子炎著，《建筑设备自动化》，中国建筑工业出版社。

3.《建筑电气控制技术》(The electrical control technology of buildings)

学时：54（理论课学时40、实验课学时14。）

学分：3

课程简介：本课程主要讲授控制系统中常用电器的选择、继电器－接触器控制系统的原理与建筑电气控制的基本环节，学习常用建筑设备电气控制系统控制技术，并对PLC控制技术及应用等知识进行深入学习。使学生在理解控制系统原理和结构的基础上，掌握控制系统中常用电器的选择、继电器－接触器控制系统原理图的画法规则，了解建筑电气控制的基本环节，掌握典型建筑电气控制线路分析；并能做一般的建筑继电器－接触器控制系统的设计，熟练掌握建筑电气控制线路故障检查与维修；理解空调与制冷系统的电气控制、水泵与锅炉设备的电气控制、电梯的电气控制等实例；掌握可编程控制器的编程及步骤并能够加以实际应用。通过学习，使学生获得在专业领域内应用电气控制技术的能力。

教学方法与手段：理论课采用多媒体结合板书教学，实验课主要在PLC实验室进行，辅以电机拖动实验室进行。

课程教学评价依据学校课程教学质量评价体系进行，采取学生课堂教学评价＋同行评教＋院部领导评价＋校教学督导组评价进行综合评定。

学生评价＝平时成绩及作业成绩×30％＋实验成绩×10％＋期末闭卷考试成绩×60％。

教材选用：马小军主编，《建筑电气控制技术》，机械工业出版社；何波，《建筑电气控制技术》，机械工业出版社。

4.《自动控制原理》(The principle of automatic control)

学时:64(理论课学时52、实验课学时12。)

学分:3.5

课程简介:本课程主要讲授自动控制的基本理论及应用,自动控制的基本概念,建立控制系统的数学模型及其结构图和信号流图的方法,自动控制系统的组成、分类及其应用概况。通过学习,学生应掌握自动控制的基本理论、典型的分析方法及线性系统的校正方法,具备对非线性系统和离散系统的分析与综合能力。

教学方法与手段:理论教学采用板书和PPT配合,实验教学采用自动控制原理实验箱进行验证性与设计性实验。

课程教学评价:依据学校课程教学质量评价体系进行,采取学生课堂教学评价+同行评教+院部领导评价+校教学督导组评价进行课程教学评价综合评定。

学生评价=平时成绩及作业成绩×30%+实验成绩×10%+期末闭卷考试成绩×60%。

教材选用:胡寿松,《自动控制原理》,国防工业出版社;程鹏,《自动控制原理》,高等教育出版社。

5.《电力电子技术》(Power Electronics)

学时:64(理论课学时48,实验课学时16。)

学分:3.5

课程简介:本课程系统介绍电力电子器件、电力电子电路、电力电子系统及其控制技术三部分的内容,重点介绍各种基本电力电子电路的原理和分析计算方法。通过本课程的学习,使学生了解电力电子技术的发展概况、技术动向和新的应用领域,掌握基本电力电子电路的电路结构、工作原理、电气性能、波形分析方法和参数计算,具有初步的系统设计和调试能力。

教学方法与手段:本课程主要以理论结合实验教学方式进行教学。理论教学部分以多媒体教学为主,辅以板书;实验教学为电力电子实验台操作为主,并适当配合Matlab系统仿真。

课程教学评价:依据学校课程教学质量评价体系进行,采取学生课堂教学评价+同行评教+院部领导评价+校教学督导组评价进行课程教学评价综合评定。

学生评价=平时成绩及作业成绩×30%+实验成绩×10%(实验课出勤、实验报告)+课程考试60%。

教材选用:陈坚、康勇著《电力电子学》,高等教育出版社;王兆安,《电力电子技术》,机械工业出版社。

6.《计算机网络与通信》(Computer network and communication)

学时:54(理论课学时44、实验课学时10。)

学分:3

课程简介:《计算机网络与通信》是一门详细解说计算机网络和数据通信的一门课程,它主要讲述计算机网络与通信的基础知识概念、原理、相关技术以及实际应用,反映出当前计算机网络和数据通信的发展现状。其内容有:计算机网络基本概念、数据通信基础、局域网、信网与广域网、网络体系结构、Internet、互联网技术、网络操作系统、网络管理及安全技术、网络综合实验等内容。这门课程的内容相当严谨与丰富,通过学习,让学生对计算机网络和数据通信两个模块有了深入的了解。

教学方法与手段:本课程理论性较强,为调动学生积极性及学习效果,课程讲授以PPT为主,辅以板书。教学过程中主要方法采用讲授、讨论、计算分析、理实结合的方法进行教学。

课程教学评价:依据学校课程教学质量评价体系进行,采取学生课堂教学评价+同行评教+院部领导评价+校教学督导组评价进行课程教学评价综合评定。

学生学习评价=平时成绩及作业成绩×30%+实验成绩×10%(实验课出勤、实验报告)+课程考试60%。

教材选用：张少军、谭志，《计算机网络与通信技术》，清华大学出版社；佟震亚、马巧梅，《计算机网络与通信》，人民邮电出版社。

十二、教学进程表（表五）

课程类别	课程编号	课程名称	总学分	总学时	学时分配 理论	学时分配 实践	各学期学时分配 1	2	3	4	5	6	7	8	考核方式
通识教育课程平台	TS26101	思想道德修养与法律基础	3	48	38	10		48							试
	TS26102	中国近现代史纲要	2	32	24	8	32								试
	TS26103	马克思主义原理概论	3	48	38	10				48					试
	TS26104	毛泽东思想和中国特色社会主义理论概论Ⅰ	2	32	32						32				试
	TS26105	毛泽东思想和中国特色社会主义理论概论Ⅱ	4	64	44	20						64			试
	TS15001-4	大学英语（Ⅰ-Ⅳ）	15	270	230	40	60	70	70	70					试
	TS19001-4	大学体育（Ⅰ-Ⅳ）	4	126	126		30	32	32	32					试
	TS28001	大学计算机基础	3	48	16	32	48								试
	TS28003	C语言程序设计	4	72	48	24		72							试
	TS18111	大学生心理健康教育	1	14	14			14							查
	TS26108-9	形势与政策	2	32	12	20	16	16							查
专业教育课程平台	学科基础课程	JC28001-2	高等数学AⅠ-AⅡ	10	180	180		80	100							试
		JC29001	大学物理A	5.5	100	76	24		100							试
		JC28006	线性代数	3	48	48			48							试
		JC28008	概率论与数理统计	3	54	54					54					试
		JC28009	复变函数与积分变换	2	36	36					36					试
		JC29201	电路原理	5	90	72	18			90						试
	专业基础课程	ZJ29201	模拟电子技术	3.5	62	50	12			62						试
		ZJ29202	数字电子技术	3	54	40	14					54				试
		ZJ27414	建筑工程制图	3	54	40	14	54								试
		ZJ27415	房屋建筑学	2.5	48	36	12				48					试
		ZJ29203	电力拖动基础	2	36	30	6				36					试
		ZJ29204	建筑环境学	2.5	48	48							48			试
		ZJ29205	计算机原理与应用	3	54	44	10					54				试
	专业核心课程	ZH29201	建筑供配电与照明	3.5	64	54	10						64			试
		ZH29202	建筑设备自动化系统	2.5	48	40	8							48		试
		ZH29203	建筑电气控制技术	3	54	40	14					54				试
		ZH29204	自动控制原理	3.5	64	52	12				64					试
		ZH29205	电力电子技术	3.5	64	48	16					64				试
		ZH29206	计算机网络与通信	3	54	44	10					54				试

续表

课程类别		课程编号	课程名称	总学分	总学时	学时分配		各学期学时分配								考核方式
						理论	实践	1	2	3	4	5	6	7	8	
创新创业教育课程平台	基础课程	CJ00001	大学生创业教育	1	18	18				18						查
		CJ00002	大学生就业指导	2	24	24			12				12			查
		CJ29201	建筑电气专业导论	0.5	9	9		9								查
	专业基础课程	CH29001	创新创业论坛	0.5	9	9							9			查
		CH29201	建筑工程施工与管理	1.5	27	27								27		查
		CH29202	建筑电气工程概预算	1.5	27	27							27			查
		CH00001	创新创业成果学分认定	创新创业成果学分的认定见有关文件												
专业方向课程模块	建筑电气化	ZF29201	电力系统稳态分析	3	54	44	10						54			试
		ZF29202	电力拖动自动控制系统	3	54	48	6						54			试
		ZF29203	智能建筑综合布线	2	36	30	6						36			试
		ZF29204	电梯控制技术	2	36	30	6						36			试
	建筑智能化	ZF29205	物联网技术与应用	2	36	30	6						36			试
		ZF29206	计算机控制技术	3	54	44	10						54			试
		ZF29207	建筑智能化系统及应用	2	36	28	8						36			试
		ZF29208	公共安全技术	3	54	44	10					54				试
个性化拓展课程模块	人文素质模块	GT18608	应用文写作	1	18	18			18							查
		GT18601	演讲与口才	1	18	18			18							查
		GT18106W	中国近代人物研究	1	18	18			18							查
		GT16003	文献检索	1	18	18			18							查
		GT18107W	明史十讲	1	18	18			18							查
	专业拓展模块	GT29201	建筑电气CAD	2	36	12	24						36			查
		GT29202	DSP原理与应用	2	36	24	12						36			查
		GT29203	专业英语	2	36	36								36		查
		GT29204	数据库及其应用	2	36	26	10							36		查
		GT29205	过程控制与仪表	2	36	36							36			查
		GT29206	现场总线技术	2	36	30	6						36			查
		GT29207	电力系统暂态分析	2	36	36							36			查
		GT29208	单片机原理与应用	2	36	26	10						36			查
最低修读的学分/学时				133	2400			329	464	482	390	353	283	99		
课堂教学周数								14	18	18	15	14	13	8		
周学时数								23.5	25.8	26.8	26.0	25.2	21.8	12.4		

说明：
1. 各专业军事理论教育、专业导论在第1学期以讲座形式进行；
2. 专业方向模块最低修读学时180个学时,10个学分,学生必须至少选择1个完整的模块；
3. 创新创业教育平台,学生获得"创新创业成果"学分可抵免创新创业核心实训课程学分；
4. 个性化拓展模块要求学生至少须选6个学分,其中,"人文素质"模块要求学生至少选修2个学分,且至少选修1门网络课程;专业拓展模块至少选修4个学分。

十三、辅修专业课程设置

电气与电子工程学院建筑电气与智能化专业辅修课程设置

课程名称	学　分	辅修专业教学计划
电力拖动基础	3	4
建筑供配电与照明	4	5
电力电子技术	3	5
自动控制原理	4	4
电梯控制技术	2	6
建筑设备自动化系统	3	7
计算机网络与通信	3	5
建筑环境学	4	4
毕业论文		必做，但不计学分。
总计	26	学生必须修满26学分

建筑电气与智能化专业辅修先修课程设置（各学院根据本专业实际要求填写，如没有则此表不填）

课程名称	学分	备注
电路原理	5	第三学期
模拟电子技术	3.5	第三学期
数字电子技术	3	第四学期

工学业类专业

电子科学与技术本科专业人才培养方案

专业代码：080702

一、培养目标

本专业培养德、智、体、美全面发展，掌握光电子技术、物理电子技术与光电信息处理等领域的基本理论和基本技能，具有较强光电子和电子工程实践能力、计算机辅助设计与测试能力以及跟踪掌握本领域新理论、新技术的能力，能够在光电子、物理电子和光电信息处理等领域从事设计、制造、开发、管理、研究、教育等工作，具有创新意识和创业精神的高素质应用型专门人才。

二、培养要求

本专业学生主要学习数学、物理、光电子技术、电子技术、光电信息处理等方面的基本理论和基本知识，接受光电子技术、电子技术、计算机技术等方面的基本训练，掌握光电子技术、电子技术、光电信息处理、设计、研究与开发等方面的基本能力。

毕业生应获得以下几方面的知识和能力：

1. 具有扎实的数理基础和计算机技术方面的基础知识；
2. 掌握电子技术领域的基本理论与技术应用，具有较强的电路及嵌入式系统分析、设计、应用能力，以及信号处理方面的基本理论与应用能力；
3. 掌握光电子技术及相关领域的基本理论与技术应用，具备较强的实验能力、计算机辅助设计、光电系统测试能力和工程实践能力，具备光电信息处理方面的基本理论与应用能力；
4. 了解电子科学与技术领域理论前沿和发展动态，具备获取本领域国内外新知识、新理论、新技术的能力；
5. 掌握一门外语，能熟练阅读本专业的外文书刊；
6. 具有一定的科学研究、开拓创新、技术管理的能力；
7. 具有良好的人文素质、有效的交际能力、较好的团队精神以及较强的协调、组织能力；
8. 具有较强的技术创新精神和竞争意识，具有较强的在未来生活和工作中继续学习的能力。

三、专业方向

1. 光电子技术方向

掌握光电子技术及应用领域的专业理论知识和实验技能，具备较强的光电子技术应用能力，能够在光电子技术及其他相近领域内从事设计、制造、开发及管理工作。

2. 光电信息处理方向

学习和掌握光电信息获取、传输、处理等专业理论知识和电子技术知识，具备较强的光电信息获取、传输、处理的应用能力，能够从事光电信息处理相关领域的研究、设计、开发及管理工作。

四、素质与能力分析表(表一)

综合素质与能力	专项素质与能力	对应课程或实践
1.基本素质与能力	1.1 政治素质	思想道德修养与法律基础、中国近现代史纲要、马克思主义基本原理概论、形势政策等
	1.2 人文科学素质	现代文学鉴赏、应用文写作、演讲与口才等
	1.3 身心素质	军事训练、大学体育等
	1.4 分析运算能力	高等数学、线性代数、概率论与数理统计、大学物理、复变函数与积分变换等
	1.5 英语应用能力	大学英语等
	1.6 计算机应用能力	大学计算机基础、C语言程序设计等
	1.7 利用现代化手段获取信息能力	专业导论、毕业设计、各类课程设计等
	1.8 组织管理、语言表达、人际交往以及在团队中发挥作用的能力	社会实践、创新创业实践活动、大学生就业指导等
2.学科基础知识及应用能力	2.1 电路分析、应用初步能力	电路分析
	2.2 扎实的数理基础,技术应用与创新可持续发展基础能力	高等数学、线性代数、概率论与数理统计、大学物理、数理方法等
3.专业基础知识及应用能力	3.1 常用电子仪器使用能力	电子工艺及电路板制作、电子工艺实训等
	3.2 扎实的专业基础,技术应用与创新可持续发展支撑能力	电子技术(模拟、数字)、工程光学、C语言程序设计、信号与线性系统分析、电磁场与电磁波、量子力学等
	3.3 电子技术应用能力	单片机原理与应用、模拟电子技术课程设计、数字电子技术课程设计、单片机技术及应用综合训练等
4.专业核心知识及应用能力	4.1 光电子系统的设计、制造、开发和应用能力	光电子技术、激光原理与技术、、光电探测与信号处理、光电子技术课程设计等
	4.2 信号获取、传输、处理能力	信号与线性系统分析、通信原理、光电探测与信号处理、光电探测课程设计
	4.2 嵌入式系统开发、设计、应用能力	EDA技术、EDA技术课程设计、嵌入式系统原理与设计、嵌入式系统课程设计等
5.专业实践技能与动手能力	5.1 电子技术实践能力	电子工艺实习、模拟电子技术课程设计、数字电子技术课程设计、单片机技术及应用综合训练、嵌入式系统课程设计、EDA技术课程设计、毕业设计等
	5.2 光电子技术实践能力	光电检测课程设计、光通信技术课程实践、光电子课程设计、光伏技术课程实践、生产实习、毕业设计等
6.创新创业能力	6.1 创新能力	专业创新创业实训、创新创业论坛
	6.2 创业能力	大学生创业教育、大学生就业指导
7.个性化发展能力	7.1 人文素质	应用文写作、演讲与口影视鉴赏、中国文化概论
	7.2 专业拓展能力	光电仪器设计、数字视频技术、光电成像技术、太阳能并网发电技术

五、学制与学分

1.学制:标准学制4年,修业年限3~6年。

2.学分:最低修读169.5学分。其中,课内教学环节必须修满135.5学分,实践教学环节必须修满34学分。

六、毕业与学位授予

学生在规定的学习年限内,完成各教学环节学习,修满专业规定的最低学分,准予毕业。授予工学学士学位。

七、全学程时间安排总表(表二)

项目\学年学期	一		二		三		四		合计
	1	2	3	4	5	6	7	8	
军训(含军事理论教育)	2								2
入学教育和专业导论	(2)								(2)
课堂教学	15	18	17	16	16	14	8		109
专业实习			1	2	2	4	6		14
毕业实习								8	8
专业创新创业实训								2	2
毕业论文(设计)								6	6
复习考试	1	1	1	1	1	1	1		7
机动	1						4	3	10
假期	6	8	6	8	6	8	6		48
全学程总周数	25	27	25	27	25	27	25	19	200

八、实践性教学环节(表三)

课程编号	实践教学项目	学分	周数	安排学期	实践方式
SJ00001	入学教育	1	(2)	1	机动
SJ00002	军训(含军事理论教育)		2	1	集中
SJ00003	社会实践	1	(3)	第2、4、6学期后暑期	由校团委统一安排
SJ29401	模拟电子技术课程设计	1	1	第3学期	电子技术实验室
SJ29402	光电子技术课程设计	1	1	第4学期	光电子技术实验室
SJ29403	数字电子技术课程设计	1	1	第4学期	电子技术实验室
SJ29404	单片机技术及应用综合训练	1	1	第5学期	单片机实验室
SJ29405	EDA技术课程设计	1	1	第5学期	嵌入式实验室
SJ29406	电子工艺实习	1	1	第5学期	电子工艺实验室
SJ29407	嵌入式系统课程设计	1	1	第6学期	嵌入式实验室
SJ29408	生产实习	3	3	第6学期	专业对口工厂
SJ29409	高频电子技术课程设计	1	1	第7学期	高频电子技术实验室
SJ29410	光通信技术课程实践	1	1	第7学期	光通信原理实验室
SJ29411	光伏技术课程实践	1	1	第7学期	光伏技术实验室
SJ29412	光电检测课程设计	1	1	第7学期	光电探测实验室
SJ29413	专业技能训练	2	2	第7学期	专业实验室/专业对口工厂

续表

课程编号	实践教学项目	学分	周数	安排学期	实践方式
SJ29414	专业创新创业实训	2	2	第8学期	专业实验室
SJ29415	毕业实习	8	8	第8学期	专业实验室/专业对口工厂
SJ29416	毕业论文（设计）	6	6	第8学期	集中
	合　计	34	34(5)		

九、课程设置及学时、学分比例表（表四）

课程类型		学时	学分	占总学时（总学分）比例（%）	
通识教育课程平台		786	43	32.2%	31.8%
专业教育课程平台	学科基础课程	554	31	35%	35%
	专业基础课程	296	16.5		
	专业核心课程	378	21	15.5%	15.5%
创新创业教育平台	创新创业基础课程	51	3.5	2.1%	2.6%
	创新创业核心实训课程	63	3.5	2.6%	2.6%
专业方向课程模块	光电子技术	196	11	8.1%	8.1%
	光电信息处理	196	11		
个性化拓展课程模块	人文素质	36	3	4.4%	4.4%
	专业拓展	72	3		
总　计		2432	135.5	100%	100%

十、主干学科

电子科学与技术、光学

十一、核心课程

1.《激光原理与技术》(Principle and technology of laser)

学时：54（理论课学时42、实践课学时12,其中，企业行业专家授课8学时。）

学分：3（理论课学分2、实践课学分1,其中，企业行业专业授课0.5学分。）

课程简介：本课程是光电子技术专业的重要课程，内容包括谐振腔理论、光和物质的共振相互作用以及激光器振荡特性，是一门理论性较强的课程。本课程的重点是激光器的基本原理、光谐振腔理论、激光振荡理论。

教学方法：以讲授法为主，结合讨论法、启发式、演示法、练习法、实验法等。

教学评价：以总结性考核为主，结合过程性考核，其中，总结性考核占70%,过程性考核占30%。

教材选用：安毓英编著，《激光原理与技术》,科学出版社,2010年。

参考用书：阎吉祥编著，《激光原理与技术》,高等教育出版社,2004年；李相银编著，《激光原理技术及应用》,哈尔滨工业出版社,2004年。

2.《嵌入式系统原理与设计》(The principle and design of embedded system)

学时：54（理论课学时42、实践课学时12,其中，企业行业专家授课8学时。）

学分：3（理论课学分2、实践课学分1,其中，企业行业专业授课0.5学分。）

课程简介：本课程主要讲授嵌入式微处理器的原理及系统的开发技术。主要内容有嵌入式系统概论、嵌入式处理器体系结构、嵌入式处理器指令系统、嵌入式系统程序设计基础、典型嵌入式处理器、嵌入式系统应用开发、嵌入式操作系统及其移植和嵌入式系统设计实例等。

教学方法：以讲授法、案例法为主，结合讨论法、演示法、练习法、实验法等。

教学评价：总结性考核和过程性考核相结合，其中，总结性考核50%，过程性考核50%。

教材选用：自编实践指导教材；徐光宪、赵常松等主编，《ARM嵌入式系统原理与应用教程》，北京航空航天大学出版社。

参考教材：冯新宇、初宪宝、吴岩等主编，《ARM11嵌入式Linux系统实践与应用》，机械工业出版社；陈启军、余有灵、张伟等主编，《嵌入式系统及其应用·基于Cortex－M3内核和STM32F系列微控制器的系统设计与开发》，同济大学出版社。

3.《光电探测与信息处理》(Optoelectronic Detect & Signal Processing)

学时：54（理论课学时42、实验课学时12，其中，企业行业专家授课8学时。）

学分：3（其中，企业行业专业授课0.5学分。）

课程简介：本课程主要讲授光电探测的基本物理理论、各类光电探测器的工作原理及其负载电路的设计规则和思路、光直接探测与光外差探测两类体系的性能及最佳信号处理策略、光电成像器件的原理（含功能），即光电成像的特征、光接收机信号探测的基本理论、光电探测与信号处理的最新研究进展及发展趋势等。

教学方法：以讲授法和案例法为主，结合讨论法、演示法、练习法、实验法等。

教学评价：总结性考核和过程性考核相结合，其中，总结性考核70%，过程性考核30%。

教材选用：安毓英等主编，《光电探测与信号处理》，科学出版社。

参考教材：王庆有主编，《图像传感器应用技术》，电子工业出版社；王庆有主编，《光电传感器应用技术》，机械工业出版社。

4.《EDA技术》(Electronic Design Automation)

学时：44（理论课学时0、实践课学时44，其中，企业行业专家授课8学时。）

学分：2.5（理论课学分0、实践课学分2.5，其中，企业行业专业授课0.5学分。）

课程简介：本课程主要讲授以大规模可编程逻辑器件为设计载体，以硬件描述语言为系统逻辑描述的主要表达方式，以计算机、大规模可编程逻辑器件的开发软件及实验开发系统为设计开发工具，自动完成电子系统设计的全过程。

教学方法：以讲授法和案例法为主，结合讨论法、演示法、练习法、实验法等。

教学评价：总结性考核和过程性考核相结合，其中，总结性考核50%，过程性考核50%。

教材选用：江国强主编，《EDA技术与应用》（第三版），电子工业出版社，2010年。

参考用书：潘松主编，《EDA技术实用教程》（第四版），科学出版社，2010年；何宾主编，《EDA原理及Verilog实现》（第一版），清华大学出版社，2010年。

5.《通信原理》(Optical fiber communication technology)

学时：54（理论课学时42、实践课学时12，其中，企业行业专家授课8学时。）

学分：3（理论课学分2、实践课学分1，其中，企业行业专业授课0.5学分。）

课程简介：本课程主要讲授通信系统和通信网的基本原理与基本分析方法，内容包括通信系统及通信网的基本概念、确定信号及随机过程、模拟通信系统、数字基带传输、数字频带传输、信源和信源编码、信道和信道容量、信道差错控制编码、扩频通信、正交频分复用多载波调制技术、通信系统的优化、通信网的基本知识。

教学方法：以讲授法、案例法为主，结合讨论法、演示法、练习法、实验法等。

教学评价：以总结性考核为主，结合过程性考核，其中，总结性考核70%，过程性考核30%。

教材选用：樊昌信主编，《通信原理》（第七版），国防工业出版社，2014年。

参考用书：周炯槃主编，《通信原理》，北京邮电大学出版社，2011年。

6.《光电子技术》(Optoelectronic technology)

学时:54(理论课学时42、实践课学时12,其中,企业行业专家授课8学时。)

学分:3(理论课学分2、实践课学分1,其中,企业行业专业授课0.5学分。)

课程简介:本课程主要讲授光的波动理论、光波在电光晶体中的传播、光波在声光晶体中的传播、电光调制、声光调制、直接调制、光束的扫描技术、光辐射的探测原理、光电导效应、光伏效应、热释电效应、光电探测器的噪声、光敏器件、CCD成像器件、液晶显示技术、光存储等。

教学方法:以讲授法、案例法为主,结合讨论法、演示法、练习法、实验法等。

教学评价:以总结性考核为主,结合过程性考核,其中总结性考核70%,过程性考核30%。

教材选用:姚建铨编著,《光电子技术》,高等教育出版社,2006年。

参考用书:安毓英编著,《光电子技术》,电子工业出版社,2006年;朱京平编著,《光电子技术基础》,科学出版社,2009年。

7.《信号与线性系统分析》(Optoelectronic technology)

学时:64(理论课学时52、实践课学时12,其中,企业行业专业授课8学时。)

学分:4(理论课学分3、实践课学分1,其中,企业行业专业授课0.5学分。)

课程简介:本课程主要介绍信号分析和系统分析的基本概念和理论;介绍确定性信号及确定性信号经过LTI系统传输与处理的基本分析方法,包括确定性信号、连续系统与离散系统的时域分析、连续系统的频域分析、连续系统的复频域分析和离散系统的z域分析等;了解上述各种分析方法相互间的联系及其具体应用;初步具备应用信号与系统的观点和方法处理实际问题的能力。

教学方法:以讲授法、讨论法为主,结合案例法法、演示法、练习法、实验法等。

教学评价:以总结性考核为主,结合过程性考核,其中,总结性考核70%,过程性考核30%。

教材选用:陈后金主编,《信号系统》,高等教育出版社,2007年。

参考用书:郑君里主编,《信号与系统》(第三版),高等教育出版社,2011年;郑君里主编,《信号与系统引论》,高等教育出版社,2010年;吴大正主编,《信号与线性系统分析》(第四版),高等教育出版社,2006年。

十二、教学进程表(表五)

课程类别	课程编号	课程名称	总学分	总学时	学时分配		各学期学时分配								考核方式
					理论	实践	1	2	3	4	5	6	7	8	
通识教育课程平台	TS26106	思想道德修养与法律基础	3	48	38	10		48							试
	TS26102	中国近现代史纲要	2	32	24	8	32								试
	TS26103	马克思主义原理概论	3	48	38	10			48						试
	TS26104	毛泽东思想和中国特色社会主义理论体系概论Ⅰ	2	32	32						32				试
	TS26105	毛泽东思想和中国特色社会主义理论体系概论Ⅱ	4	64	44	20						64			试
	TS15001-4	大学英语(Ⅰ-Ⅳ)	15	270	230	40	60	70	70	70					试
	TS19001-4	大学体育(Ⅰ-Ⅳ)	4	126	126		30	32	32	32					试
	TS28001	大学计算机基础	3	48	16	32	48								试
	TS28003	C语言程序设计	4	72	48	24		72							试
	TS18111	大学生心理健康教育	1	14	14			14							查
	TS26108-9	形势与政策(Ⅰ-Ⅱ)	2	32	12	20	16	16							查

续表

课程类别		课程编号	课程名称	总学分	总学时	学时分配		各学期学时分配								考核方式
						理论	实践	1	2	3	4	5	6	7	8	
专业教育课程平台	学科基础课程	JC28001-2	高等数学A(Ⅰ-Ⅱ)	10	180	180		80	100							试
		JC28006	线性代数	3	48	48		48								试
		JC28008	概率论与数理统计	3	54	54				54						试
		JC2901	大学物理A	5.5	100	76	24		100							试
		JC29401	复变函数与积分变换	2.5	44	44				44						试
		JC29402	量子力学	2.5	44	44						44				试
		JC29403	工程光学	3.5	64	52	12					64				试
	专业基础课程	ZJ29401	电路分析	3.5	64	52	12		64							试
		ZJ29402	模拟电子技术	3.5	64	52	12			64						试
		ZJ29403	数字电子技术	3	54	42	12				54					试
		ZJ29404	传感器检测技术	2.5	44	36	8						44			试
		ZJ29405	单片机原理与应用	3	54	36	18					54				试
		ZJ29406	电子工艺及电路板设计	2	36	12	24						36			查
	专业核心课程	ZH29401	信号与线性系统分析	3.5	64	52	12				64					试
		ZH29402	光电子技术	3	54	42	12					54				试
		ZH29403	嵌入式系统原理与设计	3	54	42	12							54		试
		ZH29404	光电探测与信号处理	3	54	42	12						54			试
		ZH29405	激光原理与技术	3	54	42	12						54			试
		ZH29406	通信原理	3	54	42	12						54			试
		ZH29407	EDA技术	2.5	44		44						44			试
创新创业教育课程平台	基础课程	CJ00001	大学生创业教育	1	18	18					18					查
		CJ00002	大学生就业指导	2	24	24				12			12			查
		CJ29401	电子科学与技术专业导论	0.5	9	9		9								查
	专业基础课程	CH29001	创新创业论坛	0.5	9	9								9		查
		CH29401	智能电子系统设计	1.5	27	27								27		查
		CH29402	光电系统综合设计	1.5	27		27							27		查
		CH00001	创新创业成果学分认定	创新创业成果学分的认定见有关文件												
专业方向课程模块	光电子技术	ZF29401	高频电子技术	2.5	44	36	8						44			试
		ZF29402	光通信技术	3	54	42	12						54			试
		ZF29403	数字信号处理	3	54	42	12						54			试
		ZF29404	光伏技术与应用	2.5	44	36	8						44			试
	光电信息处理	ZF29405	信息光学	3	54	54						54				试
		ZF29406	光电图像处理	2.5	44	36	8						44			试
		ZF29407	DSP技术及应用	2.5	44	36	8						44			试
		ZF29408	光电信息处理	3	54	42	12						54			试

续表

课程类别		课程编号	课程名称	总学分	总学时	学时分配		各学期学时分配								考核方式
						理论	实践	1	2	3	4	5	6	7	8	
个性化拓展课程模块	人文素质	GT18608	应用文写作	1	18	18						18				查
		GT18601	演讲与口才	1	18	18							18			查
		GT18622W	影视鉴赏	1	18	18								18		查
		GT18623W	中国文化概论	1	18	18								18		查
	专业基础课程	GT29401	光电仪器设计	2	36	36							36			查
		GT29402	激光应用技术	2	36	36							36			查
		GT29403	数字视频技术	2	36	28	8						36			查
		GT29404	太阳能并网发电技术	2	36	24	12						36			查
最低修读学分/学时				135.5	2432	1943	489	323	456	402	414	404	316	117		
课堂教学周数								14	18	17	16	16	14	8		
周学时数								23	25	23	26	25	22	15		

说明：
1. 各专业军事理论教育、专业导论在第1学期以讲座形式进行；
2. 专业方向共设2个子模块，要求学生必须完整修完1个模块，其余1个模块课程为所修课程取得的学分可抵专业拓展模块的学分；
3. 创新创业教育平台，学生获得"创新创业成果"学分可抵免创新创业核心实训课程学分；
4. 个性化拓展模块要求学生至少须修6个学分，其中"人文素质"模块要求学生至少选修2个学分，且至少选修1门网络课程；专业拓展模块至少选修4个学分。

工学类专业

电子信息工程本科专业人才培养方案

专业代码:080701

一、培养目标

本专业培养德、智、体、美全面发展,掌握现代电子技术基本理论、电子系统设计原理、设计方法以及信息获取、传输与处理的基本理论与方法,具有较强的工程技术应用能力,能够在信息通信、电子技术、智能控制、计算机与网络工程等领域和行政部门从事各类电子设备和信息系统的科学研究、产品设计、工艺制造、应用开发和技术管理工作,具有创新意识和创业精神的高素质应用型专门人才。

二、培养要求

本专业学生主要学习信息获取、信号处理、信号传输以及电子信息系统设计、应用开发等方面的专业知识,接受电子工程、信息工程、计算机辅助设计实践的基本训练,掌握电子设计、信息处理、应用开发与集成电子系统及信息系统的基本能力。

毕业生应获得以下几方面的知识和能力:

1. 身心健康,具有良好的工程职业道德、爱国敬业精神,丰富的人文科学素养和社会责任感,追求卓越的品质;

2. 具有从事电子信息工程领域科学研究、工程设计、技术服务等工作所需要的数理知识和其他相关的自然科学知识;

3. 掌握信号与系统、电子技术、电磁场与电磁波、信息论、计算机基础等基本理论与基本知识;

4. 熟悉电子系统、信号处理、信息传输等基本分析、设计、开发、测试和应用的基本知识,具有集成电子设备与信息系统、综合运用科学理论和工程技术分析解决工程问题的基本能力;

5. 了解信息产业的基本方针、政策和法规,熟悉企业管理的基本知识,具有良好的质量、环境、职业健康、安全和服务意识;

6. 跟踪电子设备和信息系统的理论前沿与发展,了解应用前景、发展动态和行业需求,具有一定的科学研究、批判思维和较强的继续学习能力;

7. 掌握文献检索、资料查询的基本方法,具备信息获取能力;

8. 具有较强的组织管理能力,较强的语言表达能力和沟通交流以及良好的团队意识和合作精神;

9. 具备相应职业岗位上岗工作的基本素质与能力,达到与本专业相关工种的高级工以上技术水平。

三、专业方向

1. 电子系统运用与设计方向

学习和掌握电子技术、传感器技术、智能芯片技术以及电子系统设计与运用的基本知识和综合运用能力,具备综合应用电子硬件、软件知识解决电子工程技术实际问题的能力,能够从事电子信息系统的软硬件开发、集成与应用等工作。

2. 信息与通信技术方向

学习和掌握信息与信号处理、通信技术、网络技术的基本理论与知识，具备信息与通信工程技术开发、集成与应用的能力，能够在信息与信号处理、通信与网络工程领域从事系统集成、开发、应用与维护等工作。

四、素质与能力分析表（表一）

综合素质与能力	专项素质与能力	对应课程或实践
1.基本素质与能力	1.1 政治素质	思想道德修养、中国近现代史纲要、马克思主义原理概论、毛泽东思想和中国特色的社会主义理论概论、形势政策等
	1.2 人文科学素质	应用文写作、明史十讲等
	1.3 身心素质	军事训练(军事理论教育)、大学体育、大学生心理健康教育、入学教育及专业导论等
	1.4 分析运算能力	大学物理、高等数学、线性代数、概率论与数理统计、复变函数与积分变换
	1.5 英语应用能力	大学英语Ⅰ—Ⅳ、专业英语
	1.6 计算机应用能力	大学计算机基础、C语言程序设计、数据库原理及其应用
	1.7 利用现代化手段获取信息能力	大学计算机基础、文献检索
	1.8 组织管理、语言表达、人际交往以及在团队中发挥作用的能力	社会实践、现代企业管理、演讲与口才、应用文写作、市场营销学
2.学科基础知识及应用能力	2.1 电工电子工艺运用能力	电子工程制图基础、专业生产认知实习、电工电子工艺实践
	2.2 电子电路基本分析与运用能力	电路分析、模拟电子技术、数字电子技术、通信电子线路、各类电子竞赛活动、电子电路综合实践、电子通信工程师基本训练等
3.专业基础知识及应用能力	3.1 信号获取、分析、处理及应用能力	电磁场与电磁波、自动控制原理、信息理论与编码、传感器与检测技术、电子通信工程师基本训练等
	3.2 电子电路设计与应用能力	电子工程制图基础、单片机原理与应用、CPLD/FPGA及其应用、现在数字系统设计、DSP原理与应用、嵌入式系统开发
4.专业核心知识及应用能力	4.1 数字信号分析运用能力	信号与系统、数字信号处理、MATLAB与仿真、语音信号处理与数字音频、图像信号处理与通信等
	4.2 信息与信号的处理和运用能力	通信原理与技术、微型计算机及接口技术、电子系统设计、移动通信技术、物联网技术
5.专业实践技能与动手能力	5.1 工程师基本素质	金工实习、电子通信工程师基本训练(Ⅰ、Ⅱ、Ⅲ、Ⅳ、Ⅴ)、电工电子工艺实践
	5.2 专业综合实践能力	现代数字系统设计实践、专业技能训练、企业实践、毕业实习、毕业设计
6.创新创业能力	6.1 创新能力	电子产品创新设计、创新创业论坛、创新创业实践
	6.2 创业能力	电子信息工程专业导论、大学生就业指导、大学生创业教育、电子产品质量管理实践、创新创业实践
7.个性化发展能力	7.1 人文素质	演讲与口才、中国近代人物研究
	7.2 专业拓展	智能终端嵌入式系统与技术、LED照明技术、文献检索、数据库及其应用、JAVA程序设计、专业英语等

五、学制与学分

1. 学制：标准学制 4 年，修业年限 3～6 年。
2. 学分：最低修读 172.5 学分。其中，课内教学环节必须修满 133.5 学分，实践教学环节必须修 39 学分。

六、毕业与学位授予

学生在规定的学习年限内，完成各教学环节学习，修满专业规定的最低学分，准予毕业。授予工学学士学位。

七、全学程时间安排总表（表二）

项目\学年	一		二		三		四		合计
学期	1	2	3	4	5	6	7	8	
军训（含军事理论教育）	2								2
入学教育和专业导论	(2)								(2)
课堂教学	14	18	17	16	14	14	10	0	103
专业实习或教育实习	2	0	1	2	4	4	8	0	21
毕业实习								8	8
专业创新创业实训								2	2
毕业论文（设计）								6	6
复习考试	1	1	1	1	1	1	1		
机动								3	
假期	6	8	6	8	6	8	6		48
全学程总周数	25	27	25	27	25	27	25	19	200

八、实践性教学环节（表三）

课程编号	实践教学项目	学分	周数	安排学期	实践方式
SJ00001	入学教育	1	(2)	第 1 学期	集中
SJ00002	军训（含军事理论教育）		2	第 1 学期	集中
SJ00003	社会实践	1	(3)	第 2、4、6 学期后暑期	由校团委统一安排
SJ29301	专业生产认知实习	1	1	第 1 学期	蚌埠、滁州校企合作基地
SJ16906	金工实习	1	1	第 1 学期	工程中心实践
SJ29302	电工电子工艺实践	1	1	第 3 学期	工程中心实践
SJ29303	电子电路设计与实践（模拟、数字）	2	2	第 4 学期	电子信息实验中心集中
SJ29304	通信电子线路课程设计	1	1	第 5 学期	电子信息实验中心集中
SJ29305	电子通信工程师基础训练（Ⅰ）-辅助设计	1	1	第 5 学期	专业机房、工程中心集中
SJ29306	电子通信工程师基础训练（Ⅱ）-MATLAB、Systemview 信息与通信课程设计	1	1	第 5 学期	专业机房、工程中心集中
SJ29307	电子通信工程师基础训练（Ⅲ）-Proteus 与单片机应用设计	1	1	第 5 学期	专业机房、工程中心集中

续表

课程编号	实践教学项目	学分	周数	安排学期	实践方式
SJ29308	专业技能训练Ⅰ	2	2	第6学期	工程中心进行
SJ29309	现代数字系统设计实践	2	2	第6学期	专业机房、工程中心集中
SJ29310	电子通信工程师基础训练（Ⅴ）－嵌入式系统开发实践	2	2	第7学期	专业机房、工程中心集中
SJ29311	专业技能训练Ⅱ	2	2	第7学期	工程中心进行
SJ29312	企业实践	4	4	第7学期	蚌埠、滁州校企合作基地
SJ29313	专业创新创业实训	2	2	第8学期	校企结合集中进行
SJ29314	毕业实习	8	8	第8学期	校内集中与校企结合
SJ29315	毕业论文（设计）	6	6	第8学期	
	合　计	39	42(5)		

九、课程设置及学时、学分比例表（表四）

课程类型		学时	学分	占总学时(总学分)比例(%)	
通识教育课程平台		786	43	32.9%	32.3%
专业教育课程平台	学科基础课程	508	28.5	34.7%	49.2%
	专业基础课程	320	18		
	专业核心课程	342	19	14.3%	
创新创业教育平台	创新创业基础课程	51	3.5	2.2%	2.6%
	创新创业核心实训课程	63	3.5	2.6%	2.6%
专业方向课程模块	电子系统运用与设计	210	12	8.8%	9%
	信息与通信技术				
个性化拓展课程模块	人文素质拓展	36	2	4.5%	1.4%
	专业拓展	72	4		2.9%
总　计		2388	133.5	100%	100%

十、主干学科

电子科学与技术、信息与通信工程

十一、核心课程

1.《信号与系统》(Signal and System)

学时:72（理论课学时64、实验课学时8。）

学分:4

课程简介:本课程在阐述信号与系统基本概念、表示、分类、特点的基础上,讲授信号的运算、连续系统的时域分析、傅里叶变换、拉普拉斯变换、连续时间系统的S域分析、离散时间系统的时域分析、Z变换、离散时间系统的Z域分析、连续与离散系统的状态变量分析方法。通过学习,使学生具备连续与离散信号的变换、分析、处理、应用的初步能力。

教学方法与手段:课程教学主要采用课堂讲授、讨论、案例分析、理实结合的方法。课堂教学以板书为主,适当辅以教材、CAI课件、网络课程等教学形式相结合的立体教案进行讲解;实验教学采用信号与系统实验装置、辅助 MATLAB 等软件工具进行实践检验。

教学评价:课程出勤占 20%、课程实验占 10%、期终考试占 70%。

参考教材:郑君里、应启珩、杨为理,《信号与系统》(第三版),高等教育出版社,2011 年;奥本海姆(J. Robert Oppenheimer)著、刘树棠译,《信号与系统》(第二版),西安交通大学出版社,2009 年;管致中、夏恭恪、孟桥,《信号与线性系统》(第五版),高等教育出版社,2011 年;林其斌、樊晓宇,《信号与系统》(第一版),安徽大学出版社,2015 年。

2.《数字信号处理》(Digital Signal Processing)

学时:54(理论课学时 48、实验课学时 6。)

学分:3

课程简介:本课程主要介绍数字信号处理的基本概念、基本分析方法和处理技术。所涵盖的内容主要包括数字信号处理特点、应用领域,离散时间信号与系统的基本概念及描述方法,离散傅里叶变换(DFT)及快速傅里叶变换(FFT)理论,数字滤波器结构及设计等。通过本课程的学习,使学生掌握利用 DFT 进行信号谱分析、数字滤波器的设计原理和实现方法,为学生后续课程的学习打下良好的基础。

教学方法与手段:本课程理论性、抽象性较强,较难理解。在课程讲授时,以 PPT 为主,辅以板书,主要方法采用讲授、讨论、案例分析、理实结合,将 MATLAB 实例引入课堂,增加形象化教学,更直观认识信号处理效果,以有效调动学生的学习积极性,提高学习效果。

教学评价:平时成绩占 20%(考勤、课程作业)、课程考试占 70%、课课程实验占 10%。

参考教材:王艳芬、王刚等,《数字信号处理原理及实现》(第二版),清华大学出版社,2013 年;吴镇扬,《数字信号处理》,高等教育出版社,2010 年;高西全、丁玉美,《数字信号处理》(第三版),西安电子科技大学出版社,2008 年;程佩清,《数字信号处理教程》,清华大学出版社,1995 年。

3.《微型计算机及接口技术》(Microcomputer and interface technology)

学时:54(理论课学时 44、实验课学时 10。)

学分:3

课程简介:《微型计算机及接口技术》是信息学科相关专业重点主干课程,是信息学科相关专业后继课程学习的纽带。课程以 IBM-PC 机为背景机,介绍计算机基础、80x86 微处理器、半导体存储器、并行接口技术、串行通信技术、定时/计数技术、中断技术、DMA 技术、总线技术和人机接口技术。通过课程学习,使学生获得在专业领域内应用微型计算机的初步能力。

教学方法与手段:本课程实践性较强,采用理论与实际结合讲解,辅助 proteus 工具进行仿真,引导学生进行系统的设计与开发,让学生零距离接触实物,提高实践应用能力和理论应用能力。主要方法采用讲授、讨论、案例分析、多媒体、板书。

教学评价:平时成绩占 30%(由考勤、课程作业、实验报告)、课程考试占 70%。

教材选用:周荷琴,《微型计算机原理与接口技术》,中国科技大学出版社;冯博琴、吴宁,《微型计算机原理与接口技术》,清华大学出版社。

4.《通信原理与技术》(Communication principle and Technology)

学时:72(理论课学时 60、实验课学时 12。)

学分:4

课程简介:本课程主要讲授通信系统的组成、分类、调制的原理与性能分析方法、模拟信号的数字化、数字信号基带传输系统、数字信号的最佳接收同步原理和现代数字调制技术。通过学习,学生应具备分析、研究、验证通信系统的初步能力。

教学方法与手段:课堂理论教学以传统板书和多媒体课件、动态仿真演示相结合的形式。这样,既可以保证教学内容的理论严谨性、规范性和完整性,又能够充分展现多媒体课件的生动直观性,使学生易于理解学习内容,进而激发其学习兴趣。同时,在讲课过程中注重理论联系实际,将平时生活中接触到的各种通信系统中采用的基本通信技术与书中相关内容对照、结合起来,增强学生的感性认识。实验教学部分使用通信原理实验箱进行实验。

教学评价:平时成绩占20%(考勤、课程作业、课程小论文)、实验成绩占10%、课程考试占70%。

参考教材:樊昌信,《通信原理》(第六版),国防工业出版社,2006年(十一五国家级规划教材);李晓峰、周宁等,《通信原理》,清华大学出版社,2008年(十一五国家级规划教材);张力军、钱学荣等,《通信原理》,高等教育出版社,2008年(十一五国家级规划教材);周炯槃、沁华等,《原理》(第三版),北京邮电大学出版社,2012年(十一五国家级规划教材)。

5.《系统开发》(Embedded system development)

学时:54(理论课学时30、实验课学时24,其中,企业行业专家授课24学时。)

学分:3(其中,企业行业专业授课1.5学分。)

课程简介:本课程主要讲授当前主流嵌入式系统技术,阐述嵌入式系统的基本原理,分析主流嵌入式系统的开发体系架构,软硬件的基本体系结构、软硬件设计方法、相关开发工具及应用。通过本课程的学习,学生能够熟练掌握 ARM 和 Linux 的工作原理和技术基础,TCP/IP 协议、蓝牙技术、ZigBee 无线通信系统、无线局域网、全球定位系统、移动通信系统、CDMA 等无线通信系统的相关知识。

教学方法与手段:理实结合、讲授、讨论、案例分析、多媒体、板书、教学视频。

教学评价:平时成绩占50%(考勤、课外大作业、课程科技作品报告)、期末考试占50%。

参考教材:沈连丰,《入式系统及其开发应用》,工业出版社,2011年;周争鸣,《式系统与应用》,中国铁道出版社,2011年;田泽,《嵌入式系统开发与应用》,北京航空航天大学出版社,2005年。

6.《电子系统设计》(Electronic System Design)

学时:36(理实结合,其中,企业行业专家授课18学时。)

学分:2(其中,企业行业专业授课1学分。)

课程简介:本课程主要讲授电子系统设计概论、电子电路的加工和调试基础、电子设计与仿真技术、基于 FPGA 的电子系统设计、嵌入式系统设计和综合设计,通过学习,学生应具备系统设计和制作的能力。课程体现综合应用学科专业知识,锻炼解决问题的实际能力。

教学方法与手段:理实结合、讲授、讨论、案例分析、多媒体、板书、教学视频。

教学评价:平时成绩占30%(考勤、课外大作业)、课程科技作品报告(论文)占50%、课程科技作品答辩占20%。

参考教材:何小艇,《电子系统设计(第三版)》,浙江大学出版社,2008年;杨刚,《电子系统设计与实践》,电子工业出版社,2009年;王建校,张虹,金印彬,《电子系统设计与实践》,高等教育出版社,2008年;梁晓雯,许瑛,《电子系统设计基础》,中国科技大学出版社,2008年。

十二、教学进程表(表五)

课程类别	课程编号	课程名称	总学分	总学时	学时分配 理论	学时分配 实践	各学期学时分配 1	2	3	4	5	6	7	8	考核方式
通识教育课程平台	TS26106	思想道德修养与法律基础	3	48	38	10		48							试
	TS26102	中国近现代史纲要	2	32	24	8	32								试
	TS26103	马克思主义基本原理概论	3	48	38	10			48						试
	TS26104	毛泽东思想和中国特色社会主义理论概论Ⅰ	2	32	32						32				试
	TS26105	毛泽东思想和中国特色社会主义理论概论Ⅱ	4	64	44	20						64			试
	TS15001-4	大学英语(Ⅰ-Ⅳ)	15	270	230	40	60	70	70	70					试
	TS19001-4	大学体育(Ⅰ-Ⅳ)	4	126	126		30	32	32	32					试
	TS28001	大学计算机基础	3	48	16	32	48								试
	TS28003	C语言程序设计	4	72	48	24		72							试
	TS18111	大学生心理健康教育	1	14	14		14								查
	TS26108-9	形势与政策	2	32	12	20	16	16							查
专业教育课程平台	学科基础课程	JC28001-2	高等数学AⅠ-AⅡ	10	180	180		80	100							试
		JC29001	大学物理A	5.5	100	76	24		100							试
		JC28006	线性代数	3	48	48			48							试
		JC28008	概率论与数理统计	3	54	54						54				试
		JC28009	复变函数与积分变换	2	36					36						试
		JC29301	电路分析	5	90	72	18			90						试
	专业基础课程	ZJ29301	电子工程制图基础	1.5	24		24	24								试
		ZJ29302	Matlab与仿真	1.5	24		24				24					试
		ZJ29303	模拟电子技术	3.5	64	54	10				64					试
		ZJ29304	数字电子技术	3	54	44	10				54					试
		ZJ29305	电磁场与电磁波	3.5	64	56	8				64					试
		ZJ29306	信息理论与编码	2	36	36							36			试
		ZJ29307	通信电子线路	3	54	44	10					54				试
	专业核心课程	ZH29301	数字信号处理	3	54	48	6					54				试
		ZH29302	微型计算机及接口技术	3	54	44	10					54				试
		ZH29303	信号与系统	4	72	64	8				72					试
		ZH29304	通信原理与技术	4	72	60	12						72			试
		ZH29305	电子系统设计	2	36		36							36		试
		ZH29306	嵌入式系统开发	3	54	30	24							54		试

续表

课程类别		课程编号	课程名称	总学分	总学时	学时分配		各学期学时分配								考核方式
						理论	实践	1	2	3	4	5	6	7	8	
创新创业教育课程平台	基础课程	CJ00001	大学生创业教育	1	18	18				18						查
		CJ00002	大学生就业指导	2	24	24			12				12			查
		CJ29301	电子信息工程专业导论	0.5	9	9		9								查
	核心实训课程	CH29001	创新创业论坛	0.5	9	9								9		查
		CH29301	电子产品质量管理实践	1.5	27	27								27		查
		CH29302	电子信息产品创新设计	1.5	27	27								27		查
		CH00001	创新创业成果学分认定	创新创业成果学分的认定见有关文件												
专业方向课程模块	电子系统运用与设计	ZF29301	单片机原理与应用	2	36	26	10						36			查
		ZF29302	传感器与检测技术	2	36	26	10						36			查
		ZF29303	CPLD/FPGA 及其应用	2	36	26	10						36			查
		ZF29304	DSP 原理与应用	2	36	28	8						36			查
		ZF29305	物联网技术与应用	3	48	36	12						48			查
	专业基础课程	ZF29306	语音信号处理与数字音频	2	36	28	8							36		查
		ZF29307	数字图像信号处理与通信	2	36	28	8						36			查
		ZF29308	网络信息安全技术	2	36	28	8						36			查
		ZF29309	移动通信技术	3	48	36	12							48		查
		ZF29310	数据通信与计算机网络	2	36	28	8					36				查
个性化拓展课程模块	人文素质模块	GT10608	应用文写作	1	18	18		18								查
		GT18601	演讲与口才	1	18	18			18							查
		GT18106W	中国近代人物研究	1	18	18				18						查
		GT18107W	明史十讲	1	18	18					18					查
		GT16003	文献检索	1	18	18							18			查
	专业拓展模块	GT29301	智能终端嵌入式系统与技术	2	36	26	10						36			查
		GT29302	数据库及其应用	2	36	26	10							36		查
		GT29303	LED 照明技术	1	18	18								18		查
		GT29304	射频识别技术及其应用	2	36	26	10					36				查
		GT29305	JAVA 编程技术*	2	36	26	10					36				查
		GT29306	专业英语	1	18	18								18		查
		GT29307	自动控制原理*	2	36	28	8					36				查
学生最低修读的学分/学时				133.5	2388			317	458	430	402	334	321	126		
课堂教学周数								14	18	17	16	14	14	10	0	
周学时数								22.6	25.4	25.3	25.1	23.9	22.9	12.6		

续表

课程类别	课程编号	课程名称	总学分	总学时	学时分配		各学期学时分配								考核方式
					理论	实践	1	2	3	4	5	6	7	8	
说明： 1.各专业军事理论教育在第1学期以讲座形式进行； 2.专业方向课程模块最少应选修210个学时、12个学分； 3.创新创业教育平台，学生获得"创新创业成果"学分可抵免创新创业核心实训课程学分； 4.个性化拓展模块要求学生至少须选修6个学分，其中，"人文素质"模块要求学生至少选修2个学分，且至少选修1门网络课程；专业拓展模块至少选修4个学分。																

十三、辅修专业课程设置

电气与电子工程学院电子信息工程专业辅修课程设置

课程名称	学　分	辅修专业教学计划
信号与系统	4	第4学期
数字信号处理	3	第5学期
传感器与检测技术	2	第6学期
通信原理与技术	4	第6学期
数据通信与计算机网络	2	第4学期
单片机原理与应用	2	第5学期
CPLD/FPGA及其应用	2	第5学期
电子系统设计	2	第7学期
嵌入式系统开发	3	第7学期
毕业论文	6	必做,但不计学分
总计	30	学生必须修满24学分

电子信息工程专业辅修先修课程设置

课程名称	学分	备注
电路分析	5	第3学期
模拟电子技术	3.5	第4学期
数字电子技术	3	第4学期

工学类专业

网络工程本科专业人才培养方案

专业代码:080903

一、培养目标

本专业培养德、智、体、美全面发展,掌握计算机学科和网络通信领域的基本专业知识,具有网络工程设计与规划、网络系统运维管理、网络安全防控管理和网络软件开发等专业能力,能够在相关企事业单位从事网络工程设计与管理、网络安全部署防控、高级应用软件开发等方面的工作,具有创新意识和创业精神的高素质应用型专门人才。

二、培养要求

本专业学生主要学习数学、物理等基础自然科学知识以及计算机科学、网络工程、网络管理、网络安全、软件开发等方面的基本理论和基本知识,接受计算机基础操作、网络系统管理与维护、软件开发等方面的基本训练,掌握网络工程规划与设计,网络安全防控管理,网络软件开发等方面的基本能力。

毕业生应获得以下几方面的知识和能力:

1. 掌握计算机学科的基本理论与基本知识,具备计算机学科的基本技能;

2. 掌握计算机网络体系结构和数据通信基础知识,了解各类网络协议,具有初步的协议分析、设计、测试等方面的能力;

3. 掌握网络设备与系统的管理、网络性能评价与优化等技术与方法,具有初步的网络与信息系统管理与维护能力;

4. 了解信息安全的基本理论和常见的网络安全产品的工作原理,掌握主流网络安全产品的安装配置方法和使用方法,具有从事网络系统安全策略与措施制定,安全系统部署,安全事故预防、监测、跟踪、管理与恢复等方面的能力;

5. 了解软件项目开发管理的基本流程,熟悉 C/S、B/S 等网络计算与服务模型,掌握软件开发与测试的基本技能,掌握主流网络应用开发技术、移动互联网应用开发技术,具有初步的网络应用系统设计与开发能力;

6. 了解"互联网+"的综合应用和大数据处理业务的相关知识,能够跟踪互联网应用新技术、新思路,具有从事该方面创新创业的基本能力;

7. 掌握数学、物理等自然科学及人文社会科学的基础知识,掌握学科专业的知识体系,具备知识综合运用能力和较强的逻辑思维、辩证思维能力,能够运用专业知识分析、解决网络工程和软件开发中的实际问题;

8. 掌握英语应用能力及文献资料查阅方法,具有获取信息的能力;

9. 具有较强的自学能力、社会适应能力、人际交往能力、团队协作能力和创新创业意识。

三、专业方向

1. 应用软件开发方向

学习和掌握JAVA面向对象程序设计的基本理论与基本知识,掌握软件项目开发管理的基本流程,掌握JAVA Web动态网页设计技术、主流JAVA开发框架、设计模式和Android系统应用开发方法,具备基于互联网的应用软件开发技能,能够从事网络软件开发方面的工作。

2. 网络安全方向

学习和掌握现代密码学、数字鉴别与认证和网络安全防控方面的基本理论与基本知识,掌握网络攻击的基本思想、掌握常见攻击的防范策略、服务器安全部署策略,具备网络安全防控基本技能,能够从事信息安全和网络安全管理方面的工作。

四、素质与能力分析表(表一)

综合素质与能力	专项素质与能力	对应课程或实践
1.基本素质与能力	1.1 政治素质	思想道德修养与法律基础、中国近现代史纲要、马克思主义基本原理概论、形势政策、毛泽东思想和中国特色社会主义理论体系概论
	1.2 人文科学素质	应用文写作、演讲与口才、影视鉴赏、中国文化概论
	1.3 身心素质	军事训练、大学体育、大学生心理健康教育
	1.4 分析运算能力	高等数学、线性代数、概率论与数理统计、离散数学
	1.5 英语应用能力	大学英语
	1.6 计算机应用能力	计算机技术基础、导论、计算机组装与维护实训
	1.7 利用现代化手段获取信息能力	导论
	1.8 组织管理、语言表达、人际交往以及在团队中发挥作用的能力	大学英语、软件工程、现代企业管理、应用文写作、演讲与口才、毕业实习、毕业论文(设计)
2.学科基础知识及应用能力	2.1 计算机学科基础知识	导论
	2.2 数理基础知识	高等数学、大学物理、概率论与数理统计、线性代数
	2.3 学科学习能力、逻辑思维和分析能力	高等数学、离散数学、概率论与数理统计等
3.专业基础知识及应用能力	3.1 通信和网络理论知识	数据通信与计算机网络
	3.2 电子类基础理论知识	数字电路
	3.3 程序设计与分析能力	程序设计基础、数据结构、软件工程、JAVA程序设计、JAVA WEB系统开发、JAVA设计模式、JAVA框架技术、移动互联网络应用开发、C++面向对象程序设计
	3.4 计算机系统硬件基础、系统运行分析能力	汇编语言程序设计基础、计算机组成原理、操作系统
	3.5 网络工程方面基础能力	网络设计与系统集成、网络安全基础、服务器管理技术、CAD制图实训
	3.6 数据库理论与分析设计能力	数据库原理与应用、数据库原理与应用课程设计
	3.7 操作系统基本理论	操作系统、linux操作系统编程技术
4.专业核心知识及应用能力	4.1 网络集成、设备原理与网络组建与管理能力	数据通信与计算机网络、网络设计与系统集成
	4.2 网络操作系统理论、网络协议理论分析与网络协议设计能力	网络协议与编程技术、linux操作系统编程技术、网络安全协议

续表

综合素质与能力	专项素质与能力	对应课程或实践
4.专业核心知识及应用能力	4.3 网络应用软件开发	JAVA程序设计、JAVA WEB系统开发、JAVA设计模式、JAVA框架技术、移动互联网络应用开发、软件工程
	4.4 网络安全管理维护	C++面向对象程序设计、网络安全基础、网络性能测试与评价、现代密码学、服务器管理技术、网络攻击原理与防范技术、数字鉴别与认证技术
5.专业实践技能与动手能力		专业课程中的非独立开设的实验课和对应开设的专业实践课
6.创新创业能力	6.1 创新能力	创新创业论坛、"互联网+"创新实践
	6.2 创业能力	大学生创业教育、IT企业经营管理、创新创业论坛、大学生就业指导
7.个性化发展能力	7.1 计算机算法分析、智能思维	人工智能、云计算技术
	7.2 计算机图像处理	数字图像处理技术基础
	7.3 应用程序开发	PHP程序设计

五、学制与学分

1.学制:标准学制4年,修业年限3～6年。

2.学分:最低修读169学分。其中,课内教学环节必须修满136学分,实践教学环节必须修满33学分。

六、毕业与学位授予

学生在规定的学习年限内,完成各教学环节学习,修满专业规定的最低学分,准予毕业。授予工学学士学位。

七、全学程时间安排总表(表二)

项目\学年学期	一		二		三		四		合计
	1	2	3	4	5	6	7	8	
军训(含军事理论教育)	2								2
入学教育和专业导论	(2)								(2)
课堂教学	14	16	17	16	18	14	14		116
专业实习或教育实习	2	2	1	2		4	4		15
毕业实习								8	8
专业创新创业实训								2	2
毕业论文(设计)								6	6
复习考试	1	1	1	1	1	1	1		
机动								3	3
假期	6	8	6	8	6	8	6		48
全学程总周数	25	27	25	27	25	27	25	19	200

八、实践性教学环节(表三)

课程编号	实践教学项目	学分	周数	安排学期	实践方式
SJ00001	入学教育及专业导论	1	(2)	第1学期	集中
SJ00002	军训(含军事理论教育)		2	第1学期	集中
SJ00003	社会实践	1	(3)	第2、4、6学期后暑期	由校团委统一安排
SJ28116	CAD制图实训	1	1	第1学期	实验室集中进行
SJ28101	计算机组装与维护实训	1	1	第1学期	实验室集中进行
SJ28117	程序设计技能训练	2	2	第2学期	实验室集中进行
SJ28103	数据结构课程设计	1	1	第3学期	实验室集中进行
SJ28104	计算机组成原理课程设计	1	1	第4学期	实验室集中进行
SJ28118	数据库原理与应用课程设计	1	1	第5学期	实验室集中进行
SJ28119	网络系统集成实训	1	1	第6学期	实验室集中进行(校企双导师制)
SJ28120	网络应用程序开发实训	1	1	第6学期	实验室集中进行(校企双导师制)
SJ28121	企业文化与职业教育认知实习	1	1	第6学期	实验室集中进行(校企双导师制)
SJ28122	Linux操作系统编程技术课程设计	1	1	第6学期	实验室集中进行(校企双导师制)
SJ28123	应用软件开发综合实训	4	4	第7学期	实验室集中进行(应用软件开发方向,校企双导师制)
SJ28124	网络安全综合实训				实验室集中进行(网络安全方向,校企双导师制)
SJ28125	毕业实习	8	8	第8学期	集中
SJ28126	专业创新创业实训	2	2	第8学期	集中
SJ28127	毕业论文(设计)	6	6	第8学期	集中
	合　计	33	33(5)		

九、课程设置及学时、学分比例表(表四)

课程类型		学时	学分	占总学时(总学分)比例(%)	
通识教育课程平台		666	36	27.91%	26.47%
专业教育课程平台	学科基础课程	382	21.5	39.98%	40.81%
	专业基础课程	572	34		
	专业核心课程	354	20.5	14.83%	15.07%
创新创业教育平台	创新创业基础课程	51	3.5	2.13%	2.57%
	创新创业核心实训课程	63	3.5	2.64%	2.57%
专业方向课程模块(各方向学时、学分大体相同)	应用软件开发	190	11	7.96%	8.09%
	网络安全	190	11		
个性化拓展课程模块	人文素质	36	2	4.52%	4.41%
	专业拓展	72	4		
总　计		2386	136	100%	100%

十、主干学科

计算机科学与技术、信息与通信科学

十一、核心课程

1《数据库原理及应用》(Database System Principles and Applications)

学时:56(理论课学时40、实践课学时16。)

学分:3(理论课学分2、实践课学分1。)

课程简介:本课程主要讲授关系数据库的基本理论与知识,包括数据模型、关系数据库、关系规范化理论、数据库设计、事务与并发控制;以及Transact SQL语言基础,数据库和表,数据库查询,索引和视图,存储过程、触发器和游标等。培养学生在软件设计中所需的数据库应用能力。

教学方法或手段:本课程以课堂理论教学为主,可采用类比法、引导法、举例法等教学方式,引导学生积极思考和理解理论知识。

教学评价方式:课程考核采用平时考勤、实验和期末考试成绩相结合的评价方式,全面考核学生的学习效果和综合素质。

平时成绩:根据学生课堂出勤和表现、学生的平时的实验项目成绩,占总成绩的40%。期末考试:全面、综合考查学生的课程知识掌握情况,成绩占总成绩的60%。

教材选用:王珊,《数据库系统概论》,高等教育出版社,国家级规划教材;闪四清,《数据库系统原理与应用教程》,清华大学出版社。

教学主要参考书:(美)David M. Kroenke,David J. Auer.《数据库原理》,清华大学出版社。

2.《网络设计与系统集成》(Networks Designing and System Integration)

学时:64(理论课学时32、实践课学时32。)

学分:4(理论课学分2、实践课学分2。)

课程简介:本课程主要讲授网络工程的基本概念,组网工程的需求分析,网络系统整体规划与建设方案的设计论证,系统集成过程模型,主流网络厂商的二层交换机、路由器、路由交换机等设备配置和管理技术,网络系统测试与验收的方法与过程等。

教学方法或手段:本课程以理论+实验教学为主,采用小班教学方式,安排在实验室内,以"教、学、做"一体化方式开展教学。可采用举例法、分析法、类比法、引导法、实验验证等教学方式,引导学生积极思考和理解计算机网络的理论知识,掌握网络设计、系统集成、网络设备管理配置的核心思想和方法。

教学评价(考核)方式:课程考核采用平时考勤、课堂笔记、实验和期末考试成绩相结合的评价方式,全面考核学生的学习效果和综合素质。

平时成绩:由任课教师根据学生平时作业、课堂出勤和表现等进行评价,占总成绩的10%。实验成绩:学生的每次实验项目均必须由教师验收、检查并给出成绩,然后,对所有实验项目成绩进行综合评定,给出实验成绩,占总成绩的30%。期末考试:全面、综合考查学生对计算机网络相关理论知识和网络系统集成的实用技术的掌握情况,成绩占总成绩的60%。

教材选用:程庆梅,《路由型与交换型互联网基础》,机械工业出版社,2011年;程庆梅,《路由型与交换型互联网基础实训手册》,机械工业出版社,2011年;易建勋,《计算机网络设计》,人民邮电出版社,2011年。

3.《JAVA 程序设计》(JAVA Program Designing)

学时:72(理论课学时 48、实践课学时 24。)

学分:4(理论课学分 2.5、实践课学分 1.5。)

课程简介:本课程主要讲授 JAVA 程序设计的基础、面向对象程序设计思想和基本原则(包括:类、对象、继承、接口、内部类与异常类)、JAVA 中实用类、基于 JAVA Swing 的图形用户窗口设计、泛型与集合框架,JDBC 数据库操作技术等。

教学方法或手段:本课程以理论+实验教学为主,采用小班教学方式,安排在实验室内,以"教、学、做"一体化方式开展教学。可采用举例法、分析法、类比法、引导法、编程操作等教学方式,引导学生积极思考和理解 JAVA 面向对象编程思想。掌握 JAVA 编程的方法和 Eclipse 的使用。

教学评价(考核)方式:课程考核采用平时考勤、课堂笔记、实验和期末考试成绩相结合的评价方式,全面考核学生的学习效果和综合素质。

平时成绩:由任课教师根据学生平时作业、课堂出勤和表现等进行评价,占总成绩的 10%。实验成绩:学生的每次实验项目均必须由教师验收、检查并给出成绩,然后,对所有实验项目成绩进行综合评定,给出实验成绩,占总成绩的 30%。期末考试:可以采用试卷或上机考试方式,全面、综合考查学生对 JAVA 编程技术的掌握情况,成绩占总成绩的 60%。

教材选用:耿祥义、张跃平,《JAVA 面向对象程序设计》(第二版),清华大学出版社,2010 年;传智播客高教产品研发部,《JAVA 基础入门》,清华大学出版社,2014 年;软件技术联盟,《JAVA 开发实战》清华大学出版社,2013 年。

4.《网络安全基础》(Networks Security)

学时:44(理论课学时 28、实践课学时 16,其中,企业行业专业授课 8 学时。)

学分:2.5(理论课学分 1.5、实践课学分 1,其中,企业行业专业授课 0.5 学分。)

课程简介:本课程主要讲授信息安全基础、安全模型、加密、认证、数字签名、安全协议、VPN、防火墙、入侵检测系统、漏洞检测与防护以及安全评估与审计等。

教学方法或手段:本课程以理论+实验教学为主,采用小班教学方式,安排在实验室内,以"教、学、做"一体化方式开展教学。可采用举例法、分析法、类比法、引导法、实验验证等教学方式,引导学生积极思考和理解网络安全相关理论知识,掌握网络安全设备的管理配置方法、基本网络攻击手段和防御措施等。

教学评价(考核)方式:课程考核采用平时考勤、课堂笔记、实验和期末考试成绩相结合的评价方式,全面考核学生的学习效果和综合素质。

平时成绩:由任课教师根据学生平时作业、课堂出勤和表现等进行评价,占总成绩的 10%。实验成绩:学生的每次实验项目均必须由教师验收、检查并给出成绩,然后,对所有实验项目成绩进行综合评定,给出实验成绩,占总成绩的 30%。期末考试:全面、综合考查学生的课程知识掌握情况,成绩占总成绩的 60%。

教材选用:张殿明、杨辉,《计算机网络安全》(第二版),清华大学出版社,2014 年;石勇、卢浩,《计算机网络安全教程》,清华大学出版社,2012 年;王文斌、王黎玲,《计算机网络安全教程》,清华大学出版社,2010 年。

5.《网络协议与编程技术》(Networks Protocol and Programming Technology)

学时:54(理论课学时 36、实践课学时 18。)

学分:3(理论课学分 2、实践课学分 1。)

课程简介:本课程主要讲授 TCP/IP 协议及其服务,包括一些基本概念和基础技术,TCP/IP 协议族中的核心协议 IP 和 TCP,以及几个主要的路由协议,讨论使用网络和传输层协议的应用程序,使用接口进行网络编程,IPv6 以及 IPv4 到 IPv6 的过渡,网络协议分析的形式化分析和验证。

教学方法或手段:本课程以理论+实验教学为主,采用小班教学方式,安排在实验室内,以"教、学、做"一体化方式开展教学。可采用举例法、分析法、类比法、引导法、实验验证等教学方式,引导学生积极思考和理解理论知识,掌握网络协议设计和编程的核心思想、方法。

教学评价(考核)方式:课程考核采用平时考勤、课堂笔记、实验和期末考试成绩相结合的评价方式,全面考核学生的学习效果和综合素质。

平时成绩:由任课教师根据学生平时作业、课堂出勤和表现等进行评价,占总成绩的 10%。实验成绩:学生的每次实验项目均必须由教师验收、检查并给出成绩,然后,对所有实验项目成绩进行综合评定,给出实验成绩,占总成绩的 30%。期末考试:全面、综合考查学生的课程知识掌握情况,成绩占总成绩的 60%。

教材选用:李峰、陈向益著,《TCP/IP 协议分析与应用编程》,人民邮电出版社,2008 年;Kenneth D. Reed. Protocol Analysis, 7th Edition, 孙坦(译),《协议分析》(第七版),电子工业出版社,2008 年;古天龙,《网络协议的形式化分析与设计》,电子工业出版社,2003 年;李静林、孙其博、杨放春,《下一代网络通信协议分析》,北京邮电大学出版,2010 年。

6.《Linux 操作系统编程技术》(Linux OS Programming Technology)

学时:64(理论课学时 40、实践课学时 24。)

学分:4(理论课学分 2.5、实践课学分 1.5。)

课程简介:本课程主要讲授 Linux 操作系统的进程管理、内存管理、文件管理和设备管理的工作原理和设计,字符设备、块设备和网络设备的 Linux 驱动程序设计和实现方法。

教学方法或手段:本课程以理论+实验教学为主,采用小班教学方式,安排在实验室内,以"教、学、做"一体化方式。开展教学可采用举例法、分析法、类比法、引导法、实验验证等教学方式,引导学生积极思考和理解 Linux 系统的相关理论,掌握 Linux 系统操作方法,Linux 平台下嵌入式 C 或 C++编程的核心思想、方法。

教学评价(考核)方式:课程考核结合平时考勤、课堂笔记、实验和综合项目设计相结合进行成绩评价,全面考核学生的学习效果和综合素质。

平时成绩:由任课教师根据学生平时作业、课堂出勤和表现等进行评价,占总成绩的 10%。实验成绩:学生的每次实验项目均必须由教师验收、检查并给出成绩,然后,对所有实验项目成绩进行综合评定,给出实验成绩,占总成绩的 30%。综合项目设计:全面、综合考查学生的课程知识和编程技能的掌握情况,成绩占总成绩的 60%。

教材选用:贺丹丹、刘峰、张帆主编,《嵌入式 Linux 系统开发教程》,清华大学出版社,2014 年;Linux 系列教材编写组主编,《Linux 操作系统分析与实践》,清华大学出版社,2008 年;赵炯主编,《Linux 内核完全剖析:基于 0.12 内核》,机械工业出版社,2009 年。

十二、教学进程表(表五)

课程类别	课程编号	课程名称	总学分	总学时	学时分配 理论	学时分配 实践	各学期学时分配 1	2	3	4	5	6	7	8	考核方式
通识教育课程平台	TS26106	思想道德修养与法律基础	3	48	38	10		48							试
	TS26102	中国近现代史纲要	2	32	24	8	32								试
	TS26103	马克思主义原理概论	3	48	38	10				48					试
	TS26104	毛泽东思想和中国特色社会主义理论概论Ⅰ	2	32	32						32				试
	TS26105	毛泽东思想和中国特色社会主义理论概论Ⅱ	4	64	44	20						64			试
	TS15001-4	大学英语(Ⅰ-Ⅳ)	15	270	230	40	60	70	70	70					试
	TS19001-4	大学体育(Ⅰ-Ⅳ)	4	126	126		30	32	32	32					试
	TS18111	大学生心理健康教育	1	14	14			14							查
	TS26108-9	形势与政策	2	32	12	20	16	16							查
专业教育课程平台	学科基础课程 JC28001	高等数学AⅠ	4.5	80	80		80								试
	JC28002	高等数学AⅡ	5.5	100	100			100							试
	JC29001	大学物理A	5.5	100	76	24		100							试
	JC28008	概率论与数理统计	3	54	54					54					试
	JC28006	线性代数	3	48	48					48					试
	专业基础课程 ZJ28101	计算机技术基础	2	36		36	36								查
	ZJ28107	程序设计基础	4	72	48	24	72								试
	ZJ29002	模拟电子技术	3	54	42	12		54							试
	ZJ29003	数字电路	3	54	40	14			54						试
	ZJ28104	离散数学	4	64	64				64						试
	ZJ28105	汇编语言程序设计基础	2	36	24	12			36						试
	ZJ28108	数据结构	4	64	48	16			64						试
	ZJ28100	计算机组成原理	4	64	52	12				64					试
	ZJ28110	数据通信与计算机网络	4	64	56	8				64					试
	ZJ28111	操作系统	4	64	52	12					64				试
	专业基础课程 ZH28103	数据库原理与应用	3	56	40	16					56				试
	ZH28106	网络设计与系统集成	4	64	32	32					64				试
	ZH28107	JAVA程序设计	4	72	48	24					72				试
	ZH28108	网络安全基础	2.5	44	28	16					44				试
	ZH28109	网络协议与编程技术	3	54	36	18						54			试
	ZH28110	Linux操作系统编程技术	4	64	40	24					64				试

续表

课程类别		课程编号	课程名称	学分	总学时	学时分配		各学期学时分配								考核方式
						理论	实践	1	2	3	4	5	6	7	8	
创新创业教育课程平台	基础课程	CJ00001	大学生创业教育	1	18	18				18						查
		CJ00002	大学生就业指导	2	24	24			12				12			查
		CJ28102	网络工程专业导论	0.5	9	9		9								查
	核心实训课程	CH28001	创新创业论坛	0.5	9		9						9			查
		CH28101	IT企业经营管理	1.5	27		27							27		查
		CH28103	"互联网+"创新实践	1.5	27		27							27		查
		CX00001	创新创业成果学分认定	创新创业成果学分的认定见有关文件												
专业方向课程模块	应用软件开发	ZF28110	JAVA WEB系统开发	4	64	40	24						64			查
		ZF28111	JAVA设计模式	2	36	24	12						36			查
		ZF28112	移动互联网络应用开发	3	54	36	18						54			查
		ZF28113	JAVA框架技术	2	36	24	12							36		查
	网络安全	ZF28114	现代密码学基础	2	36	24	12					36				试
		ZF28115	服务器管理技术	2	32	18	14						32			查
		ZF28116	网络攻击原理与防范技术	3	54	36	18						54			查
		ZF28117	网络安全协议	2	32	24	8						32			查
		ZF28118	Web安全技术	2	36	24	12							36		查
个性化拓展课程模块	人文素质	GT18608	应用文写作	1	18	18					18					查
		GT18622W	演讲与口才	1	18	18						18				查
		GT18601	影视鉴赏	1	18	18							18			查
		GT18623W	中国文化概论	1	18	18							18			查
	专业拓展	GT28101	人工智能	2	36	28	8				36					查
		GT28105	C++面向对象程序设计	3	54	36	18					54				查
		GT28106	软件工程	2	36	36						36				查
		GT28107	无线网络技术	2	36	24	12						36			查
		GT28108	云计算技术	2	36	24	12							36		查
		GT28109	网络性能测试与评价	2	36	28	8					36				查
		GT28110	物联网基础	2	36	24	12						36			查
		GT28111	PHP程序设计	3	54	36	18							54		查
学生最低修读的学分/学时				136	2386	1833	553	335	446	458	364	400	293	90		
课堂教学周数								14	16	17	16	18	14	14		
周学时数								23.9	27.9	26.9	22.7	22.2	20.9	6.4		

说明：
1. 专业军事理论教育在第1学期以讲座形式进行；
2. 《计算机技术基础》课程、专业核心课程群采用"教、学、做"一体化方式开展教学；
3. 专业方向课程模块共设2个方向模块，学生任选其一，必须选修11个学分，其中，应用软件开发方向课程群采用"教、学、做"一体化方式开展教学；
4. 创新创业教育平台，学生获得"创新创业成果"学分可抵免创新创业核心实训课程学分；
5. 个性化拓展模块要求学生至少须选修的6个学分，其中，"人文素质"模块要求学生至少选修2个学分，且至少选修1门网络课程；专业拓展模块至少选修4个学分。其中，选修"网络安全"方向的学生必须选修"C++面向对象程序设计"。

十三、辅修专业课程设置

信息与网络工程学院网络工程专业辅修课程设置

课程名称	学　分	辅修专业教学计划
数据结构	3	3
计算机组成原理	3	3
数据通信与计算机网络	3	3
操作系统	3	3
数据库原理与应用技术	2	4
网络设计与系统集成	3	4
JAVA程序设计	2	4
网络安全基础	2	5
网络协议与编程技术	2	5
JAVA WEB系统开发	2	5
毕业论文		必做,但不计学分。
总计	25	学生必须修满25学分

网络工程专业辅修先修课程设置(各学院根据本专业实际要求填写,如没有则此表不填)

课程名称	学分	备注
大学计算机基础	3	全校通识教育课程
C语言程序设计	4	全校通识教育课程

地理信息科学本科专业人才培养方案

专业代码:070504

一、培养目标

本专业培养德、智、体、美全面发展,掌握地理信息系统、测量学、地图学、遥感科学与技术、计算机基础与应用等方面的基本理论、知识和技能,具备利用GIS技术解决空间信息问题的能力,能够在城镇建设、区域规划、资源管理、数字农业、灾害监测、交通运输等领域从事与GIS、遥感和测量有关的应用研究、技术开发、生产管理和行政管理等工作,具有创新意识和创业精神的高素质应用型专门人才。

二、培养要求

本专业学生主要学习地理信息科学方面的基本理论和基本知识,接受地理信息系统、遥感技术、测绘、3S集成技术等方面的基本训练,掌握数据获取、数据分析、地理制图及地理信息系统二次开发等方面的基本能力。

毕业生应获得以下几方面的知识和能力:

1. 了解地理科学和信息科学的主要方向,学科前沿与发展趋势;
2. 系统地掌握数学、计算机科学、测绘科学等方面的基本理论和基本知识;
3. 掌握地图学、地理信息系统、遥感技术方面的基本理论、基本知识和基本实验技能,以及地理信息系统技术开发的基本理论和基本方法;
4. 了解相邻专业如土地管理、资源与环境、城市规划等的一般原理和方法;
5. 有较强的自学能力和思考能力,一定的创造能力和较好的分析问题、解决问题的能力;
6. 具有阅读和翻译本专业外文资料的基本能力,达到国家规定的本科生外语水平;
7. 有较强的调查研究与决策能力、组织与管理能力、口头与文字表达能力。

三、专业方向

1. 数字农业方向

学习掌握现代农业的数字应用技术,具备相应的软件操作管理能力,面向资源、环境和其他农业部门从事数字农业工作。

2. 土地管理方向

学习土壤与土地资源管理信息系统的应用技术,具备相应的软件操作管理能力,面向土地资源调查与评价、土地整理、土地利用规划、地籍测量等部门从事信息开发与管理工作。

四、素质与能力分析表(表一)

综合素质与能力	专项素质与能力	对应课程或实践
1.基本素质与能力	1.1 政治素质	毛泽东思想和中国特色社会主义理论体系概论、马克思主义基本原理概论、中国近代史纲要、思想道德修养与法律基础
	1.2 人文科学素质	中国文化概论、美学原理、应用文写作
	1.3 身心素质	大学生安全教育、体育Ⅰ－Ⅳ、大学生心理健康教育
	1.4 分析运算能力	高等数学A、概率论与数理统计
	1.5 英语应用能力	大学英语Ⅰ－Ⅳ
	1.6 计算机应用能力	大学计算机基础、C语言程序设计
	1.7 利用现代化手段获取信息能力	科技论文写作、文献检索、地图学数据采集与处理实习
	1.8 组织管理、语言表达、人际交往以及在团队中发挥作用的能力	演讲与口才、社交礼仪等
2.学科基础知识及应用能力	2.1 数学基本知识	高等数学A、概率论与数理统计、线性代数
	2.2 计算机编程能力	Visual C++程序设计、数据结构等
	2.3 地理学科基础	自然地理学、人文地理学等
3.专业基础知识及应用能力	3.1 现代测绘综合技术	测量学、GPS测量、摄影测量
	3.2 空间分析基础知识	地理信息系统概论、空间数据库、计算机辅助设计、遥感技术原理等
4.专业核心知识及应用能力	4.1 空间数据处理及分析能力	遥感数字图像处理、GIS空间分析技术、地图学、GPS原理与应用等
	4.2 地理信息系统集成开发能力	GIS项目设计与开发、WebGIS开发与应用等
5.专业实践技能与动手能力	5.1 专业知识创新能力	3S技术集成、3S技术创新实验、面向网络发布的GIS开发语言等
	5.2 专业知识创业能力	
6.创新创业能力	6.1 创新能力	创新创业论坛、专业创新教育实践
	6.2 创业能力	大学生创业教育、创业教育实践
7.个性化发展能力	专业知识拓展能力	智慧城市、虚拟现实原理与技术等

五、学制与学分

1.学制:标准学制4年,修业年限3～6年。

2.学分:最低修读169学分。其中,课内教学环节必须修满130学分,实践性环节必须修满39学分。

六、毕业与学位授予

学生在规定的学习年限内,完成各教学环节学习,修满专业规定的最低学分,准予毕业。授予理学学士学位。

七、全学程时间安排总表(表二)

项目\学年学期	一		二		三		四		合计
	1	2	3	4	5	6	7	8	
军训(含军事理论)	2								2

续表

学年 项目 学期	一		二		三		四		合计
	1	2	3	4	5	6	7	8	
入学教育和专业导论	(2)								(2)
课堂教学	15	17	16	16	14	14	10		104
专业实习或教育实习		1	2	2	4	4	8		19
毕业实习								8	8
专业创新创业实训								2	2
毕业论文（设计）								6	6
复习考试	1	1	1	1	1	1	1		7
机动	1							3	4
假期	6	8	6	8	6	8	6		48
全学程总周数	25	27	25	27	25	27	25	19	200

八、实践性教学环节（表三）

课程编号	实践教学项目	学分	周数	安排学期	实践方式
SJ00001	入学教育	1	(2)	1	机动
SJ00002	军训（含军事理论教育）		2	1	集中
SJ00003	社会实践	1	(3)	第2、4、6学期后暑期	由校团委统一安排
SJ20501	自然地理学实习	1	1	第2学期	岳西县鹞落坪
SJ20502	测量学	1	1	第3学期	校内实习
SJ20504	地图学实习	1	1	第3学期	城建与环境实验中心
SJ20505	数据采集与处理实习	2	2	第4学期	校内实习
SJ20506	空间数据库	1	1	第5学期	校内实习
SJ20507	摄影测量	1	1	第5学期	校内实习
SJ20508	空间分析技术	2	2	第5学期	城建与环境实验中心
SJ20509	遥感图像处理实习	2	2	第6学期	城建与环境实验中心
SJ20510	GIS系统设计与开发实习	2	2	第6学期	城建与环境实验中心
SJ20511	"3S"课程综合实习	8	8	第7学期	城建与环境实验中心
SJ20512	毕业实习	8	8	第8学期	分组到实习单位
SJ20513	专业创新创业实训	2	2	第8学期	指导教师分别指导
SJ20514	毕业论文（设计）	6	6	第8学期	指导教师分别指导
	合计	39	39(5)		

九、课程设置及学时、分比例表（表四）

课程类型	学时	学分	占总学时（总学分）比例（%）	
通识教育课程平台	786	43	33.6%	33.2%

续表

课程类型		学时	学分	占总学时(总学分)比例(%)	
专业教育课程平台	学科基础课程	426	24	35.9	52.5
	专业基础课程	414	23		
	专业核心课程	378	21	16.2	
创新创业教育平台	创新创业基础课程	51	3.5	2.4	2.4
	创新创业核心实训课程	63	3.5	2.7	2.7
专业方向课程模块	数字农业 土地管理	108	6	4.6	4.6
个性化拓展课程模块	人文素质	36	2	4.6	1.5
	专业拓展 72		4		3.1
总 计		2334	130	100	100

十、主干学科

地理学、计算机科学与技术、遥感

十一、核心课程

1.《遥感数字图像处理》(Data Image of Remote Sensing Treatment)

学时：94（理论课学时 36、实验课学时 18、实习学时 2 周。）

学分：5（理论课学分 2、实验课学分 1、实习学分 2 分。）

课程简介：本课程是地理信息科学专业的一门专业核心课程。主要让学生掌握遥感数字图像的获取和存储、遥感数字图像的表示和统计描述、图像显示和拉伸、图像校正、图像变换、图像滤波、图像分割、遥感图像分类、地物成分分析和信息提取等处理技术。

教学方法或手段：教学方式采用教师讲授（目的：传授知识，训练科学思维方法，培养分析问题的能力）、师生互动（由教师提供讨论题目，以提问方式组织教学，培养学生归纳总结能力）、学生自学（教师提供题目和有关资料，学生独立完成实验设计，培养创新研究能力）相结合的方式，提高学生的学习兴趣，激发他们的学习积极性。

教学评价考核方式：根据教学内容和学生实际情况，设置明确具体的知识、技能目标。平时成绩占 30%（考勤、专题讨论、实验成绩），期末考试成绩占 70%。

教材选用：冯学智主编，《遥感数字图像处理与应用》（第一版），"985 学科建设"教材，商务印书馆出版社，2011 年。

2.《GIS 空间分析技术》(Space Analysis Technology of GIS)

学时：94（理论课学时 27、实验课学时 27、实习学时 2 周，其中，企业行业专业授课 9 学时。）

学分：5（理论课学分 1.5、实验课学分 1.5、实习学分 2，其中，企业行业专业授课 0.5 学分。）

课程简介：空间分析是地理信息系统的主要特征，是其区别于一般的信息系统的主要标志。通过本课程学习，使学生掌握 GIS 环境下空间分析的基本原理、主要技术方法以及可能解决的地学问题，并能熟练地运用 GIS 软件进行各种空间分析。

教学方法或手段：采用启发式教育，对于基本概念讲清、讲透，采用各种教学方法相结合，通过专题讨论、前沿讲座、多媒体技术和创新实验等教学手段的不断改进与创新，培养学生的创新思维与创新能力。

教学评价考核方式:建设课程考试评价体系,以更合理地考查学生对该课程各知识点的掌握程度;平时成绩占30%(考勤、专题讨论、实验成绩),期末考试成绩占70%。

教材选用:刘湘南主编,《GIS空间分析原理与方法》(第二版),本科生和研究生通用教材,科学出版社,2008年。

3.《WebGIS原理与应用》(The Principle and Application of WebGIS)

学时:54(理论课学时36、实验课学时18。)

学分:3(理论课学分2、实验课学分1。)

课程简介:本课程让学生了解目前GIS的先进技术以及实际的开发与应用。通过本课程的学习,使学生理解并掌握WebGIS的基本概念、体系、特征和体系结构,理解并掌握WebGIS常用的数据传输模型,初步掌握WebGIS主要应用开发技术,理解主要WebGIS产品的实现原理。

教学方法或手段:教学方式采用教师讲授(目的:传授知识,训练科学思维方法,培养分析问题的能力)、师生互动(由教师提供讨论题目,以提问方式组织教学,培养学生归纳总结能力)、学生自学(教师提供题目和有关资料,学生独立完成实验设计,培养创新研究能力)相结合的方式,提高学生的学习兴趣,激发他们的学习积极性。

教学评价考核方式:根据教学内容和学生实际情况,设置明确具体的知识、技能目标,合理地考查学生对该课程各知识点的掌握程度;平时成绩占30%(考勤、专题讨论、实验成绩),期末考试成绩占70%。

教材选用:李治洪主编,《Web GIS原理与实践》(第一版),普通高等教育"十一五"国家级规划教材,高等教育出版社,2011年。

4.《GIS项目设计与开发》(Item Designing and Developing of GIS)

学时:94(理论课学时36、实验课学时18、实习学时2周。)

学分:5(理论课学分2、实验课学分1、实习学分2。)

课程简介:通过本课程的学习,使学生具有应用型专门地理信息系统的开发能力,掌握地理信息系统空间数据库系统设计步骤、内容和方法,掌握应用项目组织和管理策略,掌握地理信息系统软件工程体系和各种开发途径。

教学方法或手段:多媒体教学。

教学评价考核方式:本课程考核方式采用闭卷考试,侧重考查GIS项目设计的基本原理和基本方法,重点是掌握GIS项目的开发整套流程。总成绩结构为期末考试成绩占70%,平时成绩(作业、考勤)占30%。

教材选用:李满春等人主编,《GIS设计与实现》(第二版),"十一五"国家级规划教材,科学出版社,2003年。

5.《空间数据库》(Spatial Database)

学时:74(理论课学时36、实验课学时18、实习学时1周。)

学分:4(理论课学分2、实验课学分1、实习学分1。)

课程简介:通过本课程的学习,让学生掌握空间数据库的基本理论及应用技术,熟练掌握空间数据库设计、创建、版本及事务管理、分布式空间数据管理、大型空间数据库管理等技术。

教学方法或手段:采用多媒体方式组织教学,主要教学方法为课堂讲授法、案例分析法。

教学评价考核方式:平时成绩占20%、期终考试成绩占80%。

教材选用:崔铁军主编,《地理空间数据库原理》,21世纪高等院校规划教材,科学出版社,2007年。

6.《摄影测量学》(Photogrammetry)

学时:74(理论课学时 36、实验课学时 18、实习学时 1 周。)

学分:4(理论课学分 2、实验课学分 1、实习学分 1。)

课程简介:通过本课程的学习,了解摄影测量学的发展历史和航空摄影的基本知识;掌握单张航摄像片解析的理论;掌握航摄像片的立体观察和立体量测方法;掌握双像解析理论和双向立体模型的定向理论;了解解析空中三角测量的基本内容;了解摄影测量的外业工作;了解数字摄影测量的基本概念;认识数字摄影测量系统和数字影像自动测图过程。

教学方法或手段:采用多媒体教学,课堂部分内容聘请企业技术人员举办讲座。

教学评价考核方式:平时成绩占 20%、期终考试成绩占 80%。

教材选用:张剑清等主编,《摄影测量学》(第二版),高等院校测绘系列规划教材,武汉大学出版社,2009 年。

7.《GPS 原理与应用》(The Principle and Application of GPS)

学时:94(理论课学时 36、实验课学时 18、实习学时 2 周。)

学分:5(理论课学分 2、实验课学分 1、实习学分 2。)

课程简介:本课程主要向学生传授全球定位系统的原理及其在测绘领域中的应用。通过本课程的学习,使学生掌握 GPS 测量的基本原理、GPS 网设计的基本方法、外业观测方法与内业数据处理流程,了解一种 GPS 接收机的动态、静态作业方法和内业数据处理方法。

教学方法或手段:采用启发式教育,对于基本概念讲清、讲透,采用各种教学方法相结合,通过专题讨论、前沿讲座、多媒体技术和创新实验等教学手段的不断改进与创新,培养学生的创新思维与创新能力。

教学评价考核方式:改革课程考核评价体系,加强过程考核,更合理地考查学生对该课程各知识点的掌握程度和应用能力;平时成绩占 20%,实验成绩占 20%,期末考试成绩占 60%。

教材选用:李天文主编,《GPS 原理及应用》(第二版),21 世纪高等院校规划教材,科学出版社,2003 年。

十二、教学进程表(表五)

课程类别	课程编号	课程名称	总学分	总学时	学时分配 理论	学时分配 实践	1	2	3	4	5	6	7	8	考核方式
通识教育课程平台	TS26106	思想道德修养与法律基础	3	48	38	10	48								试
	TS26102	中国近现代史纲要	2	32	24	8		32							试
	TS26103	马克思主义基本原理概论	3	48	38	10					48				试
	TS26104	毛泽东思想和中国特色社会主义理论体系概论Ⅰ	2	32	32						32				试
	TS26105	毛泽东思想和中国特色社会主义理论体系概论Ⅱ	4	64	44	20						64			试
	TS15001-4	大学英语(Ⅰ-Ⅳ)	15	270	230	40	60	70	70	70					试
	TS19001-4	大学体育(Ⅰ-Ⅳ)	4	126	126		30	32	32	32					试
	TS28001	大学计算机基础	3	48	16	32	48								试
	TS28003	C 语言程序设计	4	72	48	24		72							试
	TS18111	大学生心理健康教育	1	14	14				14						查
	TS26108-9	形势与政策	2	32	12	20	16	16							查

续表

课程类别		课程编号	课程名称	总学分	总学时	学时分配		各学期学时分配								考核方式
						理论	实践	1	2	3	4	5	6	7	8	
专业教育课程平台	学科基础课程	JC28001	高等数学AⅠ	4.5	80	80		80								试
		JC28002	高等数学AⅡ	5.5	100	100			100							试
		JC28008	概率论与数理统计	3	54	54				54						试
		JC28006	线性代数	3	48	48					48					试
		JC20501	自然地理学	4	72	54	18	72								试
		JC20502	Visual C++程序设计	4	72	36	36			72						试
	专业基础课程	ZJ20508	数据结构	4	72	36	36			72						试
		ZJ20501	地理信息系统概论	3	54	36	18	54								试
		ZJ20506	计算机辅助设计	3	54		54		54							试
		ZJ20505	测量学	3	54	36	18		54							试
		ZJ20509	数据库原理与技术	4	72	36	36				72					试
		ZJ20510	遥感技术原理	3	54	36	18				54					试
		ZJ20511	地图学	3	54	36	18			54						试
	专业基础课程	ZH20507	遥感数字图像处理	3	54	36	18						54			试
		ZH20508	摄影测量	3	54	36	18					54				试
		ZH20509	GIS空间分析技术	3	54	27	27						54			试
		ZH20510	GPS原理及应用	3	54	36	18					54				试
		ZH20511	WebGIS原理与应用	3	54	36	18						54			试
		ZH20512	空间数据库	3	54	36	18					54				试
		ZH20502	GIS项目设计与开发	3	54	36	18						54			试
创新创业教育课程平台	基础课程	CJ00001	大学生创业教育	1	18	18				18						查
		CJ00002	大学生就业指导	2	24	24				12			12			查
		CJ20501	专业导论	0.5	9	9		9								查
	核心实训课程	CH20503	创新创业论坛	0.5	9	9						9				查
		CH20501	3S技术集成	1.5	27	27								27		查
		CH20502	GIS三维建模	1.5	27	18	9							27		查
		CH00001	创新创业成果学分认定	创新创业实践成果的认定见有关文件												
专业方向课程模块	数字农业	ZF20508	GIS软件工程	2	36	20	16						36			试
		ZF20510	土地信息系统	2	36	18	18							36		试
		ZF20511	精准农业系统集成	2	36	21	15							36		试
		ZF20501	物联网在农业中的应用	2	36	24	12							36		查
	土地管理	ZF20512	地籍测量与调查	2	36	18	18						36			试
		ZF20513	土地经济学	2	36	36								36		试
		ZF20514	土地利用规划	2	36	36							36			试
		ZF20515	土地资源调查与评价	2	36	27	9							36		查

续表

课程类别		课程编号	课程名称	总学分	总学时	学时分配		各学期学时分配								考核方式
						理论	实践	1	2	3	4	5	6	7	8	
个性化拓展课程模块	人文素质模块	GT18623W	中国文化概论	1	18	18								18		查
		GT18625W	美学原理	1	18	18							18			查
		GT18608	应用文写作	1	18	18							18			查
		GT20505	人文地理学	2	36	36							36			查
		GT18306	社交礼仪	1	18	18								18		查
	专业拓展模块	GT20506	虚拟现实原理与技术	2	36	21	15						36			查
		GT20502	3S技术进展	1	18	18							18			查
		GT20503	数字地球	1	18	6	12							18		查
		GT20507	智慧城市	2	36	24	12						36			查
		GT20505	科技论文写作	1	18	18							18			查
学生最低修读的学分/学时				130	2334	1693	641	403	396	426	410	310	289	100		
课堂教学周数								15	17	16	16	14	14	10		
周学时数								26.8	23.3	26.5	25.6	22.3	20.8	10.0		

说明：
1.各专业军事理论教育在第1学期以讲座形式进行；
2.本专业方向模块设置2个方向，至少选修其中1个方向、6个学分；
3.创新创业教育平台，获得"创新创业成果"学分可抵免创新创业核心实训课程学分；
4.个性化拓展模块至少须选修6学分，其中，"人文素质"模块要求学生至少选修2个学分，且至少选修1门网络课程；专业拓展模块至少选修4个学分。

十三、辅修专业课程设置

资源与环境学院地理信息科学专业辅修课程设置

课程名称	学 分	辅修专业教学计划
计算机辅助设计	3	第2学期
Visual C++程序设计	4	第3学期
地图学	3	第3学期
测量学	3	第3学期
空间数据库	3	第5学期
GIS空间分析技术	3	第5学期
遥感数字图像处理	3	第6学期
GIS项目设计与开发	3	第6学期
WebGIS原理与应用	3	第6学期
毕业论文		必做，但不计学分。
总计	28	学生必须修满25学分

理学类专业

信息与计算科学本科专业人才培养方案

专业代码：070102

一、培养目标

本专业培养德、智、体、美全面发展，掌握信息与计算科学基本理论和基本方法，具有较强的数学建模、数据分析、软件开发与应用能力，能够在科技、信息产业、经济金融等企事业单位从事软件开发、数据处理与分析、统计预测和管理等方面的工作，具有创新意识和创业精神的高素质应用型专门人才。

二、培养要求

本专业学生主要学习数学和信息科学等方面的基本理论和基本知识，接受数学建模、数值计算、程序设计和应用软件等方面的基本训练，掌握解决信息技术或科学工程计算中实际问题等方面的基本能力。

毕业生应获得以下几方面的知识和能力：

1. 具有扎实的数学基础，掌握信息科学和计算科学的基本理论和基本方法，具有较强的数学应用意识和数学应用能力；
2. 掌握计算机的基本技能，具有较强的数学建模、算法分析、算法设计与应用、数据处理能力；
3. 能运用所学的理论、方法和技能解决信息技术中的某些实际问题，具有较强的团队沟通和协作能力；
4. 掌握信息与计算科学理论、技术与应用的新发展，具有较强的知识更新、技术跟踪与创新创业能力；
5. 掌握文献检索、资料查询的基本方法，具有运用现代信息技术获取相关信息的能力；
6. 掌握一门外语，具有一定的听、说、读、写、译的能力。

三、专业方向

1. 软件设计方向

学习和掌握数学、计算机基础知识，具有良好的数学素养，较强的算法设计、分析与编程能力，能运用所学的理论、方法与技能解决信息技术中的实际问题，能在软件公司、行政管理部门等企事业单位从事信息技术与软件开发、应用程序开发等相关工作。

2. 统计计算方向

学习和掌握数学、统计基础知识，具有良好的数学素养和数据分析处理能力，善于建立数学模型解决金融保险中的实际问题，能在金融保险部门等企事业单位从事数据分析、金融保险模型开发、统计预测与决策分析等方面的工作。

四、素质与能力分析表

综合素质与能力	专项素质与能力	对应课程或实践
1.基本素质与能力	1.1 政治素质	思想道德修养与法律基础、中国近现代史纲要、马克思主义基本原理概论、形势政策等
	1.2 人文科学素质	中国文化概论、应用文写作等
	1.3 身心素质	军事训练、大学体育等
	1.4 分析运算能力	高等代数、解析几何、概率论与数理统计等
	1.5 英语应用能力	大学英语等
	1.6 计算机应用能力	大学计算机基础、C语言程序设计等
	1.7 利用现代化手段获取信息能力	应用回归分析、多元统计分析、大数据分析技术
	1.8 组织管理、语言表达、人际交往以及在团队中发挥作用的能力	演讲与口才、数学建模
2.学科基础知识及应用能力	2.1 数学专业基础知识及逻辑思维能力	数学分析等
	2.2 抽象分析能力	高等代数、解析几何等
	2.3 实验操作及动手能力	大学物理A等
3.专业基础知识及应用能力	3.1 计算机基础知识	离散数学、数据库原理与应用、计算机组成原理等
	3.2 信息采集与处理能力	多元统计分析、时间序列分析等
	3.3 数学软件与应用能力	Matlab软件综合训练、应用程序综合设计等
4.专业核心知识及应用能力	4.1 统计计算及数据分析能力	多元统计分析、数据分析综合训练等
	4.2 最优化知识及数学建模能力	数学建模、最优化技术等
	4.3 算法分析、设计及编程能力	数据结构、JAVA编程技术等
	4.4 科学计算能力	数值计算方法等
5.专业实践技能与动手能力	5.1 软件开发能力	软件开发综合实训等
	5.2 软件应用综合能力	应用程序综合设计等
6.创新创业能力	6.1 创新能力	专业创新教育实践、创新创业论坛等
	6.2 创业能力	大学生创业教育、专业创业教育实践等
7.个性化发展能力	7.1 大数据分析能力	大数据分析技术、云计算技术等
	7.2 应用程序开发	PHP程序设计等

五、学制与学分

1. 学制：标准学制4年，修业年限3～6年。

2. 学分：最低修读169学分。其中，课内教学环节必须修满139学分，实践教学环节必须修满30学分。

六、毕业与学位授予

学生在规定的学习年限内，完成各教学环节学习，修满专业规定的最低学分，准予毕业。授予理学学士学位。

七、全学程时间安排总表

项目 \ 学年学期	一 1	一 2	二 3	二 4	三 5	三 6	四 7	四 8	合计
军训(含军事理论)	2								2
入学教育和专业导论	(2)								(2)
课堂教学	15	17	18	16	16	14	15		112
专业实习、课程实习		1	0	2	2	4	3		11
毕业实习								8	8
专业创新创业实训								2	2
毕业论文(设计)								6	6
复习考试	1	1	1	1	1	1	1		7
机动	1							3	4
假期	6	8	6	8	6	8	6		48
全学程总周数	25	27	25	27	25	27	25	19	200

八、实践性教学环节

课程编号	实践教学项目	学分	周数	安排学期	实践方式
SJ00001	入学教育及专业导论	1	(2)	第1学期	机动
SJ00002	军训(含军事理论教育)		2	第1学期	集中
SJ00003	社会实践	1	(3)	第2、4、6学期后暑期	由校团委统一安排
SJ28128	程序设计技能训练	1	1	第2学期	计算机实验室集中
SJ28301	MATLAB软件综合训练	1	1	第4学期	信息与计算科学实验室
SJ28103	数据结构课程设计	1	1	第4学期	计算机实验室集中
SJ28129	数据库综合训练	1	1	第5学期	计算机实验室集中
SJ28130	JAVA程序设计实训	1	1	第5学期	计算机实验室集中(软件设计)
SJ28302	数据分析综合训练	1	1	第5学期	信息与计算科学实验室集中(统计计算)
SJ28303	统计计算综合训练	1	1	第6学期	信息与计算科学实验室集中
SJ28304	建模、计算及优化综合课程设计	2	2	第6学期	信息与计算科学实验室集中
SJ28305	应用程序综合实训	1	1	第6学期	信息与计算科学实验室或企业集中
SJ28131	软件开发综合实训	3	3	第7学期	计算机实验室或企业集中
SJ28306	毕业实习	8	8	第8学期	由学院统一安排
SJ28307	专业创新创业实训	2	2	第8学期	信息与计算科学实验室或企业集中
SJ28308	毕业论文(设计)	6	6	第8学期	由学院统一安排
	合计	30	30(5)		

九、课程设置及学时、学分比例表

课程类型		学时	学分	占总学时(总学分)比例(%)	
通识教育课程平台		786	43	31.6%	30.9%
专业教育课程平台	学科基础课程	544	30	34.2%	34.2%
	专业基础课程	306	17.5		
	专业核心课程	318	17.5	12.8%	12.6%
创新创业教育平台	创新创业基础课程	51	3.5	4.6%	5.0%
	创新创业核心实训课程	63	3.5		
专业方向课程模块	软件设计	310	18	12.5%	12.9%
	统计计算	310	18		
个性化拓展课程模块	人文素质	36	2	4.3%	4.4%
	专业拓展	72	4		
总 计		2486	139	100%	100%

十、主干学科

数学、计算机科学与技术

十一、专业核心课程

1.《数据结构》(Data Structure)

学时：(理论课学时 48、实践课学时 16。)

学分：(理论课学分 2.5、实践课学分 1。)

课程简介：本课程主要讲授数据的逻辑结构、存储结构、数据运算及基本算法。通过讲授和各种实践环节，使学生掌握数据组织、存储和运算的基本原理和方法、软件设计的基础理论和模块化的软件设计方法，能在软件开发的过程中有效地设计算法。

教学方法或手段：使用多媒体与板书结合的现代化教学手段，采用课堂讲授、引导式、启发式、开方式、互动式等多种方法相结合，培养学生算法分析、编程技能与课外实践等能力。

教学评价方式：课堂讨论、实验报告、课程小论文及期末考试等。

教学评价考核方式：课堂出勤及讨论情况、实验报告等占总成绩的 40%，期末考试成绩占总成绩的 60%。

教材选用：严蔚敏、吴伟明编，《数据结构》，清华大学出版社；许卓群等编，《数据结构与算法》，高等教育出版社；张铭等译著，《数据结构与算法分析》，电子工业出版社。

2.《最优化技术》(Methods of Optimization)

学时：(理论课学时 52、实践课学时 12。)

学分：(理论课学分 2.5、实践课学分 1。)

课程简介：本课程主要讲授线性规划、非线性规划、多目标规划、动态规划、现代优化算法等的基本模型、方法和应用。通过学习，使学生掌握最优化方法的基本概念和基本理论，培养应用最优化方法解决实际问题的能力。

教学方法或手段：采用课堂讲授法、实例引入法、课堂讨论法等多种教学方法，注重优化思想、程序设计、实践应用能力的培养。采用板书与多媒体结合、上机练习与课外实践等教学手段。

教学评价及考核方式：实验报告、课程小论文及期末考试等。课堂出勤及课堂讨论和回答问题的参与情况占总成绩的20%，实验报告及课程小论文等占总成绩的20%，期末考试成绩占总成绩的60%。

教材选用：郭科、陈聆、魏友华编，《最优化方法及应用》，高等教育出版社；孙文瑜、徐成贤、朱德通编，《最优化方法》，高等教育出版社。

3.《数值计算方法》(Numerical Methods)

学时：72（理论课学时62、实践课学时10。）

学分：4（理论课学分3.5、实践课学分0.5。）

课程简介：本课程主要讲授误差理论、插值与拟合、线性方程组解法、数值微分与数值积分、非线性方程求解等。通过讲授和各种实践环节，使学生了解计算数学的特点，掌握数值计算的基本理论与方法，培养学生分析问题和解决问题的能力，能将常见的数值方法编写成计算机程序，更好地理解计算机如何在管理、图像、数据处理方面的应用。

教学方法或手段：采用课堂讲授、讨论式、启发式等多种方法相结合，注重理论分析、编程实践、课外自主学习与实践能力培养。结合黑板板书，适时使用多媒体等现代化教学手段，积极引入MOOC等开放精品资源。

教学评价及考核方式：作业、实验报告、课程小论文及期末考试等。课堂出勤及讨论、课后作业、实验报告及小论文等占总成绩的40%，期末考试成绩占总成绩的60%。

教材选用：李庆扬、王能超、易大义编，《数值分析》，清华大学出版社；黄云清、舒适、陈艳萍、金继承、文立平编著，《数值计算方法》，科学出版社；林成森编，《数值分析》，科学出版社。

4.《数学建模》(Mathematical Modeling)

学时：54（理论课学时44、实践课学时10。）

学分：4（理论课学分2.5、实践课学分0.5。）

课程简介：本课程主要介绍数学建模的概述、初等模型、微分方程模型、概率统计模型、运筹学模型、图论与网络模型等基本建模方法及求解方法。培养学生将数学方法和计算机知识结合起来解决实际问题的能力，是集经典数学、现代数学和实际问题于一体的一门新型课程。

教学方法或手段：采用课堂讲授、互动式、启发式、开放式等多种方法相结合，使用多媒体与板书相结合的现代化教学手段，培养学生分析问题、解决问题、编程技能与课外实践等能力。

教学评价及考核方式：课堂讨论、实验报告、课程应用小论文及期末考试等。课堂出勤及讨论表现、实验报告及应用实践小论文等占总成绩的40%，期末考试成绩占总成绩的60%。

教材选用：姜启源、谢金星、叶俊编，《数学模型》，高等教育出版社；谭永基主编，《数学模型》，复旦大学出版社；韩中庚主编，《数学建模方法及其应用》，高等教育出版社。

5.《多元统计分析》(Multivariate Analysis)

学时：64（理论课学时52、实践课学时12。）

学分：3.5（理论课学分2.5、实践课学分1。）

课程简介：本课程主要讲授多元正态分布、聚类分析、判别分析、主成分分析、因子分析等的基本理论与方法。通过该门课程的学习，使学生掌握统计学的基本理论、基本方法和数据采集与处理数据的能力，注重培养学生应用统计学理论和方法，分析和解决实际问题的能力。

教学方法或手段：采用课堂讲授、启发式、应用案例教学等多种方法相结合，使用多媒体与板书相结合的现代化教学手段，培养学生数据处理与分析、数据建模与实践应用等能力。

教学评价及考核方式：课堂讨论、实验报告、应用实践小论文及期末考试等。课堂出勤及讨论表现、实验报告及应用实践小论文等占总成绩的40％，期末考试成绩占总成绩的60％。

教材选用：朱建平主编，《应用多元统计分析》，科学出版社；于秀林、任雪松主编，《多元统计分析》，中国统计出版社。

十二、教学进程表

课程类别	课程编号	课程名称	总学分	总学时	学时分配 理论	学时分配 实践	各学期学时分配 1	2	3	4	5	6	7	8	考核方式
通识教育课程平台	TS26106	思想道德修养与法律基础	3	48	38	10		48							试
	TS26102	中国近现代史纲要	2	32	24	8	32								试
	TS26103	马克思主义原理概论	3	48	38	10			48						试
	TS26104	毛泽东思想和中国特色社会主义理论体系概论Ⅰ	2	32	32	0					32				试
	TS26105	毛泽东思想和中国特色社会主义理论体系概论Ⅱ	4	64	44	20						64			试
	TS15001-4	大学英语（Ⅰ－Ⅳ）	15	270	230	40	60	70	70	70					试
	TS19001-4	大学体育（Ⅰ－Ⅳ）	4	126	126	0	30	32	32	32					试
	TS28001	大学计算机基础	3	48	16	32	48								试
	TS28101	C语言程序设计	4	72	48	24		72							试
	TS26108-9	形势与政策（Ⅰ－Ⅱ）	2	32	12	20	16	16							查
	TS18111	大学生心理健康教育	1	14	14	0		14							查
专业教育课程平台	学科基础课程	JC28301	数学分析Ⅰ	4	72	72	0	72								试
		JC28302	数学分析Ⅱ	5	90	90	0		90							试
		JC28303	数学分析Ⅲ	5	90	90	0			90						试
		JC29001	大学物理A	5.5	100	76	24			100						试
		JC28304	高等代数Ⅰ	4	72	72	0	72								试
		JC28305	高等代数Ⅱ	4.5	80	80	0		80							试
		JC28306	解析几何	2	40	40	0	40								试
	专业基础课程	ZJ28301	概率论与数理统计	4.5	80	80	0			80						试
		ZJ29004	数字逻辑设计基础	3	54	42	12			54						试
		ZJ28302	离散数学	4	64	64	0				64					试
		ZJ28303	常微分方程	3	54	54	0				54					试
		ZJ28112	数据库原理与应用	3	54	40	14					54				试
	专业基础课程	ZH28111	数据结构	3.5	64	48	16				64					试
		ZH28301	数值计算方法	4	72	62	10					72				试
		ZH28302	多元统计分析	3.5	64	52	12					64				试
		ZH28303	最优化技术	3.5	64	52	12						64			试
		ZH28304	数学建模	3	54	44	10						54			试

续表

课程类别		课程编号	课程名称	总学分	总学时	学时分配		各学期学时分配								考核方式
						理论	实践	1	2	3	4	5	6	7	8	
创新创业教育课程平台	基础课程	CJ00001	大学生创业教育	1	18	18	0				18					查
		CJ00002	大学生就业指导	2	24	24	0		12				12			查
		CJ28301	专业导论	0.5	9	9	0	9								查
	核心实训课程	CH28001	创新创业论坛	0.5	9	9	0						9			查
		CH28101	IT企业经营管理	1.5	27	0	27							27		查
		CH28102	IT技术创新教育实践	1.5	27	0	27							27		查
		CH00003	创新创业成果学分认定	创新创业实践成果的认定见有关文件												
专业方向课程模块	软件设计	ZF28119	计算机组成原理	4	64	48	16				64					试
		ZF28120	JAVA编程技术	4	64	46	18					64				试
		ZF28121	计算机操作系统	3.5	64	52	12					64				试
		ZF28122	计算机网络技术	3.5	64	48	16						64			试
		ZF28123	JAVA WEB系统开发	3	54	36	18						54			试
	统计计算	ZF28301	应用回归分析	4	64	48	16				64					试
		ZF28302	时间序列分析	4	64	48	16					64				试
		ZF28303	计量经济学	3.5	64	48	16						64			试
		ZF28304	保险统计	3.5	64	48	16						64			试
		ZF28305	抽样调查	3	54	42	12						54			试
个性化拓展课程模块	人文素质	GT18608	应用文写作	1	18	18	0					18				查
		GT18601	演讲与口才	1	18	18	0						18			查
		GT18622W	影视鉴赏	1	18	18	0						18			查
		GT18623W	中国文化概论	1	18	18	0						18			查
	专业拓展	GT28108	云计算技术	2	36	24	12						36			查
		GT28112	PHP程序设计	2	36	24	12							36		查
		GT28113	算法分析与设计	2	36	36	0						36			查
		GT28114	Java EE企业应用开发技术	2	36	24	12							36		查
		GT28115	移动互联网络应用开发	2	36	24	12							36		查
		GT28301	大数据分析技术	2	36	24	12							36		查
最低修读学分/学时				139	2486	2054	432	379	434	474	398	382	293	126		
课堂教学周数								15	17	18	16	16	14	15		
周学时数								25.2	25.5	26.3	24.9	23.9	20.9	8.4		

说明：
    1. 军事理论教育在第1学期以讲座形式进行；
    2. 专业方向课程模块设2个子模块,学生选择其中1个,应修满18个学分；
    3. 创新创业教育平台,学生获得"创新创业成果"学分可抵免创新创业核心实训课程学分；
    4. 个性化拓展模块要求学生至少须修6个学分,其中,"人文素质"模块要求学生至少修2个学分,且至少修1门网络课程;专业拓展模块至少选修4个学分。

理学类专业

应用化学本科专业人才培养方案

专业代码:070302

一、培养目标

本专业培养德、智、体、美全面发展,掌握精细化工和材料合成方面的基本理论和基本技能及相关的工程技术知识,具有从事精细化工生产、材料合成与研制、产品分析检测等专业工作的能力,能够在化工、材料、质检、环保、医药、轻工、卫生防疫、科研院所等部门从事化工合成、分析检测、新材料研制和科技开发等方面的工作,具有创新意识和创业精神的应用型高级专门人才。

二、培养要求

本专业学生主要学习无机化学、有机化学、分析化学、物理化学、高分子化学等方面的基本理论和基本知识,接受无机化学实验、有机化学实验、分析化学实验、物理化学实验等方面的基本训练,掌握无机、有机、分析、物化、高分子等学科基础知识、基本理论和实验技能等方面的基本能力。

毕业生应获得以下几方面的知识和能力:

1. 具有高度的社会责任感、良好的科学文化素养和较强的创新创业意识;
2. 掌握大学物理和高等数学等方面的基础知识,具有基本的数理分析运算能力;
3. 系统掌握无机、有机、分析、物化、高分子等学科基础知识、基本理论和基本实验技能,具有扎实的专业基本知识及应用分析能力;
4. 掌握化工原理和化工分析及材料合成等基本理论及实验技能,具有从事化工生产过程和产品的分析检测、精细化工产品和新材料研制的能力;
5. 初步具备科研论文写作和专利申请等科研素质和应用技能;
6. 具有基本的英语应用能力,能阅读本专业的外文书刊,达到国家规定的外语等级水平;
7. 具有基本的计算机应用能力,能熟练运用网络和计算机等现代技术检索本专业的中英文资料和有关科技信息的基本技能;
8. 具有较强的组织管理、语言表达、人际交往和团队协作能力。

三、专业方向

1. 工业分析方向

学习和掌握工业分析方面基本技能和相关的工程技术知识,能够利用现代分析仪器从事质量监督、石油、化工、环保、轻工、卫生防疫、科研院所等部门的分析检测及相关工作。

2. 精细化学品合成方向

学习和掌握合成化学、化工原理、化学反应工程及精细化学品合成的相关理论及工程技术知识,能在化工、涂料、轻工、医药等部门从事技术支持、工艺创新、产品研发等方面的工作。

3.绿色催化方向

学习和掌握绿色催化剂的制备和表征、应用及光催化方面的基本理论和技术,具有从事催化剂产品及过程开发的能力,能胜任化工、能源、材料、医药、食品、环保等领域中相关的新工艺、新材料、新产品的研究、开发、设计和技术管理等方面的工作。

四、素质与能力分析表(表一)

综合素质与能力	专项素质与能力	对应课程或实践
1.基本素质与能力	1.1 政治素质	思想道德修养与法律基础、中国近现代史纲要、马克思主义原理概论、形势与政策等
	1.2 人文科学素质	中国文化概论、应用文写作等
	1.3 身心素质	军事训练、大学体育等
	1.4 分析运算能力	高等数学、线性代数等
	1.5 英语应用能力	大学英语、专业英语等
	1.6 计算机应用能力	大学计算机基础、C语言程序设计等
	1.7 利用现代化手段获取信息能力	毕业论文有关资料检索、网页制作等
	1.8 组织管理、语言表达、人际交往以及在团队中发挥作用的能力	社交与礼仪、社会实践、创新创业实践活动等
2.学科基础知识及应用能力	2.1 数理分析运算能力	高等数学、线性代数、大学物理等
	2.2 化学发展和化学研究所需要的专业能力	高分子化学、结构化学、化工制图、专业英语等
3.专业基础知识及应用能力	3.1 化学基础理论与分析能力	无机化学、有机化学、分析化学、物理化学等
	3.2 良好的实验素养以及分析和解决化学问题的能力	无机化学实验、有机化学实验、分析化学实验、物理化学实验等
4.专业核心知识及应用能力	4.1 化工合成与现代分析检测等基本理论与应用能力	化学工艺学、仪器分析、化工原理、合成化学、有机分析及相应的实验等
	4.2 精细化工产品的合成与分析检测能力	精细化学品合成、精细化学品分析等
5.专业实践技能与动手能力	化工产品的合成、分析、检测能力	合成化学、合成化学实验、分析化学、分析化学实验、精细化学品合成及实验等
6.创新创业能力	6.1 创新能力	发明专利学
	6.2 创业能力	化学品营销方案设计
7.个性化发展能力	7.1 人文素质	中国文化概论、应用文写作、社交与礼仪、化学与人类、网页制作等
	7.2 专业拓展	中级无机、中级有机、电化学应用技术等

五、学制与学分

1.学制:标准学制4年,修业年限3~6年。

2.学分:最低修读163.5学分。其中,课内教学环节必须修满135.5学分,实践教学环节必须修28学分。

六、毕业与学位授予

学生在规定的学习年限内,完成各教学环节学习,修满专业规定的最低学分,准予毕业。授予理学学士学位。

七、全学程时间安排总表(表二)

学年\项目\学期	一		二		三		四		合计
	1	2	3	4	5	6	7	8	
军训(含军事理论教育)	2								2
入学教育和专业导论	(2)								(2)
课堂教学	15	17	17	16	17	16	14		112
专业实习或教育实习		1	1	2	1	2	4		11
毕业实习								8	8
专业创新创业实训								2	2
毕业论文(设计)								6	6
复习考试	1	1	1	1	1	1	1		7
机动	1							3	4
假期	6	8	6	8	6	8	6		48
全学程总周数	25	27	25	27	25	27	25	19	200

八、实践性教学环节(表三)

课程编号	实践教学项目	学分	周数	安排学期	实践方式
SJ00001	入学教育	1	(2)	第1学期	集中
SJ00002	军训(含军事理论教育)		2	第1学期	集中
SJ00003	社会实践	1	(3)	第2、4、6学期后暑期	由校团委统一安排
SJ25108	化学综合实践周	3	3	第2、4、6学期	实验室进行(第2学期无机、第4学期有机、第6学期物理化学方向)
SJ25109	化工产品综合分析实践周	1	1	第3学期	综合实验室进行(分析化学)
SJ25102	涂料的配制及性能检测实践周	1	1	第4学期	综合实验室进行
SJ25103	高分子材料设计与合成	1	1	第5学期	在实验室进行
SJ25110	化学作品设计与制作	1	1	第6学期	教师指导
SJ25105	化工实习	3	3	第7学期	综合实验室进行
SJ25004	毕业实习	8	8	第8学期	学院统一安排(皖东化工、蚌埠"八一"化工厂等相关企业)
SJ25111	专业创新创业实训	2	2	第8学期	学院统一安排
SJ25002	毕业论文(设计)	6	6	第8学期	学院统一安排
	合计	28	28(5)		

九、课程设置及学时、学分比例表(表四)

课程类型	学时	学分	占总学时(总学分)比例(%)	
通识教育课程平台	786	43	32.4%	31.7%

续表

课程类型		学时	学分	占总学时（总学分）比例（%）	
专业教育课程平台	学科基础课程	366	21	39.5%	53.5%
	专业基础课程	593	33		
	专业核心课程	333	18.5	13.7%	
创新创业教育平台	创新创业基础课程	51	3.5	2.1%	2.6%
	创新创业核心实训课程	63	3.5	2.6	2.6%
专业方向课程模块（各方向学时、学分大体相同）	工业分析	126	7	5.2%	5.2%
	精细化学品合成				
	绿色催化				
个性化拓展课程模块	人文素质	36	2	4.5%	1.5%
	专业拓展	72	4		2.9%
总计		2426	135.5	100%	100%

十、主干学科

化学

十一、核心课程

1.《仪器分析》(Instrumental Analysis)

学时：36（理论课学时36。其中，企业行业专家授课6学时。）

学分：2

课程简介：本课程主要讲授常用化学仪器分析方法的基本原理和构造原理、实验方法等方面的内容。同时，适当补充一些近年来出现的新方法、新技术，通过学习，使学生了解并掌握常用化学分析仪器的方法原理、仪器结构原理、使用方法和应用技术，了解仪器分析领域发展的新动向，拓展知识面，具有较强的分析技能和解决实际问题的能力。

教学方法或手段：本课程理论性较强，在教学过程中重点突出其原理和分析方法，即以课堂理论课教学为主，在理论课教学过程中，利用讲授法、多媒体演示法、讨论法以及分析仪器实物展示法，等等。重点是通过各种教学手段，使学生充分领会仪器分析的原理、方法及其应用。

教学评价（考核）方式：以考勤作为第一部分，占10%；以平时作业为第二部分，占10%；以课堂提问和笔记作为第三部分，占20%；期末笔试作为第四部分，占60%。

教材及主要参考书：刘约权主编，《现代仪器分析》（第二版），高等教育出版社，2006年；朱明华主编，《仪器分析》（第三版），高等教育出版社，2004年；曾泳淮，林树昌主编，《分析化学（仪器分析部分）》（第二版），高等教育出版社，2004年；武汉大学化学系，《仪器分析》，高等教育出版社，2003年；方惠群等，《仪器分析》，科学出版社，2004年。

2.《仪器分析实验》(Instrumental Analysis Experiment)

学时：36（实验课学时36。其中，企业行业专家授课9学时。）

学分：2

课程简介：本课程主要讲授分析实验基础知识，包括实验室规章、常用玻璃器皿的洗涤、化学试剂与试样的准备与检测等内容。重点学习常用的仪器分析方法、原理和仪器结构，并加强学生对分析仪器的实际操作能力,提高学生实践和分析能力。

教学方法或手段:本课程实验性较强,在教学过程中,重点突出课程的实际应用,包括各种结构分析测试方法的原理、仪器结构、测试方法、分析手段和实验方案等,即以学生实验操作为主,使学生通过实验充分理解各种分析测试仪器的结构、操作规程和结果分析手段,重点设计实验教学案例,充分利用集体培训和分组实验的方式进行教学,侧重学生实验动手能力和分析能力的培养。

教学评价(考核)方式:本课程成绩由两部分组成,一是学期末或课程结束时进行的综合考核成绩,占总实验成绩的40%;二是平时各实验所得成绩的总和,占总实验成绩的60%。综合成绩不及格者,该课程必须重修。

教材及主要参考书:白玲等主编,《仪器分析实验》,化学工业出版社,2010年;张晓丽主编,〈仪器分析实验〉,化学工业出版社,2006年;武汉大学化学与分子科学学院实验中心编,《仪器分析实验》,武汉大学出版社,2005年;刘小珍主编,《仪器分析实验》,化学工业出版社,2006年;温铁坚,《仪器分析实验》,中国石化出版社,2004年。

3.《化工原理》(Principle of Chemical Engineering)

学时:72(理论课学时72。其中,企业行业专家授课18学时。)

学分:4

课程简介:本课程主要讲授化工生产过程中单元操作原理、单元操作设备及一些化工实验研究原理的课程,以研究化工过程中动量传递、热量传递和质量传递的原理为基础,提供分析化工单元操作中各种工程实际问题的理论方法,具有工程性和应用性,着重培养学生解决化工生产中实际问题的能力。

教学方法或手段:课堂讲授法和案例教学法相结合,本门课程是典型的由理论到实践的过渡课程,其实践环节占有很重要的地位。因此,在理论课教学阶段应充分利用讲授法、演示法、讨论法等手段使学生将化工原理与基础课程的联系起来。

教学评价(考核)方式:考核方式采取期中、期末闭卷考试、课堂测试和出勤考核相结合的方式进行考核,考核成绩由出勤、期中考试成绩、期末考试成绩组成。课堂测试和出勤为平时成绩,占考核成绩的10%;期中考试成绩占考核成绩的10%,期末考试成绩占考核成绩的80%。缺勤率超过30%的学生,平时成绩计0分。课堂测试累计3次不合格者,以10%的基数计平时成绩。

教材及主要参考书:柴诚敬等,《化工原理》(上下),高等教育出版社,2006年;夏清等,《化工原理》(上下),天津大学出版社,2005年;陈敏恒等,《化工原理》(上下),化学工业出版社,1985年;谭天恩等,《化工原理》(上下),化学工业出版社,1998年;姚玉英等,《化工原理》(上下),天津大学出版社,1999年。

4.《化工原理实验》(Principle of Chemical Engineering Experiment)

学时:36(实验课学时36。其中,企业行业专家授课9学时。)

学分:2

课程简介:本课程主要讲授与化工原理课程密切相关的各个单元操作的实验部分。按动能传递、热能传递、质量传递的次序,由简入深地开设实验。通过该课程的实验锻炼,使学生巩固和深化化工原理课程的理论知识,掌握化工原理的专业实验技术与实验研究方法,培养学生的化工专业技能。

教学方法或手段:本门课程的实验课环节非常重要,其目的是为了向学生充分展示各种化工原理工艺的目的、原理、仪器的结构、操作规程和应用领域等,要精心设计每个案例实验课内容,并且讲授时应结合集体培训和分组实验操作,使学生充分领会化工原理学科的精髓。

教学评价(考核)方式:化工原理实验课采用现场实验考核,包括实验方案设计和现场实际操作能力两个部分。要求每组讨论,写出实验方案,组内每个成员必须提供实验思路,并逐条记录作为个人成绩的一部分。每组根据实验方案进行不用实验条件下的操作,并记录数据。考核成绩按 100 制记分,方案设计占 30%,实验操作占 30%,数据处理占 30%,平时成绩占 10%。平时成绩包括学生出勤情况、实验纪律、实验预习情况等。

教材及主要参考书:张建伟、郭翠梨、胡瑞杰、张金利等编著,《化工原理实验》,天津大学出版社,2005 年;谭天恩等编著,《化工原理(第三版)》(上、下册),化学工业出版社,2006 年;史贤林等编,《化工原理实验》,华东理工大学出版社,2005 年;夏清等编著,《化工原理》(上、下册),天津大学出版社,2005 年。

5.《合成化学》(Synthetic Chemistry)

学时:72(理论课学时 72。其中,企业行业专家授课 12 学时。)

学分:4

课程简介:本课程全面介绍材料合成知识,主要内容包括无机合成和有机合成两大部分,主要讲授合成反应原理、合成路线设计与合成方法、合成技术、典型无机化合物的合成、新型无机功能材料的合成、纳米材料的制备方法及团聚因素的影响与制备以及碳骨架的构建、官能团的引入、转化与保护等内容。通过该课程的学习,使学生全面掌握新型材料的合成原理、方法及过程,提高学生综合运用化学基本知识和技能合成新材料的能力。

教学方法或手段:本课程主要采用课堂讲授法、讨论法和案例教学法。本门课程侧重于与材料合成有关的理论,但在该课程中与材料性能相关内容的实际应用,包括应用领域、性能要求、性能测试方法等同样占有比较重要的地位,即以课堂理论课教学和学生实验教学相结合,在理论课教学过程中,利用讲授法、多媒体演示法、讨论法以及模型实物展示法,等等。

教学评价(考核)方式:采取闭卷考试进行考核,考核成绩由出勤、提问、讨论、作业、合成路线设计、期中和期末考试成绩等组成。以作业、课堂考勤、提问、讨论作为平时成绩,按 20% 计入总成绩;期中考试卷面成绩为 100 分,按 30% 计入总成绩;期末考试卷面成绩为 100 分,按 50% 计入总成绩。

教材及主要参考书:潘春跃,《合成化学》,化学工业出版社,2005 年;岳红,《高等无机化学》(第一版),机械工业出版社,2002 年;宁桂玲,《高等无机合成》(第一版),华东理工大学出版社,2007 年;王玉炉,《有机合成化学》,科学出版社,2009 年。

6.《合成化学实验》(Synthetic Chemistry Experiment)

学时:36(实验课学时 36。其中,企业行业专家授课 9 学时。)

学分:2

课程简介:本课程是在无机化学实验、分析化学实验、有机化学实验的基础上,利用最基本的合成操作技术,制备、分离和提纯典型的、有代表性的化合物的一门重要的实验课,开设本课程的目的是使学生学习到进行合成实验的基本知识、基本理论和基本操作技能,而且,通过应用多种实验技术和方法来研究化学反应、化合物的制备、分离和分析、性能和结构测试等,对学生的实践能力、创新意识和综合素质进行全面培养。通过本课程的学习,要求学生掌握合成化学实验的基本操作和实验技术;正确并熟练使用仪器,在小量规模上进行合成、分离提纯和分析鉴定化合物的方法。

教学方法或手段:本门课程是理论课程阶段的延伸,其目的是为了使学生通过实验充分理解某些比较重要的材料合成方法在实际当中的应用,使学生能够充分加强对所学内容的理解与灵活应用,因此,主要应用实验法,使学生在实际操作过程中不但能够锻炼动手能力,对理论的指导也更清晰。

教学评价(考核)方式:本课程成绩由两部分组成,一是学期末或课程结束时进行的综合考核成绩,占总实验成绩的 40%;二是平时各实验所得成绩总和,占总实验成绩的 60%。综合成绩不及格者,该课程必须重修。

教材及主要参考书：刘宝殿主编，《化学合成实验》，高等教育出版社，2005年；曾昭琼主编，《有机化学实验》（第三版），高等教育出版社，2000年；北京师范大学无机化学教研室等编，《无机化学实验》（第三版），高等教育出版社，2001年；兰州大学、复旦大学化学系有机教研室编，《有机化学实验》（第二版），高等教育出版社，1997年；关烨第等编著，《小量—半微量有机化学实验》，北京大学出版社，1999年；周宁怀编，《微型无机化学实验》，科学出版社，2002年；周宁怀、王德琳主编，《微型有机化学实验》，科学出版社，1999年；浙江大学、南京大学、北京大学、兰州大学主编，《综合化学实验》，高等教育出版社，2003年。

7.《化学工艺学》(chemical technology)

学时：45（理论课学时45。其中，企业行业专家授课9学时。）

学分：2.5

课程简介：本课程主要讲授化工产品的生产工艺，介绍每个典型产品所涉及的化工过程，侧重介绍有关的基础理论和生产方法，分析和讨论生产工艺中工艺路线、反应原理、影响因素、工艺条件的确定、流程的组织、主要设备的结构特点等内容。同时，对技术经济指标、能量回收利用、副产物的回收利用及废物处理以及新工艺、新技术和新方法等也作出相应的介绍和论述。

教学方法或手段：本门课程主要应用课堂讲授法，通过演示、模型等方式，将涉及的理论知识讲解给学生。同时，结合具体的案例对化学工艺的流程、原理、影响因素、工艺条件的确定等知识系统等进行分析，使学生对化学工艺学有深刻的理解，从而，在以后的工作中能结合所学知识解决实际问题。

教学评价（考核）方式：采取平时成绩和期末考试相结合的方式。平时成绩包括出勤及课堂提问，重在考查学生学习的过程。期末考试以闭卷笔试为主，课程总成绩的评定权重为：平时出勤、课堂笔记、作业等占40%；期末考试占60%。

教材及主要参考书：刘晓勤主编，《化学工艺学》，化学工业出版社，2010年；潘鸿章主编，《化学工艺学》，高等教育出版社，2010年；米镇涛主编，《化学工艺学》，化学工业出版社，2010年。

十二、教学进程表（表五）

课程类别	课程编号	课程名称	总学分	总学时	学时分配 理论	学时分配 实践	各学期学时分配 1	2	3	4	5	6	7	8	考核方式
通识教育课程平台	TS26106	思想道德修养与法律基础	3	48	38	10		48							试
	TS26102	中国近现代史纲要	2	32	24	8	32								试
	TS26103	马克思主义基本原理概论	3	48	38	10			48						试
	TS26104	毛泽东思想和中国特色社会主义理论体系概论Ⅰ	2	32	32					32					试
	TS26105	毛泽东思想和中国特色社会主义理论体系概论Ⅱ	4	64	44	20					64				试
	TS15001-4	大学英语（Ⅰ-Ⅳ）	15	270	230	40	60	70	70	70					试
	TS19001-4	大学体育（Ⅰ-Ⅳ）	4	126	126		30	32	32	32					试
	TS28001	大学计算机基础	3	48	16	32	48								试
	TS28003	C语言程序设计	4	72	48	24		72							试
	TS18111	大学生心理健康教育	1	14	14			14							查
	TS26108-9	形势与政策	2	32	12	20	16	16							查

续表

课程类别	课程编号	课程名称	学分	总学时	学时分配		各学期学时分配								考核方式
					理论	实践	1	2	3	4	5	6	7	8	
专业教育课程平台	学科基础课程	JC28005	高等数学C	4.5	80	80		80								试
		JC28006	线性代数	3	48	48			48							试
		JC29002	大学物理B	4.5	82	64	18		82							试
		JC25101	专业英语	2	36	36							36			试
		JC25102	高分子化学	2	36	36						36				试
		JC16001	化工制图	2	36	36						36				试
		JC25104	结构化学	3	48	48						48				试
	专业基础课程	ZJ25119-20	无机化学Ⅰ-Ⅱ	6	108	108		54	54							试
		ZJ25121-2	无机化学实验Ⅰ-Ⅱ	3	54		54	27	27							试
		ZJ25105-6	有机化学Ⅰ-Ⅱ	6	108	108				54	54					试
		ZJ25107-8	有机化学实验Ⅰ-Ⅱ	4	72		72			36	36					试
		ZJ25109	分析化学	2.5	44	44				44						试
		ZJ25110	分析化学实验	2	36		36			36						试
		ZJ25111-12	物理化学Ⅰ-Ⅱ	6	108	108					54	54				试
		ZJ25113-14	物理化学实验Ⅰ-Ⅱ	3.5	63		63				33	30				试
	专业核心课程	ZH25101	仪器分析	2	36	36						36				试
		ZH25102	仪器分析实验	2	36		36					36				试
		ZH25103	化工原理	4	72	72						72				试
		ZH25104	化工原理实验	2	36		36					36				试
		ZH25108	合成化学	4	72	72							72			试
		ZH25106	合成化学实验	2	36		36							36		试
		ZH25107	化学工艺学	2.5	45	45							45			试
创新创业教育课程平台	基础课程	CJ00001	大学生创业教育	1	18	18			18							查
		CJ00002	大学生就业指导	2	24	24			12			12				查
		CJ25101	专业导论	0.5	9	9		9								查
	专业基础课程	CH25101	创新创业论坛	0.5	9	9				9						查
		CH25102	化学品营销方案设计	1.5	27	27							27			查
		CH25103	发明专利学	1.5	27	27							27			查
		CH00001	创新创业成果学分认定	创新创业实践成果的认定见有关文件												
专业方向课程模块	工业分析	ZF25109	有机分析	2	36	36						36				试
		ZF25110	环境监测	2	36	36						36				试
		ZF25111	工业分析	2	36	36						36				查
		ZF25112	探究性综合化学实验	1	18		18						18			查

续表

课程类别		课程编号	课程名称	总学分	总学时	学时分配		各学期学时分配								考核方式
						理论	实践	1	2	3	4	5	6	7	8	
专业方向课程模块	精细化学品化学	ZF25113	精细化学品化学	2	36	36						36				试
		ZF25114	精细化学品合成	2	36	36							36			试
		ZF25106	精细化学品合成实验	2	36		36						36			查
		ZF25115	探究性综合化学实验	1	18		18							18		查
	绿色催化	ZF25116	绿色催化导论	2	36	36						36				试
		ZF25117	催化材料的制备及表征	2	36	36							36			试
		ZF25118	光催化	2	36	36							36			查
		ZF25119	探究性综合化学实验	1	18		18							18		查
个性化拓展课程模块	人文素质模块	GT18608	应用文写作	1	18	18		18								查
		GT18306	社交礼仪	1	18	18		18								查
		GT28001	网页制作	1	18	18								18		查
		GT18625W	美学原理	1	18	18		18								查
		GT25105W	化学与人类	1	18	18								18		查
		GT18623W	中国文化概论	1	18	18		18								查
	专业拓展模块	GT25106	电化学应用技术	1	18	12	6							18		查
		GT25107	精细化学品分析	2	36	36								36		查
		GT25108	催化剂应用	1	18	18								18		查
		GT25109	中级有机化学	2	36	36							36			查
		GT25110	中级无机化学	2	36	36							36			查
		GT25102	功能材料	2	36	36						36				查
		GT25111	中药分析	2	36	30	6								36	查
学生最低修读的学分/学时				135.5	2426	1893	533	17.5 / 326	26 / 451	23 / 419	21 / 383	20.5 / 364	20 / 348	7.5 / 135		
课堂教学周数								15	17	17	16	17	16	14		
周学时数								22	26.5	24	24	21.4	21.8	10.3		

说明:

1. 各专业军事理论教育在第1学期以讲座形式进行;
2. 专业方向课程模块每个学生选择1个专业方向课程模块,学生必须修满该模块里的7个学分;
3. 创新创业教育平台,学生获得"创新创业成果"学分可抵免创新创业核心实训课程学分;
4. 个性化拓展模块要求学生至少须选修6个学分,其中,"人文素质"模块要求学生至少选修2个学分,且至少选修1门网络课程;专业拓展模块至少选修4个学分。

理学类专业

生物技术本科专业人才培养方案

专业代码：071002

一、培养目标

本专业培养德、智、体、美全面发展，掌握生命科学和生物技术等方面的基本理论、基本知识和基本技能，具有较强的自然科学基础和科学研究的能力，能在工业、医药、食品、农业等相关企业、事业和行政管理部门从事生物技术及相关领域的科学研究、产品开发、技术创新、管理等方面的工作，具有创新意识和创业精神的高素质应用型专门人才。

二、培养要求

本专业学生主要学习生物化学、动物生物学、植物学、微生物学、细胞生物学、遗传学、分子生物学等方面的基本理论和基本知识，接受生物技术工作所需的数学、化学、计算机、外语、技术开发方面的科学思维和科学实验等方面的基本训练，掌握基因工程、细胞工程、蛋白质与酶工程、微生物工程等方面的基础知识，具备生物产品的开发、生产与管理、质量监控等方面的基本能力。

毕业生应获得以下几方面的知识和能力：

1. 掌握基因工程、细胞工程、蛋白质与酶工程、微生物工程等基础知识，具备生物产品的开发、生产与管理、质量监控等相关技能，具有从事生物产品生产、开发、营销、服务、产品质量监控等方面的工作能力；

2. 掌握必需的数学、化学的基础知识，能在生物技术检测和研发等部门从事科学研发工作，具备化学检测、运算与分析的能力；

3. 了解生物技术产业相关的政策、法规、条例，具备在生物技术生产部门从事生产、经营与管理等方面的工作能力；

4. 掌握文献检索、专业英语、论文写作的专业技能，具备一定的专业信息检索、实验设计、分析与统计、科技论文撰写、学术交流的能力；

5. 具有一定的体育和军事基本知识，掌握科学锻炼身体的基本技能，养成良好的体育锻炼和卫生习惯，达到国家规定的大学生体育和军事训练合格标准，具备健全的心理和健康的体魄；

6. 具备一定的人文理论和素质，形成良好的思想道德、文化素养、身体素质和心理素质；

7. 通过相关职业技能培训，获得生物技术类相应的职业技能等级证书。

三、专业方向

1. 生物制药技术方向

学习和掌握生物技术、制药技术、药事管理等基础知识和实践技能，具备较强的生物制药工艺流程与设计的专业技能,能够在生物制药企业中从事菌种培养、发酵操作、药物提取、药物分析检测、药品质量管理等方面的工作。

2. 发酵生物技术方向

学习和掌握氨基酸工艺学、发酵食品工艺学、发酵工艺调控等基础知识与实践技能,具备较强的发酵工艺流程与设计的专业技能,能够在发酵相关企业从事生产操作、组织管理、新产品开发、设备更新改造、科研创新等方面的工作。

四、素质与能力分析表(表一)

综合素质与能力	专项素质与能力	对应课程或实践
1.基本素质与能力	1.1 政治素质	思想道德修养与法律基础、中国近现代史纲要、马克思主义基本原理、概论、形势政策等
	1.2 人文科学素质	大学语文、社交礼仪、美学原理等
	1.3 身心素质	军事训练、大学体育、思想道德修养与法律基础
	1.4 分析运算能力	高等数学等
	1.5 英语应用能力	大学英语、专业英语
	1.6 计算机应用能力	计算机文化基础、VFP 程序设计
	1.7 利用现代化手段获取信息能力	数据库应用、文献检索
	1.8 组织管理、语言表达、人际交往以及在团队中发挥作用的能力	社会实践、创新创业教育实践等
2.学科基础知识及应用能力	2.1 数学运算与统计基础知识与实验技能	高等数学、生物统计学等
	2.2 化学与分析基础知识与实验技能	无机化学、分析化学、有机化学、生物化学等
3.专业基础知识及应用能力	3.1 生物学基础理论知识	动物生物学、植物学、微生物学、细胞生物学、遗传学、分子生物学等
	3.2 生物学基本实验技能	动植物学实验、微生物学实验、细胞和分子生物实验、遗传学实验、动植物学野外实习等
	3.3 数据分析与统计方面能力	生物统计学
4.专业核心知识及应用能力	4.1 现代生物技术基本知识	基因工程、细胞工程、蛋白质与酶工程、微生物工程等
	4.2 现代生物技术实验技能	生物技术综合大实验、微生物工程实验等
5.专业实践技能与动手能力	5.1 专业实践技能	生物工程下游技术实习、发酵工程设备实习、生物技术制药实习等
	5.2 专业综合训练	专业实习、毕业实习等
6.创新创业能力	6.1 创新能力	创新教育与实践、专业应用前景导论等
	6.2 创业能力	大学生创业教育、现代生物产业管理等
7.个性化发展能力	7.1 人文素质	应用文写作、中国文化概论、进化论思想史、生物伦理学等
	7.2 专业拓展	免疫学、酿酒工艺学、生物技术法规、计算机在生物科学的应用、文献检索与论文写作、专业英语等

五、学制与学分

1. 学制:标准学制 4 年,修业年限 3~6 年。
2. 学分:最低修读 168.5 学分。其中,课内教学环节必须修满 135.5 学分,实践教学环节必须修 33 学分。

六、毕业与学位授予

学生在规定的学习年限内,完成各教学环节学习,修满专业规定的最低学分,准予毕业。授予理学学士学位

七、全学程时间安排总表(表二)

项目＼学年学期	一		二		三		四		合计
	1	2	3	4	5	6	7	8	
军训(含军事理论教育)	2								2
入学教育和专业导论	(2)								(2)
课堂教学	15	17	18	18	18	16	14		116
专业实习或教育实习		1				2	4		7
毕业实习								8	8
专业创新创业实训								2	2
毕业论文(设计)								6	6
复习考试	1	1	1	1	1	1	1		7
机动	1							3	4
假期	6	8	6	8	6	8	6		48
全学程总周数	25	27	25	27	25	27	25	19	200

八、实践性教学环节(表三)

课程编号	实践教学项目	学分	周数	安排学期	实践方式
SJ00001	入学教育	1	(2)	第1学期	集中
SJ00002	军训(含军事理论教育)	1	2	第1学期	集中
SJ00003	社会实践	1	(3)	第2、4、6学期后暑期	由校团委统一安排
SJ13419	生物技术现状调查	3	(3)	第4、6学期暑假	指导教师安排
SJ13004	科研与技能训练	3	(3)	第7学期	指导教师安排
SJ13111 SJ13214	植物学野外实习 动物生物学野外实习	2	1(1)	第2学期	野外实习基地(黄山的西递或宏村)
SJ13547	生物技术制药实习	1	1	第6学期	校内发酵、实训基地
SJ13560	生物工程下游技术实习	1	1	第6学期	生物工程实验室
SJ13420	发酵工程设备实习	1	1	第7学期	校内外实习、实训基地
SJ13421	专业实习	3	3	第7学期	校内实习基地、江苏同人生物科技、滁州通用生物、杭州景杰生物科技
SJ13001	毕业实习	8	8	第8学期	相关实验室或实习基地
SJ13422	专业创新创业实训	2	2	第8学期	相关实验室或实习基地
SJ13002	毕业论文(设计)	6	6	第8学期	指导老师安排
	合 计	33	25(12)		

九、课程设置及学时、学分比例表(表四)

课程类型		学时	学分	占总学时(总学分)比例(%)	
通识教育课程平台		786	43	32.3%	31.7%
专业教育课程平台	学科基础课程	396	22	49.7%	49.8%
	专业基础课程	500	28		
	专业核心课程	312	17.5		
创新创业教育平台	创新创业基础课程	51	3.5	4.7%	5.2%
	创新创业核心实训课程	63	3.5		
专业方向课程模块	生物制药技术	144	8	5.9%	5.9%
	发酵生物技术	144	8		
个性化拓展课程模块	人文素质	54	3	7.4%	7.4%
	专业拓展	126	7		
总　计		2432	135.5	100%	100%

十、主干学科

生物学

十一、核心课程

1.《基因工程》(Genetic Engineering)

学时:36(理论课学时36。)

学分:2(理论课学分2。)

课程简介:本课程主要讲授基因重组的方法、外源基因导入受体细胞的方法、重组子筛选与鉴定的主要方法等基本原理,通过学习,使学生掌握基因工程在微生物、动物、植物领域的应用,培养学生在基因工程中的各种分子操作技术的能力。

教学方法与手段:采用现代化多媒体进行理论教学,以增强学生的感性认识,深化对基础知识的理解。

教学评价方式:采用闭卷考试和平时考核相结合的方式,期末成绩占总成绩的80%,平时成绩占总成绩的20%。重视学生平时考核,主要通过考勤、课堂表现、提问、课堂讨论等评定平时成绩。

教材选用:河沿才编著,《简明基因工程原理》,科学出版社,2005年。

主要参考书:曹孜义主编,《现代植物组织培养技术》,甘肃科学技术出版社,2003年。

2.《细胞工程》(Cell Engineering)

学时:36(理论课学时36。)

学分:2(理论课学分2)

课程简介:本课程主要讲授植物组织与细胞培养、动物细胞与组织培养、细胞融合等方面的基本原理。培养学生对单克隆抗体、胚胎工程、干细胞工程、细胞拆合与细胞重组克隆技术和转基因生物与生物反应器等方面的主要能力。

教学方法与手段:采用现代化多媒体进行理论教学,以增强学生的感性认识,深化对基础知识的理解。

教学评价方式:采用闭卷考试和平时考核相结合的方式,期末成绩占总成绩的80%,平时成绩占

20%。重视对学生平时考核环节,主要通过考勤、课堂表现、提问、课堂讨论等评定平时成绩。

教材选用:杨淑慎主编,《细胞工程》(第一版),科学出版社,2009年。

主要参考书:郭勇等编著,《植物细胞培养技术与应用》,化学工业出版社,2004年。

3.《蛋白质与酶工程》(Protein engineering & enzyme engineering)

学时:36(理论课学时36。)

学分:2(理论课学分2。)

课程简介:本课程主要讲授蛋白质折叠技术、蛋白质的定向改造技术、酶的生产、纯化、固定化技术、酶分子结构的修饰和改造等方面的基本原理;培养学生对蛋白质与酶定向改造、应用以及在农业、医药卫生和理论研究等方面应用的能力。

教学方法与手段:采用现代化多媒体进行理论教学,在授课过程中,采用启发式、参与式、角色转换式等教学方法,充分调动学生的自主学习兴趣,进而由浅入深地引导学生思维,使学生的思维能够与教师的思维同步。

教学评价方式:采用闭卷考试和平时考核相结合的方式,期末成绩占总成绩的80%,平时成绩占20%。重视学生平时考核,主要通过考勤、课堂表现、提问、课堂讨论等较为客观地评定平时成绩。

教材选用:郭勇主编,《酶工程》,科学出版社,2008年。

主要参考书:周晓云主编,《酶学原理与酶工程》,中国轻工业出版社,2005年。

4.《微生物工程》(Microbiology Engineering)

学时:54(理论课学时36、实验课学时18。)

学分:3(理论课学分2、实验课学分1。)

课程简介:本课程主要讲授微生物及其培养、发酵机制、发酵动力学及发酵设备等方面的基本原理,培养学生对发酵工程基本操作和产物的提取与精制、发酵工程生产举例、清洁生产与发酵工业污水处理等能力。

教学方法与手段:采用现代化多媒体进行理论教学,用新型的多媒体教学手段,使学生通过人机对话的方式更形象、直观、快速地学习新知识,从而激发学生学习的兴趣性、积极性和主动性,大大提高学习效率。

教学评价方式:采用闭卷考试和平时考核相结合的方式,期末成绩占总成绩的70%,平时成绩占30%。重视学生平时考核环节,主要通过考勤、课堂表现、实验报告撰写、提问、课堂讨论等较为客观地评定平时成绩。

教材选用:曹军卫主编,《微生物学工程》(第二版),科学出版社,2007年。

主要参考书:吴松刚主编,《微生物工程》,科学出版社,2004年。

5.《生物工程下游技术》(Downstream Technique of Biotechnology)

学时:54(理论课学时36、实验课学时18。)

学分:3(理论课学分2、实验课学分1。)

课程简介:本课程主要学习生物物质的分离、提取、精制的基本原理及工程技术知识。通过本门课程的学习,使学生掌握发酵液的预处理、液固分离、沉淀分离、溶剂萃取、双水相萃取、超临界萃取、反胶束萃取、离子交换、吸附、色层分离、膜分离、液膜分离、结晶等方面的基本原理及应用知识,了解生物物质提取技术的发展动态,可以进一步加强同学们独立思考的能力,为其拥有良好的理论基础知识、较强的实际操作技能和应用能力,及今后从事教学、生产、科研工作,为促进我国生物技术领域产业的发展和相关行业人才培养奠定良好而深厚的基础。

教学方法与手段:采用现代化多媒体进行理论教学,在授课过程中,采用启发式、参与式、角色转换式等教学方法,充分调动学生的自主学习兴趣,进而由浅入深的引导学生思维,使学生的思维能够与教师的思维同步。

教学评价方式：采用闭卷考试和平时考核相结合的方式，期末成绩占总成绩的70%，平时成绩占30%。重视学生平时考核环节，主要通过考勤、课堂表现、实验报告撰写、提问、课堂讨论等较为客观地评定平时成绩。

教材选用：严希康主编，《生化分离工程》，化学工业出版社，2010年。

主要参考书：谭天伟主编，《生物分离技术》，化学工业出版社，2007年。

6.《发酵工程设备》(Fermentation Engineering Equipment)

学时：36（理论课学时36。）

学分：2（理论课学分2。）

课程简介：主要讲授发酵工程或生物技术产品工业生产设备的结构等方面的基本知识，生物质原料处理设备、培养基制备设备、空气净化除菌、生物反应器、通风发酵设备、厌氧发酵设备、生物反应器的检测及控制等方面的基本原理。内容涵盖现代生物加工的全过程、现代生物加工过程所用实验室和工业化生产设备的操作、结构特性以及设备设计计算、选型等，为生物技术专业培养具有扎实的理论基础，能独立从事生物技术设备研究、设计、开发能力的创新型、应用型高素质人才。

教学方法与手段：采用教学一体化方式进行。进行实验课的教学改革，注意教学效果的评价，注意收集学生的反馈信息，在此基础上改进和完善教学新体系。

教学评价方式：采用闭卷考试和平时考核相结合的方式，期末成绩占总成绩的70%，平时成绩占30%。重视学生平时考核环节，主要通过考勤、课堂表现、提问、课堂讨论等较为客观地评定平时成绩。

教材选用：郑裕国主编，《生物工程设备》（第一版），化学工业出版社，2007年。

主要参考书：陈洪章主编，《生物过程工程与设备》（第一版），中国化学工业出版社，2004年。

7.《生物技术大实验》(Biotechnology Comprehensive Experiment)

学时：60（实验课学时60。）

学分：3.5（实验课学分3.5。）

课程简介：主要内容包括现代生物工程基本原理和实验的设计原理、操作过程、结果分析植物的组织培养，植物原生质体的分离纯化，植物基因的克隆、遗传转化，动物细胞培养，动物细胞的克隆，蛋白质的分离纯化，啤酒酿造等实验内容。

教学方法与手段：采用演示操作式、讨论式等教学手段，尤其是讨论式教学，将填鸭式教学改为师生互动的讨论式教学，调动同学的兴趣和培养学生的参与意识。

教学评价方式：采用期末笔试成绩与平时实验课总评相结合的方式，期末笔试成绩占50%，实验课总评占50%。具体要求如下：

①期末笔试内容主要包括实验过程中说涉及的基本原理、实验设计思路的基本依据、实验过程中的注意事项以及详细的操作流程。重点考核独立思考和综合应用能力。

②实验课总评主要包括实验中掌握基本的操作技能情况，出勤情况、工作态度、小组合作情况，对实验的观察、严肃认真的科学态度，分析问题、解决问题和提出问题的能力，以及实验结果记录、对实验结果的分析和实验报告绘图的准确性等进行评分。要求学生实验前必须预习本次实验的有关理论知识，当堂完成实验报告。

教材选用：夏海武等主编，《生物工程·生物技术综合实验》，化学工业出版社，2009年。

主要参考书：刘贤锡主编，《蛋白质工程原理与技术》，山东大学出版社，2002年等。

十二、教学进程表(表五)

课程类别	课程编号	课程名称	总学分	总学时	学时分配 理论	学时分配 实践	各学期学时分配 1	2	3	4	5	6	7	8	考核方式
通识教育课程平台	TS26106	思想道德修养与法律基础	3	48	38	10		48							试
	TS26102	中国近现代史纲要	2	32	24	8	32								试
	TS26103	马克思主义基本原理概论	3	48	38	10				48					试
	TS26104	毛泽东思想和中国特色社会主义理论体系概论Ⅰ	2	32	32						32				试
	TS26105	毛泽东思想和中国特色社会主义理论体系概论Ⅱ	4	64	44	20						64			试
	TS15001-4	大学英语（Ⅰ-Ⅳ）	15	270	230	40	60	70	70	70					试
	TS19001-4	大学体育（Ⅰ-Ⅳ）	4	126	126		30	32	32	32					试
	TS28001	大学计算机基础	3	48	16	32	48								试
	TS28002	VFP程序设计	4	72	48	24		72							试
	TS18111	大学生心理健康教育	1	14	14			14							查
	TS26108-9	形势与政策	2	32	12	20	16	16							查
专业教育课程平台	学科基础课程														
	JC28005	高等数学C	4.5	80	80		80								试
	JC25001	普通化学	3	54	54		54								试
	JC25002	分析化学	2	36	36			36							试
	JC25003	有机化学	3	54	54			54							试
	JC25005-6	基础化学实验Ⅰ-Ⅱ	4	72		72	33	39							试
	JC13303	生物化学	5.5	100	60	40			100						试
	专业基础课程	ZJ13105-6	植物学（Ⅰ-Ⅱ）	5.5	100	70	30	60	40							试
		ZJ13201-2	动物生物学（Ⅰ-Ⅱ）	5.5	100	60	40	50	50							试
		ZJ13403	微生物学	4	72	42	30					72				试
		ZJ13507	遗传学	4	72	42	30					72				试
		ZJ13402	细胞生物学▲	3.5	60	42	18				60					试
		ZJ13301	分子生物学▲	3.5	60	40	20						60			试
		ZJ13658	生物统计学	2	36	24	12						36			试
	专业核心课程	ZH13509	基因工程	2	36	36							36			试
		ZH13511	细胞工程	2	36	36								36			试
		ZH13510	蛋白质与酶工程	2	36	36							36			试
		ZH13404	微生物工程	3	54	36	18					54				试
		ZH13505	生物工程下游技术	3	54	36	18						54			试
		ZH13512	发酵工程设备	2	36	36							36			试
		ZH13507	生物技术大实验	3.5	60		60						60			试

续表

课程类别		课程编号	课程名称	总学分	总学时	学时分配		各学期学时分配								考核方式
						理论	实践	1	2	3	4	5	6	7	8	
创新创业教育课程平台	基础课程	CJ00001	大学生创业教育	1	18	18				18						查
		CJ00002	大学生就业指导	2	24	24			12					12		查
		CJ13401	专业应用前景导论	0.5	9	9		9								查
	专业基础课程	CH13401	创新创业论坛	0.5	9	9						3	3	3		查
		CH13402	现代生物产业管理	1.5	27	27								27		查
		CH13403	生物技术创新教育实践	1.5	27		27							27		查
		CH00001	创新创业成果学分认定			创新创业实践成果的认定见有关文件										
专业方向课程模块	生物制药技术	ZF13536	天然药物化学	2	36	26	10					36				试
		ZF13537	药理学	2	36	26	10					36				试
		ZF13529	生物技术制药	2	36	26	10						36			试
		ZF13538	药物分析	2	36	26	10							36		试
	发酵生物技术	ZF13502	发酵食品工艺学	2	36	26	10					36				试
		ZF13503	氨基酸工艺学	2	36	26	10					36				试
		ZF13504	发酵工艺调控	2	36	26	10						36			试
		ZF13505	生物工厂设计	2	36	26	10							36		试
个性化拓展课程模块	人文素质	GT18617	大学语文	2	36	36				36						查
		GT18608	应用文写作	1	18	18			18							查
		GT18306	社交礼仪	1	18	18			18							查
		GT18625W	美学原理	1	18	18				18						查
		GT18623W	中国文化概论	1	18	18				18						查
		GT13417	进化论思想史	1	18	18						18				查
		GT13312	生物伦理学	1	18	18						18				查
	专业拓展	GT13209	免疫学	1	18	18								18		查
		GT13205	发育生物学	1	18	18							18			查
		GT13553	微生物鉴定	1	18	18								18		查
		GT13401	病毒学	1	18	18						18				查
		GT13402	真菌学	1	18							18				查
		GT13530	生物产品质量控制	1	18	18							18			查
		GT13550	酿酒工艺学	1	18	18								18		查
		GT13413	生物技术法规	1	18	18								18		查
		GT13415	计算机在生物科学的应用	2	36	18	18						36			查
		GT13416	文献检索与论文写作	1	18	18								18		查
		GT13414	专业英语	1	18	18								18		查

续表

课程类别	课程编号	课程名称	总学分	总学时	学时分配		各学期学时分配								考核方式
					理论	实践	1	2	3	4	5	6	7	8	
		学生最低修读的学分/学时	135.5	2432			424	459	412	377	355	276	129	0	
		课堂教学周数					15	17	18	18	19.7	16	14		
		周学时数					28.3	27	22.9	20.9	21.5	17.3	9.2		

说明：

1. 各专业军事理论教育在第1学期以讲座形式进行；
2. 专业方向课程设置2个方向模块，学生至少选修1个方向模块，获得8个学分；
3. 创新创业教育平台，学生获得"创新创业成果"学分可抵免创新创业核心实训课程学分；
4. 个性化拓展模块要求学生至少须选修10个学分，其中，"人文素质"模块要求学生至少选修3个学分，且至少选修1门网络课程；专业拓展模块至少选修7个学分。

理学类专业

动植物检疫本科专业人才培养方案

专业代码：090403T

一、培养目标

本专业培养德、智、体、美全面发展，掌握动植物检疫检验方面的基本理论、基本知识和基本技能，具有动植物检疫、动植物产品质量检验、动物防疫规划、疫病监测和行政执法等方面的基本能力，能够从事动植物检疫执法管理、动植物产品质量与安全监控和有害生物综合防控等方面的工作，具有创新意识和创业精神的高素质应用型专门人才。

二、培养要求

本专业学生主要学习动物检疫学、植物检疫学、预防兽医学、农产品安全与检验、动植物检验检疫法律法规等方面的基本理论和基本知识，接受动植物检疫法规、程序与技术等方面的基本训练，掌握动植物检疫、动植物产品检验、动物疫病诊断、疫病监测、动物防疫规划和行政执法等方面的基本能力。

毕业生应获得以下几方面的知识和能力：

1. 动物检疫知识与能力。掌握动物基础医学、动物检疫学和预防兽医学方面的基本理论、基本知识、最新研究动态和今后的发展趋势，掌握显微制片、生物化学分析、动物疫病调查方法、动物疫病诊断方法等，具有动物检疫、动物疫病调查、疫病监测、防疫规划以及动物疾病诊疗等方面的能力。

2. 植物检疫知识与能力。了解植物检疫的基本理论、基本知识、基本方法、最新研究动态和今后的发展趋势，能对植物检疫过程中的常见问题进行综合分析的能力。

3. 农产品质量安全与检测能力。了解农产品质量与安全检测的基本原理、管理体系与控制措施，能够运用农产品安全卫生的评价程序和方法，对农产品的安全与卫生问题进行综合评价的能力。

4. 动植物检疫法规与行政执法能力。了解国家关于动植物检疫、农畜产品卫生安全流通和生物安全等方面的方针、政策和法规，接受动植物检疫程序与技术等方面的基本训练，具有一定的行政执法及监督管理的能力。

5. 英语与计算机应用能力。掌握一门外国语以及计算机方面的基本理论、基本知识，具有较强的英语和计算机应用能力。

6. 分析运算能力。掌握必需的数学、生物统计、化学和生命科学等方面的基本理论、基本知识，具有较强的分析运算等能力。

7. 政治素养与社会适应能力。掌握一定的政治、文学、历史、艺术和心理学等方面的基本知识，具有良好的政治素养、身心素质和人际交往能力。

8. 创新创业能力。了解创新创业的基础知识、接受一定的创新创业实训，具有一定的创业意识、开拓精神和创新能力。

三、专业方向

1. 动物检疫方向

学习和掌握动物检疫检验学、动物疫病检测技术、寄生虫与检验技术、兽医临床诊断学、微生物学、动物病理学、分子生物学、饲料卫生与安全等方面的基本知识,具备动物疾病诊疗与防控、动物检疫执法管理、技术管理,动物检疫科研、教学与技术开发等工作的能力。

2. 植物检疫方向

学习和掌握植物检疫学、昆虫学、植物病理学、杂草学、种子检验、农药残留分析、农产品安全与检验和分子生物学等方面的基本知识,具备植物检疫执法管理、技术管理,植物检疫科研、教学与技术开发等工作的能力。

四、素质与能力分析表(表一)

综合素质与能力	专项素质与能力	对应课程或实践
1.基本素质与能力	1.1 政治素质	思想道德修养与法律基础、中国近现代史纲要、马克思主义基本原理、毛泽东思想和中国特色社会主义理论体系概论、形势与政策等
	1.2 人文科学素质	演讲与口才、社交礼仪、文艺美学、影视鉴赏、大学语文
	1.3 身心素质	军事训练、军事理论教育、大学体育、大学生心理健康教育等
	1.4 分析运算能力	高等数学C、生物统计学
	1.5 英语应用能力	大学英语、专业英语
	1.6 计算机应用能力	大学计算机基础、VFP程序设计、计算机报表与数据统计
	1.7 利用现代化手段获取信息能力	创新实践、科技论文写作
	1.8 组织管理、语言表达、人际交往以及在团队中发挥作用的能力	社会实践、社交礼仪、市场营销学、演讲与口才
2.学科基础知识及应用能力	2.1 数学、化学基础知识与实验技能	高等数学C、普通化学、分析化学、有机化学、基础化学实验、生物化学、生物统计学
	2.2 生物化学与统计分析能力	
	2.3 动物学、植物学基础知识	动物学、植物学
3.专业基础知识及应用能力	3.1 动物检疫检验基础知识及应用能力	动物解剖学、动物组织胚胎学、动物生理学、药理学、毒理学、微生物学、动物病理学、植物病理学、分子生物学、昆虫学、兽医免疫学
	3.2 植物检疫检验基础知识及应用能力	
4.专业核心知识及应用能力	4.1 动物检疫能力	动物检疫检验学、植物检疫学、动物疫病检测技术、寄生虫与检验技术、农产品安全与检验、兽医临床诊断学、小动物疾病学、动物生产学、饲料卫生与安全、植物化学保护、杂草学、种子检验等
	4.2 植物检疫能力	
	4.3 农产品质量安全与检验能力	
	4.4 动植物检疫执法管理能力	
5.专业实践技能与动手能力	5.1 动物检疫实践技能	动物病理学课程实习、微生物学课程实习、兽医临床诊疗学课程实习、药物残留分析、专业综合实习等
	5.2 植物检疫实践技能	昆虫学课程实习、植物病理学课程实习、专业综合实习等
6. 创新创业能力	6.1 创新能力	创新创业论坛、创新创业实践成果、专业导论、创新创业实训
	6.2 创业能力	大学生创业教育、大学生就业指导、创新创业论坛、创新创业实训、畜牧业经营管理、市场营销学

续表

综合素质与能力	专项素质与能力	对应课程或实践
7.个性化发展能力	7.1人文素质培养	演讲与口才、社交礼仪、文艺美学、影视鉴赏、大学语文
	7.2专业拓展与提高	转基因技术与生物安全、动物保护学、专业英语、计算机报表与数据统计、科技论文写作

五、学制与学分

1.学制:标准学制4年,修业年限3～6年。

2.学分:最低修读175学分。其中,课内教学环节必须修满139学分,实践教学环节必须修满36学分。

六、毕业与学位授予

学生在规定的学习年限内,完成各教学环节学习,修满专业规定的最低学分,准予毕业。授予理学学士学位。

七、全学程时间安排总表(表二)

学年 项目 \ 学期	一		二		三		四		合计
	1	2	3	4	5	6	7	8	
军训(含军事理论)	2								2
入学教育和专业导论	(2)								(2)
课堂教学	15	18	18	18	15	14	8		106
专业实习、课程实习					3	4	10		17
毕业实习								8	8
毕业论文(设计)								6	6
专业创新创业实训								2	2
复习考试	1	1	1	1	1	1	1		7
机动	1							3	4
假期	6	8	6	8	6	8	6		48
全学程总周数	25	27	25	27	25	27	25	19	200

八、实践性教学环节(表三)

课程编号	实践教学项目	学分	周数	安排学期	实践方式
SJ00001	军训(含军事理论教育)	1	2	第1学期	集中
SJ00002	入学教育及专业导论	1	(2)	第1学期	集中
SJ00003	社会实践	1	(3)	第2、4、6学期后暑期	由学院统一安排
SJ12102	动物病理学课程实习	1	1	第6学期	基础医学实验室等
SJ12401	微生物学课程实习	1	1	第5学期	微生物学实验室、兽医院等
SJ11338	昆虫学课程实习	1	1	第5学期	种植科技园、植保实验室等

续表

课程编号	实践教学项目	学分	周数	安排学期	实践方式
SJ11339	植物病理学课程实习	1	1	第5学期	种植科技园、植保实验室等
SJ12510	兽医诊疗综合实习	2	2	第6学期	兽医临床诊疗中心等
SJ12103	药物残留分析实习	1	1	第6学期	动植物检疫实验室、基础兽医学实验室等
SJ12104	动植物检疫综合实习	10	10	第7学期	动植物检疫实验室、基础兽医学实验室、兽医临床诊疗中心等
SJ12001	毕业实习	8	8	第8学期	蚌埠市光明乳业、温氏集团、大北农集团、嘉吉（动物蛋白）公司等
SJ12004	专业创新创业实训	2	2	第8学期	动植物检疫实验室、大北农集团、温氏集团等
SJ12002	毕业论文（设计）	6	6	第8学期	学院集中安排
合　计		36	35		

九、课程设置及学时、学分比例表（表四）

课程类型		学时	学分	占总学时（总学分）比例（％）	
通识教育课程平台		786	43	31.4％	30.9％
专业教育课程平台	学科基础课程	484	27	52.5	52.5
	专业基础课程	507	28		
	专业核心课程	324	18		
创新创业教育平台	基础课程	114	7	4.6	5.0
	核心实训课程				
专业方向课程模块	动物检疫	180	10	7.2	7.2
	植物检疫	180			
个性化拓展课程模块	人文素质	36	2	1.4	1.4
	专业拓展	72	4	2.9	2.9
总　计		2503	139	100	100

十、主干学科

预防兽医学、动物检疫学、植物检疫学

十一、专业核心课程

1.《动物检疫检验学》(Animal Quarantine and Inspection)

学时：54（理论课学时34、实验课学时20。）

学分：3（理论课学分2、实验课学分1。）

课程简介：主要讲授动物检疫检验的基本理论、相关法律法规体系、动物疫病、动物检疫程序与方法、动物防疫与检疫管理、动物疫病风险管理以及动物产品的检疫检验技术。通过学习，使学生系统地了解国内动物及动物产品检疫检验和出入境动物检疫检验的意义与要求，掌握动物检疫检验的基本理论、我国现行动物检疫法规和检疫措施、检疫检验和处理方法以及重要的动物疫病的发生规律和检疫方法等。

教学方法或手段：使用现代化多媒体，采用讲授法、情景教学法等开展理论教学；同时，结合动植物检疫实验室和生猪屠宰场等进行实验教学和专业实习。

教学评价方式：平时成绩考核占总成绩的20%，过程考核占30%，期末考试成绩占总成绩的50%。

教材选用：柳增善、任洪林、张守印主编，《动物检疫检验学》，科学出版社，2012年，普通高等教育"十二五"规划教材；殷定忠，《动物检疫检验学实验指导》，安徽科技学院校内使用教材。

2.《植物检疫学》（Plant Quarantine）

学时：54（理论课学时34、实验课学时20。）

学分：3（理论课学分2、实验课学分1。）

课程简介：主要讲授植物检疫的基础理论、特点、法律法规、检疫的程序、风险评估、检疫处理和危险性有害生物（病原生物、害虫和害草）的发生特点与检验检测技术。通过学习，使学生系统地了解国内植物检疫和出入境植物检疫的发展历史现状和发展趋势，掌握植物检疫的基本理论，我国现行植检法规和检疫措施，检疫检验和处理方法，重要的植物检疫对象的生物学特性、发生规律、检验方法等。

教学方法或手段：使用现代化多媒体，检疫性病虫草实物标本、影像图片等开展理论教学；同时，在实验室以及仓库、货场或产地现场抽样调查，使学生能够对检疫性病虫杂草种类及其鉴别特征有初步的认识，初步掌握植物检疫抽样的技术与检验方法。

教学评价方式：平时成绩占20%，过程考核占30%，期末考试成绩占50%。

教材选用：许志刚主编，《植物检疫学》（第3版），高等教育出版社，2008年，普通高等教育"十一五"国家级规划教材。

3.《动物疫病检测技术》（Detection Technology of Animal Epidemic Disease）

学时：54（理论课学时44、实验课学时10。）

学分：3（理论课学分2.5、实验课学分0.5。）

课程简介：主要讲授家畜、家禽疫病发生和流行的基本规律，以及预防、控制和消灭这些疫病原理与方法的科学。通过学习，要求学生掌握动物疫病的病原、分类、流行季节及规律；掌握畜禽传染病的传播及感染途径；掌握人畜共患病、传染病的发病症状、主要病理变化、病料的处理及防制措施；掌握畜禽传染病的实验室诊断技术；掌握病毒及细菌等病原的检测、抗体效价的检测等；了解国内外动物传染病学的研究与发展动态等。

教学方法或手段：使用现代化多媒体，采用讲授法、讨论法等开展理论教学；同时，结合动物医学实验室、校附属兽医院、家禽疫病防控监测安徽省重点实验室等进行实验教学和专业实习。

教学评价方式：本课程的总考核成绩由平时成绩、实验成绩和卷面考试成绩三方面构成，其所占比例分别为：10%、30%和60%。

教材选用：陈溥言主编，《兽医传染病学》（第五版），中国农业出版社，2007年，普通高等教育"十一五"国家级规划教材。

4.《寄生虫与检验技术》（Parasitology and Laboratory Techniques）

学时：54（理论课学时36、实验课学时18。）

学分：3（理论课学分2、实验课学分1。）

课程简介：主要讲授动物寄生虫病以及人畜共患寄生虫病的病原特征、疾病的流行规律、致病机理、诊断方法及防治措施等。通过本课程的学习，使学生掌握寄生虫与宿主类型、寄生虫病的流行特点、寄生虫病的免疫特点、寄生虫病的综合防治措施，掌握重要寄生虫病的虫卵特征、传播途径、致病机理、症状、诊断方法及治疗和预防措施以及常用的寄生虫病的检查方法，具备在生产实践中独立进行动物寄生虫病的诊断能力、分析和解决生产实践中有关动物寄生虫病方面问题的能力。

教学方法或手段：使用现代化多媒体，采用讲授法与讨论法相结合的教学方法开展理论教学；同时，结合动物医学实验室、校附属兽医院等进行实验教学和专业实习。

教学评价方式：平时成绩考核占总成绩的 20%，过程考核占 30%，期末考试成绩占总成绩的 50%。

教材选用：张西臣、李建华主编，《动物寄生虫病学》（第三版），科学出版社，2010 年，普通高等教育"十一五"国家级规划教材；秦建华、李国清主编，《动物寄生虫病学实验教程》，中国农业大学出版社，2005 年。

5.《农产品安全与检验》(Quality Safety and Testing of Agricultural Products)

学时：54（理论课学时 36、实验课学时 18。）

学分：3（理论课学分 2、实验课学分 1。）

课程简介：主要讲授农产品污染物、食源性疾病、农产品安全管理的基本概念、特点及农产品质量与安全检测的预防和控制措施。通过本课程的学习和实验锻炼，使学生能够掌握农产品质量与安全检测的基本原理、管理体系与控制措施，运用农产品安全卫生的评价程序和方法，分析、解决各类农产品加工和储藏过程中的安全与卫生问题的能力。

教学方法或手段：使用现代化多媒体，采用讲授法与讨论法相结合的教学方法开展理论教学；同时，结合实验室进行实验教学和专业实习。

教学评价方式：采取平时成绩（包括考勤、课堂讨论、作业完成等情况）、期末考试成绩、实验课成绩综合评定的方法。其中，平时成绩占 20%，期末考试成绩占 50%，实验课成绩占 30%。

教材选用：钟耀广主编，《食品安全学》（第一版），化学工业出版社，2005 年，高等学校教材；郑艺梅、李凤霞，《食品安全检测技术》，安徽科技学院校内使用教材。

6.《兽医临床诊断学》(Veterinary Clinical Diagnosis)

学时：54（理论课学时 36、实验课学时 18。）

学分：3（理论课学分 2、实验课学分 1。）

课程简介：主要讲授临床检查的基本方法与程序、整体及一般检查、各系统检查（心血管系统、呼吸系统、消化系统、泌尿生殖系统、神经系统）、家禽临床检查特点、实验室检验概述、特殊检查（X 光、B 超诊断）概述、建立诊断的方法等内容。本课程强调理论和实践的具体结合，更注重学生实践技能、操作能力的培养，通过本课程的学习和实践锻炼，使学生能够基本掌握兽医临床检查、实验室检查的技能与方法，具备动物常见疾病的综合分析和判断能力。

教学方法或手段：使用现代化多媒体，采用讲授法与案例法相结合的教学方法开展理论教学；同时，结合实验室与校附属兽医院进行实验教学和专业实习。

教学评价方式：平时成绩占 40%，期末考试成绩占 60%。

教材选用：王俊东、刘宗平主编，《兽医临床诊断学》，中国农业出版社，2004 年，为普通高等教育"十一五"国家级规划教材。

十二、教学进程表（表五）

课程类别	课程编号	课程名称	总学分	总学时	学时分配		各学期学时分配								考核方式
					理论	实践	1	2	3	4	5	6	7	8	
通识教育课程平台	TS26106	思想道德修养与法律基础	3	48	38	10		48							试
	TS26102	中国近现代史纲要	2	32	24	8	32								试
	TS26103	马克思主义基本原理	3	48	38	10				48					试
	TS26104	毛泽东思想和中国特色社会主义理论体系概论Ⅰ	2	32	32						32				试
	TS26105	毛泽东思想和中国特色社会主义理论体系概论Ⅱ	4	64	44	20						64			试

续表

课程类别	课程编号	课程名称	总学分	总学时	学时分配 理论	学时分配 实践	各学期学时分配 1	2	3	4	5	6	7	8	考核方式
通识教育课程平台	TS15001-4	大学英语（Ⅰ-Ⅳ）	15	270	230	40	60	70	70	70					试
	TS19001-4	大学体育（Ⅰ-Ⅳ）	4	126	126		30	32	32	32					试
	TS28001	大学计算机基础	3	48	16	32		48							试
	TS28002	VFP程序设计	4	72	48	24			72						试
	TS26101-2	形势与政策	2	32	12	20	16	16							查
	TS18111	大学生心理健康教育	1	14	14			14							查
专业教育课程平台 学科基础课程	JC28005	高等数学C	4.5	80	80		80								试
	JC25003	有机化学A	3	54	54			54							试
	JC25001	普通化学	3	54	54		54								试
	JC25002	分析化学	2	36	36			36							试
	JC25005-6	基础化学实验Ⅰ-Ⅱ	4	72		72	33	39							试
	JC13315	生物化学	4.5	80	60	20			80						试
	JC13220	动物学	2	36	26	10	36								试
	JC13116	植物学	2	36	26	10		36							试
	JC12302	生物统计学	2	36	36						36				试
专业教育课程平台 专业基础课程	ZJ12119	动物解剖学	3.5	64	32	32	64								试
	ZJ12116	动物组织胚胎学	3	56	32	24		56							试
	ZJ12120	动物生理学	3.5	63	48	15			63						试
	ZJ12408	兽医免疫学	2	36	36				36						试
	ZJ12111	药理学	3	54	36	18						54			试
	ZJ12121	毒理学	2.5	44	32	12						44			试
	ZJ12113	动物病理学	3	54	36	18					54				试
	ZJ11355	植物病理学	2	36	26	10					36				试
	ZJ11356	昆虫学	2	36	24	12					36				试
	ZJ12409	微生物学	3.5	64	46	18			64						试
专业基础课程	ZH12101	动物检疫检验学	3	54	34	20							54		试
	ZH11328	植物检疫学	3	54	34	20						54			试
	ZH12405	动物疫病检测技术	3	54	44	10						54			试
	ZH12404	寄生虫与检验技术	3	54	36	18						54			试
	ZH23210	农产品安全与检验	3	54	36	18							54		试
	ZH12511	兽医临床诊断学	3	54	36	18					54				试
创新创业教育课程平台 基础课程	CY00001	大学生创业教育*	1	18	18				18						查
	TS00001-2	大学生就业指导	2	24	24				12			12			查
	CJ12001	专业导论	0.5	9	9		9								查
核心实训课程	CH12001	创新创业论坛	0.5	9	9							9			查
	CH12002	畜牧业经营管理	1.5	27	27					27					查
	CH14503	市场营销学	1.5	27	27						27				查
	CX00001	创新创业成果学分认定			创新创业实践学分的认定见有关文件											

续表

课程类别		课程编号	课程名称	总学分	总学时	学时分配		各学期学时分配								考核方式
						理论	实践	1	2	3	4	5	6	7	8	
专业方向课程模块	动物检疫	ZF12214	动物环境卫生学	2	36	32	4				36					试
		ZF12226	饲料卫生与安全	2	36	36					36					试
		ZF12218	动物生产学	2	36	36								36		试
		ZF12507	小动物疾病学	2	36	36							36			试
		ZF12604	分子生物学	2	36	36						36				试
	植物检疫	ZF11333	杂草学	2	36	18	18				36					试
		ZF11329	农药分析与残留检测	2	36	30	6						36			试
		ZF11335	植物化学保护	2	36	24	12						36			试
		ZF11222	种子检验技术	2	36	18	18					36				试
		ZF11336	生物防治	2	36	24	12							36		试
个性化拓展课程模块	人文素质	GT18601	演讲与口才	1	18	18						18				查
		GT18306	社交礼仪	1	18	18						18				查
		GT18621W	文艺美学	1	18	18						18				查
		GT18622W	影视鉴赏	1	18	18						18				查
		GT18603	大学语文	1	18	18						18				查
	专业拓展	GT12406	转基因技术与生物安全	1	18	18						18				查
		GT12402	专业英语	1	18	18							18			查
		GT12204	动物保护学	1	18	18							18			查
		GT12404	实验动物学	1	18	18							18			查
		GT12405	科技论文写作	1	18	18							18			查
最低修读的学分/学时				139	2503			414	461	447	377	333	291	180		
课堂教学周								15	18	18	18	15	14	8		
周学时数								27	25	25	21	22	21	23		

说明：
1. 军事理论教育在第1学期以讲座形式进行；
2. 专业方向课程2个选修模块，任选10个学分；
3. 创新创业教育课程平台，学生获得"创新创业成果"学分可抵免创新创业核心实训课程学分；
4. 个性化拓展模块，学生至少选修6个学分，其中，"人文素质"模块至少选修2个学分，且至少选修1门网络课程；专业拓展模块至少选修4个学分。

管理学类专业

财务管理本科专业人才培养方案

专业代码：120204

一、培养目标

本专业培养德、智、体、美全面发展，掌握财务管理的基本知识，具备会计核算、财务管理、金融理财等方面的专业能力，能够在工商企业、金融企业、中介机构、政府部门及事业单位从事会计核算、财务管理、金融理财等方面的工作，具有创新意识和创业精神的高素质应用型专门人才。

二、培养要求

本专业学生主要学习财务管理原理、中级财务管理、高级财务管理、金融法律法规、基础会计、中级财务会计等方面的基本理论和基本知识，接受会计核算、财务管理、会计电算化等方面的基本训练，具备分析和解决财务、金融问题等方面的基本能力。

毕业生应获得以下几方面的知识和能力：

1. 具有较高的思想道德素质、科学文化素质和身心素质，具有较强的敬业精神和较好的职业素养；

2. 掌握系统的经济学、管理学学科基础理论知识，具备经济现象的认知与分析、组织管理能力、统计分析能力等；

3. 能够运用财务会计知识对企业的经济业务进行设置账户、填制凭证、登记账簿、财产清查、编制会计报表等账务处理，具备较强的会计核算能力；

4. 能熟练运用用友、金蝶等通用财务软件对企业的经济业务进行记账、算账、报账，具备利用现代信息技术进行会计核算的能力；

5. 掌握筹资、投资以及资产管理等财务管理基本知识，具备财务预测与决策、各种财务计划的编制以及成本管理等财务管理能力；

6. 掌握金融市场的筹资、投资等金融投资基本知识，具备证券投资分析、投资项目可行性、财务分析与决策能力等金融投资能力。

三、专业方向

1. 公司理财方向

学习和掌握财务管理基本理论和知识，具有财务分析和决策能力，能够从事公司资金管理和财务决策等工作。

2. 金融理财方向

学习和掌握金融投资基本理论和知识，具有证券投资分析和决策能力，能够从事证券投资、理财咨询等工作。

四、素质与能力分析表(表一)

综合素质与能力	专项素质与能力	对应课程或实践
1.基本素质与能力	1.1 政治素质	思想道德修养与法律基础、中国近现代史纲要、马克思主义基本原理概论、形势与政策等
	1.2 人文科学素质	中国近现代史纲要、插花与盆景等
	1.3 身心素质	军事训练、大学体育等
	1.4 分析运算能力	高等数学、线性代数、概率论与数理统计、统计学等
	1.5 英语应用能力	大学英语等
	1.6 计算机应用能力	大学计算机基础、VFP程序设计
	1.7 利用现代化手段获取信息能力	会计信息系统等
	1.8 组织管理、语言表达、人际交往以及在团队中发挥作用的能力	管理学、现代礼仪等
2.学科基础知识及应用能力	2.1 经济学、管理学基础知识	宏观经济学、微观经济学、管理学、统计学等
	2.2 经济现象认知、分析能力,组织管理能力	
3.专业基础知识及应用能力	3.1 会计核算、财务管理、税收、经济法和金融基础知识	基础会计、税法、经济法、金融学、会计信息系统、财务管理原理等
	3.2 会计信息电算化处理和财务管理能力	
4.专业核心知识及应用能力	4.1 较复杂的会计业务处理知识与能力	中级财务会计、中级财务管理、高级财务管理、财务分析、成本管理、证券投资
	4.2 较复杂的财务管理知识与能力	
	4.3 财务报表分析知识与能力	
	4.4 成本管理知识与能力	
	4.5 证券投资分析和决策能力	
5.专业实践技能与动手能力	5.1 会计核算技能	基础会计实训、中级财务会计实训、中级财务管理实训、成本管理实训、证券投资技术分析实训、财务案例分析大赛、专业综合实训
	5.2 成本计算技能	
	5.3 会计信息化处理能力	
	5.4 专业综合处理能力	
6.创新创业能力	6.1 创新能力	创新创业论坛、会计制度设计等
	6.2 创业能力	大学生创业指导、大学生就业指导、专业导论、投资项目评估等
7.个性化发展能力	7.1 自然科学认知能力	物联网概论、插花与盆景、魅力科学、微生物与人类健康、国际贸易理论与实务、电子商务、预算会计
	7.2 专业拓展能力	

五、学制与学分

1.学制:标准学制4年,修业年限3~6年。

2.学分:最低修读155.5学分。其中,课内教学环节必须修满124.5学分,实践教学环节必须修满31学分。

六、毕业与学位授予

学生在规定的学习年限内,完成各教学环节学习,修满专业规定的最低学分,准予毕业。授予管理学学士学位。

七、全学程时间安排总表(表二)

学年 项目 学期	一		二		三		四		合计
	1	2	3	4	5	6	7	8	
军训(含军事理论)	2								2
入学教育和专业导论	(2)								(2)
课堂教学	15	18	17	16	16	16	12		110
专业实习、课程实习或教育实习			1	2	2	2	6		13
毕业实习								8	8
专业创新创业实训								2	2
毕业论文(设计)								6	6
复习考试	1	1	1	1	1	1	1		7
机动	1							3	4
假期	6	8	6	8	6	8	6		48
全学程总周数	25	27	25	27	25	27	25	19	200

八、实践性教学环节(表三)

课程编号	实践教学项目	学分	周数	安排学期	实践方式
SJ00001	入学教育	1	(2)	第1学期	机动
SJ00002	军训(含军事理论教育)		2	第1学期	集中
SJ00003	社会实践	1	(3)	第2、4、6学期后暑期	由校团委统一安排
SJ24119	基础会计实训	1	1	第3学期	在财经综合实验室进行计算机模拟操作、实施过程考核。
SJ24120	中级财务会计实训Ⅰ	1	1	第4学期	在教室进行手工模拟、实施过程考核
SJ24106	财务管理原理实训	1	1	第4学期	在财经综合实验室进行计算机模拟、实施过程考核
SJ24121	中级财务会计实训Ⅱ	1	1	第5学期	在教室进行手工模拟、实施过程考核
SJ24203	中级财务管理实训	1	1	第5学期	在财经综合实验室进行计算机模拟、实施过程考核
SJ24109	证券投资技术分析实训	1	1	第6学期	由中国银河证券股份有限公司蚌埠东海大道证券营业部等校外实践基地人员讲解证券投资技术分析操作流程、在财经综合实验室进行计算机模拟、实施过程考核
SJ24108	成本管理实训	1	1	第6学期	由安徽杜氏高科玻璃有限公司等校外实践基地会计人员讲解成本管理流程、教室进行手工模拟、实施过程考核

续表

课程编号	实践教学项目	学分	周数	安排学期	实践方式
SJ24204	财务管理专业综合实习	4	4	第7学期	在多媒体教室进行手工模拟,聘请企业专家来校指导,实施过程考核
SJ24114	财务案例分析大赛	2	2	第7学期	由财务管理课程组成员讲解大赛流程、在多媒体教室进行模拟大赛、实施过程考核
SJ24003	毕业实习	8	8	第8学期	学院统一安排
SJ24006	专业创新创业实训	2	2	第8学期	学院统一安排
SJ24004	毕业论文(设计)	6	6	第8学期	学院统一安排
合　计		31	31(5)		

九、课程设置及学时、学分比例表(表四)

课程类型		学时	学分	占总学时(总学分)比例(%)	
通识教育课程平台		786	43	35.15%	34.54%
专业教育课程平台	学科基础课程	400	22.5	48.48%	48.59%
	专业基础课程	333	18.5		
	专业核心课程	351	19.5		
创新创业教育平台	创新创业基础课程	51	3.5	5.10%	5.62%
	创新创业核心实训课程	63	3.5		
专业方向课程模块	公司理财	144	8	6.44%	6.43%
	金融理财				
个性化拓展课程模块	自然科学	36	2	4.83%	4.82%
	专业拓展	72	4		
总　计		2236	124.5	100%	100%

十、主干学科

工商管理、经济学

十一、核心课程

1.《中级财务会计》(Intermediate Financial Accounting)

学时:148(理论课学时108、实践课学时40,其中,企业行业专家授课8学时。)

学分:8(理论课学分6、实践课学分2,其中,企业行业专业授课0.5学分。)

课程简介:本课程主要讲授会计要素的确认、计量与报告的理论框架和方法体系,具体包括企业货币资金、应收款项、存货、金融资产、长期股权投资、固定资产、无形资产、投资性房地产、流动负债、长期负债负债、所有者权益、收入、费用、利润等会计要素确认、计量的具体程序与方法,财务报告体系的构成及编制方法等内容。通过学习,培养学生一般经济业务的会计处理能力。

教学方法或手段:本课程采用理实结合的授课方式。

教学评价(考核)方式:采用过程+终结的考核方式。其中,平时成绩占20%,期中考试占20%,期终考试占60%。

教材选用:《中级财务会计》,应用型高校规划教材。

参考教材:陈立军主编,《中级财务会计》,中国人民大学出版社;路国平主编,《中级财务会计》,北京邮电大学出版社。

2.《中级财务管理》(Intermediate Financial Management)

学时:74(理论课学时54、实践课学时20,其中,企业行业专家授课4学时。)

学分:4(理论课学分3、实践课学分1,其中,企业行业专业授课0.25学分。)

课程简介:本课程主要讲授投资决策与资本预算管理、融资决策与资本结构优化、股利政策、资本营运管理、企业价值评估等内容。通过学习,培养学生资金管理、财务决策以及评估企业价值能力。

教学方法或手段:本课程采用理实结合的授课方式。

教学评价(考核)方式:采用过程+终结的考核方式。其中,平时成绩占20%,期中考试占20%,期终考试占60%。

教材选用:《中级财务管理》,应用型高校规划教材。

参考教材:杨丹主编,《中级财务管理》,东北财经大学出版社;布里格姆、戴夫斯主编,《中级财务管理》,中国人民大学出版社。

3.《高级财务管理》(Advanced Financial Accounting)

学时:45(理论课学时45。)

学分:2.5(理论课学分2.5。)

课程简介:本课程主要讲授企业并购财务管理、企业集团财务管理、企业破产财务管理、战略财务管理、公司治理等内容。通过学习,培养学生进行财务战略规划、优化财务治理结构以及对特殊事项的财务活动进行管理的能力。

教学方法或手段:本课程采用理实结合的授课方式。

教学评价(考核)方式:采用过程+终结考核方式。其中,平时成绩占20%,期中考试占20%,期终考试占60%。

教材选用:《高级财务管理》,应用型高校规划教材。

参考教材:刘志远主编,《高级财务管理》,复旦大学出版社;陆正飞、朱凯、童盼主编,《高级财务管理》,北京大学出版社。

4.《证券投资》(Security Investment)

学时:74(理论课学时54、实践课学时20,其中,企业行业专家授课4学时。)

学分:4(理论课学分3、实践课学分1,其中,企业行业专业授课0.25学分。)

课程简介:本课程主要讲授证券投资的基本知识,有价证券的估值方法,证券投资的分析方法,包括证券投资的宏观经济分析、行业分析、上市公司分析和技术分析方法,现代资本市场理论,如资产组合理论、资本资产定价理论、套利定价理论、有效市场理论等内容。通过学习,培养学生对证券进行科学估价和投资分析的能力。

教学方法或手段:本课程采用理实结合的授课方式。其中,实训课时由校企合作单位证券分析师以上专业技术人员讲解。

教学评价(考核)方式:采用过程+终结的考核方式。其中,平时成绩占20%,期中考试占20%,期终考试占60%。

教材选用:《证券投资学》,应用型高校规划教材。

参考教材:刘小波主编,《证券投资学》,暨南大学出版社;石磊主编,《证券投资学》,对外经贸大学出版社。

5.《财务分析》(Financial analysis)

学时:45(理论课学时36、实践课学时9,其中,企业行业专家授课4学时。)

学分:3.5(理论课学分2、实践课学分0.5,其中,企业行业专业授课0.25学分。)

课程简介:本课程主要讲授资产负债表、损益表、现金流量表的阅读与分析,偿债能力分析,盈利能力分析,营运能力分析,现金流量分析,发展能力分析,财务综合分析等内容,培养学生运用财务报表分析企业财务状况、盈利状况及其发展状况的能力。

教学方法或手段:本课程采用理实结合的授课方式。

教学评价(考核)方式:采用过程+终结的考核方式。其中,平时成绩占20%,实例分析占20%,期终考试占60%。

教材选用:《财务分析》,应用型高校规划教材。

参考教材:袁天荣主编,《财务分析》,中国财政经济出版社;鲁爱民主编,《财务分析》,机械工业出版社。

6.《成本管理》(Cost Management)

学时:65(理论课学时45、实践课学时20,其中,企业行业专家授课4学时。)

学分:3.5(理论课学分2.5、实践课学分1,其中,企业行业专业授课0.25学分。)

课程简介:本课程主要讲授企业生产经营过程中各项成本核算、成本分析、成本决策和成本控制等内容。通过学习,培养学生资金管理、财务决策能力。

教学方法或手段:本课程采用理实结合的授课方式。采用多媒体教学,在讲授中穿插案例进行教学,采用一课多考的方式进行考核。

教学评价(考核)方式:采用过程+终结的考核方式。其中,平时成绩占20%,期中考试占20%,期终考试占60%。

教材选用:《成本管理》,应用型高校规划教材。

参考教材:堀口区著、王占平译,《成本管理会计》,东方出版社;李金泉、余新培主编,《成本管理会计》,中国财政经济出版社。

十二、教学进程表(表五)

课程类别	课程编号	课程名称	总学分	总学时	学时分配		各学期学时分配								考核方式
					理论	实践	1	2	3	4	5	6	7	8	
通识教育课程平台	TS26106	思想道德修养与法律基础	3	48	38	10	48								试
	TS26102	中国近现代史纲要	2	32	24	8		32							试
	TS26103	马克思主义原理概论	3	48	38	10				48					试
	TS26104	毛泽东思想和中国特色社会主义理论体系概论Ⅰ	2	32	32					32					试
	TS26105	毛泽东思想和中国特色社会主义理论体系概论Ⅱ	4	64	44	20					64				试
	TS15001-4	大学英语(Ⅰ-Ⅳ)	15	270	230	40	60	70	70	70					试
	TS19001-4	大学体育(Ⅰ-Ⅳ)	4	126	126		30	32	32	32					试
	TS28001	大学计算机基础	3	48	16	32	48								试
	TS28002	VFP程序设计	4	72	48	24		72							试
	TS26108-9	形势与政策	2	32	12	20	16	16							查
	TS18111	大学生心理健康教育	1	14	14		14								查

续表

课程类别		课程编号	课程名称	总学分	总学时	学时分配		各学期学时分配								考核方式
						理论	实践	1	2	3	4	5	6	7	8	
专业教育课程平台	学科基础课程	JC28003	高等数学B1	4	72	72		72								试
		JC28004	高等数学B2	3.5	64	64			64							试
		JC28006	线性代数	3	48	48					48					试
		JC28008	概率论与数理统计	3	54	54				54						试
		JC24401	微观经济学(MOOC)	3	54	54		54								试
		JC24402	宏观经济学(MOOC)	3	54	45	9		54							试
		JC14201	管理学(MOOC)	3	54	45	9		54							试
	专业基础课程	ZJ24101	基础会计	3	54	54				54						试
		ZJ24111	税法	2.5	45	45						45				试
		ZJ24107	财务管理原理	3	54	54					54					试
		ZJ24409	统计学	3	54	40	14			54						试
		ZJ24510	经济法	2	36	27	9			36						试
		ZJ24507	金融学	2	36	30	6			36						试
		ZJ24114	会计信息系统	3	54	0	54					54				试
	专业核心课程	ZH24121	中级财务会计Ⅰ	3	54	54					54					试
		ZH24122	中级财务会计Ⅱ	3	54	54						54				试
		ZH24108	中级财务管理	3	54	54					54					试
		ZH24202	成本管理	2.5	45	45						45				试
		ZH24509	证券投资A	3	54	54						54				试
		ZH24110	财务分析	2.5	45	36	9					45				试
		ZH24109	高级财务管理A	2.5	45	45						45				试
创新创业教育课程平台	基础课程	CJ00001	大学生创业教育	1	18	18				18						查
		CJ00002	大学生就业指导	2	24	24				12			12			查
		CJ24001	专业导论	0.5	9	9		9								查
	核心实训课程	CH24001	创新创业论坛	0.5	9	9						9				查
		CH24203	投资项目评估	1.5	27	27							27			查
		CH24202	企业财务制度设计	1.5	27	27							27			查
		CH00001	创新创业成果学分认定	创新创业实践学分的认定见有关文件												
专业方向课程模块	公司理财	ZF14331	企业战略管理	2	36	36							36			试
		ZF24112	纳税筹划	2	36	27	9							36		试
		ZF24113	资产评估	2	36	36								36		试
		ZF24114	内部控制	2	36	36							36			试
	金融理财	ZF24115	商业银行经营与管理	2	36	36								36		试
		ZF24401	保险学	2	36	36								36		试
		ZF24402	金融衍生工具	2	36	36							36			试
		ZF24116	投资组合管理	2	36	27	9							36		试

续表

课程类别		课程编号	课程名称	总学分	总学时	学时分配		各学期学时分配								考核方式
						理论	实践	1	2	3	4	5	6	7	8	
个性化拓展课程模块	自然科学	GT14202	物联网概论	1	18	18						18				查
		GT13677	插花与盆景	1	18	18								18		查
		GT17008W	魅力科学	1	18	18						18				查
		GT13425W	微生物与人类健康	1	18	18								18		查
	专业拓展	GT24601	审计	2	36	36							36			查
		GT24001	ISO质量管理	2	32	32						32				查
		GT14507	电子商务	2	36	36								36		查
		GT24304	国际贸易理论与实务	2	36	36							36			查
		GT24105	预算会计	2	36	36								36		查
最低修读学分/学时				124.5	2236	1953	283	303	436	372	383	361	255	126		
课堂教学周数								15	18	17	16	16	16	12		
周学时数								20.2	24.2	21.9	23.9	22.6	15.9	10.5		

说明：
1. 各专业军事理论教育在第1学期以讲座形式进行；
2. 专业方向课程模块必须选修1个完整模块；
3. 创新创业教育平台，学生获得"创新创业成果"学分可抵免创新创业核心实训课程学分；
4. 个性化拓展模块要求学生至少须选修6个学分，其中，"自然科学"模块要求学生至少选修2个学分，且至少选修1门网络课程；专业拓展模块至少选修4个学分。

十三、辅修专业课程设置

财经学院财务管理专业辅修课程设置

课程名称	学　分	辅修专业教学计划
西方经济学	3	
管理学	3	
基础会计	2.5	
税法	2.5	
经济法	2	
财务管理原理	3	
中级财务管理	3	
会计信息系统	2	
证券投资学	2	
财务分析	2	
毕业论文		必做，但不计学分。
总计	25	学生必须修满25学分

管理学类专业

审计学本科专业人才培养方案

专业代码:120207

一、培养目标

本专业培养德、智、体、美全面发展,掌握本专业相关的会计、审计等方面的基本知识,具有系统的审计学专业所需的审计基础理论和审计、会计、财务专业的理论知识与技能,通晓审计、会计准则及相关的经济法规,能够在政府审计部门、企事业单位和会计师事务所从事政府审计、内部审计和社会审计及相关管理工作,具有创新意识和创业精神的高素质应用型专门人才。

二、培养要求

本专业学生主要学习基础会计、中级财务会计、审计学原理、税法、财务管理、注册会计师审计、国家审计、内部审计等方面的基本理论和基本知识,接受会计基本技能、财务会计、成本核算、财务分析、会计电算化、审计等方面的基本训练,具备会计核算、财务管理、审计监督等方面的基本能力。

毕业生应获得以下几方面的专业知识和能力:

1.掌握系统的经济学、管理学学科基础理论知识,具备经济现象的认知与分析能力、组织管理能力、统计分析能力等;

2.掌握一门外国语,具有较强的听、说、读、写、译能力,能较熟练地阅读本专业的外文资料,具有较强的语言文字表达、人际沟通、团结协作等社会适应和发展能力;

3.具有健康的体魄、良好的心理素质、身心保健的知识和能力;

4.了解社会审计的发展史,掌握社会审计准则体系、社会审计的一般审计程序,熟练运用审计的基本方法,能够独立完成社会审计工作底稿和审计报告的编制,具备从事社会审计的能力;

5.在掌握内部控制要素的基础上,能够熟悉内部审计的基本任务,熟练运用内部审计理论,独立完成内部审计制度的构建和公司内部主要审计业务,具备从事内部审计、政府审计的能力;

6.了解政府审计的产生和发展、政府审计组织和人员,掌握政府审计标准、政府审计目标、分类和程序,能够独立编制政府审计报告和处理政府审计的相关项目审计的能力;

7.能够运用财务、会计知识对企业的经济业务进行设置账户、填制凭证、登记账簿、财产清查、编制会计报表等全盘账务处理,具备较强的会计核算能力;

8.掌握现代管理信息技术,具有熟练操作相关财务软件和审计软件的能力。

三、专业方向

1.国家审计方向

学习和掌握国家审计相关的法律法规和基本的审计方法,具有行政事业单位的基本审计能力,能够在行政事业单位从事审计等相关工作。

2. 社会审计方向

学习和掌握管理注册会计师审计的基本法律和方法,具有财务分析、审计分析、管理建议和独立审计能力,能够在企业审计部门和会计师事务所从事财务工作和会计师事务所从事审计工作。

四、素质与能力分析表(表一)

综合素质与能力	专项素质与能力	对应课程或实践
1.基本素质与能力	1.1 政治素质	思想道德修养与法律基础、中国近现代史纲要、马克思主义基本原理概论、形势与政策等
	1.2 人文科学素质	中国近现代史纲要、插花与盆景、现代礼仪等
	1.3 身心素质	军事训练、大学体育等
	1.4 分析运算能力	高等数学、线性代数、概率论与数理统计、统计学等
	1.5 英语应用能力	大学英语等
	1.6 计算机应用能力	大学计算机基础、VFP程序设计等
	1.7 利用现代化手段获取信息能力	会计信息系统、审计电算化等
	1.8 组织管理、语言表达、人际交往以及在团队中发挥作用的能力	管理学、电子商务等
2.学科基础知识及应用能力	2.1 经济学、管理学基础知识	西方经济学、管理学、财政学、财务管理、统计学
	2.2 经济现象认知、分析能力,组织管理能力	
3.专业基础知识及应用能力	3.1 会计核算、审计学、税收基本原理	基础会计、税法、基础会计实训、审计学原理、内部控制等
	3.2 会计处理能力	
4.专业核心知识及应用能力	4.1 较复杂的会计业务处理知识与能力	中级财务会计、中级财务会计实训、注册会计师审计、国家审计、内部审计、审计实务等
	4.2 国家审计知识与能力	
	4.3 会计信息处理知识与能力	
	4.4 内部审计业务处理知识与能力	
	4.5 社会审计业务处理知识与能力	
5.专业实践技能与动手能力	5.1 会计核算技能	基础会计实训、中级财务会计实训、审计学实训、会计信息系统实验、审计电算化实验、审计技能综合实训
	5.2 审计技术应用技能	
	5.3 会计信息化处理能力	
	5.4 专业综合处理能力	
6.创新创业能力	6.1 创新能力	创新创业论坛、审计项目管理、财务报表分析
	6.2 创业能力	大学生创业指导、大学生就业指导、专业导论、投资项目评估
7.个性化发展能力	7.1 自然科学认知能力	互联网概论、插花与盆景、魅力科学、微生物与人类健康、大学生创业教育、现代礼仪、市场营销学、管理研究方法、财经应用文写作
	7.2 专业拓展能力	

五、学制与学分

1. 学制:标准学制4年,修业年限3～6年。

2. 学分:最低修读155学分。其中,课内教学环节必须修满125学分,实践教学环节必须修30学分。

六、毕业与学位授予

学生在规定的学习年限内,完成各教学环节学习,修满专业规定的最低学分,准予毕业。授予管理学学士学位。

七、全学程时间安排总表(表二)

项目\学年学期	一		二		三		四		合计
	1	2	3	4	5	6	7	8	
军训(含军事理论)	2								2
入学教育和专业导论	(2)								(2)
课堂教学	15	17	15	17	18	18	12		112
专业实习或教育实习		1	3	2	0	0	6		11
毕业实习								8	8
专业创新创业实训								2	2
毕业论文(设计)								6	6
复习考试	1	1	1	1	1	1	1		7
机动	1							3	4
假期	6	8	6	8	6	8	6		48
全学程总周数	25	27	25	27	25	27	25	19	200

八、实践性教学环节(表三)

课程编号	实践教学项目	学分	周数	安排学期	实践方式
SJ00001	入学教育	1	(2)	第1学期	集中
SJ00002	军训(含军事理论教育)		2	第1学期	集中
SJ00003	社会实践	1	(3)	第2、4、6学期后暑期	由校团委统一安排
SJ24119	基础会计实训	1	1	第2学期	由凤宝粮油等校外实践基地会计人员讲解会计基本操作流程、在财经综合实验室进行计算机模拟操作、实施过程考核
SJ24120	中级财务会计实训Ⅰ	1	1	第3学期	由德力股份等校外实践基地会计人员讲解会计实务操作流程、在教室进行手工模拟、实施过程考核
SJ24603	审计学原理课程实训	2	2	第3学期	由凤阳审计局人员讲解审计的基本技能和基本方法的应用,在财经综合实验室进行计算机模拟操作、实训过程考核
SJ24121	中级财务会计实训Ⅱ	1	1	第4学期	由德力股份等校外实践基地会计人员讲解会计实务操作流程、在教室进行手工模拟、实施过程考核

续表

课程编号	实践教学项目	学分	周数	安排学期	实践方式
SJ24604	注册会计师审计实训	1	1	第4学期	由凤阳审计局人员讲解审计的基本技能和基本方法的应用,在财经综合实验室进行计算机模拟操作、实训过程考核
SJ24601	审计技能综合实训	6	6	第7学期	由上海同联房地产经纪事务所等校外实践基地人员讲解审计的基本技能和实例,在实训中心进行模拟审计
SJ24003	毕业实习	8	8	第8学期	学院统一安排
SJ24006	专业创新创业实训	2	2	第8学期	学院统一安排
SJ24004	毕业论文(设计)	6	6	第8学期	学院统一安排
合　计		30	30(5)		

九、课程设置及学时、学分比例表(表四)

课程类型		学时	学分	占总学时(总学分)比例(%)	
通识教育课程平台		786	43	35.0%	34.4%
专业教育课程平台	学科基础课程	445	25	48.7%	48.8%
	专业基础课程	297	16.5		
	专业核心课程	351	19.5		
创新创业教育平台	创新创业基础课程	51	3.5	5.1%	5.6%
	创新创业核心实训课程	63	3.5		
专业方向课程模块	社会审计	144	8	6.4%	6.4%
	国家审计				
个性化拓展课程模块	自然科学	36	2	4.8%	4.8%
	专业拓展	72	4		
总　计		2245	125	100%	100%

十、主干学科

工商管理、法学

十一、核心课程

1.《注册会计师审计》(Certified Public Accountant)

学时:54(理论课学时54。其中,企业行业专家授课4学时。)

学分:3(理论课学分3。)

课程简介:本课程主要讲授注册会计师审计的基本知识和基本方法。主要包括注册会计师审计的发展、注册会计师的管理、注册会计师职业规范体系、注册会计师的法律责任、注册会计师审计的审计目标、注册会计师审计的审计证据收集、审计计划的制订、如何评价企业内部控制风险指标、审计测试中的相关抽样技术、相关审计实务和审计报告的编制。通过学习,培养学生对注册会计师审计的基本技能和基本审计方法在审计实务中的运用能力。

教学方法或手段:本课程采用理实结合的授课方式。本课程采用多媒体教学,在讲授中穿插案例进行教学。

教学评价及考核方式:采用一课多考的方式进行考核。采用过程+终结的考核方式。其中,平时成绩占10%,课程论文占20%,期终考试占70%。

教材选用:财政部注册会计师考试委员会办公室编,《审计》,经济科学出版社。

参考教材:刘明辉主编,《审计》,东北财经大学出版社;王广亮主编,《审计学》,中国建筑工业出版社。

2.《内部审计》(Internal Auditing)

学时:54(理论课学时54,其中,企业行业专家授课4学时。)

学分:3(理论课学分3。)

课程简介:本课程主要讲授内部审计理论和实务相关知识,包括公司治理与内部审计、内部审计人员与管理、内部审计机构、内部审计的主要工作、内部审计的管理办法、内部控制的自我评价、舞弊审计、效益审计和风险管理审计,培养学生认识内部审计的自我处理。

教学方法或手段:本课程采用理实结合的授课方式。

教学评价及考核方式:采用过程+终结的考核方式。其中,平时成绩占10%,课程论文占20%,期终考试占70%。

教材选用:王宝庆、张庆龙主编,《内部审计》,东北财经大学出版社。

参考教材:中国内部审计协会编,《内部审计理论与实务》,中国石化出版社;中国内部审计协会编,《内部审计在治理、风险和控制中的作用》,西苑出版社。

3.《政府审计》(Government Auditing)

学时:54(理论课学时54。其中,企业行业专家授课4学时。)

学分:3(理论课学分3。)

课程简介:本课程主要讲授政府审计的基本理论与方法,包括政府审计的产生和发展,政府审计组织和人员,政府审计标准,政府审计目标、分类和程序,政府审计报告,政府审计管理,财政审计,固定资产投资审计,金融审计,行政事业单位审计,国有企业领导干部任期经济责任审计等内容。培养学生利用审计知识行政事业单位审计监督具体执行过程和程序的独立执行能力。

教学方法或手段:本课程采用理实结合的授课方式。

教学评价及考核方式:采用过程+终结的考核方式。其中,平时成绩占10%,课程论文占20%,期终考试占70%。

教材选用:刘三昌主编,《政府审计》,东北财经大学出版社。

参考教材:尹平、郑石桥主编,《政府审计学》,中国时代经济出版社;董大胜,《中国政府审计》,中国时代经济出版社。

4.《审计实务》(Auditing Practices)

学时:36(理论课学时27、实践课学时9。)

学分:2(理论课学分1.5、实践课学分0.5。)

课程简介:本课程的重点是解决审计基础理论和审计基本方法、程序在审计实务中如何应用的问题。由于在《审计学原理》的教学中,学生已掌握了一些基础的审计知识,在《审计实务》中,则需要有一个转化为能力的过程,为此在教学中,不是不断地将前述的知识进行复习,而是要把《审计实务》要与其他会计学科知识进行整合,最终形成一个完整的知识体系,并将其应用到审计实务中。通过教学活动,为学生的后续发展打下良好的基础,使他们进入会计师事务所等工作岗位后,不仅有较强的专业知识背景和较高的专业素质,而且具有较强的分析、职业判断能力。

教学方法或手段:主要采用教师讲授的教学方法,同时做到讲练结合。为解决本课程的难点部分,案例教学与讨论式教学结合使用,以学生学为主、教师教为辅,通过讲解案例、讨论、分析等方式,让学生在分析中掌握原理与技术方法,同时开扩眼界。

教学方式:采用过程＋终结的考核方式。其中,平时成绩占10%,课程案例论文占30%,期终考试占60%。

教材选用:欧阳华生主编,《审计理论与实务》,中国经济出版社。

参考教材:刘明辉,《审计与鉴证服务》,高等教育出版社;杜海霞主编,《审计实务》,机械工业出版社。

5.《中级财务会计》(Ⅰ、Ⅱ)(Intermediate Financial Accounting)

学时:148(理论课学时108,实践课学时40,其中,企业行业专家授课8学时。)

学分:8(理论课学分6,实践课学分2,其中,企业行业专业授课0.5学分。)

课程简介:本课程主要讲授会计要素的确认、计量与报告的理论框架和方法体系,具体包括企业货币资金、应收款项、存货、金融资产、长期股权投资、固定资产、无形资产、投资性房地产、流动负债、长期负债负债、所有者权益、收入、费用、利润等会计要素确认、计量的具体程序与方法,财务报告体系的构成及编制方法等内容。通过学习,培养学生对一般经济业务的会计处理能力。

教学方法或手段:本课程采用理实结合的授课方式。其中,8个课时由校企合作单位会计师以上专业技术人员讲解。

教学评价及考核方式:采用过程＋终结的考核方式。其中,平时成绩占20%,课程论文占10%,期中考试占20%,期终考试占50%。

教材选用:赵鸿雁主编,《中级财务会计》,安徽大学出版社,联盟高校共编教材。

参考教材:陈立军主编,《中级财务会计》,中国人民大学出版社;路国平主编,《中级财务会计》,北京邮电大学出版社。

6.《高级财务会计》(Advanced Financial Accounting)

学时:45(理论课学时45。)

学分:25(理论课学分2.5。)

课程简介:本课程主要讲授在新的经济条件下出现的经济业务以及企业不经常发生的特殊交易和经济业务的会计处理,包括所得税、非货币性资产交换、债务重组、租赁、资产负债表日后事项、会计政策、会计估计变更、企业合并、合并会计报表等经济业务的会计处理。通过学习,培养学生对企业特殊业务的理解、分析和会计处理能力。

教学方法或手段:本课程采用理实结合的授课方式。

教学评价及考核方式:采用过程＋终结的考核方式。其中,平时成绩占20%,期终考试占70%。

教材选用:刘永泽、傅荣主编,《高级财务会计》,东北财经大学出版社。

参考教材:陈信元,《高级财务会计》,上海财经大学出版社;常勋,《高级财务会计》,辽宁人民出版社。

十二、教学进程表(表五)

课程类别	课程编号	课程名称	总学分	总学时	学时分配 理论	学时分配 实践	各学期学时分配 1	2	3	4	5	6	7	8	考核方式
通识教育课程平台	TS26106	思想道德修养与法律基础	3	48	38	10	48								试
	TS26102	中国近现代史纲要	2	32	24	8		32							试
	TS26103	马克思主义原理概论	3	48	38	10				48					试
	TS26104	毛泽东思想和中国特色社会主义理论概论Ⅰ	2	32	32					32					试
	TS26105	毛泽东思想和中国特色社会主义理论概论Ⅱ	4	64	44	20						64			试
	TS15001-4	大学英语(Ⅰ-Ⅳ)	15	270	230	40	60	70	70	70					试
	TS19001-4	大学体育(Ⅰ-Ⅳ)	4	126	126		30	32	32	32					试
	TS28001	大学计算机基础	3	48	16	32	48								试
	TS28002	VFP程序设计	4	72	48	24			72						试
	TS18111	大学生心理健康教育	1	14	14		14								查
	TS26108-9	形势与政策	2	32	12	20	16	16							查
专业教育课程平台	学科基础课程														
	JC28003	高等数学B1	4	72	72		72								试
	JC28004	高等数学B2	3.5	64	64			64							试
	JC28006	线性代数	3	48	48				48						试
	JC28007	概率论	2	36	36					36					试
	JC24409	西方经济学	3	54	54		54								试
	JC14202	管理学	2.5	45	45		45								试
	JC24404	经济法	2	36	27	9		36							试
	JC24502	财政学	2	36	36					36					试
	JC24403	统计学	3	54	40	14						54			试
	专业基础课程 ZJ24101	基础会计	3	54	54			54							试
	ZJ24601	审计学原理	3	54	54					54					试
	ZJ24117	税法	3	54	54					54					试
	ZJ24104	财务管理A	3	54	54					54					试
	ZJ24112	政府及非盈利组织会计	2	36	36							36			试
	ZJ24113	会计信息系统	2.5	45		45						45			试
	专业核心课程 ZH24121	中级财务会计Ⅰ	3	54	54					54					试
	ZH24122	中级财务会计Ⅱ	3	54	54						54				试
	ZH24604	注册会计师审计	3	54	54						54				试
	ZH24601	内部审计	3	54	54							54			试
	ZH24603	政府审计	3	54	54							54			试
	ZH24602	审计实务	2	36	27	9						36			试
	ZH24116	高级财务会计	2.5	45	45							45			试

续表

课程类别		课程编号	课程名称	总学分	总学时	学时分配		各学期学时分配								考核方式
						理论	实践	1	2	3	4	5	6	7	8	
创新创业教育课程平台	基础课程	CJ00001	大学生创业教育	1	18	18					18					查
		CJ00002	大学生就业指导	2	24	24			12				12			查
		CJ24001	专业导论	0.5	9	9		9								查
	核心实训课程	CH24001	创新创业论坛	0.5	9	9						9				查
		CH24201	财务报表分析	1.5	27	27						27				查
		CH24601	审计项目管理	1.5	27	27							27			查
		CH00001	创新创业成果学分认定	创新创业成果学分的认定见有关文件												
专业方向课程模块	社会审计	ZF24605	审计电算化	2	36	9	27						36			试
		ZF24601	高级审计技术	2	36	18	18						36			试
		ZF24120	成本会计	2	36	27	9					36				试
		ZF24109	管理会计B	2	36	36							36			试
	国家审计	ZF24602	国家审计准则	2	36	36						36				试
		ZF24603	环境审计	2	36	36						36				试
		ZF24604	经济责任审计	2	36	36							36			试
		ZF24606	效益审计	2	36	36							36			试
个性化拓展课程模块	自然科学	GT14202	物联网概论	1	18	18						18				查
		GT13677	插花与盆景	1	18	18							18			查
		GT17008W	魅力科学	1	18	18						18				查
		GT13425W	微生物与人类健康	1	18	18							18			查
	专业拓展模块	GT24002W	现代礼仪	1	18	18						18				查
		GT24001	ISO质量管理	2	32	32						32				查
		GT14509	市场营销学	2	36	36						36				查
		GT14209	公司战略与风险管理	2	36	36						36				查
		GT24403	财经应用文写作	2	36	36						36				查
学生最低修读的学分/学时				125	2245	1950	295	348	412	354	416	424	219	72		
课堂教学周数								15	17	15	17	18	18	12		
周学时数								23.2	24.2	23.6	24.5	23.6	12.2	6.0		

说明：

1. 各专业军事理论教育在第1学期以讲座形式进行；
2. 专业方向课程模块中至少选择1个模块，共8个学分；
3. 创新创业教育平台，学生获得"创新创业成果"学分可抵免创新创业核心实训课程学分；
4. 个性化拓展模块要求学生至少选修6个学分，其中，"自然科学"模块要求学生至少选修2个学分，且至少选修1门网络课程；专业拓展模块至少选修4个学分。

十三、辅修专业课程设置

财经学院审计学专业辅修课程设置

课程名称	学　分	辅修专业教学计划
西方经济学	3	
管理学	2	
基础会计	3	
财务会计	4	
注册会计师审计	2	
内部审计基础	2	
政府审计	2	
审计实务	2	
审计学原理	3	
财务管理	2	
毕业论文		必做,但不计学分。
总计	24	学生必须修满24学分

管理学类专业

工商管理本科专业人才培养方案

专业代码:120201K

一、培养目标

本专业培养德、智、体、美全面发展,掌握经济学、管理学等基础理论以及人力资源管理、质量管理等方面的专业知识,具有较强招聘与培训管理、绩效与薪酬管理、质量策划、质量成本核算、质量控制与改善等方面的专业能力,能够在企事业单位从事人力资源管理、质量管理等方面的工作,具有创新意识和创业精神的高素质应用型专门人才。

二、培养要求

本专业学生主要学习经济学、管理学、市场营销学、管理定量分析、人力资源管理、质量管理等方面的基本理论和基本知识,接受现代办公文书写作实训、创业设计大赛、ERP实训、科研训练、专业综合实训、顶岗实习等方面的基本训练,掌握写作、质量管理、人力资源管理、创业管理等方面的基本能力。

毕业生应获得以下几方面的知识和能力:

1. 掌握系统的经济学、管理学学科基础理论知识,具备经济现象的认知与分析能力、组织管理能力、统计分析能力、会计核算技能、市场开拓与营销能力等;

2. 掌握财务管理、质量管理、企业战略管理、人力资源管理等方面的基本知识,具有较强的财务分析能力、企业战略制定能力、人力资源管理能力、质量管理能力等;

3. 掌握计算机的基本知识和应用方法,具有熟练操作企业管理相关软件的能力;

4. 具有较强的英语听、说、读、写、译能力,能较熟练地阅读本专业的外文书刊;

5. 具有较强的语言文字表达、人际沟通、团结协作、知识再生等社会适应和发展能力;

6. 具备健康的体魄,良好的心理素质和身心保健的知识与能力。

三、专业方向

1. 人力资源管理方向

学习和掌握招聘与培训管理、绩效与薪酬管理、劳动关系管理等知识,具备招聘、培训、绩效考核等人力资源管理能力,能够从事人力资源助理、招聘主管、薪酬主管、培训主管、人力资源经理等工作。

2. 质量管理方向

学习和掌握产品质量策划、质量成本管理、六西格玛管理、标准化工程等知识,具备质量策划、质量成本核算、质量控制与改善等能力,能够从事企业质量管理等工作。

四、素质与能力分析表(表一)

综合素质与能力	专项素质与能力	对应课程或实践
1.基本素质与能力	1.1 政治素质	思想道德修养与法律基础、中国近现代史纲要、马克思主义基本原理概论、毛泽东思想和中国特色社会主义理论体系概论、形势与政策等
	1.2 人文科学素质	管理学、组织行为学等
	1.3 身心素质	军训、体育、组织行为学等
	1.4 分析运算能力	高等数学、概率论、线性代数、统计学等
	1.5 英语应用能力	大学英语、毕业论文设计等
	1.6 计算机应用能力	大学计算机基础、VFP程序设计等
	1.7 利用现代化手段获取信息能力	现代办公文书写作实训等
	1.8 组织管理、语言表达、人际交往以及在团队中发挥作用的能力	管理学、组织行为学、ERP实训、创业设计大赛、专业实习、毕业实习等
2.学科基础知识及应用能力	2.1 经济管理学科基础知识	高等数学B1、高等数学B2、线性代数、概率论、西方经济学、管理学、经济法等
	2.2 经济现象的认知与分析能力、组织管理能力	
3.专业基础知识及应用能力	3.1 工商管理专业基础知识	统计学、会计学A、市场营销学、组织行为学、财务管理B、管理信息系统等
	3.2 企业财务分析能力、管理信息系统开发与维护能力、数据分析能力	
4.专业核心知识及应用能力	4.1 工商管理专业核心知识	管理定量分析技术、运营管理B、企业咨询与诊断、质量管理、企业战略管理、人力资源管理、项目管理等
	4.2 企业咨询与诊断能力、人力资源管理能力、企业运营能力、企业产品质量控制能力、企业部门战略制定能力、项目管理能力	
5.专业实践技能与动手能力	5.1 创新创业能力	大学生创业大赛、人力资源管理综合实训、管理定量分析技术、大学计算机基础、大学生创业教育、创新创业教育实践
	5.2 电子化信息文件处理能力	
	5.3 数据收集与分析处理能力	
	5.4 管理沟通与能力	
	5.5 专业综合处理能力	
6.创新创业能力	6.1 创新能力	创新创业论坛,工商管理创新教育实践、工商管理应用前景导论
	6.2 创业能力	大学生创业教育,大学生就业指导,工商管理应用前景导论,工商管理创业教育实践
7.个性化发展能力	7.1 自然科学	生命科学与人类文明、微生物与人类健康、从爱因斯坦到霍金的宇宙、博弈论、Photoshop设计与制作等
	7.2 专业拓展能力	资本运营、电子商务、证券与期货、物联网概论等

五、学制与学分

1.学制:标准学制4年,修业年限3~6年。

2.学分:最低修读164学分。其中,课内教学环节必须修满122学分,实践教学环节必须修满42学分。

六、毕业与学位授予

学生在规定的学习年限内,完成各教学环节学习,修满专业规定的最低学分,准予毕业。授予管理学学士学位。

七、全学程时间安排总表(表二)

项目＼学期＼学年	一		二		三		四		合计
	1	2	3	4	5	6	7	8	
军训(含军事理论教育)	2								2
入学教育和专业导论	(2)								(2)
课堂教学	15	18	17	17	17	16			100
专业实习或教育实习		(1)	1	1	1	2	18		23(1)
毕业实习								8	8
专业创新创业实训								2	2
毕业论文(设计)								6	6
复习考试	1	1	1	1	1	1			6
机动	1						1	3	5
假期	6	8	6	8	6	8	6		48
全学程总周数	25	27	25	27	25	27	25	19	200

八、实践性教学环节(表三)

课程编号	实践教学项目	学分	周数	安排学期	实践方式
SJ00001	军训(含军事理论教育)	1	(2)	第1学期	集中
SJ00002	入学教育	1	2	第1学期	集中
SJ00003	社会实践	1	(3)	第2、4、6学期后暑期	由校团委统一安排
SJ14001	认知实习	1	(1)	第2学期暑假	学院安排企业调研、岗位认知
SJ14002	财经应用文写作实训	1	1	第3学期	校内经管类应用文写作训练,结合教师的研究课题,以调查报告、学术论文等形式进行
SJ14206	大学生创业设计大赛	1	1	第4学期	组建创业团队进行创业设计
SJ14607	人力资源管理综合实训	1	1	第4学期	模拟招聘、薪酬调查等
SJ14201	ERP实训	1	1	第6学期	学校内财经综合实验室,进行软件模拟与实训
SJ14208	工商管理专业实习	18	18	第7学期	在德力等校企合作单位,以及学生应聘企业单位内完成专业综合实习
SJ14403	毕业实习	8	8	第8学期	在德力等校企合作单位,以及学生应聘企业单位内完成专业毕业实习
SJ14605	专业创新创业实训	2	2	第8学期	在德力等校企合作单位,以及学生应聘企业单位内完成专业创新创业实训
SJ14004	毕业论文(设计)	6	6	第8学期	学院统一安排
	合计	42	40(6)		

九、课程设置及学时、学分比例表(表四)

课程类型		学时	学分	占总学时(总学分)比例(%)	
通识教育课程平台		786	43	35.73%	35.24%
专业教育课程平台	学科基础课程	382	21	46%	45.90%
	专业基础课程	324	18		
	专业核心课程	306	17		
创新创业教育平台	创新创业基础课程	51	3.5	5.18%	5.74%
	创新创业核心实训课程	63	3.5		
专业方向课程模块	人力资源管理	180	10	8.18%	8.20%
	质量管理	180	10		
个性化拓展课程模块	模块一:自然科学	36	2	4.91%	4.92%
	模块二:专业拓展	72	4		
总 计		2200	122	100%	100%

十、主干学科

工商管理

十一、专业核心课程

1. 管理定量分析技术(Quantitative Analysis for Management Technique)

学时:45(理论学时27、实践课学时18。)

学分:2.5(理论学分1.5、实践学分1。)

课程简介:本课程将结合企业事业单位管理的实例,系统地讲授统计与管理定量分析的基本理论、方法和技术,同时,也适当介绍日常管理中广泛采用且行之有效的社会调查与统计分析方法。主要内容包括:系统建模法、社会调查程序与方法、统计方法、线形回归预测方法、投入产出分析法、最优化方法、评价分析法、层次分析法、对策论、风险型决策与多目标决策、管理系统模拟、系统动力方法、网络计划方法等。

教学方法或手段:本课程在实验室采用教、学、做一体化教学模式。其中,有18个课时需要学生综合运用管理定量分析方法进行实际操作训练,实行过程考核。

教学评价方式:教学考核偏重过程考核,要求学生系统掌握管理定量分析技术,考核方式分为四个板块:①管理问题的设计(20%);②管理问题的数据收集(30%);③管理问题的数据分析与解析(30%);④授课出勤情况与课内表现(20%)。

教材选用:本课程教材按学校相关规定,由授课教师选定。

建议教材:《管理定量分析:方法与技术》(公共管理系列教材),刘兰剑、李玲编著,中国人民大学出版社,2014年。

2.《运营管理》(operation Management)

学时:45(理论课学时36、实践课学时9,其中,企业行业专家授课9学时。)

学分:2.5(理论课学分2、实践课学分0.5,其中,企业行业专业授课0.5学分。)

课程简介:本课程主要讲授运营管理研究的对象及其发展趋势、企业运营战略、新产品开发步骤和方法、生产系统布局、设施的布置、生产过程组织、生产技术准备、生产计划、生产作业计划、生产现场管理、现代生产方式等内容。通过学习,培养学生对生产现场的各种要素,即对人、机、料、法、环、资、能、信等进行合理的配置和优化组合的实际操作能力。

教学方法或手段:本课程采用理实结合的方式授课。其中,9个课时由校企合作单位生产管理专业技术人员在实验室讲解。

教学评价方式:教学考核偏重过程考核。其中,平时成绩占20%,生产管理调查报告占30%,期终考试占50%。

教材选用:本课程教材按学校相关规定,由授课教师选定。

建议教材:《运营管理》,潘春跃、杨晓宇主编,清华大学出版社。

参考教材:《运营管理》,吴迪主编,上海交通大学出版社;《运营管理》,许淑君主编,中国人民大学出版社。

3.《企业咨询与诊断》(Enterprise consulting and diagnosis)

学时:45(理论课学时36、实践课学时9,其中,企业行业专家授课9学时。)

学分:2.5(理论课学分2、实践课学分0.5,其中,企业行业专业授课0.5学分。)

课程简介:本课程主要讲授管理咨询的产生与发展、管理咨询的基础知识、企业生命周期与管理诊断、企业的变革管理、管理咨询的成功要素、管理咨询的程序与咨询报告的格式等内容。通过学习,培养学生分析问题、解决问题的实际能力、咨询报告的撰写能力和与客户的沟通能力。

教学方法或手段:本课程采用理实结合的方式授课。其中,9个课时由校企合作单位企业咨询专家在实验室讲解。

教学评价方式:教学考核偏重过程考核。其中,平时成绩占20%,企业咨询调查报告占30%,期终考试占50%。

教材选用:本课程教材按学校相关规定,由授课教师选定。

建议教材:《企业管理咨询与诊断》,吴忠培主编,科学出版社。

参考教材:《企业管理咨询——全周期卓越运作》,顾元勋等编著,清华大学出版社;《管理咨询》,丁栋呀主编,清华大学出版社。

4.《质量管理》(Quality Management)

学时:45(理论课学时36、实践课学时9,其中,企业行业专家授课9学时。)

学分:2.5(理论课学分2、实践课学分0.5,其中,企业行业专业授课0.5学分。)

课程简介:本课程主要讲授质量管理的基本原理、质量管理体系、质量认证的基本知识和程序、质量管理的基本工具和方法。通过对本课程的学习,使学生熟悉掌握质量管理的理念、方法和工具,能够系统应用所学内容,针对实际情况来识别、分析、改善、控制质量问题,具备从事质量管理工作的能力。

教学方法或手段:本课程采用理实结合的方式授课。其中,9个课时由校企合作单位质量管理专家在实验室讲解。

教学评价方式:教学考核偏重过程考核。其中,平时成绩占20%,质量管理调查报告占30%,期终考试占50%。

教材选用:本课程教材按学校相关规定,由授课教师选定。

建议教材:《质量管理》,韩之俊主编,科学出版社。

参考教材:《质量管理》,于晓霖、陈仕华主编,上海交通大学出版社;《质量管理》,马风才主编,机械工业出版社。

5.《企业战略管理》(Enterprise Strategic Management)

学时:45(理论课学时36、实践课学时9,其中,企业行业专家授课9学时。)

学分:2.5(理论课学分2、实践课学分0.5,其中,企业行业专业授课0.5学分。)

课程简介:本课程主要讲授战略管理的基本概念与理论,战略制订的各种基本方法和程序,战略执行、战略控制的各种基本手段与方法等。通过本课程的学习,使学生通过教学讨论和综合案例分析,学会如何进行企业战略管理的实际操作。在素质提升上,让学生树立战略就是命运的思维意识,让学生能从企业整体全局的战略视角来理解日常性工作的意义,提升学生独立思考、系统把握、开拓大局的能力。

教学方法或手段:本课程采用理实结合的方式授课。其中,9个课时由校企合作单位企业战略管理专家在实验室讲解。

教学评价方式:教学考核偏重过程考核。其中,平时成绩占20％,企业战略管理调查报告占30％,期终考试占50％。

教材选用:本课程教材按学校相关规定,由授课教师选定。

建议教材:《企业战略管理》,王方华、吕巍主编,复旦大学出版社。

参考教材:《企业战略管理》,徐君主编,清华大学出版社;《企业战略管理》,徐飞、黄丹主编,北京大学出版社。

6.《人力资源管理》(Human Resource Management)

学时:45

学分:2.5

课程简介:本课程主要讲授人力资源管理的基本概念、人力资源计划、工作分析、员工招聘与测试、员工培训与开发、职业计划与职业管理、绩效评估、报酬系统、人力资源管理发展趋势等内容。通过学习,培养学生运用人力资源管理的科学方法分析、解决企事业单位人力资源管理问题的能力。

教学方法或手段:课程采用教、学、做一体化教学模式,1周综合实训,要求学生举行模拟招聘会、企业薪酬市场调查。

教学评价方式:教学考核偏重过程考核。其中,平时成绩占20％,模拟实训和薪酬调查占30％,期终考试占50％。

教材选用:本课程教材按学校相关规定,由授课教师选定。

建议教材:《人力资源管理教程》,张一驰、张正堂主编,北京大学出版社。

参考教材:《人力资源管理实用教程(第2版)》,吴宝华主编,北京大学出版社;《人力资源管理》,杜娟主编,中国原子能出版社。

7.《项目管理》(Project management)

学时:36(理论课学时30、实践课学时6。)

学分:2(理论课学分1.5、实践课学分0.5。)

课程简介:本课程主要讲授项目管理的基本理论和项目投资控制、进度控制、质量控制的基本方法,各种具体的项目管理技术、方法在项目上的应用特点。通过本课程的学习,使学生掌握管理项目所需的知识、技术和方法体系。通过学习,培养学生发现、分析、研究、解决项目管理实际问题的基本能力。

教学方法或手段:本课程采用讲授法、案例教学法、讨论法等。

教学评价方式:教学考核偏重过程考核。其中,平时成绩占20％,小组案例分析占20％,期终考试占60％。

教材选用:本课程教材按学校相关规定,由授课教师选定。

建议教材:《项目管理》,孙新波主编,机械工业出版社。

参考教材:《项目管理》,徐盛华、刘彤主编,清华大学出版社;《项目管理》,程敏主编,清华大学出版社。

十二、教学进程表(表五)

课程类别	课程编号	课程名称	总学分	总学时	学时分配 理论	学时分配 实践	各学期学时分配 1	2	3	4	5	6	7	8	考核方式
通识教育课程平台	TS26106	思想道德修养与法律基础	3	48	38	10	48								试
	TS26102	中国近现代史纲要	2	32	24	8		32							试
	TS26103	马克思主义原理概论	3	48	38	10				48					试
	TS26104	毛泽东思想和中国特色社会主义理论概论Ⅰ	2	32	32						32				试
	TS26105	毛泽东思想和中国特色社会主义理论概论Ⅱ	4	64	44	20						64			试
	TS15001-4	大学英语(Ⅰ-Ⅳ)	15	270	230	40	60	70	70	70					试
	TS19001-4	大学体育(Ⅰ-Ⅳ)	4	126	126		30	32	32	32					试
	TS28001	大学计算机基础	3	48	16	32	48								试
	TS28002	VFP程序设计	4	72	48	24		72							试
	TS18111	大学生心理健康教育	1	14	14		14								查
	TS26108-9	形势与政策	2	32	12	20	16	16							查
专业教育课程平台 学科基础课程	JC28003	高等数学B1	4	72	72		72								试
	JC28004	高等数学B2	3.5	64	64			64							试
	JC28006	线性代数	2.5	48	48						48				试
	JC28007	概率论	2	36	36				36						试
	JC24410	西方经济学	4	72	72			72							试
	JC14201	管理学(MOOC)	3	54	54		54								试
	JC24503	经济法	2	36	36						36				试
专业教育课程平台 专业基础课程	ZJ24409	统计学	3	54	40	14		54							试
	ZJ24116	会计学	3	54	45	9		54							试
	ZJ14505	市场营销学(MOOC)	3	54	54			54							试
	ZJ14206	组织行为学	2.5	45	36	9					45				试
	ZJ24201	财务管理	2.5	45	45						45				试
	ZJ14110	管理信息系统	2	36	36					36					试
	ZJ14211	运筹学	2	36	36					36					试
专业核心课程	ZH14114	管理定量分析技术	2.5	45	27	18					45				试
	ZH14213	运营管理B	2.5	45	36	9						45			试
	ZH14207	企业咨询与诊断	2.5	45	36	9						45			试
	ZH14217	质量管理	2.5	45	36	9					45				试
	ZH14218	企业战略管理	2.5	45	36	9					45				试
	ZH14205	人力资源管理(MOOC)	2.5	45	45						45				试
	ZH14214	项目管理	2	36	30	6						36			试

续表

课程类别		课程编号	课程名称	总学分	总学时	学时分配		各学期学时分配								考核方式
						理论	实践	1	2	3	4	5	6	7	8	
创新创业教育课程平台	基础课程	CJ00001	大学生创业教育	1	18	18				18						查
		CJ00002	大学生就业指导	2	24	24			12				12			查
		CJ14201	工商管理专业应用前景导论	0.5	9	9		9								查
	核心实训课程	CH14101	创新创业论坛	0.5	9	9				9						查
		CH14201	创业之星实践	1.5	27	27							27			查
		CH14202	工商管理专业创新教育实践	1.5	27	27						27				查
		CH00001	创新创业成果学分认定	创新创业成果学分的认定见有关文件												
专业方向课程模块	人力资源管理	ZF14227	绩效管理	2.5	45	36	9					45				试
		ZF14228	薪酬管理	2.5	45	36	9						45			试
		ZF14229	招聘与人才测评	2.5	45	36	9						45			试
		ZF14212	劳动关系管理	2.5	45	36	9						45			试
	质量管理	ZF14230	产品质量策划	2.5	45	36	9						45			试
		ZF14231	质量成本管理	2.5	45	36	9						45			试
		ZF14232	6西格玛管理	2.5	45	36	9					45				试
		ZF14233	标准化工程	2.5	45	36	9						45			试
个性化拓展课程模块	自然科学模块	GT13424W	生命科学与人类文明	1	18	18						18				查
		GT13425W	微生物与人类健康	1	18	18						18				查
		GT17009W	从爱因斯坦到霍金的宇宙	1	18	18						18				查
		GT14401	博弈论	1	18	18						18				查
		GT14504	Photoshop设计与制作	1	18	18						18				查
	专业拓展模块	GT24202	资本运营	1	18	18							18			查
		GT14302	电子商务	1	18	18							18			查
		GT24506	证券与期货	1	18	18							18			查
		GT14202	物联网概论	1	18	18							18			查
		GT14506	商务礼仪	1	18	18							18			查
		GT14511	商务谈判	1	18	18							18			查
学生最低修读的学分/学时				122	2200	1913	287	293	420	353	380	352	372			
课堂教学周数								15	18	17	17	17	16			
周学时数								19.5	23.3	20.8	22.4	20.7	23.2			

说明：
1. 各专业军事理论教育在第1学期以讲座形式进行；
2. 专业方向课程模块学生应至少完整选修1个方向，选修学分不低于10个学分；
3. 创新创业教育平台，学生获得"创新创业成果"学分可抵免创新创业核心实训课程学分；
4. 个性化拓展模块要求学生至少须选修6个学分，其中，"自然科学"模块要求学生至少选修2个学分，且至少选修1门网络课程；专业拓展模块至少选修4个学分。

十三、专业综合实习进程表

轮训岗位	实训时间	实训任务	知识、技能和素质要求
工作分析与组织设计	2周	实习单位工作流程调查	熟悉实习单位工作流程,了解组织内部现有的人力资源配置状况
		组织结构分析	熟悉实习单位组织结构,并对现有结构的属性、类型、设置依据与存在的问题进行系统分析
		岗位工作分析	调查现有岗位的工作状况,进行岗位职责、权利的工作设计分析,分析岗位中存在的人力资源缺口
人才招聘与培训	3周	行业人才市场分析	设计实习单位所在行业的人才市场调查表,调研该行业人才市场需求,对调查数据进行分析、汇总,并运用相关方法分析预测
		人才市场招聘	制定实习单位人才招聘计划,分析相关人才招聘途径,制定人才招聘的相关流程,笔试面试内容,并参与人才招聘活动
		人才培训管理	制定实习单位人才培训计划,制定人才培训的相关流程和课程安排,安排相应的培训考核内容,并参与人才培训活动
人才招聘与培训	3周	管理人员绩效考核现状调查	收集实习单位的管理岗位工作人员绩效考核方法,通过问卷调查、访谈等方法,了解管理岗位工作人员绩效考核的实际效果,并进行问题分析
		基层工作人员绩效考核现状调查	收集实习单位的基层岗位工作人员绩效考核方法,通过问卷调查、访谈等方法,了解基层岗位工作人员绩效考核的实际效果,并进行问题分析
		薪酬管理现状调查	调查、了解实习单位薪酬管理的现状,分析企业薪酬管理与绩效考核之间的相关关系,并对存在的问题提出改进措施
设备操作及认知	3周	企业生产设备运营情况调查	掌握各生产设备的基本原理与操作方法,掌握各种设备的管理知识,在保障设备正常运行的前提下,能够熟悉操作各种仪器设备,并能够进行维护与故障排除工作,学习具体的操作技术方法,具有适应岗位要求的全面工作能力
安全生产管理	2周	企业安全生产情况调查	熟悉公司企业各项安全管理制度和工作规范;掌握安全防范要点、处理生产过程中所产生的突发事件,能够做好安全管理防范的关键工作,保证安全操作
产品质量管理	3周	企业产品质量情况调查	熟悉公司企业产品的质量标准;掌握产品质量的检验方法、对不合格产品的处理方法,能够做好质量管理关键点的控制工作,保证产品质量
实习总结	2周	撰写实习报告	对实习内容的进行调研、收集数据,找出问题、分析原因、给予对策;报告字数必须5000字以上;排版工整,A4纸打印

十四、毕业实习及毕业论文设计(设计)

课程类别	时间	程序	任务
毕业实习	8周	岗位选择	在轮岗实习的基础上,根据自己的兴趣爱好、技能特长以及企业的岗位要求确定顶岗实习的岗位
		顶岗实习	熟悉岗位工作规范、工作职责以及工作任务;掌握工作流程;提高专业素质,强化岗位能力;分析总结所在企业管理中存在的问题,并收集相应的数据,为毕业论文设计做好基础
		实习总结	对顶岗实习进行全面总结,深入剖析实习过程中所取得的经验和存在的问题,为就业打好坚实的基础。填写好毕业实习任务书的相关表格,并撰写毕业实习报告(基于所在企业的某一方面为例,收集数据,找出问题、分析原因、给予对策;报告字数必须5000字以上;排版工整,A4纸打印)

续表

课程类别	时间	程序	任务
毕业论文（设计）	6周	毕业论文（设计）形式	调研报告、科研论文、方案设计及其他
		毕业论文（设计）选题来源	学生顶岗实习企业、指导教师科研课题及其他
		毕业论文（设计）答辩资格审查	通过"学术不端检测系统"检测；通过指导老师进行毕业论文答辩资格审查合格
		毕业论文（设计）多样化改革学分认定	毕业论文（设计）多样化改革学分认定见有关文件

十五、辅修专业课程设置

管理学院工商管理专业辅修课程设置

课程名称	学分	辅修专业教学计划
西方经济学	3	第3学期
管理学	3	第3学期
运营管理	3	第4学期
人力资源管理	3	第4学期
企业文化	3	第5学期
标准化与质量管理	2	第5学期
战略管理	3	第6学期
企业咨询与诊断	2	第6学期
组织行为学	3	第6学期
毕业论文		必做，但不计学分。
总计	25	学生必须修满25学分

管理学类专业

市场营销本科专业人才培养方案

专业代码：120202

一、培养目标

本专业培养德、智、体、美全面发展，掌握经济管理基础理论、市场营销方面的基本理论与知识，具有较强的市场感知、市场销售、营销沟通、营销策划、市场信息分析和营销管理等方面的专业能力，能够在企事业单位及政府部门从事市场营销与管理工作，具有创新意识和创业精神的高素质应用型专门人才。

二、培养要求

本专业学生主要学习经济管理基础理论、市场营销等方面的基本理论和基本知识，接受营销方法与技巧方面的基本训练，掌握分析和解决营销实际问题的基本能力。

毕业生应获得以下几方面的专业基本知识和能力：

1. 掌握经济学、管理学学科的基础理论知识，具备经济现象的认知与分析能力、组织管理能力、统计分析能力、会计核算技能、市场开拓与营销能力等；

2. 具备良好的市场信息收集与分析能力，能针对性地与客户进行沟通，开展各项销售与管理活动的能力，具备良好的市场开拓能力；

3. 能够运用相应的知识和方法，依据相应的策划目标，进行营销策划的能力；

4. 掌握面向网络平台开展产品销售、客户沟通、营销管理的能力；

5. 具有较强的语言文字表达、人际沟通、团结协作、知识再生等社会适应和发展能力，具有较强的英语听、说、读、写、译的能力，能较熟练地阅读本专业的外文书刊，掌握计算机的基本知识和应用方法，具有熟练操作相关市场营销软件的能力，具有健康的体魄、良好的心理素质和身心保健的知识与能力。

三、专业方向

1. 网络营销方向

学习和掌握网络技术应用、零售管理、网络营销实务、网店运营等理论知识，具备网络销售与管理等能力，能够从事电子商务或网络销售等工作。

2. 营销策划方向

学习和掌握市场营销策划、品牌策划、会展策划、促销策划等理论知识，具备营销策划能力，能够从事营销策划工作。

四、素质与能力分析表(表一)

综合素质与能力	专项素质与能力	对应课程或实践
1.基本素质与能力	1.1 政治素质	思想道德修养与法律基础、中国近现代史纲要、马克思主义基本原理概论、形势政策
	1.2 人文科学素质	演讲与口才、商务礼仪、有效沟通技巧
	1.3 身心素质	军事训练、大学体育等
	1.4 分析运算能力	高等数学、概率论、线性代数、统计学
	1.5 英语应用能力	大学英语
	1.6 计算机应用能力	大学计算机基础、VFP程序设计
	1.7 利用现代化手段获取信息能力	电子商务、网络营销
	1.8 组织管理、语言表达、人际交往以及在团队中发挥作用的能力	大学英语、现代办公文书写作实训、演讲与口才、有效沟通技巧
2.学科基础知识及应用能力	2.1 经济管理学科基础理论与知识	西方经济学、高等数学、线性代数、概率论、统计学、经济法
	2.2 经济现象的认知与分析能力、组织管理能力	管理学、会计学A、市场营销学
3.专业基础知识及应用能力	3.1 市场营销管理基本知识	市场营销学、消费者行为学、商品学、财务管理、电子商务A
	3.2 分析和解决市场营销问题的能力	
4.专业核心知识及应用能力	4.1 市场销售的知识与能力	销售管理、商务谈判、市场调查与预测A、广告学、营销渠道管理、公共关系学、市场营销策划、品牌策划、会展策划、促销策划、网络营销
	4.2 客户沟通的知识与能力	
	4.3 网络营销的知识与能力	
	4.4 市场营销策划的知识与能力	
	4.5 市场信息分析及传播的知识与能力	
5.专业实践技能与动手能力	5.1 创新创业能力	市场营销策划实训、现代办公文书写作实训、营销实战沙盘实训、市场营销专项实训
	5.2 电子化信息文件处理能力	
	5.3 数据收集与分析能力	
	5.4 营销沟通与能力	
	5.5 专业综合处理能力	
6.创新创业能力	6.1 创新能力	创新创业论坛,市场营销创新教育实践
	6.2 创业能力	大学生创业教育,大学生就业指导,市场营销创业教育实践
6.个性化发展能力	7.1 自然科学	生命科学与人类文明、微生物与人类健康、从爱因斯坦到霍金的宇宙、物联网概论、博弈论、Photoshop设计与制作等
	7.2 专业拓展	有效沟通技巧、演讲与口才、商务礼仪、客户关系管理、人力资源管理、企业文化等

五、学制与学分

1.学制:标准学制4年,修业年限3～6年。

2.学分:最低修读167学分。其中,课内教学环节必须修满125学分,实践教学环节必须修满42学分。

六、毕业与学位授予

学生在规定的学习年限内,完成各教学环节学习,修满专业规定的最低学分,准予毕业。授予管理学学士学位

七、全学程时间安排总表(表二)

学年\项目\学期	一		二		三		四		合计
	1	2	3	4	5	6	7	8	
军训(含军事理论)	2								2
入学教育和专业导论	(2)								(2)
课堂教学	15	18	17	18	18	18			104
专业实习、课程实习或教育实习			1				18		19
毕业实习								8	8
专业创新创业实训								2	2
毕业论文(设计)								6	6
复习考试	1	1	1	1	1	1			6
机动	1							3	4
假期	6	8	6	8	6	8	7		49
全学程总周数	25	27	25	27	25	27	25	19	200

八、实践性教学环节(表三)

课程编号	实践教学项目	学分	周数	安排学期	实践方式
SJ00001	入学教育	1	(2)	第1学期	集中
SJ00002	军训(含军事理论教育)	1	2	第1学期	集中
SJ00003	社会实践	1	(3)	第2、4、6学期后暑期	由校团委统一安排
SJ14001	认知实习	1	(1)	第2学期暑期	学院安排、企业调研岗位认知
SJ14502	市场营销策划实训	1	(1)	第3学期	专业课程实训,校内实训
SJ14002	财经应用文写作实训	1	1	第4学期	校内财经应用文写作实训,以项目分组实训
SJ14513	营销实战沙盘实训	1	(1)	第5学期	学校内经管实验实训中心,进行软件模拟与实训
SJ14512	市场营销专项实训	1	(1)	第6学期	专业课程校内实训,面向营销专业选修方向开设
SJ14506	专业实习	18	18	第7学期	主要完成企业营销环境、市场调查与预测、产品销售、市场规划与策略运行、广告策划、公关策划、商务谈判、企业营销策略策划等任务,通过在企业实习完成
SJ14003	毕业实习	8	8	第8学期	企业顶岗实习
	专业创新创业实训	2	2	第8学期	在德力等校企合作单位,以及学生应聘企业单位内完成专业创新创业实训

续表

课程编号	实践教学项目	学分	周数	安排学期	实践方式
SJ14004	毕业论文（设计）	6	6	第8学期	学院统一安排
	合 计	42	39(9)		

九、课程设置及学时、学分比例表（表四）

课程类型		学时	学分	占总学时(总学分)比例(%)	
通识教育课程平台		786	43	34.87%	34.4%
专业教育课程平台	学科基础课程	400	22	47.29%	47.2%
	专业基础课程	351	19.5		
	专业核心课程	315	17.5		
创新创业教育平台	创新创业基础课程	51	3.5	5.06%	5.6%
	创新创业核心实训课程	63	3.5		
专业方向课程模块	网络营销	180	10	7.99%	8%
	营销策划	180	10		
个性化拓展课程模块	自然科学	36	2	4.79%	4.8%
	专业拓展	72	4		
总 计		2254	125	100%	100%

十、主干学科

管理学、经济学

十一、专业核心课程

1.《消费者行为学》(Consumer Behaviors)

学时：45（理论课学时36、实践课学时9。）

学分：2.5（理论课学分2、实践课学分0.5。）

课程简介：本课程通过系统介绍消费者行为研究的意义、消费者购买决策过程、影响消费者行为的个体、心理和环境因素。通过学习，使学生掌握消费者行为特点、规律，有针对性地实施营销战略，提高学生从事市场营销与创业实践的能力。

教学方法或手段：本课程应通过深入浅出地讲解，并辅以课堂讨论、案例分析、情景模拟等互动式教学方法，帮助学生加深对相关理论的理解，提高学生的实际应用能力。

教学评价方式：本门课程参考平时成绩、实践成绩和期末成绩，比例按20%、20%、60%加权进行考核。综合考查学生的出勤、讨论情况，案例分析、调研报告的撰写、参与情况，期末考核情况。

教材选用：本课程教材按学校相关规定，由授课教师选定。

2.《市场调查与预测》(Marketing Research and Forcasting Practice)

学时：45（理论课学时36、实践课学时9。）

学分：2.5（理论课学分2、实践课学分0.5。）

课程简介：本课程通过系统介绍消费者行为研究的意义、消费者购买决策过程、影响消费者行为的个体、心理和环境因素。通过学习，使学生掌握消费者行为特点、规律，有针对性地实施营销战略，提高学生从事市场营销与创业实践的能力。

教学方法或手段：本课程采取教、学、做一体化教学模式，结合全国性学科专业竞赛，实行过程考核。

教学评价方式：本门课程参考平时成绩、实践成绩和期末成绩，比例按20％、20％、60％加权进行考核。综合考查学生的出勤、讨论情况，案例分析、调研报告的撰写、参与情况，期末考核情况。

教材选用：本课程教材按学校相关规定，由授课教师选定。

3.《广告学》(Advertising)

学时：45（理论课学时36、实践课学时9,其中，企业行业专家授课2学时。）

学分：2.5（理论课学分2、实践课学分0.5,其中，企业行业专业授课0.11学分。）

课程简介：本课程通过系统介绍广告学基本理论、基本知识，使学生掌握广告的基本概念，广告活动的基本特点和原理，广告运作过程及注意事项，广告创意的要求和原则、思考方法，广告计划书的撰写等。通过学习，培养学生科学合理地认识广告、理解广告、评价广告与制作广告，具有现代广告的策划、创意、制作、发布的基本能力。

教学方法或手段：本课程应通过深入浅地的讲解，并辅以课堂讨论、案例分析、情景模拟等互动式教学方法，帮助学生加深对相关理论的理解，提高学生的实际应用能力。

教学评价方式：本门课程参考平时成绩、实践成绩和期末成绩，比例按20％、20％、60％加权进行考核。综合考查学生的出勤、讨论情况，案例分析、策划报告的撰写、参与情况，期末考核情况。

教材选用：本课程教材按学校相关规定，由授课教师选定。

4.《营销渠道管理》(Marketing Channels Management)

学时：45（理论课学时36、实践课学时9。）

学分：2.5（理论课学分2、实践课学分0.5。）

课程简介：本课程通过系统的渠道管理知识与丰富的实际案例相结合的方式，使学生在了解现代渠道管理理念的基础上，掌握设计和优化渠道的方法，培养学生在渠道设计和渠道管理中，解决实际问题的能力，提高其渠道决策与渠道管理的水平。

教学方法或手段：本课程应通过深入浅出地讲解，并辅以课堂讨论、案例分析、情景模拟等互动式教学方法，帮助学生加深对相关理论的理解，提高学生的实际应用能力。

教学评价方式：本门课程参考平时成绩、实践成绩和期末成绩，比例按20％、20％、60％加权进行考核。综合考查学生的出勤、讨论情况，案例分析、策划报告的撰写、参与情况，期末考核情况。

教材选用：本课程教材按学校相关规定，由授课教师选定。

5.《网络营销》(Electronic Marketing)

学时：45（理论课学时36、实践课学时9,其中，企业行业专家授课2学时。）

学分：2.5（理论课学分2、实践课学分0.5,其中，企业行业专业授课0.11学分。）

课程简介：本课程主要介绍网络营销的基本概念和原理、网络营销的基本方法和手段，通过本课程学习，使学生系统掌握网络营销的基本理论、基本知识，学会利用网络进行市场信息收集和企业形象宣传，可以成功开展网络营销，培养学生的动手能力。

教学方法或手段：本课程应通过深入浅出地讲解，并辅以课堂讨论、案例分析、情景模拟等互动式教学方法，帮助学生加深对相关理论的理解，提高学生的实际应用能力。

教学评价方式：本课程结合全国性学科专业竞赛，实行过程考核。本门课程参考平时成绩、实践成绩和期末成绩，比例按20％、20％、60％加权进行考核。综合考查学生的出勤、讨论情况，案例分析、策划报告的撰写、参与情况，期末考核情况。

推荐教材：本课程教材按学校相关规定，由授课教师选定。

6.《销售管理》(sales management)

学时：45（理论课学时36、实践课学时9,其中，企业行业专家授课2学时。）

学分:2.5(理论课学分2、实践课学分0.5,其中,企业行业专业授课0.11学分。)

课程简介:本课程以讲授销售活动的管理为主线,主要介绍销售管理含义、模式、原理等销售管理基础知识和销售规划、销售对象、销售人员和销售过程管理等内容。通过学习,使学生正确理解销售管理的内容,掌握销售及其管理的一些方法、准则、手段,能行使和运用销售管理活动工作职能和技巧,并能综合运用于对实际问题的操作,初步具有解决一些销售管理方面问题的能力,培养学生的综合管理素质。

教学方法或手段:本课程应通过深入浅出地讲解,并辅以课堂讨论、案例分析、情景模拟等互动式教学方法,帮助学生加深对相关理论的理解,提高学生的实际应用能力。

教学评价方式:本课程结合全国性学科专业竞赛,实行过程考核。本门课程参考平时成绩、实践成绩和期末成绩,比例按 20%、20%、60% 加权进行考核。综合考查学生的出勤、讨论情况,案例分析、策划报告的撰写、参与情况,期末考核情况。

推荐教材:本课程教材按学校相关规定,由授课教师选定。

7.《商务谈判》(Business Negotiation)

学时:45(理论课学时36、实践课学时9。)

学分:2.5(理论课学分2、实践课学分0.5。)

课程简介:本课程主要讲授谈判的含义、特征,谈判人员的组成和分工,谈判计划的制订及模拟谈判,谈判包括的基本阶段,谈判的进攻与防守策略等。培养学生熟练运用各种谈判的技巧,提高学生谈判的决策与管理工作的素质与能力。

教学方法或手段:本课程应通过深入浅出地讲解,并辅以课堂讨论、案例分析、情景模拟等互动式教学方法,帮助学生加深对相关理论的理解,提高学生的实际应用能力。

教学评价方式:本课程结合全国性学科专业竞赛,实行过程考核。本门课程参考平时成绩、实践成绩和期末成绩,比例按 20%、20%、60% 加权进行考核。综合考查学生的出勤、讨论情况,案例分析、策划报告的撰写、参与情况,期末考核情况。

推荐教材:本课程教材按学校相关规定,由授课教师选定。

十二、教学进程表(表五)

课程类别	课程编号	课程名称	总学分	总学时	学时分配 理论	学时分配 实践	各学期学时分配 1	2	3	4	5	6	7	8	考核方式
通识教育课程平台	TS26106	思想道德修养与法律基础	3	48	38	10	48								试
	TS26102	中国近现代史纲要	2	32	24	8		32							试
	TS26103	马克思主义基本原理概论	3	48	38	10				48					试
	TS26104	毛泽东思想和中国特色社会主义理论概论I	2	32	32					32					试
	TS26105	毛泽东思想和中国特色社会主义理论概论II	4	64	44	20					64				试
	TS15001-4	大学英语(I-IV)	15	270	230	40	60	70	70	70					试
	TS19001-4	大学体育(I-IV)	4	126	126		30	32	32	32					试
	TS28001	大学计算机基础	3	48	16	32	48								试
	TS28002	VFP程序设计	4	72	48	24		72							试
	TS18111	大学生心理健康教育	1	14	14		14								查
	TS26108-9	形势与政策	2	32	12	20	16	16							查

续表

课程类别		课程编号	课程名称	总学分	总学时	学时分配		各学期学时分配								考核方式
						理论	实践	1	2	3	4	5	6	7	8	
专业教育课程平台	学科基础课程	JC28003	高等数学B1	4	72	72		72								试
		JC28004	高等数学B2	3	64	64			64							试
		JC28006	线性代数	3	48	48					48					试
		JC28007	概率论	2	36	36				36						试
		JC24410	西方经济学	4	72	72			72							试
		JC14201	管理学	3	54	54					54					试
		JC24403	统计学	3	54	40	14				54					试
	专业基础课程	ZJ24116	会计学	3	54	45	9			54						试
		ZJ24511	经济法	2	36	27	9		36							试
		ZJ14505	市场营销学(MOOC)	3	54	54				54						试
		ZJ24201	财务管理	2.5	45	36	9				45					试
		ZJ14507	公共关系学	2	36	36					36					试
		ZJ14502	电子商务A	2.5	45	27	18				45					试
		ZJ14504	国际贸易理论与实务	2.5	45	36	9				45					试
		ZJ14509	物流管理	2	36	27	9					36				试
	专业核心课程	ZH14510	消费者行为学	2.5	45	36	9					45				试
		ZH14502	市场调查与预测A	2.5	45	36	9					45				试
		ZH14503	广告学	2.5	45	36	9					45				试
		ZH14511	营销渠道管理	2.5	45	36	9					45				试
		ZH14512	销售管理	2.5	45	36	9						45			试
		ZH14513	商务谈判	2.5	45	36	9					45				试
		ZH14508	网络营销	2.5	45	36	9						45			试
创新创业教育课程平台	基础课程	CJ00001	大学生创业教育	1	18	18				18						查
		CJ00002	大学生就业指导	2	24	24			12				12			查
		CJ14501	市场营销学科前沿分析	0.5	9	9				9						查
	核心实训课程	CH14101	创新创业论坛	0.5	9	9				9						查
		CH14501	网络营销创业教育实践	1.5	27	27							27			查
		CH14502	营销策划创新教育实践	1.5	27	27						27				查
		CH00001	创新创业成果学分认定	创新创业实践学分的认定见有关文件												
专业方向课程模块	网络营销	ZF14501	网络技术应用	2.5	45	36	9					45				试
		ZF14508	零售管理	2.5	45	36	9						45			试
		ZF14521	网络营销实务	2.5	45	36	9						45			试
		ZF14522	网店运营	2.5	45	36	9						45			试
	营销策划	ZF14513	市场营销策划	2.5	45	45						45				试
		ZF14514	品牌策划	2.5	45	45							45			试
		ZF14515	会展策划	2	36	36							36			试
		ZF14516	促销策划	2	36	36							36			试

续表

课程类别	课程编号	课程名称	总学分	总学时	学时分配		各学期学时分配								考核方式
					理论	实践	1	2	3	4	5	6	7	8	
个性化拓展课程模块	GT13424W	生命科学与人类文明	1	18	18							18			查
	GT13425W	微生物与人类健康	1	18	18							18			查
自然科学	GT17009W	从爱因斯坦到霍金的宇宙	1	18	18							18			查
	GT14202	物联网概论	1	18	18						18				查
	GT14401	博弈论	1	18	18							18			查
	GT14504	Photoshop 设计与制作	1	18	18							18			查
专业拓展	GT14501	有效沟通技巧	1	18	18						18				查
	GT14502	演讲与口才	1	18	18							18			查
	GT14506	商务礼仪	1	18	18							18			查
	GT14205	客户关系管理	1	18	18							18			查
	GT14206	人力资源管理	1	18	18							18			查
	GT14207	企业文化	1	18	18							18			查
最低修读学分/学时			125	2254	1993	331	250	402	379	366	397	363			
课堂教学周数							15	18	17	18	18	18			
周学时							16.7	22.3	22.3	20.3	22.1	20.2			

说明：
1. 各专业军事理论教育在第1学期以讲座形式进行；
2. 专业方向课程模块中学生至少选修1个模块；
3. 创新创业教育平台，学生获得"创新创业成果"学分可抵免创新创业核心实训课程学分；
4. 个性化拓展模块要求学生至少须选修6个学分，其中，"自然科学"模块要求学生至少选修2个学分，且至少选修1门网络课程；专业拓展模块至少选修4个学分。

十三、毕业实习及毕业论文(设计)

课程类别	时间	程序	任务
毕业实习	8周	岗位选择	在轮岗实习的基础上，根据自己的兴趣爱好、技能特长以及企业的岗位要求确定顶岗实习的岗位
		顶岗实习	熟悉岗位工作规范、工作职责以及工作任务；掌握工作流程；提高专业素质，强化岗位能力；分析总结所在企业管理中存在的问题，并收集相应的数据，为毕业论文设计做好基础
		实习总结	对顶岗实习进行全面总结，深入剖析实习过程中所取得的经验和存在的问题，为就业打好坚实的基础。填写好毕业实习任务书的相关表格，并撰写毕业实习报告(基于所在企业的某一方面为例，收集数据，找出问题、分析原因、给予对策；报告字数必须5000字以上；排版工整，A4纸打印)

续表

课程类别	时间	程序	任务
毕业论文（设计）	6周	毕业论文（设计）形式	调研报告、科研论文、方案设计及其他
		毕业论文（设计）选题来源	学生顶岗实习企业、指导教师科研课题及其他
		毕业论文（设计）答辩资格审查	通过"学术不端检测系统"检测；通过指导老师进行毕业论文答辩资格审查合格
		毕业论文（设计）多样化改革学分认定	毕业论文（设计）多样化改革学分认定见有关文件

十四、辅修专业课程设置

1. 建议辅修专业：国际经济与贸易、物流管理、工商管理等。
2. 本专业开设辅修专业。

管理学院市场营销专业课程设置

课程名称	学　分	辅修专业教学计划
西方经济学	3	第5学期
管理学	3	第5学期
市场营销学	3	第5学期
消费者行为学	2.5	第6学期
电子商务	2.5	第6学期
商务谈判	2.5	第6学期
市场调查与预测	2.5	第7学期
广告学	2.5	第7学期
营销渠道管理	2	第8学期
公共关系学	2	第8学期
毕业论文		必做，但不计学分。
总计	25.5	学生必须修满25学分

管理学类专业

公共事业管理本科专业人才培养方案

专业代码:120401

一、培养目标

本专业培养德、智、体、美全面发展,掌握公共事业管理与人力资源管理的基本知识,具有良好的组织人才招聘与培训、人力资源规划与发展、人力资源培养与考核、组织协调能力等方面的专业能力,能够在各类企事业单位及政府部门等从事人力资源管理、组织管理和协调等方向的工作,具有创新意识和创业精神的高素质应用型专门人才。

二、培养要求

本专业学生主要学习管理学、统计学、管理定量分析、人力资源管理、财务管理、绩效管理、薪酬管理、劳动关系管理等方面的基本理论和基本知识,接受人力资源管理基本技能、办公自动化与电子政务、管理定量分析等方面的基本训练,具备人才招聘与培训、人力资源绩效与考核、劳动关系管理等方面的基本能力。

毕业生应获得以下几方面的知识和能力:

1. 掌握系统的经济学、管理学学科基础理论知识,具备经济现象的认知与分析能力、组织管理能力、统计分析能力等;

2. 了解企业战略与运营管理的基本知识,熟悉企业管理的一般流程,理解人力资源管理与企业战略、企业运营的协调配合关系;

3. 能够运用人力资源管理理论与知识对企业人才的绩效考核、薪酬、组织劳动关系进行系统设计与管理,掌握管理沟通的基本技巧与能力;

4. 掌握企业人才招聘与培训的基本知识,具有系统进行岗位设计、人才引进以及相关人力资源培训方面的能力;

5. 能熟练运用办公软件、电子政务、管理信息系统等组织信息管理平台,进行组织实务、人才管理的基本软件操作能力;

6. 掌握一门外国语,具有较强的听、说、读、写、译能力,能较熟练地阅读本专业的外文书刊;掌握计算机的基本知识和应用方法,具有熟练操作办公软件的能力;具有较强的语言文字表达、人际沟通、团结协作等社会适应和发展能力;具有健康的体魄、良好的心理素质、身心保健的知识和能力。

三、专业方向

1. 组织与人员管理方向

学习和掌握人力资源管理理论与实务,具有组织人力资源规划设计的能力,能够在企业人力资源管理从事组织设计、人力资源开发与培训等工作。

2. 战略与运营管理方向

学习和掌握企业运营管理、战略管理的基本原理,具有企业战略与运营决策能力,能够在企业运营部门从事组织人才战略规划、组织运营与人才绩效考核等工作。

四、素质与能力分析表(表一)

综合素质与能力	专项素质与能力	对应课程或实践
1.基本素质与能力	1.1 政治素质	思想道德修养与法律基础、中国近现代史纲要、马克思主义基本原理概论、形势与政策等
	1.2 人文科学素质	中国近现代史纲要、管理沟通、商务礼仪等
	1.3 身心素质	军事训练、大学体育等
	1.4 分析运算能力	高等数学、线性代数、概率论、统计学管理定量分析技术等
	1.5 英语应用能力	大学英语等
	1.6 计算机应用能力	大学计算机基础、VFP 程序设计等
	1.7 利用现代化手段获取信息能力	电子政务与办公自动化实训、管理信息系统等
	1.8 组织管理、语言表达、人际交往以及在团队中发挥作用的能力	管理学、管理沟通、商务礼仪
2.学科基础知识及应用能力	2.1 经济学、管理学基础知识	西方经济学、管理学
	2.2 经济现象、组织管理的认知、分析能力,组织管理能力	
3.专业基础知识及应用能力	3.1 企业管理基础知识	会计学 A、市场营销学、公共事业管理概论、统计学、经济法、社会保障学、人力资源管理、项目管理、公共关系学、公共财务管理
	3.2 企业管理基本能力	
4.专业核心知识及应用能力	4.1 进行企业人才招聘与测评、人力资源开发与培训知识与能力	管理定量分析技术、绩效管理、薪酬管理、招聘与人才测评、劳动关系管理、社会保障学、人力资源开发与培训、企业文化、工作分析与组织设计、运营管理、质量管理、企业战略管理、供应链管理
	4.2 企业人才薪酬与绩效测评与考核的知识与能力	
	4.3 企业管理问题定量分析的知识与能力	
	4.4 企业人力资源战略与运营战略协调设计规划的知识与能力	
	4.5 依据劳动合同等人力资源管理法律法规进行劳动关系管理的能力	
5.专业实践技能与动手能力	5.1 电子化信息文件处理能力	电子政务与办公自动化、人力资源管理综合实训、管理定量分析、商务礼仪、现代办公文书写作实训、ERP 实训等
	5.2 数据收集与分析处理能力	
	5.3 管理沟通与能力	
	5.4 专业综合处理能力	
6.创新创业能力	6.1 创新能力	创新创业论坛、公共事业管理(人力资源管理方向)创新教育实践、公共事业管理(人力资源管理方向)应用前景导论
	6.2 创业能力	大学生创业教育、大学生就业指导、公共事业管理(人力资源管理方向)应用前景导论、公共事业管理(人力资源管理方向)创业教育实践
7.个性化发展能力	7.1 自然科学认知能力	生命科学与人类文明、微生物与人类健康、从爱因斯坦到霍金的宇宙、博弈论、Photoshop 设计与制作、管理信息系统、电子商务、税收原理、商务礼仪、证券与期货、ISO9000 概论等
	7.2 专业拓展能力	

五、学制与学分

1. 学制:标准学制4年,修业年限3~6年。
2. 学分:最低修读163.5学分。其中,课内教学环节必须修满121.5学分,实践教学环节必须修满42学分。

六、毕业与学位授予

学生在规定的学习年限内,完成各教学环节学习,修满专业规定的最低学分,准予毕业。授予管理学学士学位。

七、全学程时间安排总表(表二)

项目\学年学期	一		二		三		四		合计
	1	2	3	4	5	6	7	8	
军训(含军事理论)	2								2
入学教育和专业导论	(2)								(2)
课堂教学	15	18	18	17	17	16			112
专业实习、课程实习或教育实习				1	1	2	18		11
毕业实习								8	8
专业创新创业实训								2	2
毕业论文(设计)								6	6
复习考试	1	1	1	1	1	1			7
机动	1						1	3	4
假期	6	8	6	8	6	8	6		48
全学程总周数	25	27	25	27	25	27	25	19	200

八、实践性教学环节(表三)

课程编号	实践教学项目	学分	周数	安排学期	实践方式
SJ00001	入学教育	1	(2)	第1学期	集中
SJ00002	军训(含军事理论)	1	2	第1学期	集中
SJ00003	社会实践	1	(3)	第2、4、6学期后暑期	校团委统一安排统一安排
SJ14001	认知实习	1	(1)	第2学期暑假	学院安排,到校企合作单位或自行联系单位进行企业调研与岗位认知
SJ14606	电子政务与办公自动化	1	1	第5学期	学校内经管实验实训中心,进行软件模拟与实训
SJ14607	人力资源管理综合实训	1	1	第6学期	聘请德力等校外合作企业人力资源管理部门人员开展讲座,结合专业学习,开展校外调研与校内模拟相结合的方式
SJ14201	ERP实训	1	1	第6学期	学校内经管实验实训中心,进行软件模拟与实训
SJ14002	财经应用文写作实训	1	1	第4学期	校内经管类应用文写作训练,结合教师的研究课题,以调查报告、学术论文、情景模拟等形式进行

续表

课程编号	实践教学项目	学分	周数	安排学期	实践方式
SJ14304	专业综合实习	18	18	第7学期	在德力等校企合作单位,以及学生应聘企业单位内完成专业综合实习
SJ14605	毕业实习(GG)	8	8	第8学期	在德力等校企合作单位,以及学生应聘企业单位内完成专业综合实习
SJ14605	专业创新创业实训	2	2	第8学期	在德力等校企合作单位,以及学生应聘企业单位内完成专业创新创业实训
SJ18106	毕业论文(设计)	6	6	第8学期	学院统一安排
合 计		42	40(6)(6)		

九、课程设置及学时、学分比例表(表四)

课程类型		学时	学分	占总学时(总学分)比例(%)	
通识教育课程平台		786	43	35.91%	35.39%
专业教育课程平台	学科基础课程	344	19	45.73%	45.68%
	专业基础课程	351	19.5		
	专业核心课程	306	17		
创新创业教育平台	创新创业基础课程	51	3.5	2.33%	2.88%
	创新创业核心实训课程	63	3.5	2.88%	2.88%
专业方向课程模块	组织与人员管理	180	10	8.22%	8.23%
	战略与运营管理	180	10		
个性化拓展课程模块	自然科学	36	2	4.93%	4.94%
	模块二:专业拓展	72	4		
总 计		2189	121.5	100%	100%

十、主干学科

工商管理、法学、公共管理

十一、核心课程

1.《管理定量分析技术》(Quantitative Analysis for Management Technique)

学时:45(理论课学时27、实践课学时18。)

学分:2.5(理论课学分1.5、实践课学分1。)

课程简介:本课程将结合企业事业单位管理的实例,系统地讲授统计与管理定量分析的基本理论、方法和技术。同时,适当介绍日常管理中广泛采用且行之有效的社会调查与统计分析方法。主要内容包括系统建模法、社会调查程序与方法、统计方法、线形回归预测方法、投入产出分析法、最优化方法、评价分析法、层次分析法、对策论、风险型决策与多目标决策、管理系统模拟、系统动力方法、网络计划方法等。

教学方法或手段:本课程在实验室采用教、学、做一体化教学模式。其中,有18个课时需要学生综合运用管理定量分析方法进行实操训练,实行过程考核。

教学评价方式:教学考核偏重过程考核,要求学生系统掌握管理定量分析技术,考核方式分为四个板块:①管理问题的设计(20%);②管理问题的数据收集(30%);③管理问题的数据分析与解析(30%);④授课出勤情况与课内表现(20%)。

教材选用：本课程教材按学校相关规定，由授课教师选定。

建议教材：《管理定量分析：方法与技术》（公共管理系列教材），刘兰剑、李玲编著，中国人民大学出版社，2014年。

2.《绩效管理》(Performance Management)

学时：45（理论课学时：36、实践课学时9，其中，企业行业专家授课9学时。）

学分：2.5（理论课学分：2、实践课学分0.5，其中，企业行业专业授课0.5学分。）

课程简介：本课程是公共事业管理专业的专业核心课，是一门理论性和实践性都很强的课程。本课程系统地阐述企业绩效管理的理论和方法，主要介绍绩效管理的基础理论、绩效计划、绩效沟通、绩效评价、绩效评价主体的选择与评价者培训、绩效评价指标的选择、绩效评价方法的选择、绩效评价结果的运用及绩效薪酬等方面的知识。通过本课程的学习，使学生对绩效管理有进一步的认识，掌握绩效管理的基本理论、技术、工具，并能熟练地运用相关理论和方法解决日常工作中出现的问题，初步具备绩效管理以及进行绩效评估的一般管理能力。

教学方法或手段：本课程应通过深入浅出地讲解，并辅以课堂讨论、案例分析、情景模拟等互动式教学方法，帮助学生加深对绩效管理理论的理解，提高学生的实际应用能力。

教学评价方式：本课程侧重考核学生利用所学知识综合分析和解决实际问题的能力，兼带考核学生的学习态度、出勤情况、实践报告撰写等情况。本门课程参考平时成绩、实践成绩和期末成绩，比例按20%、20%、60%加权进行考核。

教材选用：本课程教材按学校相关规定，由授课教师选定。

建议教材：《战略性绩效管理》（第四版），（教育部面向21世纪人力资源管理系列教材；"十二五"普通高等教育本科国家级规划教材），方振邦编著，中国人民大学出版社，2014年。

3.《薪酬管理》(Compensation Management)

学时：45（理论课学时36、实践课学时9，其中，企业行业专家授课9学时。）

学分：2.5（理论课学分2、实践课学分0.5，其中，企业行业专业授课0.5学分。）

课程简介：《薪酬管理》是公共事业管理专业的专业核心课之一，是一门实用性很强的综合性管理学科。本课程以企业薪酬为主要研究对象，讲述薪酬管理的基本原理及其实践之道，系统地介绍薪酬设计的原理和思路、职位评价、薪酬结构设计、绩效奖励计划设计、不同类型人员的薪酬设计、福利设计等薪酬管理技术。通过本课程的学习，使学生掌握组织薪酬结构以及不同岗位薪酬设计的方法，具备从事薪酬的支付与日常管理、员工福利管理等方面的基本技能。

教学方法或手段：以课程讲授为主，以课堂讨论和课下自学为辅；理论联系实际，要求学生坚持实事求是的态度，运用全面的、发展的和系统的观点以及所学理论，去观察、分析和解决现实企业的薪酬管理问题。

教学评价方式：本门课程参考平时成绩、实践成绩和期末成绩，比例按20%、20%、60%加权进行考核。综合考查学生的出勤、课堂讨论情况；案例分析、实践报告的撰写、参与情况；期末考核情况。

教材选用：本课程教材按学校相关规定，由授课教师选定。

建议教材：《薪酬管理》（第四版），（教育部面向21世纪人力资源管理系列教材；"十二五"普通高等教育本科国家级规划教材），刘昕著，中国人民大学出版社，2014年。

4.《招聘与人才测评》(Recruitment Management)

学时：36（理论课学时27、实践课学时9，其中，企业行业专家授课9学时。）

学分：2（理论课学分1.5、实践课学分0.5，其中，企业行业专业授课0.5学分。）

课程简介：《招聘与人才测评》是公共事业管理专业的专业核心课之一，是一门实用性较强的应用性课程。本课程的主要任务是通过招聘和测评两个环节，分别介绍企业如何选择招聘渠道、如何发布招聘信息、如何制定招聘流程、如何对应聘者进行选择等招聘活动以及相关的前沿理论，应用人员测评的基本原理和方法，指导企业的招聘与测评活动，提高企业选人的准确性，提高人力资源管理水平，进而增强企业的核心竞争力，为日后从事相关的人力资源管理工作打下基础。

教学方法或手段：以课程讲授为主，并辅以课堂讨论、案例分析、情景模拟等互动式教学方法，旨在让学生掌握人员招聘的基本原理、具体流程和基本方法，人员素质测评的基本原理、一般技术和常用测评工具。

教学评价方式：本门课程参考平时成绩、实践成绩和期末成绩，比例按20％、20％、60％加权进行考核。综合考查学生的出勤、课堂讨论情况；案例分析、实践报告的撰写、参与情况；期末考核情况。

教材选用：本课程教材按学校相关规定，由授课教师选定。

建议教材：《招聘与录用》（第二版），（"十一五"国家级规划教材；面向21世纪课程教材；教育部面向21世纪人力资源管理系列教材），廖泉文著，中国人民大学出版社，2010年。

5.《劳动关系管理》(Labor Relations Management)

学时：45（理论课学时36、实践课学时9，其中，企业行业专家授课9学时。）

学分：2.5（理论课学分2、实践课学分0.5，其中，企业行业专业授课0.5学分。）

课程简介：本课程以现代劳动关系理论为依据，结合我国劳动关系的现实，从企业劳动关系管理的视角，系统地介绍劳动关系管理的演进和发展，并就劳动关系管理实务中劳动合同、企业用工、劳动标准、社会保险、集体协商、劳动争议、非标准劳动关系管理等进行全面地阐述。通过学习，使学生掌握劳动关系管理的基本法律知识，具备从事劳动合同管理、劳动纪律管理、组织定额、定员管理以及工作时间与休假管理、考勤管理、劳动争议管理的基本能力。

教学方法或手段：本课程主要采取理论讲授和案例分析相结合的教学模式。其中，有9个课时需要学生综合运用所学知识进行案例分析和PPT汇报，实行过程考核。

教学评价方式：本课程考核体现"注重过程"的理念，建立一种多环节考核体系，成绩考核由"平时考勤""课堂汇报"与"期末考试"三部分构成：平时考勤部分的考核主要由平时上课、是否迟到和早退等部分构成，占总成绩的10％；课堂汇报部分的考核主要是考查学生的独立思考能力和语言表达能力，考查学生能否将所学知识学以致用，占总成绩的20％；期末考试的考核用于检测学生的理论学习成果，主要是以闭卷考试的形式呈现，占总成绩的70％。

教材选用：本课程教材按学校相关规定，由授课教师选定。

建议教材：程延园，《劳动关系》，中国人民大学出版社，2011年。

6.《社会保障学》(Social Security)

学时：45（理论课学时36、实践课学时9。）

学分：2.5（理论课学分2、实践课学分0.5。）

课程简介：本课程主要讲授社会保障的基本理论、基本知识和基本操作技能，介绍目前我国劳动社会保障领域的新内容，给学生提供政府、企事业单位组织的有关社会保障的基本概念、发展进程、理论基石、相关关系、体系与模式、社会保障基金、立法与管理等，旨在提供较为全面、系统的社会保障基本理论知识，使学生系统地理解和掌握以政府为主体的社会救助、社会保险、社会福利、军人保障、补充保障等在内的制度安排及实务知识的有关理论及运作技能。

教学方法或手段：本课程主要采取理论讲授和案例分析相结合的教学模式。其中，有9个课时需要学生综合运用所学知识进行案例分析和PPT汇报，实行过程考核。

教学评价方式：本课程考核体现"注重过程"的理念，建立一种多环节考核体系，成绩考核由"平时考勤""课堂汇报"与"期末考试"三部分构成：平时考勤部分的考核主要由平时上课、是否迟到和早退等部分构成，占总成绩的10％；课堂汇报部分的考核主要是考查学生的独立思考能力和语言表达能力，考查学生能否将所学知识学以致用，占总成绩的20％；期末考试的考核用于检测学生的理论学习成果，主要是以闭卷考试的形式呈现，占总成绩的70％。

教材选用：本课程教材按学校相关规定，由授课教师选定。

建议教材：刘晓梅、邵文娟，《社会保障学》，高等院校公共事业管理专业"十二五"规划教材，清华大学出版社，2014年。

7.《项目管理》(Project Management)

学时:45(理论课学时 36、实践课学时 9。)

学分:2.5(理论课学分 2、实践课学分 0.5。)

课程简介:本课程主要讲授最新的现代项目管理知识体系及相关理论与方法,通过《项目管理》课程的系统教学,使学生在掌握项目管理的基本知识、基本原理和基本方法的前提下,学会用项目管理的基本理论、方法、技术来分析和解决项目管理中实际碰到的问题,并能用项目管理的理念来面对和管理自己的生活和工作,为毕业后走上管理岗位进行管理实践打下扎实的理论和实践基础。

教学方法或手段:本课程主要采取理论讲授和案例分析相结合的启发式教学模式。其中,有 9 个课时需要学生综合运用所学知识进行案例分析和 PPT 汇报,实行过程考核。

教学评价方式:本课程考核体现"注重过程"的理念,建立一种多环节考核体系,成绩考核由"平时考勤""课堂汇报"与"期末考试"三部分构成:平时考勤部分的考核主要由平时上课、是否迟到和早退等部分构成,占总成绩的 20%;课堂汇报部分的考核主要是考查学生的独立思考能力和语言表达能力,考查学生能否将所学知识学以致用,占总成绩的 20%;期末考试的考核用于检测学生的理论学习成果,主要是以闭卷考试的形式呈现,占总成绩的 60%。

教材选用:本课程教材按学校相关规定,由授课教师选定,建议教材:李涛,《项目管理》(第三版),(新编 21 世纪远程教育精品教材·经济与管理系列;普通高等教育"十一五"国家级规划教材),中国人民大学出版社,2014 年。

十二、教学进程表(表五)

课程类别		课程编号	课程名称	总学分	总学时	学时分配		各学期学时分配								考核方式
						理论	实践	1	2	3	4	5	6	7	8	
通识教育课程平台		TS26106	思想道德修养与法律基础	3	48	38	10	48								试
		TS26102	中国近现代史纲要	2	32	24	8		32							试
		TS26103	马克思主义基本原理概论	3	48	38	10				48					试
		TS26104	毛泽东思想和中国特色社会主义理论概论Ⅰ	2	32	32					32					试
		TS26105	毛泽东思想和中国特色社会主义理论概论Ⅱ	4	64	44	20					64				试
		TS15001-4	大学英语(Ⅰ-Ⅳ)	15	270	230	40	60	70	70	70					试
		TS19001-4	大学体育(Ⅰ-Ⅳ)	4	126	126		30	32	32	32					试
		TS28001	大学计算机基础	3	48	16	32	48								试
		TS28002	VFP 程序设计	4	72	48	24		72							试
		TS18111	大学生心理健康教育	1	14	14		14								查
		TS26108-9	形势与政策	2	32	12	20	16	16							查
专业教育课程平台	学科基础课程	JC28005	高等数学 C	4.5	80	80		80								试
		JC28006	线性代数	2.5	48	48			48							试
		JC28007	概率论	2	36	36			36							试
		JC24410	西方经济学	4	72	72			72							试
		JC14201	管理学(MOOC)	3	54	54					54					试
		JC24403	统计学	3	54	40	14				54					试

续表

课程类别		课程编号	课程名称	总学分	总学时	学时分配		各学期学时分配								考核方式
						理论	实践	1	2	3	4	5	6	7	8	
专业教育课程平台	专业基础课程	ZJ24102	会计学	3	54	45	9			54						试
		ZJ14505	市场营销学(MOOC)	3	54	54				54						试
		ZJ14111	公共事业管理概论	2.5	45	45		45								试
		ZJ24511	经济法	2	36	36					36					试
		ZJ14112	组织行为学	2	36	36					36					试
		ZJ14113	公共关系学	2	36	36				36						试
		ZJ14114	公共组织财务管理	2.5	45	45						45				试
		ZH14205	人力资源管理(MOOC)	2.5	45	36	9				45					试
	专业核心课程	ZH14114	管理定量分析技术	2.5	45	27	18					45				试
		ZH14115	项目管理	2.5	45	36	9						45			试
		ZH14116	绩效管理	2.5	45	36	9						45			试
		ZH14117	薪酬管理	2.5	45	36	9						45			试
		ZH14118	招聘与人才测评	2	36	27	9						36			试
		ZH14119	劳动关系管理	2.5	45	36	9						45			试
		ZH14120	社会保障学	2.5	45	36	9						45			试
创新创业教育课程平台	基础课程	CJ00001	大学生创业教育	1	18	18				18						查
		CJ00002	大学生就业指导	2	24	24			12				12			查
		CJ14101	公共事业管理(人力资源管理方向)应用前景导论	0.5	9	9		9								查
	核心实训课程	CH14101	创新创业论坛	0.5	9	9				9						查
		CH14102	公共事业管理(人力资源管理方向)创业教育实践	1.5	27	27							27			查
		CH14103	公共事业管理(人力资源管理方向)创新教育实践	1.5	27	27						27				查
		CH00001	创新创业成果学分认定	创新创业实践学分的认定见有关文件												查
专业方向课程模块	组织人员管理	ZF14119	人力资源开发与培训	2.5	45	36	9						45			试
		ZF14123	工作分析与组织设计	2.5	45	36	9						45			试
		ZF14124	管理沟通	2.5	45	36	9						45			试
		ZF14125	企业文化	2.5	45	45							45			试
	战略运营管理	ZF14126	运营管理	2.5	45	36	9						45			试
		ZF14127	质量管理	2.5	45	36	9						45			试
		ZF14128	企业战略管理	2.5	45	36	9						45			试
		ZF14129	供应链管理	2.5	45	45							45			试
个性化拓展课程模块	自然科学模块	GT13424W	生命科学与人类文明	1	18	18						18				查
		GT13425W	微生物与人类健康	1	18	18						18				查
		GT17009W	从爱因斯坦到霍金的宇宙	1	18	18						18				查
		GT14401	博弈论	1	18	18						18				查
		GT14504	Photoshop 设计与制作	1	18	18						18				查

续表

课程类别	课程编号	课程名称	总学分	总学时	学时分配 理论	学时分配 实践	各学期学时分配 1	2	3	4	5	6	7	8	考核方式
个性化拓展模块 专业拓展模块	GT14204	管理信息系统	1	18	18							18			查
	GT14302	电子商务	1	18	18							18			查
	GT24107	税收原理	1	18	18							18			查
	GT14506	商务礼仪	1	18	18							18			查
	GT24506	证券与期货	1	18	18							18			查
	GT14101	ISO9000概论	1	18	18							18			查
最低修读学分/学时			121.5	2189	1894	295	302	366	399	380	388	354			
课堂教学周数							15	18	18	17	17	16			
周学时数							20	20	22	22	23	22			

说明：
1. 各专业军事理论教育在第1学期以讲座形式进行；
2. 专业方向课程模块学生应至少完整修读1个方向，修读学分不低于10个学分；
3. 创新创业教育平台，学生获得"创新创业成果"学分可抵免创新创业核心实训课程学分；
4. 个性化拓展模块要求学生至少须选修6个学分，其中，"自然科学"模块要求学生至少选修2个学分，且至少选修1门网络课程；专业拓展模块至少选修4个学分。

十三、专业综合实习进程表

轮训岗位	实训时间	实训任务	知识、技能和素质要求
工作分析与组织设计	4周	实习单位工作流程调查	熟悉实习单位工作流程，了解组织内部现有的人力资源配置状况
		组织结构分析	熟悉实习单位组织结构，并对现有结构的属性、类型、设置依据与存在的问题进行系统分析
		岗位工作分析	调查现有岗位的工作状况，进行岗位职责、权利的工作设计分析，分析岗位中存在的人力资源缺口
人才招聘与培训	6周	行业人才市场分析	设计实习单位所在行业的人才市场调查表，调研该行业人才市场需求，对调查数据进行分析、汇总，并运用相关方法分析预测
		人才市场招聘	制定实习单位人才招聘计划，分析相关人才招聘途径，制定人才招聘的相关流程，笔试面试内容，并参与人才招聘活动
		人才培训管理	制定实习单位人才培训计划，制定人才培训的相关流程和课程安排，安排相应的培训考核内容，并参与人才培训活动。
绩效与薪酬管理	6周	管理人员绩效考核现状调查	收集实习单位的管理岗位工作人员绩效考核方法，通过问卷调查、访谈等方法了解管理岗位工作人员绩效考核的实际效果，并进行问题分析
		基层工作人员绩效考核现状调查	收集实习单位的基层岗位工作人员绩效考核方法，通过问卷调查、访谈等方法了解基层岗位工作人员绩效考核的实际效果，并进行问题分析
		薪酬管理现状调查	调查了解实习单位薪酬管理的现状，分析企业薪酬管理与绩效考核之间的相关关系，并对存在的问题提出改进措施
实习总结	2周	撰写实习报告	对实习内容的进行调研、收集数据，找出问题、分析原因、给予对策；报告字数必须5000字以上；排版工整，A4纸打印

十四、毕业实习及毕业论文(设计)

课程类别	时间	程序	任务
毕业实习	8周	岗位选择	在轮岗实习的基础上,根据自己的兴趣爱好、技能特长以及企业的岗位要求确定顶岗实习的岗位
		顶岗实习	熟悉岗位工作规范、工作职责以及工作任务;掌握工作流程;提高专业素质,强化岗位能力;分析总结所在企业管理中存在的问题,并收集相应的数据,为毕业论文设计做好基础
		实习总结	对顶岗实习进行全面总结,深入剖析实习过程中所取得的经验和存在的问题,为就业打好坚实的基础。填写好毕业实习任务书的相关表格,并撰写毕业实习报告(基于所在企业的某一方面为例,收集数据,找出问题、分析原因、给予对策;报告字数必须5000字以上;排版工整,A4纸打印)
毕业论文(设计)	6周	毕业论文(设计)形式	调研报告、科研论文、方案设计及其他
		毕业论文(设计)选题来源	学生顶岗实习企业,指导教师科研课题及其他
		毕业论文(设计)答辩资格审查	通过"学术不端检测系统"检测;通过指导老师进行毕业论文答辩资格审查合格
		毕业论文(设计)多样化改革学分认定	毕业论文(设计)多样化改革学分认定见有关文件

十五、辅修专业课程设置

管理学院公共事业管理专业辅修课程设置

课程名称	学 分	辅修专业教学计划
西方经济学	3	
管理学	3	
人力资源管理概论	2.5	
薪酬管理	2	
绩效管理	2	
公共事业管理概论	2	
组织行为学	2	
社会保障学	2.5	
公共关系学	2	
招聘与人才测评	2	
劳动关系管理	2	
毕业论文		必做,但不计学分。
总计	25	学生必须修满25学分

经济学类专业

经济学本科专业人才培养方案

专业代码:020101

一、培养目标

本专业培养具备马克思主义经济学理论基础,熟悉现代西方经济学理论,掌握现代经济分析方法,具备经济分析、经济预测、经济管理等专业能力,能够在各类企事业单位及政府部门从事经济分析、预测、规划和管理工作,具有创新意识和创业精神的高素质应用型专门人才。

二、培养要求

本专业学生主要学习政治经济学、微观经济学、宏观经济学、统计学、金融学、会计学等方面的基本理论和基本知识,接受经济博弈分析、计量经济分析、证券投资分析和经济预测与决策等方面的基本训练,掌握利用统计分析软件进行经济分析等方面的基本能力。

毕业生应获得以下几方面的知识和能力:

1. 掌握一门外国语,具有较强的听、说、读、写、译能力,能较熟练地阅读本专业的外文书刊,掌握计算机的基本知识和应用方法,具有熟练操作办公软件的能力;

2. 掌握马克思政治经济学基本理论与基础知识;

3. 掌握现代经济学的基本理论和研究方法以及现代企业经营管理的理论与方法;

4. 掌握现代经济分析方法和计算机应用技能,具有运用数量分析方法和现代技术手段进行社会经济调查、经济分析和实际操作的能力;

5. 熟悉党和国家的经济方针、政策和法规,了解中国经济体制、运行机制、经济发展环境与条件,具备中国特色社会主义经济背景下的宏观意识和经济管理能力;

6. 掌握投资的基本理论与方法、经济管理决策的基本知识和方法,能够利用博弈的思想进行科学决策,具备进行企业管理的预测与决策能力;

7. 具有较强的语言文字表达、人际沟通、团结协作等社会适应和发展能力;具有健康的体魄、良好的心理素质、身心保健的知识和能力。

三、专业方向

1. 保险方向

学习和掌握保险经济学和保险公司经营管理、保险营销等方面的基本理论和基本知识,具备保险风险管理、保险产品营销等能力,能够在保险监管部门、保险行业协会、保险公司、保险资金管理公司、保险中介机构等从事保险风险管理、营销、咨询服务等工作。

2. 金融方向

学习和掌握现代经济学和金融学等方面的基本理论和基本知识,具备金融、证券投资等基本业务技能,以及具有进行投资理财、基金管理和风险管理等能力,能够在银行、证券公司等金融机构及企业从事基本业务工作、投资分析、风险管理、咨询服务等工作。

四、素质与能力分析表(表一)

综合素质与能力	专项素质与能力	对应课程或实践
1.基本素质与能力	1.1 政治素质	思想道德修养与法律基础、中国近现代史纲要、马克思主义基本原理概论、形势政策等
	1.2 人文科学素质	思想道德修养与法律基础、中国近现代史纲要、现代礼仪等
	1.3 身心素质	军事训练、大学体育等
	1.4 分析运算能力	高等数学、概率论与数理统计、线性代数、统计学、计量经济学、经济博弈论等
	1.5 英语应用能力	大学英语等
	1.6 计算机应用能力	大学计算机基础、VFP程序设计等
	1.7 利用现代化手段获取信息能力	大学计算机基础、文献检索等
	1.8 组织管理、语言表达、人际交往以及在团队中发挥作用的能力	现代礼仪以及统计调查与分析实践、经济学知识大赛等分组实践课程等
2.学科基础知识及应用能力	2.1 经济学、管理学学科基本理论	微观经济学、宏观经济学、高等数学、线性代数、概率论与数理统计等
	2.2 经济现象的认知能力、组织管理能力	
3.专业基础知识及应用能力	3.1 经济学专业基础知识	政治经济学、统计学、会计学、财务管理、金融学、货币银行学、经济分析软件应用等
	3.2 经济分析、经济政策制定及经济分析软件应用能力	
4.专业核心知识及应用能力	4.1 中国当代经济分析知识与应用能力	经济博弈论、投资分析技术、经济预测与决策、计量经济分析、中国当代经济、现代企业经营与管理等
	4.2 投资理财的知识与应用能力	
	4.3 经济数据分析知识与应用能力	
	4.4 现代企业经营与管理的知识与能力	
5.专业实践技能与动手能力	5.1 市场调查与分析能力	统计调查与分析实践、财经应用文写作实训、经济分析软件应用、经济分析与建模大赛等
	5.2 经济应用文写作能力	
	5.3 现代数据分析技术与能力	
6.创新创业能力	6.1 创新能力	大学生创业教育、大学生就业指导、创新创业论坛、专业创新创业实践等
	6.2 创业能力	
7.个性化发展能力	7.1 自然科学认知能力	物联网概论、插花与盆景、魅力科学、微生物与人类健康等
	7.2 专业拓展能力	现代礼仪、演讲与口才、ISO质量管理、电子商务、推销与谈判等

五、学制与学分

1.学制:标准学制4年,修业年限3～6年。

2.学分:最低修读154.5学分。其中,课内教学环节必须修满122.5学分,实践教学环节必须修满32学分。

六、毕业与学位授予

学生在规定的学习年限内,完成各教学环节学习,修满专业规定的最低学分,准予毕业。授予 经济学 学士学位。

七、全学程时间安排总表(表二)

学年 项目　　学期	一		二		三		四		合计
	1	2	3	4	5	6	7	8	
军训(含军事理论)	2								2
入学教育和专业导论	(2)								(2)
课堂教学	15	18	18	18	17	17	12		119
专业实习或教育实习		(2)	(3)	(2)	1(4)	1(2)	2(3)		4(15)
毕业实习								8	8
专业创新创业实训								2	2
毕业论文(设计)								6	6
复习考试	1	1	1	1	1	1	1		7
机动	1							3	4
假期		6	8	6	8	6	8	6	48
全学程总周数	25	27	25	27	25	27	25	19	200

八、实践性教学环节(表三)

课程编号	实践教学项目	学分	周数	安排学期	实践方式
SJ00001	入学教育	1	(2)	第1学期	机动
SJ00002	军训(含军事理论教育)		2	第1学期	集中
SJ00003	社会实践	1	(3)	第2、4、6学期后暑假	由校团委统一安排
SJ24410	经济学专业认知实习	1	(1)	第2学期后暑假	学院安排学生到中国工商银行凤阳支行、安徽力华广电玻璃等企业进行调研,对企业的经营管理和岗位进行认知
SJ24406	经济学知识大赛	2	(2)	第3学期	由学院组织,中国工商银行、德力股份等企业参与冠名,邀请冠名企业负责人作为大赛辩论赛阶段的评委
SJ24411	系列专题讲座	1	(4)	第3、4、5、6学期	邀请银河证券、德力股份、广州佛朗斯等企业的高级经济师、会计师等进行企业经营理、投资理财、宏观经济分析等方向开展专题讲座
SJ24407	统计调查与分析实践	3	(3)	第5学期	安排学生对工商银行凤阳支行、力华玻璃等附近的工商企业进行调查,企业安排人员作为校外调查实践的指导老师,对被调查企业的经营管理进行调查分析
SJ24002	财经应用文写作实训	1	1	第5学期	由德力股份等校外实践基地的经济师和行政管理人员讲解经济合同、邀请函、介绍信等经济应用文的写作知识
SJ24401	文献检索	1	1	第6学期	由图书馆专业的老师进行讲解电子资源的检索,利用数据库进行论文检索与选题等基本的科研训练。验室集中演示、训练

续表

课程编号	实践教学项目	学分	周数	安排学期	实践方式
SJ24404	经济分析软件应用	2	2	第7学期	由德力股份等企业的经济师讲解统计分析软件 spss 的在进行数据分析中的应用,校内实验室中进行演示训练
SJ24409	经济分析与建模大赛	3	(3)	第7学期	由学院组织,银河证券、德力股份等企业参与冠名,结合参与企业在经济运营过程中的问题进行建模分析,培养学生解决实际问题的能力
SJ24003	毕业实习	8	8	第8学期	学院统一安排
SJ24006	专业创新创业实训	2	2	第8学期	学院统一安排
SJ24004	毕业论文(设计)	6	6	第8学期	学院统一安排
	合 计	32	22(18)		

九、课程设置及学时、学分比例表(表四)

课程类型		学时	学分	占总学时(总学分)比例(%)	
通识教育课程平台		786	43	36.02%	35.10%
专业教育课程平台	学科基础课程	346	19.5	47.20%	47.76%
	专业基础课程	360	21		
	专业核心课程	324	18		
创新创业教育平台	创新创业基础课程	51	3.5	5.22%	5.71%
	创新创业核心实训课程	63	3.5		
专业方向课程模块	保险方向	144	8	6.60%	6.53%
	金融方向				
个性化拓展课程模块	自然科学	36	2	4.95%	4.90%
	专业拓展	72	4		
总 计		2182	122.5	100%	100%

十、主干学科

经济学、管理学

十一、核心课程

1.《经济博弈论》(Economic Game Theory)

学时:54(理论课学时40、实践课学时14,其中,企业行业专家授课4学时。)

学分:3(理论课学分2、实践课学分1,其中,企业行业专业授课0.25学分。)

课程简介:本课程是现代经济学和决策管理学的交叉学科,其研究对象是以经济主体之间的相互影响以及它们之间的对抗、依赖与制约作为前提与出发点来研究经济主体之间的行为策略,以科学决策为依据,指导主体合理地组织生产、配置资源与开展竞争等经济活动,将现代经济学原理和数学分析工具相结合,并应用于决策之中。培养学生掌握经济博弈论的基础原理、管理决策的基本方法和基本技能,为从事企业、事业以及政府经济管理工作奠定良好的基础。本课程采用多媒体教学,在讲授中穿插案例进行教学,采用一课多考的方式进行考核。

教学方法或手段：本课程采用理实结合的授课方式。

教学评价（考核）方式：采用过程＋终结的考核方式。其中，平时成绩占20%，课程论文占10%，期中考试占20%，期终考试占50%。

教材选用：谢识予主编，《经济博弈论》，复旦大学出版社。

参考教材：Jean Tirole 让·梯若尔 弗登博格著，姚洋校，黄涛等译，《博弈论》，中国人民大学出版社；张维迎主编，《博弈论与信息经济学》，格致出版社。

2.《经济预测与决策技术》(Economic Forecast and Decision)

学时：54（理论课学时40、实践课学时14，其中，企业行业专家授课4学时。）

学分：3（理论课学分2、实践课学分1，其中，企业行业专业授课0.25学分。）

课程简介：本课程主要讲授时间序列、指数平滑、回归分析、马尔可夫链以及确定型、非确定型和风险型决策等多项定性、定量分析方法。通过学习，帮助学生树立"管理的关键在于决策，而决策的前提是预测"的意识，培养学生科学地进行经济预测和决策研究，具备为社会经济预测和决策服务的能力。本课程采用多媒体教学，在讲授中穿插案例进行教学，采用一课多考的方式进行考核。

教学方法或手段：本课程采用理实结合的授课方式。

教学评价（考核）方式：采用过程＋终结的考核方式。其中，平时成绩占20%，课程论文占10%，期中考试占20%，期终考试占50%。

教材选用：冯文权编著，《经济预测与决策技术》（第五版），武汉大学出版社。

参考教材：王文举，张桂喜主编，《经济预测、决策与对策》，首都经济贸易大学出版社；杨德平等编著，《经济预测方法及MATLAB实现》，机械工业出版社。

3.《计量经济分析》(Econometric Analysis)

学时：54（理论课学时40、实践课学时14，其中，企业行业专家授课4学时。）

学分：3（理论课学分2、实践课学分1，其中，企业行业专业授课0.25学分。）

课程简介：本课程主要讲授线性单方程计量经济学理论与方法；线性联立方程计量经济学模型的基本概念和有关模型识别、检验的理论与方法；常用的计量经济学应用模型的理论模型和估计方法；时间序列计量经济学模型理论等，培养学生运用计量模型进行社会经济分析和研究的能力。本课程采用多媒体教学，在讲授中穿插案例进行教学，采用一课多考的方式进行考核。

教学方法或手段：本课程采用理实结合的授课方式。

教学评价（考核）方式：采用过程＋终结的考核方式。其中，平时成绩占20%，课程论文占10%，期中考试占20%，期终考试占50%。

教材选用：庞浩主编，《计量经济学》，科学出版社。

参考教材：伍德里奇著，费剑平译校，《计量经济学导论》（第四版），中国人民大学出版社；古扎拉蒂、波特著，费剑平译，《计量经济学基础》（第五版），中国人民大学出版社。

4.《证券投资分析技术》(Securities investment analysis technology)

学时：54（理论课学时36、实践课学时18，其中，企业行业专家授课8学时。）

学分：3（理论课学分2、实践课学分1，其中，企业行业专业授课0.5学分。）

课程简介：本课程是为培养和提高学生金融意识和证券投资决策能力而设置的一门应用型课程。主要阐述证券投资的基本理论和常用分析方法，使学生掌握证券投资学的一般理论和相关的实务操作方法，培养和发展学生的证券投资相关知识及技能，并通过所学知识指导证券投资实践。本课程采用多媒体教学，在讲授中穿插案例进行教学，采用一课多考的方式进行考核。

教学方法或手段：本课程采用理实结合的授课方式。

教学评价（考核）方式：采用过程＋终结的考核方式。其中，平时成绩占20%，课程论文占10%，期中考试占20%，期终考试占50%。

教材选用：田文斌主编，《证券投资分析》，中国人民大学出版社。

参考教材:赵锡军、魏建华主编,《证券投资分析》(第六版),中国人民大学出版社;李国强、李雯主编,《证券投资分析》(第二版),机械工业出版社。

5.《当代中国经济》(Contemporary Chinese Economy)

学时:44(理论课学时36、实践课学时18,其中,企业行业专家授课8学时。)

学分:3(理论课学分2、实践课学分1,其中,企业行业专业授课0.5学分。)

课程简介:本课程系统介绍当代中国经济的历史、现状、基本政策和基本理论,内容涉及基本经济制度、经济体制、经济发展、对外开放等主要方面,涵盖企业、市场、宏观体制、分配制度、宏观管理体制、经济发展道路、科学技术、人口资源环境、工业化与信息化、农村与农业、对外贸易和对外投资等各个方面。通过本课程的学习,使学生了解中国的经济发展现状与环境,培养学生中国情境下的宏观意识和宏观经济分析能力。本课程采用多媒体教学,在讲授中穿插案例进行教学,采用一课多考的方式进行考核。

教学方法或手段:本课程采用理实结合的授课方式。

教学评价(考核)方式:采用过程+终结的考核方式。其中,平时成绩占20%,课程论文占10%,期中考试占20%,期终考试占50%。

教材选用:张宇、卢荻主编,《当代中国经济》(第二版),中国人民大学出版社。

参考教材:刘书瀚主编,《当代中国经济政策与实践》,中国财政经济出版社;白远主编,《当代中国经济改革与发展》,经济管理出版社。

(说明:本课程需要结合中国经济发展实践,因此具有较强的时效性,选用教材及参考教材根据实际情况,每两年左右更新一次。)

6.《现代企业经营与管理》(Modern enterprise management)

学时:44(理论课学时36、实践课学时18,其中,企业行业专家授课8学时。)

学分:3(理论课学分2、实践课学分1,其中,企业行业专业授课0.5学分。)

课程简介:本课程系统地讲授现代企业经营管理的基本内涵、现代企业经营决策与计划、现代企业新产品开发与管理、现代企业物流管理、现代企业销售管理、现代企业商务谈判以及跨国企业经营管理等内容。通过本课程的学习,培养学生现代企业管理的专业知识和将来从事企业管理等相关工作的能力,并为学生毕业后进行创业储备必要的经营管理知识,为学生的长远发展打下基础。本课程采用多媒体教学,在讲授中穿插案例进行教学,采用一课多考的方式进行考核。

教学方法或手段:本课程采用理实结合的授课方式。

教学评价(考核)方式:采用过程+终结的考核方式。其中,平时成绩占20%,课程论文占10%,期中考试占20%,期终考试占50%。

教材选用:苗长川、杨爱花主编,《现代企业经营管理》(第二版),清华大学出版社。

参考教材:齐永兴、王景峰主编,《现代企业经营管理——理论与实验模拟》,经济科学出版社;杜玉梅、吕彦儒主编,《企业管理》(第三版),上海财经大学出版社。

十二、教学进程表(表五)

课程类别	课程编号	课程名称	总学分	总学时	学时分配		各学期学时分配								考核方式
					理论	实践	1	2	3	4	5	6	7	8	
通识教育课程平台	TS26106	思想道德修养与法律基础	3	48	38	10	48								试
	TS26102	中国近现代史纲要	2	32	24	8		32							试
	TS26103	马克思主义基本原理概论	3	48	38	10				48					试
	TS26104	毛泽东思想和中国特色社会主义理论体系概论Ⅰ	2	32	32					32					试

续表

课程类别	课程编号	课程名称	总学分	总学时	学时分配 理论	学时分配 实践	各学期学时分配 1	2	3	4	5	6	7	8	考核方式
通识教育课程平台	TS26105	毛泽东思想和中国特色社会主义理论体系概论Ⅱ	4	64	44	20					64				试
	TS15001-4	大学英语（Ⅰ-Ⅳ）	15	270	230	40	60	70	70	70					试
	TS19001-4	大学体育（Ⅰ-Ⅳ）	4	126	126		30	32	32	32					试
	TS28001	大学计算机基础	3	48	16	32	48								试
	TS28002	VFP程序设计	4	72	48	24			72						试
	TS18111	大学生心理健康教育	1	14	14		14								查
	TS26108-9	形势与政策	2	32	12	20	16	16							查
专业教育课程平台 学科基础课程	JC28003	高等数学B1	4	72	72		72								试
	JC28004	高等数学B2	3.5	64	64			64							试
	JC28006	线性代数	3	48	48			48							试
	JC28008	概率论与数理统计	3	54	54				54						试
	JC24401	微观经济学（MOOC）	3	54	54		54								试
	JC24402	宏观经济学（MOOC）	3	54	45	9		54							试
专业教育课程平台 专业基础课程	ZJ24409	统计学	3	54	40	14					54				试
	ZJ24116	会计学	3	54	45	9					54				试
	ZJ24510	经济法	2	36	27	9				36					试
	ZJ24407	保险学	2	36	36							36			试
	ZJ24201	财务管理	2	36	36							36			试
	ZJ24410	政治经济学	3	48	48					48					试
	ZJ24508	金融学	3	48	48					48					试
	ZJ24505	财政学	3	48	48						48				试
专业教育课程平台 专业核心课程	ZH24406	经济博弈论	3	54	40	14					54				试
	ZH24407	经济预测与决策技术	3	54	40	14						54			试
	ZH24510	证券投资分析技术	3	54	40	14						54			试
	ZH21110	计量经济分析	3	54	40	14					54				试
	ZH24409	当代中国经济	3	54	36	18						54			试
	ZH14220	现代企业经营与管理	3	54	36	18					54				试
创新创业教育课程平台 基础课程	CJ00001	大学生创业教育	1	18	18					18					查
	CJ00002	大学生就业指导	2	24	24			12				12			查
	CJ24001	专业导论	0.5	9	9		9								查
创新创业教育课程平台 核心实训课程	CH24001	创新创业论坛	0.5	9	9							9			查
	CH24401	互联网+：跨界与融合	1.5	27	27							27			查
	CH24402	人文与社会科学学术论文写作	1.5	27	27							27			查
	CH00001	创新创业成果学分认定	创新创业成果学分的认定见有关文件												

续表

课程类别		课程编号	课程名称	总学分	总学时	学时分配		各学期学时分配								考核方式
						理论	实践	1	2	3	4	5	6	7	8	
专业方向课程模块	保险方向	ZF24501	保险经营与管理	2	36	36							36			试
		ZF24418	人寿保险理论与实务	2	36	27	9						36			试
		ZF24416	财产保险理论与实务	2	36	27	9						36			试
		ZF24415	保险精算理论与实务	2	36	36								36		试
	金融方向	ZF24509	公司金融	2	36	36							36			试
		ZF24512	金融中介与资本市场	2	36	27	9						36			试
		ZF24417	公司重组及并购	2	36	27	9						36			试
		ZF24511	互联网金融	2	36	36								36		试
个性化拓展课程模块	自然科学模块	GT14202	物联网概论	1	18	18							18			查
		GT13677	插花与盆景	1	18	18							18			查
		GT17008W	魅力科学	1	18	18							18			查
		GT13425W	微生物与人类健康	1	18	18								18		查
	专业拓展模块	GT24002W	现代礼仪	1	18	18							18			查
		GT14302	电子商务	1	18	18							18			查
		GT14508	市场营销	1	18	8	10							18			查
		GT14502	演讲与口才	1	18	18							18			查
		GT24001	ISO 质量管理	2	32	32							32			查
		GT14303	推销与谈判	1	18	18							18			查
学生最低修读的学分/学时				122.5	2182	1857	325	303	376	378	392	352	345	36		
课堂教学周数								15	18	18	18	17	17	12		
周学时数								20.2	20.9	21.0	21.8	20.7	20.3	3.0		

说明：
1. 各专业军事理论教育在第1学期以讲座形式进行；
2. 专业方向课程模块必须明确至少应选修1个完整模块；
3. 创新创业教育平台，学生获得"创新创业成果"学分可抵免创新创业核心实训课程学分；
4. 个性化拓展模块要求学生至少须选修6个学分，其中，"自然科学"模块要求学生至少选修2个学分，且至少选修1门网络课程；专业拓展模块至少选修4个学分。

十三、辅修专业课程设置

财经学院经济学专业辅修课程设置

课程名称	学　分	辅修专业教学计划
西方经济学	4	第3学期
管理学	4	第3学期
统计学	4	第4学期
经济法	3	第4学期
会计学	3	第5学期

续表

课程名称	学 分	辅修专业教学计划
计量经济学	3	第5学期
经济博弈论	3	第6学期
经济预测与决策	3	第6学期
中国当代经济	3	第6学期
毕业论文		必做,但不计学分。
总计	30	学生必须修满25学分

经济学类专业

国际经济与贸易本科专业人才培养方案

专业代码:020401

一、培养目标

本专业培养德、智、体、美全面发展,掌握经济学、管理学以及国际贸易规则与惯例等基本知识,具有较强的国际市场分析、国际商务沟通与外贸实务操作等专业能力,能够在国际贸易部门、涉外企业等从事报关、报检,国际结算,国际商务谈判等外贸业务工作,具有创新意识和创业精神的高素质应用型专门人才。

二、培养要求

本专业学生主要学习西方经济学、管理学、会计学、国际贸易理论、国际金融等方面的基本理论和基本知识,接受国际贸易实务、国际结算、报关、外贸函电与谈判、外贸单证等方面的基本训练,掌握国际商务谈判、报关、国际结算等方面的基本能力。

毕业生应获得以下几方面的知识和能力:

1.掌握经济学、管理学学科基础理论知识,具备经济现象的认知与分析能力、组织管理能力、统计分析能力与会计核算能力;

2.掌握计算机的基本知识和应用方法,具有熟练操作相关国际贸易应用软件的能力;

3.具有健康的体魄、良好的心理素质,具备一定的组织能力、创新能力、人际沟通和交流能力和谋求自我发展的能力;

4.掌握国际贸易惯例和主要国家的贸易政策及相关法规,能对国际贸易发展趋势进行一定前瞻性分析,并具有对世界主要市场环境进行分析的能力。

5.具有较强的英语听、说、读、写、译的能力,能够进行对外经济业务的联系,具备对外磋商与谈判的能力;

6.掌握国际结算、报关、外贸函电、国际货物运输与保险等专业知识和技能,具备对外贸易工作的实务操作能力;

7.掌握外贸业务活动中所涉及的合同、信用证、发票、装箱单、提单、保险单、产地证、汇票以及其他相关单据的作用、内容,具备较强的外贸单证制作和管理能力。

三、专业方向

1.国际电子商务方向

学习和掌握电子商务、网络营销、Photoshop设计与制作、摄影艺术等基本知识,具有较强的国际电子商务沟通、国际电子商务操作等专业能力,能够在外贸企业从事外贸产品的报关、报检,国际结算,国际商务谈判、风险防范等工作。

2. 国际投资方向

学习和掌握国际投资、跨国经营与管理、外汇与期货的实际操作等基本专业知识，具备较强的国际投融资的分析、管理与运营能力，能够在跨国企业从事贸易、投资、风险管理等跨国经营工作以及在银行等金融机构从事国际投融资工作。

四、素质与能力分析表（表一）

综合素质与能力	专项素质与能力	对应课程或实践
1.基本素质与能力	1.1 政治素质	思想道德修养与法律基础、马克思主义基本原理概论、毛泽东思想和中国特色社会主义理论体系概论、中国近现代史纲要、入学教育和军训等
	1.2 人文科学素质	魅力与科学、物联网概论、插花与盆景等
	1.3 身心素质	大学体育、大学生心理健康教育等
	1.4 分析运算能力	高等数学、线性代数、概率论与数理统计、统计学等
	1.5 英语应用能力	大学英语、商务英语等
	1.6 计算机应用能力	大学计算机基础、VFP程序设计
	1.7 利用现代化手段获取信息的能力	大学计算机基础、电子商务、物联网概论
	1.8 组织管理、语言表达、人际交往以及在团队中发挥作用的能力	管理学、现代礼仪、魅力科学等
2.学科基础知识及应用能力	2.1 经济学、管理学基本理论知识	微观经济学、宏观经济学、管理学、统计学、会计学、国际市场营销学、国际金融等
	2.2 经济现象的认知与分析能力、组织管理能力	
3.专业基础知识及应用能力	3.1 国际贸易的基本理论、基本知识及国际贸易规则与惯例	国际贸易理论、商务英语、国际经济学、世界贸易组织概论、国际商法等、公关与礼仪实训、商务英语技能大赛等
	3.2 国际贸易实务操作能力	
4.专业核心知识及应用能力	4.1 国际结算、报关、外贸单证制作、国际贸易地理知识	国际贸易实务、国际结算、报关实务、外贸单证实务、国际贸易调查与分析、外贸函电与谈判、进出口模拟实训等
	4.2 外贸磋商与谈判、函电填制能力	
5.专业实践技术与动手能力	国际结算技能、报关技能、制单技能、涉外谈判能力	国际结算实验、报关实务实验、外贸单证实务实验、进出口模拟实训、专业综合实习、商务英语技能大赛等
6.创新创业能力	6.1 创新能力	创新创业论坛、专业创新创业实训
	6.2 创业能力	大学生创业教育、大学生就业指导、电子商务创业实践、国际商务与策划等
7.个性化发展能力	自然科学与专业拓展	物联网概论、插花与盆景、魅力科学、微生物与人类健康、现代礼仪、ISO质量管理、推销与谈判等

五、学制与学分

1. 学制：标准学制4年，修业年限3~6年。
2. 学分：最低修读159.5学分。其中，课内教学环节必须修满123.5学分，实践教学环节必须修满36学分。

六、毕业与学位授予

学生在规定的学习年限内，完成各教学环节学习，修满专业规定的最低学分，准予毕业。授予经济学学士学位。

安徽科技学院应用型创新创业人才培养方案(2015)

七、全学程时间安排总表(表二)

学年\项目\学期	一		二		三		四		合计
	1	2	3	4	5	6	7	8	
军训(含军事理论)	2								2
入学教育和专业导论	(2)								(2)
课堂教学	15	18	16	16	15	14	12		106
专业实习或教育实习			2	2	3	4	6		17
毕业实习								8	8
专业创新创业实训								2	2
毕业论文(设计)								6	6
复习考试	1	1	1	1	1	1	1		7
机动	1							3	4
假期		6	8	6	8	6	8	6	48
全学程总周数	25	27	25	27	25	27	25	19	200

八、实践性教学环节(表三)

课程编号	实践教学项目	学分	周数	安排学期	实践方式
SJ00001	入学教育	1	(2)	第1学期	集中
SJ00002	军训(含军事理论)		2	第1学期	集中
SJ00003	社会实践	1	(3)	第2、4、6学期后暑期	由校团委统一安排
SJ24310	国贸专业认知实习	1	(1)	第2学期暑假	学院安排、企业调研、岗位认识
SJ24306	国际贸易调查与分析	8	8	第3、4、5、6学期,每学期2周	由德力公司等外贸人员和我校教共同师指导学生对外贸环境与发展趋势进行调查,实施过程考核
SJ24308	商务英语技能大赛	2	2	第6学期	由思巴克等公司外贸人员讲解涉外交流技能,并在教室分组模拟谈判,实施过程考核
SJ14501	公关与礼仪实训	1	1	第5学期	由思巴克公司等外贸人员讲解商务礼仪,学生在财经综合实验室模拟,实施过程考核
SJ24307	进出口模拟实训	2	2	第7学期	由德力公司等外贸人员进解进出口流程,学习在财经综合实验室模拟,实施过程考核
SJ24311	国贸专业综合实习	4	4	第7学期	学生进驻思巴克、佛朗斯及恒进粮油工贸等公司实地实习,实施过程考核
SJ24006	专业创新创业实训	2	2	第8学期	由德力、恒进粮油工贸公司等外贸人员进解国际电子商务流程,学习在财经综合实验室模拟,实施过程考核
SJ24003	毕业实习	8	8	第8学期	学院统一安排
SJ24004	毕业论文(设计)	6	6	第8学期	学院统一安排
	合计	36	35(6)		

九、课程设置及学时、学分比例表(表四)

课程类型		学时	学分	占总学时(总学分)比例(%)	
通识教育课程平台		786	43	35.50%	34.82%
专业教育课程平台	学科基础课程	400	22.5	48.15%	48.18%
	专业基础课程	360	20		
	专业核心课程	306	17		
创新创业教育平台	创新创业基础课程	51	3.5	5.15%	5.66%
	创新创业核心实训课程	63	3.5		
专业方向课程模块(各方向学时、学分大体相同)	国际电子商务	144	8	6.50%	6.48%
	国际投资				
个性化拓展课程模块	自然科学	36	2	4.70%	4.86%
	专业拓展	72	4		
总 计		2214	123.5	100%	100%

十、主干学科

经济学、管理学

十一、核心课程

1.《国际结算》(International Settlements)

学时:45(理论课学时36、实践课学时9,其中,企业行业专家授课3学时。)

学分:2.5(理论课学分2、实践课学分0.5,其中,企业行业专业授课0.125学分。)

课程简介:本课程主要讲授票据的总体特征和功能,汇票、本票、支票的形式、内容及各自的特点,汇款方式、托收方式、信用证方式等国际结算方式的具体操作程序和种类、特点以及实务中注意事项;讲解国际结算的业务流程与操作规程,讲授我国涉外金融、结算工作中的方针、政策与做法。通过本课程学习,使学生能够更加系统地掌握国际结算过程中所涉及的结算制度、结算工具、结算方式与结算单据等方面的基本知识、基本理论和基本技能,学会在实践中加以运用;掌握国际结算中所涉及的法律、法规、惯例及规章制度,培养学生解决金融实务和贸易结算领域中遇到的实际问题的能力。

教学方法或手段:本课程采用理实结合的授课方式。

教学评价(考核)方式:采用过程+终结的考核方式。其中,平时成绩占20%,实验成绩20%,期终考试占60%。

教材选用:苏宗祥主编,《国际结算》(第五版),中国金融出版社。

参考教材:庞红主编,《国际结算》(第四版),中国人民大学出版社;李金泉、高露华、顾颖茵主编,《国际结算》,清华大学出版社。

2.《报关实务》(Declaration Practice)

学时:45(理论课学时36、实践课学时9,其中,企业行业专家授课3学时。)

学分:2.5(理论课学分2、实践课学分0.5。)

课程简介:本课程主要讲授报关原理与实务,具体包括报关与海关管理、对外贸易管制、海关监管货物及其报关程序、进出口税则和进出口商品归类、进出口税费的计征与缴纳、进出口货物报关单的填制方法和技巧、与报关实务相关的法律法规等内容。培养学生具备报关员从业资格的基本知识、基本技能和职业素质。

教学方法或手段:本课程采用理实结合的方式授课,其中,36学时为理论课,9个课时通过报关实务实训完成,实训的方式主要通过实验室或到报关企业实践,主要针对报关程序模拟、报关单填制和进出口商品归类三个核心部分进行实战演习,使学生具备较强的知识应用技能。

教学评价(考核)方式:采用过程+终结的考核方式。其中,平时成绩占20%,实训实验成绩占20%,期终考试占60%。

教材选用:姜颖、徐丽主编,《报关实务》,哈尔滨工业大学出版社,2012年。

参考教材:海关总署保管员资格考试教材编写委员会编,《报关员资格全国统一考试教材》,中国海关出版社,2012年;张云主编,《模拟报关实训》高等教育出版社,2008年。

3.《外贸单证实务》(Foreign Trade Documents Practice)

学时:45(理论课学时36、实践课学时9,其中,企业行业专家授课3学时。)

学分:2.5(理论课学分2、实践课学分0.5。)

课程简介:本课程主要讲授外贸单证基本内容、外贸单证的缮制以及与外贸单证工作相关的知识,具体包括外贸单证概述、国际贸易术语、交易磋商与买卖合同的缮制、进出口业务操作、信用证及其审核、外贸单证缮制、外贸单证审核和外贸单证中的计算等内容。培养学生具备从事外贸跟单、制单和审单的基本知识、专业技能和职业素质。

教学方法或手段:本课程采用理实结合的方式授课。其中,36个学时为理论课,9个课时通过外贸单证实务实训完成,实训的方式主要通过实验室或到进出口公司完成,主要针对信用证的审核与修改、外贸单证的缮制、外贸单证的审核三个核心部分进行实训模拟,使学生具备较强的知识应用技能。

教学评价(考核)方式:采用过程+终结的考核方式。其中,平时成绩占20%,实训实验成绩占20%,期终考试占60%。

教材选用:李贺主编,《外贸单证实务》,中国经济出版社,2013年。

参考教材:梁媛媛主编,《外贸单证实务》,北京理工大学出版社,2013年;许宝良主编,《外贸制单》,高等教育出版社,2013年。

4.《国际贸易实务》(International Trade Practices)

学时:45(理论课学时45、实践课学时0,其中,企业行业专家授课4学时。)

学分:2(理论课学分2、实践课学分0。)

课程简介:本课程是一门专门研究商品跨国交易的理论、惯例、业务操作方法和技巧的课程。本课程主要讲授进出口业务的操作方法和技巧、商品跨国交易的理论等知识,以及解决跨国贸易中相关纠纷问题的解决思路和方法,重点内容包括贸易术语、通关、涉外税收、报价计算、业务核算、货款的收付等。

教学方法或手段:本课程采用理论教学和实验教学相结合的方式授课。其中,9个课时的实验课时在学院国贸实验室进行。

教学评价(考核)方式:采用过程+终结的考核方式。其中,课堂出勤占10%,课堂表现30%,期终考试占60%。

教材选用:黎孝先主编,《国际贸易实务》,北京对外经济贸易大学出版社。

参考教材:宫焕久主编,《进出口业务教程》,上海交通大学出版社;余吉祥主编,《国际贸易理论与实务》,安徽大学出版社。

5.《外贸函电与谈判》(Foreign Correspondence and Negotiation)

学时:38(理论课学时27、实践课学时9,其中,企业行业专家授课2学时。)

学分:2(理论课学分1.5、实践课学分0.5。)

课程简介:本课程主要讲授外贸信函的写作结构、格式和写作方法。通过学习,具体包括商务信函的基本结构和格式和外贸业务各环节如建立业务关系、询盘、发盘、还盘、成交、支付方式、信用证的催促、包装、保险与代理等各种信函的写作方法。通过学习,培养学生书面的商务沟通能力。模拟商务贸易环境,结合外贸实务各环节如建立业务关系、询盘、发盘等,练习写作英文贸易信函。

教学方法或手段:本课程采用理实结合的方式授课。其中,9个课时在实验室实际练习各种外贸信函的写作。

教学评价(考核)方式:采用过程+终结的考核方式。其中,平时成绩占10%,实验课程占30%,期终考试占60%。

教材选用:兰天主编,《外贸函电与谈判》,东北财经大学出版社。

参考教材:戚云方主编,《外贸函电》,浙江大学出版社;徐美荣主编,《外贸英语函电》,北京对外经贸大学出版社。

6.《中级商务英语》(Intermediate Business English)

学时:45(理论课学时45、实践课学时0,其中,企业行业专家授课2学时。)

学分:2.5(理论课学分2.5、实践课学分0。)

课程简介:本课程主要涉及商务英语的听说读写,具体包括介绍BEC考试内容及题型,商务环境各个领域如品牌、营销、财务、工作方式、招聘等各种主题的表达,涉及商务英语的听、说、读、写多方面。培养学生商务英语的应用能力。

教学方法或手段:本课程采用理实结合的方式授课。其中,18个课时练习各个主题的商务英语应用能力。

教学评价(考核)方式:采用过程+终结的考核方式。其中,平时成绩占10%,课堂作业与讨论占30%,期终考试占60%。

教材选用:休斯主编,《新编剑桥商务英语》,经济科学出版社。

参考教材:戴莹主编,《世纪商务英语》,大连理工大学大学出版社;蔡芸主编,《商务英语综合教程》,高等教育出版社。

7.《国际金融》(International Finance)

学时:45(理论课学时36、实践课学时9。)

学分:2.5(理论课学分2、实践课学分0.5。)

课程简介:本课程主要讲授国际收支、国际收支平衡表、国际收支调节理论、外汇与汇率、外汇交易、外汇衍生产品交易、外汇风险、汇率决定理论、汇率制度、国际货币体系、国际金融市场、国际资本流动与金融危机、金融监管等内容。通过本课程的学习,使学生掌握国际金融基本概念、基本理论和实务操作技能,培养其发现问题、分析问题和解决问题的能力及创新意识。

教学方法或手段:本课程采用"理论与实践"相结合的方式授课。其中,9个课时在学院综合实验室开设,利用外汇交易平台进行外汇操作的实践教学。

教学评价(考核)方式:采用"过程+终结"的考核方式。其中,平时成绩占20%(包括出勤率、笔记、作业三部分),实验成绩占20%(实验为外汇交易模拟比赛,将比赛排名作为实验成绩),期终考试占60%。

教材选用:杨胜刚主编,《国际金融》(第三版),高等教育出版社,普通高等教育十二五国家级规划教材、国家级精品资源共享课配套教材。

参考教材:刘园主编,《国际金融实务》,高等教育出版社;姜波克主编,《国际金融新编》(第五版),复旦大学出版社;陈雨露主编,《国际金融》(第四版),中国人民大学出版社。

十二、教学进程表(表五)

课程类别	课程编号	课程名称	总学分	总学时	学时分配 理论	学时分配 实践	各学期学时分配 1	2	3	4	5	6	7	8	考核方式
通识教育课程平台	TS26106	思想道德修养与法律基础	3	48	38	10	48								试
	TS26102	中国近现代史纲要	2	32	24	8		32							试
	TS26103	马克思主义原理概论	3	48	38	10				48					试
	TS26104	毛泽东思想和中国特色社会主义理论体系概论Ⅰ	2	32	32					32					试
	TS26105	毛泽东思想和中国特色社会主义理论体系概论Ⅱ	4	64	44	20					64				试
	TS15001-4	大学英语(Ⅰ-Ⅳ)	15	270	230	40	60	70	70	70					试
	TS19001-4	大学体育(Ⅰ-Ⅳ)	4	126	126		30	32	32	32					试
	TS28001	大学计算机基础	3	48	16	32	48								试
	TS28002	VFP程序设计	4	72	48	24			72						试
	TS26108-9	形势与政策	2	32	12	20	16	16							查
	TS18111	大学生心理健康教育	1	14	14		14								查
专业教育课程平台	学科基础课程 JC28003	高等数学B1	4	72	72		72								试
	JC28004	高等数学B2	3.5	64	64			64							试
	JC28006	线性代数	3	48	48			48							试
	JC28008	概率论与数理统计	3	54	54				54						试
	JC24401	微观经济学(MOOC)	3	54	54		54								试
	JC24402	宏观经济学(MOOC)	3	54	45	9		54							试
	JC14201	管理学(MOOC)	3	54	45	9		54							试
	专业基础课程 ZJ24301	国际贸易理论	2.5	45	45					45					试
	ZJ24409	统计学	3	54	40	14				54					试
	ZJ24116	会计学	3	54	45	9			54						试
	ZJ14510	国际市场营销学	2.5	45	36	9				45					试
	ZJ24509	金融学	3	54	45	9				54					试
	ZJ24305	世界贸易组织概论	2	36	36					36					试
	ZJ24306	国际商法	2	36	36						36				试
	ZJ24311	国际经济学	2	36	36						36				试
	专业核心课程 ZH24308	国际结算	2.5	45	36	9					45				试
	ZH24309	国际金融	2.5	45	36	9					45				试
	ZH24302	报关实务	2.5	45	36	9						45			试
	ZH24306S	外贸单证实务	2.5	45	36	9					45				试
	ZH24304	国际贸易实务	2.5	45	45					45					试
	ZH24307S	外贸函电与谈判	2	36	27	9					36				试
	ZH24310	中级商务英语	2.5	45	45						45				试

续表

课程类别	课程编号	课程名称	总学分	总学时	学时分配 理论	学时分配 实践	各学期学时分配 1	2	3	4	5	6	7	8	考核方式
创新创业教育课程平台	基础课程	CJ00001 大学生创业教育	1	18	18				18						查
		CJ00002 大学生就业指导	2	24	24			12				12			查
		CJ24001 专业导论	0.5	9	9		9								查
	核心实训课程	CH24001 创新创业论坛	0.5	9	9								9		查
		CH24301 电子商务创业实践	1.5	27		27							27		查
		CH24302 国际商务与策划	1.5	27		27						27			查
		CH00001 创新创业成果学分认定	创新创业成果学分的认定见有关文件												
专业方向课程模块	国际电子商务	ZF14504 电子商务	2.5	45	27	18					45				试
		ZF14507 网络营销	2.5	45	27	18						45			试
		ZF14518 Photoshop设计与制作	2	36	18	18						36			试
		ZF14519 摄影艺术	1	18		18							18		试
	国际投资	ZF24313 国际投资	3	54	54						54				试
		ZF24514 外汇交易实务	2	36	9	27						36			试
		ZF24314 跨国经营与管理	2	36	36							36			试
		ZF24513 期货交易实务	1	18		18						18			试
个性化拓展课程模块	自然科学	GT14202 物联网概论	1	18	18						18				查
		GT13677 插花与盆景	1	18	18						18				查
		GT17008W 魅力科学	1	18	18						18				查
		GT13425W 微生物与人类健康	1	18	18							18			查
	专业拓展	GT24002W 现代礼仪	1	18	18						18				查
		GT24001 ISO质量管理	2	32	32						32				查
		GT24303 国际服务贸易	2	36	36						36				查
		GT24101 财务报表分析	1	18	18						18				查
		GT24504 证券投资学	1	18	18						18				查
学生最低修读的学分/学时			123.5	2214	1810	404	303	430	345	416	393	228	99		
课堂教学周数							15	18	16	16	15	14	12		
周学时数							20.2	23.9	21.6	26.0	26.2	16.3	8.3		

说明：

1. 各专业军事理论教育在第1学期以讲座形式进行；
2. 专业方向课程模块中学生至少选修1个模块；
3. 课程编码末位W为网络课程，末位S为双语课程；
4. 创新创业教育平台，学生获得"创新创业成果"学分可抵免创新创业核心实训课程学分；
5. 个性化拓展模块要求学生至少选修6个学分，其中，"自然科学"模块要求学生至少选修2个学分，且至少选修1门网络课程；专业拓展模块至少选修4个学分。

十三、辅修专业课程设置

1. 本专业可辅修财务会计和物流管理等专业。
2. 本专业可接收全校各专业学生,具体课程设置如下:

财经学院国际经济与贸易专业辅修课程设置

课程名称	学 分	辅修专业教学计划
西方经济学	4	第3学期
管理学	4	第3学期
国际金融	3	第3学期
国际贸易理论与实务	4	第4学期
国际贸易实务	3	第4学期
报关实务	3	第5学期
外贸单证学	3	第5学期
中级商务英语	3	第6学期
外贸函电与谈判	3	第6学期
毕业论文		必做,但不计学分。
总计	30	学生必须修满25学分

经济学类专业

金融工程本科专业人才培养方案

专业代码：020302

一、培养目标

本专业培养德、智、体、美全面发展，掌握经济、管理、法律及金融财务方面的专业知识，具有各种金融工具运用、金融工具组合方案设计、金融产品定价分析及风险的管理能力，能够在银行、证券及上市公司投资管理部门从事金融风险管理、投资分析以及金融产品定价研究等工作，具有创新意识和创业精神的高素质应用型专门人才。

二、培养要求

本专业学生主要学习经济、管理、法律及金融财务等方面的基本理论和基本知识，接受金融数量方法、计算机编程等方面的基本训练，掌握现代金融工程学理论、证券分析技术、融资操作等方面的基本能力。

毕业生应获得以下几方面的知识和能力：

1. 掌握系统的经济学、管理学学科基础理论知识，具备经济现象的认知与分析能力、组织管理能力、统计分析能力及会计核算能力等；

2. 掌握计算机的基本知识和应用方法，具有熟练操作计量分析、证券投资、金融管理相关软件的能力；

3. 具有较强的英语听、说、读、写，能较熟练地阅读本专业外文书刊的能力；具有较强的语言文字表达、人际沟通、团结协作、知识再生等社会适应和发展能力；

4. 掌握系统的金融、财务专门理论知识，能够全面了解金融市场资本运营及证券投资分析方法，具备较强的金融工具实操能力；

5. 掌握系统计量分析及数据分析软件方面专门理论知识，具备金融工具组合方案设计及金融工具定价分析能力；

6. 掌握系统的风险控制理论及金融法规，具备金融产品风险管理能力；

7. 具有健康的体魄、良好的心理素质和身心保健的知识与能力；具有一定的创新意识和创业精神。

三、专业方向

1. 证券投资方向

学习和掌握金融学、证券投资学等方面的基本理论知识，具备证券交易分析、证券发行承销、证券经纪咨询等能力，能够从事证券分析师、投资顾问、客户经理、开户员等工作。

2. 银行管理方向

学习和掌握商业银行经营及管理基本理论知识，熟悉商业银行运作流程，具备构建银行产品开发框架、对银行新产品进行经济可行性分析、概念测试、市场测试及产品推广的能力,能够从事商业银行经营管理、银行产品开发等工作。

四、素质与能力分析表(表一)

综合素质与能力	专项素质与能力	对应课程或实践
1.基本素质与能力	1.1 政治素质	思想道德修养与法律基础、中国近现代史纲要、马克思主义基本原理、概论、形势政策等
	1.2 人文科学素质	思想品德修养与法律基础、现代礼仪等
	1.3 身心素质	军事训练、大学体育等
	1.4 分析运算能力	高等数学、概率论与数理统计、线性代数、统计学、计量经济学、金融计量分析等
	1.5 英语应用能力	大学英语等
	1.6 计算机应用能力	大学计算机基础、C语言程序设计、Matlab软件与设计等
	1.7 利用现代化手段获取信息能力	大学计算机基础、文献检索等
	1.8 组织管理、语言表达、人际交往以及在团队中发挥作用的能力	推销与谈判、现代礼仪、电子商务、行为金融等
2.学科基础知识及应用能力	2.1 经济学、管理学学科基本理论	微观经济学、宏观经济学、统计学、管理学、会计学、金融学、金融法等
	2.2 金融现象的认知能力、组织管理能力	
3.专业基础知识及应用能力	3.1 金融工程专业基础知识	金融工程、计量经济学、金融模拟投资大赛
	3.2 计量分析、金融市场分析及证券分析软件应用能力	
4.专业核心知识及应用能力	4.1 金融产品定价知识与应用能力	金融衍生产品定价、金融工程、金融计量分析、Matlab软件与设计、公司金融等
	4.2 金融工具设计知识与应用能力	
	4.3 金融投资知识与应用能力	
5.专业实践技能与动手能力	5.1 语言文字表达能力	金融投资模拟大赛、商业银行业务模拟实训等
	5.2 证券投资分析能力	
	5.3 银行业务办理能力	
6.创新创业能力	6.1 创新能力	创新创业论坛等
	6.2 创业能力	大学生创业指导、就业指导、专业导论等
7.个性化发展能力	7.1 自然科学拓展能力	物联网概论、微生物与人类健康、电子商务、推销与谈判、现代礼仪等
	7.2 专业拓展能力	

五、学制与学分

1.学制:标准学制4年,修业年限3~6年。

2.学分:最低修读155学分。其中,课内教学环节必须修满117学分,实践教学环节必须修满38学分。

六、毕业与学位授予

学生在规定的学习年限内,完成各教学环节学习,修满专业规定的最低学分,准予毕业。授予经济学学士学位。

七、全学程时间安排总表(表二)

项目 \ 学年学期	一		二		三		四		合计
	1	2	3	4	5	6	7	8	
军训(含军事理论教育)	2								2
入学教育和专业导论	(2)								(2)
课堂教学	15	18	18	18	18	17	12		116
专业实习或教育实习						1	6		7
毕业实习								8	8
专业创新创业实训								2	2
毕业论文(设计)								6	6
复习考试	1	1	1	1	1	1	1		7
机动	1							3	4
假期	6	8	6	8	6	8	6		48
全学程总周数	25	27	25	27	25	27	25	19	200

八、实践性教学环节(表三)

课程编号	实践教学项目	学分	周数	安排学期	实践方式
SJ00001	入学教育	1	(2)	第1学期	机动
SJ00002	军训(含军事理论教育)		2	第1学期	集中
SJ00003	社会实践	1	(3)	第2、4、6学期后暑假	由校团委统一安排
SJ24507	金融工程专业认知实习	1	(1)	第2学期	由蚌埠银河证券、凤阳工行等校外实践基地从业人员讲解证券公司基本操作流程,实施过程考核
SJ24505	金融理论与实务专题讲座	2	(2)	第3、4学期	从校内外聘请专家讲课堂,每学期4次校内主题讲座,实施过程考核
SJ24504	金融产品推销大赛	2	(2)	第5学期	由指导教师组织,校内教室进行模拟,实施过程考核
SJ24401	文献检索	1	1	第6学期	由指导教师组织,财经综合实验室进行模拟操作,实施过程考核
SJ24506	金融投资模拟大赛	8	(8)	第5学期	财经学院每学期组织,依托大智慧微信平台,由指导教师结合实际操作进行过程考核
SJ24502	商业银行业务模拟实训	1	1	第7学期	由指导教师组织,财经综合实验室进行华硕软件模拟操作,实施过程考核
SJ24508	金融工程专业实习	5	5	第7学期	学院统一安排
SJ24003	毕业实习	8	8	第8学期	学院统一安排
SJ24006	专业创新创业实训	2	2	第8学期	
SJ24004	毕业论文(设计)	6	6	第8学期	学院统一安排
合计		38	25(18)		

九、课程设置及学时、学分比例表(表四)

课程类型		学时	学分	占总学时(总学分)比例(%)	
通识教育课程平台		786	43	37.2%	36.7%
专业教育课程平台	学科基础课程	390	21.5	45.38%	45.30%
	专业基础课程	324	18		
	专业核心课程	243	13.5		
创新创业教育平台	创新创业基础课程	51	3.5	5.41%	5.98%
	创新创业核心实训课程	63	3.5		
专业方向课程模块	证券投资	144	8	6.83%	6.84%
	银行管理				
个性化拓展课程模块	自然科学	36	2	5.12%	5.13%
	专业拓展	72	4		
总　计		2109	117	100%	100%

十、主干学科

经济学、管理学

十一、核心课程

1.《金融衍生产品定价》(Pricing of Financial Derivatives)

学时:45(理论课学时36、实践课学时9,其中,企业行业专家授课6学时。)

学分:2.5(理论课学分2、实践课学分0.5,其中,企业行业专家授课0.3学分。)

课程简介:本课程主要讲述期货期权定价与组合、股票期权定价与组合、利率产品定价与敏感性分析、金融数据可视化等内容。系统学习本课程后,学生将初步具备对主要金融衍生工具进行合理定价、设计相关理财产品的能力。

教学方法或手段:本课程采用理实结合的方式授课。

教学评价(考核)方式:本课程采用过程+终结的考核方式。其中,平时成绩占10%,课程论文占20%,期中考试占20%,期终考试占50%。

教材选用:赵胜民主编,《衍生金融工具定价》,中国财政经济出版社。

参考教材:约翰赫尔主编,《期权、期货和其他衍生产品》,中国人民大学出版社。

2.《金融计量分析》(Financial Econometrics)

学时:38(理论课学时27、实践课学时9,其中,企业行业专家授课0学时。)

学分:2(理论课学分1.5、实践课学分0.5,其中,企业行业专家授课0学分。)

课程简介:本课程将金融学、计量经济学和统计学的知识有机结合在一起,主要介绍古典线性模型及其扩展、一元和多元时间序列模型以及GARCH模型、面板数据模型、事件研究法与组合价差法、利率期限结构等金融计量的主要理论方法及其软件实现,有助于金融专业学生快速有效地将理论、方法和数据结合起来,尽快进入金融研究领域。

教学方法或手段:本课程采用理实结合的方式授课。

教学评价(考核)方式:采用过程+终结的考核方式。其中,平时成绩占10%,实践环节占20%,期终考试占70%。

教材选用：宋军主编，《金融计量学》，北京大学出版社。

参考教材：(英)布鲁克斯(Brooks,C.)著，邹宏元译，《金融计量经济学导论》，西南财经大学出版社；(美)坎贝尔，《金融市场计量经济学》，上海财经大学出版社。

3.《Matlab软件与设计》(The Software and the Design of Matlab)

学时：36(理论课学时16、实践课学时20,其中,企业行业专家授课0学时。)

学分：2(理论课学分1、实践课学分1,其中,企业行业专家授课0学分。)

课程简介：本课程主要介绍MATLAB语言的应用环境、调试命令、各种基本命令和高级操作命令，绘图功能函数，循环和条件分支等控制流语句。课程重点简介MATLAB语言中的几个主要工具箱，为后续金融工程专业课程的学习提供有力的工具。同时，结合上机实验，使学生通过编程实例掌握MATLAB语言的编程基础与技巧，领会MATLAB中的众多功能，培养学生利用MATLAB工具箱解决实际金融设计问题的能力。

教学方法或手段：本课程采用理实结合的方式授课。

教学评价(考核)方式：采用过程+终结的考核方式。其中，平时成绩占10%，实践环节占40%，期终考试占50%。

教材选用：张树德主编，《金融计算教程》，清华大学出版社。

参考教材：周建兴主编，《MATLAB从入门到精通》，人民邮电出版社；张志美主编，《MATLAB完全自学手册》，电子工业出版社。

4.《公司金融》(Corporate Finance)

学时：36(理论课学时27、实践课学时9,其中,企业行业专家授课6学时。)

学分：2(理论课学分1.5、实践课学分0.5,其中,企业行业专家授课0.33学分。)

课程简介：本课程主要讲述企业的融资、投资、收益分配以及与之相关问题的知识，包括公司的融资、治理结构、投资决策以及与公司融资、投资以及估价相关的技术问题等方面的内容。通过学习，培养学生利用所学知识以及各种分析工具来管理公司财务的实际能力。

教学方法或手段：本课程采用理实结合的方式授课。

教学评价(考核)方式：采用过程+终结的考核方式。其中，平时成绩占10%，实践环节占20%，期终考试占70%。

教材选用：梯若尔主编，《公司金融理论》，中国人民大学出版社。

参考教材：李品芳主编，《公司金融》，上海财经大学出版社；罗斯主编，《公司理财中级财务会计》(精要版)(原书第九版)，机械工业出版社。

5.《金融风险管理》(Financial Risk Management)

学时：45(理论课学时36、实践课学时9,其中,企业行业专家授课9学时。)

学分：2.5(理论课学分2、实践课学分0.5,其中,企业行业专家授课0.5学分。)

课程简介：本课程主要讲述降低风险的决策过程，包括风险识别方式、风险估测方法、风险评价体系理论，并在此基础上熟悉选择与优化组合各种风险的管理技术，对风险实施有效控制和妥善处理风险所致损失的后果，从而以最小的成本获得最大的安全保障。

教学方法或手段：本课程采用理实结合的方式授课。

教学评价(考核)方式：采用过程+终结的考核方式。其中，平时成绩占10%，课程论文占20%，期中考试占20%，期终考试占50%。

教材选用：刘海龙主编，《金融风险管理》，中国财政经济出版社。

参考教材：董华主编，《金融风险控制与防范》，电子工业大学出版社；霍再强主编，《现代金融风险管理》，科学出版社。

6.《金融工程》(Financial Engineering)

学时：45(理论课学时36、实践课学时9,其中,企业行业专家授课0学时。)

学分:2.5《理论课学分2,实践课学分0.5,其中,企业行业专家授课0学分。》

课程简介:本课程主要讲述金融工程的基本技术,包括无套利均衡分析、状态价格定价技术、积木分析法,并在此基础上学习时间扩展、组合分解金融工具等金融创新技术。

教学方法或手段:本课程采用理实结合的方式授课。

教学评价(考核)方式:采用过程+终结的考核方式。其中,平时成绩占10%,课程论文占20%,期中考试占20%,期终考试占50%。

教材选用:郑振龙主编,《金融工程》,高等教育出版社。

参考教材:谭春枝主编,《金融工程学理论与实务》,北京大学出版社;萨利赫 N.内夫茨主编,《金融工程原理》,机械工业出版社。

十二、教学进程表(表五)

课程类别	课程编号	课程名称	总学分	总学时	学时分配 理论	学时分配 实践	各学期学时分配 1	2	3	4	5	6	7	8	考核方式
通识教育课程平台	TS26106	思想道德修养与法律基础	3	48	38	10	48								试
	TS26102	中国近现代史纲要	2	32	24	8		32							试
	TS26103	马克思主义基本原理概论	3	48	38	10				48					试
	TS26104	毛泽东思想和中国特色社会主义理论体系概论Ⅰ	2	32	32					32					试
	TS26105	毛泽东思想和中国特色社会主义理论体系概论Ⅱ	4	64	44	20					64				试
	TS15001-4	大学英语(Ⅰ-Ⅳ)	15	270	230	40	60	70	70	70					试
	TS19001-4	大学体育(Ⅰ-Ⅳ)	4	126	126		30	32	32	32					试
	TS28001	大学计算机基础	3	48	16	32	48								试
	TS28003	C语言程序设计	4	72	48	24		72							试
	TS18111	大学生心理健康教育	1	14	14		14								查
	TS26108-9	形势与政策	2	32	12	20	16	16							查
专业教育课程平台 学科基础课程	JC28001	高等数学A1	4.5	80	80		80								试
	JC28002	高等数学A2	5	100	100			100							试
	JC28006	线性代数	3	48	48					48					试
	JC28008	概率论与数理统计	3	54	54				54						试
	JC24401	微观经济学(MOOC)	3	54	54		54								试
	JC24402	宏观经济学(MOOC)	3	54	45	9			54						试
专业教育课程平台 专业基础课程	ZJ24402	计量经济学	3	54	40	14				54					试
	ZJ24409	统计学	3	54	40	14			54						试
	ZJ24506	金融法	2	36	27	9					36				试
	ZJ24509	金融学	3	54	45	9				54					试
	ZJ24503	财政学	2	36	27	9						36			试
	ZJ14210	管理学(MOOC)	3	54	45	9				54					试
	ZJ24115	会计学	2	36	36					36					试

续表

课程类别		课程编号	课程名称	总学分	总学时	学时分配		各学期学时分配								考核方式
						理论	实践	1	2	3	4	5	6	7	8	
专业教育课程平台	专业核心课程	ZH24508	金融衍生产品定价	2.5	45	36	9						45			试
		ZH24505	金融风险管理	2.5	45	36	9						45			试
		ZH24507	金融计量分析	2	36	27	9					36				试
		ZH17308	Matlab软件与设计	2	36	16	20				36					试
		ZH24506	金融工程	2.5	45	36	9						45			试
		ZH24501	公司金融	2	36	27	9					36				试
创新创业教育课程平台	基础课程	CJ00001	大学生创业教育	1	18	18					18					查
		CJ00002	大学生就业指导	2	24	24			12				12			查
		CJ24001	专业导论	0.5	9	9		9								查
	核心实训课程	CH24001	创新创业论坛	0.5	9	9						9				查
		CH24502	金融创业方案设计	1.5	27		27						27			查
		CH24501	金融产品创新设计	1.5	27		27					27				查
		CH00001	创新创业成果学分认定	创新创业实践学分的认定见有关文件												
专业方向课程模块	证券投资	ZF24516	证券投资分析	2	36	36							36			试
		ZF24505	基金管理	2	36	36						36				试
		ZF24517	金融营销学	2	36	36						36				试
		ZF24510	固定收益证券	2	36	36							36			试
	银行管理	ZF24515	现代征信学	2	36	36							36			试
		ZF24507	投资银行学	2	36	36						36				试
		ZF24518	银行营销学	2	36	36						36				试
		ZF24115	商业银行经营与管理	2	36	36							36			试
个性化拓展课程模块	自然科学	GT14202	物联网概论	1	18	18						18				查
		GT13677	插花与盆景	1	18	18							18			查
		GT17008W	魅力科学	1	18	18						18				查
		GT13425W	微生物与人类健康	1	18	18							18			查
	专业基础课程	GT24002W	现代礼仪	1	18	18							18			查
		GT24001	ISO质量管理	2	32	32						32				查
		GT24505	行为金融	1	18	18							18			查
		GT14302	电子商务	1	18	8	10						18			查
		GT14303	推销与谈判	1	18	18							18			查
学生最低修读的学分/学时				117	2109	1797	312	311	418	354	356	307	291	72		
课堂教学周数								15	18	18	18	18	17	12		
周学时数								20.7	23.2	19.7	19.8	17.1	17.1	6.0		

续表

课程类别	课程编号	课程名称	总学分	总学时	学时分配		各学期学时分配								考核方式
					理论	实践	1	2	3	4	5	6	7	8	
说明： 1.军事理论教育、大学生安全教育在第1学期以讲座形式进行； 2.专业方向课程模块中学生至少选修2个模块； 3.创新创业教育平台，学生获得"创新创业成果"学分可抵免创新创业核心实训课程学分； 4.个性化拓展模块要求学生至少须选修6个学分，其中，"自然科学"模块要求学生至少选修2个学分，且至少选修1门网络课程；专业拓展模块至少选修4个学分。															

十三、辅修专业课程设置

1.建议本专业学生辅修专业：市场营销、国际贸易、工商管理、财务管理、计算机等。

2.本专业开设辅修专业课程设置。

财经学院金融工程专业辅修课程设置

课程名称	学　分	辅修专业教学计划
西方经济学	3	第1学期
财政学	3	第1学期
金融学	3	第1学期
统计学	3	第1学期
金融法	3	第1学期
金融工程	3	第2学期
证券投资学	3	第2学期
金融衍生产品定价	3	第2学期
商业银行业务与管理	3	第2学期
保险经营与管理	3	第2学期
毕业论文		必做，但不计学分。
总　　计	30	

医学类专业

中药学本科专业人才培养方案

专业代码:100801

一、培养目标

本专业培养德、智、体、美全面发展,掌握中药学的基础理论、基本知识和基本技能,具有中药生产、质量控制及新产品研发等专业能力,能够在中药生产、检验、流通、应用和新产品研发等部门从事生产管理、质量检验及新药研发等工作,具有创新意识和创业精神的高素质应用型(高级)专门人才。

二、培养要求

本专业学生主要学习中医药学及相关方面的基本理论和基本知识,接受中药学专业方面的基本训练,掌握中药生产、检验、流通、应用和新产品研发领域从事生产管理、质量检验及新药研发等方面的基本能力。

毕业生应获得以下几方面的知识和能力:

1. 掌握中医药基础、中药学、药理学、药用植物学等基本理论、知识,具备中、西药临床应用及药用植物识别、分类等基本能力;

2. 掌握中药化学、中药药理学、中药制剂学等基本理论、知识和技能,具备中药分析检测、药理毒理研究和中药剂型设计等基本能力;

3. 掌握中药鉴定、中药炮制、中药栽培等基本理论、知识和技能,具备中药鉴定、炮制、栽培及病虫害防治等基本能力;

4. 熟悉药事管理的法规、政策,了解现代中药的发展动态;

5. 具备阅读和翻译本专业外文资料的能力,达到国家规定的英语、计算机的基本要求;

6. 达到国家规定的大学生体育和军事训练合格标准,具备健全的心埋和健康的体魄;

7. 具有文、史、哲、艺等基本知识,了解中华民族优秀传统文化,具有较好的哲学修养、审美能力和热爱科学、献身事业的精神;

8. 具备获得1个以上专业相关的职业技能等级证书的能力。

三、专业方向

1. 中药资源方向

学习和掌握药用植物栽培与加工学、中药资源调查与保护、动物药材学、本草与文献检索等基本知识和技能,具备中药调查与保护等基本能力,能够在中药生产部门从事中药生产、中药资源调查与保护等相关工作。

2. 分析与检测方向

学习和掌握中药化学成分的提取、分离和检测等基本理论、知识和操作技能,具备中药成分提取、分离和使用现代分析检测仪器等基本能力,能够在中药生产、研发、质检等部门从事相关工作。

四、素质与能力分析表(表一)

综合素质与能力	专项素质与能力	对应课程或实践
1.基本素质与能力	1.1 政治素质	思想道德修养与法律基础、中国近现代史纲要、马克思主义基本原理、毛泽东思想和中国特色社会主义理论体系概论、形势政策等
	1.2 人文科学素质	影视鉴赏、应用文写作等
	1.3 身心素质	军事训练、大学体育、大学生心理健康等
	1.4 分析运算能力	高等数学C、医药数理统计等
	1.5 英语应用能力	大学英语Ⅰ-Ⅳ、专业英语等
	1.6 计算机应用能力	计算机文化基础、VFP程序设计等
	1.7 利用现代化手段获取信息能力	计算机文化基础
	1.8 组织管理、语言表达、人际交往能力	社交与礼仪、应用文写作
2.学科基础知识及应用能力	2.1 中药学专业基础知识	普通化学、分析化学、有机化学、基础化学实验、生物化学等
	2.2 药学、中药学专业课程学习的基本能力	中医学基础、人体解剖生理学、医古文等
3.专业基础知识及应用能力	3.1 中医药基本理论、药用植物分类、中药学等基本知识	中医学基础、方剂学、药理学、中药学、药用植物学等
	3.2 中药炮制、研发等基本能力	中药炮制学、微生物学与免疫学等
4.专业核心知识及应用能力	4.1 应用现代科学技术进行中药化学成分提取、分离和检测等知识和操作技能	中药化学、药物检测技术、专业技能训练与考核、中药学专业综合实训
	4.2 中药材真伪优劣鉴定的基本知识和操作技能	中药鉴定学、药用植物学实习、中药鉴定学实习、专业技能训练与考核
	4.3 中药制剂的剂型的设计与改进、制剂生产工艺设计和质量控制等基本知识和操作技能	中药药剂学、中药药理学、中药制剂实习、中药学专业综合实训
	4.4 中药制剂的鉴别、检查及含量测定等基本理论和基本技能	中药制剂分析、中药化学、中药药理学、专业技能训练与考核、中药学专业综合实训
5.专业实践技能与动手能力	中药学专业实践技能与动手能力	专业技能训练与考核、中药专业综合实训
6.创新创业能力	5.1 创新能力	大学生创业教育、大学生就业指导等
	5.2 创业能力	中药学专业导论、创新创业论坛、医药市场营销学、创业实践等
7.个性化发展能力	6.1 人文素质	中国近代人物研究、社交礼仪、应用文写作、影视鉴赏等
	6.2 专业拓展	专业英语、药用高分子材料学、制剂设备与车间工艺设计、药厂GMP、生物技术制药等

五、学制与学分

1.学制:标准学制4年,修业年限3~6年。

2.学分:最低修读174.5学分。其中,课内教学环节必须修满133.5学分,实践教学环节必须修满41学分。

六、毕业与学位授予

学生在规定的学习年限内,完成各教学环节学习,修满专业规定的最低学分,准予毕业。授予理学学士学位。

七、全学程时间安排总表(表二)

项目 \ 学年学期	一 1	一 2	二 3	二 4	三 5	三 6	四 7	四 8	合计
军训(含军事理论)	2								2
入学教育	(2)								(2)
课堂教学	15	18	18	14	14	18	6		104
专业实习、课程实习或教育实习				4	4	(2)	12		19(2)
毕业实习								8	8
专业创新创业实训								2	2
毕业论文(设计)								6	6
复习考试	1	1	1	1	1	1	1		7
机动	1							3	4
假期	6	8	6	8	6	8	6		48
全学程总周数	25	27	25	27	25	27	25	19	200

八、实践性教学环节(表三)

课程编号	实践教学项目	学分	周数	安排学期	实践方式
SJ00001	军训(含军事理论)	1	2	第1学期	学校统一安排
SJ00002	入学教育	1	(2)	第1学期	学校统一安排
SJ00003	社会实践	1	(3)	第2、4、6学期后暑期	由校团委统一安排
SJ23301	药用植物学实习	3	3	第4学期	野外实习基地、中药科技园
SJ23302	中药栽培与加工实习	3	3	第4学期1周、第5学期2周	中药科技园
SJ23303	中药资源实习	1	1	第5学期	凤阳丘陵
SJ23304	中药炮制学实习	1	1	第5学期	炮制分室
SJ23305	专业技能训练与考核	2	(2)	第6学期	学院统一安排
SJ23306	中药材鉴定与养护实习	2	2	第7学期	亳州药材大市场
SJ23307	中药制剂实习	2	2	第7学期	制剂分室
SJ23308	中药学专业综合实训	8	8	第7学期	学院统一安排
SJ23309	毕业实习	8	8	第8学期	学院统一安排
SJ23310	中药学专业创新创业实训	2	2	第8学期	学院统一安排
SJ23311	毕业论文(设计)	6	6	第8学期	学院统一安排
	合计	41	38(7)		

九、课程设置及学时、学分比例表(表四)

课程类型		学时	学分	占总学时(总学分)比例(%)	
通识教育课程平台		786	43	32.8%	32.2%
专业教育课程平台	学科基础课程	466	26	51.9%	52.0%
	专业基础课程	446	25		
	专业核心课程	330	18.5		
专业方向课程模块	中药资源方向	144	8	6.0%	6.0%
	分析与检测方向	144	8		
创新创业教育平台	创新创业基础课程	51	3.5	4.8%	5.3%
	创新创业核心课程	63	3.5		
个性化拓展课程模块	人文素质模块	36	2	4.5%	4.5%
	专业拓展模块	72	4		
总 计		2394	133.5	100%	100%

十、主干学科

中药学、化学、中医学

十一、核心课程

1.《中药化学》(Chinese Medicine Chemistry)

学时:72(理论课52学时、实验课20学时,其中,企业行业专业授课9学时。)

学分:4(其中,企业行业专业授课0.5学分。)

课程简介:《中药化学》是一门结合中医药基本理论,运用现代科学技术,特别是运用化学及物理学的理论和方法研究中药化学成分的学科,是一门中药与化学相结合、传统与现代科学相结合的知识和技术。通过该课程的学习,使学生在对中药中的化学成分的结构、性质和鉴别方面有较强的应用能力,并对中药学专业的学习和知识的提高具有重要意义,本课程是中药类专业的一门专业核心课,通过对该课程的学习,为中药学专业今后的学习以及相关的中药学专业的检测及分析奠定良好的基础。

教学方法或手段:多媒体、课堂讲授、实验和实习。

教学评价方式:中药化学课为考试课,实行百分制,综合评定,理论课占总成绩的80%,实验课成绩占20%,理论课考试可有多种形式酌情采用:①闭卷笔试,考题要有一定的分量和难度及一定的灵活性。②开卷笔试,特别注重考题的灵活性,着重考查学生运用知识及综合理解能力;③写小论文或综述,考查学生课外阅读及对新进展的了解、应用,提高其自学能力等综合素质。原则上主要以闭卷笔试形式考试,也可以根据学生的学习情况采用不同形式相结合进行考查。实验课考试采用课堂考勤、实验报告及操作考试相结合,从三个方面综合评分。

教材选用:《中药化学》规划教材,中国中医药出版社,第二版,匡海学主编,2011年。

参考书目:吴立军主编,《天然药物化学》(第五版),人民卫生出版社,2007年;匡海学主编,《中药化学习题集》(第一版),中国中医药出版社,2007年;肖崇厚主编,《中药化学》(第三版),上海科技出版社,2000年;王峥涛、徐光义主编,《中药化学》(第一版),上海科学技术出版社,2009年。

2.《中药鉴定学》(Authentication of Chinese Medicines)

学时:72(理论课学时52,实验课学时20,其中,企业行业专业授课9学时。)

学分:4(理论课课学分3,实践课学分1,其中,企业行业专业授课0.5学分。)

课程简介:《中药鉴定学》是中药学专业的一门专业核心课程,通过本门课程的学习,使学生掌握中药鉴定基本理论、基本知识和实验技能,能在中药科研、生产、检验、药材商品流通和使用等领域从事中药的品种鉴定、质量标准检验、中药营销与管理,以及指导临床合理用药等。本课程主要讲授中药的品种和质量、制定中药标准、如何寻找和扩大新药源,是一门研究中药质量标准与鉴定方法的应用学科,是目前全国执业药师资格考试和全国中医药专业技术资格考试的主要考试科目之一。

教学方法或手段:理论教学采用讲授法、案例法、讨论法和任务驱动法等多种教学方法,药材实物与多媒体相结合的教学手段;实验教学采用显微镜教学与实物教学相结合,验证理论教学内容。

教学评价(考核)方式:采用过程考核与期末考试相结合的考核方式。过程性考核主要从上课出勤情况、课堂提问、课后习题、课程实验报告、实验操作技能等方面进行考核,占总成绩的40%;期末采用闭卷考试,成绩占学生总成绩的60%。

教材选用:教材选用普通高等教育"十一五"国家级规划教材,新世纪全国高等中医药院校规划教材,康廷国主编,《中药鉴定学》(第二版),中国中医药出版社,2012年;吴德康主编,《中药鉴定学实验指导》,中国中医药出版社,2007年。

参考用书:国家药典委员会,《中华人民共和国药典中药粉末显微鉴别彩色图集》,广东科技出版社.1999年;中国药品生物制品检定所等,《中国中药材真伪鉴别图典(1－4册)》,广东科技出版社,1995年;中华人民共和国卫生部药典委员会,《中华人民共和国药典》,中国医药科技出版社,2010年;徐国钧主编,《中草药彩色图谱》(第三版),福建科学技术出版社,2006年。

3.《中药药剂学》(Pharmacy of Chinese Materia)

学时:72(其中,企业行业专业授课9学时。)

学分:4(其中,企业行业专业授课0.5学分。)

课程简介:《中药药剂学》是以中医药理论为指导,运用现代科学技术,研究中药药剂的配制理论、生产技术、质量控制和合理应用等内容的一门综合性应用技术科学。本门课程通过中药的前处理及浸出制剂、液体制剂、注射剂、外用膏剂、栓剂、丸剂、片剂、气雾剂、膜剂、固体分散体、包合物、缓控释制剂、经皮吸收制剂和靶向制剂等的课堂讲授、实验教学,使学生能够掌握中药常用剂型的概念、特点、制备工艺和质量控制等的基础理论、基本知识和技能,掌握现代药剂学的有关理论与技术;熟悉药剂常用辅料,专用设备的基本构造、性能及使用保养方法等内容;了解国内外药剂学研究新进展。为今后从事中药新药的研制开发和解决药剂生产中有关技术问题奠定较坚实的基础。

教学方法或手段:本门课程在教学过程中采用课堂讲授、实验操作及自学讨论等多种教学形式,调动学生的积极性;充分利用图表、实物、录像、多媒体课件等多种形象化教学手段阐述中药药剂学的基本规律,提高学生思考、解决问题的能力。

教学评价方式:《中药药剂学》是中药专业的主干专业课,考核方式以课程期末考试与平时成绩及实验成绩相结合,综合考核学生利用所学知识综合分析和解决实际问题的能力。课程期末考试成绩占总成绩的70%,平时成绩占总成绩的10%,实验课成绩占20%。课程期末考试注重考查学生的综合能力;平时考核包括考查学生出勤情况、课堂回答问题、积极参与讨论及平时实验课表现等情况;实验课从实验报告及实验操作两个方面综合评分。

教材选用:新世纪全国高等中医药院校规划教材:张兆旺,《中药药剂学》(第一版),中国中医药出版社,2010年。

4.《中药药理学》(Pharmacology of Traditional Chinese Medicine)

学时:(理论课学时42、实验课学时18,其中,企业行业专业授课9学时。)

学分:(理论课学分2.5、实践课学分1,其中,企业行业专业授课0.5学分。)

课程简介:《中药药理学》是中药学专业的一门专业核心课程,通过本门课程的学习使学生掌握中药药理学研究的基本内容,中药功效的现代科学内涵及常用中药的药理作用、作用机制、物质基础及临床应用,了解中药药理学作为一门新兴学科在继承和发展中医药学中的重要地位,初步掌握中药药理学实验设计的基本思路和操作技能,为进一步研究和发展祖国医药学奠定基础。

教学方法或手段:采用讲授法、案例法、讨论法和任务驱动法等多种教学方法,板书与多媒体相结合的教学手段。

教学评价(考核)方式:采用过程性和闭卷考试相结合的考核方法。过程性考核从上课出勤情况、课堂提问、课堂笔记、课程实验报告、实验操作技能等方面进行考核,占总成绩的40%;期末采用闭卷考试,成绩占总成绩的60%。

教材选用:普通高等教育中医药类"十二五"规划教材、全国普通高等教育中医药类精编教材,陈长勋主编,《中药药理学》。

参考教材:普通高等教育中医药类"十五"国家级规划教材、新世纪全国高等中医药院校规划教材,侯家玉主编,《中药药理学》;李仪奎主编,《中药药理实验方法学》。

5.《中药制剂分析》(Analysis of Chinese pharmaceutical)

学时:54(理论课学时36,实验课学时18,其中,企业行业专业授课5学时。)

学分:3(其中,企业行业专业授课0.25学分。)

课程简介:《中药制剂分析》是以中医药理论为指导,运用现代分析理论和方法,研究中药制剂质量的一门应用性学科。本课程是中药类和药学类专业的主要专业课之一,其开设目的是通过理论学习和实验操作,使学生掌握中药制剂分析的基本原理和基本操作,熟悉常用中药制剂的鉴别、检查及含量测定方法,了解中药制剂质量标准的主要内容和制定方法,为研究和制定中药制剂质量标准打下坚实的基础。

教学方法或手段:多媒体、课堂讲授、实验和实习。

教学评价方式:《中药制剂分析》为考试课,实行百分制,综合评定,理论课占总成绩的80%,实验课成绩占20%,理论课考试可有多种形式酌情采用:①闭卷笔试,考题要有一定的分量和难度及一定的灵活性。②开卷笔试,特别注重考题的灵活性,着重考查学生运用知识及综合理解能力;③写小论文或综述,考查学生课外阅读及对新进展的了解、应用,提高其自学能力等综合素质。原则上主要以闭卷笔试形式考试,也可以根据学生学习情况采用不同形式相结合而考查。实验课考核采用课堂考勤、实验报告及操作考试相结合,从三个方面综合评分。

教材选用:梁生旺编,《中药制剂分析》(第二版),规划教材,中国中医药出版社,2007年。

参考教材:孙毓庆主编,《分析化学》(第二版),人民卫生出版社,1998年;姚新生主编,《天然药物成分化学》(第一版),人民卫生出版社,1997年;魏璐雪主编,《中药制剂分析》(第一版),上海科技出版社,2000年;王强主编,《中药分析》(第一版),福建出版社,2000年。

十二、教学进程表(表五)

课程类别	课程编号	课程名称	总学分	总学时	学时分配 理论	学时分配 实践	各学期学时分配 1	2	3	4	5	6	7	8	考核方式
通识教育课程平台	TS26106	思想道德修养与法律基础	3	48	38	10		48							试
	TS26102	中国近现代史纲要	2	32	24	8	32								试
	TS26103	马克思主义基本原理概论	3	48	38	10			48						试
	TS26104	毛泽东思想和中国特色社会主义理论体系概论Ⅰ	2	32	32						32				试
	TS26105	毛泽东思想和中国特色社会主义理论体系概论Ⅱ	4	64	44	20						64			试
	TS15001-4	大学英语(Ⅰ-Ⅳ)	15	270	230	40	60	70	70	70					试
	TS19001-4	大学体育(Ⅰ-Ⅳ)	4	126	126		30	32	32	32					试
	TS28001	大学计算机基础	3	48	16	32	48								试
	TS28002	VFP程序设计	4	72	48	24			72						试
	TS18111	大学生心理健康教育	1	14	14			14							查
	TS26108-9	形势与政策	2	32	12	20	16	16							查
专业教育课程平台 学科基础课程	JC28005	高等数学C	4.5	80	80		80								试
	JC25001	普通化学	3	54	54		54								试
	JC25002	分析化学	2	36	36				36						试
	JC25003	有机化学A	3	54	54				54						试
	JC25005-6	基础化学实验Ⅰ-Ⅱ	4	72		72	33	39							试
	JC23301	医古文	2	36	36		36								试
	JC13315	生物化学	4.5	80	60	20			80						试
	JC23302	人体解剖生理学	3	54	44	10	54								试
专业基础课程	ZJ23301	中医学基础	3	54	54			54							试
	ZJ23302	药用植物学	4	72	48	24				72					试
	ZJ23303	中药学	4	72	62	10				72					试
	ZJ23304	方剂学	2	36	36						36				试
	ZJ23305	药理学	4	72	54	18					72				试
	ZJ23306	中药炮制学	3	50	40	10					50				试
	ZJ23307	微生物学与免疫学	3	54	40	14				54					试
	ZJ23308	生物药剂学与药物动力学	2	36	36							36			试
专业核心课程	ZH23301	中药化学	4	72	52	20				72					试
	ZH23302	中药鉴定学	4	72	52	20						72			试
	ZH23303	中药药剂学	4	72	52	20						72			试
	ZH23304	中药药理学	3.5	60	42	18						60			试
	ZH23305	中药制剂分析	3	54	36	18						54			试

续表

课程类别		课程编号	课程名称	总学分	总学时	学时分配		各学期学时分配								考核方式
						理论	实践	1	2	3	4	5	6	7	8	
创新创业教育课程平台	基础课程	CJ00001	大学生创业教育	1	18	18				18						查
		CJ00002	大学生就业指导	2	24	24			12				12			查
		CJ23301	中药学专业导论	0.5	9	9				9						查
	核心课程	CH23301	创新创业论坛	0.5	9	9							9			查
		CH23302	新药研究与申报	1.5	27	21	6					27				查
		CH23303	医药市场营销学	1.5	27	27							27			查
		CH00001	创新创业成果学分认定	创新创业实践成果的认定见有关文件												
专业方向课程模块	中药资源	ZF23301	中药拉丁语	1	18	18				18						查
		ZF23302	药用植物栽培与加工学	2	36	26	10					36				试
		ZF23303	中药资源调查与保护	2	36	36							36			查
		ZF23304	动物药材学	2	36	36								36		查
		ZF23305	本草与文献检索	1	18	14	4						18			试
	分析与检测	ZF23306	仪器分析	2	36	30	6				36					查
		ZF23307	医药数理统计	2	36	30	6					36				查
		ZF23308	药物检测技术	2	36	26	10						36			查
		ZF23309	药事管理与法规	2	36	36								36		试
个性化拓展课程模块	人文素质	GT18106W	中国近代人物研究	1	18	18					18					查
		GT18306	社交礼仪	1	18	18						18				查
		GT18608	应用文写作	1	18	18							18			查
		GT18622W	影视鉴赏	1	18	18							18			查
	专业拓展	GT23301	专业英语	1	18	18							18			查
		GT23302	中药材贮藏与养护	2	36	28	8						36			查
		GT23303	药用高分子材料学	2	36	36							36			查
		GT23304	制剂设备与车间工艺设计	2	36	26	10					36				查
		GT23305	药厂GMP	1	18	18							18			查
		GT23306	生物技术制药	1	18	18							18			查
最低修读学分/学时				133.5	2394	1920	474	395	423	419	332	366	387	72		
课堂教学周数								15	18	18	14	15	18	6		
周学时数								26.3	23.5	23.3	23.7	24.4	21.5	12		

说明：
1. 各专业军事理论教育在第1学期以讲座形式进行；
2. 专业方向课程模块至少应选修1个模块，另外1个模块的课程也可任意选择；
3. 创新创业教育平台，学生获得"创新创业成果"学分可抵免创新创业核心实训课程学分；
4. 个性化拓展模块要求学生至少须选修6个学分，其中，"人文素质"模块要求学生至少选修2个学分，且至少选修1门网络课程；专业拓展模块至少选修4个学分。

医学类专业

药物制剂本科专业人才培养方案

专业代码:100702

一、培养目标

本专业培养德、智、体、美全面发展,掌握药学、药剂学和药物制剂工程学等基本理论、基本知识和基本技能,具有制剂工艺设计、剂型改造、车间工艺设计等基本能力,能够在药学领域从事药物剂型与制剂的研究开发,药物制剂的生产制备、工艺设计、质量控制、生产管理及营销等相关部门工作,具有创新意识和创业精神的高素质应用型高级专门人才。

二、培养要求

本专业学生主要学习药学、化学、生物学、基础医学等学科的基本理论和基本知识,接受工业药剂学、制剂工程学、化工原理等方面的基本实验技能训练,具备药物剂型和制剂的设计、制备、质量控制及评价的基本理论和技术,具备药物制剂研究、开发、生产等方面的基本能力。

毕业生应获得以下几方面的知识和能力:

1. 掌握物理化学、药物化学、药用高分子材料学、工业药剂学、药物制剂工程技术与设备、生物药剂学与药物动力学等方面的基本理论、基本知识;

2. 掌握药物制剂的研究、剂型设计与改进以及药物制剂生产的工艺设计、基本实验技能和生产技术等,具备中药及西药剂型开发研制、设计与改进及制剂生产管理等能力;

3. 熟悉药事管理的法律、法规、政策,了解现代药物制剂技术及药品生产质量管理规范(GMP)的发展动态;

4. 具有自主获取知识的能力,具备一定的创新意识和初步的科学工作者研究能力、综合运用理论知识解决实际问题的能力;

5. 掌握一门外语,能熟练地阅读本专业外文资料。掌握文献检索、资料查阅和综述的基本方法;

6. 达到国家规定的大学生体育和军事训练合格标准,具备健全的心理和健康的体魄;

7. 具有文、史、哲、艺基本知识,了解中华民族优秀传统文化,具有较好的哲学修养、审美能力和热爱科学、献身事业的精神;

8. 具有获得1个以上专业相关的职业技能等级证书的能力。

三、专业方向

1. 药事管理方向

学习和掌握药品生产管理、药品监督管理和药品营销等法律法规的基本知识,具备药品研制、生产、流通、使用等环节管理和质量监督等工作能力,能够在药品生产经营企业、药品营销企业从事卫生和药政活动的监督管理、医药市场行为和特征分析、策划及经营等工作。

2. 分析与检验方向

学习和掌握药物分析与检验、检测仪器管理、药品质量管理及安全技术知识基本知识,掌握常用分析仪器的基本原理,具备定性、定量药物制剂分析检验能力,岗位面向药物研发机构、药物检验机构、药品生产企业的药检部门等,能够根据操作规程独立完成药品分析检验工作。

四、素质与能力分析表(表一)

综合素质与能力	专项素质与能力	对应课程或实践
1.基本素质与能力	1.1 政治素质	思想道德修养与法律基础、中国近现代史纲要、马克思主义基本原理、毛泽东思想和中国特色社会主义理论体系概论、形势政策等
	1.2 人文科学素质	应用文写作、音乐鉴赏等
	1.3 身心素质	军事训练、大学体育、军事理论教育、大学生心理健康教育等
	1.4 分析运算能力	高等数学、线性代数等
	1.5 英语应用能力	大学英语、专业英语等
	1.6 计算机应用能力	大学计算机基础、VFP 程序设计等
	1.7 利用现代化手段获取信息能力	大学计算机基础、专业英语、文献检索等。
	1.8 组织管理、语言表达、人际交往以及在团队中发挥作用的能力	大学生就业指导、社交礼仪、大学生创业教育、应用文写作等
2.学科基础知识及应用能力	2.1 掌握药学、化学等学科的基础知识	无机化学、有机化学、分析化学、生物化学等
	2.2 具有药物研发及继续学习的能力	物理化学、药物化学、化工原理等
3.专业基础知识及应用能力	3.1 掌握药物制剂研发的基本知识	药用高分子材料学、人体解剖与生理学、天然药物化学等
	3.2 具备中、西药剂生产与研发的能力	中医药学基础学、中药材鉴定学、中药学实习等
4.专业核心知识及应用能力	4.1 具有药物制剂的研究与开发、剂型的设计与改进和药物制剂生产工艺设计的能力	工业药剂学、生物药剂学与药物动力学、药事管理学、药学实习、药物制剂学实习、药物制剂技术实训等等
	4.2 具有药品分析检验、药理测试和评价的工作能力。	药物分析、药理学、仪器分析、药代动力学实习、药物检测分析实习等
5.专业实践技能与动手能力	专业实践能力培养与实践操作	专业技能训练与考核、药物制剂技术专业实训、毕业实习等
6.创新创业能力	6.1 创新能力	药物制剂学实习、药物检测技术、药物检测分析实习、毕业论文设计等
	6.2 创业能力	大学生创业教育、药厂 GMP、管理学、营销学、创新创业实践等
7.个性化发展能力	7.1 人文素质拓展	社交礼仪、应用文写作、影视鉴赏等
	7.2 专业素质拓展	专业英语、文献检索、专业论文写作等

五、学制与学分

1.学制:标准学制 4 年,修业年限 3~6 年。

2.学分:最低修读 173 学分。其中,课内教学环节必须修满 134 学分,实践教学环节必须修满 39 学分。

六、毕业与学位授予

学生在规定的学习年限内,完成各教学环节学习,修满专业规定的最低学分,准予毕业。授予理学学士学位。

七、全学程时间安排总表(表二)

学年 项目　　　学期	一		二		三		四		合计
	1	2	3	4	5	6	7	8	
军训(含军事理论教育)	2								2
入学教育	(2)								(2)
课堂教学	15	18	17	17	18	14	7		104
专业实习或教育实习			1	1	(2)	4	11		19
毕业实习								8	8
专业创新创业实训								2	2
毕业论文(设计)								6	6
复习考试	1	1	1	1	1	1	1		7
机动	1							3	4
假期	6	8	6	8	6	8	6		48
全学程总周数	25	27	25	27	25	27	25	19	200

八、实践性教学环节(表三)

课程编号	实践教学项目	学分	周数	安排学期	实践方式
SJ00001	入学教育	1	(2)	第1学期	集中
SJ00002	军训(含军事理论教育)	1	2	第1学期	集中
SJ00003	社会实践	1	(3)	第2、4、6学期后暑期	由校团委统一安排
SJ23401	药物制剂行业市场调查	1	(2)	第5学期寒假	进入企业
SJ23402	中药材鉴定实习	1	1	第3学期	药学实验室
SJ23403	中药学实习	1	1	第4学期	药材市场
SJ23404	专业技能训练与考核	(2)	(2)	第5学期	学院安排
SJ23405	天然药物化学实习	1	1	第5学期	药化实验室
SJ23406	药理学实习	1	1	第5学期	药理实验室
SJ23407	药物制剂学实习	4	4	第6学期	药剂实验室
SJ23408	药事管理与药厂GMP	1	1	第7学期	药厂
SJ23409	药物制剂技术专业实训	8	8	第7学期	实训基地、药企
SJ23410	药物检测分析实习	1	1	第7学期	实验室
SJ23411	生物药剂学与药动学实习	1	1	第7学期	实验室
SJ23412	毕业实习	8	8	第8学期	集中
SJ23413	专业创新创业实训	2	2	第8学期	集中
SJ23414	毕业论文(设计)	6	6	第8学期	集中
	合计	39(2)	37(9)		

九、课程设置及学时、学分比例表（表四）

课程类型		学时	学分	占总学时（总学分）比例（%）	
通识教育课程平台		786	43	32.62%	32.09%
专业教育课程平台	学科基础课程	538	30	35.02	35.07
	专业基础课程	306	17		
	专业核心课程	342	19	14.20	14.18
创新创业教育平台	创新创业基础课程	51	3.5	2.11	2.61
	创新创业核心实训课程	63	3.5	2.61	2.61
专业方向课程模块	药事管理	216	12	8.96	8.96
	分析与检验				
个性化拓展课程模块	人文素质	36	2	4.48	4.48
	专业拓展	72	4		
总 计		2410	134	100.0%	100.0%

十、主干学科

药学、化学、生物学

十一、核心课程

1.《工业药剂学》(Industrial Pharmacy)

学时：72（理论课学时50、实验课学时22,其中,企业行业专业授课9学时。）

学分：4（其中,企业行业专业授课0.5学分。）

课程简介：本课程主要讲授溶液剂、混悬剂、乳剂、注射剂、滴眼剂、散剂、颗粒剂、片剂、胶囊剂、膜剂、膏剂、栓剂、凝胶剂、气雾剂、浸出制剂、固体分散体、包合物、缓（控）释制剂、经皮吸收制剂和靶向制剂的基本理论、工艺技术、生产设备和质量管理等内容。通过本课程教学,使学生获得药物剂型及制剂的基本理论、制备技术、生产工艺和质量控制等方面的专业知识,为从事药物制剂的生产、研究、开发新制剂和新剂型等工作奠定基础。

教学方法或手段：采用现代多媒体教学手段。教学过程中教师针对各章节的知识点提出一些问题,学生根据所学内容或参考文献资料进行讨论和解答,通过交流学习经验和体会,调动学生的学习积极性,提高学生思考问题、解决问题的能力。实验教学主要是基本技能训练实验、剂型制备实验及综合设计型实验相结合。通过学生在之前课程中学习到的实验技能,结合剂型特点,进行基本技术的实验教学和实训;将一些剂型实验进行有机组合形成系统性的综合设计实验,使学生系统掌握制剂相关理论及技术。加深对教学疑难问题的理解和掌握,以培养药学高素质应用型人才。

教学评价方式：课程的评价考核包括两部分,平时考核和课程期末考试。平时考核包括考查学生出勤情况、课堂回答问题及积极参与讨论情况、平时实验课表现等,课程期末考试注重考查学生的综合能力。

教材选用：崔福德主编,《药剂学》(第七版),人民卫生出版社,2011年。

2.《药物制剂工程技术与设备》(Engineering technology and equipment of Pharmaceutical preparations)

学时：72（理论课学时52、实验课学时20,其中,企业行业专业授课9学时。）

学分：4（其中,企业行业专业授课0.5学分。）

课程简介:《药物制剂工程技术与设备》是一门研究制剂工艺生产设备的基本构造和工作原理及与制剂工艺相配套的公用工程的构成和原理。归纳总结药物制剂车间 GMP 设计原则与规范以及涉及相关专业设备的基本构造、工作原理、使用和维修方法的一门应用性工程学科。通过本课程教学,使学生树立工程观点,能够掌握制剂生产车间 GMP 设计的基本要求和主要设备的构造原理,从而为正确、安全使用和合理选择制药设备,并能够为药品生产车间设计提出符合 GMP 要求的条件奠定基础,为学生毕业后从事药品生产及制剂生产设计和设备使用及维护奠定基础。

教学方法或手段:采用现代化多媒体进行理论教学,利用制剂工艺生产设备实物进行情景式教学;实验课进行演示操作和药品生产车间设计。

教学评价方式:本课为考试课,实行百分制,综合评定,理论课占总成绩的 80%,实验课成绩占 20%,理论课考试可有多种形式酌情采用:①闭卷笔试,考题有一定的分量和难度并有适量的灵活性。②开卷笔试,特别注重考题的灵活性,着重考查学生运用知识及综合理解能力。③写小论文或综述,考查学生课外阅读及对新进展的了解、应用,提高其自学能力等综合素质。原则上主要以闭卷笔试形式考试,也可以根据学生学习的情况采用不同形式相结合而考查。实验课考核采用课堂考勤、实验报告及工程设计相结合,从三个方面综合评分。

教材选用:张洪斌主编,《药物制剂工程技术与设备》(第二版),规划教材,化学工业出版社,2010 年。

3.《药物分析》(Pharmaceutical Analysis)

学时:72(理论课学时 50、实验课学时 22,其中,企业行业专业授课 9 学时。)

学分:4(其中,企业行业专业授课 0.5 学分。)

课程简介:《药物分析》是运用各种科学方法和技术,研究和探索化学合成药物或天然药物及其制剂质量控制的一般规律的方法学科。为药品的实验研究、生产、供应,以及临床使用提供严格的质量标准和科学的分析方法,保证用药的安全、有效和合理。通过本课程的学习,使学生树立全面的药品质量控制观念,掌握药物及其制剂的分析技术的基本原理与分析方法以及质量控制的一般规律,能够从药物的化学结构出发,结合其理化特性理解其与分析方法之间的关系,能够熟练使用药典并完成药品质量检验工作。理解分析方法的建立和各项效能指标的评价,了解药品检测和控制的质量指标,在制订和完善药品质量标准上,具有一定的理论知识和实际工作能力。

教学方法或手段:案例教学、叙述教学、启发式教学、导引式教学,采用多媒体配合动画演示。

教学评价方式:采用综合考核方式,以闭卷为基础,侧重考核学生利用理论知识综合分析和解决实际问题的能力。具体实施方案如下:①总成绩由卷面成绩、平时成绩、实验课三部分构成,分别占 50%、10%、40%;②平时成绩由课堂出勤、回答问题综合评定。③实验成绩由平时实验操作及期终现场评定两部分构成,分别占 60、40%;④期终评定以学生自主性实验设计及常规操作为考核内容。

教材选用:杭太俊主编,《药物分析》(第七版),人民卫生出版社,2011 年。

4.《生物药剂学与药物动力学》(Biopharmaceutics and Pharmacokinetics)

学时:54(理论课学时 36、实验课学时 18,其中,企业行业专业授课 9 学时。)

学分:3(其中,企业行业专业授课 0.5 学分。)

课程简介:《生物药剂学》是研究药物及其剂型在体内的吸收、分布、代谢与排泄过程,阐明药物的剂型因素,机体生物因素和药物疗效之间相互关系的科学。药物动力学是应用动力学的原理与数学处理方法,定量描述药物通过各种途径进入体内的吸收、分布、代谢和排泄过程的"量时"变化或"血药浓度经时"变化动态规律的科学。生物药剂学与药物动力学是用数学分析手段来分析、处理药物体内动态变化规律,为正确评价制剂质量,设计合理的剂型、处方及生产工艺奠定基础,并为临床合理用药、发挥最佳的治疗作用提供科学依据,为学生今后从事各项药学工作奠定基础。

教学方法或手段：采用现代化多媒体进行理论教学，通过理论联系实际讲清生物药剂学与药物动力学基本原理；实验课掌握基本操作，验证理论教学内容。

教学评价方式：生物药剂学与药物动力学课为考试课，实行百分制，综合评定，理论课占总成绩的80%，实验课成绩占20%，理论课考试可有多种形式酌情采用：①闭卷笔试，考题要有一定的分量和难度及一定的灵活性。②开卷笔试，特别注重考题的灵活性，着重考查学生运用知识及综合理解能力。③写小论文或综述，考查学生课外阅读及对新进展的了解、应用，提高其自学能力等综合素质。原则上主要以闭卷笔试形式考试，根据学生学习情况采用不同形式相结合考查。实验课考核采用课堂考勤、实验报告及操作考试相结合，从三个方面综合评分。

教材选用：刘建平主编，《生物药剂学与药物动力学》（第四版），规划教材，人民卫生出版社，2013年。

5.《微生物学与免疫学》（Microbiology and Immunology）

学时：72（理论课学时60、实验课学时12，其中，企业行业专业授课9学时。）

学分：4（其中，企业行业专业授课0.5学分。）

课程简介：《微生物学与免疫学》主要学习免疫学中的抗原、免疫球蛋白、补体系统、细胞因子、主要组织相容性抗原、免疫器官和免疫细胞、免疫应答及其调节、超敏反应、免疫学应用；微生物中的细菌学概论、微生物的遗传与变异、常见的病原性细菌、真菌学、病毒学、微生物分布与医学微生态学、微生物控制、药物的抗菌试验、药品的微生物学质量控制，遵循三基（基础理论、基本知识、基本技能）三特（特定对象、特定要求、特定限制）和五性（思想性、科学性、启发性、先进性、适用性），让学生了解该学科的发展前沿、热点和问题，使学生牢固掌握微生物学与免疫学的基本理论和基础知识，了解微生物与免疫学的新理论、新技术及其渗透在药学中的应用，为学生今后在医药学方面的学习及工作实践打下深厚的基础。

教学方法与手段：采用现代化多媒体进行理论教学，通过理论联系实际教授微生物学与免疫学基本原理；实验课掌握基本操作，验证理论教学内容。

教学评价方式：综合评定，理论课占总成绩的80%，实验课成绩占20%，理论课考试可有多种形式酌情采用：①闭卷笔试，考题要有一定的分量和难度及一定的灵活性。②开卷笔试，着重考查学生运用知识及综合理解能力；③写小论文或综述，考查学生课外阅读及对新进展的了解、应用，提高其自学能力等综合素质。实验课考核采用课堂考勤、实验报告及操作考试相结合，从三个方面综合评分。

教材选用：沈关心主编，《微生物学与免疫学》（第七版），规划教材，人民卫生出版社，2014年。

十二、教学进程表（表五）

课程类别	课程编号	课程名称	总学分	总学时	学时分配 理论	学时分配 实践	各学期学时分配 1	2	3	4	5	6	7	8	考核方式
通识教育课程平台	TS26106	思想道德修养与法律基础	3	48	38	10		48							试
	TS26102	中国近现代史纲要	2	32	24	8	32								试
	TS26103	马克思主义基本原理概论	3	48	38	10			48						试
	TS26104	毛泽东思想和中国特色社会主义理论体系概论Ⅰ	2	32	32						32				试
	TS26105	毛泽东思想和中国特色社会主义理论体系概论Ⅱ	4	64	44	20					64				试

续表

课程类别	课程编号	课程名称	总学分	总学时	学时分配 理论	学时分配 实践	各学期学时分配 1	2	3	4	5	6	7	8	考核方式
通识教育课程平台	TS15001-4	大学英语（Ⅰ-Ⅳ）	15	270	230	40	60	70	70	70					试
	TS19001-4	大学体育（Ⅰ-Ⅳ）	4	126	126		30	32	32	32					试
	TS28001	大学计算机基础	3	48	16	32		48							试
	TS28002	VFP程序设计	4	72	48	24			72						试
	TS18111	大学生心理健康教育	1	14	14			14							查
	TS26108-9	形势与政策	2	12	12		6	6							查
专业教育课程平台	学科基础课程	JC28005 高等数学C	4.5	80	80		80								试
		JC25001 普通化学	3	54	54		54								试
		JC25002 分析化学	2	36	36			36							试
		JC25003 有机化学A	3	54	54			54							试
		JC25005-6 基础化学实验Ⅰ-Ⅱ	4.0	72		72	33	39							试
		JC13315 生物化学	4.5	80	60	20			80						试
		JC23401 化工原理	3	54	54						54				试
		JC23402 物理化学	3	54	42	12			54						试
		JC23403 药物化学	3	54	40	14				54					试
	专业基础课程	ZJ23401 人体解剖生理学	3	54	44	10	54								试
		ZJ23402 中医药学基础	4	72	72			72							试
		ZJ23403 药用高分子材料学	3	54	42	12			54						试
		ZJ23404 天然药物化学	3	54	40	14				54					试
		ZJ23405 药理学	4	72	50	22					72				试
	专业核心课程	ZH23401 工业药剂学	4	72	50	22						72			试
		ZH23402 药物制剂工程技术与设备	4	72	52	20						72			试
		ZH23403 生物药剂学与药物动力学	3	54	36	18						54			试
		ZH23404 药物分析	4	72	50	22						72			试
		ZH23405 微生物学与免疫学	4	72	50	22					72				试
创新创业教育课程平台	基础课程	CJ00001 大学生创业教育	1	18	18				18						查
		CJ00002 大学生就业指导	2	24	24				12			12			查
		CJ23401 药物制剂专业导论	0.5	9	9		9								查
	核心实训课程	CH23401 创新创业论坛	0.5	9	9							9			查
		CH23402 药品销售企业管理	1.5	27	27								27		查
		CH23403 药物新剂型设计	1.5	27	27								27		查
		CH00001 创新创业成果学分认定	创新创业实践成果的认定见有关文件												

续表

课程类别		课程编号	课程名称	总学分	总学时	学时分配		各学期学时分配								考核方式
						理论	实践	1	2	3	4	5	6	7	8	
专业方向课程模块	药事管理	ZF23401	药事管理学	2	36	36								36		试
		ZF23402	医药数理统计	2	36	30	6					36				查
		ZF23403	药厂GMP	2	36	36							36			查
		ZF23404	药物毒理学	2	36	30	6						36			查
	分析与检验	ZF23405	制剂分析学	2	36	36								36		查
		ZF23406	仪器分析	2	36	30	6					36				试
		ZF23407	药物检测技术	2	36	30	6						36			查
		ZF23408	中药鉴定学	2	36	30	6				36					查
个性化拓展课程模块	人文素质模块	GT18106W	中国近代人物研究	1	18	18					18					查
		GT18306	社交礼仪	1	18	18						18				查
		GT18608	应用文写作	1	18	18						18				查
		GT18622W	影视鉴赏	1	18	18							18			查
	专业拓展模块	GT23401	专业英语	1	18	18						18				查
		GT23402	文献检索	1	18	14	4						18			查
		GT23403	新药研究与申报	1	18	14	4							18		查
		GT23404	生物技术制药	1	18	14	4						18			查
			学生最低修读的学分/学时	134	2410	1948	462	368	441	482	368	370	327	144		
			课堂教学周数					15	18	17	17	18	14	7		
			周学时数					24.5	24.5	28.4	21.6	20.6	23.4	20.6		

说明：
1. 各专业军事理论教育在第1学期以讲座形式进行；
2. 专业方向课程模块必须选修12个学分，学生选1个模块，另外1个模块任选2门课程；
3. 创新创业教育平台，学生获得"创新创业成果"学分可抵免创新创业核心实训课程学分；
4. 个性化拓展模块要求学生至少须修读6个学分，其中，"人文素质"模块要求学生至少选修2个学分，且至少选修1门网络课程；专业拓展模块至少选修4个学分。

文学类专业

汉语言文学本科专业人才培养方案

专业代码:050101

一、培养目标

本专业培养德、智、体、美全面发展,掌握扎实的汉语言文学基础知识,具有良好的人文素养,熟悉汉语及中国文学的基础知识,具有较强的审美能力和汉语言文字表达能力,具有初步的汉语言文学研究能力,能够在文化、教育、出版、传媒机构以及政府机关等企事业部门从事与汉语言文字运用相关工作,具有创新意识和创业精神的高素质应用型高级专门人才。

二、培养要求

本专业学生主要学习中国语言、中国文学、外国文学、文学理论、教育学等方面的基本理论和基本知识,接受中文写作、文学鉴赏与批评、中学语文教育及教育学研究等方面的基本训练,掌握汉语言文学相关知识的学习、教学、科研等方面的基本能力,具有较完善的知识结构、较强的创新能力。

毕业生应获得以下几方面的知识和能力:

1. 掌握文学艺术、语言学、中国文化的基础知识,具备运用文史哲知识分析解决汉语言文学学科基本问题的能力;

2. 掌握现代汉语、古代汉语、写作学的基础知识,具备运用汉语言知识处理古今语言文字材料的能力;

3. 掌握古代文学、现当代文学、外国文学及文学批评的基础知识,具备解读和分析古今文学作品的能力;

4. 掌握汉语言文学及教育学、心理学的基础知识,具有较强的口语和书面语表达能力,能够讲比较标准的普通话,使用规范的汉语言文字,具备在中等学校从事语文教学的能力;

5. 掌握文秘、新闻等与汉语言文学专业相关学科的基础知识,具备在企事业单位从事文秘管理、新闻采编、广告策划的能力;

6. 掌握计算机基础知识,具备运用计算机知识获取信息的能力;

7. 掌握外国语基础知识,具备一定的外语听、说、读、写能力;

8. 掌握体育运动常识,具备健康的身心素质。

三、专业方向

1. 文秘方向

学习和掌握文秘事务理论和基本知识,具有较强的文秘写作和办公自动化操作能力,能够胜任企事业单位和经济管理部门的文秘写作、办公室管理和公关策划、设计、组织等实务管理工作。

2. 新闻方向

学习和掌握我国有关语言、文学、新闻方面的方针政策，掌握传播学、新闻学、编辑学的基本理论，能够在各级广播电台、电视台、报社、出版社等新闻出版单位从事新闻采编、编辑出版、宣传、广告策划及管理等工作。

四、素质与能力分析表（表一）

综合素质与能力	专项素质与能力	对应课程或实践
1.基本素质与能力	1.1 政治素质	思想道德修养与法律基础、中国近现代史纲要、马克思主义基本原理、毛泽东思想和中国特色社会主义理论体系、形势政策等
	1.2 人文科学素质	社交礼仪、中国文化概论、应用文写作、现代教育技术等
	1.3 身心素质	军事训练、大学体育、心理学等
	1.4 英语应用能力	大学英语Ⅰ－Ⅳ
	1.5 计算机应用能力	大学计算机基础、Access程序设计、Photoshop设计与制作等
	1.6 利用现代化手段获取信息能力	信息检索技术、科研工作与方法等
	1.7 组织管理、语言表达、人际交往以及在团队中发挥作用的能力	演讲与口才、领导科学、公共关系学、社会工作导论等
2.学科基础知识及应用能力	2.1 掌握中国历史、文化基础知识，具备运用文史哲的方法分析解决问题的能力	中国古代文学、中国现代文学、外国文学、比较文学等
	2.2 掌握文学发生发展的基本原理，具备分析语言现象的能力。	文学概论、语言学概论、修辞学等
3.专业基础知识及应用能力	3.1 掌握古代汉语基础知识，具备阅读分析古代语言文字材料的能力	古代汉语、中国古代文学等
	3.2 具有正确的文艺观点和坚实的汉语言文学基础知识，具备解读和分析古今中外文学作品以及开展语文教学工作的能力。	现代汉语、中国文学批评史、中国现代文学、语文教学论等
4.专业核心知识及应用能力	4.1 掌握写作学基础知识，具有一定的写作能力	写作、应用文写作、文学创作实训、应用文写作实训等
	4.2 掌握文秘管理的基础知识，具备在企事业单位从事文秘管理工作的能力	秘书理论与实务、秘书资格考试培训、人力资源管理、档案管理等
	4.3 掌握新闻学、传播学基础知识，具备在新闻单位从事新闻采编、广告策划工作的能力	新闻采访与写作、编辑学原理、大众传播学、出版学原理、网络编辑等
5.专业实践技能与动手能力	5.1 具备汉语言文学各类文体写作能力、语文教学能力、良好的沟通与协作能力	秘书理论与实务、新闻采访与写作、专业实习、文学创作实训、应用文写作实训、教育实习、公共关系学等
6.创新创业能力	6.1 创新能力	新闻采访与写作、秘书理论与实务、创新创业论坛等
	6.2 创业能力	大学生创业教育、大学生就业指导汉语言文学专业导论等
7.个性化发展能力	7.1 具有一定的自然科学知识与能力	物联网概论、生命科学与人类文明、从爱因斯坦到霍金的宇宙等
	7.2 具有专业延伸相关知识与能力，具有良好的人际沟通与协作能力	信息检索技术、出版法律基础、凤画艺术、中国古典文献学、古代诗人与安徽、社会工作导论等

五、学制与学分

1. 学制：标准学制4年，修业年限3～6年。

2.学分:最低修读158学分。其中,课内教学环节必须修满125学分,实践教学环节必须修满33学分。

六、毕业与学位授予

学生在规定的学习年限内,完成各教学环节学习,修满专业规定的最低学分,准予毕业。授予文学学士学位。

七、全学程时间安排总表(表二)

项目\学年学期	一		二		三		四		合计
	1	2	3	4	5	6	7	8	
军训(含军事理论)	2								2
入学教育和专业导论	(2)								(2)
课堂教学	15	18	18	18	17	18	6		112
专业实习、课程实习及教育实习							12		10
毕业实习								8	8
专业创业创新实训								2	2
毕业论文(设计)								6	6
复习考试	1	1	1	1	1	1	1		7
机动	1				1			3	5
假期	6	8	6	8	6	8	6		48
全学程总周数	25	27	25	27	25	27	25	19	200

八、实践性教学环节(表三)

课程编号	实践教学项目	学分	周数	安排学期	实践方式
SJ00001	入学教育	1	(2)	第1学期	集中
SJ00002	军训(含军事理论)	1	2	第1学期	集中
SJ00003	社会实践	1	(3)	第2、4、6学期后暑期	由校团委统一安排
SJ18505	教育实习	6	6	第7学期	学院集中安排荆涂学校、凤阳一中、凤阳二中、城东中学等学校进行。
SJ18506	专业实习	6	6	第7学期	集中与分散相结合。学生可自找单位,也可由学院统一安排到凤阳电视台、《蚌埠日报社》、《合肥晚报》等社单位。
SJ18507	毕业实习	10	10	第8学期	集中与分散结合。学生可自找单位,也可由学院统一安排到前述各单位。
SJ18509	专业创新创业实训	2	2	第8学期	集中与分散结合。
SJ18508	毕业论文(设计)	6	6	第8学期	根据《人文学院本科生毕业论文(设计)改革方案(试行)》实行。
	合计	33	32(5)		

九、课程设置及学时、学分比例表(表四)

课程类型		学时	学分	占总学时(总学分)比例(%)	
通识教育课程平台		786	43	34.9%	34.9%
专业教育课程平台	学科基础课程	252	14	11.2%	11.2%
	专业基础课程	360	20	16.0%	16.0%
	专业核心课程	324	18	14.4%	14.4%
创新创业教育平台	创新创业基础课程	51	3.5	2.3%	2.3%
	创新创业核心实训课程	63	3.5	2.8%	2.8%
专业方向课程模块	教育类课程	144	8	6.4%	6.4%
	文秘方向	162	9	7.2%	7.2%
	新闻方向				
个性化拓展课程模块	自然科学	36	2	1.6%	1.6%
	专业技能与地方文化	72	4	3.2%	3.2%
总计		2250	125	100%	100%

十、主干学科

中国语言文学

十一、专业核心课程

1.《现代汉语》(Modern Chinese Language)

学时:72(理论课学时72。)

学分:4(理论课学分4。)

课程简介:本课程系统讲授现代汉语的语音、文字、词汇、语法、修辞各方面的基本知识和基础理论,培养学生理解、分析、运用汉语的能力和研究汉语的初步能力,为进一步学习其他专业课程和将来从事中学语文教学工作打好基础。

教学方法和手段:本课程主要采用讲授法、案例分析法和课堂习题训练法展开教学,突出学生主体地位,侧重锻炼学生运用汉语言文字、词汇和语法知识分析和解决问题的能力。

教学评价方式:平时成绩占30%、卷面成绩占70%。

教材选用:黄伯荣等,《现代汉语(上下)》,高等教育出版社。

2.《中国古代文学(Ⅰ-Ⅱ)》(Chinese Ancient Literature)

学时:144(理论课学时144。)

学分:8(理论课学分8。)

课程简介:本课程主要讲授中国古代文学知识,让学生掌握中国古代文学发展演进状况及其规律,主要介绍历代文学的基本特征、重要作家和文学流派的艺术成就及文学发展演变概况。通过学习,培养学生对中国古代文学作品的解读与鉴赏能力。选讲历代文学的重要作品,分析其思想内容,重点赏析其艺术美,并通过重点作品反映作家、流派及时代艺术特征。

教学方法和手段:本课程主要采用讲授法介绍文学史知识,结合任务驱动法和课堂讨论法鉴赏和分析文学作品,突出学生主体地位,侧重引导学生的文学审美品位,领会中国文学的文化内涵。

教学评价方式:平时成绩占20%、卷面成绩占80%。

教材选用:袁行霈,《中国文学史(1—4卷)》,高等教育出版社。

参考用书:朱东润,《中国历代文学作品选(上、中、下)》,上海古籍出版社。

3.《文学概论》(An Introduction to Literature)

学时:36(理论课学时36。)

学分:2(理论课学分2。)

课程简介:本课程主要讲授文学的基本原理,包括文学活动论、文学创作论、文学作品论、文学消费与接受论等。旨在使学生通过学习对文学原理有较完整深入的理解、对文艺理论体系有全面的了解,并运用它们对纷繁复杂的各种文学现象进行总结和升华,为从事中学教学工作,为文学史、文学鉴赏与批评、文学创作提高与研究提供坚实的理论基础。

教学方法和手段:本课程采用讲授法、课堂讨论法、案例教学法等展开教学,培养学生学习的主动性、积极性,突出学生的主体地位,侧重培养学生对文学原理的理解和鉴赏能力。

教学评价方式:平时考核成绩占20%、课堂表现占20%、期末考核成绩占60%。

教材选用:童庆炳等,《文学理论教程》(修订二版),高等教育出版社。

参考用书:勒内·韦勒等,《文学理论》(修订版),江苏教育出版社。

4.《写作》(Composition)

学时:36(理论课学时36。)

学分:2(理论课学分2。)

课程简介:本课程主要讲授文学写作的基础理论和常见文体的写作技法。通过教学,使学生系统掌握写作理论,培养学生阅读和分析文章的能力。

教学方法和手段:本课程采用讲堂讲授、实例分析和课堂训练法,以学生为主体,着重培养学生各类文体的运用能力。

考核方式:平时成绩30%、卷面成绩70%。

教材选用:王锡渭,《新编大学写作教程》,北京大学出版社。

5.《文学创作实训》(Practice of Literary Creation)

学时:36(实践课学时36。)

学分:2(实践课学分2。)

课程简介:本课程主要训练文学写作技能。通过教学,使学生具备主要文体的写作能力,能够熟练地写出观点正确、内容充实、结构严谨、语言流畅、文风端正的作品,具有指导和评改中学作文的能力。

教学方法和手段:本课程采用练习法、体验学习教学法和课堂讨论法,突出学生的主体地位,侧重锻炼学生各文体的写作能力。

教学评价方式:本课程采用多元化考核方式。具体分配为:诗歌、散文、戏剧、小说四类文体各占总成绩的25%。其中,每类文体习作2次,总成绩取平均值。

教材选用:琚静斋,《文学写作教程》,北京大学出版社,2013年。

十二、教学进程表(表五)

课程类别	课程编号	课程名称	总学分	总学时	学时分配		各学期学时分配								考核方式
					理论	实践	1	2	3	4	5	6	7	8	
通识教育课程平台	TS26106	思想道德修养与法律基础	3	48	38	10	48								试
	TS26102	中国近现代史纲要	2	32	24	8		32							试
	TS26103	马克思主义原理概论	3	48	38	10				48					试
	TS26104	毛泽东思想和中国特色社会主义理论体系概论I	2	32	32					32					试

续表

课程类别	课程编号	课程名称	总学分	总学时	学时分配		各学期学时分配								考核方式
					理论	实践	1	2	3	4	5	6	7	8	
通识教育课程平台	TS26105	毛泽东思想和中国特色社会主义理论体系概论Ⅱ	4	64	44	20					64				试
	TS15001-4	大学英语（Ⅰ-Ⅳ）	15	270	230	40	60	70	70	70					试
	TS19001-4	大学体育（Ⅰ-Ⅳ）	4	126	126		30	32	32	32					试
	TS28001	大学计算机基础	3	48	16	32	48								试
	TS28004	Access程序设计	4	72	42	30			72						试
	TS18111	大学生心理健康教育	1	14	14		14								查
	TS26108-9	形势与政策	2	32	12	20	16	16							试
专业教育课程平台	JC18515	应用文写作	1	18	18					18					查
	JC18516	应用文写作实训	2	36		36				36					查
	JC18503	中国文化概论	2	36	36		36								试
	JC18508	美学概论	2	36	36				36						试
	JC18510	演讲与口才	1	18	18					18					查
	JC18511	演讲与口才实训	2	36		36				36					查
	JC18512	社交礼仪	2	36	18	18					36				试
	JC18513	办公自动化	2	36	18	18						36			试
	ZJ18514	古代汉语	3	54	54				54						试
	ZJ18503	中国文学批评史	3	54	54						54				试
	ZJ18517-8	中国现代文学（Ⅰ-Ⅱ）	5	90	90						54	36			试
	ZJ18513	外国文学	3	54	54						54				试
	ZJ18510	比较文学	2	36	36							36			试
	ZJ18515	语言学概论	2	36	36				36						试
	ZJ18516	西方文艺理论	2	36	36							36			试
	ZH18501-2	现代汉语	4	72	72		36	36							试
	ZH18511-4	中国古代文学（Ⅰ-Ⅳ）	8	144	144		36	36	36	36					试
	ZH18515	文学概论	2	36	36				36						试
	ZH18516	写作	2	36	36				36						试
	ZH18517	文学创作实训	2	36		36				36					查
创新创业教育课程平台	CJ00001	大学生创业教育	1	18	18					18					查
	TCJ00002	大学生就业指导	2	24	24				12				12		查
	CJ18501	汉语言文学专业导论	0.5	9	9		9								查
	CH18503	创新创业论坛	0.5	9	9		9								查
	CH18501	策划理论与实务	1.5	27	27							27			查
	CH18502	文化创意产业	1.5	27	27						27				查
	CH00001	创新创业成果学分认定	创新创业成果学分的认定见有关文件												

续表

课程类别	课程编号	课程名称	总学分	总学时	学时分配 理论	学时分配 实践	各学期学时分配 1	2	3	4	5	6	7	8	考核方式
专业方向课程模块															
教育类	ZF18312	教育学	2	36	36							36			试
教育类	ZF18512	心理学	2	36	18	18			36						试
教育类	ZF18513	现代教育技术	2	36	18	18							36		查
教育类	ZF18510	语文教学论	2	36	18	18							36		试
文秘方向	ZF18511	秘书理论与实务*	3	54	36	18						54			试
文秘方向	ZF18502	公共关系学	2	36	36							36			试
文秘方向	ZF18508	档案管理	2	36	36							36			试
文秘方向	ZF18316	领导科学	2	36	36							36			试
文秘方向	ZF18507	人力资源管理	2	36	36						36				试
新闻方向	ZF18514	新闻采访与写作*	3	54	36	18						54			试
新闻方向	ZF18504	大众传播学	2	36	36							36			试
新闻方向	ZF18509	出版学基础	2	36	36						36				试
新闻方向	ZF18520	编辑学原理	2	36	36							36			试
新闻方向	ZF18522	网络编辑	3	36	36							36			试
个性化拓展课程模块															
自然科学	GT14202	物联网概论	1	18	18						18				查
自然科学	GT14504	Photoshop 设计与制作	1	18	18		18								查
自然科学	GT13424W	生命科学与人类文明	1	18	18						18				查
自然科学	GT17009W	从爱因斯坦到霍金的宇宙	1	18	18					18					查
自然科学	GT13677	插花与盆景	1	18	18								18		查
专业技能与地方文化	GT18505	信息检索技术	1	18	18						18				查
专业技能与地方文化	GT18506	出版法律基础	1	18	18					18					查
专业技能与地方文化	GT18507	科研工作与方法	1	18	18								18		查
专业技能与地方文化	GT18508	社会工作导论	1	18	18						18				查
专业技能与地方文化	GT18509	秘书资格考试培训	1	18	18								18		查
专业技能与地方文化	GT18510	文化产业概论	1	18	18						18				查
专业技能与地方文化	GT18316	凤画艺术	1	18	18			18							查
专业技能与地方文化	GT18511	古代诗人与安徽	1	18	18					18					查
专业技能与地方文化	GT18613	修辞学	1	18	18					18					查
专业技能与地方文化	GT18504	中国古典文献学	1	18	18								18		查
学生最低修读的学分/学时			125	2250	1846	404	294	372	390	407	343	336	108	0	
课堂教学周数							15	18	18	18	17	17	6		
周学时数							19.6	20.7	21.7	22.6	20.2	19.8	18.0	0	

说明：1.军事理论教育在第1学期以讲座形式进行；
2.专业方向模块共设3个模块。其中，教育类课程为必选课。文秘和新闻方向二选一，学生最低修满162个学时，9个学分的课程，其中带*为限选课；
3.创新创业教育平台，学生获得"创新创业成果"学分可抵免创新创业核心实训课程学分；
4.个性化拓展模块学生至少修满6个学分，其中，自然科学至少修满2个学分，且至少选修1门网络课程。

文学类专业

编辑出版学本科专业人才培养方案

专业代码:050305

一、培养目标

本专业培养德、智、体、美全面发展,掌握编辑出版学的基本理论与基本知识,具有新闻采编、网络编辑、出版物的生产与销售等能力,能够胜任书刊编辑、网络编辑、数字出版等领域的业务和管理工作,具有创新意识和创业精神的高素质应用型专门人才。

二、培养要求

本专业学生主要学习编辑出版理论和编辑出版实务的基本知识,接受编校软件、网络编辑、书刊设计制作、数字出版设计制作、多媒体书刊制作等方面的基本训练,具有网络编辑、数字出版等方面的基本能力。

毕业生应获得以下几方面的知识和能力:

1.掌握编辑出版学的基本理论与基本知识,熟悉编辑出版的方针、政策与法规,了解中外编辑出版事业史和编辑出版思想史,对相关的社会科学与自然科学有一定程度的了解;

2.掌握编辑选题策划、出版物制作与生产、电子出版技术等业务技能,能够承担编辑出版业务流程中的具体分工或整体协调任务,拥有较强的业务创新能力;

3.掌握以出版物经营为中心的市场营销知识及经济学知识,以出版管理为中心的资源组织及行政管理知识;

4.具备编辑出版信息资源开发、加工以及初步的科学研究能力;

5.具备计算机应用和网络应用能力,熟悉文献检索、资料查询的基本方法,具有较强的获取信息和知识的能力以及初步的编辑出版研究能力;

6.掌握外国语基础知识,具备一定的外语听说读写能力;

7.掌握体育运动常识,具备健康的身心素质。

三、专业方向

1. 数字出版方向

具备数字编辑技能、媒体创意与策划能力、出版物制作能力、图书评论与写作能力、市场营销能力,能够胜任互联网行业数字出版与营销工作。

2. 网络编辑方向

具备网络媒体创意与策划能力、网站管理能力、网络舆情调查能力、新闻采编能力、新闻评论与写作能力,能够胜任互联网行业网络新闻编辑工作。

四、素质与能力分析表(表一)

综合素质与能力	专项素质与能力	对应课程或实践
1.基本素质与能力	1.1 政治素质	思想道德修养与法律基础、中国近现代史纲要、马克思主义基本原理概论、毛泽东思想和中国特色社会主义理论体系概论(Ⅰ-Ⅱ)、形势政策(Ⅰ-Ⅱ)
	1.2 人文科学素质	文学基础、汉语基础、社交礼仪、演讲与口才
	1.3 身心素质	军事训练、大学体育(Ⅰ-Ⅳ)、大学生心理健康教育
	1.4 英语应用能力	大学英语Ⅰ-Ⅳ
	1.5 计算机应用能力	大学计算机基础、ACCESS 程序设计、物联网概论、办公自动化、网页设计与制作、编校软件与运用
	1.6 利用现代化手段获取信息能力	大学计算机基础、舆情与调查
	1.7 组织管理、语言表达、人际交往以及在团队中发挥作用的能力	办公自动化、演讲与口才、社交礼仪、大学生创业教育、社会学
2.学科基础知识及应用能力	2.1 掌握新闻学、传播学的基础知识,具备运用新闻学、传播学知识分析解决问题的能力	新闻学基础、传播学概论、文化产业概论、出版法律基础
	2.2 掌握语言、文学的基本知识,具备较强的写作能力	汉语基础、文学基础、写作
3.专业基础知识及应用能力	3.1 掌握中国编辑出版的基础知识,为学习专业核心课程、专业方向课程打好基础,形成专业学习能力	中国编辑出版史、出版学基础、自然科学基础知识
	3.2 了解文化产业的管理常识,熟悉新闻出版的法规,形成管理文化企业的能力	网络舆情与调查、文化产业概论、出版法律基础
4.专业核心知识及应用能力	4.1 掌握编辑、出版原理,具备网络编辑、出版物选题与策划的能力	编辑学原理、出版学基础、网络编辑、期刊设计与出版、出版选题策划
	4.2 了解国内外出版业现状,掌握数字出版技术,具备数字出版能力、媒体创意能力、出版物营销能力	数字出版、发行实务、编校软件与运用、出版物营销与管理、出版单位见习、书刊设计制作、数字出版编辑软件应用
	4.3 掌握新闻采编、网络传播、网页设计与制作的基础知识,具备新闻采编、网页制作、管理媒介、熟练使用编校软件的能力	新闻采访与写作、网页设计与制作、编校软件与运用、舆情与调查、中外优秀新闻作品鉴赏、报纸编辑学、PHP
5.专业实践技能与动手能力	具备报纸设计制作、书刊设计制作、数字出版物设计制作、多媒体产品制作能力	新闻单位见习、出版单位见习、报纸设计制作、书刊设计制作、数字出版设计与制作、多媒体产品制作
6.创新创业能力	6.1 创新能力	网络编辑、期刊设计与出版、出版选题策划、创新创业论坛
	6.2 创业能力	自媒体开发与营销、文化创意产业
7.个性化发展能力	7.1 掌握一般的自然科学知识,了解自然科学的一般原理	自然科学基础知识、物联网概论、插花与盆景、生命科学与人类文明、魅力科学
	7.2 掌握舆情调查、新闻作品鉴赏、摄影摄像、办公自动化、演讲与口才、社交礼仪等专业发展的其他知识,具备舆情调查、摄影摄像、鉴赏新闻作品、人际交往的能力	中外优秀新闻作品鉴赏、摄影摄像、舆情与调查、办公自动化、演讲与口才、社交礼仪

五、学制与学分

1.学制:标准学制 4 年,修业年限 3～6 年。

2.学分:最低修读 161 学分。其中,课内教学环节必须修满 116 学分,实践教学环节必须修满 45 学分。

六、毕业与学位授予

毕业条件及其他说明:学生在规定的学习年限内,完成各教学环节学习,修满专业规定的最低学分,准予毕业。

七、全学程时间安排总表(表二)

项目\学年学期	一		二		三		四		合计
	1	2	3	4	5	6	7	8	
军训(含军事理论教育)	2								2
入学教育和专业导论	(2)								(2)
课堂教学	15	18	16	16	17	16			99
专业实习或教育实习			2	2	1	2	19		26
毕业实习								8	8
专业创新创业实训								2	2
毕业论文(设计)								6	6
复习考试	1	1	1	1	1	1			6
机动	1							3	
假期	6	8	6	8	6	8	6		48
全学程总周数	25	27	25	27	25	27	25	19	200

八、实践性教学环节(表三)

课程编号	实践教学项目	学分	周数	安排学期	实践方式
SJ00001	入学教育	1	(2)	第1学期	集中
SJ00002	军训(含军事理论教育)		2	第1学期	集中
SJ00003	社会实践	1	(3)	第2、4、6学期后暑期	由校团委统一安排
SJ18711	新闻单位见习	1	1	第3学期	学院集中安排江淮晨报社见习
SJ18712	报纸设计制作	2	1	第3学期	新闻传播实验室统一进行
SJ18713	出版单位见习	1	1	第4学期	学院集中安排安徽大学出版社进行
SJ18714	书刊设计制作	2	1	第4学期	学院集中安排安徽小雅文化传媒公司进行
SJ18704	数字出版编辑软件应用	2	1	第5学期	新闻传播实验室统一进行
SJ18715	数字出版设计与制作	2	1	第6学期	新闻传播实验室统一进行
SJ18716	多媒体产品制作	2	1	第6学期	新闻传播实验室统一进行
SJ18707	专业实习	15	14	第7学期	集中安排实习基地进行
SJ18708	毕业实习	8	8	第8学期	集中安排实习基地进行
SJ18710	专业创新创业实训	2	2	第8学期	新闻传播实验室统一进行
SJ18709	毕业论文(设计)	6	6	第8学期	根据《人文学院本科生毕业论文(设计)改革方案(试行)》实行。
合 计		45	43		

九、课程设置及学时、学分比例表(表四)

课程类型		学时	学分	占总学时(总学分)比例(%)	
通识教育课程平台		786	43	37.7%	37.1%
专业教育课程平台	学科基础课程	288	16	13.8%	13.8%
	专业基础课程	342	19	16.4%	16.4%
	专业核心课程	324	18	15.5%	15.5%
创新创业教育平台	创新创业基础课程	51	3.5	2.4%	3%
	创新创业核心实训课程	63	3.5	3%	3%
专业方向课程模块	数字出版	126	7	6.0%	6.0%
	网络编辑				
个性化拓展课程模块	自然科学	36	2	1.7%	1.7%
	专业拓展	72	4	3.5%	3.5%
总 计		2088	116	100%	100%

十、主干学科

新闻传播学

十一、核心课程

1.《新闻采访与写作》(News Interviewing and Writing)

学时:54(理论课学时36、实践课学时18,其中,企业行业专业授课18学时。)

学分:3(理论课学分2、实践课学分1,其中,企业行业专业授课1学分。)

课程简介:本课程主要讲授新闻与新闻报道的概念、新闻报道的基本特征与新闻报道的现实重要性;介绍新闻报道的基本要求和基本体裁;介绍新闻敏感、新闻价值与新闻政策的概念,正确领会各术语的真正内涵,了解和把握新闻敏感与新闻价值的构成要素,正确区分新闻价值、宣传价值和报道价值,了解和掌握新闻价值与新闻政策的关系;介绍新闻采访的概念、新闻采访的特点、新闻采访的类型和方法,了解新闻采的地位和作用;介绍采访过程中各个环节的内容,包括选题的确定、采访前的准备、人际交往技巧,介绍采访中最普遍最经常使用的采访方法,如何进行深入采访及采访中对写作进行思考,介绍各类新闻和通讯的采写。

教学方法与手段:讲授法、情境教学法、任务驱动法、练习法。

教学评价方式:课堂表现占10%、平时新闻采访写作活动占40%、期末考试占50%。

教材选用:李希光、孙静惟,《新闻采访写作教程》,清华大学出版社,2011年。

2.《期刊设计与出版》(Design and Publishing Journals)

学时:54(理论课学时36、实践课学时18,其中,企业行业专业授课18学时。)

学分:3(理论课学分2、实践课学分1,其中,企业行业专业授课1学分。)

课程简介:本课程主要讲授期刊的开本、装帧形式、封面、字体、版面、色彩、插图、以及纸张材料、印刷、装订及工艺等各个环节的艺术设计。

教学方法与手段:讲授法、案例教学法、讨论法、练习法。

教学评价方式:课堂表现占10%、平时作品设计占50%、期末考试占40%。

教材选用:宋新娟著,《书籍装帧设计》(第二版),武汉大学出版社,2011年。

3.《图形图像处理》(Graph and Image Processing)

学时:54(理论课学时36、实践课学时18,其中,企业行业专业授课18学时。)

学分:3(理论课学分2、实践课学分1,其中企业行业专业授课1学分。)

课程简介:本课程以 Photoshop CS 软件(中文版)为蓝本,系统地讲授数字图形图像的基本知识、文件格式、图像图形要素的数字表示、图形图像的输入、Photoshop 中图形图像的编辑、特效处理、常用工具和技巧以及图像的输出印刷的分色方法和平面设计中该软件的使用方法等内容。

教学方法与手段:讲授法、练习法。

教学评价方式:课堂表现占20%、期末考试占80%。

教材选用:刘元生、许朝晖著,《图形图像处理(Photoshop)》(第一版),清华大学出版社,2012年。

4.《网络编辑》(Network Editing)

学时:54(理论课学时36、实践课学时18,其中,企业行业专业授课18学时。)

学分:3(理论课学分2、实践课学分1,其中,企业行业专业授课1学分。)

课程简介:本课程主要是讲授网络新闻编辑工作的原理和方法,包括微观编辑与宏观编辑。微观编辑部分包括新闻稿件的编辑、制作标题、版面编排等内容。本课程注重理论联系实际,要求学生弄懂、弄通新闻编辑的基本原理。通过宏观编辑的学习,培养学生具有基本的编辑策划与组织能力,学会组织、策划报道。在此基础上,结合完成实训项目或参加网络或其他媒体的编辑工作实践,实际掌握编辑工作的方法和技能。

教学方法与手段:讲授法、案例教学法、情景教学法、练习法。

教学评价方式:课堂表现占10%、编辑作品占30%、期末考试占60%。

教材选用:王晓红著,《网络信息编辑实务》,高等教育出版社,2013

5.《出版选题策划》(Publishing topics Planning)

学时:54(理论课学时36、实践课学时18,其中,企业行业专业授课18学时。)

学分:3(理论课学分2、实践课学分1,其中,企业行业专业授课1学分。)

课程简介:本课程是编辑出版学专业的必修课。旨在培养学生的选题与策划能力,提高学生按照我国出版的方针和客观条件,开发出版资源、设计选题、落实选题及行销方案的创造能力。本课程主要讲授编辑方针、市场需求和受众需要,工作目标和内容设计分析,出版选题策划方案。

教学方法与手段:讲授法、案例教学法、情景教学法、讨论法。拟请安徽大学出版社领导开展图书选题策划讲座。

教学评价方式:课堂表现占10%、平时选题策划方案占40%、期末考试占50%。

教材选用:易图强著,《图书选题策划导论》,中国人民大学出版社,2012年。

6.《数字出版》(Digital Publishing)

学时:54(理论课学时36、实践课学时18,其中,企业行业专业授课18学时。)

学分:3(理论课学分2、实践课学分1,其中,企业行业专业授课1学分。)

课程简介:该课程主要讲授新媒介环境下数字出版的概念、类型,分析数字出版的研究框架,在此基础上,系统地讲授数字出版的业务流程、产品开发和产品分销等一系列问题,为学生了解数字出版这一出版领域的最新前沿问题提供一个窗口。

教学方法与手段:讲授法、案例教学法、直观演示法。拟请时代新媒体出版社专家开展数字出版讲座。

教学评价方式:课堂表现占10%、平时数字作品设计占40%、期末考试占50%。

教材选用:司占军著,《数字出版》,中国轻工业出版社,2013年。

十二、教学进程表(表五)

课程类别	课程编号	课程名称	总学分	总学时	学时分配		各学期学时分配								考核方式
					理论	实践	1	2	3	4	5	6	7	8	
通识教育课程平台	TS26106	思想道德修养与法律基础	3	48	38	10	48								试
	TS26102	中国近现代史纲要	2	32	24	8		32							试
	TS26103	马克思主义原理概论	3	48	38	10				48					试
	TS26104	毛泽东思想和中国特色社会主义理论概论Ⅰ	2	32	32					32					试
	TS26105	毛泽东思想和中国特色社会主义理论概论Ⅱ	4	64	44	20					64				试
	TS15001-4	大学英语(Ⅰ-Ⅳ)	15	270	230	40	60	70	70	70					试
	TS19001-4	大学体育(Ⅰ-Ⅳ)	4	126	126		30	32	32	32					试
	TS28001	大学计算机基础	3	48	16	32	48								试
	TS28004	ACCESS程序设计	4	72	48	24		72							试
	TS18111	大学生心理健康教育	1	14	14		14								查
	TS26108-9	形势与政策	2	32	12	20	16	16							查
专业教育课程平台	学科基础课程														
	JC18705	汉语基础	3	54	54		54								试
	JC18706	文学基础	3	54	54		54								试
	JC18707-8	写作	4	72	72			36	36						试
	JC18704	社会学	2	36	36			36							试
	JC18503	中国文化概论	2	36	36				36						试
	JC18709	自然科学基础知识	2	36	36					36					试
	专业基础课程														
	ZJ18710	中国编辑出版史	2	36	36		36								试
	ZJ18703	编辑学原理	3	54	54				54						试
	ZJ18707	出版学基础	3	54	54						54				试
	ZJ18708	新闻学基础	3	54	54			54							试
	ZJ18706	传播学概论	2	36	36					36					试
	ZJ18704	出版法律基础	2	36	36					36					试
	ZJ18709	数据库原理及应用	2	36	36				36						试
	ZJ18705	文化产业概论	2	36	36							36			试
	专业基础课程														
	ZH18707	新闻采访与写作	3	54	36	18					54				试
	ZH18705	期刊设计与出版	3	54	36	18						54			试
	ZH18709	图形图像处理	3	54	36	18					54				试
	ZH18704	网络编辑	3	54	36	18						54			试
	ZH18706	出版选题策划	3	54	36	18						54			试
	ZH18708	数字出版	3	54	36	18							54		试

续表

课程类别		课程编号	课程名称	总学分	总学时	学时分配		各学期学时分配								考核方式
						理论	实践	1	2	3	4	5	6	7	8	
创新创业教育课程平台	基础课程	CJ00001	大学生创业教育	1	18	18				18						查
		CJ00002	大学生就业指导	2	24	24			12				12			查
		CJ18701	编辑出版学专业导论	0.5	9	9		9								查
	专业核心课程	CH18703	创新创业论坛	0.5	9	9							9			查
		CH18701	自媒体的开发与营销	1.5	27	27						27				查
		CH18702	文化创意产业	1.5	27	27							27			查
		CH00001	创新创业成果学分认定	创新创业成果学分的认定见有关文件												
专业方向课程模块	数字出版	ZF18708	编校软件与运用	3	54	36	18					54				试
		ZF18712	发行实务	2	36	36						36				试
		ZF18704	出版物市场营销与管理	2	36	36							36			试
	网络编辑	ZF18714	网页设计与制作	3	54	36	18					54				试
		ZF18715	报纸编辑学	2	36	36						36				试
		ZF18713	PHP	2	36	36							36			试
个性化拓展课程模块	自然科学模块	GT14202	物联网概论	1	18	18								18		查
		GT17003	今日物理	1	18	18					18					查
		GT13677	插花与盆景	1	18	18					18					查
		GT13424W	生命科学与人类文明	1	18	18						18				查
		GT13425W	微生物与人类健康	1	18	18							18			查
		GT17008W	魅力科学	1	18	18							18			查
	专业拓展模块	GT18601	演讲与口才	1	18	18					18					查
		GT18306	社交礼仪	1	18	18					18					查
		GT18704	舆情与调查	1	18	18								18		查
		GT18307	办公自动化	1	18	18		18								查
		GT18701	摄影摄像	1	18	18							18			查
		GT18703	中外优秀新闻作品鉴赏	1	18	18					18					查
学生最低修读的学分/学时				116	2088	1798	290	339	390	336	344	361	291	81		
课堂教学周数								15	18	16	16	17	16	4		
周学时数								22	22	21	22	21	18	20		

说明：
1. 各专业军事理论教育在第1学期以讲座形式进行；
2. 数字出版和网络编辑方向学生任选其中1个方向，共选修7个学分，126学时；
3. 创新创业教育平台学生最低须修满7个学分。学生获得"创新创业成果"学分可抵免创新创业核心实训课程学分；
4. 个性化拓展模块要求学生至少选修6个学分，其中，"自然科学"模块要求学生至少选修2个学分，且至少选修1门网络课程；专业拓展模块至少选修4个学分。

文学类专业

翻译本科专业人才培养方案

专业代码:050261

一、培养目标

本专业培养德、智、体、美全面发展,掌握比较扎实的英汉双语基础知识和语言基本技能,具有较为系统的翻译理论知识、比较扎实的翻译基本功、较为流利的语言表达能力、一定的翻译批评和翻译鉴赏能力,能够基本胜任不同领域基本难度的文学翻译、商务翻译、典籍翻译或其他跨文化交流工作,具有创新意识和创业精神的高素质应用型专门人才。

二、培养要求

本专业学生主要学习语言和翻译的基本理论和基础知识,接受汉语和英语两方面语言技能和语言知识的训练,掌握跨文化交际和英汉互译的基本技能,具备口、笔译基本能力。

毕业生应获得以下几方面的知识和能力:

(1) 具有较高的政治思想水平和良好的道德素质与文化修养;

(2) 掌握语言知识和能力,包括英语语音、词汇、语法知识,英语听、说、读、写能力,汉语知识与写作能力,演讲与辩论能力,语言学习能力;

(3) 掌握翻译学科的基本理论、基础知识与能力,包括口笔译技能、口笔译理论、跨文化交际能力以及译者综合素质;

(4) 掌握翻译需要的相关知识和能力,包括中外社会文化知识、语言学与文学知识、使用现代信息技术和翻译工具的知识、国际商务知识、公共外交知识;

(5) 了解翻译学的理论前沿和应用前景,了解翻译专业的行业需求和发展动态;

(6) 熟悉国家的方针、政策和法规;

(7) 具有较强的批判性思维能力、实际工作能力和一定的科学研究能力;

(8) 具有健康的体魄、良好的心理素质和健全的人格。

三、专业方向

本专业设文学翻译和应用翻译两个方向。

1. 文学翻译方向

学生能够了解文学文体的特点,具有一定的文学鉴赏能力,掌握文学翻译的技能与知识,能够对各种体裁和题材的文学作品进行翻译实践和初步的理论研究,具备对文学翻译进行独立思考和解决问题的能力,毕业后能够独立从事一般难度的文学翻译实践和翻译研究。

2. 应用翻译方向

学生能够了解应用翻译的特点,具有一定的商务、科技等应用知识,掌握商务翻译、科技翻译等应用技能与知识,能够对各种实用文本进行翻译实践和初步的理论研究,具备对商务翻译、科技翻译等应用翻译进行独立思考和解决问题的能力,毕业后能够独立从事一般难度的应用翻译实践和翻译研究。

四、素质与能力分析表(表一)

综合素质与能力	专项素质与能力	对应课程或实践
1.基本素质与能力	1.1 政治素质	思想道德修养与法律基础、中国近现代史纲要、马克思主义基本原理、毛泽东思想和中国特色社会主义理论体系概论等
	1.2 人文科学素质	汉语基础、中国文化概论
	1.3 身心素质	军训、大学体育、大学生心理健康教育等
	1.4 分析运算能力	魅力科学、创造性思维与创新方法、数学文化等
	1.5 英语运用能力	英文写作、英语视听说、英语阅读、各种翻译课程
	1.6 计算机应用能力	C语言程序设计、Access程序设计、网页制作
	1.7 利用现代化手段获取信息能力	信息检索、大学计算机基础
	1.8 组织管理、语言表达、人际交往以及在团队中发挥作用的能力	英语听力、英语视听说、第二外语、翻译职业知识、笔译工作坊、口译工作坊
2.学科基础知识及应用能力	2.1 英语知识和能力	综合英语、英语视听说、英语阅读、英语写作、英语语音、英语语法
	2.2 汉语知识和能力	汉语基础、高级汉语写作
3.专业基础知识及应用能力	3.1 翻译基本知识与技能	翻译简史、英汉翻译基础、汉英翻译基础、文学翻译基础、应用翻译基础、口译基础、翻译理论、翻译批评
	3.2 英汉文化知识与能力	中国文化概论、英语国家概况、语言学导论、英国文学、美国文学、跨文化交际
4.专业核心知识及应用能力	4.1 文学翻译知识与技能	典籍翻译、汉语文学英译、英语文学汉译、翻译名作赏析
	4.2 应用翻译知识与技能	商务英语、科技英语、商务翻译、科技翻译
5.专业实践技能与动手能力	5.专业实践技能与动手能力	翻译职业知识、笔译工作坊、口译工作坊
6.创新创业能力	5.1 创新能力	信息检索、网页制作、创新学、创造力理论与创新思维、创新实践
	5.2 创业能力	大学生创业教育、翻译职业知识、笔译工作坊、口译工作坊、创业实践、大学生就业指导
7.个性化发展能力	6.1 自然科学素质	物联网概论、博弈论、数学文化、生命科学与人类文明、化学与人类、魅力科学
	6.2 学科专业素质	圣经故事选读、对比语言学、修辞学、西方思想经典、中国文化概论、翻译批评

五、学制与学分

1.学制:标准学制4年,修业年限3~6年。

2.学分:最低修读164学分。其中,课内教学环节必须修满126学分,实践教学环节必须修满38学分。

六、毕业与学位授予

学生在规定的学习年限内,完成各教学环节学习,修满专业规定的最低学分,准予毕业。授予文学学士学位。

七、全学程时间安排总表(表二)

学年项目\学期	一 1	一 2	二 3	二 4	三 5	三 6	四 7	四 8	合计
军训(含军事理论教育)	2								2
入学教育和专业导论	(2)								(2)
课堂教学	15	17	17	16	17	17	13		112
专业综合技能训练			1	2(4)	1	1	3(4)		8+(8)
基本技能训练			1						1
应用技能训练							1		1
毕业实习								8	8
专业创新创业实训								2	2
毕业论文(设计)								6	6
复习考试	1	1	1	1	1	1	1		7
机动	1						3	1	5
假期		6	8	6	8	6	8	6	48
全学程总周数	25	26	26	27	25	27	25	17	200

八、实践性教学环节(表三)

课程编号	实践教学项目	学分	周数	安排学期	实践方式
SJ00001	入学教育	1	(2)	第1学期	集中
SJ00002	军训(含军事理论教育)	2	2	第1学期	集中
SJ00003	社会实践	1	(3)	第2、4、6学期后暑期	由校团委统一安排
SJ15101	专业综合技能训练	16	8(8)	第3、4、5、6、7学期	网络中心、教室
SJ15102	基本技能训练	1	1	第3学期	教室
SJ15103	应用技能训练	1	1	第7学期	同传实验室
SJ15104	毕业实习	8	8	第8学期	上海激光、弘法公机、宁波汇利达等
SJ15105	专业创新创业实训	2	2	第8学期	同传实验室、教室
SJ15106	毕业论文(设计)	6	6	第8学期	集中
	合计	38	28(14)		

九、课程设置及学时、学分比例表(表四)

课程类型		学时	学分	占总学时(总学分)比例(%)	
通识教育课程平台		516	28	22.40%	22.22%
专业教育课程平台	学科基础课程	414	23	61.70%	61.10%
	专业基础课程	756	40		
	专业核心课程	252	14		

续表

课程类型		学时	学分	占总学时(总学分)比例(%)	
创新创业教育平台	创新创业基础课程	55	3.5	5.11%	5.56%
	创新创业核心实训课程	63	3.5		
专业方向课程模块	文学翻译方向	144	8	6.25%	6.35%
	应用翻译方向	144			
个性化拓展课程模块	自然科学模块	36	2	4.69%	4.76%
	专业拓展模块	72	4		
总　计		2308	126	100%	100%

十、主干学科

外国语言文学、中国语言文学

十一、专业核心课程

1.《英文写作》(English Writing)

学时:72(理论课学时 36、实验课学时 36。)

学分:4

课程简介:本课程是翻译专业的核心课程,其内容包括英语文章的基本格式、标点符号的使用、英语中常见的修辞格、英语单词的选择和使用、句子的分类和使用、段落的写法、各种文体的篇章结构和写法、常见应用文的写法以及其他文体的写法,内容涉及英语文章的字、词、句、段落及文章的篇章结构的理论知识和写作技巧。

教学方法或手段:课程教学主要是通过讲解法、讨论法、对比分析法等教学方法,在讲解写作理论知识的同时结合典型的范文进行讲解,运用多媒体课件与传统的板书相结合,使知识的呈现更直观。对学生的习作进行点评和讨论,使学生及时发现问题并纠正。

教学评价考核方式:考核结果采取过程性评价与总结性评价相结合的评价方式,其中,考试成绩占 60%,平时成绩占 40%(包括学生的课堂表现、课外学习和作业等情况)。

教材选用:本课程教材的选用以提高学生的写作水平和书面表达能力为出发点,选用获奖教材或优秀教材,以一本教材为主,其他教材为补充,相辅相成,互为补充。例如:丁往道、吴冰,《英语写作手册》(第三版),外语教学与研究出版社,2010 年。

2.《文学翻译基础》(Basic Introduction to Literary Translation)

学时:36(理论课学时 18、实验课学时 18,其中,企业行业专家授课学时。)

学分:2

课程简介:本课程讲授文学翻译的基本理论与技巧,让学生初步了解文学文体特点及相关的翻译技巧,指导学生对各种体裁的文学作品进行翻译实践和初步的理论研究,提高学生的文学鉴赏与翻译实践能力,培养学生对文学翻译独立思考和解决问题的能力,为从事更高层次的文学翻译实践和理论研究打下基础。

教学方式或手段:以课程讲授法、案例教学为主,鼓励学生积极参与课堂讨论。

教学评价考核方式:本课程采用过程考核和终结性考核相结合的方式。其中,过程性考核占 30%,包括学生的学习态度、出勤、课堂发言和作业等情况,终结性考核是指期末卷面笔试,占 70%。

教材选用:本课程建议使用近几年出版的优秀教材,尤其是规划教材和获奖教材,例如:张保红,

《文学翻译》,外语教学与研究出版社,2011年。

3.《应用翻译基础》(Basic Introduction to Applied Translation)

学时:36(理论课学时18,实验课学时18。)

学分:2

课程简介:本课程为实用翻译入门课程,让学生初步了解与实用文体相关的翻译理论知识并提高学生翻译常见实用文体的基础能力,能够对各种常见实用文体如法律、新闻、论述、旅游、广告等文体的风格进行基本分析,并在相关翻译理论的指导下,运用不同的、合适的翻译原则和技巧进行翻译,基本达到实用翻译的标准。

教学方式或手段:以课程讲授法、案例教学为主,鼓励学生积极参与课堂讨论。

教学评价(考核)方式:本课程采用过程考核和终结性考核相结合的方式。其中过程性考核占30%,包括学生的学习态度、出勤、课堂发言和作业等情况,终结性考核指的是期末卷面笔试,占70%。

教材选用:本课程建议使用近几年出版的优秀教材,尤其是规划教材和获奖教材,例如:

董晓波《实用文体翻译教程》,对外经济贸易大学出版社,2012年。

4.《翻译史》(Translation History)

学时:36(理论课学习36。)

学分:2

课程简介:本课程是翻译专业本科学生专业基础课,简要介绍中国翻译史上的四次翻译高潮和西方翻译史上的六次翻译高潮的历史背景、主要人物、主要翻译思想、翻译活动、翻译类型以及翻译对当时社会文化的主要影响,旨在让学生了解中西翻译简史,掌握翻译史的基本研究方法,为进一步从事翻译研究打好基础。

教学方式或手段:以课程讲授法、案例教学为主,鼓励学生积极参与课堂讨论与课堂展示。

教学评价(考核)方式:本课程采用过程考核和终结性考核相结合的方式。其中,过程性考核占40%,包括学生的学习态度、出勤、课堂发言、小组讨论表现和作业等情况,终结性考核是指期末卷面笔试,以闭卷考试形式进行,占60%。

教材选用:本课程建议使用近几年出版的优秀教材,尤其是规划教材和获奖教材,例如:谢天振,《中西翻译简史》,外语教学与研究出版社,2013年。

5.《翻译批评》(Translation Criticism)

学时:36(理论课学时36。)

学分:2

课程简介:本课程对翻译批评的性质、功能、原则和步骤进行介绍和阐释,让学生在相关翻译理论的指导下,结合翻译实践经验对不同的译作、译事和译论进行批评,并将翻译批评作为连接翻译理论和翻译实践的媒介,在提高翻译实践能力的同时加强自己的翻译理论修养。

教学方式或手段:以课程讲授法和案例教学为主,要求学生积极参与课堂讨论与课堂展示。

教学评价(考核)方式:本课程采用过程考核和终结性考核相结合的方式。其中,过程性考核占40%,包括学生的学习态度、出勤、课堂发言、小组讨论表现、课堂展示和作业等情况,终结性考核是指期末卷面笔试,以闭卷考试形式进行,占60%。

教材选用:本课程建议使用近几年出版的优秀教材,尤其是规划教材和获奖教材,例如:仲伟合等,《翻译批评与赏析》(第二版),武汉大学出版社,2010年。

6.《跨文化交际》(Intercultural Communication)

学时:36(理论课学时36,实验课学时36。)

学分:2

课程简介：本课程主要介绍语言、文化和交际三者之间的关系，重点探讨汉英文化之间在思维特点、价值观念、宗教信仰、风俗习惯、行为模式、语言交际和非语言交际等方面的差异，使学生能够在日益增多的国际文化交流过程中，掌握必要的跨文化沟通知识和技巧，提高他们的跨文化交际能力，同时也可更好地提高学生翻译作品的有效性和得体性。

教学方式或手段：启发式和案例教学并重，鼓励并要求学生积极参与课堂讨论。

教学评价（考核）方式：本课程将采用过程性考核和终结性考核相结合的方式。其中，过程性考核占40%，包括学生的学习态度、出勤、课堂发言、小组讨论、平时测验和课后作业等内容，终结性考核以期末考试方式进行，占60%。

教材选用：建议使用近几年出版的优秀教材，尤其是规划教材和获奖教材，如：瑞森迪、纪玉华著《跨文化交际实用教程》，上海外语教育出版社，2012年；常俊跃、吴春媚著《跨文化交际》，北京大学出版社，2011年。

十二、教学进程表（表五）

课程类别		课程编号	课程名称	总学分	总学时	学时分配		各学期学时分配								考核方式
						理论	实践	1	2	3	4	5	6	7	8	
通识教育课程平台		TS26106	思想道德修养与法律基础	3	48	38	10	48								试
		TS26102	中国近现代史纲要	2	32	24	8		32							试
		TS26103	马克思主义基本原理概论	3	48	38	10				48					试
		TS26104	毛泽东思想和中国特色社会主义理论体系概论Ⅰ	2	32	32					32					试
		TS26105	毛泽东思想和中国特色社会主义理论体系概论Ⅱ	4	64	44	20					64				试
		TS18111	大学生心理健康教育	1	14	14		14								查
		TS19001-4	大学体育（Ⅰ-Ⅳ）	4	126	126		30	32	32	32					试
		TS28001	大学计算机基础	3	48	16	32	48								试
		TS28004	Access程序设计	4	72	42	30			72						试
		TS26108-9	形势与政策	2	32	12	20	16	16							查
专业教育课程平台	学科基础课程	JC15201	英语国家社会与文化	4	72	72		36	36							试
		JC15202-3	第二外语（Ⅰ-Ⅱ）	4	72	72					36	36				试
		JC18701	汉语基础	2	36	36		36								试
		JC18602	高级汉语写作	4	72	36	36			36	36					试
		JC15204	英语语音	1	18	18		18								查
		JC15205-6	英语语法	4	72	36	36	36	36							试
		JC15207-8	英文阅读	4	72	36	36	36	36							试
	专业基础课程	ZJ15201-2	英语视听说	4	72	36	36			36	36					试
		ZJ15203-8	综合英语（Ⅰ-Ⅵ）	20	360	180	180	72	72	72	72	36	36			试
		ZJ15209	英国文学	2	36	36						36				试
		ZJ15210	美国文学	2	36	36							36			试
		ZJ15211	语言学导论	2	36	36							36			试

续表

课程类别		课程编号	课程名称	总学分	总学时	学时分配		各学期学时分配								考核方式
						理论	实践	1	2	3	4	5	6	7	8	
专业教育课程平台	学科基础课程	ZJ15212	翻译理论	2	36	36							36			试
		ZJ15213	英汉翻译基础	2	36	18	18				36					试
		ZJ15214	汉英翻译基础	2	36	18	18					36				试
		ZJ15215	口译基础	2	36	18	18					36				试
		ZJ15216-7	英语听力（Ⅰ-Ⅱ）	4	72	36	36	36	36							试
	专业核心课程	ZH15201	英文写作	4	72	36	36			36	36					试
		ZH15202	文学翻译基础	2	36	18	18					36				试
		ZH15203	应用翻译基础	2	36	18	18					36				试
		ZH15204	翻译批评	2	36	36							36			试
		ZH15205	翻译史	2	36	36						36				试
		ZH15206	跨文化交际	2	36	18	18					36				试
创新创业教育课程平台	基础课程	CJ00001	大学生创业教育	1	18	18				18						查
		CJ00002	大学生就业指导	2	24	24			12				12			查
		CY15201	翻译导论	0.5	9	9		9								查
	核心实训课程	CH15201	创新创业论坛	0.5	9	9						9				查
		CH15202	笔译工作坊	1.5	27	27							27			查
		CH15203	口译工作坊	1.5	27	27								27		查
		CH00001	创新创业成果学分认定	创新创业成果学分的认定见有关文件												
专业方向课程模块	文学翻译	ZF15201	典籍翻译	2	36	36							36			试
		ZF15202	英语文学汉译	2	36	18	18						36			试
		ZF15203	汉语文学英译	2	36	18	18							36		试
		ZF15204	翻译名作赏析	2	36	18	18							36		试
	应用翻译	ZF15201	商务英语	2	36	18	18						36			试
		ZF15202	科技英语	2	36	18	18						36			试
		ZF15203	商务翻译	2	36	18	18							36		试
		ZF15204	科技翻译	2	36	18	18							36		试
个性化拓展模块	自然科学	GT14501	物联网概论	1	18	18							18			查
		GT14502	博弈论	1	18	18								18		查
		GT13424W	生命科学与人类文明	1	18	18							18			查
		GT25105W	化学与人类	1	18	18								18		查
		GT17007W	数学文化	1	18	18							18			查
		GT17008W	魅力科学	1	18	18								18		查

续表

课程类别		课程编号	课程名称	总学分	总学时	学时分配		各学期学时分配								考核方式
						理论	实践	1	2	3	4	5	6	7	8	
个性化拓展模块	专业拓展	GT15201	翻译职业知识	1	18	18								18		查
		GT15202	圣经故事选读	1	18	18								18		查
		GT15203	对比语言学	1	18	18							18			查
		GT15201W	中国文化概论	1	18	18								18		查
		GT15202W	西方思想经典	1	18	18							18			查
		GT15203W	旅游英语翻译	1	18	18								18		查
		GT15204W	修辞学	1	18	18							18			查
最低修读学分/学时				126	2308	1646	662	435	396	374	316	289	309	189		
课堂教学周数								15	17	17	16	17	17	13		
周学时数								28	28	21	20	16	16	21		

说明：
1. 军事理论教育在第1学期以讲座形式进行；
2. 专业方向模块，学生至少选修1个完整方向；
3. 创新创业教育平台，学生须修满7个学分，获得"创新创业成果"学分可抵免创新创业核心实训课程学分；
4. 个性化拓展模块要求学生至少须选修6个学分，其中，"自然科学"模块要求学生至少选修2个学分，且至少选修1门网络课程；专业拓展模块至少选修4个学分。

十三、辅修专业课程设置

外国语学院学院翻译专业辅修课程设置

课程名称	学 分	课程教学安排
高级英语	4	第5、6学期
英语口语	2	第5学期
英文写作	2	第6学期
高级汉语写作	2	第5学期
英美国家概况	2	第5学期
英美文学	2	第5学期
语言学导论	2	第7学期
英汉互译基础	4	第5、6学期
翻译简史	2	第6学期
文学翻译	4	第6、7学期
应用翻译	4	第6、7学期
口译	2	第7学期
翻译理论	2	第7学期
翻译批评	2	第7学期
毕业论文		必做，但不计学分。
总计	36	学生必须修满25学分